D1753547

18 Alb und Donau
Kunst und Kultur

Die Revolution 1848/49
Wurzeln der Demokratie im Raum Ulm

Für Karl-Martin

von

Eberhard

Dezember 1998

18 Alb und Donau
Kunst und Kultur

Die Revolution 1848/49

Wurzeln der Demokratie im Raum Ulm

Süddeutsche Verlagsgesellschaft Ulm
Unternehmensgruppe Schwabenverlag

© 11/1998   Alb-Donau-Kreis

Herausgegeben von: Wolfgang Schürle

Autoren: Lina Benz, Heroldstatt
Herbert Hummel, Blaubeuren
Eberhard Kopfmann, Ulm
Jörg Martin, Schelklingen
Ludwig Ohngemach, Ehingen
Ulrich Seemüller, Ulm
Uwe Schmidt, Ulm
Klaus Unseld, Erbach

Leitende Redaktion: Herbert Hummel

Umschlaggestaltung: Johannes Kiefer, Landratsamt Alb-Donau-Kreis

Satz und Druck: Süddeutsche Verlagsgesellschaft Ulm

Repros: Schwabenverlag AG, Ostfildern-Ruit

Bindearbeiten: Norbert Klotz, Jettingen-Scheppach

ISBN 3-88 294-270-3

Inhaltsverzeichnis

Seite 9 Uwe Schmidt
Vormärz und Revolution in Württemberg, Ulm und in der Alb-Donau-Region

43 Ulrich Seemüller
Konrad Dieterich Haßler (1803–1873)

47 Ulrich Seemüller
Friedrich Albrecht (1818–1890)

53 Uwe Schmidt
Ludwig Seeger (1810–1864)

57 Herbert Hummel
Johann Joseph Huck (1805–1856)

59 Herbert Hummel
Friedrich August Gförer (1803–1861)

63 Uwe Schmidt
August Becher (1816–1890)

67 Uwe Schmidt
Julius Haußmann (1816–1889)

73 Lina Benz
**Revolution auf der Alb.
Das Wirken Eduard Süskinds für Freiheit und Demokratie**

93 Herbert Hummel
Karl Nüßle 1816–1892)

97 Jörg Martin
Johann Georg Zürn (1793–1864)

101 Herbert Hummel
Blaubeurer Seminaristen in der Revolution 1848/49

105 Uwe Schmidt
Nikolaus Müller (1809–1875)

107 Ulrich Seemüller
Die Wahlen zur Nationalversammlung im Bezirk Ulm-Blaubeuren-Laupheim

Seite 108/109 Manfred Poh
Karte der Wahlkreise

116 Ulrich Seemüller
Exkurs
Die Wahl zur Nationalversammlung in den heute zum Alb-Donau-Kreis gehörigen Teilen des Bezirks Ehingen-Münsingen

123 Herbert Hummel
Die Wahlen zum württembergischen Landtag 1848 bis 1850

131 Ludwig Ohngemach
Die Ereignisse der Jahre 1848/49 in Ehingen (Donau)

143 Herbert Hummel
Die Volksbewaffnung im Alb-Donau-Kreis 1848/49

155 Uwe Schmidt
Soldaten der Revolution

163 **Schicksale des W. F. A. Zobel aus Blaubeuren während seiner Theilnahme an der badischen Bewegung im Jahre 1849**

177 Jörg Martin
Die Entdeckung der Politik.
Vereine im Alb-Donau-Kreis in Vormärz und Revolution

197 Herbert Hummel
Die Bauernbefreiung 1848/49

203 Klaus Unseld
Die Ablösung in Ringingen

213 Eberhard Kopfmann
Die Ablösung des Zehnten auf der Markung Grimmelfingen

225 Uwe Schmidt
Nach der Revolution

Seite 233 Jörg Martin
»Die Volkssouverainität ist allein maßgebend«
Das Verhör des Blaubeurer Reallehrers Kasimir Speidel

237 Herbert Hummel
Was blieb?
Spuren der 1848er Revolution im Ulmer Raum

245 Wolfgang Schürle
Nachwort

247 **Anhang**

248 Eberhard Kopfmann
Maße, Gewichte und Münzen

250 **Abkürzungsverzeichnis**

250 **Ortsregister**

254 **Personenregister**

259 **Sachregister**

262 **Bildnachweis**

Uwe Schmidt

Vormärz und Revolution in Württemberg, Ulm und in der Alb-Donau-Region

Die Französische Revolution und die Napoleonischen Kriege veränderten die Landkarte Südwestdeutschlands nachhaltig. Württemberg verdoppelte im ersten Jahrzehnt des 19. Jahrhunderts sein Territorium und stieg 1806 zum Königreich auf. Zum Staatsgebiet zählten nun neun Reichsstädte und acht Abteien, die österreichisch-schwäbischen Besitzungen und eine große Anzahl von Ritterorten und mediatisierten Fürstentümer. 1810 erwarb das Königreich die heißersehnte, 1802 zunächst an Bayern gefallene, Reichsstadt Ulm mit ihrem bedeutenden Hinterland[1].

Die Entstehung des modernen Staates

Die große territoriale Flurbereinigung Südwestdeutschlands erforderte die Modernisierung des Staates. Der moderne Staat kennzeichnet sich durch seine Souveränität nach außen und nach innen. Die Durchsetzung letzterer zog für die Staatsangehörigen Folgen nach sich. Unter innerer Souveränität versteht man das Gewaltmonopol der Regierung, das die Regierung legitimiert, Gewalt und Zwang gegenüber Staatsangehörigen anzuwenden, Recht zu setzen und Unrecht durch Gericht und Polizei zu bestrafen sowie die Freiheit der Individuuen einzuschränken und in deren Eigentum einzugreifen, beispielsweise durch die Erhebung von Steuern. Ziel dieses Modernisierungsprozesses, an dessen Ende der zentralisierte Einheitsstaat stand, war die Rationalisierung und Steigerung der Effizienz des Staatsapparates. König Friedrich I. erließ noch vor der Rheinbundgründung im Jahre 1806 ein Organisationsmanifest, das eine »durchaus gleichförmige Staatsverwaltung« vorsah, die zuvor in den neuwürttembergischen Gebieten erprobt worden war. Nach der Auflösung der Landstände am 30. Dezember 1805, die das Privileg der Steuerbewilligung und -verwaltung besaßen, wurde die Verwaltung ohne Rücksicht auf politische Forderungen reorganisiert. Die erste Phase der Verwaltungsreform, die eine zweistufige Verwaltung aus Ämtern und Zentralbehörden zum Ergebnis hatte, endete 1810. Ihren Abschluß fand sie in der Verfassung vom September 1819, die umfassend die Verwaltungsstrukturen (Staatsbehörden, Gemeinde- und Amtskörperschaften, Verhältnis der Kirche zum Staat, Ausübung der Staatsgewalt, Finanzwesen) regelte und die von König Wilhelm I. in den Jahren 1817/18 erlassenen Organisationsedikte über die Zentralbehörden und Lokalverwaltung bestätigte[2].

Der Modernisierungsprozeß fand seinen Abschluß mit der Verabschiedung der »Verfassungs-Urkunde für das Königreich Württemberg« am 25. September 1819. Württemberg gehört damit zu den ersten Staaten Deutschlands, die sich eine moderne Repräsentativverfassung gaben. Die Deutsche Bundesakte, die die 39 Mitglieder des Deutschen Bundes im Juni 1815 in Wien beschlossen hatten und die keine Garantien und Institutionen für eine auf Volkssouveränität und Gewaltenteilung beruhende Verfassung enthielt, legte in Artikel 13 fest, daß in allen Bundesstaaten landständische Verfassungen eingeführt werden sollten. Innerhalb von etwa fünf Jahren gaben sich 29 Bundesstaaten eine geschriebene Verfassung. Der vieldeutig auslegbare Begriff »landständische Verfassung« brachte die unterschiedlichsten Formen von Verfassungen hervor. Zahlreiche Staaten erhoben staatsrechtliche Bestimmungen, Erbvergleiche und Landtagsabschiede aus dem 17. und 18. Jahrhundert zu Verfassungen oder führten neue, nach altständischen Prinzipien gestaltete Verfassungen ein. Nur die süddeutschen Staaten Bayern, Württemberg, Baden und Hessen-Darmstadt gaben sich Verfassungen mit grundrechtlichen Garantien und gewählten Volksvertretungen[3].

Die Verfassungsurkunde von 1819

Die Konstitutionalisierung des Königreichs Württemberg verlief unter Schwierigkeiten. Im Gegensatz zu Baden und Bayern besaß Württemberg eine funktionierende altständische Verfassung, die sich bis zur gewaltsamen Auflösung des Landtags 1805 gegen den Machtanspruch der württembergischen Herzöge behauptet hatte. Als Garant der politischen Freiheit genoß sie noch 1815 in weiten Kreisen der Bevölkerung große Sympathien. Fast einstimmig lehnte daher eine auf den 15. März 1815 einberufene Ständeversammlung die von König Friedrich I. vorgelegte Verfassung unter Berufung auf das »gute, alte Recht« ab, da sie nicht als ein Vertrag zwischen König und Ständen ausgehandelt worden war, und forderte am 28. Juni 1815, daß die altwürttembergische Verfassung als Grundlage für einen neuen Verfassungsvertrag verwendet werde. Auch in Württemberg kamen nun die Verfassungsverhandlungen ins Stocken. Zahlreiche Flugschriften forderten die Wiedereinführung der alten Verfassung. Mit seinem Vorschlag, in Altwürttemberg die alte »Korporationsverfassung« wieder einzusetzen und in Neuwürttemberg eine moderne Repräsentativverfassung einzuführen, spaltete König Friedrich I. die Opposition. Im Juni 1817 lehnte der Landtag einen Vorschlag seines Nachfolgers König Wilhelm I. ab, der zwar den Altrechtlern entgegenkam, aber die Einführung eines Zweikammersystems (Adels- und Bürgerkammer) vorsah und zwei zentralen Forderungen der Opposition – ständische Steuerverwaltung und einen permanenten Landtagsausschuß – nicht berücksichtigte. Nach der Auflösung des Landtags am 4. Juni 1817 wurden die Verfassungsverhandlungen im Juli 1819 wieder aufgenommen, die am 25. September 1819 zur Annahme der neuen Verfassung durch den Landtag führten. Trotz zahlreicher ständischer Relikte gehört die württembergische Verfassung wegen ihres Zweikammersystems und ihres relativ liberalen Wahlrechts in die Reihe der modernen Repräsentativverfassungen. Ihre Besonderheit liegt darin, daß sie das erste paktierte Staatsgrundgesetz Süddeutschlands darstellt[4].

Die Beweggründe Friedrichs I. und Wilhelms I., ihrem Land eine vergleichsweise moderne Verfassung zu geben, liegen ursächlich in der umfassenden Modernisierung von Staat und Gesellschaft während der napoleonischen Ära. Angestrebt wurde eine Rationalisierung von Regierung und Verwaltung sowie die Umwandlung der ständischen Feudalgesellschaft in eine bürgerliche Erwerbsgesellschaft. Eine moderne Verfassung ermöglichte sowohl die neuen Landesteile in einen zentralisierten Staatsverband zu integrieren und eine für alle Untertanen verbindliche Rechtsnorm zu schaffen als auch den mediatisierten Adel trotz der in der Bundesakte zugesicherten Privilegien in seiner politischen Vormachtstellung einzugrenzen, indem in der Zusammensetzung des Landtages das Bürgertum verstärkt repräsentiert und der Bauernstand berücksichtigt werden sollten. Dadurch konnte durch eine grundsätzliche Nivellierung der Standesunterschiede eine Gesamtrepräsentation des Volkes, wie sie in fast allen Verfassungen des Vormärz gefordert wurden, geschaffen und die Überwindung des überkommenen Feudalstaates am wirksamsten begonnen werden. Auch die vor allem durch die Napoleonischen Kriege bedingte Finanzkrise lieferte ein weiteres Motiv für die Einrichtung einer Volksvertretung, der die Kontrolle über Steuererhebung und Staatsschuld eingeräumt wurde, um das Vertrauen des Volkes in die Staatsverwaltung und Kreditwürdigkeit des Staates wiederherzustellen. Auch hierbei mußte die veränderte soziale und wirtschaftliche Bedeutung der Stände in der Zusammensetzung der Landtage berücksichtigt werden. Ein altständisch strukturierter, von Adel und Geistlichkeit dominierter Landtag konnte kaum das Vertrauen bürgerlicher Gläubiger gewinnen[5]. Zuletzt sollte der allerdings durch das monarchische Prinzip erheblich eingeschränkte Einfluß des Landtages auf die Gesetzgebung revolutionären Unruhen vorbeugen.

Der Umstand, daß die »Verfassungs-Urkunde« nicht dem Willen eines um seine politische Teilhabe kämpfenden Bürgertums entsprang, sondern aus Gründen der dynastischen Selbsterhaltung geschaffen wurde, bestimmte die inhaltliche Ausgestaltung der grundrechtlichen Freiheiten. Während die amerikanischen und französischen Grundrechteerklärung von 1776 bzw. 1789 revolutionär erkämpft und naturrechtlich begründet wurden und damit den Charakter von Menschenrechten annahmen, wurden die Grundrechte der württembergischen Verfassung als Staatsbürgerrechte definiert und erschienen als freiwillige Selbstbeschränkung einer unabhängig von ihnen legitimierten Staatsgewalt. Nicht die individuelle Freiheit, wie sie in den Vereinigten Staaten und Frankreich als ordnungsleitendes Prinzip verfassungsrechtlich gesichert wurde, lag im Interesse des Staates, sondern die landesherrlichen Bestrebungen zielten auf den Aufbau einer modernen Gesellschaft, der einen Abbau der Standesschranken und adeligen Vorrechte sowie der feudalen und korporativen Bindungen von Person, Eigentum und Erwerbstätigkeit bedeutete. Ein charakteristisches Kennzeichen dieser Verfassungen ist eine auch den Grundrechtekatalog prägende Mischung aus feudalen und bürgerlichen Rechten[6].

Die Aufnahme bürgerlicher Grundrechtevorstellungen in die Verfassung fand ihren prägnantesten Ausdruck in der Gleichheit der staatsbürgerlichen Rechte und Pflichten: »Alle Württemberger haben gleiche staatsbürgerliche Rechte, und eben so sind sie zu gleichen staatsbürgerlichen Pflichten und gleicher Teilnahme an den Staatslasten verbunden.« Der Staat sicherte dem Staatsbürger persönliche Freiheit – die Leibeigenschaft wurde umgehend abgeschafft – sowie Gewissens- bzw. Religionsfreiheit. Mit der Aufnahme der Freiheit der Presse, die sich während der Befreiungskriege faktisch durchgesetzt hatte und durchaus wegen der in ihr entfachten patriotischen Begeisterung im Kampf gegen Napoleon im Interesse der Monarchen lag, wurde die wichtigste Grundrechteforderung erfüllt – ohne sie hätte die »Verfassungs-Urkunde« kaum Akzeptanz unter dem Bürgertum gefunden. Allerdings war dieses Grundrecht wie kaum ein anderes unter Mißbrauchsvorbehalt gestellt, wie sich bald mit den Karlsbader Beschlüssen von 1819 herausstellen sollte. Einen uneingeschränkten Gebrauch des Eigentums garantierte die Verfassung nicht – dies war nicht möglich, solange noch Eigentum an feudale und korporative Strukturen gebunden war –, sondern sicherte Eigentum nur gegen staatliche Übergriffe; Enteignungen waren nur noch im Interesse des öffentlichen Wohls und gegen Entschädigung möglich[7].

Das monarchische Prinzip schloß per definitionem das Prinzip der Volkssouveränität aus. Gottesgnadentum und der revolutionäre »pouvoir constituant« – die Gewalt des Volkes, sich Verfassung und Gesetze zu geben – standen unvereinbar gegenüber. Die wichtigsten Kompetenzen der Volksvertretung lagen in den Bereichen der Gesetzesgebung und der Haushaltsfeststellung. Von einer demokratischen Legislative kann jedoch nicht die Rede sein, denn die Stellung des Parlaments war begrenzt. Die württembergische Stände-versammlung besaß zwar das Recht, »bei Ausübung der Gesetzgebungsgewalt durch ihre Einwilligung mitzuwirken« (§ 124), aber nicht das Recht auf Gesetzesinitiative und konnte kein Gesetz gegen den Willen des Monarchen verabschieden; erst durch die monarchische Sanktion erhielten ihre Beschlüsse Gesetzeskraft. Nach wie vor blieb der Monarch alleiniger Gesetzgeber, der die Gesetze sanktionierte und verkündete, die Aufgabe der Volksvertretung beschränkte sich auf die Teilnahme an der Formulierung des Gesetzesinhalts. Der Monarch behielt sich das Initiativrecht vor: »Gesetzesentwürfe können nur von dem König an die Stände, nicht von den Ständen an den König gebracht werden.« Die Stände besaßen nur ein Petitionsrecht, mit dem sie auf neue Gesetze, Abänderung und Aufhebung bestehender antragen konnten (§ 172).

Die Julirevolution 1830 in Frankreich und ihre Folgen

Die neue Verfassung setzte ein Zeichen für das Ende des Absolutismus. Dennoch prägte eine konservativ-restaurative Politik die 1820er Jahre. Den Volksvertretern kam es weniger darauf an, die Politik mitzubestimmen denn die staatsbürgerlichen Rechte gegenüber Zugriffen der Regierung und Bürokratie zu sichern. Faktisch fungierte die Ständeversammlung als verlängerter Arm des Staates: ausgeglichener Haushalt, Weiterführung der Ablösung, Verabschiedung einer Gewerbeordnung[8]. Erst die französische Julirevolution 1830 brachte Bewegung in das politische Leben; eine kurzfristige Phase der Liberalisierung setzte ein. Die Zensurbestimmungen wurden gelockert, Wahlvereine, denen Honoratioren und einfache Bürger angehörten und die der österreichische Gesandte in Stuttgart »wahre Jakobinerklubs« nannte[9], organisierten die Landtagswahlen im Dezember 1831, die der oppositionellen »Bewegungspartei« vor allem in den größeren Städten Erfolge brachten[10]. Prominente Liberale wie Ludwig Uhland oder Albert Schott kehrten in den Landtag zurück, Friedrich Römer und Paul Pfizer betraten die politische Bühne. In Ulm setzte sich der sich selbst als »gemäßigt liberal« bezeichnende Gymnasialprofessor Christian Wilhelm Schwarz gegen den bisherigen Repräsentanten und Kandidaten der traditions- und einflußreichen Kaufmanns- und Händlerlobby, Leinwandhändler David Schultes, mit 183 Stimmen Vorsprung durch. Schwarz nahm am 30. April 1832 am ersten »Konvent« der »Bewegungspartei« in Bad Boll teil und trat im Landtag als scharfer Kritiker der Regierung hervor, der er vorwarf, das verfassungsmäßige öffentliche Leben zu unterdrücken und die liberalen Vereine massiv zu behindern[11]. Der König verbot den Vereinen die Beratung landständischer Angelegenheiten und berief den Landtag auf einen möglichst späten Termin – erst am 15. Janaur 1833 – ein.

Die Lockerung der Pressezensur ließ neue freiheitliche Zeitungen entstehen; die Stimmen der Opposition gewannen dadurch an Gewicht und Verbreitung. Zum führenden Blatt avancierte »Der Hochwächter«, das der überzeugte Demokrat Rudolf Lohbauer in Stuttgart redigierte. Lohbauer geriet häufig in heftige Konflikte mit den Zensurbehörden, auch wegen der Zensurlücken, mit denen Lohbauer die vom Zensor gestrichenen Passagen deutlich machte. Wegen seiner Teilnahme am Hambacher Fest mußte Lohbauer emigrieren. Von Januar 1833 an erschien das Blatt unter dem Namen »Der Beobachter« und blieb für Jahrzehnte das Organ der württembergischen Demokratie[12].

Proteste, Kundgebungen, Petitionen und Flugschriften begleiteten den Aufbruch der liberalen Bewegung. Die sogenannten »Juni-Ordonnanzen«, die der Frankfurter Bundestag am 28. Juni 1832 vor allem unter dem Eindruck des Hambacher Festes am 27. Mai 1832, mit 30 000 Teilnehmern größte Massenkundgebung vor 1848/49, gegen die freiheitlich-demokratischen Bestrebungen unter Berufung des Artikels 57 der Wiener Schlußakte von 1815, der den alleinigen Machtanspruch des Monarchen festlegte, eingesetzt hatte, riefen ebenso eine Protestwelle hervor wie die zunehmend restriktiven Maßnahmen König Wilhelms I. In Ulm protestierten 712 Bürger in einer von dem Landtagsabgeordneten Schwarz verfaßten Eingabe an den König gegen die Frankfurter Beschlüsse und legten zugleich ein eindeutiges Bekenntnis zum liberalen Fortschritt ab, »denn es kann keinem Zweifel unterliegen, daß, welche Deutung man auch den neueren und neuesten Bundesbeschlüssen geben mag, eine mögliche Folge derselben nicht nur die Hemmung des deutschen konstitutionellen Lebens in seinem notwendigen Entwicklungsgang ist ..., sondern vielleicht sogar seine Abschnürung.«[13] Zwei in Württemberg weit verbreitete Flugschriften, die auf der Echterdinger Versammlung im Juli 1832 beschlossen wurden, tauchten auch in Ulm auf. Die erste, »Protestation und dringende Bitte« betitelt, wandte sich in entschiedener Form gegen eine Regierung, die die Frankfurter Beschlüsse auszuführen gedenke. Die zweite Flugschrift »An die Teutschen in Württemberg« schlug ungleich schärfere Töne an. Zwar sei noch eine Verteidigung mit gesetzlichen Mitteln möglich, aber das Volk müsse auch an Waffen denken, ohne sie jetzt schon zu gebrauchen[14].

Verschwörer in Zivil und Uniform bereiteten zwischen 1831 und 1833 einen Aufstand vor, der mit Hilfe eines revolutionär unterwanderten Heeres bewerkstelligt werden und zu einer einheitlichen demokratischen Republik in Deutschland führen sollte – ähnliche Pläne schmiedeten im übrigen schon am Ende des 18. Jahrhunderts schwäbische und badische revolutionäre Demokraten, in die auch Offiziere des württembergischen Militärs involviert waren[21]. Führende Personen waren der Stuttgarter Buchhändler Friedrich Gottlob Franckh und der in Ludwigsburg stationierte Oberleutnant Ernst Ludwig Koseritz. Die revolutionäre Gruppe spannte ein konspiratives Netz über die Landesgrenzen hinaus. Die Pläne scheiterten. Am 9. Februar 1833 wurde Franckh verhaftet. Nach fünf Jahren Untersuchungshaft wurden er und 49 Mitangeklagte im größten Hochverratsprozeß Württembergs vor 1848 zu Zuchthausstrafen verurteilt. So auch der aus Ulm stammende Lithograph Johannes Schertlen zu 27 Monaten wegen versuchten Hochverrats – Schertlen hatte in einem Stuttgarter Schustergesellenverein revolutionäre Agitation betrieben[22].

Das Ulmer Polen-Komitee

Die Solidaritätsbewegung mit dem um seine Freiheit kämpfenden polnischen Volk trug entscheidend zum Erfolg der liberalen Opposition bei. Der polnische Aufstand gegen die russische Oberherrschaft löste eine Welle der Begeisterung und Unterstützung aus. Der Freiheitskampf scheiterte im Dezember 1831. Tausende polnischer Freiheitskämpfer flohen ins Ausland, vor allem nach Frankreich. Die südliche Hauptroute führte von den österreichischen Internierungslagern in Mähren durch Bayern nach Ulm, wo die Flüchtlinge über Göppingen, Cannstatt und Pforzheim nach Kehl weitergeleitet wurden. Die meisten Flüchtlinge zogen jedoch die Donau und den Hochrhein entlang über Basel nach Frankreich, eine dritte Route führte sie über Tübingen, Rottweil und den Schwarzwald nach Freiburg. In allen größeren Städten entlang der Flüchtlingsrouten entstanden Polen-Komitees, die die völlig mittellosen Flüchtlinge mit dem Allernotwendigsten, mit Geld, Nahrung und Kleidung versorgten[15].

Auch in Ulm markiert die Solidaritätsbewegung mit dem polnischen Volk den Beginn des in der Öffentlichkeit organisiert auftretenden Liberalismus, sieht man von einem frühen Versuch in den 1820er Jahren ab, als ein Verein den Befreiungskampf der Griechen mit Aufrufen und einer Geldsammlung unterstützte und mutige Bürgersöhne »Waffenhilfe« leisteten; auch in Blaubeuren traten mehrere Personen für die griechische Sache ein[16]. Anfang Juni 1831 wandte sich ein »Dringender Aufruf«[17] an die Ulmer Frauen und Mädchen, die erstmals seit der Hungerkrise von 1816/17, als sie in den Wohltätigkeitsvereinen für die Armen und Hungernden aktiv waren, wieder in der politischen Öffentlichkeit auftraten. Sie leisteten praktische Solidarität, auch wenn ihr Engagement nach damaligem Rollenverständnis auf »typisch« weibliche Tätigkeiten wie Charpiezupfen oder die Durchführung von Lotterien beschränkt blieb. Im Januar 1832 traten innerhalb weniger Tage über 130 Ulmerinnen einem »Verein zur Durchführung einer Lotterie« bei. Trotzdem wurden die Frauen nicht als eigenständig agierend anerkannt, wie die Vorstellung der Ausschußmitglieder zeigt: »Frau Kaufmann Martin Kölle, Frau Diakonus Moser ...«, und die Gelder verwalteten selbstredend die Männer[18].

Der »Liederkranz« gab am 28. Juni 1831 ein Konzert zugunsten des polnischen Volkes. Auf der gut besuchten Veranstaltung wurden über 330 Gulden gesammelt. Der von dem Oberjustizassessor Gustav Hohbach gedichtete Prolog zu dem Konzert durfte im »Ulmischen Intelligenzblatt« nur zensiert erscheinen; gestrichen wurden u. a. die Schlußzeilen, die auf die Julirevolution in Frankreich verweisen und die Hoffnung ausdrücken, daß der polnische Freiheitskampf zur Freiheit des deutschen Volkes führt:

»Im Westen hat der Hahn vorlängst gekräht;
Im Osten flammt das blutige Morgenrot;
Die Nacht entflieht und herrlich wird es tagen.«[19]

Das Ulmer Polen-Komitee, als »Verein zur Unterstützung durchreisender hilfsbedürftiger Polen« am 15. Januar 1832 gegründet, erlangte überregionale Bedeutung. Dem Komitee durften nur Männer angehören. Den zwölfköpfigen Vorstand leitete der Diakon und spätere Stadtpfarrer Johannes Moser, ein politisch und vor allem sozial engagierter Mann. Die Gründungsversammlung verabschiedete einen landesweiten Spendenaufruf und rief zur Gründung weiterer Hilfskomitees auf. Bis September 1832 versorgte das Komitee annähernd 600 Flüchtlinge[20]. Im heutigen Alb-Donau-Kreis bildete sich lediglich in Blaubeuren ein Polen-Komitee, das aber nur kurzfristig aktiv war.

Die »Demagogenverfolgung«

Nach dem Hambacher Fest 1832 verschärften sich die Maßnahmen gegen die liberale Opposition. Politische Vereine wurden verboten und Versammlungen untersagt; das »Jahrzehnt der Demagogenverfolgung« begann[23]. Im Juni 1832 erließ das Justizministerium eine Anordnung zu öffentlichen, von Privatpersonen organisierten Versammlungen mit politischem Inhalt. Grundsätzlich durften die Versammlungen nicht »hochverräterischen« oder ähnlichen Zwecken dienen. Die Veranstalter mußten der örtlichen Behörde einen exakten Plan ihrer Versammlung vorlegen, der, wie die Veranstalter selbst, von der Behörde gewissenhaft überprüft wurde. Die Versammlungen wurden überwacht und bei Abweichungen umgehend aufgelöst. Versammlungen mit Landtagsabgeordneten waren von diesen restriktiven Regelungen ausgenommen[24].

Die Zensurbestimmungen wurden wieder verschärft angewandt. Die Karlsbader Beschlüsse von 1819 schrieben die Vorzensur für alle Schriften unter 20 Bogen vor. Umfangreichere Werke konnten mit einer Nachzensur verfolgt und nach ihrem Erscheinen verboten, beschlagnahmt und vernichtet werden. Konzessionen für Zeitungen bedurften einer sorgfältigen Überprüfung auf ihren politischen Standpunkt durch die Behörden; Verleger, Buchhändler und -drucker sahen sich gerichtlichen Verfahren ausgesetzt.

Der spektakulärste Fall politischer Zensur in Ulm ereignete sich 1845. Am 6. Januar teilte der württembergische Gesandte in München dem Außenministerium in Stuttgart mit, daß das Erscheinen der »Lobgesänge auf König Ludwig« von Heinrich Heine in der Stettinschen Verlagsbuchhandlung einen »unangenehmen Eindruck« am bayerischen Hof gemacht habe[25]. Auch die bayerische Gesandtschaft in Stuttgart drängte auf eine Bestrafung des Buchhändlers Gustav Ferdinand Heerbrandt. Man könne es nicht dulden, daß in einer Grenzstadt unter den Augen der

Abb. 1: »Denker Club. Auch eine neue deutsche Gesellschaft«, um 1825

bayerischen Behörden ein gegen »die Person Seiner Majestät des Königs selbst gerichtetes, an Frechheit alle bisherigen derartigen Erscheinungen weit überbietendes Schmähgedicht« verkauft werde[26]. Daß die »Lobgesänge« heftige Empörung hervorriefen, nimmt nicht wunder. Mit bissiger Ironie verspottete Heine König Ludwig I., den das »Volk der Bavaren« als seinen »angestammten König« verehre. Besonders der königliche Liebhaber aller Künste hatte es dem Dichter angetan:

»Herr Ludwig ist ein großer Poet,
Und singt er, so stürzt Apollo
Vor ihm auf die Knie und bittet und fleht:
Halt ein! Ich werde sonst toll, o.«

Die »Walhalla«, die Ludwig I. bei Regensburg bauen ließ, stieß bei Heine auf wenig Begeisterung. Denn in dieser »marmornen Schädelstätte« würden die Verdienste, Charaktere und Taten von Teut bis Schinderhannes geehrt und gerühmt. Dem König prohezeite der streitbare Heine die Kanonisierung durch den Heiligen Vater zu Rom:

»Sobald auch die Affen und Kängeruhs
zum Christentum sich bekehren,
Sie werden gewiß Sankt Ludewig
Als Schutzpatron verehren.«

Am 12. März 1845 verurteilte der Kgl. Gerichtshof in Ulm Heerbrandt zu fünf Monaten Haft, 50 Gulden Geldbuße sowie zur Bezahlung der Untersuchungskosten »wegen verübter Beihilfe zu dem Vergehen erschwerter Ehrenkränkung des Königs von Bayern«[27]. Heerbrandt wehrte sich gegen das harte Urteil und legte Rekurs ein, doch das Obertribunal des Gerichtshofes in Ulm bestätigte am 2. Mai 1845 das Urteil in zweiter und letzter Instanz. Ende Mai begnadigte König Wilhelm I. den liberal gesinnten Buchhändler auf sechs Wochen Festungsarrest, nachdem Bayern um die Erlassung sämtlicher Strafen gebeten hatte[28].

Besonderen Eifer entwickelten die Behörden bei der Unterdrückung demokratischer Schriften, die im Untergrund verbreitet oder aus dem Ausland in das Königreich geschmuggelt wurden. Auf der Fahndungsliste standen beispielsweise Georg Büchners »Hessischer Landbote« oder Georg Herweghs populäre »Gedichte eines Lebendigen«[29].

In Ulm gerieten im Frühjahr 1833 als erste die Oberjustizassessoren Hohbach und Sattler in den Verdacht staatsfeindlicher Aktivitäten. Den beiden jungen Beamten wurde der Umgang mit Personen, die »feindselige Gesinnungen gegen die Staatsregierung« hegten, vorgeworfen. Gustav Hohbach hatte sich zudem als Sekretär des Polen-Komitees hervorgetan. 1832 plante er zusammen mit dem jungen Konrad Dieterich Haßler, der sich während der Wahlkampagne von 1831 als Liberaler einen Namen gemacht hatte, und dem Diakon Gottlob Heinrich Scholl die Herausgabe einer Zeitung, die aber, wie Hohbach in einem Schreiben an das Justizministerium hervorhob, dem Wohl des Volkes dienen sollte und keine Angriffe gegen die Staatsregierung beabsichtigt habe, aber sehr wohl Eingriffe der Regierung gegen die verfassungsmäßigen Rechte des Volkes nennen wollte. Von einer weiteren Verfolgung sah man ab, da die jungen Beamten verführt worden seien; statt dessen sollte mit Arbeit ihr jugendlicher Eifer für den Staatsdienst gefördert werden[30].

Wandergesellen aus Württemberg, die im Ausland lebten und dort Arbeit fanden, gerieten schnell in den Verdacht revolutionärer Umtriebe und sahen sich bei ihrer Rückkehr behördlichen Verfolgungen ausgesetzt, besonders wenn bekannt wurde, daß sie sich dem »Jungen Deutschland« oder anderen demokratischen Organisationen angeschlossen hatten. Zum Beispiel sollte der Ulmer Rotgerbergeselle Georg Friedrich Bantlin, Mitglied des »Bundes der Geächteten«, bei seiner Rückkehr verhaftet und über die revolutionären Umtriebe in Paris, vor allem über die Teilnahme von Württembergern, verhört werden[31]. Oder der Schelklinger Buchbinder Franz Xaver Bundt, der in La Chaux-de-Fonds (Schweiz) dem örtlichen Klub des »Jungen Deutschland« vorstand und 1845 ausgewiesen wurde[32]. Eine Liste der wegen politischer Verbrechen verurteilten Württemberger aus dem September 1841 nannte die Studenten Albert Autenrieth aus Ulm und den flüchtigen Friedrich Fischer aus Ringingen (Mitgliedschaft in einer hochverräterischen Studentenverbindung), Ottmar Vogel aus Tomerdingen (Mitgliedschaft im »Jungen Deutschland«) und den Ulmer Schlossergesellen Martin Hoffmann (revolutionäre Umtriebe in der Schweiz) sowie die schon genannten Schertlen und Bantlin[33].

Die Repressionswelle unterband bis in die 1840er Jahre die liberalen Stimmen. Dennoch verstummte die liberale Opposition nicht. Vor allem der Landtag bildete ein Forum und schuf eine politische Öffentlichkeit. Allen Zensurbestimmungen zum Trotz verfolgten die Menschen die Debatten über oppositionelle Themen, die in den Protokollen des Parlaments veröffentlicht wurden. Im 1844 gewählten Landtag stieg Friedrich Römer zum gefeiertsten Redner und zum anerkannten Führer der Opposition auf. Vehement trat er für Pressefreiheit, die zentrale Forderung der Opposition, ein[34]. Die meisten liberalen Oppositionspolitiker betrieben eine gemäßigte Reformpolitik, die sich gegen die Adelsvorrechte wandte, für die Grundentlastung und ein neues Gemeinderecht, aber gegen die Gewerbefreiheit eintrat[35].

Die bürgerliche Vereinsbewegung

Bereits das 18. Jahrhundert kannte die bürgerliche Kultur Geselligkeit und bürgerlichen Lebensstil. In Ulm schuf sich das gebildete und aufgeklärte Bürgertum in den ausgehenden 1780er Jahren mit den Gründungen der »Mittwochsgesellschaft«, einer exklusiven Vereinigung von Gelehrten und Honoratioren, der Freimaurerloge »Astraea zu den drei Ulmen« und einer Lesegesellschaft feste organisatorische Strukturen. Dort pflegte man die gesellige Unterhaltung, führte Gespräche über städtische und politische Probleme und übte demokratische Umgangsformen ein – jedes Mitglied besaß die gleichen Rechte und Pflichten[36].

Abb. 2: Das 1. Deutsche Liederfest in Ulm am 25. Juli 1836

Die Vereinsbewegung erlebte in den 1830er Jahren ihren ersten Höhepunkt. Die alten Bindungen fielen weg, die Bürger verließen ihre traditionalen ständisch-korporativen Sozialkreise und schlossen sich frei nach Interessen in Bildungs- und Lesevereinen, in Gesang- und Turnvereinen oder in Vereinigungen, die soziale Ziele verfolgten, zusammen. In den Jahren vor der Revolution politisierte sich die Vereinsbewegung trotz der staatlichen Unterdrückung und nahm den Charakter einer Massenbewegung an. Ulm zählte 1836 rund 150 gesellschaftliche Zusammenschlüsse[37].

Aus der Vielzahl der Vereine seien hier nur wenige vorgestellt[38]. Die Gesangvereine besaßen für das gesellige Leben in Ulm große Bedeutung. Der 1825 gegründete »Liederkranz«, einer der am zahlenmäßig stärksten Vereine, erfuhr nach der Julirevolution 1830 eine Politisierung; über sein

Solidaritätskonzert für Polen ist schon an anderer Stelle berichtet worden. Liederfeste nahmen, wie Konrad Dieterich Haßler berichtet, eine »teilweis politische Färbung« an, und »manche Liederkränze, insbesondere die Ulmer, [begleiteten] mit ihren Klängen den Kampf in Polen und die polnischen Emigranten teils aus allgemein menschlichen, teils wohl auch aus politischen Sympathien lauter, als es überall gefallen« konnte[39]. Ihren ersten Höhepunkt erlebten die Ulmer Gesangvereine mit dem ersten Deutschen Liederfest am 25. Juli 1836, an dem zahlreiche bayerische und württembergische Vereine teilnahmen. Die Liederfeste der folgenden Jahre trugen wesentlich zur Stärkung der Forderung nach der nationalen Einheit Deutschlands bei[40].

Für das liberale Bürgertum gewann die im Januar 1838 gegründete »Bürgergesellschaft« im Spangenbergschen Kaffeehaus große Bedeutung. Zu den Initiatoren gehörten der Zeichenlehrer Eduard Mauch, der Verleger Philipp Ludwig Adam und der Oberjustizprokurator Andreas Alois Wiest. Neben der Förderung der wirtschaftlichen Entwicklung – die Ulmer Gewerbeausstellung 1841 ging auf ihre Initiative zurück – leistete die liberale Vereinigung Wahlkampfhilfe für ihre Kandidaten, wie z. B. für Konrad Dieterich Haßler, der 1844 die Wahl zum Landtagsabgeordneten der Unterstützung durch die »Bürgergesellschaft« verdankte[41].

Dem am 8. April 1846 ins Leben gerufene »Turnverein« gehörten während der Revolution vor allem Gesellen an. Durch ihre Verbindung mit dem Arbeiterverein politisierten sie ihn und entwickelten republikanische Aktivitäten. Mit 32 Turnern bildete 1847 der Fabrikant und 1. Turnwart Konrad Dietrich Magirus einen »Steigerzug«, mit dem die Umwandlung der veralteten städtischen Pflichtfeuerwehr in eine freiwillige Feuerwehr begann. 1848 stellten Handwerker und Kaufleute den größten Anteil der Mitglieder der »Bürgerlichen Feuer-Rettungs-Compagnie«, das gehobene Bürgertum war dagegen kaum vertreten[42].

Die Vereinsbewegung erfaßte auch das Gebiet des heutigen Alb-Donau-Kreises, vor allem in den Oberamtsstädten Blaubeuren und Ehingen, aber auch in den größeren Gemeinden wurden Honoratiorenvereine, Lesegesellschaften, Liederkränze und Turnvereine gegründet.

Wirtschaftliche Verhältnisse

Im 19. Jahrhundert lebte im Königreich Württemberg der größte Teil der Bevölkerung auf dem Land, zwei Drittel der Bevölkerung waren Bauern. Nur Stuttgart mit 50 000 Einwohnern und Ulm mit etwas über 20 000 Einwohnern zählten zu den Großstädten. Der Industrialisierungsprozeß kam nur schleppend in Gang, viele Einbrüche und Instabilität begleiteten das wirtschaftliche Wachstum. Die staatliche Unterstützung blieb unzureichend, technische Innovationen wurden nur zögerlich eingeführt, und Fabrikanten scheiterten allzu häufig an zu geringer Kapitaldecke (zwischen 1840 und 1847 ging fast jeder neunte Unternehmer in Konkurs). Größere Fabrikanlagen waren die Ausnahme; 1832 gab es in Württemberg nur rund 3500 Arbeiter (ohne Hausindustrie)[43]. Die Wirtschaft war mittelständisch geprägt. »Württemberg glänzt nicht«, so Finanzminister Georg Rudolf Weckherlin 1823, »durch einzelne große Fabrikinstitute, aber ganz Württemberg ist eine Fabrik, eine Manufaktur, wo wir hinblicken in die Hütten des Landmanns oder die volkreichen Straßen der Städter, überall finden wir fleißige Handwerker, kunstgeübte Manufakturisten, sinnende Kaufleute.«[44] Handel und Verkehr bereiteten die Industrialisierung vor. Neue Verkehrsmittel – Dampfschiffe und Eisenbahn –, der Ausbau von Wasserwegen und Straßen sowie der Wegfall von Binnenzöllen erschlossen neue Märkte.

In Ulm blieb das Handwerk bis nach der Jahrhundertmitte der dominierende Bereich des wirtschaftlichen Lebens, wie die folgenden Zahlen belegen: 1810 zählte die Stadt 950 (81,6 Prozent) selbständige Meister, deren Zahl zwar 1861 auf 465 sank, der prozentuale Anteil betrug aber immer noch fast 50 Prozent Die Zahl der Lohnabhängigbeschäftigten stieg im gleichen Zeitraum in der gewerblichen Produktion von 820 auf 1464, in Fabriken und Manufakturen von 83 auf 1199. Während das Baugewerbe mit dem Beginn des Festungsbaus 1844 einen Boom erfuhr, entzog die industrielle Produktionsweise arbeitsintensiven Handwerken die ökonomische Basis, z. B. dem metallverarbeitenden Handwerk: 1810 betrug der Anteil der Meister an der Zahl aller Erwerbstätigen 7,3 Prozent, 1861 nur noch 2,4 Prozent[45]. Einen bedeutenden Wirtschaftszweig stellte im Vormärz die Tabakfabrikation dar, deren Anfänge in der zweiten Hälfte des 18. Jahrhunderts liegen. In den 1830er Jahren stieg die Tabakmanufaktur Wechsler zum größten Tabakunternehmen Württembergs auf. Mit 300 Arbeitern beschäftigte das Unternehmen fast die Hälfte aller in der württembergischen Tabakindustrie Beschäftigten[46].

In den Städten des heutigen Alb-Donau-Kreises verschaffte das Handwerk dem überwiegenden Teil der Bevölkerung Arbeit und Brot. In der Oberamtsstadt Blaubeuren arbeiteten zu Beginn der 1830er Jahre 218 Meister und 162 Gesellen in der gewerblichen Produktion[47]. Bedeutendster Bereich war das Leinenweberhandwerk. Die 1726 gegründete Bleiche besaß für die württembergische Leinwandproduktion große Bedeutung. 1827 übernahm der Vater von Julius Haußmann die Bleiche[48]. Der Beginn der Industrialisierung liegt im Jahr 1834, als Daniel Weil begann, die tonhaltigen Kalksteinflöze zur Herstellung von hydraulischem Kalk zu nutzen und Zement herzustellen. Die Bedrohung des Handwerks durch die aufkommende Industrialisierung und durch die Einfuhr ausländischer Produkte, der die Handwerker mit dem Festhalten an den Zunftordnungen gegenzuhalten versuchten, zeigt eine Eingabe der Blaubeurer Handwerker an den Landtag vom 27. Januar 1833: »Das biedere Volk der Württemberger will keine Auflösungen und Zerstörungen, sondern einen festen und klaren Zustand des Gewerberechts. Jedes Gewerbe hatte schon in früheren Zeiten seine besondere Gerechtsame ... Durch die frühere Ordnung und Festigkeit im Zunftwesen hat sich in Württemberg ein gediegener, tüchtiger und ehrsamer Gewerbestand gebildet. In neuerer Zeit aber sieht sich derselbe in manchen Stücken beeinträchtigt und befürchtet noch größere Nachteile. Was das Fabrikwesen betrifft, so ist bekannt, daß solches auf die einzelnen Gewerbsleute vielfach und nachteilig wirkt, aber gegen das Aufblühen der inländischen Fabriken ankämpfen zu wollen, wäre nicht zeitgemäß.«[49]

In Ehingen lebten die Einwohner überwiegend von Ackerbau und Viehzucht. Das städtische Handwerk war von jeher nur von mittelmäßiger Bedeutung und produzierte ausschließlich für den lokalen Markt. Um 1830 zählte die Stadt bei einer Einwohnerzahl von annähernd 3000 exakt 293 Handwerksmeister und 59 Gesellen[50]. Ähnliche Verhältnisse herrschten in Langenau, wo die Leinenweberei das bedeutendste Gewerbe bildete, und in Munderkingen[51]. In dem an landwirtschaftlicher Nutzfläche armen Schelklingen lebte mehr als die Hälfte der Bevölkerung vom Handwerk. Das wichtigste Gewerbe bildeten die Hafner. Zu einem wichtigen Broterwerb wurde die Hausindustrie (Spinnerei, Musselinstickerei, Strohhüte). Zwischen 1832 und 1842 eröffneten drei Zündholzfabriken die Produktion. Im ehemaligen Kloster Urspring entstand 1833 die Mechanische Baumwolltuchweberei – der erste industrielle Großbetrieb im Oberamt Blaubeuren. 1835 wurden die ersten mechanischen Webstühle aufgestellt, und fast 120 Menschen, darunter die Hälfte Mädchen zwischen 14 und 20 Jahren, fanden in den umgebauten Klostergebäuden Arbeit[52].

Soziale Verhältnisse

In Württemberg wuchs die Bevölkerung trotz erheblicher Wanderungsverluste vor allem in den Krisenjahren 1816/17, 1832/33, 1846/47 und 1852/54 kontinuierlich von 1,379 Mio. (1812) auf 1,744 Mio. (1849). Der Druck der relativen Überbevölkerung ließ den Nahrungsspielraum eng werden. Die Erträge der vorindustriellen Landwirtschaft blieben gering, da bis in die 1840er Jahre an der überkommenen Dreifelderwirtschaft festgehalten wurde. Außerdem verschärfte die durch die Realteilung bedingte Bodenzersplitterung die Situation. Viele Bauern, die durch Abgabeverpflichtungen an die Grundherren zusätzlich belastet wurden und deren Selbstversorgung vielfach in Gefahr geriet, waren auf Nebenerwerbsmöglichkeiten im Handwerk angewiesen. Viele Dorfbewohner verarmten und wanderten aus, um ihren tristen Lebensverhältnissen zu entkommen – insgesamt mindestens 280 000 Menschen zwischen 1815 und 1855[53].

In den Städten war die soziale Lage der im Handwerk, in Manufaktur und Fabrik beschäftigten Gesellen und Arbeiter während des Vormärz von einer zunehmenden Verschlechterung ihrer Lebensverhältnisse geprägt[54]. Nach den Hungerjahren von 1816/17 blieb in 1820er Jahren der Roggenpreis – Parameter für die allgemeine Preisentwicklung – auf niedrigem Niveau. Seit dem Ende des Jahrzehnts stieg der Preis, bis er 1832/33 einen Höhepunkt erreichte. Nach einer kurzen Erholung erhöhte sich der Roggenpreis von 1841 an kontinuierlich, 1847 erreichte die Teuerung nach zwei Mißernten ein seit Jahren nicht gekanntes Ausmaß. Trotz der geringen Erhöhung der Nominallöhne sanken die realen Einkommen der Gesellen und Arbeiter. Die sinkende Kaufkraft führte zu sozialer Verelendung. Auch in Zeiten ohne Teuerung und ohne Arbeitslosigkeit konnte ein Geselle mit seinem kargen Lohn kaum Frau und Kinder ernähren; beispielsweise blieben 1819 einem Ulmer Maurergesellen nach Abzug der Steuern und der Kosten für Miete und Brennholz 19 Kreuzer täglich – ein sechspfündiges Dinkelbrot kostete in dieser Zeit zwischen 13 und 19 Kreuzern[55].

Auch für die Handwerksmeister gestalteten sich die Lebensverhältnisse immer schwieriger. In Ulm verdienten 1846 Hunderte von Familienvätern bei einer vierzehnstündigen Arbeitszeit täglich zwischen 48 Kreuzern und einem Gulden – eine Summe, die nur für das Allernotwendigste reichte[56]. Arbeitslosigkeit und Arbeitsmangel verschärften die Lage. Im Dezember 1847 berichtete die »Ulmer Schnellpost«, daß besonders die Schreiner über wenig Arbeit und wenig Verdienst zu klagen hätten. Viele hätten im Sommer nicht einmal das verdient, was sie zum Lebensunterhalt bräuchten; so stünden sie nun in einem harten Teuerungswinter ohne die nötigen Ressourcen da[57].

Zwei Hungerkrisen suchten das Land in der ersten Hälfte des 19. Jahrhunderts heim. 1816/17 führte die strukturelle Schwäche der Landwirtschaft zu einer Verringerung der Ernteerträge. Frondienste, Abgaben und Lasten sowie die zahlreichen Einquartierungen, Kontributionen und Plünderungen während der Koalitions- und Befreiungskriege schwächten die Wirtschaftskraft des Landes und dezimierten die Kornvorräte. Nasse Sommer hatten schon in den Jahren zuvor für erhebliche Ernteeinbußen gesorgt. Im Sommer 1816 ließen Regen, Hagel und auf der Alb sogar Schnee nur einen kümmerlichen Wuchs zu; die Ernte betrug ein Fünftel bis zur Hälfte eines normalen Ertrages[58]. Die Verknappung der Lebensmittel führte zu drastischen Preissteigerungen. Zeitweise stieg der Preis für ein Simri Roggen während des Jahres 1816 um das Vierfache auf über vier Gulden; im Mai des folgenden Jahres mußten auf der Ulmer Schranne über sieben Gulden bezahlt werden[59].

In Ulm versuchte man mit der Einrichtung einer »Rumfordschen Suppenanstalt« die Not zu lindern. Ab 31. Oktober 1816 erhielten die Armen und Bedürftigen der Stadt kostenlos einen Teller Suppe; wöchentlich wurden bis zu 1200 Portionen verabreicht[60]. Aus dem Jahre 1817 ist das Rezept der Ulmer »Armen-Blutwurst« überliefert: »Für 200 Portionen Würste, jede zu 1 Pfd.: Blut von allerhand Schlachtvieh 60 Maß, vermischt mit Wasser 50 Maß. An Gewürzen: Pfeffer 8 Lot, Ingwer 4 Lot, Koriander 8 Lot, Zwiebeln für 12 Kreuzer.«[61]

Die königlichen Behörden griffen erst im Januar 1817 zu den ersten notwendigen Maßnahmen: Einfuhrzölle wurden aufgehoben, die Ausfuhrzölle dagegen erhöht, schließlich am 7. Mai 1817 strikt verboten; eine königliche Verordnung setzte ferner am 10. Juni 1817 Höchstpreise für Lebensmittel fest[62].

Die Hungerkrise gab auf Initiative von Königin Katharina den Anstoß zur Gründung von Wohltätigkeitsvereinen. Ein Aufruf vom 7. Januar 1817 forderte zur Gründung lokaler Vereine auf, um die Not der Menschen zu erleichtern und die Hilfe für die Armen vor Ort zu vergrößern. Ihren offiziösen Charakter erfuhren die Wohltätigkeitsvereine durch einen königlichen Erlaß, der ihre Gründung anordnete und die höheren Staatsbeamten zur Mitgliedschaft verpflichtete[63]. Mit den Wohltätigkeitsvereinen setzte die grundlegende Veränderung der organisatorischen Strukturen der öffentlichen Sozialpolitik ein: Der Staat bestimmte nunmehr den gesetzlichen und administrativen Rahmen, dessen Realisierung den städtischen Behörden übertragen wurde – ein Dualismus, der bis zum heutigen Tag Gültigkeit besitzt.

Die Verschärfung der sozialen Krise nach 1845 führte, anders als 1816/17, unter den Handwerkern, Gesellen, Fabrikarbeitern und Frauen zur Bereitschaft zu Selbsthilfe und kollektivem Handeln, die in offenen Protest gegen die bestehenden Verhältnisse mündete. Bereits im Oktober 1845 suchten die Ulmer Schneidergesellen, allerdings erfolglos, die Erhöhung ihres Stücklohns um einen Gulden durchzusetzen[64].

Die Unzufriedenheit der Bevölkerung steigerte sich 1846/47, als die Lebensmittelpreise steil in die Höhe kletterten. Die »Ulmer Schnellpost« avancierte zum Sprachrohr der unter der Krise leidenden Menschen. In zahlreichen Artikeln prangerte sie die Mißstände an oder forderte, wie am 16. September 1846, Maßnahmen gegen die Teuerungen[65]. Besondere Empörung zogen Getreidehändler auf sich, die mit spekulativen Getreideauf- und Getreideverkäufen ihre Gewinne zu vergrößern trachteten. Viele sahen in ihnen die eigentlichen Urheber der Hungerkrise.

Am 1. Mai 1847 brach die Unzufriedenheit in einem gewaltsamen Aufruhr aus. Am Morgen dieses Tages zogen Hunderte wütender Menschen – verarmte Handwerksmeister und Gesellen, Tagelöhner, Fabrikarbeiter und Frauen – vom Kartoffelmarkt hinter dem Münster zum Kornhaus und von dort zur Langmühle (heute Bahnhofstraße 1, rückwärtiges Gebäude), dessen Inhaber, der Kunstmüller Johann Georg Wieland, besonders verhaßt war. Das Lagerhaus der Mühle (Glöcklerstraße 6) wurde verwüstet. Anschließend zog die wütende Menge in die Hirschstraße und plünderte das Wirtshaus »Zum jungen Hasen« (Hirschstraße 19). Es wurden sogar Barrikaden errichtet, um sich vor den Einheiten der Wengen- bzw. Zeughauskaserne zu schützen. In den Tagen und Wochen nach dem bald so genannten »Brotkrawall« wurden Hausdurchsuchungen, die das Militär durch die Absperrung ganzer Straßenzüge unterstützte, durchgeführt, erste Verhaftungen vorgenommen und Hunderte von Frauen und Männern einem polizeilichen Verhör unterzogen. Schließlich standen im Oktober 1847 123 Männer und 59 Frauen vor Gericht. Der Kriminal-Senat des Kgl. Gerichtshofs in Ulm sprach Gefängnisstrafen zwischen vier Wochen und zwei Jahren sowie Arbeitshausstrafen von bis zu vier Jahren aus; die meisten Frauen erhielten Strafen unter drei Monaten. Marie Fröhlich, eine der treibenden Kräfte des Aufruhrs, wurde zu einem Jahr Kreisgefängnis verurteilt. Eine Bittschrift von 600 Bürgern an den König um Strafnachlaß hatte ein Jahr später für die meisten Verurteilten Erfolg[66]. Der Schreinmeister Wilhelm Dafeldecker, als Rädelsführer zu 18 Monaten verurteilt, wurde im Januar 1849 unter der Voraussetzung begnadigt, daß er auswandere. Im April verließ Dafeldecker Ulm in Richtung Vereinigte Staaten, wo er jedoch bald verstarb[67]. In Blaubeuren, Tübingen, Reutlingen, Stuttgart und anderen Orten kam es in den folgenden Tagen ebenfalls zu Teuerungstumulten[68].

Für die Situation auf dem Land soll uns Langenau als Beispiel dienen. Am 9. März 1847 bat der Gemeinderat das Kameralamt in Ulm dringendst um die Zuteilung von Brotgetreide, »da auch in hiesigem Orte die Not ihren höchsten Standpunkt erreicht [hat], denn nicht bloß die Ärmeren, sondern hauptsächlich die Mittelklasse haben das Wenige aufgezehrt und müßten ohne schnelle Unterstützung hungern.«[69] Einige Arme konnten mit Geld unterstützt werden, anderen gab man Arbeit, daß sie sich ihr Brot verdienen konnten, aber die fortdauernde Verteuerung der Lebensmittel, unter der vor allem Alte, Kranke und kinderreiche Familien, aber auch Handwerker litten, ließ die Gemeindeverwaltung bald an die Grenzen ihrer Möglichkeiten stoßen. Eigenen Angaben zufolge benötigten wenigstens 400 bis 450 von 3575 Einwohnern Unterstützung[70]. Zwei im März und Juni 1846 angefertigte Verzeichnisse listen über 220 Menschen – Tagelöhner, Handwerksmeister, Polizeidiener, Witwen und Seldner – auf, die auf die Zuteilung von Brotgetreide bzw. Mehl aus den Vorräten des Kameralamtes in Ulm hofften[71].

Bereits im März 1846 ließ die Regierung für den Donaukreis in Ulm diejenigen Gemeinden feststellen, die Saatkartoffeln aufzukaufen wünschten und in denen ein Bedarf an Saatkartoffeln vorhanden ist. Dem Antwortschreiben Langenaus ist zu entnehmen, daß es an zusätzlichen Saatkartoffeln für die Aussaat im kommenden Frühjahr bedürfe. Da kein verkäuflicher Überschuß vorhanden sei, benötige man 50 Scheffel, für die die Gemeinde aufkommen möchte[72]. Im darauf folgenden Frühjahr ordnete die Kreisregierung an, daß die Stadtgemeinde in Langenau 160 Simri Kartoffeln in Göttingen aufkaufen solle, um wenigstens einen Teil des Bedarfs von 800 Simri zu decken[73]. Auch an Saatgetreide fehlte es allenthalben. Viele Bürger gerieten im Frühjahr 1847 in größte Verlegenheit, ihren Bedarf an Saatgetreide zu decken – sie hatten während des Winters ihre eh schon kleinen Vorräte für die Ernährung verwendet. Auch konnten sie bei den wohlhabenderen Bauern kein Saatgut erstehen, da diese nur soviel vorrätig hatten, wie sie selbst benötigten. Ganz davon abgesehen wären die wenigsten in der Lage gewesen, den finanziellen Aufwand zu bestreiten. Der Gemeinderat unterstützte die Bitte dieser 43 Einwohner an das Kameralamt, aus dem kameralamtlichen Fruchtkasten ihren Bedarf zu kaufen[74].

In seiner Beschreibung Langenaus kommt Pfarrer Dieterich zu folgendem Resümee über die Zeit nach der Hungersnot von 1816/17 bis zur Revolution 1848: »Auf die harte Teuerung in den Jahren 1816 und 1817 ... folgten fruchtbare Zeiten, wofür man Gott nicht genug danken konnte. Die Einwohner erholten sich allmählich wieder und sahen sich zum Teil in ihren vorigen Wohlstand versetzt. Sie konnten sich wieder besser kleiden, ihre Wohnung verschönern, ihren Viehstand vermehren, ihre Steuern ordentlich abtragen, Äcker und Wiesen ankaufen, von allen Spuren des früheren Elends ward wenig mehr zu sehen. Wären nicht das teure Jahr 1847, in welchem ein Simri Kernen 4 Gulden 22 Kreuzer, ein Simri Roggen 3 Gulden kostete, und die Jahre 1848 und 1849 eingetreten, welche den Staaten Deutschlands Umsturz drohten, Handel und Gewerbe stocken machten, den fleißigen Bürger beinahe zugrunde richteten ... die Einwohner Langenaus könnten zu den glücklichsten und wohlhabendsten des Landes gezählt werden.«[75] Der heutige Zeitgenosse mag dem etwas beschönigenden Bild kritisch gegenüberstehen, das Dieterich, ein erklärter Gegner der Revolution, zeichnete, der seinem politischen Standpunkt folgend konsequenterweise in der Revolution die eigentliche Ursache allen Übels sah und weniger in der sozialen Krise, die weite Teile Deutschlands von 1846 an erfaßt hatte. Nach unseren heutigen Kenntnissen waren es auch die sich verschlechternden sozialen Verhältnisse, die zum Katalysator der revolutionären Erhebungen im Frühjahr 1848 wurden.

Die Revolution von 1848/49

Anfang 1848 zog ein revolutionäres Gewitter über Europa auf. Innerhalb weniger Wochen brach das System der Heiligen Allianz, das Rußland, Österreich und Preußen zur Abwehr aller nationalen und liberalen Bestrebungen im September 1815 errichtet hatten, zusammen. Am 24. Februar 1848 stürzte in Paris nach schweren Barrikadenkämpfen die konstitutionelle Monarchie, und die Zweite Republik wurde ausgerufen. Am 13. März erschütterte ein Volksaufstand Wien, das Metternich fluchtartig verließ. In Berlin wurden am 18. März rund 1000 Barrikaden errichtet; 230 Barrikadenkämpfer ließen ihr Leben. Der bayerische König Ludwig I. dankte am 20. März zugunsten seines Sohnes ab. Nach der Angliederung Schleswigs an Dänemark kam es am 21. März zu einer Erhebung in Schleswig-Holstein mit der Einsetzung einer neuen Regierung. Es brannte in Italien, Ungarn, Russisch-Polen und Böhmen.

In Ulm berichtete die »Ulmer Schnellpost« erstmals am 26. Februar über die Pariser Februarrevolution. Der Bericht war nüchtern abgefaßt und entsprach weitgehend den Ereignissen[76]. Doch je mehr sich die Ereignisse in Paris überschlugen, umso weniger gelangten verbürgte Nachrichten nach Ulm. Und umso mehr kochte die Gerüchteküche. Am 29. Februar meldete die »Schnellpost«, daß König Louis-Philippe guillotiniert und sein Regierungschef Guizot gehängt worden seien. Am folgenden Tag berief sie sich auf Privatbriefe, die in den »bestimmtesten Ausdrücken« berichteten, daß die republikanische Regierung bereits wieder gestürzt und an ihrer Stelle eine kommunistische ans Ruder gekommen sei. Außerdem wüte die Guillotine den ganzen Tag über[77]. Doch trotz der unsicheren Nachrichtenlage bemühte sich die »Schnellpost« um eine umfassende und objektive Berichterstattung. Am 29. Februar druckte sie einen ausführlichen, überdurchschnittlich langen Bericht über die Barrikadenkämpfe ab. In den nächsten Tagen folgten Extrablätter, die ausschließlich Nachrichten über die revolutionären Ereignisse enthielten.

Die »Schnellpost« beließ es nicht bei der Veröffentlichung von Berichten, sondern kommentierte auch die Ereignisse in Paris. Hierbei bezog sie einen eindeutigen Standpunkt: Die Ursache der Umwälzungen sah die »Schnellpost« hauptsächlich in der »Schmälerung eines durch die Verfassung garantierten Rechtes«, des Versammlungsrechtes. Hätte Louis-Philippe das Reformbankett nicht verboten, so säße er noch auf seinem Thron. Vor allem gelte es zu bedenken: »Das französische Volk ist eine mündige Nation und hat Eingriffe in seine sozialen, geistigen und politischen Rechte noch nie ungeahndet hingehen lassen!«[78] Mit diesem Kommentar offenbarte sich die »Schnellpost« als ein liberales Blatt, das sich in den kommenden anderthalb Jahren als Sprachrohr des demokratischen Fortschritts verstand.

Die Märzereignisse

Der Funke der Revolution zündete rechts des Rheines zuerst in Mannheim. Eine Volksversammlung am 27. Februar, an der über 2500 Menschen und die prominenten Oppositionspolitiker Adam von Itzstein und Gustav Struve teilnahmen, verabschiedete eine Petition, die am 1. März der Ständeversammlung in Karslruhe übergeben werden sollte. Sie enthielt die zentralen Forderungen der liberalen Opposition: Volksbewaffnung, Preßfreiheit, Schwurgerichte und die Einberufung eines deutschen Parlamentes. 3000 um das Ständehaus versammelte Menschen setzten das Parlament unter Druck. Mit einer »Ergebenheitsadresse« übergab die Zweite Kammer die Forderungen des Volkes an den Großherzog mit der Bitte um baldmöglichste Annahme, die bereits am nächsten Tag erfolgte. Baden war der erste deutsche Staat, der die Märzforderungen annahm[79]. Die »Schnellpost« in Ulm berichtete am 1. März in nur wenigen Worten über das bahnbrechende Ereignis[80].

In Württemberg hob König Wilhelm I. am 1. März die Pressezensur auf[81]. Die von Ludwig Uhland ausgearbeitete und am 2. März auf einer Volksversammlung in Tübingen angenommene Petition mit den Forderungen nach Volksbewaffnung, Pressefreiheit, nationalem Parlament, Öffentlichkeit der Gerichte und Selbstverwaltung der Gemeinden an König und Regierung wurde zum Vorbild für viele liberal gesinnte Menschen in den Städten und Dörfern Württembergs. Überall fanden Bürgerversammlungen statt. Die wachsende Erregung im Land und die heftiger geforderte Erfüllung der Forderungen des Volkes zeigten bald Wirkung. Am 9. März entließ Wilhelm I. die nicht mehr zeitgemäße Regierung; an ihre Stelle trat das sogenannte »Märzministerium«, dem unter der Leitung von Friedrich Römer die führenden Liberalen des Landes angehörten. Das liberal-konstitutionelle Ministerium erließ in rascher Folge Gesetze über Volksbewaffnung, Versammlungsfreiheit und Ablösung der grundherrlichen Lasten der Bauern zu günstigen Bedingungen, löste die bisherige Kammer auf und schrieb Neuwahlen aus. Römer gewann damit vor allem das Vertrauen des städtischen Bürgertums, das auf Reformen setzte und den gewaltsamen Umsturz ablehnte. Seine gemäßigte Reformpolitik neutralisierte mögliche revolutionäre Erhebungen, wie sie durch die Bauernaufstände in der Hohenlohe und im Odenwald drohten (gewiß führte die Erinnerung an den Bauernkrieg von 1525 zur schnellen Erfüllung der bäuerlichen Forderungen[82]). Mit dem Ministerium Römer gelangte der gemäßigte Liberalismus zu Regierungsverantwortung und -praxis, durchaus mit Erfolg. Noch im Sommer 1849, nachdem die badische Republik blutig niedergeschlagen war, beseitigte man die Zehnten und Jagddienste, die standesherrliche Gerichtsbarkeit und Polizeiverwaltung – der Bauer wurde zum gleichberechtigten Staatsbürger. Für das gemäßigt-liberale Bürgertum war die Revolution aber schon im März 1848 beendet.

In Ulm erregten die Nachrichten über den Sturz des französischen Königs, wie die »Schnellpost« am 3. März 1848 berichtete, eine »ungeheure Sensation«: »Wie ein Blitz durchzuckte der Gedanke die Gemüter, daß man jetzt mit der Forderung derjenigen Rechte hervortreten müsse, die seit dem Sturze Napoleons dem deutschen Volke vorenthalten wurden.«[83]

Auf den 3. März 1848 lud Stadtschultheiß Julius Schuster zur ersten Bürgerversammlung in Ulm in den »Goldenen Hirschen« ein, der an der Stelle der heutigen Kammerlichtspiele stand[84]. Eingeladen waren nur die württembergischen Staatsbürger. Rund 1000 Männer folgten dem Ruf des Stadtschultheißen. Frauen waren nicht anwesend, wenn wir den Begrüßungsworten Schusters folgen, der nur »Herren« ansprach.

Schuster stellte ein liberales Programm vor. An erster Position stand die Einheit Deutschlands. Nur so könnten die »deutschen Völker« gegen eine Bedrohung von außen bestehen - sei es gegen das revolutionäre Frankreich, das wie in den 1790er Jahren wieder Ansprüche auf die Rheingrenze stellen könnte, sei es gegen Rußland, die treibende Kraft der Heiligen Allianz. Daher forderte Schuster eine allgemeine Volksbewaffnung. Nur sie bewirke die »nötige Erstarkung gegen alle Feinde des Auslandes«. Und nur sie garantiere auch die »Ruhe und Sicherheit des Lebens und Eigentums des besitzenden Bürgers gegen die Bestrebungen des Pöbels«. An dieser Stelle trat, gerade wegen des »Brotkrawalls« vom vergangenen Mai, die Angst des Bürgers vor dem Vierten Stand, der entstehenden Arbeiterklasse, hervor, dessen Forderungen die Interessen der Kaufleute, Handwerker und Fabrikanten beschneiden könnten. Der Förderung des Handwerks galt Schusters besondere Aufmerksamkeit; er forderte daher eine »schleunige Abhilfe des traurigen Loses des Gewerbestandes« durch Landesverordnungen, aber auch durch ein gemeinsames Handeln der deutschen Regierungen.

Die Einheit Deutschlands war für Schuster ohne ein deutsches Parlament nicht denkbar. Dieses Parlament sollte die deutschen Staatsverhältnisse ordnen, die Rechte des deutschen Volkes wahren und fördern und seinen Wohlstand »durch kräftigen Schutz für Handel und Gewerbe« herstellen. Dafür seien ein freier Handel zwischen den deutschen Staaten ohne Zollschranken ebenso nötig wie der Bau von »Kunststraßen«, Eisenbahnen und Kanälen.

Schuster war ein konstitutioneller Altliberaler. Nur gemeinsam mit König Wilhelm I., »dem alten Kämpfer für die deutsche Freiheit«, könne das Reformwerk gelingen. »Fürsten und Völker müssen sich die Hände reichen und müssen vereint die große deutsche Nation schaffen.« Am Ende der Versammlung verabschiedeten die Anwesenden eine Adresse an den König, die die folgenden Forderungen enthielt: Volksbewaffnung, Vereidigung des Heeres auf die Verfassung, Presse- und Versammlungsfreiheit, Schwurgerichte und ein nationales Parlament – Forderungen, wie sie überall im Königreich erhoben wurden.

Die Bürgerwehren

Volksbewaffnung war eine der Hauptforderung der liberalen Opposition in den Märztagen des Jahres 1848. In Ulm bestand nach dem »Brotkrawall« am 1. Mai 1847 ein ausgeprägtes Bedürfnis für eine Bürgerwehr, die den bürgerlichen Besitz vor gewalttätigen Protestaktionen des »Pöbels« schützen sollte. Man erwog sogar, eine Liste aller arbeitslosen Personen zu ihrer besseren Überwachung zu erstellen. Zur Gründung einer vorrevolutionären Bürgerwehr kam es jedoch noch nicht.

Mit der Revolution eröffneten sich neue Perspektiven für die Bürgerwehr. Auf der Bürgerversammlung am 3. März 1848 erklärte Stadtschultheiß Schuster die Aufstellung einer Bürgerwehr zur vordringlichsten Aufgabe der Stadt. Das Thema Bürgerwehr bewegte die Bürgerschaft. Wiederholt versammelte sie sich, um ihrer Forderung Nachdruck zu verleihen. Auf einer Bürgerversammlung am 17. März verdeutlichte der Kaufmann Georg Kiderlen Sinn und Zweck einer Bürgerwehr: »Ein freies Volk muß zur Erhaltung und Ausbildung seiner Freiheit wachsam und kampfbereit sein.« Unter Berufung auf den großen badischen Liberalen Karl von Rotteck gehe es nicht nur um die Erringung der Freiheit, sondern viel schwieriger gestalte es sich, diese zu erhalten. Eindringlich warnte er vor dem »Gespenst des Kommunismus« (in den Tagen zuvor waren in Ulm Flugblätter republikanischen und kommunistischen Inhalts verteilt worden – auch das von Karl Marx und Friedrich Engels verfaßte »Kommunistische Manifest«?)[85].

Aktion auf Aktion ging es weiter. Am 20. März reiste eine Deputation des Gemeinderates nach Stuttgart, um bei der Regierung um Gewehre zum Zwecke einer alsbaldigen Volksbewaffnung zu bitten. Namhafte Bürger sammelten in den Wirtshäusern Unterschriften für eine Beratung des Gemeinderats über die sofortige Konstituierung einer freiwilligen Bürgerwehr, was am 22. März tatsächlich geschah.

Noch bevor in Stuttgart die gesetzliche Grundlage für die Bürgerwehren geschaffen worden war, entwarf Stadtschultheiß Schuster die Organisationsstruktur der Bürgerwehr: Die Bürgerwehr wurde in Kompanien eingeteilt, deren Stärke sich nach der Zahl der Freiwilligen richtete. Die Zuteilung zu den Kompanien erfolgte nach dem Wohnsitz des einzelnen. Die Scharfschützen bildeten eine besondere Abteilung. Jede Kompanie wählte ihren Zugführer; ebenso wurde der Kommandeur der Bürgerwehr von den Mitgliedern bestimmt. Als Grundausstattung war ein Gewehr mit Bajonett vorgesehen. Vorerst wurde auf eine Uniform bis zur Verabschiedung eines entsprechenden Gesetzes verzichtet, lediglich ein weißes Armband mit der Nummer der Kompanie zeichnete den Bürgerwehrler aus[86].

Auf der Bürgerversammlung am 22. März im »Hirsch« ließen sich sofort mehrere Hundert in die Bürgerwehr einschreiben. Schuster arbeitete die ganze Nacht über die Listen durch und teilte die Betreffenden in Kompanien ein. Am Morgen des 23. März waren die Armbänder angefertigt,

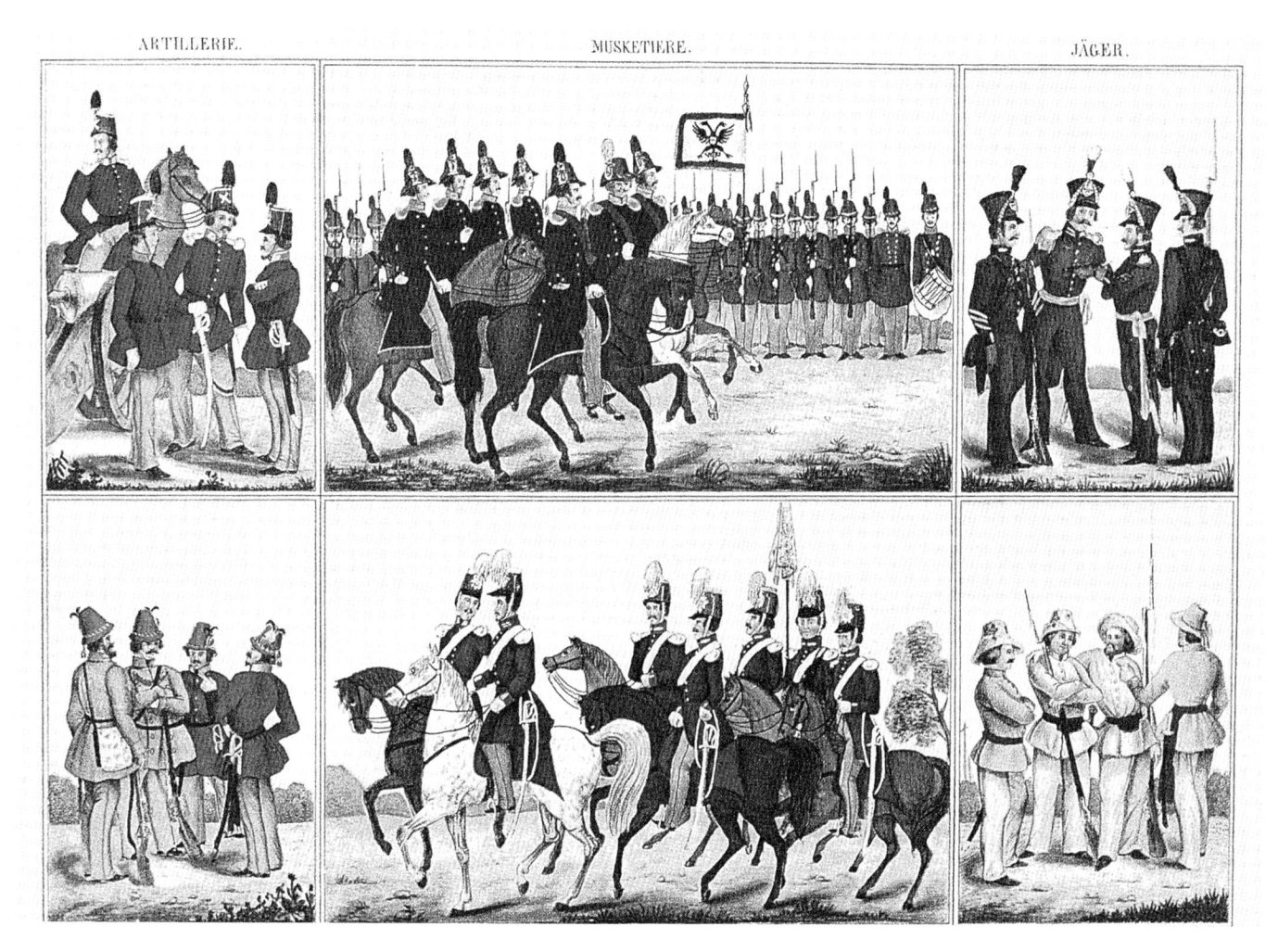

Abb. 3: Waffengattungen der Ulmer Bürgerwehr

und am Nachmittag trat die freiwillige Bürgerwehr auf dem Münsterplatz erstmals zusammen[87]. Über die erste Übung der Bürgerwehr berichtete die »Schnellpost«: »Gestern Morgen [2. April] rückte unsere gesamte Volkswehr zu einer gemeinschaftlichen Exerzierübung auf die Gänswiese und den Friedrichsau-Exerzierplatz aus. Die bürgerliche Garde zu Pferd eröffnete den Zug; ihr folgten das bürgerliche Jägerkorps, die Scharfschützen, die allgemeine Wehrmannschaft und die Turner. Über die Leistungen dieser Korpsgattungen lautet die allgemeine Stimme dahin, daß bei der Kürze der Übungszeit dieselben wirklich außerordentlich sind, was man neben dem Eifer der Bürger wohl hauptsächlich den Bemühungen der Unteroffiziere von der Linie zu danken hat, deren Instruktionsweise zweckmäßig, deutlich und klar ist.«[88]

Zwischenzeitlich war am 1. April 1848 das »Gesetz die Volksbewaffnung betreffend« von König Wilhelm I. erlassen und verkündet worden. Ein vom Innenministerium ausgearbeiteter Begleitvortrag hob die »Wehrhaftigkeit des Volkes in die erste Reihe der Bedingungen einer würdigen Existenz der deutschen Staaten« hervor. Ebenso sei die »Waffentüchtigkeit der Bürger die Grundlage der Unabhängigkeit nach außen und ein Pfand der Erhaltung der gesetzlichen Freiheiten, der Sicherheit und Ordnung des bürgerlichen Lebens«[89]. Die Bürgerwehren sollten Schutzwehren für die Erhaltung der Verfassung und der gesetzlichen Ordnung sein und den »Charakter einer außerordentlichen Gemeindepolizeianstalt«, die »gegen Volksauflauf und Empörung« gerichtet sein sollte, haben[90].

Die Ulmer Bürgerwehr gliederte sich sechs verschiedene Waffengattungen: Artillerie, Musketiere, Jäger, Scharfschützen, Turner und berittene Bürgerwehr. Da die Ausrüstung selbst finanziert werden mußte, widerspiegelten sich in der Bürgerwehr die sozialen und politischen Verhältnisse: Wohlsituierte Bürger gehörten dem Reiterkorps an und Handwerksgesellen der Turnerabteilung, die sich 1848/49 häufig in den demokratischen Vereinen engagierten. Die Bürgerwehr wurde bei innerstädtischen Konflikten eingesetzt, beispielsweise patrouillierte Ende Juni 1848 die Bürgerwehr nach dem Überfall von Garnisonsoldaten auf eine demokratische Versammlung im Gasthaus »Zum Schiff« die ganze Nacht über. Im August 1848 gab sich die Bürgerwehr ein präzises Dienstreglement und Uniformvorschriften. Am 22. Oktober 1848 feierte die Bürgerwehr ihre Fahnenweihe, an der auch Mitglieder der Staatsregierung teilnahmen[91].

In Blaubeuren, Ehingen und in einigen Dörfern auf der Alb wurden Bürgerwehren erst nach der Verkündigung des Gesetzes zur Volksbewaffnung aufgestellt. Finanzielle Schwierigkeiten wie in Ehingen verzögerten die Organisation. In Langenau stieß die Volksbewaffnung auf die entschiedene Ablehnung des Gemeinderates. Zwar war die Bürgerwehr am 28. April aufgestellt worden[92], doch mit allen Mitteln versuchten die Gemeinderäte, die vom Oberamt angeordnete Ausgabe von 500 Gewehren aus dem Ludwigsburger Arsenal zu hintertreiben. So stellten sie auf ihrer Sitzung am 21. Juli 1848 fest, daß wie überall im Lande die Begeisterung für eine Bürgerwehr erkaltet sei. Auf eine scheinbare unsichere Rechtslage hinweisend und im guten Glauben für die Interessen des Staates und Gemeinwohls zu handeln, begründeten sie ihre Ablehnung mit letztlich vorgeschobenen Argumenten damit, daß »von Seiten der Nationalversammlung die Wehrbewaffnung des Volkes auf ganz andere Weise geordnet werden könnte und daß auch in Folge dessen unser Landesgesetz eine völlige Umgestaltung erleiden könnte in der Art, daß die Ausrüstung der Wehrmannschaften nicht mehr diesen selbst oder der Gemeinde auferlegt, sondern auf Staatskosten besorgt werden wird, daß es in allen diesen verschiedenen Beziehungen sehr wünschenswert wäre, einen namhaften Aufwand den einzelnen Wehrmännern bzw. den Gemeinden zu ersparen.« Folglich beschloß der Gemeinderat, die Anschaffung der Gewehre vorläufig auszusetzen, »da man voraussehen könne, daß sich zur Abnahme der fraglichen Gewehre nur ein ganz kleiner Teil der Mannschaft herbeilassen werde«[93]. Damit war der Konflikt mit den übergeordneten Behörden offen ausgebrochen. Trotz eines Erlasses des Innenministeriums vom 28. Juli 1848 blieb der Gemeinderat bei seiner grundsätzlich ablehnenden Haltung, die er jedoch insofern aufgab, als daß sich die Stadt zum Kauf von immerhin 200 Gewehren bereit erklärte[94]. Die Bürgerwehr blieb jedoch weiterhin unbewaffnet, von wenigen Ausnahmen abgesehen waren die Waffen nicht verteilt worden.

Der »Franzosenlärm«

Am 26. März 1848 sorgte der folgende Bericht in der »Ulmer Schnellpost« für erhebliche Unruhe in der Stadt: »Wir haben den ganzen Tag [25.März] in großer Bestürzung gelebt. Es war durch mehrere Kuriere bei der Kgl. Regierung und dem Oberamte die amtliche Anzeige gemacht worden, daß ein Trupp französisches Raubgesindel – welche das Gerücht bis zu 40 000 Mann taxierte – den Rhein und den Kniebis überschritten habe, im Badischen raube, morde und brenne und ins württembergische Land einzufallen drohe, ja, bereits nicht allzuweit hinter Ehingen eingefallen sei!« Überall in der Stadt standen Bürger beisammen. Lebhaft wurde über die möglichen Folgen dieser Schreckensmeldung diskutiert. Stadtschultheiß Schuster ließ durch öffentlichen Ausruf alle Bürger zu einer Versammlung im Hof des Deutschhauses einberufen – Gewehre und Waffen aller Art seien mitzubringen! Zur bestimmten Stunde erschien eine große Zahl von Bürgern auf dem Sammelplatz, bewaffnet mit Gewehren, Spießen, Sensen, Rapiere, Degen und sonstigem Kampfgerät. Schuster teilte die Bürger in vier Rotten ein und wies ihnen Sammelplätze zu. Das Festungsgouvernement erhielt aus Stuttgart den Befehl, unverzüglich alle drei Regimenter zu jeder Stunde marschfertig zu halten. Am Abend des 25. März rückte ein Teil der Kavallerie Richtung Ehingen ab, ihm folgte wenig später das 2. Infanterie-Regiment, 400 Mann stark, das in Ehingen einquartiert wurde. Festungskommandeur General von Gaisberg sicherte zu, daß, wenn die Garnison ausrücken müsse, er auf seine Verantwortung den Bürgern zu ihrem Schutz 600 Gewehre aus dem Arsenal aushändigen werde[95].

Nach der großen Aufregung folgte bereits am nächsten Tag das kleinlaute Dementi. Das Innenministerium ließ erklären, daß jene Gerüchte durchaus allen Grundes entbehrten, nirgendwo ein Einfall in badisches oder württembergisches Gebiet stattgefunden habe und nun dennoch alle Sicherheitsvorkehrungen getroffen seien[96].

Die Aufregung in Ulm war kein Einzelfall. Überall im Königreich setzte das Gerücht die Menschen in panischen Schrecken. Brave Bürger brachten Hab und Gut in Sicherheit, griffen zu den Waffen und machten sich zur Verteidigung ihrer Städte und Dörfer bereit. Militär patrouillierte an den Grenzen und auf den Straßen. Auf dem Kniebis warteten kampfeslustige, mit Dreschflegeln, Hauen und Sensen bewaffnete Freudenstädter auf das »Raubgesindel«[97].

Schon einmal, 1789, als das Pariser Volk die Bastille stürmte und sich die Bauern in ganz Frankreich, auch im Elsaß, erhoben, durchzog das Gerücht über einen Einfall aus Frankreich das Land in Windeseile. Auffallend ist die nahezu vollkommene Übereinstimmung der Meldungen vom September 1789 mit denen von 1848: 40 000 Mann kommen raubend, mordend und brennend über den Kniebis gezogen[98]. Es liegt daher die Vermutung nahe, daß dieses Gerücht von der Obrigkeit bewußt verbreitet wurde, um weiteren revolutionären, radikalen Veränderungen vorzubeugen. Geschickt wurde eingestreut, daß in Paris der Dichter Georg Herwegh eine republikanische Arbeiterlegion organisiere. Diese bestand hauptsächlich aus deutschen Gesellen, die in den neueingerichteten Nationalwerkstätten keine Arbeit erhielten und daher in ihr Heimatland zurückkehren sollten. Dort sollte die Legion die Revolution unterstützen und mithelfen, die Fürsten zu verjagen (tatsächlich eilte die Legion Friedrich Hecker, der am 11. April 1848 in Konstanz die Republik ausgerufen hatte und mit seinen Freischaren durch den Schwarzwald gezogen war, zu Hilfe und wurde am 27. April bei Dossenbach vom Militär geschlagen)[99].

Die Situation beruhigte sich bald wieder. Ohne »Feindberührung« kehrten Kavallerie und Infanterie in die Ulmer Kasernen zurück[100]. Der »Franzosenlärm« trug aber entscheidend zum Gesetz über die Volksbewaffnung bei.

Die Wahlen zur Nationalversammlung und zum Landtag

Das Frühjahr 1848 stand ganz im Zeichen der Wahlkämpfe für die Nationalversammlung und den Landtag. Auf einer Versammlung in Heidelberg am 5. März 1848 forderten südwestdeutsche Liberale u. a. Wahlen zu einer Verfassunggebenden Versammlung und luden alle Ständemitglieder aus Deutschland sowie ausgewählte »Männer des Vertrauens« zur »provisorischen Reichsversammlung«, dem später so genannten Vorparlament, nach Frankfurt, dem Sitz des Deutschen Bundes, ein. Zur Vorbereitung der Wahlen zu einer Nationalversammlung bestimmten die 576 Abgeordneten einen »50er Ausschuß«. Die Differenzen zwischen den radikalen Demokraten, deren erklärtes Ziel eine Republik war, und den Liberalen, die eine konstitutionelle Monarchie anstrebten, traten offen zutage. Friedrich Hecker, als 51. bei den Wahlen zum 50er Ausschuß gescheitert, zog sich enttäuscht aus dem Vorparlament zurück und versuchte kurze Zeit später, mit Hilfe des Volkes die Republik durchzusetzen. Der mit so vielen Hoffnungen begonnene »Heckerzug« endete am 20. April im Gefecht auf der Scheideck bei Kandern kläglich.

In Ulm traten der konstitutionell-liberale Konrad Dieterich Haßler und der mit einer Republik sympathisierende deutschkatholische Prediger Friedrich Albrecht an. Der Wahlkampf wurde ausgesprochen heftig geführt. Haßler wurden mehrfach Katzenmusiken, sogenannte Charivaris, gegeben und die Fenster seines Hauses am Münsterplatz (heute Eitel Bek) eingeworfen. Drohbriefe beschimpften ihn als »Volksunterdrücker«. Auf einem Drohbrief war gar ein »Hoch auf Hecker« zu lesen[101].

Am 25. April 1848 erlebte Ulm das erste spektakuläre Ereignis der Revolution. Auf dem Höhepunkt des Wahlkampfs und zugleich am ersten Wahltag wurde der demokratische Journalist Georg Bernhard Schifterling verhaftet. Ein Augenzeuge berichtet: »Als Schifterling dem Stationskommandanten zur Ablieferung nach Stuttgart übergeben war, und er mit ihm in das Gefährt steigen wollte, das vor dem Oberamt stand, kamen gegen 50 Personen herbei und forderten die Freilassung Schifterlings. Dieser sprach zu der Menge, sie solle Gesetz und Ordnung achten und ihn ziehen lassen. Er sehe wohl ein, daß er fort müsse; sie äußerten vielmehr laut, daß er hier bleiben müsse.« Die Menge ließ sich jedoch nicht beruhigen. Auch nicht durch Hinweise auf die Strafbarkeit ihres Handelns. »Diejenigen, welche sich des Schifterling vorzugsweise angenommen hatten, nahmen ihn in die Mitte und führten ihn trotz seines Widerstrebens mit sich fort, unter lautem Geschrei. Sie erklärten, sie würden lieber das Leben lassen, als die Abführung ihres Freundes gestatten.«[102] Am Abend fand ein eindrucksvoller Fackelzug durch die Straßen statt, dem sich Hunderte Menschen anschlossen. Auf ihren Zug brachten die Demonstranten Stadtschultheiß Schuster, den beiden Demokraten Schäl und Albrecht und schließlich Schifterling Ehrbezeugungen und Hochs aus. Die erste Demonstration der Ulmer Demokraten fand ihren Abschluß vor dem Haus Konrad Dieterich Haßlers am Münsterplatz, wo ihm eine »lamentable, schauerlich-grelle Katzenmusik« gegeben wurde[103].

Schifterling war den Behörden äußerst mißliebig aufgefallen. Zum 1. April 1848 hatte er die Redaktion des »Erzähler an der Donau«, eines bis dahin eher erfolglosen Unterhaltungsblattes übernommen. Schon nach wenigen Ausgaben hatte sich der »Erzähler« zu einem radikaldemokratischen Blatt gewandelt. Am 5. April forderte Schifterling eine demokratische Republik in einer Offenheit, wie sie zu diesem Zeitpunkt noch die Ausnahme war. Wenige Tage später kündigte er sogar an, dem König eine Lektion erteilen zu wollen. Kein Wunder, daß König Wilhelm I. diese Ausgaben des »Erzähler« zu seinen Handakten nahm (im übrigen die wenigen erhalten gebliebenen Ausgaben, die unter Schifterlings Redaktion erschienen)[104].

Abb. 4: Die Befreiung Georg Bernhard Schifterlings am 25. April 1848

Haßler ging aus der Wahl als Sieger hervor. Zwar unterlag er Albrecht in Ulm, aber auf dem Land holte sich Haßler die entscheidenden Stimmen und verbuchte eine satte Zweidrittel-Mehrheit für sich. Im Wahlkreis Ehingen-Münsingen setzte sich der Freiburger Kirchenhistoriker August Friedrich Gfrörer durch.

Der Wahlkampf für die Landtagswahl im Mai 1848 verlief im Gegensatz zur Nationalversammlungswahl ruhig, zu sehr warf die Nationalversammlung, die sich am 18. Mai konstituierte, ihre Schatten auf die Provinz. In Ulm siegte der gemäßigte Liberale Philipp Ludwig Adam, für den Wahlbezirk Ulm-Land zog der konservativ-liberale Gemeindepfleger Konrad Friedrich Hauser aus Langenau in den Landtag, im Oberamt Blaubeuren setzte sich der überzeugte Demokrat August Becher durch, im Oberamt Münsingen wurde der Tübinger Professor Johannes Fallati, dessen Nachfolge der Suppinger Pfarrer Eduard Süßkind Ende November 1848 antrat, und im Oberamt Ehingen der Postverwalter Felix Linder gewählt.

Politische Strömungen und Vereine

Die Konservativen Württembergs besaßen im Vormärz ihre Stützpunkte in der Beamtenschaft und der katholischen Kirche. Ihr Kampf richtete sich gegen die emanzipatorischen Ideen aus der Zeit seit der Französischen Revolution von 1789, vor allem gegen die Grundprinzipien der Demokratie: Volkssouveränität und Gewaltenteilung. Schwerpunkte konservativer Politik waren die Bewahrung der Verfassung von 1819, der Vorrechte des Adels und anderer feudaler Relikte wie beispielsweise die Zunftordnungen sowie die Verteidigung der evangelischen und katholischen Amtskirchen gegen innerkirchliche Opposition. Während der Revolution traten die königstreuen Konservativen gemeinsam mit den konstitutionell-monarchischen Liberalen in den zu Beginn der Revolution gegründeten Vaterlandsvereinen gegen die Forderungen der Demokraten, z. B. allgemeines Wahlrecht und die Einführung einer republikanischen Staatsverfassung, auf. Ihr Zentralorgan, die »Ulmer Kronik«, erschien in Ulm.

Chrysostomus Heinrich Elsner (1806–1858), Pfarrersohn aus Hedelfingen bei Stuttgart und Doktor der Philologie, übernahm am 1. Oktober 1846 als hauptverantwortlicher Redakteur die »Ulmer Kronik«. Das Blatt, das zu diesem Zeitpunkt 500 Abonnenten besaß, sollte nach den Vorstellungen des Innenministeriums zum Gegenpol des liberalen »Beobachter« werden, der in der politischen Meinungsbildung in ganz Württemberg führend war. Elsner erhielt für seine Tätigkeit eine jährliche Zuwendung von 800 Gulden. Zu diesem Zeitpunkt blickte Elsner auf ein bewegtes Leben zurück. Nach dem Studium der Theologie in Tübingen und der Promotion in München über ein historisches Thema lebte Elsner als freier Schriftsteller, als der er bald in ganz Württemberg bekannt und gefeiert wurde. Die Julirevolution 1830 in Frankreich fand in ihm einen begeisterten Anhänger. In scharfzüngigen Zeitungsartikeln und Gedichten geißelte er die alten Gewalten. Wegen seiner Gedichtsammlung »Lieder der Freiheit« (1833) und der Schrift »Abriß der Geschichte des 64tägigen aufgelösten Landtags« (1834) erhielt Elsner 1837 eine zehnmonatige Festungsstrafe und wurde steckbrieflich gesucht. Nach einem weiteren »Preßvergehen« flüchtete er noch im selben Jahr nach Emmishofen im Kanton Thurgau. Während seines Exils wandelte sich Elsner zum Konservativen und kehrte 1842 nach einer Amnestie anläßlich des 25. Thronjubiläums Wilhelms I. nach Stuttgart zurück[105].

Am 24. März 1848 veröffentlichte Elsner, der sich nach dem Ausbruch der Revolution intensiv um die Gründung einer konservativen Partei in Württemberg bemühte, in der »Ulmer Kronik« das Programm der »konstitutionell-konservativen Meinung«. Dieses Progamm stellt vermutlich die erste programmatische Äußerung einer sich in Württemberg außerhalb des Parlaments und der Bürokratie organisierenden konservativen Partei dar. Wie die Liberalen forderte das Programm ein vereinigtes Deutschland mit einem Nationalparlament, entschieden wandte es sich aber gegen »Anarchie« und jedwede Republikanisierung. Als leitmotivisches Motto fügte er im Titelkopf der »Kronik« die Parolen »Ordnung! Treue!« ein[106]. Elsner ritt scharfe Attacken gegen seine politischen Gegner – die Demokraten und Republikaner. Nicht nur deren Zeitungen wehrten sich mit gleicher Polemik und Schärfe, man ging auch handgreiflich gegen Elsner vor: Ende September wurde die Druckpresse der »Kronik« (Büchsengasse 2) in einer nächtlichen Aktion zerstört[107].

Die liberale Bewegung in Württemberg strebte eine konstitutionelle Monarchie an, in der die Übermacht des Staates durch Verfassung, Gewaltenteilung sowie Presse- und Vereinigungsfreiheit eingeschränkt werden sollte. Die Liberalen lehnten die demokratische Forderung nach Volkssouveränität ab und verurteilten entschieden den gewaltsamen Umsturz zur Volksherrschaft und Republik; statt dessen setzten sie auf den gesetzlichen Fortschritt. Die liberale Massenbewegung formierte sich im März 1848 und setzte sich weitgehend gegen Demokraten und Konservative durch. Sie blieb bis Sommer 1848 organisatorisch vereint, ehe sie sich in politische Richtungen differenzierte. Die bald gegründeten Vaterländischen Vereine unter der Leitung des Stuttgarter Hauptvereins, in denen sich das mittlere und gehobene Bürgertum sammelte, sahen ihre Aufgabe darin, das Volk zu mobilisieren und zu organisieren. Auf der Göppinger Volksversammlung am 27. März 1848 gaben sich die Liberalen ein breites und vieldeutiges Programm (keine Aussage über eine zukünftige Staatsform, allgemeine Formulierungen zur Gewerbefrage und Zunftverfassung) und eine gesamtwürttembergische Organisationsstruktur[108].

In Ulm gründete sich am 18. April 1848 unter der Führung des gemäßigten Liberalen Adam der »Nationalverfassungs-Verein«. Die 200 Mitglieder setzten zur Organisation des Wahlkampfes ein Wahlkomitee ein. Aus dieser Organisation entstand am 3. Mai 1848 der »Politische Verein«, der Liberale und Demokraten vereinigte[109]. Die Besonderheit des Ulmer Vereins liegt darin, daß er sich nicht wie in der württembergischen Vereinsbewegung in Altliberale und Demokraten spaltete.

Die Ulmer Liberalen besaßen drei, auch über Ulm hinaus bekannte Persönlichkeiten. Konrad Dieterich Haßler (1803–1873), Theologe, Altsprachler und eine der bedeutendsten Persönlichkeiten des 19. Jahrhunderts in Ulm, engagierte sich schon in den 1830er Jahre auf vielfältige Weise politisch und sozial. Seit 1845 gehörte Haßler dem württembergischen Landtag an. In der Nationalversammlung zählte er sich zum liberalen rechten Zentrum. Am 8. April 1849 legte Haßler sein Mandat nieder und zog sich aus der Poltik zurück[110]. Julius Schuster (1817–1863), seit 1845 Stadtschultheiß von Ulm, machte sich im März 1848 zum Sprecher des liberalen Bürgertums. Er trat bei vielen Bürger- und Volksversammlungen als Redner für die Einheit Deutschlands auf, wobei er sich für ein Deutschland ohne Preußen aussprach. Von 1856 bis 1861 saß Schuster für die konservative Partei im württembergischen Landtag[111]. Der seit 1841 als Verleger tätige Philipp Ludwig Adam trat bereits im Vormärz offen für eine liberale Partei ein; vor allem in seiner Zeitschrift »Die Zeitinteressen« setzte er sich für eine gesellschaftliche und politische Modernisierung ein[112]. Während der Revolution wurde Adam zu einer der führenden Persönlichkeiten der liberal-konstitutionellen Bewegung in Ulm: Vorsitzender des »Politischen Vereins,« Nachfolger Haßlers im Landtag und stellvertretender Abgeordneter der Nationalversammlung.

Organ des gemäßigt liberalen Lagers war die »Ulmer Schnellpost«; ihr politisches Selbstverständnis veröffentlichte sie am 1. Januar 1847: Auf der Grundlage nationaler Überzeugung forderte die »Schnellpost« Freiheit für alle und verpflichtete sich für Liberalismus und Liberalität über alle gesellschaftlichen und politischen Grenzen hinweg. In den ersten Monaten der Revolution avancierte die Zeitung zum Sprachrohr der Liberalen, ehe sie mit der Übernahme

Abb. 5: Chrysostomus Heinrich Elsner (1806 – 1856)

der Redaktion durch Ludwig Seeger eine demokratische Färbung erhielt, ohne jedoch der radikaldemokratischen »Donau-Zeitung« Konkurrenz zu bieten[113].

Über die Frage der Staatsform – konstitutionelle Monarchie oder Republik – zerbrach die Einheit der liberalen Bewegung. Die Vorreiterrolle bei der Entstehung der demokratischen Volksvereine spielte der von Gottlieb Rau am 22. Juni 1848 gegründete »Demokratische Kreisverein« in Stuttgart, dem sich in kurzer Zeit die Volksvereine in Esslingen, Hall, Heilbronn, Tübingen und Rottweil anschlossen. Wegen angeblicher kommunistischer Tendenzen wurde der »Kreisverein« am 12. Juli 1848 verboten[114]. Die Spaltung wurde Anfang Juli vollzogen. In Stuttgart trat nach einem heftigen Streit zwischen Robert Römer, der ein demokratisches Programm mit einem Bekenntnis zur Volkssouveränität vorgelegt hatte, und dem altliberalen Stuttgarter Landtagsabgeordneten Gustav Pfizer die demokratische Minderheit aus dem Hauptverein aus und konstituierte sich als Volksverein neu. Auf der Landesversammlung der politischen Vereine in Esslingen am 12. Juli 1848 folgte eine Mehrheit Julius Haußmann, der beantragt hatte, daß die »Durchführung des demokratischen Prinzips« sowohl in einer Republik als auch in einer konstitutionellen Monarchie durchgeführt werden könne. Konsequenterweise trat der Hauptverein aus der Organisation der politischen Vereine Württembergs aus. Die verbliebenen Abgeordneten wählten einen Landesausschuß als neues Führungsorgan, der »das politische Leben zu fördern, Einheit in die politischen Bestrebungen und dieselben in gemeinschaftlichen Angelegenheiten zu vertreten« als Auftrag erhielt[115]. Mit der Trennung von den Liberalen begann der Aufstieg der Demokraten zur wichtigsten politischen Kraft während der Revolution in Württemberg.

In Ulm zeigten sich im »Politischen Verein« bald erste Differenzen, als der Demokrat Schäl am 7. Juni auf einer Vereinsversammlung beantragte, auf den »Ersten Demokratenkongreß« in Frankfurt einen Abgeordneten zu entsenden (234 Delegierte von 89 Vereinen nahmen an dem Kongreß vom 14. bis 16. Juni teil und einigten sich auf das gemeinsame Programm der demokratischen Republik)[116]. Diesen Vorschlag lehnte der Vorsitzende Adam entschieden ab; auch in Ulm blieb die Frage der Staatsform offen. Aus Ulm nahm Georg Bernhard Schifterling an dem Frankfurter Kongreß teil[117], der dann am 27. Juni die Gründung eines »Demokratischen Vereins« versuchte, die aber wegen des blutigen Militärüberfalls scheiterte. Dennoch scheinen im »Politischen Verein« die demokratischen Kräfte in der Überzahl gewesen zu sein, denn Friedrich Albrecht gehörte dem 15köpfigen Landesausschuß der Volksvereine an. Auf Initiative Schusters, der einen Zerfall des »Politischen Vereins« zu verhindern suchte, vereinigten sich am 22. September 1848 der »Politische Verein« und der von Schäl gegründete, gemäßigt demokratische »Bürgerverein« zum »Ulmer Volksverein«. Die politischen Fronten klärten sich bald zugunsten der Demokraten. Entscheidend zu dieser Entwicklung trug der beginnende Siegeszug der Reaktion bei. Ende Oktober wurde das aufständische Wien von den Truppen Windischgrätz' erobert, Robert Blum, Paulskirchenabgeordneter, der nach Wien geeilt war, am 9. November standrechtlich erschossen. Schließlich setzte der Staatsstreich in Preußen Ende November 1848 ein deutliches Zeichen, daß die Märzerrungenschaften in Gefahr gerieten. Der »Volksverein« verlor seine liberalen Mitglieder; Adam und Schuster zogen sich aus dem aktiven Vereinsleben zurück. 1849 schlossen sich die Ulmer demokratischen Vereine – »Arbeiterverein«, »Volksverein«, »Bürgerwehrverein«, »Dienstagsgesellschaft« und »Politische Turngemeinde« – dem Frankfurter Zentralmärzverein an, der von linken und linksliberalen Abgeordneten der Nationalversammlung zur Koordination der demokratischen Vereine in ganz Deutschland im November 1848 gegründet worden war. Ein gemeinsamer Ausschuß zur Verteidigung der revolutionären Errungenschaften und zur Durchsetzung der Grundrechte und der Reichsverfassung gebildet[119].

Der seit 1845 in Ulm lebende deutschkatholische Prediger Friedrich Albrecht (1818–1890) war ein überzeugter Demokrat und eine der führenden politischen Persönlichkeiten Ulms im 19. Jahrhundert. Während der Revolution wurde Albrecht weit über die Grenzen der Stadt bekannt. So trat er als Redner auf Volksversammlungen in Günzburg und Weißenhorn auf und gehörte dem Landesausschuß der württembergischen Volksvereine an. 1862 gründete Albrecht den Ulmer »Arbeiterbildungsverein«, den ersten in Württemberg nach der Revolution, mit und übte in den folgenden Jahren einen großen Einfluß auf die württembergische Arbeiterbewegung aus. Der studierte Theologe Ludwig Seeger betrat im Dezember 1848 die politische Bühne Ulms, als er die Redaktion der »Ulmer Schnellpost« übernahm. Auch er gehörte bald zu den führenden Demokraten der Stadt. Am 1. August 1849 setzte sich Seeger bei den Wahlen für die 1. Verfassungrevidierende Versammlung gegen den liberalen Verleger Adam durch.

Der »Erzähler an der Donau« gab den demokratischen Bürgern der Stadt eine öffentliche Stimme. Mit der Übernahme des völlig unpolitischen Blattes durch Georg Bernhard Schifterling zum 1. April 1848 wurde der »Erzähler« zu einer der radikalsten Zeitungen Württembergs, die über die Grenzen Ulms Beachtung fand. Im Juli wurde dem »Erzähler« die Konzession entzogen und erschien, nachdem Schifterling die Redaktion abgegeben hatte, ab dem 1. August 1848 als »Donau-Zeitung« weiter[120]. Die erste Ausgabe veröffentlichte das Programm des Blattes: »Wir wollen ein im Innern freies und einiges, nach außen kräftiges Vaterland. Wir werden deswegen die Nationalversammlung in Frankfurt, der wir die ausführliche Befugnis zur Konstituierung der deutschen Verfassung zuerkennen, mit all unseren Kräften unterstützen und daher die hiemit unverträglichen Gelüste einzelner Regierungen fortwährend und schonungslos bekämpfen.«[121] Unter der Redaktion des aus Nördlingen stammenden Karl Beyschlag wurde die »Donau-Zeitung« zu einem entschieden demokratisch-republikanischen Blatt.

Die Arbeitervereine

Die Revolution von 1848/49 schaffte die Voraussetzungen zur Bildung der ersten selbständigen Arbeiterorganisationen in Deutschland. Sie schlossen sich zur »Allgemeinen Deutschen Arbeiterverbrüderung« zusammen. Anfang Juni 1848 gründeten sich in Stuttgart und Göppingen die ersten Arbeitervereine in Württemberg[122].

Der Ulmer Arbeiterverein folgte nur wenig später. Ein erster Versuch Ende April 1848 blieb erfolglos, aber am Pfingstsonntag, den 12. Juni, feierten Arbeiter und Gesellen das Stiftungsfest ihres Vereins, das mit einem Festzug durch die Stadt begann und bei den Drei Linden am Junginger Weg stattfand[123]. Dem Arbeiterverein gehörten bis zu seinem Verbot 1852 insgesamt rund 450 Mitglieder an. Die tatsächliche Mitgliederstärke war jedoch geringer, da viele Wandergesellen nur kurze Zeit dem Verein angehörten. Die Gründungen der Arbeitervereine in Blaubeuren und Langenau geschahen vermutlich mit der Unterstützung des Ulmer Arbeitervereins.

Entsprechend dem Programm der demokratischen Arbeiterbewegung entwickelte der Arbeiterverein ein breites Spektrum politischer und sozialer Aktivitäten[124]. Der ungehinderte Zugang zur Bildung und ihre Vermittlung stellten das zentrale Anliegen dar. Zahlreiche Vortragsabende zu gewerblichen und politischen Themen belegen dies. Auf diese Weise sollten die Voraussetzungen für eine Veränderung der gesellschaftlichen Verhältnisse geschaffen und die Gleichstellung des Arbeiters mit dem Bürger erreicht werden. Die Vertretung materieller Interessen – der Kampf um die Verbesserung der Lebens- und Arbeitsverhältnisse der arbeitenden Menschen – war geprägt durch das Bemühen um einen Ausgleich zwischen den Interessen der Arbeiter und Fabrikanten, möglichst gemeinsam und friedlich. Im sozialpolitischen Forderungskatalog des Arbeitervereins lesen wir: Herabsetzung der Eisenbahntarife für Wandergesellen, Verkürzung der täglichen Arbeitszeit, damit sich der Arbeiter verstärkt seiner Bildung widmen könne(!), Beseitigung der Polizeiwillkür, der sich Wandergesellen oft ausgesetzt sahen, und die Einrichtung einer Unterstützungskasse für kranke und wandernde Arbeiter. Bei letzterer Forderung schaffte der Ulmer Arbeiterverein Fakten. Er arbeitete die Statuten für eine Unterstützungskasse aus, die von vielen Arbeitervereinen in Deutschland übernommen wurden.

Ab dem Herbst 1848 trat der Arbeiterverein vor allem als politische Organisation hervor und entwickelte sich in den folgenden Monaten zu einer treibenden Kraft der republikanischen Bewegung in Ulm. Die Bewahrung der revolutionären Errungenschaften stand nun an erster Stelle. Er schloß sich dem Frankfurter Zentralmärzverein an. Als im Mai 1849 der Kampf um die Reichsverfassung in Sachsen, Baden und in der Rheinpfalz in revolutionäre Aufstandsbewegungen mündete, erklärte der Zentralausschuß der württembergischen Arbeitervereine in Ulm, daß es die heiligste Pflicht eines jeden Deutschen und insbesonders der Arbeiter sei, an dem Kampf um die Freiheit und das Wohl des Volkes teilzunehmen. In der Tat zogen Mitglieder des Arbeitervereins, einige Langenauer, auch Soldaten der Garnison und Festungsarbeiter ins Badische, um mit der Waffe in der Hand für Freiheit und Demokratie zu kämpfen.

Georg Bernhard Schifterling, führender Kopf des Arbeitervereins, gehört zu den führenden und schillerndsten Persönlichkeiten der Revolution in Ulm. Die Revolution änderte Schifterlings Leben radikal, wie es vielleicht in dieser Dramatik in nur wenigen Biographien nachzulesen ist. Und doch ist in sein Lebensweg so typisch für einen Revolutionär von 1848.

Bernhard Schifterling wurde am 24. September 1815 in Creglingen geboren. Er stammte aus ärmlichen Verhältnissen. Wie seine Eltern verdingte er sich als Tagelöhner, ehe er 1838 Zögling der Basler Mission wurde, um sich als Missionar ausbilden zu lassen. Doch unvorhergesehene Schwierigkeiten mit der Missionsleitung führten zu seinem Hinauswurf. Glücklicherweise konnte er sein Theologiestudium an der Universität Basel fortsetzen und im Frühjahr 1843 in Tübingen beenden.

Der vormalige Tagelöhner sah sich nun vor der Vollendung seines Lebenstraumes. Aber wiederum sollte ein Konflikt mit den Obrigkeiten zum plötzlichen Ende aller Träume führen. Ein eifersüchtiger Pfarrer denunzierte den engagierten und überaus beliebten Vikar beim Evangelischen Konsistorium in Stuttgart. Dieses warf Schifterling wegen nie eindeutig nachgewiesener »Trunksucht und Unzucht« im Februar 1845 aus dem Pfarrdienst. Es folgten Jahre der Verzweiflung. Während einer Haftstrafe auf dem Hohenasperg lernte er einen Mithäftling aus Ulm, den Fabrikanten Philipp Jakob Wieland, kennen, der ihm Brot und Arbeit in seiner Fabrik gab.

Die revolutionären Ereignisse im März 1848 brachten den vollständigen Bruch mit Schifterlings bisherigem Leben. Mit Mut und Tatkraft wußte er diese Chance zu nutzen. Am 1. April 1848 übernahm Schifterling die Redaktion eines eher erfolglosen Unterhaltungsblattes. Bereits nach wenigen Ausgaben gehörte der »Erzähler an der Donau« jedoch zu den radikalsten Blättern in Württemberg. Bernhard Schifterling wirkte über die Grenzen Ulms hinaus. Im Juni 1848 nahm er als Vertreter des Arbeitervereins, den er Anfang des Monats gegründet hatte, an dem Demokratenkongreß in Frankfurt teil. In Württemberg und Bayern wirkte er für den Zusammenschluß der Arbeitervereine zu einer überregionalen Arbeiterorganisation, der »Allgemeinen Deutschen Arbeiterverbrüderung«. Schifterling gilt mit Recht als einer der Gründerväter der württembergischen Arbeiterbewegung.

Schifterling blieb vor politischer Verfolgung nicht verschont. Im Sommer 1848 saß er wegen Majestätsbeleidigung mehrere Wochen in Untersuchungshaft. Schließlich wurden im Frühjahr 1849 alle Strafverfahren eingestellt. Im Gegenzug mußte Schifterling aber versprechen, in die USA auszuwandern.

Doch sein Weg nach Nordamerika endete zunächst in Mannheim. In der Pfalz und in Baden brachen Anfang Mai 1849 revolutionäre Aufstandsbewegungen aus, denen sich Schifterling sogleich anschloß. So hielt er am 2. Mai eine Rede auf einer Volksversammlung in Kaiserslautern. Im Juni 1849 agitierte er dann im württembergisch-badischen Grenzgebiet im Auftrag der revolutionären badischen Regierung für eine »Schwäbische Legion«.

Als Anfang Juli 1849 die badische Republik besiegt war, flüchtete Schifterling, wie Tausende andere Freiheitskämpfer, in die Schweiz. Dort lebte er in der Nähe von St. Gallen. Im Sommer 1850 zwangen ihn die Behörden zur Auswanderung in die Vereinigten Staaten. Für wie »gefährlich« Schifterling eingeschätzt wurde, zeigt auch die ungewöhnlich hohe Haftstrafe von acht Jahren Zuchthaus, zu der ihn ein württembergisches Gericht 1852 in Abwesenheit verurteilte. Über den weiteren Lebenslauf Georg Bernhard Schifterlings in den Vereinigten Staaten ist wenig bekannt. Wir wissen nur, daß er eine Irin heiratete und als Pfarrer in Niagara Falls tätig war. 1880 endete an einem unbekannten Ort das Leben eines aufrechten Kämpfers für Freiheit und Demokratie[125].

Der »Schiffskrawall«

Am Abend des 27. Juni 1848 versammelten sich annähernd 1000 Bürger und Arbeiter in und vor dem Gasthaus »Zum Schiff« an der heutigen Münchner Straße. Zweck der Versammlung, zu der Schifterling eingeladen hatte, war die Gründung eines »Demokratischen Vereins«. In diesem sollten sich alle demokratisch gesinnten Ulmer Bürger zusammenschließen. Entsprechend seinen Statuten, die vom Stuttgarter »Demokratischen Verein« übernommen wurden, sollte eine »streng demokratische Grundgesinnung« das einigende Band sein. Gefordert wurden Volkssouveränität, politische Gleichheit, ein nationaler Einheitsstaat und mehr soziale Gerechtigkeit[126].

Während Schifterlings Rede entstand plötzlich Unruhe: »... erging der Ruf ›Schifterling raus‹ und zumal stürmten von allen Seiten, durch die Türen und durch die eingeschlagenen Fenster Schützen, Obermänner und Wachtmeister von der Reiterei ein und hieben mit bloßen Säbeln auf die Versammelten ein. Man kann sich wohl denken, daß wenn von sechs oder acht Seiten in ein Lokal eingedrungen und mit bloßen Säbeln auf die Anwesenden eingehauen wird, daß alles drunter und drüber geht. Auf diese Weise haben die Militärpersonen alles zum Saal hinaus getrieben, ja noch außerhalb des Gartens auf die Bürger eingehauen, so daß viele und zum Teil bedeutend verwundet sind. Damit war aber die Handlung noch nicht aus, sondern, nachdem sie die Versammelten vertrieben hatten, haben sie im Saal und in den Zimmern sowie in den Nebengebäuden alles demoliert, die Fenster, die Gläser, die Tische, Stühle usw. zusammengeschlagen, so daß mein Schaden sehr beträchtlich ist.«[127] Zurückblieben 42 zum Teil schwerverletzte Personen. Der Bäckergeselle Friedrich Haag, 26 Jahre jung, erlag wenige Tage später seinen Verletzungen.

Was mag das Militär zu diesem brutalen Vorgehen bewogen haben? Gesichert scheint, daß im Festungsgouvernement schon seit Wochen Nervosität wegen der demokratischen Aktivitäten in der Stadt um sich griff. Auch unter den Soldaten fanden demokratische Ideen offensichtlich Sympathisanten. Schifterling bemühte sich nachgewiesenermaßen redlich, Soldaten für die Revolution zu gewinnen (auf der Versammlung im »Schiff« berichtete er, daß bald alle Soldaten dem Demokratischen Verein angehören würden[128]). Am 15. Juni meldete der Festungsgouverneur dem Kriegsministerium in Stuttgart, daß zu Pfingsten eine Soldatenversammlung in der Friedrichsau geplant sei. Das Betragen der Garnison sei ordnungsgemäß, dennoch herrsche eine schwierige Stimmung. Wegen des Stiftungsfestes des Arbeitervereins habe er die Bereitschaftstruppen vorsorglich verstärkt. Im übrigen seien auch einige Soldaten auf diesem Fest gesehen worden. Das Faß zum Überlaufen brachte der Freitod des Festungsgouverneurs Graf zur Lippe eine Woche vor dem Überfall auf die Demokratenversammlung. Graf zu Lippe, so die konservative »Ulmer Kronik« am 24. Juni, soll den Freitod gewählt haben, weil Soldaten bei einem Appell, mit dem er sie zur Ordnung rufen wollte, seine Ansprache »mit höhnischem Lächeln, Zischen und sogar Pfeifen« quittierten[129]. »Solches Blut schreit zum Himmel um Rache, denn es sind in der Regel die redlichsten und zartesten Gemüter, denen der Druck der Unbilden zu stark wird,« hetzte die »Kronik«[130].

Der Überfall auf die Demokratenversammlung, bald »Schiffskrawall« genannt, sorgte in den folgenden Tagen für reichlich Unruhe in der Stadt. Volksversammlungen fanden statt, auf denen gegen das Vorgehen des Militärs protestiert wurde. Man war sich gewiß, daß die Soldaten mit Vorwissen, wenn nicht gar auf Befehl der Offiziere gehandelt hätten, wie nicht nur der Schiffswirt vermutete[131]. In den Tagen nach der gewaltsamen Sprengung der Versammlung im Gasthaus »Zum Schiff« herrschte in der Stadt große Empörung und Wut über die Brutalität und den Vandalismus der Soldaten sowie Trauer über die zahlreichen Verletzten und über den Tod des jungen Bäckergesellen Friedrich Haag.

Ulm erlebte Tage der Unruhe. Noch in den Stunden nach dem Überfall patrouillierten bewaffnete Bürger und Arbeiter in der Stadt und postierten sich an wichtigen Plätzen. Am 28. Juni fanden während des ganzen Tages Protestversammlungen vor den Kasernen statt. Sogar eine Barrikade wurde errichtet, um den Abzug desjenigen Regiments zu verhindern, dem die Täter angehörten. Die Parteigänger Schifterlings durchsuchten Offizierswohnungen und Postwagen und besetzten die Stadttore. Besonders empört waren die Bürger, daß keiner der Soldaten und Offiziere verhaftet wurde. Schließlich nahmen einige beherzte Bürger das Heft in die Hand und versuchten einen Offizier zu verhaften. Daß das Pulverfaß nicht explodierte, war vor allem der Bürgerwehr zu verdanken, die beruhigend auf die Bürger einwirkte[132].

Am Abend des 28. Juni lud Stadtschultheiß Schuster alle Beteiligten auf das Rathaus, um ihre Aussage zu machen. Anschließend fand eine Volksversammlung im Deutschhaus statt. Dort war es nur der Besonnenheit Schusters zu verdanken, daß die Versammlung nicht vor die Kaserne zog, um sie zu demolieren. Außerdem verlangte Schuster, daß die Soldaten in ihren Kasernen blieben und die Reiter nicht mehr, außer im Dienste, mit ihren Säbeln ausgehen dürften. Auf der Versammlung wurde eine sofortige Untersuchung gefordert, die von Militär und Bürgerlichen durchgeführt werden sollte. Nach der Versammlung ging eine Deputation der Stadt nach Stuttgart ab, um Gewehre zu verlangen, damit sich die Bürgerschaft gegen die Brutalität des Militärs verteidigen könne. Auch Schifterling bat um beruhigende Verfügungen seitens des Festungsgouvernements[133].

Der »Schiffskrawall« brachte Ulm in die Schlagzeilen in ganz Württemberg. Solidaritätsschreiben trafen ein, so vom Demokratischen Kreisverein in Stuttgart, von der Wehrmannschaft in Göppingen, vom Riedlinger Freicorps und aus Heilbronn[134].

Am 30. Juni wurden endlich die Täter verhaftet und unter Arrest gestellt, insgesamt 26 Wachtmeister, Obermänner und Reiter. Regimentskommandeur Oberst von Weißenstein erklärte es zu seiner »heiligsten Pflichterfüllung«, daß »die Urheber und Teilnehmer an diesen empörenden Angriffen auf die Mitglieder einer versammelten Gesellschaft und der rohen Verwüstungen und Beschädigungen des Eigentums zur wohlverdienten Strafe« gebracht werden[135]. Daraus wurde aber letztendlich nichts.

Die Untersuchung zog sich sich bis in den Herbst hin. Die lange Dauer der Untersuchung schürte den Verdacht, daß das Verfahren, das ohne Beteiligung ziviler Personen durchgeführt wurde, verschleppt und schließlich beendet werde, ohne daß die Täter zur Rechenschaft gezogen würden (zumal die Schildwache vor dem Arrestzimmer des Oberleutnants von Minckwitz abgezogen wurde)[136]. Anfang Oktober trat ein Kriegsgericht zusammen und erkannte in fünftägigen Sitzungen über die Strafen der sechzehn angeklagten Soldaten. Die Urteile wurden dann dem Oberkriegsgericht zur Genehmigung vorgelegt, ohne daß das Strafmaß veröffentlicht wurde[137]. Die Strafen wurden erst Mitte Januar 1849 publiziert. Die Milde der Strafen rief noch einmal Empörung hervor. Eine wütende Menschenmenge verabschiedete die Verurteilten, die nachts nach Stuttgart überführt wurden, mit Schimpf- und Schmährufen[138]. Der Vater Friedrich Haags veröffentlichte einen Aufruf an seine Mitbürger: »Ich bin ein schlichter Bürger und kenne die Gesetze nicht so genau, doch nach meinem Ermessen scheint mir diese ruchlose Tat nicht nach vollem Recht gesühnt, und vertrauensvoll überlasse ich dem Gefühle und Ermessen meiner Mitbürger das Urteil darüber, ob das eine Genugtuung heißt, und was ferner zu tun ist, um mir und uns allen, an denen so schwer gefrevelt worden ist, diese zu verschaffen.«[139] Im Sommer 1849 wurden alle Soldaten und Unteroffiziere einschließlich ihres Führers, Oberleutnant von Minckwitz, begnadigt[140].

Friedrich Haag wurde am 3. Juli 1848 unter großer Anteilnahme der Bevölkerung zu Grabe getragen. Im März 1849 verbot die Regierung des Donaukreises in Ulm die Kreuzinschrift: »Friedrich Haag, geboren 21. Dezember 1821, meuchlings ermordet von Angehörigen des K. W. Reiterregiments am 27. Juni 1848.«[141]

Die Septemberkrise 1848

Im September 1848 überstürzten sich die Ereignisse, erreichte das Ringen zwischen Revolution und Konterrevolution einen Höhepunkt. Der Krieg Preußens gegen Dänemark um Schleswig-Holstein endete am 26. August mit dem Waffenstillstandsvertrag von Malmö, der ohne Einwilligung von Reichsregierung und Nationalversammlung geschlossen wurde und die Herzogtümer Schleswig und Holstein Dänemark preisgab. Die mit höchst knapper Mehrheit beschlossene Zustimmung der Nationalversammlung zum Waffenstillstand am 16. September 1848 führte erstmals seit den Märztagen zu einer fast alle Staaten Deutschlands erfassende Volksbewegung. In Frankfurt kam es zwischen dem 18. und 21. September zu Unruhen und Barrikadenkämpfen, die militärisch niedergeschlagen wurden. Gustav Struve verkündete am 21. September 1848 vom Fenster des Lörracher Rathauses die »Deutsche Republik« und rief die versammelten Menschen zum bewaffneten Kampf auf. Sein im Sommer entworfener »Plan zur Revolutionierung und Republikanisierung Deutschlands« hatte eine soziale Republik zum Ziel. Struves Freischarenzug endete wenige Tage später, wie der Heckerzug, in einem Fiasko, als rasch herbeigeführte Truppen die Revolutionäre in dem südbadischen Städtchen Staufen auseinander trieben[142].

Auch in Württemberg lösten die Ereignisse in Frankfurt republikanische Bewegungen aus. In Rottweil rief Gottlieb Rau, Glasfabrikant und Herausgeber der republikanischen »Sonne«, am 24. September 1848 die Republik aus und versuchte vergeblich, einen Sternmarsch nach Cannstatt zu organisieren, um dort »freiheitliche Forderungen« durchzusetzen. Der »Zwetschgenzug« brach bereits in Balingen zusammen[143]. In Sigmaringen wurde am 28. September 1848 die »Deutsche Republik« proklamiert. Der geflüchtete Fürst von Sigmaringen-Hohenzollern kehrte am 10. Oktober mit 2000 Mann bayerischen Truppen zurück[144]. Auch in Ulm wurden Aufrufe zur republikanischen Schilderhebung, vor allem unter den Festungsarbeitern, verteilt[145].

Der Waffenstillstandsvertrag löste in Ulm Enttäuschung und Empörung hervor. Der demokratische »Bürgerverein« verabschiedete am 20. September eine Adresse an die Nationalversammlung, in der er gegen das Abstimmungsergebnis protestierte[146]. Vermutlich bewog die Septemberkrise den »Bügerverein«, sich zwei Tage später mit dem liberalen »Politischen Verein« zum »Volksverein« zu vereinigen, um vereint die Errungenschaften der Revolution entschiedener verteidigen zu können. Auf der Volksversammlung in der Friedrichsau, an der zwischen 4000 und 5000 Menschen, unter ihnen Bauern und Festungsarbeiter, teilnahmen, wurde eine Resolution verabschiedet, die die Zustimmung der Nationalversammlung zum Waffenstillstand scharf verurteilte und sich solidarisch mit der Linken in der Nationalversammlung erklärte[147].

Im Oktober 1848 holen die alten Mächte in Wien zum ersten großen Schlag gegen die Revolution aus. Nach einem Aufstand am 6. Oktober belagerten kaiserliche Truppen unter dem Kommando des Fürsten von Windischgrätz die Hauptstadt der Donaumonarchie. Einige linke Abgeordnete der Nationalversammlung reisten nach Wien, um ihre Solidarität zu bekunden, unter ihnen Robert Blum, deutschkatholischer Prediger und anerkannter Führer der Linken. Am 31. Oktober kapitulierte Wien, mehr als 2000 Revolutionäre ließen ihr Leben. Standgerichte wurden eingesetzt und Todesurteile gefällt. Robert Blum wurde trotz seiner Immunität als Abgeordneter nach kurzer Verhandlung zum Tode verurteilt und am Morgen des 9. November 1848 vor den Toren der Stadt in der Brigittenau erschossen.

Vielen Demokraten war die Bedeutung des Kampfes des Wiener Volkes für den weiteren Fortgang der Revolution klar: Siegte die Konterrevolution in Wien, so würde sie auch in den anderen Ländern Deutschlands siegen. In Ulm gründete sich am 20. Oktober im »Schwarzen Ochsen« in der Kornhausgasse ein Komitee, das für Freiwillige sowie für Geld- und Waffenspenden warb, allerdings mit nur mäßigem Erfolg[148]. Die Ermordung Blums rief Empörung in ganz Deutschland hervor; unzählige Trauerfeiern wurden begangen. In Ulm veranstaltete die Deutschkatholische Gemeinde, der Volksverein und der Arbeiterverein Trauerfeiern. Diese waren zugleich Kundgebungen für Demokratie und Republik[149].

Grundrechte und Reichsverfassung

Die Nationalversammlung in der Frankfurter Paulskirche nahm nur wenige Tage nach ihrer Konstituierung am 18. Mai 1848 das Werk einer deutschen Reichsverfassung in Angriff. Ein am 24. Mai eingesetzter Verfassungsausschuß, dem die bedeutendsten, mehrheitlich eher zu den rechten Liberalen zählenden Vertreter des Konstitutionalismus angehörten, legte den Abgeordneten am 19. Juni 1848 den Entwurf für einen Grundrechtekatalog vor. Die Beratungen begannen dann am 3. Juli und zogen sich bis in den Herbst hinein, weil vor allem unterschiedliche, weit auseinanderklaffende Auffassungen über die rechtlichen Grundlagen des Wirtschaftslebens (Eigentumsverfassung, soziale. Ansprüche der unteren Klassen) sowie des Kirchen- und Schulwesens, aber auch die erstarkende Gegenrevolution eine zügige Debatte hemmten. Schließlich wurden die »Grundrechte des deutschen Volkes« noch vor der Ausarbeitung der Reichsverfassung nach 99 Sitzungen am 20. Dezember 1848 verabschiedet, am folgenden Tag in Kraft gesetzt und am 28. des Monats im Reichsgesetzblatt veröffentlicht.

»Die Grundrechte des deutschen Volkes« von 1848 sicherten die individuellen Grundrechte: Alle Deutschen genoßen Freizügigkeit und gleiche Rechte in allen Staaten. Die persönliche Freiheit und der Schutz der Privatsphäre wurden verstärkt gesichert (Schutz vor willkürlicher Verhaftung, Unverletzbarkeit der Wohnung). Die letzten feudalen

Abb. 6: Die Grundrechte des deutschen Volkes

Reste wurden beseitigt (Aufhebung des Adels als Stand, Abschaffung der adeligen Hoheitsrechte wie Patrimonialgerichtsbarkeit und der grundherrlichen Polizei, Ablösung der Grundlasten) und staatsbürgerliche Gleichheit hergestellt. Als Antwort auf die bitteren Erfahrungen mit dem Polizeistaat des Vormärz wurden vor allem diejenigen Freiheitsrechte, die den öffentlich-politischen Bereich berührten, über den bisher erreichten Rechtszustand erheblich ausgeweitet. So wurden alle staatlichen Maßnahmen, die unvereinbar mit der Pressefreiheit waren, strikt untersagt, wie der § 147 detailliert ausführte: »Zensur, Konzessionen, Sicherheitsbestellungen, Staatsauflagen, Beschränkungen der Druckereien oder des Buchhandels, Postverbote oder andere Hemmungen des freien Verkehrs.« Versammlungs- und Vereinigungsfreiheit, Freiheit von Lehre und Wissenschaft ergänzten den Grundrechtekatalog. Im Gerichtswesen sahen die Grundrechte die Öffentlichkeit und Mündlichkeit, die Trennung von Ermittlung und Verurteilung sowie Schwurgerichtsverfahren bei schweren und politischen Vergehen und die Abschaffung der Todesstrafe vor. Die Grundrechte nahmen keine Bestimmungen über die »soziale Frage« auf, doch enthielten sie in zahlreichen Paragraphen sozialstaatliche Komponenten, wie das Recht auf freie Berufswahl und kostenlosen Unterricht in öffentlichen Schulen für Unbemittelte sowie das Vereinigungsrecht für gewerkschaftliche Koalitionen[150].

Die 2. Beratungsphase der Nationalversammlung begann am 19. Oktober und dauerte bis Ende März 1849. Gegenstand der Beratungen war nun die Reichsverfassung. Am 27. März 1849 nahmen die Abgeordneten den Verfassungsentwurf an.

Die Reichsverfassung von 1849 stellt einen Kompromiß zwischen liberalen und demokratischen Verfassungsvorstellungen dar[151]. Reichsoberhaupt war der Kaiser, ein Monarch von Volkes Gnaden, der seine Legitimation und Kompetenzen durch die Verfassung erhielt. Dies betrachteten die konservativen Kräfte als Verrat am monarchischen Prinzip. Als Verrat am demokratischen Prinzip empfand dagegen die Linke, daß die Kaiserwürde erblich war und ihr Träger wichtige Hoheitsrechte erhielt. Damit war das Volk nur bei der Einsetzung des ersten Kaisers beteiligt, auf die weitere Besetzung des Amtes und die Ausfüllung des Kompetenzrahmens besaß es weder einen direkten noch indirekten Einfluß. Der Reichstag bestand aus zwei Kammern: dem Staatenhaus, dem die Vertreter der Einzelstaaten angehörten, und dem Volkshaus, das aus den gewählten Abgeordneten der gesamten Nation gebildet wurde. Die Eigenständigkeit des Reichstages wurde im Vergleich zu den vormärzlichen Verfassungen erweitert, doch die Prinzipien der Volkssouveränität und Gewaltenteilung wurden nicht konsequent durchgeführt. Das Reichsoberhaupt besaß innerhalb des Verfassungsgefüges eine starke Position. Es übte in allen Angelegenheiten, die nicht dem Reichstag übertragen waren, die Regierungsgewalt aus, die er an von ihm berufene Minister übertrug. Nur mittels der Interpellation und der Ministerklage besaß das Parlament eine gewisse Kontrolle über die Regierung. Dem Reichsoberhaupt oblag die Einberufung des Reichstages, wobei er zur regelmäßigen Einberufung verpflichtet war, und besaß auch das Recht, den Reichstag aufzulösen. Der Reichstag hatte in der Gesetzesgebung und in der Etatfestellung seine wichtigsten Kompetenzen. Allerdings war er nicht alleiniger Gesetzgeber. Der Kaiser besaß ebenfalls das Initiativrecht, verfügte über ein Vetorecht bei Gesetzen und Haushalt, völkerrechtlichen Verträgen und anderen Angelegenheiten, das der Reichstag durch Beharrungsbeschlüsse überwinden konnte, und hatte ein eigenständiges Verordnungsrecht, das Verordnungen Gesetzeskraft verlieh.

Die Reichsverfassungskampagne

Am 28. April 1849 wählte die Nationalversammlung den preußischen König Friedrich Wilhelm IV. zum deutschen Erbkaiser. Dieser, der ein von der Souveränität der Nation geschaffenes Verfassungswerk zutiefst verabscheute, lehnte Ende April die Kaiserkrone definitiv ab. 28 deutsche Staaten erkannten zwar die Reichsverfassung in einer Kollektivnote vom 14. April an, nicht jedoch die Vormächte Preußen und Österreich sowie die Mittelstaaten Bayern, Sachsen und Hannover. Das Ziel der Revolution, einen nationalen Einheitsstaat zu schaffen, war damit gescheitert ebenso wie der Kurs der Paulskirche auf Verständigung mit den alten Machthabern. Am 5. April zog Österreich seine Abgeordneten zurück, am 14. Mai folgte Preußen. Die letzte Sitzung in Frankfurt fand am 30. Mai 1849 statt. 71 der noch verbliebenen 130 Abgeordneten entschieden sich für eine Verlegung nach Stuttgart, wo man sich vor dem preußischen Militär, das sich bereits im Anmarsch gegen die revolutionäre Aufstände in der Pfalz und in Baden befand, sicher glaubte. Doch am 18. Juni 1849 sprengte württembergisches Militär das Stuttgarter Rumpfparlament.

In Deutschland entfaltete sich die Reichsverfassungskampagne – in der Anerkennung der Reichsverfassung sahen die Demokraten die letzte Möglichkeit, die Revolution zu retten. Auch in Württemberg entstand eine breite Volksbewegung. In zahlreichen, meist von den demokratischen Volksvereinen organisierten, Volksversammlungen wurden Petitionen und Adressen für die Anerkennung der Reichsverfassung verabschiedet. Auf der Ulmer Volksversammlung am 22. April 1849 nahmen mehrere tausend Menschen teil, die die sofortige Anerkennung der Reichsverfassung forderten und der Abgeordnetenkammer und dem Ministerium Römer ihre volle Unterstützung zusagten. Der Petition schlossen sich Stadtrat und Bürgerausschuß an[152]. Nachdem Römer sich mit der Forderung der Kammer solidarisiert hatte und der öffentliche Druck, der weitergehende revolutionäre Bestrebungen anzukündigen schien, weiter gewachsen war, erkannte König Wilhelm I. am 24. April die Reichsverfassung bedingungslos an[153].

Die preußische Ablehnung rief in den Staaten, deren Oberhäupter die Reichsverfassung abgelehnt hatten, revolutionäre Aufstandsbewegungen hervor. In blutigen Bürgerkriegen in Sachsen, in der Pfalz und zuletzt in Baden besiegten preußische und Bundestruppen die Revolution endgültig.

Die badische Mairevolution

Die Landesversammlung der Volksvereine in Offenburg am 12./13. Mai 1849 erklärte den Zustand der Revolution und der Notwehr gegen die Fürsten und forderte die Anerkennung der Reichsverfassung, die Entlassung der Regierung und die Auflösung der Ständekammer sowie die Volksbewaffnung. Ihren entscheidenden Durchbruch erhielt die revolutionäre Bewegung durch die Militärmeuterei in Rastatt und in anderen Städten. Großherzog Leopold floh aus Karlsruhe in die Festung Germersheim. Der Landesausschuß der Volksvereine übernahm die Regierungsgewalt. Am 1. Juni 1849 wurde eine provisorische Regierung gebildet und eine verfassunggebende Versammlung gewählt, die sich am 10. Juni konstituierte. Baden wurde faktisch zur Republik – die Revolution von 1848/49 hatte ihren Höhepunkt erreicht[154].

Gegen die Pfalz und Baden marschierten 60 000 Mann preußische und Bundestruppen. In nur wenigen Wochen wurde die Revolution besiegt. Am 11. Juli zogen die letzten Revolutionstruppen in die Schweiz ab, die Bundesfestung, wo 5500 Soldaten der Revolutionsarmee vergeblich auf Entsatz gewartet hatten, kapitulierte am 23. Juli 1849.

In den Reihen der badisch-pfälzischen Revolutionsarmee kämpften Freiwillige aus anderen deutschen Staaten – meist Handwerksgesellen, Arbeiter, aber auch Studenten – und Freiheitskämpfer aus Europa zogen nach Baden. Diese Freischaren leiteten ihre Namen meist aus der geographischen Herkunft ab: Deutsch-schweizerische Legion, Deutsch-polnische Legion, Mannheimer Arbeiterbataillon, Hanauer Turnerwehr oder Schwäbische Legion. Für die Aufstellung der letztgenannten Freischar wurde Georg Bernhard Schifterling am 10. Juni 1849 beauftragt[155]. Mit seinem Freund, dem Stuttgarter deutschkatholischen Prediger Heinrich Loose, agitierte er im württembergisch-badischen Grenzgebiet. Die Schwäbische Legion sollte die Revolution nach Württemberg tragen. Der Aufruf der Legion wurde in ganz Württemberg verteilt. Freiwillige zogen nach Pforzheim, wo sich die Freischar sammelte, der sich auch 14 Ulmer Festungsarbeiter anschlossen. Insgesamt zählte die Schwäbische Legion über 500 Mann[156]. Die Schwäbische Legion erhielt am 29. Juni 1849 im Gefecht in Gernsbach ihre Feuertaufe. Der Kampf wurde verloren. Die Interventionstruppen rollten die Murg-Linie, die letzte Verteidigungsfront der Revolution, auf und schlossen Rastatt ein. Die Schwäbische Legion nahm noch an dem Gefecht bei Oos teil, bei dem dreizehn ihrer Mitglieder, unter ihnen ein unbekannter Soldat der Ulmer Garnison, nach ihrer Gefangennahme ermordet wurden, ehe sie sich nach Rastatt oder in die Schweiz absetzte[157].

Die Reutlinger Pfingstversammlung

Der Landesausschuß der Volksvereinen berief auf den 27. Mai 1849 die längst geplante Generalversammlung der württembergischen Volksvereine nach Reutlingen ein. Auf dem Höhepunkt ihrer Macht – die Liberalen waren in die Defensive gedrängt, ein eng geknüpftes Netz von demokratischen Vereinen brachte auch in entlegene Gegenden die Gedanken der Volkssouveränität, die erfolgreiche Kampagne für die Anerkennung der Reichsverfassung – stand der Landesausschuß vor einer schwierigen Entscheidung. Die gemäßigte Mehrheit setzte auf die Regierung Römer, von der man erwartete, im Ernstfall für die Reichsverfassung einzutreten, die Radikalen setzten dagegen auf den revolutionären Umsturz[158].

Die Generalversammlung – über 400 Abgeordneten der Vereine und Bürgerwehren, unter ihnen aus Ulm Binder und Seeger sowie aus Blaubeuren Karl Nüßle – verabschiedete ein gemäßigtes, von August Becher und Carl Friedrich Schnitzer vorgetragenes Fünf-Punkte-Programm, das die Regierung zur Verteidigung der Reichsverfassung zwingen sollte: ein Verteidigungsbündnis mit der Pfalz und Baden, Rückzug der württembergischen Truppen von der badischen Grenze sowie die Verweigerung des Ein- und Durchmarsches von nicht auf die Reichsverfassung vereidigter Truppen, Volksbewaffnung, Vereidigung des Heeres, der Geistlichen und Staatsbeamten auf die Reichsverfassung, Amnestie für alle politisch Angeschuldigten und Gefangenen. Das Fünf-Punkte-Programm sollte von einer Delegation, an der möglichst die Vertreter aus allen Oberämtern vertreten sein sollten, der Abgeordnetenkammer übergeben werden.

Die Radikalen konnten weder auf der Generalversammlung noch auf der Volksversammlung ihre Vorstellungen durchsetzen. Vergeblich bemühten sich das badische Regierungsmitglied Joseph Fickler und der Kommissär der provisorischen Regierung für Nordbaden, Heinrich Hoffmann, die Generalversammlung für eine bewaffnete Unterstützung der badischen Republik zu gewinnen, in der die einzig realistische Möglichkeit bestand, der preußischen Übermacht zu widerstehen. Eine sogenannte »Wehrversammlung« unter der Leitung von Julius Haußmann und Carl Mayer plante die »klassische« Revolution: Bei einer Ablehnung des Fünf-Punkte-Programmes sollten Feuersignale und Kuriere das Zeichen zum Aufstand geben. Die Radikalen konnten sich nicht durchsetzen; zu chaotisch verlief die Versammlung, zu wenig besaß der Plan an revolutionärer Reife für eine erfolgreiche Umsetzung.

Am Pfingstmontag, dem 28. Mai, nahm die Volksversammlung vor dem Gasthof »Zum Bad« – mit über 20 000 Menschen die größte Versammlung in Württemberg während der Revolution – ein erweitertes Fünf-Punkte-Programm an. Danach schwor »die ganze ungeheure Menschenmenge mit emporgehobenen Händen zum Himmel, an der Reichsverfassung zu halten und sie nötigenfalls mit Waffengewalt zu schützen.«[159]

Die 53köpfige Delegation scheiterte in Stuttgart kläglich. Noch am Nachmittag des 29. Mai lehnte Friedrich Römer die Reutlinger Forderungen ab. Auch die Kammer verweigerte die Unterstützung, mit einer Mehrheit von 60 zu 18 Stimmen fiel die Ablehnung deutlich aus. Mit einem letzten Aufruf zum Handeln löste sich die Delegation auf. Nur wenige, wie Julius Haußmann und Adolph Becher, zogen die Konsequenzen und stellten sich in den Dienst der badischen Revolution.

Im Juni 1849 brachen an verschiedenen Orten in Württemberg revolutionäre Unruhen aus[160]. Am 13. Juni wurde die Demokratiebewegung in Heilbronn durch Militär niedergeschlagen. Der »Schwarzwälder Auszug«, ein Versuch von Freudenstadt aus die Regierung in Stuttgart zu stürzen, scheiterte am 24./25. Juni. Eine Freischar drang Ende Juni von Donaueschingen aus auf württembergisches Gebiet vor. Als am 16. Juni das 3. Infanterieregiment der Ulmer Bundesfestung in das unruhige Riedlingen ausrückte, errichteten die Demokraten in der Nähe des Gögglinger Tores (Neue Straße) eine Barrikade aus Heu(!), um die Soldaten am Abzug zu hindern. Bei einer Protestversammlung vor dem Rathaus am folgenden Tag wurde ein Mann erschossen.

Nach der Revolution

Mit der Kapitulation der Bundesfestung Rastatt am 23. Juli 1849 endete die Revolution in Deutschland. Nach der Übergabe wurden die noch verbliebenen 5500 Freiheitskämpfer gefangengenommen und in den Kasematten eingekerkert, unter ihnen die Ulmer Handwerksgesellen Karl Faul und Karl Keim. Viele starben in den feuchten Verließen an Krankheiten wie Typhus oder an Auszehrung. Im August 1849 wurden Standgerichte eingerichtet, die 19 Todesurteile fällten. Der erste, der am 9. August unter den Kugeln des Hinrichtungspelotons starb, war der ehemalige Blaubeurer Seminarist Ernst Elsenhans, dem die Herausgabe des »Rastatter Festungsboten« zum Verhängnis wurde. Viele Freischärler, vor allem aus Polen, wurden ohne Verfahren ermordet.

Tausende Revolutionäre flüchteten aus Furcht vor politischer Verfolgung in die Schweiz. Viele Flüchtlinge kehrten nicht in die Heimat zurück und wanderten in die Vereinigten Staaten aus. In Württemberg wurde noch im Sommer 1849 begonnen, demokratische Journalisten mit Prozessen mundtot zu machen; so erhielten die Ulmer Redakteure Karl Beyschlag und Ludwig Seeger Festungsstrafen. Gegen nahezu 5000 Personen wurde wegen Hochverrats und ähnlicher Vergehen ermittelt. Schließlich standen im Winter 1851/52 147 Demokraten vor dem Ludwigsburger Schwurgericht. Nur einer, August Becher, wurde freigesprochen[161].

Das Reaktionsjahrzehnt begann. Die politischen Vereine wurden 1852 verboten. Presse und Buchhandel unterlagen wieder einer strengen Zensur. Erst zu Beginn der 1860er Jahre erwachten die liberale und die demokratische Bewegung zu neuem Leben.

1 Vgl. *Elisabeth Fehrenbach*, Die territoriale Neuordnung des Südwestens, in: Reiner Rinker/Wilfried Setzler (Hrsg.), Die Geschichte Baden-Württembergs, Stuttgart 1986, S. 211 ff.; *Volker Press*, Die Reichsstädte des Schwäbischen Reichskreises zwischen Revolution und Mediatisierung, in: Baden und Württemberg im Zeitalter Napoleons, hrsg. vom Württembergischen Landesmuseum Stuttgart, Bd. 2, Stuttgart 1987, S. 121 ff.; *Hermann Schmid*, Die Säkularisation und Mediatisation in Baden und Württemberg, in: Baden und Württemberg im Zeitalter Napoleons, hrsg. vom Württembergischen Landesmuseum Stuttgart, Bd. 2, Stuttgart 1987, S. 135 ff.; *Thomas Schulz*, Die Mediatisierung des Adels, in: Baden und Württemberg im Zeitalter Napoleons, hrsg. vom Württembergischen Landesmuseum Stuttgart, Bd. 2, Stuttgart 1987, S. 157 ff.

2 Vgl. *Fehrenbach* (wie Anm. 1), S. 217 f.; *Bernd Wunder*, Die Entstehung des modernen Staates in Baden und Württemberg, in: Baden und Württemberg im Zeitalter Napoleons, hrsg. vom Württembergischen Landesmuseum Stuttgart, Bd. 2, Stuttgart 1987, S. 108 f.

3 Vgl., auch i. f., *Dieter Grimm*, Deutsche Verfassungsgeschichte 1776 bis 1866, Frankfurt am Main 1988, S. 71 ff.

4 Vgl. *Günter Cordes*, Württembergischer Landtag bis 1918, in: Von der Ständeversammlung zum demokratischen Parlament. Die Geschichte der Volksvertretungen in Baden-Württemberg, hrsg. von der Landeszentrale für politische Bildung Baden-Württemberg, Stuttgart 1982, S. 123 ff.; *Peter Michael Ehrle*, Volksvertretung im Vormärz. Studien zur Zusammensetzung, Wahl und Funktion der deutschen Landtage im Spannungsfeld zwischen monarchischem Prinzip und ständischer Repräsentation, Frankfurt am Main/Bern/Cirencester 1979, S. 83 ff.; *Eugen Schneider*, König Wilhelm I. und die Entstehung der württembergischen Verfassung, in: WVjh., N. F. 25 (1916), S. 120 ff.

5 Vgl. *Ehrle* (wie Anm. 4), S. 46 f.; *Grimm* (wie Anm. 3), S. 73 f.
6 Vgl. *Grimm* (wie Anm. 3), S. 129 f.; *Wolfgang von Rimscha*, Die Grundrechte im süddeutschen Konstitutionalismus. Zur Entstehung und Bedeutung der Grundrechtsartikel in den ersten Verfassungsurkunden von Bayern, Baden und Württemberg (Erlanger Juristische Verhandlungen, Bd. 12), Köln/Berlin/Bonn/München 1973.
7 Vgl. *Grimm* (wie Anm. 3), S. 130 f.
8 Vgl. *Cordes* (wie Anm. 4), S. 131; *Ernst Otto Bräunche/Ute Gra*u, Revolution im Südwesten, in: Revolution im Südwesten. Stätten der Demokratiebewegung 1848/49 in Baden-Württemberg, hrsg. von der Arbeitsgemeinschaft hauptamtlicher Archivare im Städtetag Baden-Württemberg, Karlsruhe 1997, S. 18.
9 Zit. nach *Gad Arnsberg*, Der frühdemokratisch-revolutionäre Gegenzug, in: Otto Borst (Hrsg.), Aufruhr und Entsagung. Vormärz 1818–1848 in Baden und Württemberg, Stuttgart 1992, S. 70.
10 Vgl., auch i. f., *Cordes* (wie Anm. 4), S. 133.
11 Vgl. *Wolf-Dieter Hepach*, Ulm im Königreich Württemberg. Wirtschaftliche, soziale und politische Aspekte (Forschungen zur Geschichte der Stadt Ulm, Bd. 16), Ulm 1979, S. 115; *Eckard Trox*, Bürger in Ulm: Vereine, Parteien, Geselligkeit, in: Hans Eugen Specker (Hrsg.), Ulm im 19. Jahrhundert. Aspekte aus dem Leben der Stadt (Forschungen zur Geschichte der Stadt Ulm, Reihe Dokumentation, Bd. 7), Ulm 1990, S. 206 f.
12 Vgl. *Hans Fenske*, Der liberale Südwesten. Freiheitliche und demokratische Traditionen in Baden und Württemberg (Schriften zur politischen Landeskunde Baden-Württembergs, Bd. 5), Stuttgart/Berlin/Köln/Mainz 1981, S. 60 f.; *Gert Ueding*, Die poetische Provinz im Aufbruch, in: Otto Borst (Hrsg.), Aufruhr und Entsagung. Vormärz 1818–1848 in Baden und Württemberg, Stuttgart 1992, S. 246.
13 *HSTAS*, E 146, Bü 58, Schreiben des Ministeriums der Justiz an den König v. 8.8.1832; zit. nach *Hepach* (wie Anm. 11), S. 113.
14 Vgl. *Arnsberg* (wie Anm. 9), S. 70 f.; *Hepach* (wie Anm. 11), S. 113.
15 Zur Polensolidarität s. *Helmut Asmus*, Der Durchzug der polnischen Novemberaufständischen durch die deutschen Staaten 1831-1833, in: Wissenschaftliche Zeitschrift der pädagogischen Hochschule Erich Weinert, Magdeburg 19 (1982), H. 2, S. 142. ff., und H. 3, S. 243 ff.
16 Vgl. *Christoph Hauser*, Anfänge bürgerlicher Organisation. Philhellenismus und Frühliberalismus in Südwestdeutschland (Kritische Studien zur Geschichtswissenschaft, Bd. 87), Göttingen 1990, S. 56 f. und 266 f.; *Rudolf Max Biedermann*, Ulmer Biedermeier im Spiegel seiner Presse (Forschungen zur Geschichte der Stadt Ulm, Bd. 1), Ulm 1955, S. 183 f.
17 *Ulb*, Nr. 45 v. 7.6.1831.
18 *HSTAS*, E 146, Bü 1916, Bericht des Oberamts Ulm v. 14.5.1834; *Ulb*, Nr. 4 v. 13.1.1832.
19 *Ulb*, Nr. 53 v. 5.7.1831. Dem im Stadtarchiv Ulm befindenden Exemplar ist ein handschriftlicher Zusatz angeheftet, der den vollständigen Prolog wiedergibt; s. auch *Biedermann* (wie Anm. 16), S. 70.
20 *Der Hochwächter*, Nrn. 17 v. 21.1.1832, 182 v. 5.8.1832 und 246 v. 17.10.1832; zu Moser s. *Martin König*, Kirchliches Leben in Ulm, in: Hans Eugen Specker (Hrsg.), Ulm im 19. Jahrhundert. Aspekte aus dem Leben der Stadt (Forschungen zur Geschichte der Stadt Ulm, Reihe Dokumentation, Bd. 7), Ulm 1990, S. 388 f.
21 Hierzu *Heinrich Scheel*, Süddeutsche Jakobiner. Klassenkämpfe und republikanische Bestrebungen im deutschen Süden Ende des 18. Jahrhunderts, 2. Aufl. Vaduz 1980, S. 452 ff.; *Uwe Schmidt*, Südwestdeutschland im Zeichen der Französischen Revolution. Bürgeropposition in Ulm, Reutlingen und Esslingen (Forschungen zur Geschichte der Stadt Ulm, Bd. 23), Ulm 1993, S. 202 ff., bes. 254 ff.
22 *Aktenmäßige Darstellung der im Königreiche Württemberg in den Jahren 1831, 1832 und 1833 stattgehabten hochverräterischen und sonstigen revolutionären Umtriebe*, Stuttgart 1839, S. 24 f. und 57; vgl. *Arnsberg* (wie Anm. 9), S. 65 f.
23 Vgl. *Willi A. Boelcke*, Handbuch Baden-Württemberg. Politik, Wirtschaft, Kultur von der Urgeschichte bis zur Gegenwart, Stuttgart 1982, S. 202.
24 *STAL*, E 179/II, Bü 39, Schreiben des Ministeriums der Justiz an die Regierung für den Donaukreis v. 21.6.1832.
25 *HSTAS*, E 50/01, Bü 426, Schreiben v. 6.1.1845.
26 *HSTAS*, E 50/01, Bü 426, Schreiben der bayerischen Gesandtschaft an das Ministerium des Äußeren v. 11.1.1845.
27 *HSTAS*, E 50/01, Bü 426, Schreiben des Ministeriums der Justiz an das Ministerium des Äußeren v. 22.3.1845.
28 *HSTAS*, E 50/01, Bü 426, Schreiben v. 28.3., 12., 13. und 19.5. 1845.
29 *STAL*, E 179/II, Bü 40, Schreiben des Ministeriums des Inneren an die Regierung für den Donaukreis v. 22.11.1834 und 27.12.1843.
30 *HSTAS*, E 146, Bü 1916, Bericht der Regierung für den Donaukreis an das Ministerium der Justiz v. 16.4.1832, E 301, Bü 268, Schreiben des Ministeriums der Justiz an die Regierung für den Donaukreis v. 11.4.1833, Schreiben Hohbachs an das Ministerium für Justiz v. 17.5.1833.
31 *STAL*, E 179/II, Bü 42, Protokolle v. 28.11., 2. und 11.12.1836, Bü 47, Schreiben des Ministeriums des Inneren an die Regierung für den Donaukreis v. 12.8.1836.
32 *STAL*, E 179/II, Bü 53, Schreiben der Regierung für den Schwarzwaldkreis an die Regierung für den Donaukreis v. 9.11.1845.
33 *HSTAS*, E 9, Bü 116.
34 Vgl. *Cordes* (wie Anm. 4), S. 135.
35 Vgl. *Bräunche/Grau* (wie Anm. 8), S. 19.
36 Vgl. *Wolf-Dieter Hepach*, Die Eule der Minerva im Flug durch zwei Jahrhunderte. Zum Jubiläum einer Bürgergesellschaft, Ulm 1989; *ders.* (wie Anm. 11), S. 125 ff.; *Schmidt* (wie Anm. 22), S. 55 ff.; *Trox* (wie Anm. 11), S. 172 ff.
37 Vgl. *Biedermann* (wie Anm. 16), S. 101.
38 Einen Überblick liefern *Biedermann* (wie Anm. 16), S. 101 ff., und *Hepach* (wie Anm. 11), S. 125 ff.
39 Zit. nach *Trox* (wie Anm. 11), S. 230.
40 Vgl. *Biedermann* (wie Anm. 16), S. 113 f.; *Hepach* (wie Anm. 11), S. 135 f.; *Trox* (wie Anm. 11), S. 230 f.
41 Vgl. *Trox* (wie Anm. 11), S. 207.
42 Vgl. *150 Jahre Freiwillige Feuerwehr Ulm,* hrsg. von der Feuerwehr Ulm, Abteilung Ulm-Innenstadt, Ulm 1997, S. 50; *Hepach* (wie Anm. 11), S. 137 f.; *Trox* (wie Anm. 11), S. 177.
43 Vgl., auch i. f., *Willi A. Boelcke*, Wirtschaftsgeschichte Baden-Württembergs von den Römern bis heute, Stuttgart 1987, S. 180 passim.
44 Zit. *ebd.*, S. 200 f.
45 Vgl. *Uwe Schmidt*, Skizzen zur Sozialgeschichte, in: Hans Eugen Specker (Hrsg.), Ulm im 19. Jahrhundert. Aspekte aus dem Leben der Stadt (Forschungen zur Geschichte der Stadt Ulm, Reihe Dokumentation, Bd. 7), Ulm 1990, S. 256 f.
46 Vgl. *Peter Schaller*, Zur Wirtschaftsgeschichte Ulms, in: Hans Eugen Specker (Hrsg.), Ulm im 19. Jahrhundert. Aspekte aus dem Leben der Stadt (Forschungen zur Geschichte der Stadt Ulm, Reihe Dokumentation, Bd. 7), Ulm 1990, S. 115.
47 Vgl. *Der Alb-Donau-Kreis*, hrsg. von der Landesarchivdirektion Baden-Württemberg in Verbindung mit dem Alb-Donau-Kreis, Bd. 1, Sigmaringen 1989, S. 622 f.

48 Vgl. *Beschreibung des Oberamts Blaubeuren*, Stuttgart/Tübingen 1830, S. 125 f.
49 Zit. nach *Blaubeuren 700 Jahre Stadt*, hrsg. von der Stadt Blaubeuren [1967], S. 80.
50 Vgl. *Alb-Donau-Kreis* (wie Anm. 47), Bd. 2, S. 43 ff.; *Beschreibung des Oberamts Ehingen*, Stuttgart/Tübingen 1826, S. 80 f.
51 Vgl. *Alb-Donau-Kreis* (wie Anm. 47), Bd. 2, S. 476 ff. und 610 ff.; *Oberamtsbeschreibung Ehingen* (wie Anm. 50), S. 158; *Beschreibung des Oberamts Ulm*, Stuttgart/Tübingen 1836, S. 193.
52 Vgl. *Alb-Donau-Kreis* (wie Anm. 47), S. 866 f.; *Wilhelm Lederer*, Schelklinger Stadtgeschichte im Überblick, in: Schelklingen. Geschichte und Leben einer Stadt, hrsg. von der Stadt Schelklingen zum 750jährigen Stadtjubiläum, Schelklingen 1984, S. 81; *Oberamtsbeschreibung Blaubeuren* (wie Anm. 48), S. 195.
53 Vgl. *Willi A. Boelcke*, Sozialgeschichte Baden-Württembergs 1800 bis 1989. Politik, Gesellschaft. Wirtschaft, Stuttgart/Berlin/Köln 1989, S. 58 f. und 154 f.; ders. (wie Anm. 43), S 164 f. und 171 f.
54 Vgl., auch i. f., *Schmidt* (wie Anm. 45), S. 263 f.
55 Vgl. *Hepach* (wie Anm. 11), S. 45 f. und 80.
56 *USp*, Nr. 35 v. 12.2.1846.
57 *USp*, Nr. 292 v. 14.12.1847.
58 Vgl. *Hermann Eiselen*, Die Hungersnot 1816/17 in Baden und Württemberg, in: Die Hungerjahre 1816/17 auf der Alb und an der Donau, hrsg. von der Arbeitsgemeinschaft der Heimatmuseen im Alb-Donau-Kreis, Ulm 1985, S. 10 f.; s. auch *Schmidt* (wie Anm. 45), S. 259 ff.
59 *UIb*, Jgg. 1816 und 1817.
60 Vgl. *Schmidt* (wie Anm. 45), S. 261 f.
61 Zit. nach *Boelcke* (wie Anm. 43), S. 166.
62 *UIb*, Nrn. 20 v. 17.5.1817 und 25 v. 21.6.1817; vgl. auch *Eiselen* (wie Anm. 58), S. 14 f.
63 Vgl. *Hepach* (wie Anm. 11), S. 62; *Gerhard Ihme*, Von der Zentralleitung des Wohltätigkeitsvereins zum Landeswohlfahrtsausschuß für Baden-Württemberg, in: 150 Jahre Wohlfahrtspflege in Baden-Württemberg. Festschrift zum 150-jährigen Jubiläum des Landeswohlfahrtswerks für Baden-Württemberg, Stuttgart 1967, S. 30 f.; *Württ. Jbb.* (1829) II, S. 319 f.
64 StAU, A [7894].
65 *USp*, Nr. 216 v. 16.9.1846.
66 Vgl. *Beate Binder*, »Dort sah ich, daß nicht Mehl verschenkt, sondern rebellt wird«. Struktur und Ablauf des Ulmer Brotkrawalls 1847, in: Carola Lipp (Hrsg.), Schimpfende Weiber und patriotische Jungfrauen. Frauen im Vormärz und in der Revolution 1848/49, Bühl-Moos 1986, S. 88 ff.; *Martin König*, Frauen im Ulmer Brotkrawall am 1. Mai 1847. Eine historische Stadtführung zu einer Vorgeschichte der Revolution von 1848/49, Ulm 1998; *Manfred Müller-Harter*, Ulm 1847, 1. Mai, 7.00 bis 13.00 Uhr. Auf der Suche nach dem Hintergrund eines Teuerungstumults, Tübingen 1993.
67 *UDz*, Nrn. 17 v. 23.1. und 83 v. 11.4.1849.
68 Vgl. *Paul Sauer*, Revolution und Volksbewaffnung. Die württembergischen Bürgerwehren im 19. Jahrhundert vor allem während der Revolution 1848/49, Ulm 1976, S. 63 ff.
69 StAL, A 551, Schreiben des Gemeinderats v. 9.3.1847.
70 StAL, A 551, Schreiben an das Kameralamt in Ulm v. 29.3.1847.
71 StAL, A 551, Verzeichnisse v. 9.3. und 16./17.6.1846.
72 STAL, F 207/I, Bü 97, Erlasse der Donaukreisregierung v. 12. und 16.3.1846, Schreiben Langenaus v. 25.3.1846.
73 STAL, F 207/I, Bü 97, Erlaß der Regierung für den Donaukreis v. 29.3.1847.
74 StAL, A 551, Schreiben v. 20.4.1847.
75 Zit. nach *Michael Dieterich*, Kurze Beschreibung der Stadt Langenau, Ulm 1852, S. 22 f.
76 *USp*, Nr. 47 v. 26.2.1847.
77 *USp*, Nrn. 39 und 50 v. 29.2. bzw. 1.3.1849.
78 *USp*, Nr. 49 v. 29.2.1848.
79 Vgl. *Franz X. Vollmer*, Der Traum von der Freiheit. Vormärz und 48er Revolution in Süddeutschland in zeitgenössischen Bildern, Stuttgart 1983, S. 37 f.
80 *USp*, Nr. 50 v. 1.3.1848.
81 Vgl, auch i.f., *Vollmer* (wie Anm. 79), S. 73.
82 Vgl. *Thomas Schnabel*, 323 Jahre später. Alptraum Bauernkrieg, in: Heute ist Freiheit. Bauernkrieg im Odenwald 1848, Ausstellungskatalog, hrsg. vom Haus der Geschichte Baden-Württemberg in Zusammenarbeit mit der Stadt Buchen (Odenwald) und dem Verein Bezirksmuseum e. V., Stuttgart 1998, S. 34 ff.
83 *USp*, Nr. 52 v. 3.3.1849.
84 Auch i.f. *USp*, Nrn. 52 und 53 v. 3. und 4.3.1848.
85 *USp*, Nrn. 68 und 69 v. 22. und 23.3.1848; zu den Bürgerwehren allgemein s. *Sauer* (wie Anm. 68), bes. S. 74 ff.
86 *USp*, Nr. 70 v. 24.3.1848.
87 *USp*, Nr. 70 v. 24.3.1848.
88 *USp*, Nr. 79 v. 4.4.1848.
89 Zit. nach *Sauer* (wie Anm. 68), S. 81.
90 *Reg.-Bl.*, Nr. 17 v. 2.4.1848, S. 101 f.
91 Vgl. *Trox* (wie Anm. 11), S. 194 f.
92 StAL, B 230, GPr v. 28.4.1848.
93 StAL, B 230, GPr v. 21.7.1848; vgl. auch *Sauer* (Anm. 68), S. 94.
94 StAL, B 230, GPr v. 14. und 21.8.1848.
95 *USp*, Nr. 72 v. 26.3.1848.
96 *USp*, Nr. 73 v. 28.3.1848.
97 Vgl. *Renate Karoline Adler*, Freudenstadt, in: Revolution im Südwesten. Stätten der Demokratiebewegung 1848/49 in Baden-Württemberg, hrsg. von der Arbeitsgemeinschaft hauptamtlicher Archivare im Städtetag Baden-Württemberg, Karlsruhe 1997, S. 195; dort auch zahlreiche Berichte über den »Franzosenlärm« in Württemberg.
98 HSTAS, A 202, Bü 1183.
99 Vgl. *Vollmer* (wie Anm. 79), S. 125 ff.
100 *USp*, Nr. 74 v. 29.3.1848.
101 HSTAS, E 146/2, Bü 1933, Beschwerde Haßlers über nächtliche Ruhestörungen v. 25.4.1848, Bericht des Oberregierungsrates Kammerer v. 13.5.1848; StAU, Chronik Beilagen, 24.4.1848.
102 STAL, F 207/I, Bü 82, Bericht des Oberamts Ulm v. 26.4.1848.
103 HSTAS, E 146/2, Bü 1933, Bericht Schusters, o. D.
104 HSTAS, E 14, Bü 1182; *Erzähler an der Donau*, Nrn. 4, 5 und 6 v. 5., 6. und 7.4.1848.
105 Vgl. *Eckhard Trox*, Heinrich Elsner: Vom Jakobinismus zum Konservatismus. Ein Beitrag zur Entstehungsgeschichte der konservativen Partei in Württemberg, in: ZWLG 52 (1993), S. 307 ff.
106 *UKr*, Nr. 73 v. 24.3.1848; vgl. *Trox* (wie Anm. 11), S. 200 f.; ders. (wie Anm. 105), S. 329 ff.
107 *UDz*, Nr. 54 v. 1.10.1848.
108 Vgl. *Werner Boldt*, Die württembergischen Volksvereine von 1848 bis 1852 (Veröffentlichungen der Kommission für geschichtliche Landeskunde in Baden-Württemberg, Reihe B Forschungen, Bd. 59), Stuttgart 1979, S. 7 ff.; *Dieter Langewiesche*, Liberalismus und Demokratie in Württemberg zwischen Revolution und Reichsgründung (Beiträ-

ge zur Geschichte des Parlamentarismus und der politischen Parteien, Bd. 52), Düsseldorf 1974, S. 108 f. Das Göppinger Programm ist abgedruckt bei *Boldt*, S. 239 f.
109 Vgl. *Hepach* (wie Anm. 11), S. 148 f.; *Trox* (wie Anm. 11), S. 207.
110 Vgl. *Dietrich Haßler*, Dr. Konrad Dietrich Haßler, in: Münsterblätter 5 (1888), S. 21 ff.; *Hepach* (wie Anm. 11), S. 186 ff.; *Trox* (wie Anm. 11), S. 214 f.
111 Vgl. *Hepach* (wie Anm. 11), S. 185 f.; *Raimund Waibel*, Stadt und Verwaltung. Das Bild des Ulmer Gemeinwesens im 19. Jahrhundert, in: Hans Eugen Specker (Hrsg.), Ulm im 19. Jahrhundert. Aspekte aus dem Leben der Stadt (Forschungen zur Geschichte der Stadt Ulm, Reihe Dokumentation, Bd. 7), Ulm 1990, S. 322 f.
112 Vgl. *Hepach* (wie Anm. 11) S. 178 f.; *Trox* (wie Anm. 11), S. 170 f.
113 Vgl. *Hepach* (wie Anm. 11), S. 172 f.; *Hermann Simon*, Geschichte der Ulmer Presse. Von den Anfängen bis zum Beginn des 20. Jahrhunderts, Diss. phil. München 1954 (masch.), S. 124 f.
114 Vgl. *Boldt* (wie Anm. 108), S. 25 ff.
115 Zit. nach *Langewiesche* (wie Anm. 108), S. 110; vgl. *Boldt* (wie Anm. 108), S. 37 ff.
116 Vgl., auch i.f., *Hepach* (wie Anm. 11), S. 148 f.; *Trox* (wie Anm. 11), S. 207 f.
117 *Gerhard Becker*, Das Protokoll des ersten Demokratenkongresses vom Juni 1848, in: Jahrbuch für Geschichte 8 (1973), S. 396.
118 Vgl. *Boldt* (wie Anm. 108), S. 273.
119 Vgl. *Trox* (wie Anm. 11), S. 207 f.
120 Vgl. *Hepach* (wie Anm. 11), S. 173 f.
121 *UDz*, Nr. 1 v. 1.8.1848.
122 Zur Entstehung der Arbeiterbewegung in Württemberg s. *Frolinde Balser*, Sozialdemokratie 1848/49–1863. Die erste deutsche Arbeiterorganisation »Allgemeine Deutsche Arbeiterverbrüderung« nach der Revolution, 2 Bde., Stuttgart 1962; *Wolfgang Schmierer*, Die Anfänge der Arbeiterbewegung und der Sozialdemokratie in Baden und Württemberg – Vom Vormärz bis zum Sozialistengesetz von 1878, in: Jörg Schadt/Wolfgang Schmierer (Hrsg.), Die SPD in Baden und Württemberg und ihre Geschichte. Von den Anfängen der Arbeiterbewegung bis heute (Schriften zur politischen Landeskunde Baden-Württembergs, Bd. 3), Stuttgart/Berlin/Köln/Mainz 1979, S. 35 ff.
123 *USp*, Nr. 95 v. 23.4.1848 und Nr. 136 v. 14.7.1848.
124 Vgl., auch i.f., *Uwe Schmidt*, Arbeiterbewegung in Ulm, in: Hans Eugen Specker (Hrsg.), Ulm im 19. Jahrhundert. Aspekte aus dem Leben der Stadt (Forschungen zur Geschichte der Stadt Ulm, Reihe Dokumentation, Bd. 7), Ulm 1990, S. 240 ff.
125 Zu Schifterling s. *Uwe Schmidt*, Georg Bernhard Schifterling – Tagelöhner, Pfarrer, Journalist und Revolutionär, in: Schwäbische Heimat 49 (1998), S. 175 ff.
126 *Die Sonne*, Nr. 45 v. 15.7.1848.
127 *STAL*, F 207/I, Bü 34, Bericht des Schiffswirts v. 4.7.1848.
128 *STAL*, F 207/I, Bü 82, Bericht v. 1.7.1848.
129 Vgl. *Trox* (wie Anm.11), S. 202 f.
130 *UKr*, Nr. 137 v. 24.6.1848.
131 *HSTAS*, E 146/2, Bü 1933, Bericht des Oberamts v. 28.6.1848, Bericht der Regierung für den Donaukreis v. 2.7.1848, Beilage Meldung v. 29.6.1848.
132 *HSTAS*, E 146, Bü 1933, Berichte v. 28.6., 29.6. und 2.7.1848.
133 *STAL*, F 207/I, Bü 34, Schreiben Schusters an Militärgouvernement; *UKr*, Nrn. 151 und 153 v. 29.6. und 1.7.1848.
134 *Die Sonne*, Nrn. 35, 37, 38 und 47 v. 4., 7., 8. und 15.7.1848.
135 *STAL*, F 207/I, Bü 34, Tagesbefehl des Obersten von Weißenstein v. 30.6.1848.
136 *Die Sonne*, Nr. 77 v. 22.8.1848.
137 *UKr*, Nr. 240 v. 13.10.1848.
138 *UDz*, Nr. 16 v. 21.1.1849.
139 *UDz*, Nr. 18 v. 24.1.1849.
140 Vgl. *Trox* (wie Anm. 11), S. 203.
141 *STAL*, F 207/I, Bü 82; *UDz*, Nr. 56 v. 9.3.1849.
142 Vgl. *Vollmer* (wie Anm.79), S. 223 ff.
143 Vgl. *Winfried Hecht*, Rottweil, in: Revolution im Südwesten. Stätten der Demokratiebewegung 1848/49 in Baden-Württemberg, hrsg. von der Arbeitsgemeinschaft hauptamtlicher Archivare im Städtetag Baden-Württemberg, Karlsruhe 1997, S. 529; *Paul Sauer*, Gottlieb Rau und die revolutionäre Erhebung im Württemberg im September 1848, Stuttgart 1998.
144 Vgl. *Edwin Ernst Weber*, Sigmaringen, in: Revolution im Südwesten. Stätten der Demokratiebewegung 1848/49 in Baden-Württemberg, hrsg. von der Arbeitsgemeinschaft hauptamtlicher Archivare im Städtetag Baden-Württemberg, Karlsruhe 1997, S. 569 f.
145 *STAL*, F 207/I, Bü 86, Berichte v. 26. und 30.9.1848; *UKr*, Nr. 258 v. 3.11.1848.
146 *UDz*, Nr. 46 v. 22. 9.1848.
147 *UDz*, Nr. 55 v. 43.10.1848.
148 *UDz*, Nrn. 69, 78 und 81 v. 20.und 31.10 sowie 3.11.1848.
149 *UDz*, Nrn. 96, 97, 100 und 102 v. 21., 22., 25. und 28.11.1849.
150 Vgl. *Grimm* (wie Anm. 3), S. 194 f.
151 Vgl. *ebd.*, S. 201 f.
152 *BA Frankfurt*, DB 51/48, Petition des Stadtrats, Bürgerausschusses und der Volksversammlung v. 22.4.1849; *UDz*, Nr. 93 v. 24.4.1849.
153 Vgl. *Vollmer* (wie Anm. 79), S. 268 f.
154 Zur badischen Revolution s. *1848/49. Revolution der deutschen Demokraten in Baden*, Ausstellungskatalog, hrsg. vom Badischen Landesmuseum Karlsruhe, Baden-Baden 1998, S. 299 ff.; *Vollmer* (wie Anm. 79), S. 290 passim.
155 *Die Sonne*, Nr. 107 v. 13.6.1849.
156 *HSTAS*, E 146/2, Bü 1930, Berichte des Oberamts Calw v. 22.6.1849, Bü 1935, Bericht des Oberamts Neuenbürg v. 22.6.1849.
157 Vgl. *Heinrich Loose*, Der deutsche Reichsverfassungskampf im Jahre 1849, Reutlingen/Leipzig 1852, S. 526 passim.
158 Vgl., auch i.f., *Anklageakt gegen den vormaligen Rechts-Konsulenten August Becher von Ravensburg und Genossen wegen Hochverrats*, o. O. [1851], S. 15 ff.; *Sauer* (wie Anm. 68), S. 134 ff.; *Rainer Schimpf*, Pfingsten 1849: Die Demokraten aus dem ganzen Land treffen sich in Reutlingen, in: Schwäbische Heimat 49 (1998), S. 207 f.
159 Zit. nach *Schimpf* (wie Anm. 158), S. 210.
160 Vgl. *Sauer* (wie Anm. 68), S. 147 ff.
161 Vgl. *Hans Maier*, Die Hochverratsprozesse gegen Gottlieb Rau und August Becher nach der Revolution von 1848 in Württemberg, Pfaffenweiler 1992.

Ulrich Seemüller

Konrad Dieterich Haßler (1803–1873)

wurde am 18. Mai 1803 als Sohn des Diakons Johann Konrad Haßler und dessen Frau Margaretha Katharina in Altheim/Alb geboren[1]. Im Anschluß an seinen Gymnasiumbesuch studierte er von 1820 bis 1824/25 evangelische Theologie, Philosophie und Orientalistik in Tübingen, Leipzig und Paris. Nach Abschluß seiner Studien wollte Haßler ursprünglich eine wissenschaftliche Laufbahn einschlagen, die Bemühungen um Professuren für alttestamentliche Exegese und Orientalistik in Tübingen blieben jedoch ohne Erfolg. Auf Wunsch seines Vaters nahm er daraufhin erst in Degenfeld und dann in Lorch eine Stellung als Pfarrvikar an. Bald kehrte er aber der seelsorgerischen Tätigkeit den Rücken und ging zurück nach Ulm, wo er seit 1826 mit großem pädagogischen Geschick Philosophie, Religion, Deutsch und Hebräisch am Gymnasium unterrichtete. Am 22. Mai 1827 verheiratete er sich mit Margaretha Katharina, der Tochter des Münsterpredigers Johann Bartholomäus Müller und dessen Ehefrau Karoline Friederike. Aus der glücklichen und erfüllenden Ehe gingen im Zeitraum von 1828–1845 elf Kinder hervor, von denen jedoch sieben bereits im frühen Kindesalter verstarben[2].

Haßler war ein freisinniger Geist. Er schloß sich der nationalliberalen Turn- und Sängerbewegung an, wo er als schlagfertiger und geistvoller Redner Aufsehen erregte. Die politischen Aktivitäten im Liederkranz und die Unterstützung von Polenflüchtlingen führten dazu, daß ihm die Regierung Anfang der 1830er Jahre einen strengen Verweis erteilte. Haßlers Engagement tat das aber keinerlei Abbruch: Er griff in Ulmer Oberbürgermeisterwahlen ein[3] und unterstützte die Wahl liberaler Kandidaten in den Landtag[4]. Im November 1844 wurde er schließlich selbst in die württembergische Kammer der Abgeordneten gewählt. Im Glauben an den technischen Fortschritt setzte er sich dort mit Nachdruck für den Eisenbahnbau und die Förderung der Industrialisierung ein. Weiterhin kämpfte er – überzeugt, daß untere Schichten durch Bildung eine Hebung ihres Wohlstands erfahren würden – für die Einrichtung des

Abb. 7: Konrad Dieterich Haßler (1803 – 1873)

realistischen Schulwesens (= Realschule), das sich vom klassisch-humanistischen Schulwesen durch die Betonung praktischer Inhalte abgrenzen sollte[5]. Sein liberales Selbstverständnis zeigte sich außerdem in der Forderung nach Aufhebung der Pressezensur und, dies war ihm stets ein besonderes Anliegen, in seinem Kampf um die Abschaffung der Todesstrafe. Haßler mußte sein Landtagsmandat in den Jahren des Vormärz auf den Bänken der Opposition zubringen. Die stürmischen Ereignisse im Anschluß an die französische Februarrevolution sorgten dafür, daß Anfang März 1848 das restaurative württembergische Kabinett Schlayer von einem aus den Reihen der bisherigen Opposition gebildeten abgelöst und noch Ende des gleichen Monats der Landtag aufgelöst wurde. Haßler war in diese Vorgänge involviert, so fanden die Beratungen der Opposition über die personelle Zusammensetzung des »Märzministeriums« in seinem Zimmer im Stuttgarter Gasthof »Adler« statt. Haßlers politischer Stellenwert zeigte sich aber auch, als er von allen gewählten Mitgliedern der Kommission zur Begutachtung des Gesetzesentwurfs über die Volksbewaffnung die höchste Stimmenzahl erhielt[6]. Darüber hinaus war er einer der Vertreter des Königreichs im Frankfurter Vorparlament. Seine überregionale Bekanntheit nahm durch sein dortiges Engagement noch zu, so daß sein Name am 8. April 1848, also zu einem Zeitpunkt, als noch keine Details über die Wahl zur Frankfurter Nationalversammlung feststanden, auf einer Maulbronner Volksversammlung als einer der möglichen württembergischen Abgeordneten genannt wurde[7].

Haßler entfaltete auch im heimatlichen Bereich rege Betriebsamkeit. Gemeinsam mit Rechtsanwalt Philipp Ludwig Adam und Stadtschultheiß Julius Schuster gründete er am 9. April 1848 den Ulmer Nationalverfassungsverein[8]. Am 16. April 1848 erschien Haßler auf Einladung der Turner beim »Volkstag« im bayerischen Günzburg, der auf offener Straße vor dem Gasthof »Krone« abgehalten wurde[9]. Die Versammlung fand nicht zufällig in Bayerisch-Schwaben statt, sie sollte vielmehr als grenzüberschreitende Begegnung die Verbrüderung der Bürger beider Nachbarstaaten und damit die Einheit der deutschen Nation überhaupt symbolisieren. Der »Ulmer Schnellpost« vom 18. April 1848 nach zu urteilen, hinterließ Haßler mit seinen »durchaus populär gehaltenen Vorträge[n] auf die große Versammlung sichtbar den erfolgreichsten Eindruck«, überdies als er zum Abschluß noch einen Toast auf den bayerischen Nachbarkönig Maximilian II. ausbrachte. Wenn man hingegen der monarchistischen »Ulmer Kronik« Glauben schenken möchte, kam Haßler in Günzburg weit weniger gut an. Da er dazu neigte, »da und dort einen Witz anzubringen«, und »weil die Bayern größeren Ernst von ihm erwartet hätten«, sei ihm längerer Beifall versagt geblieben[10]. Bei einer Bürgerversammlung, die eine Woche zuvor am 10. April 1848 in Ulm stattgefunden hatte, hatte Haßler jedoch Ernst bewiesen: »Was nun mich selber betrifft, Mitbürger, so bin ich nicht für die Republik, bin es jedenfalls nicht in dieser Zeit ... Ihr wollt die Republik. Gut. ... Meinethalben ruft sie auch aus in Ulm, vielleicht gelingt es Euch; dann habt Ihr auch eine Republik in Ulm. Aber habt Ihr dann die deutsche Republik? Oder meint Ihr denn, ein auch nur einigermaßen bedeutenderer Theil des deutschen Volkes denke gleich Euch? Oder glaubet Ihr, die Fürsten von Bayern, von Preußen, von Österreich werden sich beeilen, von ihren Thronen herabzusteigen, weil es Euch so beliebt? Wißt Ihr, was wir dann haben statt der Republik? Den Brand des Bürgerkriegs haben wir dann, durch Eure Hände in allen Gauen des deutschen Vaterlandes entzündet.«[11] Haßler, der das republikanische System persönlich durchaus als positiv bewertete, bezog aus Vernunftgründen in der Öffentlichkeit entschieden dagegen Stellung. Auch bei den folgenden Veranstaltungen zur Wahl der Frankfurter Nationalversammlung machte er aus seiner ablehnenden Haltung nie einen Hehl[12], wobei seine wohl aus der täglichen Unterrichtspraxis herrührende Art, die Zuhörerschaft in Schulmeistermanier zu belehren, sicherlich einen weiteren Beitrag dazu leistete, daß sich die Geister an ihm rieben. In anonymen Schreiben als »Volksfeind« und »aufdringlicher Volksunterdrücker« beschimpft, wurden ihm Ende April 1848 mehrere »Katzenmusiken« dargebracht und die Fensterscheiben seines Hauses eingeworfen[13]. Haßler ließ seine Familie in Sicherheit bringen und das Haus mehrere Wochen lang unter Bewachung von Soldaten und Turnern stellen. Nach seinem Wahlsieg im Bezirk Ulm-Blaubeuren-Laupheim konnte er schließlich nur heimlich und unter militärischem Schutz nach Frankfurt abreisen.

Schon vor Beginn der eigentlichen parlamentarischen Tätigkeit war Haßler dort in einer ansehnlichen Reihe von Ausschüssen vertreten[14]. Seit 18. Mai 1848 war er Mitglied der Vorbereitungskommission für die Einrichtung der Nationalversammlung, einen Tag später der Revisionskommission für die Vorbereitung der abzuschließenden Verträge und seit 22. Mai 1848 der Redaktionskommission für die Protokolle. Die Aufgabe als deren Schriftführer sollte Haßler besonders in Anspruch nehmen. Im Verlauf dieser Tätigkeit legte er den Grundstein der sechs Bände über die »Verhandlungen der deutschen Verfassunggebenden Reichsversammlung zu Frankfurt am Main«. Seit Anfang Juli 1848 saß er noch zusätzlich im Ausschuß für Kirchen- und Schulangelegenheiten, wo er der Sondersektion zur Errichtung von Volksschulen angehörte.

Politisch war Haßler bei den konstitutionellen Liberalen beheimatet, schloß sich zunächst aber keiner Fraktion an. Erst im weiteren Verlauf seiner parlamentarischen Tätigkeit stieß er zur »Westendhall«, die sich im August 1848 als Abspaltung aus dem »Württemberger Hof« gebildet hatte. Dort verkehrten die Angehörigen der gemäßigten Linken, die sogenannte »Linke im Frack«. Ihrem Programm zugrunde lag die Auffassung von der Souveränität des deutschen Volkes bei der Gestaltung einer freiheitlich-demokratischen Verfassung, die Forderung nach einem allgemeinen, gleichen und direkten (Männer-)Wahlrecht und die Hoffnung auf das Preußische Erbkaisertum[15]. Haßler selbst war großdeutsch eingestellt, d. h. er war der Auffassung, daß Österreich in einen deutschen Nationalstaat einbezogen werden sollte. Nicht zuletzt deshalb unterstützte er im Juni 1848 die Wahl des österreichischen Erzherzogs Johann zum Reichsverweser[16]. Bei der Untersuchung seines weiteren Abstimmungsverhaltens in der Paulskirche gelangt man sehr bald zu dem Schluß, daß die in seiner Heimatstadt stattgefundene Denunzierung als »Volksunterdrücker« oder »Fürstendiener« jeglicher Grundlage entbehre. Mit der Mehrheit der württembergischen Abgeordneten stimmte er u. a. für die Abschaffung des Adels[17], für die Aufhebung jeglicher Wahlrechtsbeschränkungen[18] sowie – freilich als Protestant – für die Aufhebung des Zölibats katholischer Geistlicher[19]. Seine Einstellung hinsichtlich des Umfangs eines deutschen Nationalstaats veränderte sich im Laufe seines Paulskirchenmandats: Unter dem Eindruck der gegenrevolutionären Aktivitäten der Fürsten Windischgrätz und Schwarzenberg in Österreich rückte Haßler allmählich von einer großdeutschen Lösung ab und stimmte – innerlich widerstrebend und stark zweifelnd, ob er nicht besser seinem Gefühl nachgeben sollte – statt dessen für den preußischen König Friedrich Wilhelm IV. als Kaiser[20]. Als dieser schließlich die Kaiserkrone ablehnte, war für ihn der Traum eines deutschen Nationalstaats zerronnen. Haßler erklärte am 11. April 1849 seinen offiziellen Austritt aus dem Parlament und kehrte tief enttäuscht nach Ulm zurück.

Hier waren die Wunden, die der Wahlkampf des vergangenen Jahres hinterlassen hatte, noch immer nicht verheilt. Es wurde ihm vorgeworfen, für die kleindeutsche Lösung gestimmt[21] und als Abgeordneter eine Mitschuld am Scheitern der Nationalversammlung zu haben. Haßler war auf seinem moralischen Tiefpunkt angelangt. Gegenüber seinem Freund, dem Dichter Ludwig Uhland, äußerte er Auswanderungsabsichten, dieser überzeugte ihn aber, daß eine »innere« Emigration sinnvoller wäre als eine tatsächliche[22].

Haßler zog sich daraufhin vollständig aus der Politik zurück und beschloß, sich von nun an ganz der Erhaltung historischer Kulturgüter zu widmen. In dieser Entscheidung bestärkte ihn, daß er 1852 bei der Wiederbesetzung der Rektorenstelle am Gymnasium übergangen wurde. Als Vorstand des 1841 gegründeten Vereins für Kunst und Altertum in Ulm und Oberschwaben setzte er sich mit aller Kraft für die Restaurierung und Vollendung des Ulmer Münsters ein. Er ließ sich beurlauben und begann, Gelder zu sammeln. »Als Reisender für das größte Haus Deutschlands« besuchte er nahezu alle deutschen Fürsten und brachte es fertig, den Ausbau des Münsters zu einer nationalen Angelegenheit zu machen. Nebenher trat er u. a. als Verfasser zahlreicher wissenschaftlicher Abhandlungen zur Orientalistik und zur mittelalterlichen Geschichte Ulms hervor, saß seit 1854 im Gelehrtenausschuß der Deutschen Morgenländischen Gesellschaft und wurde 1858 zum ersten Landeskonservator für Denkmalpflege in Württemberg ernannt. Seit 1861 war er Mitglied des Verwaltungsausschusses des Germanischen Nationalmuseums in Nürnberg und ab 1867 Leiter der auf seine Veranlassung errichteten Staatssammlung für vaterländische Kunst- und Altertumsdenkmale. Sein arbeitsreiches Leben endete am 15. April 1873, einem Ostermontag.

Haßler war eine der wichtigsten Persönlichkeiten des 19. Jahrhunderts, die der Ulmer Raum hervorbrachte. In der Epoche des Vormärz erscheint er als typischer, von hehren politischen und gesellschaftlichen Idealen überzeugter Vertreter des Bildungsbürgertums. Im Revolutionsjahr 1848 näherte sich der freiheitlich-liberale Politiker in dem Maße dem bürgerlichen Lager, wie seine Kontrahenten radikaler wurden. Vom Druck der direkten politischen Auseinandersetzung befreit, fand er in der Paulskirche wieder in seine politische Ausgangsposition zurück. Mit Ansprachen oder Wortmeldungen bei Plenumsdiskussionen stand er dort nie im Vordergrund, er wirkte vielmehr über seine Kommissionstätigkeit im stillen. Zusammen mit der Paulskirchenversammlung scheiterte auch seine eigene politische Arbeit, zu der er sich persönlich nie so richtig berufen fühlte[23]. Sein rastloser Geist wandte sich nun einem Anliegen zu, das bis dahin eher zweitrangig gewesen war, der Bewahrung historisch-kultureller Güter. Durch die Tatsache, daß Haßler als »Hansdampf in allen Gassen« zeitlebens neue Betätigungsfelder in der Öffentlichkeit suchte und auch fand, war er in der Münsterstadt nie unumstritten. So schrieb der Ulmer Apotheker Carl Reichardt 1853 in seinen Memoiren: »Professor Haßler läuft in allen Geschirren, er war beim Polendurchmarsch, Director, Landstand, Mitglied der Frankfurter Reichsversammlung, Liederkranz-Director, Vorstand der höheren Töchterschule, Meister vom Stuhl der hiesigen Freimaurer-Loge und Gott weiß was alles noch, kurz der Löwe des Tages, nun hat er sich noch eine Ehrencharge beigelegt, Vorstand des Altertums-Vereins.«[24] Unverkennbar ist, daß der Feder des Schreibers dieser Zeilen neben Spott auch eine gehörige Portion Neid entströmt war, beides Faktoren, mit denen sich bedeutende Persönlichkeiten – wie Konrad Dieterich Haßler zweifellos eine darstellte[25] – auch heute noch auseinanderzusetzen haben, wenn sie mit ihrer Tätigkeit das Licht der Öffentlichkeit suchen.

1 Soweit in den Anmerkungen nicht anders erwähnt, stammen sämtliche Angaben zu Haßlers Biographie aus *StAU*, G 2, Konrad Dieterich Haßler.
2 *Evangelisches Kirchenregisteramt Ulm*, Familienbuch.
3 So sorgte er 1845 auf einer Wahlveranstaltung für Unruhe, indem er den Liberalen Philipp Ludwig Adam als Kandidaten präsentierte; vgl. *Raimund Waibel*, Stadt und Verwaltung, in: Hans Eugen Specker (Hrsg.), Ulm im 19. Jahrhundert. Aspekte aus dem Leben der Stadt (Forschungen zur Geschichte der Stadt Ulm, Reihe Dokumentation, Bd. 7), Ulm 1990, S. 318.
4 Vgl. *Eckhard Trox*, Bürger in Ulm: Vereine, Parteien, Geselligkeit, in: Hans Eugen Specker (Hrsg.), Ulm im 19. Jahrhundert. Aspekte aus dem Leben der Stadt (Forschungen zur Geschichte der Stadt Ulm, Reihe Dokumentation, Bd. 7), S. 206 f.
5 Vgl. hierzu und zum folgenden Abschnitt den Vortrag von *Herbert Wiegandt* vor dem Verein für Kunst und Altertum in Oberschwaben am 15.10.1997 in Ulm.
6 *AA* v. 18.3.1848.
7 *USp* v. 15.4.1848.
8 *USp-Beilagen* v. 11.4.1848.
9 *ULb* v. 12.4.1848; *USp* v. 18. und 19.4.1848.
10 *UKr* v. 21.4.1848.
11 *USp-Beilagen* v. 16.4.1848.
12 *USp* v. 12. und 13.4.1848.
13 Vgl. *Trox* (wie Anm. 4), S. 215 f.; *Franz Peschl*, Zur Revolution 1848/49 in Ulm, Zulassungsarbeit zur 1. Dienstprüfung für das Lehramt an Grund- und Hauptschulen, Ulm 1974 (masch.), S. 32 f.; Drohbriefe an Haßler befinden sich in *StAU*, H Konrad Dieterich Haßler, Nrn. 28/1 und 28/3, G 4, 24.4.1848. Eine Auflistung der Fundstellen über die stattgefundenen »Katzenmusiken« befindet sich auf S. 111, Anm. 16.
14 Vgl. hierzu und zum folgenden Abschnitt *Heinrich Best/Wilhelm Weege* (Hrsg.), Biographisches Handbuch der Abgeordneten der Frankfurter Nationalversammlung 1848/49 (Handbücher zur Geschichte des Parlamentarismus und der politischen Parteien, Bd. 8), Düsseldorf 1996, S. 169; *Rainer Koch* (Hrsg.), Die Frankfurter Nationalversammlung 1848/49. Ein Handlexikon der Paulskirchenabgeordneten, Frankfurt 1989, S. 201.
15 Vgl. *Koch* (wie Anm. 14), S. 201; *Dorothee Breucker*, Ulm, in: Revolution im Südwesten. Stätten der Demokratiebewegung 1848/49 in Baden-Württemberg, hrsg. von der Arbeitsgemeinschaft hauptamtlicher Archivare im Städtetag Baden-Württemberg, Karlsruhe 1997, S. 656.
16 *Bernhard Mann*, Die Württemberger und die deutsche Nationalversammlung 1848/49, Düsseldorf 1975, S. 135.
17 Vgl. *ebd.*, S. 155.
18 Vgl. *ebd.*, S. 280.
19 Vgl. *ebd.*, S. 172.
20 Vgl. *ebd.*, S. 291.
21 Vgl. *Trox* (wie Anm. 4), S. 216; *Wolf-Dieter Hepach*, Ulm im Königreich Württemberg. Wirtschaftliche, soziale und politische Aspekte (Forschungen zur Geschichte der Stadt Ulm, Bd. 16), Ulm 1979, S. 189.
22 Vgl. *Wiegandt* (wie Anm. 5).
23 So äußerte er sich 1847 über seine Landtagsarbeit: »Die Leute meinen, ich sei für das öffentliche Leben der Politik geboren; sie irren sich, ich tauge nicht für dieses Treiben der Parteien, bin zu ehrlich dazu; mehr ein Mann des Handelns ekelt mich dieses langweilige Verhandeln an; wenn die Politik mein Beruf wäre, so müßte ich Freude daran haben, ich habe aber einen wahren Widerwillen dagegen. Die Schule ist mein Beruf.«: *Dietrich Haßler*, Dr. Konrad Dietrich Haßler, in: Münsterblätter 5 (1888), S. 14 f.
24 Zit. nach *Carl Georg Ludwig Reichard*, Erinnerungen aus seinem Leben, hrsg. von Carl Schwenk, Ulm 1936, S. 63.
25 Eine ausführliche Würdigung seiner Persönlichkeit durch *Herbert Wiegandt* erscheint Ende 1998 unter dem Titel »Bürgerzeit im Zwiespalt. Konrad Dieterich Haßler (1803 bis 1873). Von der Politik zur Denkmalpflege« bei der Süddeutschen Verlagsgesellschaft.

Ulrich Seemüller

Friedrich Albrecht (1818–1890)

wurde am 10. März 1818[1] als Sohn des Unteroffiziers und Militärmusikmeisters Friedrich Albrecht und dessen Ehefrau Klara im schlesischen Glatz geboren. Schon während seines Studiums ein Anhänger des Nationalstaatsgedankens[2], schloß sich Albrecht nach seinem Examen in protestantischer Theologie den Deutschkatholiken an, einer Glaubensbewegung, die Johannes Ronge 1844 ins Leben gerufen hatte, um die katholische Kirche auf einer vom Papst unabhängigen nationalliberalen Grundlage zu reformieren[3]. In Ulm existierte seit Frühjahr 1845 eine deutschkatholische Gemeinde. Auf Empfehlung Ronges trat Albrecht hier im Dezember 1845 die Predigerstelle an, in die ihn der Esslinger Deutschkatholik Heinrich Loose feierlich einführte[4]. Am 9. Juni 1846 heiratete Albrecht die zwei Jahre jüngere Jenny, Tochter des schlesischen Majors a. D. Wilhelm von Sellin aus Medzibor im Kreis Wartenberg. Aus der Ehe gingen zehn Kinder hervor, sieben Söhne und drei Töchter, die zwischen 1847 und 1860 zur Welt kamen. Die Familie wohnte zunächst am Ulmer Judenhof, später dann in der Herrenkellergasse[5].

Albrecht war ein begabter und gewandter Redner, der seine Zuhörer in seinen Predigten regelrecht in den Bann zog und so für großen Zulauf in der Gemeinde sorgte. Seine rasch wachsende Beliebtheit spiegelt sich im Ulmer Ratsprotokoll vom 17. Februar 1846 wider, wo im Zusammenhang mit seiner obrigkeitlichen Anerkennung als Gemeindeprediger nachzulesen ist: »In der ganzen Art des Benehmens und Auftretens desselben, welches neben der Entschiedenheit seiner Gesinnung überall Bescheidenheit und Besonnenheit zeige, sowie in der allgemeinen guten Stimmung über ihn [finde sich] Grund zu dem Wunsche ..., daß die Staatsregierung demselben die Bestätigung ertheilen möge.«[6] Überhaupt war die Stadtspitze, allen voran Stadtschultheiß Schuster, sowohl den Deutschkatholiken im allgemeinen[7] als auch Pfarrer Albrecht im besonderen gegenüber sehr entgegenkommend. Dieser hatte nach seiner Ankunft in Ulm ein Gesuch um Aufnahme ins Bürgerrecht gestellt, um seine Verlobte ehelichen zu können. Neben Formalitäten wie der

Abb. 8: Friedrich Albrecht (1818 – 1890)

Entlassung aus dem preußischen und der Aufnahme in den württembergischen Staatsverband mußte für das Ulmische Bürgerrecht auch ein gewisses Mindestvermögen nachgewiesen werden. Albrecht war bis auf die bescheidene Mitgift seiner Braut jedoch vermögenslos, das Bürgerrecht wurde ihm aber deswegen nicht verwehrt. Als sich dann noch herausstellte, daß er nicht imstande war, die Bürgeraufnahmegebühren zu bezahlen – er hatte beim Rat um

Verlängerung der Zahlungsfrist der 180 Gulden nachgesucht –, wurde ihm kurzerhand die Forderung komplett erlassen[8].

Die Deutschkatholiken verstanden sich nicht nur als nationale Glaubensbewegung, ihr Programm war auch sehr stark von sozialpolitischen Inhalten bestimmt. Dieses kirchliche Programm sozialen Engagements und der Interessenvertretung unterprivilegierter Schichten fand in der Person Friedrich Albrechts seine besondere Verkörperung. Als sich 1846 eine Hungersnot ankündigte, zog er vehement gegen den um sich greifenden Lebensmittelpreiswucher zu Felde[9]. Die überstürzenden Ereignisse im Frühjahr 1848 veranlaßten ihn dann, weitergehende Forderungen zu stellen: Am 15. März 1848 verlas er in einer Bürgerversammlung im »Baumstark« eine an den Chef des Schulen- und Kirchendepartementes Paul Pfizer gerichtete Petition, in der er neben einer umfassenden Glaubens- und Bekenntnisfreiheit auch die Aufhebung der politischen Benachteiligung von Anhängern nicht anerkannter Glaubensgemeinschaften forderte[10]. Das Landtagswahlrecht bezog sich nämlich nur auf Protestanten und Katholiken, nicht aber auf Angehörige christlicher Sekten. Die Deutschkatholiken mußten diesen Umstand umso schmerzlicher empfunden haben, als ihre Bewegung sehr stark von politischen Motiven bestimmt war. Auch in anderer Hinsicht waren die sogenannten »freien Katholiken« benachteiligt: Ihre Prediger durften z. B. Gläubige nicht taufen oder trauen, sie mußten hierfür einen Vertreter der etablierten Religionen, i. d. R. einen protestantischen Pfarrer, um Aushilfe bitten[11]. Dies stellte einen großen Nachteil für die Glaubensbewegung dar: Die Ulmer Gemeinde erfreute sich zwar großen Zuspruchs aus der Bevölkerung, jedoch schreckten viele Anhänger aus rechtlichen und praktischen Erwägungen vor dem entscheidenden Schritt, dem Austritt aus der bisherigen Konfession, zurück.

Die Petition an Pfizer läßt erkennen, daß Albrecht die umwälzenden Vorgänge im März 1848 zunächst aus der Perspektive des Dissidentenpredigers betrachtete. In den folgenden Wochen war allerdings eine zunehmende Politisierung seiner Person zu beobachten, die in der Forderung nach übergreifenden Reformen zum Ausdruck kam. Er äußerte sich diesbezüglich nicht nur bei Bürgerversammlungen in Ulm[12], sondern setzte sich dafür auch mit Nachdruck bei dem von Ulmer Turnern mitgestalteten »Volkstag« am 16. April 1848 im bayerischen Günzburg ein. Dort endete sein Vortrag – in Anspielung auf den zuvor von Haßler auf den bayerischen König ausgebrachten Toast – mit der Feststellung »Habt Ihr den deutschen Fürsten ein Hoch gebracht, ich bringe es dem deutschen Volke«[13]. Dies schien bei der Zuhörerschaft sehr gut angekommen zu sein, denn in der »Ulmer Schnellpost« war darüber nachzulesen, daß sich anschließend »die Landleute haufenweise in seine Nähe [begeben hätten], um ihm die Hand zu drücken«, wiederholt Hochrufe auf ihn ausgebracht hätten und es allgemein geheißen habe, »der ist unser Mann ... der hat uns aus der Seele gesprochen, der sollte ins Parlament!«[14].

Albrecht hatte sich, sei es mit oder ohne Absicht geschehen, vom Interessenvertreter der kleinen Leute zum Wortführer der republikanisch-demokratischen Bewegung entwickelt. Was lag näher, als ihn als Abgeordnetenkandidaten für die Nationalversammlung in Frankfurt zum Zuge kommen zu lassen? Von einer Bürgerversammlung aufgestellt, tauchte sein Name drei Tage nach dem Günzburger »Volkstag« erstmals im Zusammenhang mit einer Kandidatur in der Presse auf[15]. Die Resonanz der überwiegend mit Haßler sympathisierenden Presse war jedoch ausgesprochen zurückhaltend. Zwar bestätigte man ihm, ein guter Kanzelredner zu sein, allerdings wurde bezweifelt, ob diese Eigenschaft für ein politisches Mandat ausreichen würde[16]. Neben seiner mangelnden politischen Erfahrung wurde ihm angekreidet, daß er nicht aus der Region stamme, sich erst seit kurzem hier aufhalte und mental daher noch zu sehr in Preußen verwurzelt sei, um hiesige Belange vertreten zu können.

Der Wahlkreis umfaßte nicht nur das Ulmer Stadtgebiet, sondern reichte von Altheim/Alb im Norden bis nach Laupheim im Süden. Da sein Kontrahent Haßler infolge langjähriger politischer Aktivitäten in diesem Raum bestens bekannt war, hätte es auch Albrecht ein Anliegen sein müssen, dort Bekanntheit zu erlangen. Gelegenheiten hierzu nahm er allerdings nur in sehr begrenztem Umfang und erst in allerletzter Stunde wahr: Am Tag vor der Wahl, am Vormittag des Ostermontags, fand im Ulmer Münster eine Veranstaltung statt, zu der auch die Landbewohner geladen waren. Am Nachmittag nahm er schließlich noch an einer

Wahlveranstaltung in Blaubeuren teil. Das angesichts dieser Umstände zustandegekommene Wahlergebnis überrascht wenig: Albrecht verlor deutlich mit 2 662 zu 5 918 Stimmen gegen Haßler. Die Analyse des Wahlergebnisses – Albrecht führte zwar in Ulm, verlor aber außerhalb – bestätigt, daß der Grund seines Scheiterns tatsächlich auf den versäumten Wahlkampf im Umland zurückzuführen ist. Im Stimmort Blaubeuren, den er noch kurz zuvor aufgesucht hatte, errang er mit immerhin 37 % der Stimmen sein zweitbestes Ergebnis im gesamten Wahlbezirk[17], ein Hinweis darauf, daß sein Charisma durchaus auch in der Region Wirkung entfalten konnte, sofern er dort nicht völlig unbekannt war.

Albrecht hatte sein Interesse jedoch auf einen ganz anderen Raum konzentriert: Er hatte sich im Frühjahr 1848 häufig in Bayerisch-Schwaben aufgehalten und war vielgesehener Gast in Günzburg, Weißenhorn und Krumbach. In letztgenannter mittelschwäbischer Gemeinde war er u. a. maßgeblich an der Gründung des Märzvereins beteiligt gewesen[18]. Als überzeugtem Republikaner war es ihm ein wichtiges Anliegen, die dort nur ansatzweise vorhandene revolutionäre Stimmung anzufachen. Diese Basisarbeit hatte ihn jedoch davon abgehalten, sich stärker in den hiesigen Wahlkampf einzubringen, womit die Chance auf Errigung eines Abgeordnetenmandats in Frankfurt und die Möglichkeit, auf Bundesebene politisch aktiv zu werden, vertan war. Auch im folgenden Jahr, während des Kampfes um die Annahme der Reichsverfassung im Frühjahr 1849, hielt sich Albrecht sehr häufig in Mittelschwaben auf, wobei er seiner radikalen Einstellung – möglicherweise fühlte er sich als württembergischer Staatsbürger vor einer Strafverfolgung im bayerischen Ausland verhältnismäßig sicher – freien Lauf ließ. Seine Verachtung gegenüber der in Bayern einflußreichen katholischen Kirche kam z. B. anläßlich eines Besuchs beim Günzburger Märzverein am 9. April 1849 zum Ausdruck, als er den Vereinsmitgliedern den Rat gab: »Schlagt Eure Pfaffen tot.«[19] Wenige Wochen später, bei der Versammlung des Weißenhorner Volksvereins am 1. Mai 1849, zu der Albrecht als einer der Hauptredner geladen war, schaute er gelassen zu, als ein Ulmer Turner aus seiner Begleitung unter dem Beifall der Zuhörerschaft die bayerische Fahne von einem Mast herunterriß und zerschnitt[20].

Trotz seiner Wahlniederlage zeigte Albrecht aber auch in Württemberg weiterhin Präsenz. Er ließ sich am 24. Juli 1848 als Vertreter des Ulmer »Politischen Vereins« in den 15köpfigen Landesausschuß der Volksvereine wählen, wo er zusammen mit anderen Republikanern den Ende September abgelehnten Resolutionsantrag einbrachte, wonach es den konstituierenden Versammlungen der einzelnen Länder freistehen sollte, sich für die monarchische oder die republikanische Staatsform zu entscheiden[21]. In Ulm war er beteiligt, als die Führer der demokratischen Partei wegen der nur bedingten Annahme der Reichsverfassung durch den württembergischen König Wilhelm I. am 24. April 1849 die Bürger »ungescheut zur Revolution« aufrufen und einen »Wohlfahrtsausschuß« bildeten, mit dem Stadtschultheiß Schuster und der Stadtrat entmachtet werden sollten[22]. Erst langes Zureden Schusters und die Einberufung von Stadtrat und Bürgerausschuß zu einer nächtlichen Sitzung konnte die revolutionären Demokraten Ulms davon abbringen, den »Wohlfahrtsausschuß« zu einer ständigen Einrichtung zu erklären. Auch in den folgenden Monaten standen Albrechts Aktivitäten im Zeichen der Reichsverfassungskampagne: Bevor das 3. Infanterieregiment unter der Leitung eines Zivilkommissärs, des Vorstands der Kreisregierung Freiherrn Carl Schott von Schottenstein, Mitte Juni 1849 nach Riedlingen aufbrach, um dort eine befürchtete bewaffnete Erhebung der Volksvereine zu verhindern, versuchte Albrecht die Bürgerschaft zum Widerstand gegen den Ausmarsch zu mobilisieren[23]. Das Regiment bahnte sich jedoch durch die in den Straßen versammelte Einwohnerschaft seinen Weg, lediglich am Gögglinger Tor versperrten Heubarrikaden den ausmarschierenden Soldaten den Weg.

Nach dem Scheitern der Revolution siedelte Albrecht seine politischen Aktivitäten wieder innerhalb des obrigkeitlich vorgegebenen Rahmens an. Er kandidierte wiederholt erfolgreich für den Bürgerausschuß, war zeitweise dessen Obmann, fiel allerdings bei seinen Kandidaturen für den Gemeinderat stets durch[24]. Daneben entwickelte er eine umfangreiche publizistische Tätigkeit. Als 1850 sein Freund und politischer Mitstreiter Ludwig Seeger die Redaktion der »Ulmer Schnellpost« aufgab, übernahm Albrecht diese Stellung[25]. Darüber hinaus gab er 20 Jahre lang die deutschkatholische Wochenschrift »Die Fackel« heraus und verfaßte zahllose Gedichte, gedruckte Predigten, Broschüren und Aufsätze. Seine sozialpolitischen Interessen verlagerte Albrecht, nachdem die liberal-demokratische Bewegung Ulms im Zeichen der Restauration in den 1850er Jahren sehr an Schlagkraft eingebüßt hatte, immer mehr in den Bereich des Bildungswesens. Er beteiligte sich 1862 an der Wiedergründung des Ulmer Arbeiterbildungsvereins, engagierte sich sehr auf dem Gebiet der Volksbildung und trat auch außerhalb Ulms bei vielen Arbeitervereinen als geschätzter Vortragsredner auf[26]. 1865 trat Albrecht dem »Demokratischen Volksverein« und nach dessen Spaltung 1867 dem Ulmer Lokalverein der liberal-konservativen »Deutschen Partei« bei. Im Mai 1885 verließ er Ulm, nachdem er zuvor von dem neuen Inhaber der »Ulmer Schnellpost«, Eugen Nübling, als Redakteur entlassen worden war. Er trat in Wiesbaden eine Predigerstelle an und verstarb dort am 5. Juni 1890 an einem Herzschlag[27].

Fortschrittliches religiöses und sozialpolitisches Engagement hatten Friedrich Albrecht veranlaßt, in der 1848er Revolution aktiv zu werden. Als akademischem Wortführer und wichtigstem Exponenten der linken demokratischen Bewegung in der Region war es ihm zwar nicht gelungen, ein Mandat in der Paulskirche zu erringen, jedoch hatte er grenzüberschreitend im kommunalen Bereich und auf Landesebene eine rege agitatorische Betriebsamkeit entfaltet. Im Gegensatz zu Haßler, der sich nach 1849 vollständig aus der Politik zurückzog, war Albrecht zeitlebens politisch agil geblieben. Eine interessante Wandlung scheint sich bei ihm an der Schwelle zum 50. Lebensjahr vollzogen zu haben. Vom ursprünglich von linkem Gedankengut geprägten Republikaner wandelte er sich zum Anhänger der auf einen kleindeutschen Nationalstaat abzielenden, liberal-konservativen und pro-preußischen Deutschen Partei. Bezieht man allerdings seine Herkunft und die Tatsache, daß die Deutschkatholiken seit jeher eine Einbeziehung der papsttreuen Donaumonarchie in einen Nationalstaat bekämpften, in die Betrachtung dieser Entwicklung mit ein, wird Albrechts politische Wandlung nachvollziehbar.

1 Vgl. *Karl Höhn* (Hrsg.), Ulmer Bilder-Chronik, Bd. 1, Ulm 1929, S. 576; im Familienbuch des *Standesamts Ulm*, Bd. 5, fol. 241, ist als Geburtsmonat Mai angegeben.
2 In seinen Erinnerungen gab er an, bereits als Student im Vormärz die verbotenen schwarz-rot-goldenen Farben getragen zu haben, vgl. *Friedrich Albrecht*, Mein Tagebuch vom Hohenasperg, 2. Aufl. Ulm 1866, S. 6.
3 Auslöser für die Gründung der Deutschkatholiken war die Ausstellung des Heiligen Rocks in Trier, die die liberale Öffentlichkeit und fortschrittliche katholische Kreise als verstockten Traditionalismus anprangerten, vgl. hierzu *Martin König*, Kirchliches Leben in Ulm, in: Hans Eugen Specker (Hrsg.), Ulm im 19. Jahrhundert. Aspekte aus dem Leben der Stadt (Forschungen zur Geschichte der Stadt Ulm, Reihe Dokumentation, Bd. 7), Ulm 1990, S. 422; *Wolf-Dieter Hepach*, Ulm im Königreich Württemberg. Wirtschaftliche, politische und soziale Aspekte (Forschungen zur Geschichte der Stadt Ulm, Bd. 16), Ulm 1979, S. 162.
4 Vgl. *Höhn* (wie Anm. 1), S. 576. Im Anschluß an sein bereits mit 21 Jahren absolviertes Theologiestudium hatte Albrecht in Pommern und Schlesien als Hauslehrer gearbeitet. Seit 1845 bei den Deutschkatholiken, war er bis zu seiner Ulmer Zeit Prediger der Gemeinde in Brieg; vgl. *Hermann Simon*, Geschichte der Ulmer Presse von den Anfängen bis zum Beginn des 20. Jahrhunderts, Diss. phil. München 1954 (masch.), S. 132.
5 *StAU*, B 005/5, Rp v. 6.7.1847, § 1701; vgl. *Ulmer Adreßbuch*, Jg. 1849.
6 *StAU*, B 005/5, Rp v. 17.2.1846, § 302.
7 So setzte sich Schuster u. a. im Herbst 1845 mit Nachdruck dafür ein, daß Johannes Ronge bei einer Veranstaltung in Ulm das Münster zur Verfügung gestellt bekam; vgl. *König* (wie Anm. 3), S. 374 f.; *Hepach* (wie Anm. 3), S. 162 f.
8 *StAU*, B 005/5, Rp v. 10.3., § 458, 7.7., § 1302 und 27.1.1846, § 1394.
9 Vgl. *Uwe Schmidt*, Skizzen zur Sozialgeschichte, in: Hans Eugen Specker (Hrsg.), Ulm im 19. Jahrhundert. Aspekte aus dem Leben der Stadt (Forschungen zur Geschichte der Stadt Ulm, Reihe Dokumentation, Bd. 7), S. 268.
10 *USp* v. 16. und 17.3.1848.
11 Vgl. *König* (wie Anm. 3), S. 422 f.
12 Vgl. *USp* v. 16.4.1848.
13 Zit. nach *Dietmar Nickel*, Die Revolution 1848/49 in Augsburg und Bayerisch Schwaben (Schwäbische Geschichtsquellen und Forschungen, Bd. 8), Augsburg 1965, S. 73.
14 *USp* v. 18.4.1848.
15 *USp* v. 19.4.1848.
16 *USp* v. 21.4.1848, *USp-Beilagen* v. 24.4.1848; *DB* v. 25.4.1848.
17 Vgl. dazu S. 118 ff.
18 Vgl. *Nickel* (wie Anm. 13), S. 180.
19 Zit. nach *H. Menges*, Aus Günzburgs Vergangenheit, Günzburg 1927, S. 157; vgl. *Nickel* (wie Anm. 13), S. 102.
20 Vgl. *Nickel* (wie Anm. 13), S. 189 f.
21 Vgl. *Bernhard Mann*, Die Württemberger und die deutsche Nationalversammlung 1848/49, Düsseldorf 1975, S. 168, 200 und 202. Im vierteljährlich gewählten Landesausschuß war Albrecht permanent vertreten: ebd., S. 204 und 274.
22 *Ukr* v. 26.4.1848; vgl. *Eckhard Trox*, Bürger in Ulm: Vereine, Parteien, Geselligkeit, in: Hans Eugen Specker (Hrsg.), Ulm im 19. Jahrhundert. Aspekte aus dem Leben einer Stadt (Forschungen zur Geschichte der Stadt Ulm, Reihe Dokumentation, Bd. 7), Ulm 1990,

S. 210 f.
23 Albrecht wurde deshalb 1850 wegen versuchtem Aufruhr angeklagt, *STAL*, E 350, Bü 22.
24 Wie oft und mit welchem Erfolg Albrecht für den Ulmer Bürgerausschuß und Gemeinderat kandidierte, ist detailliert aufgelistet bei *Raimund Waibel*, Gemeindewahlen in Ulm (1817–1900), in: Ulm und Oberschwaben, Bd. 47/48 (1991), S. 339 ff.
25 Vgl. *Dorothee Breucker*, Ulm, in: Revolution im Südwesten. Stätten der Demokratiebewegung 1848/49 in Baden-Württemberg, hrsg. von der Arbeitsgemeinschaft hauptamtlicher Archivare im Städtetag Baden-Württemberg, Karlsruhe 1997, S. 655.
26 Vgl. *Hepach* (wie Anm. 3), S. 163 f.; *Uwe Schmidt*, Arbeiterbewegung in Ulm, in: Hans Eugen Specker (Hrsg.), Ulm im 19. Jahrhundert. Aspekte aus dem Leben der Stadt (Forschungen zur Geschichte der Stadt Ulm, Reihe Dokumentation, Bd. 7), Ulm 1990, S. 248.
27 *Cellarius*, in: Jahrbuch 1911 des Turnerbunds Ulm, S. 43.

Uwe Schmidt

Ludwig Seeger (1810–1864)

»Seeger, Redakteur und Literat zu Ulm, mit dem Pfarrer Albrecht zu Ulm im Jahre 1849 die Organisatoren der Ulmer Straßentumulte, Exzesse, Ruhestörungen und die Leiter und Führer der Demokratie Ulms.« Mit diesen Worten stellte der anonyme Verfasser des »Anzeigers für die politische Polizei Deutschlands«, eines »Who is who« der Revolution von 1848/49, das die Namen hunderter Liberaler, Demokraten und Republikaner auflistete, jedem deutschen Polizeibeamten, der die besiegten Revolutionäre eifrig verfolgte, eine der führenden Persönlichkeiten der Demokratie in Ulm und Umgebung vor[1]. In der Tat! Nachdem Georg Bernhard Schifterling, in den ersten Monaten der Revolution die treibende Kraft, nach Verhören, Prozessen und Gefängnis zur Auswanderung in die Vereinigten Staaten sich entschlossen hatte, avancierte Seeger im Frühjahr 1849 zum profiliertesten Verfechter von Freiheit und Demokratie in unserer Region.

Ludwig Seeger kam am 30. Oktober 1810 als Sohn eines Präzeptors und Reallehrers in Wildbad zur Welt[2]. Nach dem Besuch der Lateinschule Calw und des evangelischen Seminars Schöntal begann er 1828 das Studium der Theologie an der Universität Tübingen. Dort betrieb er auch mit Vorliebe philologische und literarische Studien, besonders den griechischen Klassikern brachte er großes Interesse entgegen. Aus seiner Studienzeit stammen die ersten lyrischen Versuche. Ein Gedicht, das er in Uhlands Stilistikum im Sommer 1832 vortrug, fand das Lob des Meisters: »Es gibt uns den wahren und frischen Eindruck einer Schwarzwaldgegend mit ihrem heimlichen Innern und ihren weiten Ausblicken.«[3] Dem strengen Regiment des Tübinger Stifts entzog er sich schon im Sommer 1830 nach mehreren Disziplinarstrafen durch freiwilligen Austritt, worüber er später einmal bemerkte: »Ich glaube, alle Exzesse würden ein Ende haben, meine frühere Freudigkeit zum Studieren, die mir immer einen der ersten Plätze in meiner Promotion [seines Studienjahrganges] sicherte, werde wiederkehren, wenn ich mich nur vom äußerlichen Polizeireglement befreit meiner lebendigen Natur gemäß bewegen könnte.«[4]

Im Sommer 1832 schloß Seeger das Studium der Theologie erfolgreich ab. Sein beruflicher Weg führte ihn zunächst als Vikar für ein Jahr nach Wildberg und dann für zweieinhalb Jahre als Hauslehrer in eine Pfarrersfamilie nach Geifertshofen bei Gaildorf. Im November 1836, nach einem kurzen Aufenthalt in Stuttgart, siedelte Seeger in die Schweiz über, wo er in Wabern bei Bern seine zweite Hauslehrerstelle bei einem Herrn Fischer–Graffenried antrat. Bereits im Frühjahr 1838 stellte ihn die Stadt Bern als Lehrer für Latein und Griechisch an der Realschule an. Seeger heiratete 1842 Pauline Zeller, die Tochter eines Stuttgarter Medizinalrates. Aus der glücklichen Ehe gingen zwei Söhne hervor. Die demokratischen Bewegungen in der Schweiz, die in den 40er Jahren eine Liberalisierung der Kantonsverfassungen anstrebten, fanden Seeger auf ihrer Seite. Daß er, nachdem am 31. Juli 1846 die neue Verfassung des Kantons proklamiert worden war, als Privatdozent für alte und neue Literatur an die Universität Bern berufen wurde, verdankte Seeger sicherlich nicht nur seinen pädagogischen und wissenschaftlichen Fähigkeiten, sondern auch seiner demokratischen Grundeinstellung.

Von 1839 an trat Seeger als Übersetzer hervor. Unter dem Pseudonym L. S. Rubens veröffentlichte er 1839/41 eine dreibändige Ausgabe der Gedichte Bérangers; einige wenige Übersetzungen von Liedern Thomas Moores erschienen in Cottas »Morgenblatt«. 1843 folgte die lyrische Sammlung »Der Sohn der Zeit«, seine erste eigenständige literarische Veröffentlichung, die Natur– und Liebeslyrik, aber auch politische Lieder enthielt. In den im folgenden Jahr, zusammen mit August Becker, aber anonym erschienenen »Politisch-sozialen Gedichten von Heinz und Kunz« schlug er einen schärferen Ton an, in denen er Persönlichkeiten des öffentlichen Lebens kritisierte.

Die Märzereignisse 1848 veränderten Seegers Leben grundlegend. Ein von Ludwig Seeger unterzeichneter Aufruf, der am 29. März in den Berner Zeitungen erschien, nannte die allgemeine Volksbewaffnung als die Hauptaufgabe, wozu Geldbeträge gesammelt werden sollten: »Vereinigen wir uns deshalb zur sofortigen Bewaffnung und militärischen Organisation unserer unbemittelten Mitbürger.«[5] Auf einer Kundgebung im Frühjahr 1848 nahm er Partei für die »Deutsche Demokratische Legion«, die Georg Herwegh von Paris über den Rhein zur Unterstützung des Heckerschen Zuges führte und bei Dossenbach am 27. April 1848 von württembergischen Truppen geschlagen wurde[6]. Mit der Hoffnung auf die Demokratisierung Württembergs und die politische Neuordnung Deutschlands kehrte Seeger in die Heimat zurück. Sein Wunsch, an einer höheren Schule oder an der Universität Tübingen angestellt zu werden, erfüllte sich nicht. Statt dessen begann seine politische Karriere. Am 15. Oktober 1848 wurde Seeger in den Landesausschuß der württembergischen Volksvereine gewählt. Allerdings lehnte er die Wahl ab, da er wohl befürchtete, nach so kurzer Zeit in Württemberg der verantwortungsvollen Aufgabe nicht gerecht werden zu können[7].

Am 8. Dezember 1848 übernahm Ludwig Seeger die Redaktion der »Ulmer Schnellpost«. Unter seiner Federführung wandelte sich die täglich, außer montags, erscheinende Zeitung vom Sprachrohr der gemäßigt Liberalen, die in Konrad Dieterich Haßler ihren bekanntesten Vertreter besaßen, zu einem Blatt, in dem mehr und mehr demokratische Positionen den Ton angaben, ohne jedoch der wesentlich radikaleren »Ulmer Donauzeitung« Konkurrenz zu bieten[8]. Seine publizistische Tätigkeit führte ihn notwendigerweise in Konflikt mit der Staatsmacht, die nach der blutigen Niederschlagung der badischen Revolution durch preußische Truppen ihre Stunde gekommen sah, mit den revolutionären Demokraten abzurechnen.

Bereits am 16. Juli 1849, als ganz Baden von den Truppen Preußens besetzt war und nur noch die Festung Rastatt von den Freiheitskämpfern gehalten wurde, und wenige Tage, nachdem die letzten Revolutionstruppen Baden in Richtung Schweiz verlassen hatten, lud der Staatsanwalt in Ulm den streitbaren Publizisten zum Verhör vor[9]. Seeger wurde ein Aufruf des Zentralmärzvereins zum Vorwurf gemacht, den er in der Ausgabe der »Schnellpost« vom 28. Juni einrücken ließ. Angesichts der Entwicklung zuungunsten der Revolution barg dieser Aufruf jedoch keine politische Brisanz mehr. Die angekündigte Fortsetzung der Beratungen der Nationalversammlung in Karlsruhe und die Durchführung der Wahlen zum Reichstag am 15. Juli entbehrten jeglicher reellen Grundlage. Dennoch erhob der Staatsanwalt am 31. Juli 1849 Anklage wegen Beleidigung der Staatsregierung[10], die der Kriminalsenat in der folgenden Passage gegeben sah und die sich auf die gewaltsame Auflösung des »Rumpfparlaments« in Stuttgart durch württembergisches Militär, wohin sich 71 Mitglieder der Nationalversammlung Ende Mai begeben hatten, bezog: »Die Nationalversammlung, welche sich aus freiem Willen zu einer Vertagung nicht entschließen konnte, ist, so zu sagen, gewaltsam vertagt worden. Das Sitzungslokal wurde am 18. d. M. militärisch versperrt, die Stimme des Präsidenten wurde durch das Kalbfell einer Trommel übertönt, die Vertreter der souveränen deutschen Nation wurden durch Pferdehufe von der Bahn ihrer Pflicht buchstäblich hinweggeritten. Die Gewalt an ihnen ist konsumiert.«

Der beantragten Strafe – neun Monate Arbeitshaus und 90 Gulden Geldbuße – folgte der Kriminalsenat für den Donaukreis nicht. Am 26. September 1849 wurde Seeger zu sechs Wochen Festungsarrest und 50 Gulden wegen »Schmähung der Staatsregierung mittels der Presse« verurteilt[11]. Er trat seine Strafe am 26. November 1849 an. Seine Bitte um Wiederaufnahme des Verfahrens und um Entlassung, die er drei Tage nach Haftantritt einreichte, um an den am 1. Dezember beginnenden Sitzungen der verfassungrevidierenden Versammlung teilzunehmen, wurde vom Justizministerium abschlägig beschieden, so daß Seeger erst am 7. Januar das Tor auf dem Hohenasperg hinter sich lassen konnte[12]. Im übrigen sei noch erwähnt, daß Anfang August 1849 wegen des eröffneten Gerichtsverfahrens gegen Seeger von obrigkeitlicher Seite ein erneuter Krawall befürchtet wurde, an dessen Spitze Seeger selbst stehen sollte[13]. Im Frühjahr 1850 erhielt Seeger wegen des gleichen Vergehens nochmals einen sechswöchigen Festungsarrest[14].

In Ulm hatte sich Seeger bald einen Namen als entschiedener Demokrat gemacht. Nicht anders ist die Ablehnung seines Antrags auf Mitgliedschaft in der Museumsgesellschaft am 14. Januar 1849 zu erklären. »Offenbar aus keinem anderen Grunde, als weil er als eifriger Demokrat bekannt ist,« wie die »Ulmer Donauzeitung« kommentierte[15].

Während der Reichsverfassungskampagne im Frühjahr 1849 finden wir Ludwig Seeger als einen führenden Kopf, der über Ulm hinaus rastlos für die Anerkennung der Reichsverfassung kämpfte. So fand unter seinem Vorsitz in

Ulm am 22. April eine Volksversammlung statt, auf der 4000 Bürger in einer einstimmig verabschiedeten Resolution »die von der Nationalversammlung beschlossene und amtlich verkündigte Reichsverfassung nebst dem Wahlgesetze als das rechtlich zustande gekommene und allgemein und unbedingt verbindliche Grundgesetz des Volkes« anerkannten. Die Versammelten sicherten dem Ministerium Römer in Stuttgart die volle Unterstützung zu, falls König Wilhelm I. die Reichsverfassung nicht anerkennen sollte[16]. Neben dem deutschkatholischen Prediger Friedrich Albrecht, dem demokratischen Professor Binder und dem Grimmelfinger Schulmeister Johannes Schäfer hielt auch Seeger eine Rede[17]. Einem Bericht der konservativen »Ulmer Kronik« zufolge wurde am 24. April ein »Wohlfahrtsausschuß« gebildet, dem neben anderen führenden Demokraten auch Seeger angehörte. Seeger soll wegen der am selben Tag vom württembergischen König nur unter Vorbehalten erfolgten Annahme der Reichsverfassung die Bürger »ungescheut zur Revolution« und zum bewaffneten Zug nach Stuttgart aufgerufen haben[18].

Seegers führende Rolle unterstreicht seine Berufung in den Landesverteidigungsausschuß, der auf der Frankfurter Versammlung der Märzvereine Anfang Mai 1849 zur »Wehrhaftmachung« des Volkes eingerichtet wurde, und die Wahl in den Landesausschuß der Volksvereine am 15. Mai 1849, die er nun annahm[19]. Schließlich setzte sich Seeger bei den Wahlen zur verfassungrevidierenden Landesversammlung am 1. August 1849 im Oberamt Ulm gegen den rechtsliberalen Verleger Philipp Ludwig Adam durch und gehörte dort der Fraktion der »Demokratischen Volkspartei« an, die mit über 40 von 64 Abgeordneten die klare Mehrheit besaß. Wegen seiner Haft auf dem Hohenasperg konnte Seeger an den Sitzungen der Landesversammlung, die am 1. Dezember 1849 eröffnet und bereits am 22. Dezember vom König wieder entlassen wurde, nicht teilnehmen[20].

Am 17. Mai 1849 sprach Ludwig Seeger vor der vom örtlichen Märzverein organisierten Volksversammlung auf dem Marktplatz in Illertissen. Vehement forderte er die umgehende Einführung der Reichsverfassung und der Grundrechte, um endlich die bedrückenden Feudallasten und mittelalterlichen Reste zu beseitigen. Auch Schulmeister Schäfer sprach auf dieser Versammlung und ritt eine scharfe Attacke gegen die deutschen Fürsten: so sei der preußische König ein Ölgötze, dem der Kopf für die Kaiserkrone passend gemacht werden müßte[21]. Auf der Reutlinger Pfingstversammlung kündigte Seeger an, daß das württembergische Militär auf die Seite des Volkes übergetreten sei, und leitete zu einem von Ludwig Pfau verfaßten Verbrüderungsaufruf an die Soldaten über, den dann der Blaubeurer Fabrikant Julius Haußmann vortrug[22].

Nach dem Scheitern der Revolution blieb Ludwig Seeger ein entschiedener Parteigänger des demokratischen Fortschritts. Vom 13. März bis 3. Juli 1850 gehörte Seeger der 2. verfassungrevidierenden Versammlung an, wiederum für das Oberamt Ulm. Der parlamentarischen Tätigkeit folgte unmittelbar die zweite sechswöchige Haft auf dem Hohenasperg[23]. Während die Kandidatur für die 3. Landesversammlung 1850 erfolglos blieb, errang Seeger, der Ende 1850 Ulm in Richtung Stuttgart verließ, das Mandat des Oberamts Waldsee im 1. Landtag unter der erneuerten Verfassung vom Mai 1851 bis August 1855. Als Mitglied der demokratischen Fortschrittspartei blieb er seinen Grundsätzen treu: So trat er für Freiheit und Freizügigkeit des Gewerbes ein, kämpfte entschieden für die Anerkennung der deutschkatholischen Kirche und die Emanzipation der Juden sowie gegen die Wiedereinführung der Todesstrafe und nach deren Einführung gegen ihre geheime Vollstreckung. Außerdem machte sich Seeger auch als Schulpolitiker (Mitglied der Schulkommission) und Vertreter der sozialen Belange des Volkes einen Namen[24]. Im November 1855 unterlag Seeger bei der Abgeordnetenwahl gegen den mittlerweile ins konservative Lager übergetretenen Ulmer Stadtschultheißen Julius Schuster[25]. 1862 wurde Seeger erneut für das Oberamt Ulm in den Landtag gewählt[26].

Auch ein Mitglied des württembergischen Landtages blieb vor Verfolgungen durch staatliche Organe nicht gefeit, erst recht nicht, wenn er, wie Ludwig Seeger, während der Revolution radikaldemokratische Positionen vertreten hatte oder Mitglied der demokratischen Fortschrittspartei war. Bereits 1849 wies das Innenministerium das Oberamt Ulm an, daß sämtliche Polizeibehörden ein wachsames Auge auf den als »politisch gefährlichen Mann« eingestuften Seeger zu werfen hätten[27]. Dasselbe Minsterium, durch zwei in französisch abgefaßte Spitzelberichte in Kenntnis gesetzt, warnte am 15. Januar 1851 den Stuttgarter Oberamtmann vor Seeger, der sich nun in Stuttgart befände, in engem Kontakt zu anderen Demokraten stünde und bedauerlicherweise nicht ausgewiesen werden könne[28]. Im Juli 1863 geriet der Landtagsabgeordnete in den Verdacht der Aufforderung zum Hochverrat. Angeblich soll Seeger im Stuttgarter Arbeiterbildungsverein eine umstürzlerische, von Karl Blind verfaßte Flugschrift mit dem Titel »Ein Freundeswort an Deutschlands Arbeiter, Bürger und Bauern« verteilt haben[29].

Bis zu seinem Lebensende nahm Seeger keine feste Stellung mehr an und lebte als freier Schriftsteller und Korrespondent verschiedener Zeitungen. Auch seinem literarischen Talent widmete er sich wieder verstärkt. So erschienen »Bérangers Werke« 1859 in einer zweiten und verbesserten Auflage und 1860/61 Victor Hugos »Sämtliche poetische Werke«. Mit Victor Hugo fühlte sich Seeger durch dessen Haltung zu politischen und sozialen Problemen tief verbunden. Für die von Dingelstedt geplante Neuausgabe der Werke Shakespeares übersetzte er die Dramen »Hamlet«, »König Johann« und »Thimon von Athen«[30].

Ludwig Seeger starb am Morgen des 22. März 1864 in Stuttgart. Dem mit schwarz-rot-goldenen Schleifen geschmückten Sarg, getragen von zwölf Mitgliedern des Stuttgarter Arbeiterbildungsvereins, folgte auch eine rund 50köpfige Delegation aus Ulm und Umgebung[31]. Auf der Bezirksversammlung der Demokratischen Partei im Langenauer Wirtshaus »Zum Ochsen« am 28. März 1864 würdigte der Rechtsanwalt Gustav Wolbach den »leider zu früh verblichenen und allgemein auf das herzlichste betrauerten Abgeordneten ..., welchem die Versammlung in ernster und gerührter Stimmung ein Zeichen ihrer Anerkennung gab.«[32]

1 *Anzeiger für die politische Polizei Deutschlands.* Ein Handbuch für jeden deutschen Polizeibeamten, Dresden 1855, S. 195.
2 Vgl. auch i.f., *Herrmann Fischer*, Ludwig Seeger, in: Beiträge zur Literaturgeschichte Schwabens. 2. Reihe, Tübingen 1899, S. 170 f.; *ders.*, Ein halbvergessener Lyriker und Übersetzer. Zum Gedächtnis von Ludwig Seeger, in: Deutsche Rundschau 145 (1910), S. 280 f.; *ADB* 33, S. 573; *Richard Krüger*, Ludwig Seeger. Poet – Publizist – Politiker, in: Der Landkreis Calw 11 (1993), S. 38 ff.
3 Zit. nach *Fischer*, Seeger (wie Anm.2), S. 172.
4 Zit. *ebd.*, S. 173.
5 Zit. nach *Veit Valentin*, Geschichte der deutschen Revolution 1848 bis 1849, Bd. 1, ND Weinheim/Berlin 1998, S. 484.
6 Vgl. *Krüger* (wie Anm. 2), S. 46 f.
7 Vgl. *Werner Boldt*, Die württembergischen Volksvereine von 1848 bis 1852 (Veröffentlichungen der Kommission für geschichtliche Landeskunde in Baden-Württemberg, Reihe B Forschungen, Bd. 59) Stuttgart 1979, S. 273; *Krüger* (wie Anm. 2), S. 47.
8 Vgl. *Wolf-Dieter Hepach*, Ulm im Königreich Württemberg 1810 bis 1848. Wirtschaftliche, soziale und politische Aspekte (Forschungen zur Geschichte der Stadt Ulm, Bd. 16) Ulm 1979, S. 173.
9 *STAL*, E 350, Bü 24, Verhörprotokoll v. 16.7.1849.
10 *STAL*, E 350, Bü 24, Anklageschrift v. 31.7.1849.
11 *STAL*, E 350, Bü 24, Verhandlungsprotokoll v. 26.9.1849.
12 *HSTAS*, E 301, Bü 245/2, Schreiben des Justizministeriums v. 18.12.1849; *STAL*, E 350, Bü 24, Schreiben Seegers an den Kriminalsenat in Ulm v. 29.11.1849; E 356c, Bd.1.
13 *HSTAS*, E 14, Bü 1057, Unterfasz. 3, Schreiben an den Festungsgouverneur Ulm v. 7.8.1849.
14 S. Beitrag *Schmidt*, Nach der Revolution, in diesem Band.
15 *UDz, Nr.* 12 v. 17.1.1849.
16 *BA Frankfurt*, DB 51/48, Resolution v. 22.4.1849; *UDz*, Nr. 93 v. 24.4.1849.
17 *HSTAS*, E 9, Bü 117, Schreiben des Regierungspräsidenten von Schwaben und Neuburg an den württembergischen König v. 13.10.1849.
18 *UKr*, Nr. 96 v. 26.4.1849; vgl. *Eckhardt Trox*, Bürger in Ulm: Vereine, Parteien, Geselligkeit, in: Hans Eugen Specker (Hrsg.), Ulm im 19. Jahrhundert. Aspekte aus dem Leben der Stadt (Forschungen zur Geschichte der Stadt Ulm, Reihe Dokumentation, Bd. 7), Ulm 1990, S. 210 f.
19 *HSTAS*, E 146/2, Bü 1952, Bericht über Bildung und Wirken des Landesausschusses der Volksvereine [1850]; vgl. *Boldt* (wie Anm. 7), S. 64 und 273.
20 Vgl. *Dorothee Breucker*, Ulm, in: Revolution im Südwesten. Stätten der Demokratiebewegung 1848/49 in Baden-Württemberg, hrsg. von der Arbeitsgemeinschaft hauptamtlicher Archivare im Städtetag Baden-Württemberg, Karlsruhe 1997, S. 658; *Günter Cordes*, Württembergischer Landtag bis 1918, in: Von der Ständeversammlung zum demokratischen Parlament. Die Geschichte der Volksvertretungen in Baden-Württemberg, hrsg. von der Landeszentrale für politische Bildung Baden-Württemberg, Stuttgart 1982, S. 138 f.; *Trox* (wie Anm. 18), S. 211.
21 *HSTAS*, E 319, Bü 68; *UKr*, Nr. 116 v. 20.5.1849.
22 Vgl. *Anklageakt gegen den vormaligen Rechtskonsulenten August Becher von Ravensburg und Genossen wegen Hochverrats*, o. O. [1851], S. 33.
23 *STAL*, E 356c, Bd.1; vgl. *Krüger* (wie Anm. 2), S. 47.
24 Vgl. *Fischer* (wie Anm. 2), S. 201.
25 *HSTAS*, E 146/2, Bü 1952, Bericht der Donaukreis-Regierung v. 7.11.1855.
26 Vgl. *Krüger* (wie Anm. 2), S. 50.
27 *STAL*, F207/I, Bü 82, Schreiben des Innenministeriums an das Oberamt Ulm v. 12.9.1849.
28 *HSTAS*, E 14, Bü 1058, Spitzelberichte v. 6 und 7.1.1851, Nota v. 15.1.1851.
29 *HSTAS*, E 9, Bü 654, Schreiben des Justizministeriums v. 22.7.1863.
30 Vgl. *Krüger* (wie Anm. 2), S. 49 f.
31 *SchwKr* v. 27.3.1864.
32 *SchwKr* v. 1.4.1864.

Herbert Hummel

Johann Joseph Huck (1805–1856)

Joseph Huck[1] war im Jahre 1846 als Oberjustizrat nach Ulm versetzt worden, wo er als Richter bei der beim Ulmer Kreisgericht beschäftigt war (der damalige Donaukreis ist mit einem Regierungsbezirk zu vergleichen, zum Donaukreis gehörte Oberschwaben und die württembergische Alb). Geboren wurde er am 13. Mai 1805 in Dietershausen in der Nähe von Fulda. Da sein Vater früh starb, wuchs er bei seinem Onkel auf, einem katholischen Pfarrer bei Rastatt. Dort absolvierte er das Lyzeum, studierte Rechtswissenschaften in Marburg und promovierte in Heidelberg. Huck hatte ursprünglich eine akademische Karriere im Auge, denn er habilitierte sich in Tübingen und war bis 1834 Privatdozent an der Universität. Dann jedoch wechselte er in den Justizdienst, der ihn 1846 in die Donaustadt führte.

Huck war im politischen Katholizismus engagiert. Auf den großen Volksversammlungen in Oberschwaben trat er häufig als Redner auf. Dies brachte ihm eine Reihe von Kandidaturen ein. So wenig bekannt er in Ulm war, desto bekannter war er im katholischen Landesteil. In den Reden, z. B. am 10. April 1848 auf der Volksversammlung auf dem Bussen, wurden seine politischen Vorstellungen deutlich; er war großdeutsch gesinnt, das bedeutet, er wollte ein einheitliches Deutschland unter österreichischer Führung. Er empfahl »die Auswanderung an die untere Donau, um die Donaumündungen für Deutschland und seinem Handel zu gewinnen!« Innenpolitisch war er ausgesprochen konservativ eingestellt, seine Warnungen vor dem Proletariat trafen im industriefernen Oberschwaben offenbar auf gläubige Ohren.

Im Wahlkreis Biberach-Leutkirch-Laupheim kandidierte er für das Mandat zur Nationalversammlung in Frankfurt, verlor jedoch gegen den entschieden demokratisch engagierten »roten Fürsten« Konstantin Maximilian von Waldburg-Zeil. Möglicherweise wäre der Sieg des Fürsten zu verhindern gewesen, wenn die Katholiken im Wahlkreis sich auf einen Kandidaten hätten einigen können. Neben Huck kandidierte auch Andreas Alois Wiest (1796–1861)[2]. Weshalb er, der sich seit Jahren engagiert für die Rechte der Bauern eingesetzt hatte, nicht gewählt wurde, wird wohl rätselhaft bleiben.

Joseph Huck wurde in zwei Wahlkreisen als Ersatzmann aufgestellt: in Riedlingen-Saulgau-Waldsee und in Ellwangen. In beiden Wahlkreisen wurde er gewählt, in Ellwangen mit 5566 und in Saulgau mit 6203 Stimmen. Im Oktober 1848 legte der Abgeordnete für Ellwangen, Pfarrer Georg Kautzer (1807– 1875), sein Mandat nieder und Huck zog am 17. November 1848 in die Paulskirche ein[3].

Einer der Parteiungen in der Paulskirche trat er nicht bei, er wurde aber zu den Ultramontanen gerechnet, welche die Interessen der katholischen Kirche vertraten. Im Vorfeld der Wahl trat Joseph Huck auf den großen Volksversammlungen in Buchau (10. April 1848) und in Biberach (18. April 1848) als Redner auf.

In der Paulskirche stimmte er stets mit der dezidiert katholischen Gruppe, insbesondere wandte er sich gegen die kleindeutsche Lösung mit einem preußischen Erbkaiser an der Spitze, fürchteten doch die Katholiken, in diesem Deutschland von den Protestanten majorisiert zu werden; daß sie, und Huck mit ihnen, auf die österreichische großdeutsche Karte setzten, ist daher nur allzu verständlich. Noch Ende April 1849 wurde Huck von der großdeutschen Partei in einen Ausschuß gewählt, der sich entschieden für ein Deutschland unter Einschluß Österreichs einsetzte[4]. Schwer wogen die Niederlagen, die der politische Katholizismus im Herbst 1848 in der Paulskirche erlitt: Die Linke und die Liberalen traten für die Abschaffung der geistlichen Schulaufsicht ein, d. h. für die Unterstellung des gesamten Schulwesens unter staatliche Kontrolle. Genauso entschieden kämpften die Ultramontanen und manch konservativer Protestant für die Rechte der Kirche. Sie blieben eine Minderheit, die lediglich die Schulaufsicht über den Religionsunterricht durchsetzen konnte[5].

Zuvor schon war eine Entfremdung zwischen den entschieden kirchlichen Vertretern und der liberal-demokratischen Bewegung eingetreten, vor allem weil im liberalen Umfeld antiklerikales Gedankengut zuhause war. Zwar waren

Anträge, die den katholischen Orden Rechte vorzuenthalten und den Zölibat per Grundrecht aufzuheben beabsichtigten, nicht mehrheitsfähig, aber sie förderten dennoch ein tiefes Mißtrauen vor allem der katholischen Abgeordneten gegenüber den liberalen Kräften und lähmten so die Bereitschaft, gemeinsam das große Ziel, die Beschränkung der Fürstenmacht und die Demokratisierung der Gesellschaft, zu verfolgen[6].

Den Umzug des Frankfurter Parlaments nach Stuttgart am 31. Mai 1849 machte Joseph Huck noch mit. Ob er bis zum bitteren Ende durchhielt, ist ungewiß, möglicherweise hatte er sein Mandat als Mitglied der Nationalversammlung niedergelegt, denn er war gleichzeitig Mitglied des württembergischen Landtages 1848/49 für den Bezirk Waldsee.

Im politischen Katholizismus und in der Landespolitik spielte Johann Joseph Huck weiterhin eine Rolle. Zwar war er bei der Wahl zur 1. verfassungrevidierenden Landesversammlung am 1./2. August 1849 im Oberamt Waldsee dem protestantischen Pfarrer Wilhelm Zimmermann mit 1070 zu 1202 Stimmen unterlegen, dennoch konnte er nach einer erfolgreichen Nachwahl in den Landtag einziehen, da Zimmermann auch im Oberamt Schwäbisch Hall das Mandat errungen und das er angenommen hatte. Die Wahl des evangelischen Pfarrers im katholischen Oberschwaben darf nicht verwundern, da der »rote Fürst« Waldburg-Zeil sich für Zimmermann stark gemacht hatte. Bei der Wahl zur 2. Landesversammlung Ende Februar 1850 siegte Huck unangefochten im Oberamt Waldsee. Genauso gewann er das Mandat für denselben Wahlkreis bei der Wahl zur 3. Landesversammlung am 20./22. September 1850.

Auch diese Versammlung wurde rasch aufgelöst; König und Regierung erklärten das Experiment einer neuen Verfassung für gescheitert, das Wahlverfahren nach dem Gesetz vom 1. Juli 1849 wurde aufgehoben. Fortan wurde wieder nach dem alten Wahlrecht von 1819, also über Wahlmänner, gewählt.

Joseph Huck trat diesmal für das Oberamt Ellwangen an, wurde gewählt und war bis 1855 Vertreter für diesen Bezirk im Stuttgarter Landtag. Krankheitshalber legte er dieses Amt 1855 nieder. 1856 wurde er nach Esslingen versetzt, wo er beim Zweiten Senat des Gerichtshofes für den Neckarkreis amtierte. In Esslingen trat er politisch nicht mehr hervor. Johann Joseph Huck verstarb am 27. September 1859 in Esslingen.

In Ulm selbst blieb er politisch so gut wie unbekannt; überhaupt scheint er eher im Hintergrund aktiv gewesen zu sein. Das gebot allein schon der Umstand, daß er in württembergischen Staatsdiensten stand. Für die Herausbildung eines katholischen politischen Selbstbewußtsein ist Joseph Huck sicher von einiger Bedeutung. Leider ist der Forschungsstand über die Politisierung der Katholiken in Württemberg unbefriedigend.

---

1 Zu Joseph Huck existiert keine Biographie. Die vorliegende Skizze stützt sich z. T. auf Material, das Ulrich Seemüller, Stadtarchiv Ulm, gesammelt hat.
2 Vgl. *Bernhard Mann*, Die Württemberger und die deutsche Nationalversammlung 1848/49 (Beiträge zur Geschichte des Parlamentarismus und der politischen Parteien, Bd. 57), Düsseldorf 1975, S. 408.
3 Vgl. *ebd.*, S. 406.
4 Vgl. *ebd.*, S. 340, Anm. 348.
5 Vgl. *Franz Wigard* (Hrsg.), Stenographische Berichte über die Verhandlungen der deutschen konstituierenden Nationalversammlung zu Frankfurt am Main, Bd. 4, Frankfurt a. M., 1848/49, Sp. 4141 ff.
6 Vgl. *Mann* (wie Anm. 2), S. 172.

Herbert Hummel

Friedrich August Gfrörer (1803–1861)

Friedrich August Gfrörer wurde am 5. März 1803 in Calw geboren. Sein Vater gehörte zu den Kompagnieverwandten der dortigen Handelsgesellschaft. Finanzielle Schwierigkeiten führten zur familiären Krise, in deren Folge die Eltern sich trennten. Die Mutter lebte mit den Söhnen in der Nähe von Schorndorf. Hier besuchte der jüngste – Friedrich August – die Lateinschule. 1817 bezog er das neuerrichtete Evangelisch-Theologische Seminar in Blaubeuren. Zu seinem Promotionsjahrgang zählten Wilhelm Hauff, der Dichter des »Lichtenstein«, und Ludwig Amandus Bauer. Neben diesen gehörten zu seinem Bekanntenkreis in Tübingen Wilhelm Waiblinger und Eduard Mörike – der bekannte Presselsche Garten am Osterberg war ein Treffpunkt der Freunde. Hermann Hesse, der sich bei den württembergischen Stiftlern bestens auskannte, nennt in einer Erzählung den Gfrörer – als Saufkumpan des exzentrischen Wilhelm Waiblinger. Es ist durchaus glaubhaft, daß die beiden zusammen mit Eduard Mörike den kranken Friedrich Hölderlin zu Spaziergängen ins Presselsche Gartenhaus abgeholt haben.

Zum Theologen bestimmt, wollte sich Gfrörer in diese Laufbahn nicht schicken – zu genialisch fühlte er seine Begabung, zu Höherem berufen als zum stillen Seelsorger bescheidener Landleute. Darin gleicht er seinem Freund Wilhelm Waiblinger, dem beschieden war, wie Hesse schreibt, »das Glück und das Elend der Freiheit in raschen, durstigen Zügen zu trinken und früh zu verlodern«[1].

Gfrörer war aus soliderem Holz geschnitzt, aber Pfarrer wurde er, wie Waiblinger, auch nicht. Seine Kontakte waren weitgespannt, auch verfügte er über beste Sprachkenntnisse, so daß einer Anstellung als Bibliothekar an der Landesbibliothek in Stuttgart nichts im Wege stand. Daneben war er Schriftsteller poltisch-historischen Zuschnitts. Im Laufe seines Lebens veröffentlichte er Bücher über Bücher, Schriften über Schriften – er war unglaublich produktiv! Heute sind seine Arbeiten im ganzen überholt, dennoch schuf er

Abb. 9: Friedrich August Gförer (1803 – 1861)

Grundlagen, die den wissenschaftlichen Rahmen absteckten und das Niveau vorgaben, das seither gehalten werden mußte.

Gfrörer war zeitlebens eine umstrittene Persönlichkeit: »Ein Mann, gebaut wie Herkules, mit einer prachtvollen Stimme«, wie ein öffentlicher Nachruf urteilte, »die alte fette Sau Gfrörer«, wie Friedrich Theodor Vischer an David Friedrich Strauß schrieb – beide Gelehrte waren Freunde Gförers. In einem Punkt haben die Schreiber recht: Gfrörer war außerordentlich korpulent, »ein ungeheurer Fresser«[2]. Er selbst konnte über seine Dickleibigkeit spotten. Als auf die Paulskirche ihr politisches Ende zukam, fürchtete mancher Parlamentarier für sein demokratisches Engagement zur Rechenschaft gezogen zu werden. Auch Gfrörer hielt es für möglich, gehängt zu werden, er fügte aber hinzu, er hoffe, daß bei seinem Körpergewicht der Strick reiße[3].

Vischer, Strauß und Gfrörer kannten sich seit ihrer Studienzeit im Tübinger Stift. Alle drei bereiteten sich auf ihr Studium der Theologie im Blaubeurer Seminar vor, allerdings besuchte Friedrich August Gförer es eine Promotion vor den »Dioskuren« Strauß und Vischer von 1817 bis 1821. Der strebsame Seminarist stand in der Lokation stets auf den ersten Plätzen. 1821 begann er das Studium in Tübingen, das er vier Jahre später mit der Geniepromotion erfolgreich abschloß. Gfrörer war Repetent am Tübinger Stift, so lernte ihn Vischer kennen (auch Vischer wurde später Repetent). Wer diese Position erreichte, von dem wußte das ganze Land, daß der dazu berufen war, einst zur theologischen und wissenschaftlichen Elite des Landes zu gehören.

Die Lebenswege Vischers und Gfrörers gleichen sich. Obgleich examinierte Theologen, wurden sie nicht Pfarrer, sondern ihre Lebensleistung erbrachten sie an der Universität und in der Politik. Gförer wurde Professor für Geschichte an der Universität Freiburg, Vischer erhielt eine Professur für Literaturgeschichte in Zürich, später für Philosophie am Polytechnikum in Stuttgart, der späteren Technischen Hochschule. Beide gerieten in Konflikt mit der evangelischen Kirche in Württemberg, Vischer, weil er seinem Freund Friedrich David Strauß literarisch zur Seite stand, als dieser sein kirchliches Amt verlor. Gförer hatte wohl nur auf Wunsch seiner Eltern das Theologiestudium aufgenommen, ohne eine innere Neigung zum Pfarrberuf zu fühlen. Beide engagierten sich in der Revolution 1848/49, kandidierten für die Paulskirche in Frankfurt und wurden gewählt: Vischer im Wahlkreis Reutlingen mit 56,2 Prozent aller Stimmen, Gfrörer im Wahlkreis Ehingen-Münsingen mit 67,5 Prozent.

Die Wahlen zur Nationalversammlung sahen noch keinen eigentlichen Wahlkampf, wohl aber spielte die Religionszugehörigkeit eine wichtige Rolle. Ursprünglich wurde im mehrheitlich katholischen Wahlkreis Ehingen-Münsingen als einziger Kandidat Eduard Süskind, der entschieden demokratische protestantische Pfarrer aus Suppingen, benannt. Vor allem die katholische Geistlichkeit bemühte sich daher um einen Gegenkandidaten[4].

Keine zwei Wochen vor der Wahl (26.–28. April) konnte Friedrich August Gfrörer als Kandidat gewonnen werden. Dies war insofern ein geschickter Schachzug, da Gfrörer noch Protestant war, aber als Professor für Geschichte in Freiburg mehr als nur Sympathie für die katholische Kirche empfand (1853 konvertierte er konsequenterweise). Die Fürsprache der Geistlichkeit genügte: Gfrörer gewann die Wahl, ohne sich im Lande auf Versammlungen vorgestellt zu haben. Erst nach gewonnener Wahl reiste Gfrörer durch seinen Wahlkreis und sprach zur Bevölkerung in den größeren Gemeinden. Bleibt noch anzumerken, daß Gförer mit Süskind seit der gemeinsamen Zeit im Stift bestens bekannt war.

Gfrörers Wahl steht im engsten Zusammenhang mit der politischen Formierung der katholischen Kräfte in Württemberg und Deutschland. Franz Joseph Buß (1803–1878), einer der Organisatoren des politischen Katholizismus, war Kollege Gförers an der Freiburger Universität. Im Ulmer Raum waren die Brüder Wiest aktiv, vor allem Andreas Alois Wiest (1796–1861) – sie förderten die Kandidatur Gförers. Im konfessionell gemischten Wahlkreis Münsingen-Ehingen erwies sich der »katholisierende Protestant« als erfolgbringend.

Gfrörer verstand sich nicht als Vertreter seines Wahlkreises, der sich nur regionaler Interessen annahm, sondern er sah sich als Vertreter des ganzen Volkes. Vielmehr galt es, in der Nationalversammlung dem deutschen Volk die ihm angemessene Verfassung zu erarbeiten – eine Aufgabe, der er sich mit großem Engagement widmete. Es ging um die großen Fragen wie Grundrechte, Wahlrecht, Adelsprivilegien, Polizeistaat oder liberaler Rechtsstaat, Republik oder Monarchie.

Die Paulskirche kannte noch keine Parteien im modernen Sinne, sondern in mehr oder weniger lockeren Gruppen, in

Parteiungen, organisierten sich die Volksvertreter. Gfrörer wurde zu den Ultramontanen gerechnet, welche die Positionen und Interessen der katholischen Kirche vertraten. Auch gehörte er zur Gruppe der entschiedenen »Preußenfeinde«, und an seine »leidenschaftliche Liebe für die Habsburger« wird gedacht.

Sein Auftreten und sein Verhalten bei Abstimmungen war entsprechend – so stimmte er bei der Wahl zum Reichsverweser für Erzherzog Johann von Österreich; er war gegen die Abschaffung des Adels, ganz besonders engagierte er sich in Fragen der Kirchen und in Fragen der Schule, wobei er stets den Standpunkt der katholischen Kirche vertrat. Damals bedeutete dies, daß man zwar die Trennung von Staat und Kirche («Freiheit für die Kirche») wollte, aber die Schule sollte unter der Kontrolle der Kirchen bleiben. Gfrörer unterstützte einen entsprechenden Antrag, der dann prompt auf den Widerspruch der Liberalen traf. Es ist bestimmt kein Zufall, daß Friedrich Theodor Vischer den ultramontanen Vorstellungen vehement widersprach[5]. Gfrörer trat für die Rechte der katholischen Polen ein, für die er ein selbständiges Großherzogtum Polen forderte, das in Personalunion mit dem Königreich Preußen stehen sollte[6]. Eine kuriose Idee – der stockprotestantische preußische König als Oberhaupt der tief katholisch empfindenden Polen!

Friedrich Gfrörer blieb seiner großdeutschen Gesinnung treu; er verfolgte das, was er im Interesse Österreichs für geboten hielt, auch noch, als die österreichische Regierung mit der Erschießung des Abgeordneten Robert Blum am 9. November 1848 deutlich genug zu verstehen gab, was sie von der Frankfurter Paulskirche hielt. So wollte er, wenn schon Österreich dem vereinten Deutschen Reich nicht angehören sollte, wenigstens die Möglichkeit eines späteren Beitritts offenhalten. Er stimmte konsequent bei allen Anträgen mit Nein, die auf eine kleindeutsche Lösung unter preußischer Führung hinausliefen.

Besonders engagierte er sich bei der von katholischen Publizisten organisierten Kampagne, welche die Bevölkerung gegen eine preußische Lösung der nationalen Frage zu mobilisieren suchte. In vielen – überwiegend – katholischen Gemeinden wurden Petitionen gesammelt, die sich z. T. für einen Kaiser aus dem Hause Habsburg aussprachen, auf jeden Fall aber Österreich im Deutschen Reich wissen wollten. Diese Schriftstücke wurden von Gfrörer gesammelt und als Petitionen in die Nationalversammlung eingebracht. Auch aus Ehingen liegt eine derartige Petition vor[7].

Selbstverständlich enthielt sich Gförer bei der Wahl Friedrich Wilhelms IV. von Preußen zum deutschen Kaiser am 28. März 1849[8]. Daß er im Herzen gegen einen preußischen Erbkaiser war, steht außer Frage; ob er Genugtuung empfand, als der preußische König die ihm angetragene Kaiserkrone Anfang April 1849 ablehnte, wissen wir nicht.

Wahrscheinlich ahnte Gfrörer das kommende Ende der parlamentarischen Versammlung in Frankfurt, denn immer mehr Abgeordnete »traten aus«, das heißt, sie legten ihre Mandate nieder. Dieser Umstand zeigt allein schon, welche Ratlosigkeit sich im liberal-demokratischen Lager breit machte. Ende Mai 1849 harrten noch ca. 140 Abgeordnete von einst rund 600 in Frankfurt aus. Jetzt, von preußischen Truppen zunehmend bedroht, entschloß man sich, die Nationalversammlung nach Stuttgart zu verlegen. Gfrörer stimmte gegen den Umzug. Möglicherweise hegte er die Illusion, daß nach dem Scheitern des kleindeutschen preußischen Erbkaisertums ein wie immer auch gearteter Weg zu einer großdeutschen Lösung der deutschen Frage möglich sein könnte. An den Beratungen in Stuttgart nahm er nicht mehr teil. Am 14. Juni 1849 wurde er von Stadtrat und Bürgerausschuß in Schelklingen aufgefordert, in die Stuttgarter Nationalversammlung einzutreten oder sein Mandat niederzulegen[9]. Eine Reaktion Gfrörers ist nicht bekannt.

Mit seinen alten Bekannten vom Blaubeurer Seminar und vom Tübinger Stift, mit Friedrich Theodor Vischer und mit Wilhelm Zimmermann, auch mit Gustav Rümelin und mit Christian Friedrich Wurm pflegte er jenen Umgang freundschaftlicher Art, der bei einem gemeinsamen Studiengang unvermeidbar bleibt. In der politischen Sache gingen die Wege weit auseinander. Zimmermann gehörte in Frankfurt zum Klub »Donnersberg«, damit zur äußersten Linken der Nationalversammlung. Mit ihm stimmte Gförer so gut wie nie, wie auch mit Vischer höchst selten überein. Mit letzterem freilich verband ihn eines: massive Vorbehalte, ja geradezu Haß auf alles Preußische. Vischer zitiert noch Jahre später mit einigem Behagen den Ausspruch Gfrörers »Ihr Preußen seid ein von Welzen, Wenden und Obodriten zusammen gev... Lumpenpack«.

Nach dem Scheitern der Paulskirche kehrte Friedrich Gfrörer auf seinen Lehrstuhl an der Universität Freiburg zurück – ultramontan, wie eh und je gesinnt. 1853 vollzog er seine Konversion zum Katholizismus (drei Jahre zuvor waren schon Frau und Kinder übergetreten). Dieser Schritt wurde ihm, obgleich schon lange erwartet, recht übelgenommen. Berechnung wurde ihm unterstellt: nur unter der Zusage der Konversion habe er den historischen Lehrstuhl an der von Katholiken dominierten Universität Freiburg erhalten.

Zwar wurde er seit einem Buch über Gustav Adolf verdächtigt, Neigung zum Katholizismus zu zeigen, denn Gfrörer brach mit dem in evangelischen Kreisen verbreiteten Bild des schwedischen Königs als »Retter aus dem Norden«. Er stellte die machtpolitischen Interessen des Königs in das Zentrum seiner Darstellung, allerdings ging er zu weit, wenn er unterstellte, der schwedische König hätte die Absicht gehegt, deutscher Kaiser zu werden.

Wie wird nun seine Leistung als Historiker beurteilt? Auch hier prägt der religiöse Hader das Urteil. Die katholische Seite nennt ihn schlicht »genial« (Ludwig von Pastor), die protestantische Partei bezeichnet sein Hauptwerk, die Geschichte Gregors VII., die weit mehr als eine Biographie des Papstes darstellt, als »phantastisch entstellend« (Johannes Haller).

Religiös bestimmte Animositäten spielen heute eine geringe Rolle, und so kann man Gfrörers wissenschaftliche Leistung unbefangener betrachten. Zunächst imponiert die Materialfülle, mit der Gfrörer aufwarten kann – das Buch über Papst Gregor VII. umfaßt sieben Bände mit tausenden Seiten. Es ist heute gewiß veraltet und parteiisch, aber dennoch stellt es einen Meilenstein der Geschichtsschreibung dar, zumindest insofern, daß hinter dem wissenschaftlichen Aufwand, den Gfrörer vorgelegt hat, niemand mehr vorbeigehen kann. Und auch seine Kritiker haben das Material, das Gfrörer bietet, mehr oder weniger dankbar benutzt.

So veraltet die wissenschaftlichen Erkenntnisse sein mögen, beeindruckend ist jedenfalls der sprachliche Duktus und das emotionale Engagement, mit dem sich Gfrörer der historischen Ereignisse annimmt. An die Zerstörung des Tempels in Jerusalem knüpft er folgende Betrachtung: »Roms Soldaten vollstreckten, als sie den Feuerbrand in den Tempel schleuderten, nicht bloß ein Werk der Zerstörung, sie halfen zugleich an einer neuen erhabeneren Schöpfung bauen: sie hieben die bisher verschlossenen Thore ein, durch deren weit geöffnete Flügel von nun an die Masse der Heiden in das geistige Heiligthum der Weltreligion einzog. Denn erst nach der Zerstörung Jerusalems erfolgte jener reißendschnelle Uebertritt der Völker des römischen Reichs zur neuen Religion, weil nun das Judenthum seine Kraft verloren hatte, das Christenthum eines Nebenbuhlers entledigt war. Nun ist es Zeit, daß wir uns zur Geschichte Jesu Christi wenden. Ueber Trümmer führt Anfangs der Weg, aber unerschüttert winkt uns am Ziele das Allerheiligste, die ewige Flamme, der keine, auch die kühnste, unerbittlichste Untersuchung – sobald sie nur gerecht ist – etwas von ihrem Glanz nehmen kann. Nur die Säulen des Vorhofes, die, wie ich glaube, manchmal das herausströmende Licht verdunkelten, stürzen zum Theile ein; die ewige Flamme auf dem Hochaltare strahlt fort in ungetrübter Glorie.«

Literatur
ADB 9, 139 f.
M. Gmelin, August Friedrich Gfrörer, in: Badische Biographien, 1875. S. 300 ff.
August Hagen, August Friedrich Gfrörer 1803–1861, in: Gestalten aus dem Schwäbischen Katholizismus, 3. Teil, Stuttgart 1954, S. 7 ff.

1 Zit. nach *Hermann Hesse*, Im Presselschen Gartenhaus, Stuttgart 1987, S. 49 und 54.
2 Vgl. *Gustav Moritz Hallbauer*, Tagebuch, in: Ludwig Bergsträsser (Hrsg.), Das Frankfurter Parlament in Briefen und Tagebüchern, Frankfurt 1929, S. 248.
3 *Ebd.*, S. 307.
4 Vgl. *Lina Benz*, Eduard Süskind (1807–1874). Pfarrer, Volksmann, Visionär (Europäische Hochschulschriften, Reihe 3, Geschichte und ihre Hilfswissenschaften, Bd. 668) Frankfurt/M. u.a. 1995, S. 347 ff.
5 Vgl. *Franz Wigard* (Hrsg.), Stenographische Berichte über die Verhandlungen der deutschen konstituierenden Nationalversammlung zu Frankfurt am Main, Bd. 3, Frankfurt a. M.1848/49, Sp. 2175 f.
6 Vgl. *Bernhard Mann*, Die Württemberger und die deutsche Nationalversammlung 1848/49 (Beiträge zur Geschichte des Parlamentarismus und der politischen Parteien, Bd. 57), Düsseldorf 1975, S. 177.
7 Vgl. *ebd.*, S. 268, Anm. 181.
8 Vgl. *ebd.*, S. 291.
9 *Blaumann,* Nr. 47 v. 19.6.1849.

Uwe Schmidt

August Becher (1816–1890)

August Becher, ein heute der Öffentlichkeit kaum bekannter Politiker, stellte sich schon in den Jahren vor der Revolution auf die Seite des gesellschaftlichen Fortschritts. Er spielte in der Bewegung der württembergischen Volksvereine 1848 eine bedeutende Rolle, avancierte im Frühjahr 1849 zu einer entschieden demokratischen Führungspersönlichkeit und blieb auch nach der Revolution seinen politischen Grundsätzen treu. Kein Wunder, daß die württembergischen Behörden den im Juli 1849 ins schweizerische Exil geflüchteten August Becher in den ersten nachrevolutionären Monaten steckbrieflich suchen ließen. Aus diesem Grund besitzen wir auch von ihm eine Beschreibung seines äußeren Erscheinungsbildes: August Becher war von schlanker Statur, die Haare waren blond und die Augen blau, seine Nase besaß ein gewöhnliches Aussehen, der Mund war klein, das Gesicht oval und gesund[1].

August Becher erblickte am 21. Februar 1816 in Stuttgart als Sohn des Medizinalrates und Hofarztes Gottlieb Benjamin Becher (1776–1858) das Licht der Welt[2]. In Stuttgart besuchte er das Obergymnasium und von 1832 an studierte er an der Landesuniversität Tübingen Rechtswissenschaft. Dort wurde der Student in der 1831 gegründeten Studentenverbindung »Corps Suevia« aktiv. Nach erfolgreich bestandenen Examina 1841 führte ihn sein beruflicher Weg nach Tettnang, wo er eine Stelle als Gerichtsaktuar antrat. Doch bereits ein halbes Jahr später trat Becher aus dem württembergischen Staatsdienst wieder aus und ließ sich in Ravensburg als freiberuflicher Rechtskonsulent nieder.

Abb. 10: August Becher (1816 – 1890)

August Becher betrat 1846 die politische Bühne, als ihn Julius Haußmann, der Freund aus Stuttgarter Schul- und Tübinger Universitätsjahren, von einer Kandidatur für das freigewordene Blaubeurer Mandat in der württembergischen Zweiten Kammer überzeugen konnte. Nach einem engagiert geführten, von Haußmann tatkräftig unterstützten, turbulenten Wahlkampf setzte sich Becher gegen den von den Blaubeurer Honoratioren favorisierten Stadtschultheißen Lederer im Januar 1847 durch. In Stuttgart machte sich der junge Abgeordnete, der sich von Anfang an zur linken demokratischen Kammeropposition zählte, durch sein rednerisches Talent bald einen Namen[3].

August Becher gehörte in den Märztagen 1848 zu den führenden Männern der ersten Stunde. Am 5. März 1848 nahm er an der Versammlung südwestdeutscher und westdeutscher Liberaler und Demokraten in Heidelberg teil, die die Einberufung eines Vorparlaments in Frankfurt beschloß.

Auf der Göppinger Volksversammlung Ende März 1848, auf der zur Bildung Vaterländischer Vereine aufgerufen wurde, ergriff Becher das Wort. Er pries den neugewonnenen Glanz des Vaterlandes und deklamierte auf Verlangen der Versammlung das von Ludwig Pfau gedichtete »Lied von einem deutschen König«. Vom 15. Oktober 1848 bis Juli 1849 gehörte Becher dem Landesausschuß der Volksvereine an, zeitweilig auch dem »Engeren Ausschuß«, der die laufenden Geschäfte besorgte und wegen seiner Permanenz große Macht besaß[4]. Aus seinen vielfältigen politischen Aktivitäten sei ein Beispiel mit lokalem Bezug herausgegriffen. Die Versammlung der württembergischen Volksvereine in Ulm am 24. Februar 1849 wählte ihn zum Präsidenten. Becher selbst bezog dort eine eher gemäßigte Position bezüglich der durch die Machtlosigkeit der Nationalversammlung und durch das Erstarken der reaktionären Kräfte ins Stocken geratenen Entwicklung, die das bisher Erreichte in Gefahr brachte: Man wolle hier keine Revolution machen, sondern die Früchte der Revolution erringen, so sein Standpunkt, ohne jedoch konkrete Vorschläge machen zu können, wie dieser Anspruch realisiert werden konnte[5].

Im Mai und Juni 1849 erreichte August Becher den Höhepunkt seines politischen Wirkens während der Revolutionsjahre. Gemeinsam mit Julius Haußmann verhandelte er Mitte Mai im Auftrag des Landesausschusses mit dem pfälzischen Landesverteidigungsausschuß in Kaiserslautern über Zuzüge von württembergischen Freischärlern. Sichtlich beeindruckt von den revolutionären Ereignissen in der Pfalz und in Baden kehrte er nach Stuttgart zurück. Die Berichte der beiden Freunde gaben ein »ergreifendes Bild von der herrlichen Erhebung und Begeisterung des Volkes«[6]. Doch im Gegensatz zu Haußmann, der die Unterstützung von Baden und Rheinbayern auch durch revolutionäre Aktivitäten in Württemberg fördern wollte, suchte Becher seine Ziele auf legalem, d. h. gesetzlichem und parlamentarischem Weg zu erreichen und beschränkte sich dem Anklageakt von 1851 zufolge auf öffentliche Aufforderungen, Komitees zu bilden und Gelder für Waffen zu sammeln[7].

Diesem Anspruch verpflichtet suchte August Becher mäßigend auf die Generalversammlung der Volksvereine und die Volksversammlung in Reutlingen am 27. und 28. Mai 1849 einzuwirken. Auf der Generalversammlung am 27. Mai übernahm Becher den Vorsitz und eröffnete die Versammlung mit einer Rede, in der er hervorhob, daß nun die Zeit zum Sprechen vorbei und die zum Handeln gekommen sei. Darauf trug er im Namen des Landesausschusses die Forderungen an die württembergische Regierung vor, über die die Volksversammlung beschließen sollte: Anerkennung der provisorischen badischen und pfälzischen Rvolutionsregierungen und die Verurteilung der preußischen Militärintervention[8]. Becher gehörte auch dem Wehrausschuß an, dessen Sitzung er am Morgen des 28. Mai gemeinsam mit Julius Haußmann und Carl Mayer leitete. Nachdem die württembergische Regierung und auch die Abgeordnetenkammer die Reutlinger Forderungen abschlägig beschieden hatten, scheiterten die zu einem entschiedenen Handeln entschlossenen Julius Haußmann, Adolf Weisser und Ludwig Pfau mit ihrer Forderung, das Volk zum bewaffneten Aufstand aufzurufen, am Widerspruch Bechers, der nur gemeinsam mit der Regierung bzw. der Nationalversammlung zum Ziel gelangen wollte[9].

Am 6. Juni 1849 wurde August Becher in die Reichsregentschaft gewählt, obwohl er der seit dem 31. Mai in Stuttgart tagenden Nationalversammlung, die nur noch aus den Vertretern der demokratischen Linken bestand, nicht angehörte. Den Ausschlag für seine Wahl gab wohl seine Funktion als Vorsitzender des Landesausschusses, womit die Nationalversammlung die Politik des Landesausschusses anerkannte und offensichtlich bereit war, sich eher auf den Landesausschuß und die Volksvereine als auf die württembergische Regierung zu stützen[10]. Nach der mit Waffengewalt aufgelösten Nationalversammlung am 18. Juni flüchteten Becher, andere Mitglieder der Reichsregentschaft und Abgeordnete der Nationalversammlung nach Baden-Baden, das sie nach wenigen Tagen bereits wieder verlassen mußten. Bis Ende Juni hielt sich Becher noch in Freiburg am Sitz der badischen Regierung auf, bis er nach der endgültigen Niederlage der badischen Revolution in die Schweiz flüchtete[11].

Bei der Wahl zur 1. verfassungrevidierenden Versammlung für Württemberg im August 1849 kandidierte Becher wieder im Oberamt Blaubeuren. Obgleich schon im Schweizer Exil lebend, gewann er die Wahl deutlich mit 1368 zu 425 Stimmen gegen Oberjustizprokurator Friedrich Seeger (1798 bis 1868). In einem Brief an das Blaubeurer Lpkalblatt »Blaumann« bezeichnete er sich als »Deputierter wider Willen«[12] und lehnte die Wahl ab, denn die Wahrnehmung des Mandats hätte die Rückkehr aus der Schweiz bedeutet und damit die sichere Inhaftierung auf dem Hohenasperg. Den Wahlerfolg sahen er und seine demokratischen Freunde mit Genugtuung, zeigte er doch, daß der Oberamtsbezirk fest hinter der demokratischen Sache stand.

In der Schweiz lebte August Becher in der Nähe des Bodensees und Zürichsees und pflegte regelmäßige Kontakte mit anderen politischen Flüchtlingen, vor allem mit Carl Mayer. Wenigstens sein persönliches Glück fand er im Exil, als er Mitte Juni 1850 in Rapperswil am Zürichsee Karoline Schuster, die geschiedene Frau eines Ravensburger Kollegen, heiratete[13].

Wahrscheinlich zwang seine sich verschlechternde materielle Lage August Becher zur freiwilligen Rückkehr nach Württemberg. Mitte Juli 1851 stellte er sich in Friedrichshafen den württembergischen Behörden, die ihn auf den Hohenasperg überführten. Der im September 1851 eröffnete Prozeß »gegen den vormaligen Rechtskonsulenten August Becher von Ravensburg und Genossen wegen Hochverrats« vor dem Schwurgericht in Ludwigsburg endete am 5. Februar 1852 mit einem überraschenden Freispruch[14].

Nach seiner Freilassung bemühte sich August Becher um seine Anwaltszulassung, die ihm 1850 in Abwesenheit aberkannt worden war. Seinen ersten Antrag in Reutlingen lehnte die Genehmigungsbehörde ab – offensichtlich war ihr eine anwaltschaftliche Tätigkeit Bechers am Ort der großen Volksversammlung vom Mai 1849 zu bedenklich. Sein zweiter Antrag auf Zulassung in Stuttgart war dagegen erfolgreich. Schon nach kurzer Zeit erwarb sich Becher den Ruf als einer der besten Strafverteidiger der Landeshauptstadt, vor allem in Schwurgerichtsprozessen erzielte er als Strafverteidiger beachtliche Erfolge[15].

August Becher kehrte 1855 auf die politische Bühne zurück. Am 4. März 1855 nahm er an einer Versammlung württembergischer und bayerischer Demokraten in Ulm teil, die sich im Gasthaus »Zum Greifen« trafen, um die Vereinigung mit den Liberalen voranzutreiben mit dem Ziel einer Einigung Deutschlands. Seine erneute Kandidatur um ein Mandat der Abgeordnetenkammer Ende 1855 blieb jedoch erfolglos. Im Oberamt Blaubeuren unterlag er mit 203 zu 239 Stimmen dem Markbronner Schultheißen Franz Knupfer[16]. 1861 schloß sich Becher der Württembergischen Fortschrittspartei an, auf deren Plochinger Gründungsversammlung im Dezember 1861 er das allgemeine Wahlrecht prinzipiell befürwortete[17], aber dann doch sich mit der Forderung nach geheimer Wahl begnügte. 1862 gelang ihm für den Wahlkreis Künzelsau der Wiedereinzug in die Abgeordnetenkammer, wo er sich dem linken demokratischen, großdeutschen Flügel zurechnete. In der 1864 gegründeten Volkspartei engagierte er sich wenig, statt dessen konzentrierte er sich auf seine Abgeordnetentätigkeit[18].

August Becher blieb ein konsequenter Verfechter der großdeutschen Lösung. So lehnte er im Dezember 1862 die Wahl in das Komitee der Fortschrittspartei wegen der beschlossenen Zusammenarbeit mit dem Nationalverein ab, der die kleindeutsche Lösung unter der Vorherrschaft Preußens anstrebte. Seine antipreußische Haltung kostete Becher, der auch seit März 1869 den 3. württembergischen Wahlkreis (Oberämter Biberach, Laupheim, Ulm und Blaubeuren) im Parlament des Deutschen Zollvereins vertrat, in der nationalen Hochstimmung von 1870/71 sein Landtagsmandat und ließ ihm bei den Reichstagswahlen im Frühjahr 1871 keine Chance auf Erfolg. Erst 1876 kehrte er für mehrere Wahlperioden für das Oberamt Besigheim in den Landtag zurück. Neben seiner Landtagsarbeit gehörte er zwischen 1877 und 1883 dem Stuttgarter Gemeinderat an. August Becher starb 74jährig am 11. August 1890 in Stuttgart[19].

---

1 *GLAK*, 313/3863, Verzeichnis der Flüchtlinge, welche von den württembergischen Gerichten wegen politischer Vergehen mit Steckbriefen verfolgt sind.
2 Vgl. *Friedrich Henning*, August Becher – ein schwäbischer Anwalt für Freiheit und Demokratie, in: ZWLG 50 (1991), S. 412 ff., dem ich weitgehend folge.
3 Vgl. *ebd.*, S. 413; *Karl Schmidt-Buhl*, Schwäbische Volksmänner, Vaihingen a. d . Enz o. J., S. 8 f.

4 Vgl. *Wener Boldt,* Die württembergischen Volksvereine von 1848 bis 1852 (Veröffentlichungen der Kommission für geschichtliche Landeskunde in Baden-Württemberg, Reihe B Forschungen, Bd.59), Stuttgart 1970, S. 9, 100 f., 273.
5 Vgl. *Dieter Langewiesche,* Liberalismus und Demokratie in Württemberg zwischen Revolution und Reichsgründung (Beiträge zur Geschichte des Parlamentarismus und der politischen Parteien, Bd. 2), Düsseldorf 1974, S. 140 f.; s. auch *UDz,* Nr. 46 v. 25.2.1849.
6 Vgl. *Anklageakt gegen den vormaligen Rechtskonsulenten August Becher von Ravensburg und Genossen wegen Hochverrats,* o. O. [1851], S. 13.
7 Vgl. *ebd.,* S. 17; *Hans Maier,* Die Hochverratsprozesse gegen Gottlieb Rau und August Becher nach der Revolution von 1848 in Württemberg, Pfaffenweiler 1992, S. 51 und 54.
8 Vgl. *Anklageakt* (wie Anm 6), S. 19 f.
9 *HSTAS*, E 9, Bü 105, Bericht des Innenministeriums v. 12.2.1850; vgl. *Anklageakt* (wie Anm. 6), S. 69.
10 Vgl. *Boldt* (wie Anm. 4), S. 71.
11 Vgl. *Henning* (wie Anm. 2), S. 414.
12 *Blaumann,* Nr. 62 v. 10.8.1849.
13 Vgl. *Henning* (wie Anm. 2), S. 414 f.
14 Vgl. *Maier* (wie Anm. 7), S. 262.
15 Vgl. *Henning* (wie Anm. 2), S. 415.
16 *Blaumann,* Nr. 14. v. 14.12.1855; vgl. *Langewiesche* (wie Anm. 5), S. 273 f. und 279 f.
17 Vgl. *Langewiesche* (wie Anm. 5), S. 294.
18 Vgl. *Henning* (wie Anm. 2), S. 416.
19 Vgl. *ebd.,* S. 417 f.; *Langewiesche* (wie Anm. 5), S. 308.

Uwe Schmidt

Julius Haußmann (1816–1889)

»Haußmann, Julius: ledig; Statur: schlank, 5 Fuß 8 Zoll; Haare: braun; Augen: blau; Nase: länglich; Zähne: sehr schön weiß; Gesicht: blähend; Benehmen: sehr gewandt« – so die steckbriefliche Beschreibung des in die Schweiz geflüchteten revolutionären Demokraten auf einer Liste politischer Flüchtlinge, die von württembergischen Gerichten wegen politischer Vergehen verfolgt wurden[1]. In der Tat hatten die württembergischen Behörden allen Grund, den jungen Fabrikanten aus Blaubeuren, wo seine politische Laufbahn 1846 begann, vor Gericht zu stellen und ihn wegen seiner führenden Rolle im Kampf für Freiheit und Demokratie abzuurteilen.

Friedrich Julius Haußmann wurde am 27. Juli 1816 in Ludwigsburg als Sohn des Hofapothekers Friedrich Haußmann und seiner Ehefrau Caroline geboren[2]. Seine frühe Kindheit verbrachte er in Stuttgart, bis er als zehn- oder elfjähriger Knabe auf das staatliche Gymnasium, das spätere Eberhard-Ludwig-Gymnasium, in Stuttgart wechselte. Gemeinsam mit seinem Schulfreund August Becher begann er 1834 das Studium der Jurisprudenz an der Tübinger Universität, das er im Sommersemester 1835 in Heidelberg fortsetzte. Nach der Relegation von der Universität Heidelberg – er hatte in einem Konflikt zwischen den Studenten und den Einwohnern Heidelbergs im Auftrag der Studentenschaft den »Verruf« der Universität proklamiert – kehrte Haußmann zum Wintersemester 1837/38 nach Tübingen zurück. Dort erfuhr der das feuchtfröhliche und gesellige Leben genießende Student einen tiefen Einschnitt seines Lebens, als bei einer Duellforderung der Duellgegner tödlich verletzt wurde. Haußmann wurde zu einer fünfjährigen Festungshaftstrafe verurteilt, die jedoch aufgehoben wurde, weil der tödlich Verwundete alle Schuld auf sich genommen hatte. Monatelang hielt sich der seelisch erschütterte Haußmann von allem geselligen Leben fern und zog sich in völlige Einsamkeit zurück.

Wohl nicht ungern folgte Julius Haußmann, der offensichtlich trotz aller Neigung zur Juristerei keinen erfolgreichen Studienabschluß erwartete, 1839 dem Wunsche des Vaters,

Abb. 11: Julius Haußmann (1816 – 1889)

mittlerweile Fabrikant in Blaubeuren, die Leitung der Tapetenfabrik in Neuhausen auf den Fildern, einer der ersten in Württemberg, zu übernehmen. Hier sah er die Möglichkeit, mit seinem Temperament und seinen Fähigkeiten eine sinnvolle unternehmerische Aufgabe zu erfüllen. Als die Tapetenfabrikation nicht den gewünschten Erfolg brachte, verkaufte Vater Haußmann 1843 die Neuhausener Fabrik und holte den Sohn als Juniorchef und Mitgeschäftsführer in den Bleichbetrieb nach Blaubeuren.

Im Winter 1846/47 betrat Julius Haußmann die politische Bühne. Für die Landtagswahlen gewann er seinen Schul- und Studienfreund August Becher, der sich nach dem Ende des Studiums als Rechtskonsulent in Ravensburg niedergelassen hatte, als Kandidaten für den Wahlkreis Blaubeuren. Becher und Haußmann stießen auf den entschiedenen Widerstand der Blaubeurer Honoratioren, die den Blaubeurer Stadtschultheißen favorisierten und wenig Verständnis für das Wirken des jungen Fabrikanten für die oppositionelle Bewegungspartei fanden.

Der von Haußmann engagiert geführte Wahlkampf steigerte die Wut und den Haß seiner Gegner. Nur mit knapper Not überlebte Haußmann einen heimtückischen Anschlag auf einer nächtlichen Schlittenfahrt. Geistesgegenwärtig legte er die rechte Hand schützend auf sein Herz, so daß er nur leicht verletzt wurde. Im Januar 1847 errang August Becher mit einem großen Erfolg das Mandat für den Landtag.

Julius Haußmann gehörte im Frühjahr 1848 vom ersten Augenblick an zu den Parteigängern der Revolution. Schon während des Wahlkampfes für Becher hatte er sein politisches Credo entwickelt: Schutz des einzelnen Bürgers vor den staatlichen Behörden und Verbesserung der Lage der Armen und sozial Benachteiligten. Jetzt, in den ersten Monaten der Revolution, entfaltete Haußmann sein rednerisches und organisatorisches Talent und trug entscheidend zum Aufbau der Volksvereine, aber auch zur Programmatik der württembergischen Demokraten bei. Bald schon setzte er sich in Gegensatz zu den Liberalen, die seiner Ansicht nach zu sehr auf die Reformfähigkeit der alten Mächte setzten und sich mit der Verwirklichung bürgerlicher Grundrechte wie Volksbewaffnung, Presse– und Versammlungsfreiheit oder ein souveränes gesamtdeutsches Parlament zufriedengaben. Nahezu prophetisch schrieb er im März 1848 spöttische Zeilen auf die Liberalen, die ahnen lassen, aus welchen Gründen die Revolution schließlich scheitern sollte:

»Ihr gebt uns gnädigst unsre Menschenrechte;
Auf den Befehl des Königs sind wir frei.
In freie Bürger wandelt feige Knechte
Die zauberische Macht der Polizei.

Ihr gebt uns Waffen, Waffen für Männer;
Ihr habt uns zu Kindern gemacht.
Wohlan, versucht's, ihr wackern Menschenkenner
und zieht mit Kindern in die Schlacht.«[3]

Politische Veränderung in Richtung einer demokratischen Gesellschaftsordnung ohne Beteiligung des Volkes war für Haußmann von vornherein zum Scheitern verurteilt; nur in der größtmöglichen Einbeziehung breiter Bevölkerungskreise in den politischen Tageskampf sah Haußmann eine erfolgversprechende Perspektive. Auf der Volksversammlung in Göppingen am 27. März 1848, auf der zur Bildung von politischen Vereinen aufgerufen wurde, ergriff Haußmann das Wort. Die Vaterländischen Vereine müßten seiner Ansicht nach auf einer allgemeinen Grundlage aufgebaut werden, damit sich keine Aristokratie der Bürger bilden könne; daher seien alle Staatsbürger der Gemeinden in den Vaterländischen Vereinen zuzulassen[4].

Julius Haußmann trat am 4. April 1848 dem an diesem Tag gegründeten Demokratischen Verein in Stuttgart bei. Dem Mitte April aufgestellten Hauptausschuß der Vaterländischen Vereine, den gemäßigte Liberale und Demokraten gemeinsam bildeten und der die Kampagnen für die anstehenden Nationalversammlungs- und Landtagswahlen organisierte, gehörte er jedoch nicht an. Unermüdlich agierte Haußmann in den folgenden Wochen für die Gründung demokratischer Vereine im ganzen Königreich, sprach auf den Gründungsversammlungen und förderte in jeder Hinsicht die Wahlkampfaktivitäten.

Mit der Gründung des demokratisch orientierten Volksvereins in Stuttgart Anfang Juli 1848 begann die Trennung der Demokraten von den Liberalen, die auf der Versammlung der Vaterländischen Vereine in Esslingen am 12. Juli vollendet wurde und bei der Julius Haußmann eine zentrale Rolle spielte. Der Esslinger Versammlung lag ein Entwurf der Statuten eines von den Vereinen zu wählenden Landesausschusses vor. Carl Mayer, Vorsitzender des Esslinger Vereins, brachte einen Änderungsantrag zu den im § 2 festgelegten »leitenden Grundsätzen« ein, der, ohne die Frage der Staatsform zu berühren, die »entschiedene Durchführung des demokratischen Prinzips in den Einrichtungen des Staates« forderte. Haußmann beantragte nach der »Durchführung des demokratischen Prinzips« die Einfügung »welches sowohl in der Republik als in der konstitutionellen Monarchie verwirklicht werden kann«. Diesen Änderungsanträgen, die mit großer Mehrheit angenommen wurden, konnte der Vertreter des Stuttgarter Hauptvereins nicht folgen und erklärte den Austritt seines Vereins. Am 25. Juli 1849 wählten die Vertreter der Vaterländischen Vereine, wiederum in Esslingen, einen Landesausschuß, dem auch Julius Haußmann bis zum Oktober 1848 angehörte[5].

Die badische Revolution im Mai 1849 fand in Julius Haußmann einen entschiedenen Sympathisanten und tatkräftigen Unterstützer. Haußmann, der sich Mitte Mai mit August Becher im Badischen und in Kaiserslautern aufhielt, wo er im Auftrag des Landesausschusses mit dem pfälzischen Landesverteidigungausschuß über Zuzüge von württembergischen Freischärlern verhandelte, berichtete in ergreifenden Worten »von der herrlichen Erhebung und Begeisterung des Volkes auf der einen und von der gebrochenen Jammergestalt der alten Despotenwirtschaft auf der anderen Seite«[6].

Die Reutlinger Pfingstversammlung 1849 sollte Julius Haußmann zum Höhepunkt seines revolutionären Engagements führen. Entschieden trat er für eine konsequente Fortsetzung der revolutionären Entwicklung über die Anerkennung der Reichsverfassung hinaus auf, sei es durch eine allgemeine Volksbewaffnung, sei es durch den Anschluß Württembergs an die badische Revolution. Haußmann leitete am Morgen des 28. Mai 1849 zusammen mit Adolph Becher und Carl Mayer die Sitzung des Wehrausschusses, der am Abend zuvor eingesetzt worden war. Vor allem Haußmann erläuterte die Organisation und Ausrüstung aller Waffenfähigen im Falle eines revolutionären Aufstandes und setzte sich für eine konsequente Durchführung der Reutlinger Forderungen mit Waffengewalt ein[7]. Überhaupt scheint Haußmann derjenige gewesen zu sein, der mit Vehemenz den bewaffneten Aufstand forderte. Nachdem die württembergische Regierung die Reutlinger Forderungen abschlägig beschieden hatte, verlangten er, der Stuttgarter Redakteur des republikanischen »Beobachters« Adolf Weisser und Ludwig Pfau, der Herausgeber des satirischen Blattes »Der Eulenspiegel«, in der Sitzung der Vertrauensmänner den Aufruf an das Volk, die Waffen zu ergreifen.

Nach der Ablehnung der Reutlinger Beschlüsse durch die Kammer wiederholten sie ihre Forderungen am 31. Mai; sie konnten sich aber vor allem wegen des Widerspruchs August Bechers nicht durchsetzen[8].

Anfang Juni 1849 verlieren sich zunächst Haußmanns Spuren. Erst am Ende des Monats lesen wir wieder von ihm, als am 27. Juni 1849 die aus Stuttgart geflüchtete Reichsregentschaft ihn in Freiburg zum »Reichskommissar« ernannte. In dieser Eigenschaft hielt er zusammen mit dem linken Trierer Nationalversammlungsabgeordneten Ludwig Simon in Oberndorf eine zahlreich besuchte Versammlung ab, auf der sie für die Unterstützung der badischen Revolution warben. Vor allem Haußmann trat überzeugend auf. 30 bis 40 ledige Bürgersöhne und Arbeiter der Gewehrfabrik entschlossen sich zum Zug ins Badische, der aber nicht mehr zustande kam[9]. Kurz darauf erschienen die beiden revolutionären Demokraten in Tuttlingen und riefen noch einmal zur bewaffneten Solidarität mit Baden auf[10]. Über Überlingen, wo er sich im Gasthaus »Löwen« mit August Becher und dem Esslinger Carl Mayer traf, flüchtete er an das nahe Schweizer Ufer[11].

In der Schweiz lebte Julius Haußmann seit dem 8. Oktober 1849 in Wiesekingen bei Zürich. Er befand sich, im Gegensatz zu vielen anderen politischen Flüchtlingen, in der glücklichen Lage, seinen Lebensunterhalt aus eigenen Mitteln bestreiten zu können[12]. Sein persönliches Glück fand er in der jungen, 22 Jahren alten Josephine Stoffel, Tochter eines Wirtes in Arbon, der er die Ehe im Winter 1850/51 versprach[13]. Während seines Exils blieb Haußmann politisch aktiv. Regelmäßig verkehrte er mit anderen Flüchtlingen in einem »Demokratischen Komitee« in Zürich, »von wo aus das Treiben in unser Vaterland herüber gewerbsmäßig betrieben wird und auch die meisten Aufregungen und Aufhetzungen gegen Deutschlands Regierungen ihre Entstehung haben« – so das badische Außenministerium im Dezember 1849[14]. Am 10. Juli 1850, einem anderen Bericht nach erst Ende August 1850, kehrte Haußmann in die Heimat zurück, trotz der ihm drohenden politischen Verfolgung[15].

Ein Jahr ließen die Behörden Julius Haußmann unbehelligt. Am 16. Juli 1851 versetzte ihn sowie 32 weitere Demokraten, unter ihnen Carl Mayer, Adolf Weisser, Ludwig Pfau und Georg Bernhard Schifterling, der Kriminalsenat des Kgl. Gerichtshofs für den Neckarkreis in Ludwigsburg in den Anklagestand[16]. Der Untersuchungshaft in Ludwigsburg, in die er im Herbst 1851 genommen wurde, folgte am 5. Februar 1852 das Urteil des Schwurgerichtshofs Ludwigsburg: 30 Monate Festungshaft wegen des Verbrechens des Hochverrats vorbereitender Handlungen, der Aufforderung zum Aufruhr und der Aufforderung zur Teilnahme an dem Hochverrat in Baden und Rheinpfalz; auf den schwerwiegendsten Vorwurf einer hochverräterischen Verschwörung lautete der Wahrspruch auf »Nicht schuldig«. Haußmann erhielt damit die höchste Strafe des Prozesses – die noch flüchtigen Demokraten wurden dagegen durchweg zu höheren Festungsstrafen verurteilt, z. B. Carl Mayer (20 Jahre), Georg Bernhard Schifterling (acht Jahre) oder Marx Ludwig Wich (fünf Jahre). Ein Revisionsantrag wurde im April 1852 abgelehnt, wodurch das Urteil rechtskräftig wurde[17].

Julius Haußmann wurde auf den Hohenasperg, den »schwäbischen Demokratenbuckel«, gebracht. Dort fand er einige politische Freunde und vertrieb sich die meiste Zeit mit Schreinerarbeiten. Mit seiner Verlobten Josephine stand er in regem Briefwechsel; sie besuchte ihn auch zweimal. Am 21. April 1853 bat Haußmann erstmals um Strafnachlaß, um seinen schwer erkrankten, vierundsiebzigjährigen Vater noch vor seinem Tod zu sehen. Dem Gnadengesuch wurde nicht entsprochen, immerhin erhielt er gegen eine Kaution von tausend Gulden einen achttägigen Hafturlaub. Josephine bat im September 1853 noch einmal um einen Strafnachlaß, jedoch wiederum ohne Erfolg. Erst Haußmanns Bitte um einen vierzehntägigen Hafturlaub für die Pflege seines Vaters bewirkte seine Begnadigung am 28. April 1854[18].

Nach seiner Haft widmete sich Julius Haußmann dem Aufbau einer eigenen beruflichen Existenz, mit nicht geringem Erfolg[19]. Im Frühjahr 1856 wurde er kaufmännischer Mitarbeiter der Magdeburger Maschinenfabrik Schäffer und Buddenberg, in späteren Jahren lebte er als Privatier von seinen Kapitalerträgen. Silvester 1855 heiratete Julius endlich seine Braut Josephine in Wildbad. Die Zwillinge Friedrich und Konrad erblickten am 8. Februar 1857 das Licht der Welt; beide sollten später in die Fußstapfen des Vaters treten. Das Familienglück währte nicht lange. Nur wenige Wochen nach der Geburt der Söhne starb Josephine.

Als nach dem Ende der Reaktionszeit das liberale und demokratische Leben in Württemberg zu Beginn der 1860er Jahre wieder erwachte, konnte sich Julius Haußmann nicht für einen Eintritt in die 1861 gegründete »Württembergische Fortschrittsarbeit« entscheiden. Wegen der Erfahrungen aus der Revolutionszeit lehnte er eine Zusammenarbeit mit den Liberalen ab, die er als zu lasch und zu kompromißbereit empfand und deren politische Haltung in einem deutlichen Gegensatz zu seinen radikaleren, auch demokratisch plebiszitären Überzeugungen stand. Erst als die politischen Freunde Ludwig Pfau und Carl Mayer aus dem Exil 1863 nach Stuttgart zurückkehrten, eröffneten sich für Haußmann neue politische Perspektiven. Führend beteiligte er sich an der Gründung der »Demokratischen Volkspartei« am 27. Dezember 1864 in Esslingen. Wieder nutzte er sein organisatorisches und rhetorisches Talent bei der Gründung von Volksvereinen, die im Land den notwendigen organisatorischen Unterbau bilden sollten, um die Politik der Volkspartei einer breiten Masse zu vermitteln. Dieser Aufgabe, seinem erklärten persönlichen Anliegen, widmete er seine Tatkraft und Energie, denn ohne die Resonanz und Beteiligung weiter Bevölkerungskreise schloß er den politischen Erfolg der Demokraten kategorisch aus.

Der Niedergang der Volkspartei nach der Reichsgründung 1871 ließ Julius Haußmann trotz gegelegentlicher Stimmungsäußerungen nicht resignieren. Weiterhin widmete er sich der Parteiarbeit, die auch die Redaktion des Parteiblattes »Der Beobachter« umfaßte. Als die Volkspartei bei den Reichstagswahlen 1881 erstmals wieder einen Erfolg für sich verbuchen konnte – sie erhöhte ihre Mandate um drei auf fünf – , mußte er sich aus Gesundheitsgründen aus dem politischen Leben zurückziehen. Am 28. Juli 1889, einen Tag nach seinem 73. Geburtstag, erlag Julius Haußmann, einer der Väter des württembergischen Liberalismus, einem schweren Herzleiden.

1 *GLAK*, 313/3863, Verzeichnis der politischen Flüchtlinge.
2 Die vorliegende Skizze folgt, sofern nicht auf archivalische Materialien zurückgegriffen wird, weitgehend *Friedrich Henning*, Die Haußmanns. Die Rolle einer schwäbischen Familie in der Politik des 19. und 20. Jahrhunderts, Gerlingen 1988; *Karl Schmidt-Buhl*, Schwäbische Volksmänner, Vaihingen a. d. Enz o. J., S. 8 ff.
3 Zit. nach *Schmidt-Buhl* (wie Anm. 2), S. 11.
4 Vgl. *Wener Boldt*, Die württembergischen Volksvereine von 1848 bis 1852 (Veröffentlichungen der Kommission für geschichtliche Landeskunde in Baden-Württemberg, Reihe B Forschungen, Bd. 59), Stuttgart 1970, S. 9 f.
5 Vgl. *ebd.*, S.40 f, 273.
6 Vgl. *Anklageakt gegen den vormaligen Rechtskonsulenten August Becher und Genossen von Ravensburg wegen Hochverrats*, o. O. [1851], S. 13, 20.
7 Vgl. *ebd.*, S. 21 ff.
8 *HSTAS*, E 9, Bü 105, Bericht des Justizministeriums v. 12.2.1850; vgl. *Anklageakt* (wie Anm. 6), S. 43 f.
9 *HSTAS*, E 9, Bü 105, Bericht des Oberamtes Oberndorf v. 30.6.1849; vgl. *Anklageakt* (wie Anm. 6), S. 171.
10 Vgl. *Carola König*, Tuttlingen, in: Revolution im Südwesten. Stätten der Demokratiebewegung 1848/49 in Baden- Württemberg, hrsg. von der Arbeitsgemeinschaft hauptamtlicher Archivare im Städtetag Baden-Württemberg, Karlsruhe 1997, S. 638.
11 *GLAK*, 233/34899, Meldung des Kommandos der Gendarmerie in Karsruhe an das Innenministerium v. 24.12.1849.
12 *BA Bern*, E 21/274, Bericht v. 24.6.1850.
13 Vgl. *Henning* (wie Anm. 2), S. 54.
14 *GLAK*, 49/2413, Notizen v. 30.12.1849, 236/8573, Bericht des Landeskommisars für den Seekreis v. 3.7.1850.
15 *BA Bern*, E 21/217, Bericht v. 31.12.1850, E 21/233, Bericht v. 1.11.1850.
16 *Kocher- und Jagstbote*, Nr. 60 v. 26.7.1851.
17 *STAL*, E 320, Bü 4, Ablehnung der Revision v. 15.4.1852; vgl. *Henning* (wie Anm. 2), S. 51 f; *Hans Maier*, Die Hochverratsprozesse gegen Gottlieb Rau und August Becher nach der Revolution von 1848 in Württemberg, Pfaffenweiler 1992, S. 262 f.
18 *HSTAS*, E 9, Bü 105, Note des Justizministeriums an den König v. 27.4.1854, E 301, Bü 246, Schreiben v. 21. und 27.4.,24 und 30.9.1853, 26. und 28.4. 1854; vgl. *Henning* (wie Anm.2), S. 256 f.
19 Vgl., auch i.f., *Henning* (wie Anm. 2), S. 58 ff.

Lina Benz

**Revolution auf der Alb.
Das Wirken Eduard Süskinds für Freiheit und Demokratie**

Revolutionäre Aktivitäten

Das Jahr 1848 lief stürmisch an. Blaubeurer »Gewerbsleute« hatten in Ulm erfahren, daß am 24. Februar im Kgl. Gerichtshof zu Esslingen a. N. ein Kongreß für die Delegierten der württembergischen Gewerbevereine stattfinden solle, und bedauerten das Fehlen eines eigenen Vereins. Eduard Süskind beauftragte, um ihnen zu helfen, seinen Freund, Reallehrer Speidel, mit der Sammlung von Interessenten im Leseverein, setzte Statuten auf und sorgte am 16. Februar für eine Wahl der Delegierten im »Löwen«, dem besten Blaubeurer Vereinslokal. Er selbst, dazu Julius Haußmann, der Geschäftsführer der Bleiche, und Georg Reichenbach, Baumwollfabrikant aus Urspring, wurden gewählt und fuhren am 26. zum Auftakt des Treffens nach Esslingen, wo sie ihre Anträge einreichten, so wie es der Verein vorher gewünscht hatte. Anderntags änderte sich das Publikum sehr: Staatsbeamte und Großfabrikanten strömten herein und verlangten, über die Anträge mitabstimmen zu dürfen, worüber sich der junge Haußmann als »Vertreter der kleinen Gewerbsleute« lautstark empörte. Eduard gelang es, zusammen mit Duvernoy, dem späteren Innenminister, mit Mühe zu schlichten, denn das allgemeine Wahlrecht gelte für Hoch und Nieder. Georg Reichenbach wurde mit seinem Antrag, über die Errichtung von Gewerbeschulen sprechen zu dürfen, ganz übertönt, und nur Gottlieb Rau, dem Mitkandidaten Eduards bei der Uracher Wahl von 1846, gelang es, für seinen Wunsch, bei der Kammer einen Antrag auf Errichtung einer Zentralstelle für Handel und Gewerbe einreichen zu dürfen, allgemeine Unterstützung zu finden. Am 28. Februar berichteten die Blaubeurer Delegierten bei Karl Nüßle, dem »Löwen«-Besitzer, ihrem Verein. Wir hören nichts davon, daß sie die tumultartigen Vorgänge verurteilt hätten; die nächsten Monate über sollte es auch in Blaubeuren recht unruhig zugehen.

Inzwischen hatte sich Europa in einer Revolution entladen: In Paris stürzte am 22. Februar das Bürgerkönigtum, in

Abb. 12: Eduard Süskind (1807 – 1874)

Mannheim riefen am 27. Liberale auf einer Volksversammlung nach Preßfreiheit, Schwurgerichten und einem deutschen Zentralparlament, in Stuttgart hob Wilhelm I. am 1. März die Zensur auf, berief danach das »Märzministerium« unter Römer, gestattete Meinungs- und Versammlungsfreiheit und versprach Neuwahlen. Als erste in Württemberg hatten die Gewerbevereine, darunter Blaubeurer und Ulmer Delegierte, um demokratische Rechte gestritten; Eduard konnte sehen, daß seine Saat aufgehen würde.

Rasch zogen ihn die Zeitereignisse in ihren Bann. Liberale der Gegend luden ihn Anfang März auf das Rathaus in Göppingen ein, wo sie die Bildung von Bürgervereinen zur politischen Erziehung der Bürger beschlossen, und am 12. März schon organisierte Eduard für Laichingen eine Bürgerversammlung im Gasthaus »Zum Rad«, wo über 200 Leute den Saal füllten: Bauern und Handwerker, zahlreiche Weber und Leinwandverleger, Lehrer, zwei Pfarrer, zwei Tierärzte, ein Arzt und ein Apotheker waren gekommen, um Süskind zu lauschen. Zuerst legte er eine Adresse an den »Ständigen Ausschuß« des Landtages zur Unterschrift aus, er möge die »nothwendige Umgestaltung unserer staatsrechtlichen Verhältnisse nach den Wünschen der Bürger« beobachten, dann sang der Liederkranz »Heil, unserem König, Heil!« –, ein Bauer deklamierte zur Freude Eduards ein Uhland-Gedicht («Wenn einst ein Geist herniederstiege»), man toastete auf König Wilhelm und die neuen Minister und war so richtig in Stimmung, als Eduard mit seinem Vortrag begann.

Die Begeisterung über das Ende des Polizeistaates war echt, ergeben nahm das Publikum sogar ein trockenes Thema in Kauf: »Die Hauptgrundsätze einer verfassungsmäßigen, auf das Recht der Volksvertretung gegründeten Regierung«. Allerdings behandelte Eduard das Sujet pädagogisch und frisch. Die Volksrechte, die schon die Verfassung von 1819 angeführt habe – Preß- und Versammlungsfreiheit, Steuerbewilligung, das Recht, Waffen tragen zu dürfen oder Gesetze einzureichen – sollten endlich verwirklicht werden. Dazu bedürfe es eines freien, unverletzlichen Königs, eines Parlaments, dem die Minister verantwortlich seien, Abgeordneter, die Charakter hätten und sich nicht von außen beeinflussen ließen, und eines Volkes, das sein Wahlrecht vernünftig und unabhängig ausüben könne. Wohl sei zur Aufklärung aller die Presse notwendig, sie müsse aber ohne Einschränkungen durch die Zensur wahrheitsgemäß und frei berichten können; auch der Schriftsteller brauche Freiheit zur Abfassung seiner Werke. Er selbst habe erfahren, wie »flugs der Zensor mit dem rothen Stift einen Strich hindurchmacht« (das war vor der Drucklegung des »Schwabenkalenders« 1845 der Fall) ,und wisse die neue Freiheit zu schätzen, wenn auch das Volk glaube, die Freiheit vom Presser, dem Steuereintreiber, sei wichtiger als die Preßfreiheit.Dem Schluß zu steigerte er kräftig das Pathos und empfahl für die kommenden Kammerneuwahlen: »Wählt frei und unbeeinflußt, Männer eures Vertrauens, deren Ehre schwer in die Waagschale fällt, die ihre Kraft für das Vaterland einsetzen!« Diese Tonart gefiel den Älblern so gut, daß sie ihre Begeisterung auf das Gesamtvaterland übertrugen (noch war nicht einmal das Vorparlament zusammengetreten!); einer tat einen Trinkspruch »auf das große Vaterland Deutschland«, der Liederkranz stimmte: »Was ist des Deutschen Vaterland?« an, und dann gab's ein Hoch »auf Pfarrer Süskind, den Beförderer des Gemeinwohls«. Eduard dankte artig mit einem »Hoch auf den alten, ehrenhaften, kräftigen deutschen Bauernstand!« Die Scheidewand zwischen den Ständen sinke, von jetzt ab gehörten sie alle zusammen. Bürgermeister Schmid regte noch eine Dankadresse an König Wilhelm an, der die Märzminister berufen habe, und dann war die gelungene Veranstaltung aus. Eine Gruppe von Männern bat Eduard noch, recht rasch eine neue Versammlung einzuberufen. Man einigte sich auf den nächsten Sonntag in Suppingen, wo Süskind über die Schwurgerichte sprach und eine noch größere Menschenmenge anzog als bisher. Wiederum bat eine Gruppe von Männern, diesmal 26, ihn persönlich sprechen zu dürfen: er möge doch als Mann ihres Vertrauens sich der Landtagswahl stellen, auch wegen seiner »seitherigen Bestrebungen für Volksrechte und Bürgerglück.«

Eduard war es ernst mit dem Wählerauftrag aus Laichingen. Er verhandelte mit dem Oberamt Münsingen, stellte sich auf dem dortigen Rathaus auch den Münsingern vor und erntete Sympathie. Zurückhaltung bewiesen die Justinger, Hayinger und Zwiefalter, die sich ihrer katholischen, nichtwürttembergischen Herkunft bewußt waren. Süskind aber hoffte auf den Zeitgeist der Toleranz und der neu erwachten, allgemeinen Vaterlandsliebe.

Ruhig bereitete er seine Wahlversammlungen vor, als ein unvorhergesehenes Ereignis die ganze Gegend aus dem Gleichgewicht warf. Am Abend des 25. März, einem Samstag, klopfte es ungestüm ans Suppinger Pfarrhaus, er öffnete – da stand ein Haufen von Bauernburschen, mit Gewehren, Gabeln und Sensen bewaffnet, vor seiner Tür. Sie seien Landsturmleute und hätten von Oberamtmann Osiander schriftlich Order, Pfarrer Süskind möge ihnen »Rath und

Hilfe« erteilen. Obwohl er die Ranküne erkannte, blieb Eduard nichts anderes übrig, als sofort zu handeln. Die Franzosen seien schon auf dem Kniebis, in Urach, ja im Münsinger Oberamt und nähmen Richtung aufs Blautal. Sollte etwas Wahres daran sein? Auf alle Fälle formierte er seine Bewaffneten, ohne je selbst gedient zu haben, zu einer Truppe, versteckte Teile von ihnen hinter Bodenwellen, andere hinter Wäldchen und Büschen, um gegen den erwarteten Feind Deckung zu haben. Der Regen strömte, Frau Pfarrer kochte heißen Kaffee, und am nächsten Morgen schickte der Oberamtmann eine Staffette zum Dank. Wo blieb der Feind? Der Feind blieb aus, und Eduard konnte, übernächtigt zwar, ungestört seine Sonntagspredigt abhalten. Diese Erfahrung, von heute aus gesehen höchst lächerlich, ließ Eduard zum Befürworter der Bürgerwehr werden. Kein königlicher Soldat war erschienen, um die Angst der Bevölkerung zu dämpfen – mußte man in diesen Notzeiten sich nicht selbst verteidigen können?

Auf seinen Wunsch hin bildeten die Suppinger sofort »aus 40 Männern und 30 ledigen Purschen« ein »freiwilliges Schützencorps«, das »je am Sonntag von alten Soldaten, Veteranen auf einem bestimmten Platz im Exercieren geübt werden soll« und »rüstige Männer« der Nachbarschaft zum Mitmachen einladen wolle. Am 4. April schon stand das Corps, aber ein ärmerer Bürger hoffte im »Blaumann«, »daß uns von höherer Behörde Hilfsmittel als Waffen, Pulver, Blei gereicht werden, da Viele von uns kein Geld dazu haben.« Eduard sorgte dafür, daß Gewehre und Patronen auf Gemeindekosten angeschafft wurden, und fand Nachahmer ringsum, so daß Oberamtmann Osiander in seinem Jahresbericht zugeben mußte, Suppingen, Seißen und Sonderbuch bräuchten im Gegensatz zu anderen Gemeinden keine Staatshilfe zur Errichtung der Bürgerwehr. Das war Eduards Energie zu verdanken.

Unterdessen waren die Wahltermine bekanntgeworden: für die Abgeordnetenkammer in Stuttgart Mitte Mai, für den »Reichstag«, wie die Bevölkerung sagte, schon vom 26. bis 28. April. Beide Wahlen lockten Eduard sehr, obwohl neue Bewerber aufgetaucht waren: Johannes Fallati, Professor der Staatswissenschaften in Tübingen, hamburgisch-italienischer Herkunft, durch Arbeiten über Sozialfragen populär geworden, stellte sich auf Wunsch der Hayinger in Münsingen vor; Ehingen, den Hauptort des für die Reichstagswahl extra gebildeten Wahlkreises Ehingen-Münsingen, sammelte eine ganze Liste von Kandidaten und hoffte immer noch auf einen durchschlagenden, für beide Konfessionen wählbaren Mann. Alles war in die Schwebe gerückt. Darum zog Süskind vor, für sein heimisches Wahlkomitee zunächst in der Nähe zu wirken.

Am 9. April sehen wir ihn zusammen mit August Becher, Rechtsanwalt in Biberach und Ravensburg, in Asch eine große Volksversammlung abhalten. Der äußere Anlaß war Bechers erneute Kandidatur für die Kammer. Es kamen so viele Teilnehmer aus der ganzen Umgegend, daß kein Saal die Menge aufnehmen konnte und die Versammlung ins Freie verlegt werden mußte. Zuerst sprach Süskind, dann Becher über das Thema, wie der Volkswille erfaßt, kanalisiert und an die Kammer weitergeleitet werden könne, damit die Gesetzesbildung in volkstümlichem Sinne erfolge. Dazu seien vaterländische Vereine notwendig. Zur Zeit liege deren Hauptaufgabe in der Vorbereitung der Wahlen. Man bilde Wahlkomitees (Vorbild Blaubeuren, mit Süskind als Leiter!), stelle Kandidatenlisten zusammen, die dem noch zu bildenden Hauptverein überbracht werden müßten. Die letzte Entscheidung treffe das Wahlvolk, dessen erwählter Kandidat über die Vaterländischen Vereine in ständiger Verbindung mit dem Gesamtvolk bleibe. Ein basisdemokratischer Entwurf wie in Laichingen also, der Parteiarbeit der Grünen von heute vergleichbar.

Berühmt wurde diese Ascher Versammlung durch ihre Diskussion über das Wahlrecht. Wohl könnten die Württemberger Wahlen noch einmal mit geringem Zensus erfolgen, aber für die Reichstagswahlen sollte das allgemeine, direkte, gleiche und freie Wahlrecht angewandt werden. »Einheit in Freiheit«, dies Schlagwort fiel, und manch armer Häusler, der bisher wegen zu geringer Steuerkraft nicht hatte wählen dürfen, horchte auf: jeder unbescholtene, volljährige Mann sollte seine Stimme abgeben können, auch er! Die Begeisterung war groß. Am Ostermontag, den 21. April, wollte man wieder zusammenkommen, um die Bildung eines Hauptvereins näher ins Auge zu fassen.

Die Vereinsbildung ging aber so schleppend voran, daß Eduard immer noch vom Wahlkomitee aus arbeiten mußte.

Für den württembergischen Kammersitz war mit Becher gesorgt, aber wer in den Reichstag komme, blieb lange Zeit unklar. Blaubeuren und Umgebung wurden dem Reichstagswahlkreis Ulm zugeordnet, Schelklingen und einige Dörfer des Hochsträß fielen dem neugebildeten Wahlkreis Münsingen-Ehingen zu, und die Bevölkerung wurde verwirrt. Schließlich hatten sich die Blaubeurer und Ulmer über die Kandidatenliste verständigt: Konrad Dieterich Haßler, der liberale Kulturpolitiker, stand neben Friedrich Albrecht, dem deutschkatholischen, schlesischen Prediger, Freiherr von Hornstein, der konservative Edelmann aus der Biberacher Gegend, neben Rechtsanwalt Dr. Becher, einem radikalsozialen, geborenen Stuttgarter. Becher trat angesichts der Ulmer Lokalgrößen zurück, um sich im Landtag auf die Lastenablösung konzentrieren zu können, Hornstein erschien gar nicht, so blieben nur Haßler und Albrecht zur Vorstellung übrig. Für sie hatte Süskind am Ostermontag auf der Schützenwiese eine Tribüne aufstellen lassen, von der hoch oben »die deutsche Fahne herabwehte«, ein Stück weiter unten waren »die württembergischen Farben befestigt«, als Symbole der neuen Zeit. Über tausend Leute spazierten herbei, um Süskind, Haßler und Albrecht über »Einheit und Kraft« und das zukünftige deutsche Oberhaupt, den Kaiser, wie sie annahmen, sprechen zu hören. Das romantische Blaubeuren wählte für das Reich rückwärtsgewandt: den Mann von »law and order«, Konrad Dieterich Haßler, während es für Württemberg den modernen und feurigen Becher vorzog, der den Bauern die Lastenablösung versprochen hatte. Begeisterung und Berechnung hielten sich durchaus die Waage.

Schwierig war es für Eduard geworden, in seinem alten Operationsfeld, dem Oberamt Münsingen, auch für die Reichstagswahl wirken zu können, da Laichingen und Umgebung, wo seine Sympathisanten saßen, für die Frankfurter Wahl dem Wahlkreis Göppingen, der eigene Kandidaten aufgestellt hatte, zugeteilt worden war. Lange Zeit besaß auch Münsingen kein rechtes Wahlkomitee, so daß er versuchte, über Spontanversammlungen in Magolsheim und Hayingen wenigstens etwas für die Sache zu tun.

Im gemischtkonfessionellen Magolsheim, das auch viel Verkehr mit Laichingen hatte, konnte er Anhänger sammeln, während im katholischen Hayingen das Mißtrauen gegen ihn überwog. Darum beschloß er, die Bevölkerung darüber aufzuklären, daß die deutsche Einigung keinen Streit der Konfessionen ertrage. Gelegenheit dazu hatte er auf einer großen Volksversammlung in Schelklingen am 13. April, wo seine Rede gut ankam. Es war ein Treffen der Wahlkomitees: des Blaubeurers für die Hochsträßdörfer und die Stadt Schelklingen, des Ehingers für die Lutherischen Berge, die oberschwäbischen Dörfer ringsum und die eigene Stadt, des Münsingers für die Rauhe Alb und ihre Oberamtsstadt – konfessionell stark gemischt, mit Überbetonung der Katholiken. Fast hätte man geglaubt, der Toleranzgedanke habe gesiegt, da präsentierten die Zwiefalter am Ende der Versammlung noch einen neuen Kandidaten: Prof. Friedrich Gfrörer aus Freiburg, einen ehemaligen Blaubeurer Seminaristen, der als Kirchenhistoriker den Investiturstreit papstfreundlich sah und im Begriff war, zum Katholizismus überzuwechseln. Pfarrer Dieterich, Pfarrer in Böttingen, bisher Eduards Freund, schrieb, entsetzt über das Niveau dieses politischen Kampfes im Münsinger Intelligenzblatt: »Nicht Katholiken, nicht Protestanten, nicht Isrealiten sollten wählen, sondern deutsche Staatsbürger, welche Bruderliebe zueinander tragen sollen!«

Noch waren es 14 Tage zur Reichstagswahl, und die Zwiefalter Alb setzte zum Endspurt an. Franz Wilhelm, Pfarrverweser in Tigerfeld, jung, katholisch, alert, und Freiherr Carl Normann von Ehrenfels, gestandener Mann, Landwirt, Protestant und sehr königstreu, veröffentlichten sich in der »Ulmer Kronik« und im Münsinger Blatt Hetzartikel gegen Süskind, die ihresgleichen nicht fanden. Den Jesuitenverächter, den seltsamen »Mann Gottes«, den Pietistenschreck, der von christlicher Liebe und Wahrheit spreche, den wollten sie nicht, und Eduard, der stets erfuhr, was die Leute so sprachen, schlug humorvoll zurück: wer besuche am Abend lieber seine Dulcinea, als einem Verunglückten die letzte Ölung zu geben? Und schwäbische Bauern ließ er sagen: »Mir wählet de Süskind, der woiß halt, wie's Volk denkt.« Trotzdem wurde für den Reichstag Gfrörer gewählt, da die Katholiken zusammenstanden; er erhielt 5894 Stimmen, Süskind immerhin noch 1255. Stellvertreter wurde der katholische Kirchenrat Oehler aus Stuttgart.

Auch für die Wahl zum Stuttgarter Kammersitz schrumpfte Süßkinds Hoffnung zusammen. Wohl überwogen im Münsinger Oberamt die Evangelischen, aber diese waren gespalten: Den Liberalen des Weberorts Laichingen standen die konservativen Pietisten der bäuerlichen Gegend um Gomadingen, Bernloch und Kohlstetten, die keinen »Gottlosen« wollten, schroff gegenüber. Sie wollte Eduard durch »das Volk selbst« belehren und bat deswegen Freund Dieterich stillezuschweigen, denn »Jetzt entscheiden die Messer!« Dieterich nahm Süskind diese Maulkorbverhängung sehr übel und verließ, nach Spaltung der liberalen Bewegung. Die Radikalen: aber Hirschwirt Mayer, ein ehemaliger Lehrer, dem die Pietisten sehr zugesetzt hatten, machte begeistert mit, und 48 Suppinger Bürger schrieben im Münsinger Blatt, sie müßten ihren Pfarrer verteidigen, der jeden Sonntag so begeistert das Evangelium predige.

Das Münsinger Bürgertum war über die Einmischung oberamtsfremder Bauern empört; die Zwiefalter Alb fürchtete um ihren Erfolg und schrieb im Amtsblatt, schuld an allem seien nur die Verdrehungskünste der »Ulmer Kronik«, dieses entsetzlichen Schmierblattes, kurz, der gordische Knoten war nur durch Johannes Fallati, dem die Wahlmänner jetzt ihre Stimme gaben, schnell zu durchhauen; wahrscheinlich hatte Eduard es nicht mehr versucht.

Den doppelten Wahlkampf doppelt verloren, während Freund Becher für den Blaubeurer Sitz durchkam, das machte ihn etwas »räs«, aber nicht neidisch. Hatte er doch endlich Zeit für die lange verschobene Gründung eines »Vaterländischen Vereins«, denn ohne ihn lief nichts.

Politische Basisarbeit

Während Laichingen gleich nach seiner großen Volksversammlung vom 12. März 1848 einen politischen Verein aus eigenen Kräften anlaufen ließ, brauchte Blaubeuren bis zum 29. Mai dazu, als Eduard Zeit hatte, in die Speichen zu greifen. Er wollte den Gewerbeverein, in dessen Ausschuß er saß, zum »Bürgerverein« ausbauen. Freund Speidel schrieb alle Mitglieder an, und 62 Männer erschienen zur Neugründung im »Löwen«. Man wählte zum Tagesvorsitzenden Süskind, dazu sieben Ausschußvorsitzende, als ersten davon Süskind, dazu Kaufmann Burza als Säckelmeister und Professor Bohnenberger vom Seminar als Schriftführer. Sie legten ein Protokollheft an, kauften einen Stoß politischer Broschüren und machten aus, durch Referate reihum sich politisch zu bilden – alles schön ordentlich, honorig und bürgerlich, von Unruhen und Demonstrationen noch keine Spur.

Den braven Anfängen entsprach auch das Publikum, denn die Vielzahl der Theologen fällt auf: Süskind von Suppingen, Heintzeler von Seißen, die Pfarrer von Berghülen, Machtolsheim, Wippingen, Asch, die Professoren Widmann und Bohnenberger vom Seminar samt ihren Repetenten. Dann kamen die Lehrer: Schulmeister Lang, Lehrer Espenmüller, Reallehrer Speidel, hierauf die Ärzteschaft: ein Tierarzt, zwei Humanärzte; die Beamten vom Forstamt und vom Gericht, Posthalter Autenrieth, Fabrikant Julius Haußmann, Jungglasermeister Schmid und zahlreiche andere selbständige Handwerker vom Gewerbeverein. Alles, was Rang und Namen im Städtchen hatte, wollte dabei sein – nur Dekan Haas und seine Bekannten hielten sich wohlweislich zurück. Als Ausnahme sehen wir Kaufmann Nathan aus Laupheim – zog ihn der Name »Süskind«? – Das bäuerliche und proletarische Element fehlte zunächst, doch recht rasch bildeten sich Zweigvereine auf den Dörfern ringsum.

Süskind, der die Statuten entworfen hatte, dachte sicher von Anfang an auch an das einfache Volk. Der Mitgliedsbeitrag von drei Kreuzern war für jeden erschwinglich, und, da alle drei Monate ein neuer Ausschuß gewählt werden sollte, konnten sich allmählich auch andere als die »Gelehrten« sich dazu melden. Diese Bestimmung war nach dem Vorbild von Nachbarvereinen und dem inzwischen installierten »Hauptverein« in Stuttgart niedergelegt worden, denn jeder politische Verein Württembergs unterstand einem straffen Organisationssystem. Wie wir schon in Laichingen und Asch zur Genüge gehört haben, sollten die Vereine den Volkswillen ertasten, formen und an die Kammer, jetzt auch an die Nationalversammlung in Frankfurt, weiterleiten, um diese zu befähigen, auch wirklich volksnahe Gesetze herauszugeben. Sie entwickelten sich im Laufe der Zeit zu einer Art außerparlamentarischer Opposition, die in Regierungskreisen gar nicht beliebt war.

Vorschriftsmäßig informierte der Blaubeurer Verein laut Beschluß vom 29. Mai 1848 sofort den Hauptverein in

Stuttgart und über Professor Haßler, den Blaubeurer/Ulmer Abgeordneten, auch die Nationalversammlung in Frankfurt von seiner Gründung, ja, man wagte sogleich, allerdings nach dem Stuttgarter Vorbild, eine »Adresse« an die »Reichsversammlung« urdemokratischen Inhalts: man anerkenne sie als Trägerin der versammelten Nation und bitte sie, in ihrer doppelten Eigenschaft voranzuschreiten, nämlich Deutschland politisch vernünftig und sozial gerecht zu einigen und es nach außen hin, besonders in der »Schleswig-Holstein'schen« Sache, mutig zu vertreten. Das Volk, die Nation als Souverän und Befehlshaber, die Abgeordnetenversammlungen nur als Beauftragte – Rousseau konsequent zu Ende gedacht! Ob bei der Vielzahl von Adressen die Arbeit in Frankfurt gefördert wurde, ist eine andere Frage.

Ebenso naiv kommt uns heute der Wunsch vor, durch eine Büchsensammlung von Haus zu Haus einen Beitrag zur Errichtung einer deutschen Kriegsflotte leisten zu wollen. Schwäbisch-pfiffig sollten Einheimische dabei verdienen, indem man Blaubeurer Weber beauftragte, Segelleinen zu weben und es der deutschen Flottenkommission in Frankfurt zuzusenden.

Süskind, ihr Mentor, belehrte sie laufend über »die neueste Umwälzung«, die in Deutschland das Prinzip der Volkssouveränität durchgesetzt habe und sie berechtige, auch in den schwierigsten Fragen mitzusprechen, zum Beispiel, was die Frage der Herstellung einer starken Reichsgewalt oder der Mediatisierung einiger Fürstenhäuser zugunsten des Ganzen anbelange. Mußte sie das nicht mit schwellendem Stolze erfüllen?

Seine übrigen Themen wurden vielleicht nicht von allen in ihrer ganzen Tragweite erfaßt. Die Frankfurter Nationalversammlung hatte, im Begriff, eine gesamtdeutsche Verfassung zu schaffen, mit der Debatte über die Grundrechte des deutschen Volkes begonnen und dabei die Trennung von Staat und Kirche, Kirche und Schule in Aussicht gestellt. In Kürze würden die entsprechenden Paragraphen, so nahm man allgemein an, auch in die württembergische Verfassung aufgenommen. Das hätte die Abschaffung der geistlichen Schulaufsicht, die Einführung eines weltlichen Schulinspektorats und eines weltlichen Lesebuches bedeutet –

für strenge Pietisten, die für den Erhalt der bisherigen Zustände eintraten, schon lange ein rotes Tuch. Ab 1. August 1848 sandten sie, unter Führung der Gebrüder Paulus vom »Salon« bei Ludwigsburg, im ganzen Land, auch in Blaubeuren, Emissäre aus, um Stimmen gegen die »Verbannung« der Bibel aus der Schule zu sammeln. Von magischer Furcht ergriffen, unterschrieben die meisten, und Süskind sah sich veranlaßt, eine Gegeneingabe zu starten. Am 13. August sandte er seinen Text samt der Unterschrift von 234 Freunden an das königliche Ministerum des Kirchen- und Schulwesens, und schon am 14. berichtete er darüber im »Volksverein«, wie sich der »Vaterländische Verein« inzwischen nannte.

Süßkind meinte, Petitionen, die auf religiöser Erregung beruhten, bewirkten nichts Rechtes; der klare Verstand müsse bei einer Eingabe führen. In der geplanten »Reorganisation des Schulwesens« wollten sie nicht die Bibel verdrängen, sondern die Bürger aufs Staatsleben vorbereiten. Dazu seien gute Schulen, in Seminarien vorgebildete und entsprechend bezahlte Lehrer notwendig. Wie oft schon gehört! Reallehrer Speidel und Lehrer Bausch verbreiteten die wohlklingenden Thesen im »Blaumann«.

Süskind wollte noch über das Rechtswesen und die Ablösung sprechen, kam aber wegen seiner Abberufung in den Landtag nicht mehr dazu. So sprangen Vereinskameraden ein: am 6. November 1848 sprach Gerichtsnotar Bellino über die Geschworenengerichte, verhaspelte sich aber in englischen und französischen Beispielen, so daß Reallehrer Speidel im Januar pädagogisch nachbessern mußte. An die Erklärung der Ablösungsgesetze, die im April 1848 schon längst erfolgt waren, wagte sich niemand so richtig heran. Der Verein schaffte zwar Schriften von Carl Mayer und Franz Gottlieb Kapff an, aber aus dem Landtag heraus mußte Eduard, zusammen mit August Becher, die Fragen noch im »Blaumann« erläutern.

Beide urteilten damals, Anfang 1849, noch ganz gemäßigt. Im Sinne der meisten Liberalen hielten sie den Zehnten für einen Besitz, den man durch entsprechende Zahlungen ablösen könne. Ein »Schlössersturm«, wie ihn französische Bauern 1789 vorexerziert hatten, oder eine entschädigungslose, gewaltsame Übernahme im Sinne des Gottlieb Rau lag ihnen ferne; sie wollten einen gesetzmäßigen, wohl geregelten Übergang an frei gewordene Bauern. Diese Mäßigkeit ist erstaunlich, wenn man die Gesamtentwicklung des Vereins zu Blaubeuren bedenkt, der im Laufe der Zeit in eher radikales Fahrwasser geriet, bestimmt durch die steigende Stimmenzahl für Julius Haußmann im Ausschuß und durch äußere Einwirkungen.

Süskind, der aus der Tradition der politischen Feste kam, hatte noch selbst für den 2. Juli 1848 ein Treffen mit den »Vaterländischen Vereinen« von Ulm, Münsingen und Urach vereinbart, um mit ihnen gemeinsam die Einsetzung Johanns von Österreich als Reichsverweser zu feiern, und zwar in Feldstetten, das an der Poststraße lag und schöne Gasthäuser hatte. Man beschloß, einen Glückwunsch nach Frankfurt zu senden und dann zur Besprechung innenpolitischer Ereignisse überzugehen. Alle Redner bedauerten die Vorkommnisse im Gasthaus »Zum Schiff« am 27. Juni 1848 in Ulm, wo eine Bürgerversammlung unter Führung des Redakteurs Schifterling, eines ehemaligen Vikars, von württembergischen Soldaten gesprengt worden war, wobei ein junger Mann zu Tode kam. Wiederum ganz im Sinne Rousseaus, daß der allgemeine Wille des Volkes die Regierenden beauftragen müsse, sandten sie an das Justizministerum in Stuttgart ein Schreiben mit der Bitte um öffentliche Untersuchung des Falles, ein anderes an die Staatsregierung, sie möge für ein neues Aufruhrgesetz Sorge tragen, das den Waffeneinsatz der Polizei oder des Militärs bei Unruhen regle.

Hier auf der Alb war man am 2. Juli noch einig und unterschied nicht nach radikal oder gemäßigt. Als aber am 8. Juli der Stuttgarter Hauptverein in zwei Teile, einen Gustav Pfizer'schen und einen Robert Römer'schen, das heißt einen konstitutionell-monarchischen und einen eher republikanischen, zerfiel, stimmten die Blaubeurer schon am 10. Juli in ihrem Verein »einhellig« für das Programm Römers, das die Staatsform offenließ. Man schloß also eine Revolte gegen den König nicht mehr ganz aus, nannte sich zukünftig »Volksverein«, spaltete sich vom Stuttgarter Hauptverein ab und unterstellte sich einem »Centralausschuß« aller Volksvereine. Junges, lärmendes Volk strömte herein, ein Honoratiorenmitglied trat aus, und Eduard betrachtete diese Entwicklung mit Sorge. Er verlangte, daß künftig jeder Vereinsanwärter vor seiner Aufnahme eine Prüfung durchlaufen müsse, denn der hiesige Verein sei »weder communistisch noch sozialistisch noch extrem wie der Frankfurter und Berliner demokratische Verein«, die in Württemberg verboten waren. Gesetzestreue ging ihm vor Aufruhr.

Es war aber schwer, mit dem auf über 180 Mitgliedern angewachsenen Verein diese Balance zu halten. Die Älteren, darunter Eduard selbst und Professor Widmann vom Seminar, wollten die Spaltung in Vaterländische und Volksvereine überwinden, die Jüngeren um Julius Haußmann sie eher betonen. Das zeigte sich auch auf der Generalversammlung aller politischen Vereine in Württemberg, zu der Dr. Landerer von Göppingen und Carl Mayer jr. für den 24. Juli 1848 nach Esslingen geladen hatten, um eine Einigung herbeizuführen. Die Blaubeurer Delegierten – Haußmann, Süskind und Speidel – waren trotz gemeinsamer Instruktionen durch ihren Heimatverein nicht gleicher Meinung. Süskind torpedierte Haußmanns Anfangsantrag, den Stuttgarter »Vaterländischen Verein« auszuschließen, da er das Robert Römer'sche Programm abgelehnt habe, Speidel schwieg still. Die Veranstalter rangen um Einigung, die Haußmann durch seinen Endantrag, festzustellen, daß »das demokratische Prinzip sowohl in der Form der Republik als auch in der Monarchie verwirklicht werden könne«, endgültig zerschlug. Der Stuttgarter »Vaterländische Verein« reiste ab, und die Spaltung der liberalen Bewegung in Württemberg war nun beschlossene Sache. Fast wider Willen war Eduard zu den Radikalen geraten.

Zunächst trat die Frage radikal oder gemäßigt hinter nationalen Emotionen zurück. Es drehte sich wieder um den Krieg gegen Dänemark, der seit April von General Wrangel im Auftrag des Bundes geführt wurde. Seine Erfolge schienen jetzt unter dem Druck Englands, Frankreichs und Rußlands erstickt zu werden. Die Großmächte wollten kein starkes Preußen am Sund und erzwangen am 26. August 1848 in Malmö mit ihm einen Waffenstillstand, der die Deutschen im Norden sich selbst überließ. Wo blieben die Zentralregierung und die Nationalversammlung? Würden sie nicht rasch diesen Waffenstillstand sistieren? Statt dessen erlebte man vom 4. bis 17. September 1848 ein Hin und Her zwischen dem Ministerrat, der zustimmte, der Nationalversammlung, die zuerst ablehnte und dann doch ihre Einwilligung gab, weil sie den Großmächten keine reale Macht entgegenzusetzen hatte. Die Linke entzündete folgerichtig danach einen Aufstand in Frankfurt gegen das »verräterische« Parlament.

Der Blaubeurer Volksverein stimmte in den Ton der nationalen Entrüstung, der durch ganz Deutschland ging, selbstverständlich mit ein. Am 9. September beschloß er, eine Aufklärungskampagne zu Schleswig-Holstein zu starten, die mit einem internen Vortrag von Julius Haußmann begann. Er forderte die Ablösung der »Reichsabgeordneten« Fallati und Mathy, wie es auch der Landesausschuß vorschlage, da die beiden gegen die Sistierung von Malmö gestimmt hätten. Deswegen möge man den Nachbarbezirk Münsingen bitten, Fallati von seinem Posten zu entbinden. Süskind schwieg dazu, denn Fairneß gegenüber dem Gegner war für ihn stets ein Prinzip.

Als man ihn aber bat, zum Empfang des Landtagsabgeordneten Becher für Sonntag, den 17. September 1848 eine Volksversammlung in Gerhausen zu organisieren und dabei über Schleswig-Holstein zu sprechen, war er sofort bereit. Ab zwei Uhr nachmittags erklärte er vor einer »sehr zahlreichen Menge« den Waffenstillstand, der von der Nationalversammlung »hoffentlich abgelehnt« werde, denn eine Genehmigung wäre »eine Schmach für Deutschland«. So eingestimmt, sprach dann Becher über die »württembergische Wäsche«. Wie könne die Kammer »der Adlichen« in Stuttgart länger bestehen, da doch die Nationalversammlung »alle Standes- und Geburtsunterschiede aufgehoben« habe? Das arme Volk von Gerhausen gab kräftig Applaus, und der »Blaumann«-Reporter schrieb am Tage danach: »Könnte man doch dieses Mannes schöne, kräftige Worte hier wiedergeben! Nie gefiel mir ein Vortrag so gut wie gestern.«

Nach innen sozial gerecht, nach außen mächtig und stolz, so sah der Blaubeurer Volksverein das kommende einige Deutschland. Fallati, dem man »Verrat« nachsagte, sollte wenigstens aus dem Landtag gedrängt werden; ein Doppelmandat diene dem Land sowieso nicht. So sprach man am 23. September. Wenige Tage später trat Fallati als Landtagsabgeordneter zurück. Es kam zu einer Nachwahl in Münsingen, am 16. November saß Eduard in der Kammer.

Trotz seiner neuen Aufgaben blieben seine Beziehungen zum Volksverein Blaubeuren sehr intensiv. Am 10. Februar 1849 wurde er in den Landesausschuß gewählt und organisierte sofort, zusammen mit Freunden, für Samstag, den 24. Februar ein Treffen der Delegierten aller württembergischen Volksvereine in Ulm, wo er auch seine Bekannten, Schwenkedel aus Laichingen und Haußmann, Speidel und Bausch aus Blaubeuren, begrüßen konnte. Im Auftrag des Zentralmärzvereins sollte man über den Stand der Reichsverfassung gut informieren, insbesonders über die Staats- und Oberhauptsfrage; was sie hörten, war aber eher revolutionäres, republikanisches Geschrei als sachliche Aufklärung. Johannes Scherr, Vertreter des Oberamts Geislingen, und Carl Mayer jr., der Kämpe aus Esslingen, wetterten gegen »Fürsten, Beamte und Pfaffen«, deren Eigeninteresse die deutsche Einheit verhindere, während Eduard sich vorsichtiger ausdrückte: er mißtraue den »dynastischen Interessen«, die so gerne vergäßen, daß der wahre Souverän eben das Volk sei. Darum unterstütze er die Verantwortlichkeit des Reichsstatthalters vor dem Parlament. Das Wort »Kaiser« gebrauchte er nicht, dafür das Wort »Demokratie«. Ihre Idee müsse in einem einigen und starken Deutschland verwirklicht werden.

Dem Ministerium in Stuttgart, das mühsam sein Verhältnis zu Wilhelm I. gewahrt hatte, gingen die Ulmer Reden zu weit. Es griff den Landesausschuß, in dem Eduard saß, scharf an, und dieser gab deutlich zurück: »Das Märzministerium verdankt seine Bedeutung der revolutionären Bewegung. Es sey seines Namens eingedenk«

Der Zwist zwischen Ministerium und Landesausschuß erschreckte manchen Beamten: Professor Bohnenberger und seine Kollegen vom Seminar traten aus dem Volksverein aus, der nun, seiner Honoratioren entkleidet, eine schärfere Tonart annahm. Wäre es nicht vaterländische Pflicht, den Badenern und Pfälzern gegen die verfassungsablehnenden Preußen zu helfen? Löwenwirt Nüßle erwog sogar ein Schreiben nach Frankfurt, es solle die Zentralgewalt aufgefordert werden, »die Pfalz durch verfassungstreue Reichstruppen zu schützen.« Das hätte bedeutet, württembergische Truppen gegen die Preußen marschieren zu lassen. Ob Regierung und König da mittun würden?

Eduard Süskind hielt sich zunächst, die Lage bedenkend, zurück. Seine Wiederwahl zum Landesausschuß am 5. Mai nahm er nicht an, aber im Landtag äußerte er sich offen und frei. Die Richtung, die die Volksvereine einzuschlagen begannen, erschien ihm unüberlegt und gefährlich, und wohl deswegen nahm er am nächsten Delegiertentreffen der württembergischen Volksvereine in Reutlingen am 27./28. Mai nicht teil. Auch sein Stammverein in Blaubeuren zögerte lange, bis er sich zu einer Wahl von Delegierten entschloß: schließlich reisten Julius Haußmann und Karl Nüßle, der Löwenwirt, während der dritte Gewählte, Wilhelm Zobel, sich wohl schon in der Rheinpfalz befand. Eduards Ahnung, daß man in Reutlingen zu weit gehen würde, erfüllte sich leider, denn alle führenden Teilnehmer, auch seine Blaubeurer Freunde, wurden danach verfolgt, angeklagt und auf den Hohenasperg geworfen. Am 2. Juli 1849 waren im Volksverein nur wenige Mitglieder anwesend, am 24. September fehlten die Herren Speidel und Süskind, der Elan war verflogen.

Der Volksverein Laichingen, eine frühere Schöpfung Eduard Süskinds, entwickelte sich in ähnlicher Weise: große Anfangsbegeisterung, ruhiger Sommer, Septemberkrise, Aufregung durch die Reichsverfassungskampagne im Frühjahr 1849, große Töne von der Treue zu den kämpfenden Brüdern, Mutlosigkeit nach der Reutlinger Versammlung, Flucht des Vorstehers, des Apotheker Hofstetter, nach Rheinbayern, Nachgeben der Zuhausegebliebenen. Der neue Vorsteher, Daniel Schwenk, riet von einem Eingreifen in der Pfalz ab. Auch die übrigen Vereine auf der Alb gingen jetzt sang- und klanglos ein. Allerdings hielten die Laichinger nach wie vor zu ihrem Idol Süskind. Sie wählten ihn danach noch viermal zu ihrem Abgeordneten und wahrten die Standarte seines »Landwirtschaftlichen Vereins«, der bis zu seiner Zwangsauflösung im Jahre 1933 bestand.

In Blaubeuren rappelte sich der Volksverein zwar im Herbst 1849 noch einmal auf, beschloß aber im Winter, seinen Charakter zu ändern. Am 14. Januar 1850 wurde er als »Bürgerverein« neu konstituiert, mit freiem Zutritt für jedermann, Tagungslokal war das einfache »Lamm«. Jungglasermeister Schmid wurde in den Ausschuß gewählt, jetzt war man »Volksverein« im wahrsten Sinne des Wortes. Dekan Haas aber war sehr entsetzt, als er hörte, daß sein Diözesanmitglied Süskind diesen Verein von Zeit zu Zeit noch besuche. Haasens Antipathie zeigte Wirkung. Schon am 13. März 1850 beschloß der »Bürgerverein«, sich wieder in »Gewerbeverein« umzubenennen und bei der Amtsversammlung um eine jährliche Unterstützung von 300 Gulden zu bitten, wie sie den landwirtschaftlichen Vereinen gewährt werde. 75 Exemplare Grundrechte und 96 Stück von Alberts Haubers mäßiger Schrift über die Bauernbefreiung blieben unverkauft liegen. Jeder war sich nun selbst der Nächste.

Dieser etwas schäbige Rückschwenk in erlaubte Bahnen fiel zeitgleich mit dem Beginn der Verfolgung Eduard Süskinds durch Dekan Haas von Blaubeuren zusammen. Kirche, König und Gewerbe waren wichtiger als Freiheit und Menschenrechte geworden.

Spätere Wahlkämpfe

Von 1846 bis 1848 hatte Eduard Süskind alle Wahlen fast gewonnen und doch verloren, so daß an sein politisches Glück wenig mehr glaubten. Erst als nach Malmö Fallatis Ansehen im Land zu sinken begann, stieg der Stern Eduards wieder auf. Er galt als treuer Vaterlandsfreund, Fallati als Verräter, der zudem als Unterstaatssekretär in Frankfurt keine Zeit für den württembergischen Kammersitz habe. Die Vereine und Kreise des Landtags betrieben seine Absetzung, bis Fallati selbst am 5. Oktober 1848 sein Rücktrittsschreiben einreichte. Wilhelm I. und der Geheime Rat schrieben für den Oberamtsbezirk Münsingen sofort Neuwahlen aus, und der Weg schien für Eduard frei.

Doch die Stuttgarter »Camarilla« der alten Ära sah seine Bewerbung nicht gern und bewog Schlayer, den früheren Innenminister, als Mitkandidat in Münsingen anzutreten, um die Konservativen zu mobilisieren; die Münsinger »Konstituellen« waren für Strobel, den Leiter der Knabenvolksschule und des Schützenvereins, der für »Volkssouveränität auf dem Boden der Monarchie« warb; als eine Art Juxkandidat trat Kreuzwirt Löffler auf, so daß die Wahlmänner des Bezirks aus einem ganzen Spektrum auswählen konnten.

Süskind selbst hielt sich diesmal mit Wahlreden zurück, vertraute auf die Mund-zu-Mund-Propaganda seiner Freunde und die Sympathie des »Beobachters«. Seine Rechnung ging auf. Er errang 287 von 500 Wahlmännerstimmen, Strobel, der Einheimische, nur 198, Schlayer 57, Löffler eine einzelne. Mit Charme besiegte er den Rest seiner Feinde, bedankte sich bei seinen Wählern im Intelligenzblatt und lud die Münsinger und Hayinger Wähler zur Besprechung ihrer Wünsche aufs Rathaus ein, »als entschiedener Vertreter des Volkes«. Die Laichinger, das wußte er, standen ihm ohnehin treu zur Seite.

Der nächste, außerordentlich wichtige Wahlkampf fand noch innerhalb des sogenannten »langen Landtags« statt, der vom 20. September 1848 bis zum 11. August 1849 dauerte und Württemberg politisch veränderte. Ungeduldig verlangte das Volk nach einer »Landesversammlung«, in der die württembergische Verfassung den Grundrechten der Reichsverfassung angeglichen werden sollte. Zunächst hatte sich der Landtag am 1. Juli auf ein neues Wahlgesetz geeinigt, das die Standesprivilegien abschaffte: Jeder volljährige, unbescholtene Mann durfte zur Wahlurne gehen, falls er irgendeine Staatssteuer bezahlte; der Zensus spielte dabei keine Rolle mehr. Nach diesem fast allgemeinen Wahlrecht sollte am 1. und 2. August gewählt werden.

Eigentlich war die Situation jetzt schon irreal. Man nahm die Reichsverfassung als Maßstab, die, bei Lichte besehen, es schwer hatte, sich durchzusetzen. Seit dem 28. März war sie fertig, aber das erwählte Staatsoberhaupt, Friedrich Wilhelm IV. von Preußen, lehnte sie und die angebotene Krone vom 3. April an in mehreren Schreiben ab, auch mit der Begründung, sie beruhten nur auf der Meinung des Volkes und nicht auf einer Vereinbarung der regierenden Fürsten. Trotzdem war der Druck der Volksmeinung so groß, daß 28 kleinere deutsche Staaten bis Mitte April sich zu der bedrohten Verfassung bekannten; am 24. April zog Wilhelm I. von Württemberg nach. Er blieb allein unter den Königen.

Die preußischen Abgeordneten wurden nach Hause beordert, Konservative anderer Staaten reisten ebenfalls ab, nur die Linke blieb fast geschlossen in Frankfurt. Im Mai 1849 gab es, wie bekannt, in Sachsen, dem Rheinland, in der Pfalz und in Baden Volksaufstände zur Durchsetzung der Reichsverfassung, und überall drohten die Preußen mit Einmarsch. Das Rest- oder »Rumpfparlament« fühlte sich von den Bundestruppen der Festung Mainz ständig bedroht und wich am 31. Mai nach Stuttgart aus, wo es wegen seines Aufrufs zur allgemeinen Mobilmachung für die Verteidigung der verfassungsanerkennenden Länder von württembergischen Truppen aus Angst vor den Preußen auseinandergejagt wurde. Konnte man auf die Verfassung, die eine so geringe Machtbasis hatte, überhaupt setzen?

Süskind und seine Volkspartei taten dies dennoch mit Eifer. Am 19. Juli hielt Eduard auf dem Landesparteitag der Demokraten in Göppingen eine programmatische Rede, in der er die Annahme der Reichsverfassung verteidigte, das Ministerium Römer als Verräter verdammte, da es versäumt habe, für die »Rettung des Vaterlandes« Opfer zu bringen. Antiker Patriotismus vor Realpolitik, das war typisch für Eduard Süskind.

Auch in Blaubeuren stellte er seine Einstellung unter Beweis. Als Leiter des Wahlkomitees warb er für die Wiederwahl Bechers, obwohl dieser Anfang Juli vor einem Haftbefehl ins Ausland geflüchtet war. Einer der glühenden Wahlaufrufe im »Blaumann« klingt süskindisch: Bechers »hinreißende Beredsamkeit«, seine »ächte patriotische Begeisterung, die in der Ständekammer Gnade fand vor den Augen seiner erbittertsten Gegner« und seine »glänzende Beurteilung durch die Nationalversammlung« könne ihn nur empfehlen. »Wenn dann einst die Verhältnisse sich wieder wenden ..., dann werdet ihr stolz sein, einen solchen Mann dem Vaterland erhalten zu haben!«

Aber Becher blieb fern; Eduard empfahl ihn dennoch, fest auf seine Wiederkehr hoffend, im »Lamm«, im »Löwen«, in Bermaringen und Nellingen und kam dadurch selber ins Zwielicht. Einer seiner Zuhörer fragte: »Wie kann der Republikaner Becher seinen Abgeordneteneid auf den König überhaupt schwören, ohne meineidig zu werden?«, und Eduard antwortete, das gelte für jetzt, wo die Republik noch eine Unmöglichkeit sei. Die »Württembergische Zeitung«, das Organ Friedrich Römers, witzelte darauf: »Hat uns, der sich einen evangelischen Geistlichen nennt, darüber belehrt, wie man mit Eiden spielen kann.«

Trotz weiterer Sticheleien, trotz ehrenwerter Mitkandidaten wurde August Becher wiedergewählt und Eduards Einsatz belohnt. Becher aber schrieb von der Schweiz aus, daß er die Wahl ablehnen müsse, denn ein Unteroffizier habe fortan mehr Macht als ein Parlament. Preußens Allmacht sei im Wachsen begriffen, tauben Ohren predigen – oder sich einsperren zu lassen, das möge er nicht. »Ehren Sie unsere Sache in der Neuwahl, bleiben Sie mir treu bis ans Ende.«

Nach diesem Brief ging »Entrüstung, Schmerz, Scham gemischt durch die Wählerschaft«; zunächst war das Vertrauen in die Demokraten dahin. Der gute Nüßle vom »Löwen« stellte sich als Einzelkandidat zur Verfügung, trat aber zurück, als er den konservativen Gegenwind spürte, ebenso Prokurator Seeger von Ulm. Hämisch hatte die »Ulmer Kronik« geschrieben: »Der Blaubeurer Becher mit seinem rothen Anstrich ist weggelaufen ... Wer brachte Elend über Elend? Die Linke! Liebe Wähler! Wählet keinen Linken!« Für die Schelklinger war die Situation günstig, ihren katholischen Stadtpfarrer als konstitutionellen Kandidaten zurückzuholen, Eduard präsentierte den evangelischen Oesterlen aus Stuttgart, um etliche Stimmen zu retten, auch Duvernoy, der einst so beliebte Märzminister, trat auf den Plan, doch Frank holte mit 749 Stimmen den Sieg. Für die Volkspartei war das Ergebnis »eine bittere Lehre«.

Daß Feigheit sich nicht auszahlte, sondern Standfestigkeit, zeigte Eduard beim Wahlkampf im Oberamt Münsingen, seinem eigentlichen Wählerbezirk. Einige Zwiefalter Wähler, die bisher ja stets gegen ihn waren, lobten sein bisheriges Verhalten als »treffend«. 28 Männer aus Münsingen selbst, wo er lange um Sympathie hatte kämpfen müssen, schrieben im Intelligenzblatt, ihr Kandidat sei »ausgesprochenermaßen kein anderer als Süskind ..., da er stets auf dem verfassungsmäßigen Boden des Gesetzes gestanden ... und entschieden für die Sache des Volksrechts und der Volksfreiheit gewirkt hat.« Er sei nicht wie andere zur Reaktion übergegangen. Der Süskind-Fan Enderle aus Sontheim bei Laichingen meinte, jetzt bräuchte ein Abgeordneter »Geisteskraft, entschiedenen Willen, die Rechte und die Freiheiten des Volkes zu verteidigen. Ein solcher Mann ist unstreitig unser bisheriger Abgeordneter Süskind.«

Natürlich gab es auch andere Stimmen, zum Beispiel aus dem Norman-beeinflußten katholischen Lautertal und den Höhen darüber, die Eduards Wahlreisen und Reden mißdeuteten: Sie wollten keinen Abgeordneten, »welcher die edle Zeit mit nichtssagenden Reden« vergeude, sondern »einen Mann von gesundem Verstande und gutem Herzen«. Wähler aus Oberstetten rügten, sie wählten keinen, »der sich erst sein Zutrauen durch Herumreisen erwerben muß.«, sondern einen würdigen, ruhigen Mann, wie etwa Kirchenrat Oehler oder den früheren Finanzminister Herdegen, die übrigens beide konservativ waren. Ein anderer von der Zwiefalter Alb sieht Süskind als Bauernverführer und Kriegstreiber: »Ach, das süße Kind! ... Also Süskind wäre der Allein seligmachende, Alles beglückende Freiheitsapostel! Wer kennt ihn nicht, außen Schwarz, innen Roth, das goldene Zeitalter unter seiner Ägide versprechend? – Nein, Alpbewohner, unter diesem Schaafe, welches betreffende Schultheißen und Gemeinden mit dem Versprechen einer billigeren Gültablösung ködert, steckt der Wolf, der Baden zerfleischte.«. Pietisten geiferten: »Keinen Gottesläugner wählen wir, sondern einen Mann, der vom wahren Christentum durchdrungen, ... der erleuchtet vom heiligen Geiste uns für Religion, bürgerliche Tugend und Freiheit ein segensvolles Wirken verspricht: Clemens Brändle von Auingen.«

Die Spöttereien gegen Süskind wurden so stark, daß sich selbst Conrad Dieterich, Pfarrer in Böttingen, Eduards früherer Freund und jetziger politischer Feind, empörte: »Sie verstoßen gegen die Gesetze des Anstands und edler Sitte«, obwohl er sich mit Schulmeister Strobel und Pfarrer Hengler aus Tigerfeld, dem Nachfolger von Pfarrverweser Wilhelm, zu einer aggressiven konstitutionellen Koalition gegen »die Radikalen« zusammengetan hatte. Eduard schwieg zunächst still, sah schmunzelnd den Werbeeffekt, der in den Angriffen lag und unterstützte – oder schrieb selbst – eine Wahlempfehlung im Amtsblatt: »Jeder schreibe seinen Abgeordneten deutlich mit Vor- und Zunamen oder Eigenschaften auf, z. B. Pfarrer Süskind in Suppingen, Eduard Süskind, oder: ich wähle Süskind! ... Keine Menschenfurcht kann auf diese Wahl einwirken. Der Ärmste und der Abhängigste wählt so frei wie der Reiche, der nach Niemand nichts zu fragen braucht!« Und, werbetaktisch sehr geschickt: er habe Berichte von Hagelschäden auf

Hayinger, Erbstetter, Indelhauser und Anhauser Markung gelesen und sei bereit, eine Kollekte zu starten. Christliche Liebe schlug auch die bösesten Stimmen!

Süskinds geschicktester Schachzug war, seine Mithilfe beim Zehntablösungsgesetz vom 17. Juni 1849, wo er im Landtag für 25 Jahresraten statt der vorgeschlagenen 16 und eine vier- und nicht, wie üblich, fünfprozentige Verzinsung geworben hatte, humorvoll ins Feld zu führen. Er belehrte dazu zwei Bauern, Hannes und Michel, im »Intelligenzblatt« über das neue Gesetz und ließ sie am Schluß auf Schwäbisch schwätzen: ›Wia se da Süeskind wieder mitnemmet‹ – ›Morom??‹ – ›Dr Süeskind ist a Maa für d'Baura ond net für d'Herra. Drom wähl ih da Süeskind, wann er au a bitzle z'weit goht.‹

Er, den das satirisch-konservative Blatt »Laterne« schon am Anfang des Monats hatte absetzen wollen, siegte am Ende ganz klar. Von den 2736 abgegebenen Stimmen erhielt er 1806, also 70 Prozent; selbst in katholischen Gebieten waren viele ihm treu. Er galt als Beschützer der Bauern und Anwalt der Kleinen. Höflichst bedankte er sich von Stuttgart aus für die Wahl und versprach, bald persönlich zu kommen, um die Wünsche seiner Mitbürger kennenzulernen. Ihm gehe es um die »bürgerliche Gleichberechtigung des Volkes«, um »Freiheit, Ordnung und bleibende Wohlfahrt des Vaterlandes«, um »Wahrheit, Recht und Ehre des Volksvertreters«. Damit wies er die Gegner zurück, die seine Partei als »Communisten, Socialisten, Räuber, Diebe, Feinde der Gesittung und der bürgerlichen Gesellschaft« bezeichnet hatten, weil sie das allgemeine Wahlrecht durchdrücken half.

Die Wahlkämpfe des Jahres 1850 verliefen weniger stürmisch als der des Sommers 1849. Der König hatte die einzelnen Landesversammlungen, die der Angleichung der württembergischen Verfassung an die Grundrechte der Reichsverfassung dienen sollten, stets rasch wieder aufgelöst, wohl, weil er das Revolutionsfieber verebben sah und seine eigene Verfassung von 1819 wieder einführen wollte. Das Volk verlor allmählich das Interesse an den häufigen Wahlen, besonders im Bezirke Blaubeuren, wo der Becher-Schock noch nicht ganz überwunden war. Eduards energischer Einsatz für seinen Freund Nüßle ließ die Volkspartei wieder an Boden gewinnen, so daß dieser, Frank überholend, in die 2. und 3. Landesversammlung gewählt wurde. Selbst die Rückverwandlung des Wahlrechts in den früheren Zensus (1851) hob ihn nicht aus dem Sattel.

Diesmal waren im Münsinger Bezirk die Verhältnisse schwieriger. Conrad Dieterich hatte für die konstitutionelle Partei vom Dezember 1849 bis Februar 1850 ein Wahlkomitee gebildet, in dem er die verschiedensten Kandidaten vorschlug: Schlayer und Duvernoy, die früheren Innenminister, Friedrich Notter, den politischen Schriftsteller, Gustav Walz, den Leiter der Ackerbauschule Ellwangen und Anwärter auf die Führung der Landwirtschaftlichen Akademie Hohenheim, mit dem er speziell die Bauern seines Landwirtschaftlichen Vereins zu gewinnen hoffte. Süskind hielt sich zunächst in bewährter Weise zurück, obwohl ihn Dieterich einen »politischen Reiseprediger« nannte und ein Anonymus aus Zwiefalten seine Reden wieder einmal als »nutzlose Zeitverschwendung« bezeichnete. Seine Freunde dagegen warben für ihn: »Wählen wir keinen, den wir nicht kennen und bleiben bei dem, der rücksichtslos nach oben und unten seine Meinung frei ausgesprochen hat ... seine Wahl wird uns zur Pflicht, sie gereicht uns zur Ehre!« »Wählt als freie Bürger den Mann der Freiheit, des Rechts und der Wahrheit! ... Süskind ist unser Losungswort!« Am meisten ärgerte die demokratischen Älbler, daß die Konstitutionellen die sogenannte »Erfurter Union«, ein Versuch des preußischen Königs zur Einigung Deutschlands von den Regierungen und einem neuen Zentralparlament aus, begünstigten. Sie hatten Baden und die Pfalz noch nicht vergessen und sahen in den Preußen die Feinde der Freiheit. Einer von ihnen schrieb im »Intelligenzblatt«: »Es soll sein Wahlspruch heißen / und schallen durch die Flur: / kein Österreich und kein Preußen, / ein einig Deutschland nur ...; / zwar lastet tief und tiefer auf uns ein schwerer Fluch, / und um die Freiheit Deutschlands zieht sich ein Leichentuch; / und wirbt auch unter anderen für Preußen ein Agent, / der soll nach Erfurt reisen zum Festungsparlament. / Und jeder Wähler zeige, / wie sehr es ihm zu thun, / daß aus der Urne steige der Name Süskind nur.«

Die Werbung hatte Erfolg: Eduard gewann auch die Wahl zur 2. Landesversammlung! Am 22. Februar 1850 schrieb der »Beobachter«: »Die schwarze und schwarz-weiße Parthei hat sich halbtod gezappelt ..., und doch war die Anstrengung vergeblich. Süskind ist mit 1621 Stimmen gewählt, Walz erhielt 1029, Schlayer 1, König Wilhelm (!) 1 usf.«.

Der Sieger bedankte sich bei der Bevölkerung, hielt auf dem Rathaus zu Münsingen einen Vortrag über den Stand der öffentlichen Angelegenheiten, eilte in den Landtag, um am Umbau der Verfassung mitzuwirken – und mußte im September schon wieder einen Wahlkampf bestehen. Der König hatte auch die zweite Landesversammlung geschlossen. Nun galt es, auch für die dritte Kandidaten zu finden. Viele wollten nicht mehr, aber Eduard nahm den Auftrag seiner Partei an. Seine Kandidatur verjagte die übrigen Bewerber, nur der Schriftsteller Menzel blieb unschlüssig übrig. Er sei ein Franzosenfresser und Judenfeind, »es soll uns ein Leichtes sein, unseren bisherigen Abgeordneten, der sich als wahrer Volksfreund bewährte, durchzusetzen«, schrieb einer im Intelligenzblatt. Eduard erhielt dann von 1353 abgegebenen Stimmen allein 1 062.

Doch düstere Wolken zogen sich am politischen Himmel zusammen. Auch die dritte und letzte Landesversammlung wurde vom König recht rasch geschlossen, ja, er führte, wie man allseits schon lange vermutete, die alte Verfassung und das beschränkte Wahlrecht wieder ein. Alles schien vergebens gewesen. Süskind wurde von Kirche und König verfolgt, versetzt und wußte nicht recht, ob er an der Neuwahl im Frühjahr 1851 wieder teilnehmen sollte. Schultheiß Schmid, ein mäßiger Demokrat, sprang in die Bresche, verkündete Süskind'sche Thesen als Neukandidat, aber als bekannt wurde, daß Eduard aus dem Kirchendienst austrete, auf eine Versetzung also verzichte, beeilten sich 56 Wahlmänner aus Laichingen, Feldstetten, Sontheim und Ennabeuren, ihre Treue zu ihm zu bekunden: »Wir und mit uns die große Zahl der Wähler halten fest an dem Mann, dem wir seit 1848 viermal unser Vertrauen geschenkt haben«, und er errang am 24. und 25. April 1851 von 551 abgegebenen Wahlmännerstimmen 308, Schultheiß Schmid 173, Schulmeister Strobel 68.

Diesmal war Eduard wirklich »freudigst bewegt«. Er bedankte sich und lud die Bevölkerung in den »Ochsensaal« in Münsingen ein, um mit ihr über die kommenden Aufgaben im Landtag zu sprechen. Dann fuhr er mit der Postkutsche nach Stuttgart und erfuhr dort, daß Apotheker Bauer von Münsingen, Thomas Meyer von Auingen und Johannes Hohloch, Buchdrucker von Münsingen wegen Herausgabe und Verbreitung des lustigen Schriftchens »Wahlvorschläge« anonym angezeigt worden seien. Eine Verurteilung sei zu erwarten. Verstanden die staatstreuen Konstitutionellen denn gar keinen Spaß mehr?

Eduard, von vielen Seiten bedrängt, wurde zu einem der galligsten Oppositionsführer der nächsten vier Jahre, denn so lange sollte, getreu der alten Verfassung, eine Landtagsperiode wieder dauern. Dazwischen schloß und eröffnete der König nach Laune sein gesetzgebendes Gremium. Anlaß für die letzte, endgültige Schließung der Gesamtperiode am 28. August 1855 war Wilhelms Verärgerung um das stockende Ablösungsausgleichsgesetz. Die württembergischen Standesherren hatten vor der Schiedsstelle des Bundestags einen Ausgleich für ihre riesigen Ablösungsverluste verlangt und eine »Schadloshaltung« erstritten, wonach alle früheren »Berechtigten« von den »Pflichtigen« insgesamt 5 700 000 Gulden Nachzahlung verlangen dürften. Der König wollte diese Summe gerecht auf Adel, Kirche, Stiftungen und Staatsverwaltung verteilen, aber die Agitation lastete dem Adel alleine die Schuld an. Das württembergische Bürgertum war empört und stand hinter den Bauern; am geschicktesten waren darin die Demokraten. Aufstände lagen in der Luft, und die Ortsvorsteher erhielten den Auftrag, »jede öffentliche Versammlung, in welcher in gesetzwidriger Weise gesprochen werden sollte, sogleich aufzulösen.«

Nach der Beschränkung des Wahlrechts nun diese Beschränkung der Versammlungsfreiheit – die Revolution schien damit endgültig vorbei. Dazuhin mischten sich auf Befehl des Ministeriums Linden »die Herren Beamten, öffentlichen Diener weltlichen und geistlichen Standes« zugunsten der Regierungskandidaten in den Wahlkampf ein, was bisher anfechtbar war. Eduard bekam diesen neuen, eisigen Wind am eigenen Leibe zu spüren.

Seine Partei hatte, wie Polizeispitzel herausbrachten, Werbeflugschriften »einer Anzahl von Wählern von Münsingen« als Paket auf die Alb, wahrscheinlich zu Thomas

Meyer, geschickt, was den neuen, reaktionären Oberamtmann Haug bewog, im Auinger »Hirsch« eine Hausdurchsuchung vornehmen zu lassen. Bis ans Kindbett der Wirtin drangen die Häscher vor, durchwühlten Kammern und Kästen, fanden aber nur ein Exemplar der Flugschrift, das wie zufällig auf dem Wirtshaustisch lag. Meyer kam unter Hausarrest, doch Süskind, den man als Urheber des Ganzen vermutete, war, nach einer Besprechung mit den Auinger Wahlmännern am Morgen, längst nach Hause gereist.

Was war der Inhalt dieser »staatsgefährdenden« Schrift? Sie rügte den Spruch des Bundesgerichts zugunsten des Adels, die dreifache Erhöhung der Ministergehälter und den neuen Gemeindeordnungsentwurf, der den Kommunen die letzte Selbständigkeit raube. Idler, der konservative Gegenkandidat, habe dazu im letzten Landtag durchweg »Ja« und Süskind »Nein« gesagt. »Ihr Wähler im Münsinger Bezirk werdet also Eure Sache selbst prüfen und hiernach handeln, ohne daß Ihr Euch um Eure Herren kümmert, denn diese zahlen nichts für Euch ... Süskind ist der Sache des Volkes treu geblieben, deshalb habt Ihr auch keine Ursache, von ihm abzufallen!«

In Magolsheim, Ennabeuren, Sontheim, Feldstetten und Laichingen, den süskindfreundlichen Flecken nahe dem Wohnort Eduards, nahm man die Flugschrift positiv auf, in den Pietistendörfern Gomadingen und Kohlstetten erregte ihr revolutionärer Ton Ärgernis, ebenso in Hayingen, wo sie Thomas Meyer, der sich mit Eduard auf Wahlreise befand, während des Jahrmarkts triumphierend in die Menge geworfen hatte. Eduard stand zwar stille im Hintergrund, doch war es unklug, mit Meyer seine alten Feinde zu reizen. Sie rächten sich; auch die Schultheißen, die mit einer pro-süskind'schen Haltung Repressalien von oben befürchteten, wagten nicht mehr, zu Süskind zu stehen und wählten Idler, der kurzfristig Oberamtmann in Münsingen gewesen war und ihnen geschmeichelt hatte. Idler errang 374, Eduard 183 Wahlmännerstimmen; das Risiko, für Süskind eingekerkert zu werden, wagten die meisten nicht.

Der »Beobachter« warf Oberamtmann Haug »Mißbrauch der Amtsgewalt« vor, es gab sogar eine Untersuchung. Aber Thomas Meyer, durch seine Strafsache wegen der Flugschrift entmutigt, klagte nicht weiter, und Eduard, der eine Wiederholung der Wahl hätte verlangen dürfen, warf die Flinte ins Korn. »Der Bürger ist derzeit die Feigheit selbst ... Lieber beschäftige ich mich mit literarischen Arbeiten, in denen mich der Landtag nun nicht mehr stören wird«, schrieb er an Pfarrer Georgii in Stuttgart, einen alten Kollegen und Freund, und zog sich zurück in seine ländliche Einsamkeit.

Die Verfolgungszeit

Oft hatte sich Dekan Haas schon über seinen Suppinger Pfarrer geärgert und sich von 1847 bis 1851 deswegen 21 Mal klagend ans Konsistorium gewandt. Von dort schrieb man ihm schließlich, noch am 3. September 1850, er möge gegen Pfarrer Süskind mehr Ruhe bewahren, so auffallend gespannt war sein Verhältnis zu ihm. Es bleibt im übrigen bis heute erstaunlich, wie lange das Konsistorium Süskind noch deckte, obwohl dieser schon im Juli 1848 Konsistorialrat Dr. Stirm in einem öffentlichen Briefwechsel um die Schulsache beleidigt hatte. Diese Nachsicht hörte allmählich auf, als der König sich von den Revolutionären zu distanzieren begann. Das war ab Ende 1849 der Fall, nach dem Ende der ersten Landesversammlung. Von Wächter-Spittler, der neue Kultusminister, wurde sein Sprachrohr. Am 26. Dezember 1849 und 3. Januar 1850 teilte dieser einigen vertrauten Dekanen und Prälaten mit, sie möchten ihren Einfluß »bei Wahlmännern, Gemeindemitgliedern, Mitgeistlichen und Schullehrern, wegen der in ihrem Bezirke aufzustellenden Kandidaten« geltend machen, damit die nächste Landesversammlung »nicht wieder mit derselben Starre am Entwurf der Reichsverfassung, die sonst nirgends in Deutschland Anklang gefunden, festhalte« und damit den »Gang des öffentlichen Lebens lähme«.

Die demokratische Partei lehnte die Vermischung von Kirche und Staat auch hier ab. Als König Wilhelm am Sonntag Invokat, den 17. Februar 1850, die Verlesung einer Wahlansprache und eines Gebets in seinem Namen von den Kirchen verlangte, verweigerten ihm etliche Pfarrer im Lande diesen Befehl oder wurden von Demonstranten an der Verlesung gehindert. Eduard fand eine eigene Lösung. Mißbilligende Worte über die Abgeordneten der letzten Landesversammlung las er nicht vor, das Gebet: »Erwecke dir selbst für den bevorstehenden Landtag Männer nach Deinem Herzen« fand seine Genehmigung, zumal er schon den Schultheiß über die kommenden Wahlen informiert hatte. Wie wir schon wissen, drangen die Suppinger Vorgänge über einen Spitzel ans Ohr des Dekans, der sofort ans Konsistorium schrieb und Eduard einen »ernstlichen Verweis« einhandelte. Süskind beschwerte sich darüber beim Kultusminister, der aber nicht zu ihm stand und das Konsistorium aufforderte, es möge »auf das Benehmen dieses Geistlichen achten, insbesondere darauf, ob er seine amtliche Stellung nicht zu politischen Agitationen im Sinne der extremen Parthei, der er angehört, mißbrauche.« Er bitte, gegebenenfalls einzuschreiten und hiervon dem Ministerium Mitteilung zu machen. Damit war, am 9. April 1850, der Befehl zu Eduards Verfolgung gegeben.

Dekan Haas hörte sich indessen erfolglos um. Am 10. Mai erst schrieb er nach auswärts, zuerst an Dekan Elwert von Münsingen, der seit 1847 Sixtus Carl Kapff abgelöst hatte und eigentlich liberal eingestellt war. Süskinds Vorträge seien mehr apologetischer als polemischer Natur, antwortete dieser, seine Sprache sei hier behutsam, da »eine nicht geringe Anzahl von Bürgern«, besonders unter den Geistlichen, ihm »wenig zugethan« sei, in Laichingen und Feldstetten dagegen habe er unter den »Schulheißen, Wirten und Kaufleuten« enthusiastische Anhänger, die ein Vorgehen gegen Süskind »verbittern« würde. Manchmal gehe Süskind sonntags auf Wahlreise, störe aber den Gottesdienst nicht, zuweilen rede er in Wirtshäusern. Eine gedruckte Rede Süskinds vom 10. Juli 1849, wo er das Nichteingreifen in Baden und den Zeitpunkt der Reutlinger Versammlung bedauert habe, lege er bei. Auch die Nachfrage in Urach ergab nicht viel. Süskind treffe sich manchmal mit Demokraten des Seminars im »Böhringer Kränzchen«; in Suppingen spreche er öfter am Sonntagabend zu Bauern über die Ablösung und verlege zu diesem Zwecke auch den Nachmittagsgottesdienst. – Alles keine Verbrechen!

Erst als Haas selbst, zusammen mit Freunden, Süskind bei seinem Wirken beobachtete, glaubte er, fündig geworden zu sein. Eduard hatte für den 31. Juli 1850 eine Schulkonferenz ausgeschrieben, wo er die Aufsätze seiner Lehrer über das vorher gegebene Thema: »Welches sind die Quellen des im Volke vorherrschenden Aberglaubens, und welche Gegenwirkungen stehen dagegen der Schule zu Gebot?« besprechen wollte. Haas vermutete dabei eine Tücke gegen Pfarrer Schmid aus Seißen, der die Streiche des Knaben Johannes Maier aus seiner Gemeinde als Teufelswerk mißdeutet und sich dabei dem Spott des Landes ausgesetzt hatte. Der 14jährige Johannes war ein etwas frühreifer Raucher, der seinem Vater ein paar Groschen entwendete und aus Angst vor Entdeckung monatelang erfolgreich den Bösen spielte, der Gabeln vom Heuboden warf, den Kühen die Schwänze zusammenband, die Großmutter im Sessel emporhob, Scheiben zum Klirren brachte – und gewiß auch für das Verschwinden der Groschen verantwortlich sei. Die Sache wurde erst nach einem halben Jahr seines phantasievollen Wütens vom Oberamtsarzt enträtselt, und Johannes kam, zum Leidwesen der Aufgeklärten, ins Gefängnis nach Ulm.

Eduard war es, nach seinem eigenen Zeugnis, nur darum zu tun, dem Aberglauben in der Gegend zu steuern, seine Wurzeln im alten Naturglauben zu suchen und der Jugend die Angst vor bösen Geistern zu nehmen. Ein lichter Glaube an Christus solle an die Stelle der alten Verfinsterung treten. Der Teufel existiere nicht wirklich, er sei das böse Prinzip, das sich bei Angstzuständen in der Psyche verbildliche. Wenn auch die Bibel manchmal vom Teufel rede, so dürfe man das nicht buchstäblich nehmen.

Seine Lehrer stimmten ihm zu, aber der anwesende jüngere Geistliche Karl Theodor Wächter, seit kurzem erst in Blaubeuren, sah in Süskinds Äußerungen eine Leugnung des Glaubens. Er setzte eine Beschwerde ans Konsistorium auf, die er am 10. August 1850 von Pfarrverweser Schmoller aus Gerhausen und Pfarrer Schmid aus Seißen mitunterzeichnen ließ, obwohl die beiden letzteren bei der Konferenz gar nicht anwesend waren. Süskind gefährde die Achtung der Schullehrer vor der Heiligen Schrift und erschwere den schriftgläubigen Geistlichen ihre Einwirkung auf die Schullehrer. Das Konsistorium bat um eine Stellungnahme, die Eduard am 28. August absandte. Niemals sei es seine Absicht gewesen, Pfarrer Schmid aus Seißen zu demütigen, er habe darlegen wollen, »daß die Gottheit durch die von ihr selbst gegebenen Gesetze der Natur wirke« und »einem

Eingreifen übernatürlicher Wesen, als da sind: Teufel, Kobolde, etc. einer allmächtigen weisen, gerechten Vorsehung widerstreite«. Als Zeugen für den Ablauf der Schulkonferenz nannte er 26 anwesende Teilnehmer, besonders Reallehrer Speidel, Vikar Glöckler von Asch und Pfarrer Meyer von Berghülen, die der ganzen Konferenz beigewohnt hätten.

Das Konsistorium setzte sich nicht der Lächerlichkeit aus und antwortete erst am 4. November 1850, klug abwägend. Das Zeugnis von Anwesenden wirke stärker als das von Abwesenden; Pfarrer Süskind hätte sich allerdings »über das Hereinragen der überirdischen Welt in die irdische etwas vorsichtiger ausdrücken können«. Es überwies ihm aber 25 Gulden Belohnung für seine achtjährige Konferenzleitung und drückte für seine Arbeit eine Belobigung aus.

Die kuriose Geschichte ging durch die württembergischen Blätter. Hier nur einige Beispiele: Der satirische »Eulenspiegel« veröffentlichte einen fiktiven Gesangbuchspruch: »Solche Pfaffen müssen wir haben / Die das Licht im Schatten vergraben / Glauben dazu, schwören dabei / daß in Seißen der Teufel sei.« und setzte warnend hinzu, daß »der hohe Priesterrat keinen Anstand nehmen sollte, den Prozeß gegen diesen ketzerischen Diener einzuleiten.« Ernsthafter reagierte die pietistische Presse. Der »Süddeutsche Schulbote« schlug vor, Süskind von seinem Posten als Schulkonferenzdirektor abzusetzen, denn er halte nur hinterm Berge zurück, um seine Stellung nicht zu gefährten. Noch boshafter giftete die »Süddeutsche Warte« am 19. Dezember: »Wenn die Oberkirche duldet, daß ... Volksschullehrern eine solche Ansicht von der Stellung und dem Ansehen der Hl. Schrift eingeimpft werde, sie sich mit Recht nicht mehr beklagen kann, wenn die Schullehrer dem gefallenen Geist der Zeit folgen, der zur Demokratie und zu nichts anderem führt.« Am 23. Januar und 6. Februar 1851 wiederholte sie ähnliche grundlegende Vorwürfe, bis das Konsistorium dem Druck nachgab und am 12. Februar 1851 erklärte, es habe dem Dekanat Blaubeuren empfohlen, Pfarrer Süskind seines Amtes als Schulkonferenzdirektor zu entheben.

Ebenso kurvenreich und letztlich doch konsequent verlief der dritte Teil der Disziplinaruntersuchung, wiederum eingeleitet von Dekan Haas. Komisch mutet es an, was er am 19. August 1850 ans Konsistorium schrieb: Pfarrer Süskind habe, einem Gerücht zufolge, längere Zeit weder Schulbesuche gemacht noch Religionsunterricht erteilt »und selbst Einträge dißfalls« in das Schultagebuch gemacht, sodann im Konfirmandenunterricht körperliche Züchtigungen angewandt und »letzten Winter sogar an einem Knaben den Stecken abgeschlagen«. Das Konsistorium sah nicht die Lächerlichkeit dieses Schreibens, sondern beauftragte Anfang September das Oberamt Blaubeuren, es möge dazu Schulmeister Pfänder und andere Zeugen unter Eidesableistung vernehmen.

Am 12. September 1850 reisten zu diesem Zwecke der Blaubeurer Oberamtmann Osiander und Karl Theodor Wächter, zur Zeit Dekanatsstellvertreter und im übrigen Eduards Feind, die Steige herauf nach Suppingen und verhörten zuerst den guten Schulmeister Pfänder. Der antwortete kühl, die Stundenverlegungen erklärten sich aus den Terminen der Landesversammlungen, alle versäumten Stunden seien stets hereingeholt worden. Die Einträge ins Tagebuch seien alle sechs Wochen gesammelt erfolgt, aufgrund von Süskinds Kirchenkalender; außer Ohrfeigen wisse er nichts von körperlichen Züchtigungen. Seine drei halberwachsenen Schulamtszöglinge wußten dafür mehr. Pfarrer Süskind teile gelegentlich Tatzen aus, und vor ein paar Monaten sei sein Stecken über dem Hosenboden eines Jungen geplatzt, allerdings hätten die Sonntagsschüler ihn vorher mit Kerben versehen und mit Tinte gefüllt. Also nichts Aufregendes! Dr. Stirm sandte daraufhin nur die Instruktion vom 29. Februar 1827, wonach sich Geistliche im Unterricht aller körperlichen Züchtigung enthalten sollten, ans Dekanat, mit der Bitte um Weitergabe an Pfarrer Süskind.

Ein Nachgeben, selbst zu geschicktem Zeitpunkt, lag Eduard nicht. Er erbat sich die Vernehmungsprotokolle zur Einsicht, was Haas aus Angst vor einer Veröffentlichung im »Beobachter« versagte, ja, er bekam nun die Erlaubnis zu einer Vernehmung von Süskind selbst, ohne Zeugen. Eduard, schon in der Landesversammlung, reiste herbei und bestätigte im wesentlichen Schulmeister Pfänder, die Aussagen der Schulinzipienten rückte er ins richtige Licht: »Der Stand der Kindererziehung in manchen Familien verlangt die Anwendung leichter körperlicher Züchtigung, um die Kinder zum Lernen zu bringen ... Ich gebe allerdings zu, in formeller Weise gefehlt zu haben.«

Eduards Stolz ließ diesen Stand der Dinge nicht auf sich bewenden. Am 27. Oktober 1850 sandte er dem Konsistorium eine »nachträgliche Rechtfertigung« mit einer Beilage von 87 Suppinger Bürgern, die den Religions- und Konfirmandenunterricht ihres Pfarrers, seine Kinderlehre, Töchterunterweisung, Winterabendschule und Erwachsenenbildung nur loben konnten und im übrigen auf das frühere gute Beurteilungszeugnis von Dekan Haas selbst verwiesen.

Dr. Stirm ließ dieses Schreiben nicht gleichgültig. Er verlangte eine neue Vernehmung Pfänders und seiner Inzipienten, diesmal im Oberamt selbst, ohne daß allerdings viel Neues herauskam. Beim Vergleich von Kirchenkalender und Schultagebuch hatten die Herren kleine Übertragungsfehler gefunden – nicht genug, um einen Mann vom Amte zu bringen. Darum verlegte sich die Kirchenbehörde wieder auf den politischen Sektor. Haas solle Berichte von Pfarrern, an deren Orten sich Süskind als Redner betätigt habe, beschaffen und besonders eine Beurteilung seines Benehmens verlangen. Pfarrer Schmid von Laichingen wollte Süskind gar nie gehört haben, Pfarrer Denk von Feldstetten wußte nur von dessen Belehrungen über das Ablösungsgesetz, Pfarrer Zenneck von Bermaringen wurde ein wenig ausführlicher. Süskind habe für die Wahlbewerbungen Bechers, Seegers und Oesterlens öfter das Volk auf einem freien Platze im Dorfe versammelt, und zwar an Sonntagen, was er nicht für gut ansehen könne. Sonst wußte er nichts, so half Oberamtmann Osiander selbst mit einer Beilage nach: Leidenschaft und Ehrgeiz bestimmten das Wesen dieses enorm politischen Pfarrers, der zusammen mit seinen Freunden Meyer, Öffinger und Speidel in Blaubeuren und den umliegenden Dörfern so heftig agiere, daß »die politische Aufregung« sich nie legen werde, solange diese im Bezirk angestellt seien. Zum Beweis für Süskinds »Fanatismus« lege er dessen Broschüre »Wählen oder nichtwählen?« aus dem letzten Wahlkampfe bei (allerdings war diese in mäßigem Ton abgefaßt und wohl kaum zu verwenden, denn sie schloß mit einem Gedicht Ludwig Uhlands unter der Berufung auf Gott, der die Scheidewand zwischen des Volkes Stimme und des Königs Ohr beseitigen möge).

Das Konsistorium ordnete nun eine neue Vernehmung Eduards an, der wiederum von Stuttgart heraufreisen mußte. Haas und Osiander befragten ihn über seine sonntäglichen Versammlungen in Bermaringen, Nellingen, Gerhausen und Blaubeuren, obwohl an den letzten beiden Orten die Inquirenten selber zugehört hatten. Er, Süskind, habe nur auf Bitten der Bürger gehandelt und geglaubt, seine staatsbürgerliche Pflicht erfüllen zu müssen. Gerade am Sonntag hätten »die arbeitenden Klassen« mehr Zeit, und nur ausnahmsweise, wegen Überfüllung der betreffenden Lokale, habe er im Freien geredet und dabei auf Ordnung und gutes Benehmen geachtet. Was seine Schrift angehe, müßten sie wegen einer Pressesache laut Vorschrift vor ein Gericht. Im übrigen gingen die Untersuchungvorwürfe auf einen »Urdenunzianten« aus dem Kreis der Inzipienten zurück, der anläßlich eines Privatbesuches bei Pfarrer Denk die Gerüchte in die Welt gesetzt habe. Indigniert reiste Eduard nach Stuttgart zurück und setzte ein neues Verteidigungsschreiben auf, sich auf das Gesetz vom 2. April beziehend, das allen Staatsbürgern, also auch Geistlichen, die Teilnahme an politischen Versammlungen erlaubt habe. Sein Ziel sei es gewesen, als Volksaufklärer und nicht als Demagoge zu wirken. Im übrigen verweise er auf das Zeugnis seiner Gemeinde.

Alle Akten, außer denen der Schulkonferenz und dem Wahlaufruf, wurden vom Konsistorium ans Ministerium weitergereicht. Ohne dessen Ergebnis abzu- warten, fällte es zunächst sein eigenes Urteil. Am 10. Dezember 1850 teilte es Süskind über das Dekanat mit, ihm gehe es nicht um sein staatsbürgerliches Verhalten, sondern nur um sein Benehmen als Geistlicher. Sein Ausziehen auf politische Versammlungen anderer Orte, auch sonntags, sei mit dem Beruf eines Predigers unvereinbar; dafür spreche ihm die Behörde ihr »gerechtes Mißtrauen« aus, ebenso wie für seine Nachlässigkeiten in Schulordnungssachen und im Religionsunterricht. Ernstlich zu verweisen sei auch seine körperliche Züchtigung von Schülern.

Diese »wohlmeinende Ermahnung«, wie Haas es meinte, ertrug Eduard nicht. Er verfaßte ein 20 Blatt starkes Schreiben ans Konsistorium und sandte es am 5. Januar 1851 ab. Alles, was ihm der Dekan je zum Vorwurf gemacht hatte, zählte er auf und wies es zurück. Die Spaltung seiner Gemeinde sei doch längst überwunden, die zeitweilige Zusammenlegung von Religions- und Konfirmandenunterricht im Curriculum einer Landschule begründet, wo mehrere Jahrgänge in Gruppen zusammengefaßt werden müßten; die verlangte Gesamtstundenzahl habe er weit überschritten. Durch »Histörchen« und »Sprüche« habe er auf die Jugend eingehen und nicht das Evangelium leugnen wollen. Ebenso wehrte er den Vorwurf des »Ausziehens« ab, denn er sei stets dazu gebeten worden und habe seiner staatsbürgerlichen Pflicht in schwierigen Zeiten genügt. »Der Einzige Punkt«, so faßt er zusammen, »wo ich mit meiner Verfehlung gegen die Vorschrift bewußt bin, ist der, daß ich Schulbesuche und Unterrichtszeiten nicht sofort eingetragen habe. Es soll nimmermehr geschehen.« Diese Rechtfertigung schreibe er »in Verantwortung vor Gott ..., als ein Mann von Wahrhaftigkeit, Ehre und Gewissen.«

Das Konsistorium war von dem Schreiben peinlich berührt, sandte es aber nicht ans Ministerium weiter. Ohne es ausgewertet zu haben, antwortete dieses daher am 17. Februar 1851, daß seine königliche Majestät aufgrund der bekannten politischen Richtung Süskinds und der Disziplinaruntersuchung gegen ihn es für »heilsam« halte, eine »wenn auch in ökonomischer Beziehung unnachteilige Versetzung auf einen anderen, von seinem Wohnort entfernten Platz zu erwägen.« Die Kirchenleitung erwähnte in ihrer Antwort wiederum nichts von Süskinds Rechtfertigungsschreiben. Da es ihr nicht gelungen sei, Süskind zur Besinnung zu bringen, schlage sie die Versetzung nach Altburg bei Calw vor, wo zehn Filialen mit drei Kirchen und mehreren Schulen ihn »im Kreis seiner unmittelbaren Pflichten festhalten« würden.

Eduard erfuhr nichts Genaues, saß in Suppingen, wo Laichinger Wahlmänner ihn um eine erneute Kandidatur baten und er nur ausweichend antworten konnte. Kultusminister von Wächter-Spittler sah den Zusammenhang mit den Wahlen wohl und mahnte das Konsistorium angesichts des Termins an die Versetzung, doch die Kirchenleute waren mit der Zusammenstellung der Papiere für den Vergleich Altburg-Suppingen noch nicht fertig. Als der Versetzungserlaß am 4. April 1851 endlich eintraf, war Eduard schon seit ein paar Tagen wiedergewählt. Jetzt konnte er endlich, mit dem Landtag im Rücken, sich eine öffentliche Rechtfertigung leisten.

Seine Suppinger Gemeinderäte begaben sich als erste ins Rampenlicht und schrieben am 18. April 1851 im »Beobachter«: »Wir wissen, daß er uns liebte ... Ein treuer Hirte wird seiner Herde entrissen. Er hat ... anderes verdient, und das wird ihm auch werden.« Er selbst wandte sich gleichzeitig an König Wilhelm und beschwerte sich über die angebliche Gleichwertigkeit der Stellen Altburg und Suppingen, was Arbeitsbelastung und Gemeindecharakter beträfen. In Suppingen finde er Anklang, das pietistische Altburg lehne ihn ab. Darum bitte er um seine »gnädigste Entlassung ... allerdings, mit Rücksicht auf meine Familie unter Wahrung des Rechts auf Wiederanstellung«. Dem Konsistorium teilte er mit, daß er gemäß seiner Denkweise über das freie Recht der Gemeinde sich keiner Gemeinde aufdrängen wolle.

Beide Schreiben wurden zusammen beantwortet. Bei einer Entlassung, wenn er darauf bestehe, gebe es kein Recht auf Wiederanstellung. Dennoch blieb er dabei und faßte am 25. April noch einmal seine Gründe im »Beobachter« zusammen, anschließend wandte er sich in einem »Sendschreiben« an die Altburger selbst. Seit seinem ersten Auftreten als Schriftsteller vertrete er das Recht der Gemeinden, ihre Diener selbst zu wählen. Dem Ministerium gehe es aber bei der Versetzung um Bestrafung seiner ureigensten Ansichten über Freiheit, Wahrheit und Wohlfahrt. Er halte das Christentum für eine geistige Kraft, die durch Liebe und Sanftmut der freien Entwicklung diene. Darum trete er von seinem Posten zurück. Mit Schmerz nehme er Abschied von seinem Berufe, der 20 Jahre lang seine Seele erfüllt habe. »Ich aber«, so schließt er, »bin kein Mietling, der um einer Pfarrbesoldung willen sich dem entzieht, was Gewissen und Ehre gebietet.«

Dieser Mahnbrief wurde im Lande gehört, da Synode und Konsistorium eben die Pfarrgemeinderäte eingeführt hatten, die »vor Wiederbesetzung eines geistlichen Amts« eigentlich gehört werden sollten. Außerdem war vor einem Jahr erst, am 8. Februar 1850, die Geistlichkeit ermuntert worden, sich bei politischen Fragen auch zu beteiligen. Warum nur wurden im Süskind'schen Falle diese Vorschriften glatt mißachtet? schrieb ein Laie am 29. April 1851 im »Beobachter«.

Eduard hatte nun alle Hände voll zu tun, seinen Abschied in Suppingen, den Aufzug in Stuttgart und seinen Einzug in den Ständesaal vorzubereiten. Vorher hielt er in Suppingen eine Abschiedspredigt, die er in Reutlingen drucken und im Lande verbreiten ließ. – Er predigte über Johannes 10,11–18 – den guten Hirten, der seine Herde nicht verlasse, auch wenn der Wolf sich nahe. Er sei gezwungen zu gehen, diene jetzt aber der größeren Gemeinde des Vaterlandes und der Menschheit mit denselben Gedanken wie vorher: nur christliche Liebe besiege den Widerstand gegen die »heilige Sache« der Wahrheit, daß alle Menschen ein Recht auf Bildung, Gesittung und Wohlfahrt hätten; nur so gestalte sich das Reich Gottes auf Erden. Im Stil der Zeit rief er dann aus: »So lebe wohl, du theure Kirche und Schule ...; Du aber, himmlischer Vater, verleihe, daß wir im Leiden und Vollenden und Sterben uns ewig freuen!«

Es gab einen großen Abschied, Gemeindemitglieder und Lehrer des Konferenzbezirks bewiesen ihm ihren Dank, die Begehung seiner Gärten durch das Kameralamt Blaubeuren geriet zum Lob seiner Blumenrabatten und Obstanlagen, der nachfolgende Pfarrverweser rühmte die Führung der Kirchenbücher und der Registratur, den Gemeindegesang und die Schule. Aber Stiftungsrat Nüßle, Eduards alter Feind aus der Brunnengeschichte, stellte bei der Abhör des Oberamtmanns im Herbst 1851 fest, Pfarrer Süskind habe bei seiner Abrechnung am 2. Mai 1851 26 fl 24 kr »Ersatz für Bücher und Schriften, die er schon längst auf eigene Rechnung von Buchhandlungen bezog«, verlangt und nicht für alle den Nachweis geliefert. Das Konsistorium meldete der Stadtdirektion Stuttgart, damals die oberste Polizeibehörde des Landes, den Vorfall, und Eduard stand da wie ein gewöhnlicher Dieb. Er wehrte sich durch ein Schreiben ans Konsistorium, er habe bei dem kleinen Schuletat von zehn Gulden nur so handeln können, daß er selbst den Betrag für Bücher, die der Fortbildung Schulmeister Pfänders dienten, auslegte und per Gelegenheit wieder einzog. Zur Entlastung des Etats wolle er gerne die teuerste Anschaffung, »Brockhaus Gegenwart«, auf eigene Rechnung behalten. Darauf ließ das Konsistorium die Angelegenheit fallen, mußte sich aber noch mit Dekan Haas auseinandersetzen, der »Satisfaktion« für Süskinds Artikel im »Ev. Kirchenblatt« über die Schulkonferenz 1850 verlangte. Selbst die Behörde riet ihm nun, »den alten, vergessenen Gegenstand« jetzt ruhen zu lassen, befürwortete aber Haasens Bewerbung gegen 38 Mitkandidaten um die gut dotierte Stelle in Bernstadt, da er sich gegen Pfarrer Süskind bewährt habe. Eduard versuchte hingegen, unter persönlichen Sorgen im Landtag für das Wohl des Volkes tätig zu sein.

---

1 Anmerkung des Herausgebers: Aus einem unveröffentlichen, materialreichen Manuskript sind die Kapitel hier abgedruckt, die die politische Aktivität Eduard Süskinds im Raume Blaubeuren-Laichingen-Münsingen behandeln. Die Verfasserin hat bereits eine grundlegende Biographie zu Eduard Süskind erarbeitet: *Lina Benz*, Eduard Süskind (1807–1874). Pfarrer, Volksmann, Visionär (Europäische Hochschulschriften, Reihe 3, Geschichte und ihre Hilfswissenschaften, Bd. 668), Frankfurt/Main u.a. 1995.

Lebensabriß Eduard Süskinds

17. Aug. 1807	geb. in Stuttgart als Sohn des Oberhofpredigers und Prälaten Friedrich Gottlieb Süskind
1822–1825	am Seminar Blaubeuren, Angehöriger der Geniepromotion, befreundet mit Friedrich Theodor Vischer und David Friedrich Strauß
1825–1830	Studium der Theologie am Tübinger Stift
1830–1832	Vikar in Altenstadt und Eybach
1832–1839	Pfarrer in Marktlustenau
26.7.1832	Hochzeit mit Bertha Kurz, Apothekerstochter aus Blaubeuren
1839–1851	Pfarrer in Suppingen
1848–1855	Landtagsabgeordneter und Mitglied aller drei Landesversammlungen zur Revision der Verfassung
1851	Süskind quittiert den Pfarrdienst Gründer des »Volkskalenders«, erscheint bis 1888
1852	Kauf der Weilerhöhe, ein Gut auf Markung Hohenstadt erfolgreicher Landwirt
1860	Verkauf der Weilerhöhe
1860–1873	Verwalter von Gütern in Westpreußen (Zandersdorf)
1872	Pacht von Gut Rösslsberg am Ammersee
29. Aug. 1874	Tod in Rösslsberg, bestattet in Pähl

Herbert Hummel

Karl Nüßle (1816–1892)

»Übrigens ist Nüßle ganz gut prädiziert und genießt allgemeines Vertrauen. 5 000 fl. Vermögen«, so urteilte der Blaubeurer Gemeinderat am 1. März 1850 über den weit über die Stadt hinaus bekannten Mitbürger[1]. Nüßle war ins Visier der Staatsanwaltschaft geraten, als es nach der gescheiterten Revolution abzurechnen galt. Zwar wurde gegen ihn nicht direkt ermittelt, aber er war als Zeuge im Prozeß gegen den Blaubeurer Landtagsabgeordneten und Rechtskonsulenten August Becher geladen, der während der Revolution zu den herausragenden Köpfen in Württemberg gehört hatte.

So kam Karl Nüßle zum ersten Mal auf den Hohenasperg. Dort wurden die Untersuchungen gegen die inhaftierten Revolutionäre durchgeführt, und Nüßle mußte als Zeuge aussagen. Es verwundert, wie beiläufig und interesselos die Aussagen Nüßles protokolliert wurden[2], denn Nüssle war mit Becher gut bekannt und hatte den Demokraten auf der Reutlinger Volksversammlung Ende Mai 1849 erlebt (Becher wurde vor allem wegen seiner führenden Rolle auf dieser Versammlung belangt).

Es mag sein, daß damals Nüßle als politische Randfigur gedeutet wurde, als politisierender Bierbrauer und Gastwirt. Karl Nüßle gehört aber zu den Personen, die das liberale und demokratische Erbe der Revolution von 1848/49 verteidigt und weitergegeben haben.

Selbst das ihm in vielen Wahlkämpfen entgegentretende Lokalblatt »Der Blaumann« würdigte ihn in einem Nachruf am 5. März 1892: »Blaubeuren, 4. März. Heute gelangt die Nachricht hieher, daß Herr Karl Nüßle in Nürtingen, wo er seit seinem Abzug von hie gelebt hat, gestern im Alter von 76 Jahren gestorben ist. Herr Nüßle, der von hier stammend, als langjähriger Besitzer des Gasthauses und der Bierbrauerei zum Löwen, und s. Z. als Führer der Volkspartei hier im öffentlichem Leben eine hochangesehene Stellung einnahm, der in einer Reihe von Jahren den Bezirk im Landtag vertrat, war in seiner Wirksamkeit, wenn auch

Abb. 13: Karl Nüßle (1816 – 1892)

manchmal die Gegensätze stark aufeinanderplatzten, doch eine sehr geachtete Persönlichkeit und in allen Kreisen beliebt. Die letzten Lebensjahre waren für den Hingeschiedenen eine schwere Zeit, denn seit vier Jahren war er infolge eines Schlaganfalls gelähmt. Seine vielen Freunde, die er noch im hiesigen Bezirk hat, werden seinen Hingang mit Bedauern vernehmen und ihm ein dankbares Andenken bewahren.«[3]

Fast vierzig Jahre lang setzte sich Karl Nüßle für die demokratischen Volksvereine ein; er feierte Siege, ertrug Niederlagen, war politisch jederzeit aktiv, auch im bürgerlichen und wirtschaftlichen Leben erfolgreich.

Karl Nüßle war Wirt auf dem »Löwen« in Blaubeuren. Er gehörte zu den höchstbesteuerten Bürgern der Stadt und hatte als Brauer, Wirt und Rinderzüchter eine glückliche Hand. Die relative finanzielle Unabhängigkeit gewährte ihm die Freiheit zu politischer Aktion und Engagement für die Allgemeinheit. Im Februar 1848 gründete er den Gewerbeverein mit, im April 1848 wurde er in den Gemeinderat gewählt und der Blaubeurer Bürgerwehr diente er als Leutnant. In seinem Lokal wurde der Vaterländische Verein gegründet, dessen Vorstand er angehörte. Als sich der der Vaterländische Verein spaltete und der demokratisch gesinnte Teil sich in der Volkspartei neu organisierte, war Nüßle dabei – im Ausschuß und als Delegierter. Seine Teilnahme an der Reutlinger Pfingstversammlung 1849 brachte ihm das Verhör auf dem Hohenasperg ein.

Im Jahre 1856 lernte er den Hohenasperg gründlich kennen, als er eine zehntägige Festungsstrafe absitzen mußte; angeblich soll er den Oberamtmann Osiander und andere Beamte beleidigt haben – die genauen Umstände sind nicht (mehr?) bekannt.

Für den württembergischen Landtag kandidierte Nüssle oft. Zum ersten Mal versuchte er bei der Nachwahl am 1. Oktober 1849 zu kandidieren, die notwendig geworden war, da August Becher das auf ihn gefallene Mandat nicht angenommen hatte (Becher lebte zu diesem Zeitpunkt schon im politischen Exil in der Schweiz). Karl Nüßle gab sich im Wahlkampf erhebliche Blößen, so daß er schließlich auf eine Kandidatur verzichtete.

Bei der Wahl zur 2. Verfassungsberatenden Landesversammlung am 17. Februar 1850 siegte Nüssle. Vielleicht war dies die erschrockene Reaktion evangelischer Kreise, denn bei der ersten Wahl war der katholische Pfarrer Frank von Schelklingen als Vertreter des mehrheitlich evangelisch geprägten Oberamtes Blaubeuren gewählt worden. Nach nur kurzer Zeit, am 3. Juli 1850, wurde das Landesparlament erneut aufgelöst und Neuwahlen für den 20. September ausgeschrieben. Wieder kandidierte Karl Nüßle, wieder war Stadtpfarrer Frank aus Schelklingen sein Gegner. Der Wahlkampf verlief ruhig; Nüßle gewann, bei allerdings schwacher Wahlbeteiligung, mit 782 zu 742 Stimmen.

Im April 1851 wurde erneut gewählt, nun wieder nach dem alten Wahlrecht von 1819. Der Schelklinger Stadtschultheiß Philipp Scheitenberger war Nüßles Kontrahent; mit einer Mehrheit von nur fünf Wahlmännerstimmen gewann Nüßle.

Das Oberamt Blaubeuren war mit Nüßles Wahl in den Händen der Demokraten geblieben; Blaubeuren konnte sogar als Hochburg gelten. Das erklärt, daß bei der Wahl 1855 wieder der altbekannte, zwar im Prozeß freigesprochene, aber doch als radikaler Demokrat bekannte August Becher antrat. Nüßle unterstützte den alten politischen Freund. Becher verlor jedoch gegen den Markbronner Schultheißen Franz Anton Knupfer (1805–1874).

Möglicherweise hätte der volkstümliche Nüßle anstelle des städtischen Advokaten Becher die Wahl im Sinne der Volkspartei entscheiden können. Vor allem der ländlichen Bevölkerung stand der Sinn nicht nach radikalen Schritten, sondern nach Konsolidierung des bislang Erreichten, denn der Ablöseprozeß war auch in besten Gang gekommen. Gegen Becher waren in der ländlichen Bevölkerung Vorbehalte wegen seiner radikaldemokratischen Gesinnung zu spüren, die dem Markbronner Schultheißen Knupfer zum Sieg verhalfen. Auch in diesem Wahlkampf stand Karl Nüßle entschieden an der Seite August Bechers[4].

1862 kandidierte Ferdinand Steinbeis (1807 – 1893) in Blaubeuren. Diese Kandidatur kam gewiß nicht von ungefähr, denn der demokratischen Ecke im Oberamt Blaubeuren sollte der Garaus gemacht werden. Karl Nüßle trat nun gegen den übermächtigen Stuttgarter Präsidenten der Zentralstelle für Gewerbe und Handel an – und verlor prompt.

Es spricht für Nüssles Charakter, daß er keinesfalls resignierte. Mit Genugtuung wird er seine erneute Wahl in den Stuttgarter Landtag 1868 gesehen haben, die er gegen einen

Stuttgarter Regierungsrat, der in Blaubeuren so gut wie unbekannt war, zu bestreiten hatte. Nüssle gewann die Wahl überzeugend mit 1748 zu 731 Stimmen, obwohl das Amtsblatt für das Oberamt Blaubeuren – »Der Blaumann« – entschieden Partei für den Kandidaten der Regierung ergriffen hatte. Mit dem Redakteur Wilhelm Lubrecht hatte vor Jahren Karl Nüßle energisch abgerechnet. Lubrecht war 1848 bis 1850 für die demokratische Bewegung eingetreten, dann aber umgeschwenkt, um seine bürgerliche Existenz als Herausgeber des Oberamtsblattes nicht zu gefährden. Im Wahlkampf stellte Lubrecht sein Blatt voll dem Kandidaten der Regierung zur Verfügung[5].

Gewiß hat sich Nüßle über seinen Wahlsieg gefreut. Mehr jedoch dürfte ihn gefreut haben, daß in manchen Albdörfern die Wähler demonstrativ mit Haselnußzweigen an den Hüten zur Wahl schritten, um so ihre Verbundenheit mit ihm zu zeigen.

Auffallend ist, daß sich der »Blaumann« so gut wie nie über Nüßles Tätigkeit in der Stuttgarter Zweiten Kammer äußerte – es sei denn negativ: »Im Laufe dieser Debatte sucht der Abgeordnete von Blaubeuren die Wirthe in Schutz zu nehmen, und bemerkt, daß er sich vorgenommen habe, auf die Verdächtigungen und Verläumdungen, welche der Abg. Mohl den Wirthen im Allgemeinen entgegengeschleudert habe, zu schweigen; da aber vom Ministertische ähnliche Complimente gefallen seien, so müsse er denselben entgegentreten, worauf Mohl entgegnet, daß die Aeußerung des Abg. Nüßle einen Ordnungsruf verdienen würde, daß er aber zu dessen Gunsten annehmen wolle, er habe nicht gewußt, was er sage.«

Karl Nüßle war freilich kein großer Redner. Aber allein die treue Anhänglichkeit, die ihm die Wähler des Bezirkes entgegenbrachten, weist ihn als einen Volksmann im wahren Sinne des Wortes aus. Als Land- und Gastwirt, als Viehzüchter kannte er die alltäglichen Sorgen und Nöte der Landbevölkerung. So galten seine Beiträge im Stuttgarter Halbmondsaal den damals aktuellen Fragen der Hagelversicherung, der Ablösung und der noch nicht erfaßten Gefälle. Nationale oder gar Weltpolitik schätzte er dennoch nicht gering, aber die praxisorientierte Arbeit im Interesse seiner Wähler hatte für ihn absoluten Vorrang.

Dennoch stellte sich die nationale Frage auch für ihn, als im Sommer 1870 das württembergischen Parlament über die Einigung Deutschlands zu diskutieren und zu entschließen hatte. Nüßle entschied sich für die Reichseinheit. Sein alter Gegner, Wilhelm Lubrecht, schrieb: »Die hie und da laut werdenden Zweifel über die wahre Gesinnung unseres Abgeordneten in der Jedermann tiefbewegten nationalen Kriegsgefahr veranlassen mich, unaufgefordert mitzutheilen, was ich aus dessen Munde vernommen habe. Herr Nüßle, der heute nach Stuttgart abgereist ist, sprach sich, als die maßlosen Forderungen Frankreichs an Preußen bekannt wurden, in dem Sinne aus, daß er den muthwillig hervorgerufenen Krieg für einen nationalen halte und ein Zusammengehen Württembergs mit den norddeutschen Brüdern gegen Frankreich für gegeben und geboten erachte.«[6]

Und in der Tat, Karl Nüßle stimmte für die finanziellen Aufwendungen, die Württemberg im Deutsch-Französischen Krieg zu erbringen hatte. Streitigkeiten blieben dennoch nicht aus[7]. Nüßle wurde seine frühere antipreußische Einstellung vorgehalten. Diesem Vorwurf konnte er sich nicht entziehen. Für ihn und die Volkspartei allgemein bedeutete die deutsche Einheit insofern eine Katastrophe, weil sie, die stets streng antipreußisch gestimmt waren, der deutschen Einheit unter preußischer Führung zustimmen mußten – dies gewiß nicht allein unter dem Druck der Verhältnisse, sondern aus ehrlich begeisterten nationalen Herzen.

Freilich reagierten die Wähler anders. Die demokratische Volkspartei wurde in den folgenden Wahlen kräftig abgestraft. Nüßle war ein Kandidat, der dies am eigenen Leib erfahren sollte. Zur Landtagsneuwahl 1870 hatte er bereits seinen Verzicht erkärt, ließ sich dennoch zur Kandidatur bewegen, verlor prompt gegen den Blaubeurer Stadtschultheißen Friedrich Auch, dem er einst einen würdigen Empfang in der Stadt organisiert hatte. Auch diesmal war der »Blaumann« kategorischer Gegner Nüßles[8]. Die Agitation gegen ihn war erfolgreich, denn jedermann im Oberamt wußte, daß vor wenigen Jahren noch Nüßle ein entschiedener Gegner einer nationalen Einigung unter preußischen Vorzeichen war.

Noch zweimal kandidierte der bereits 1873 nach Nürtingen gezogene Nüssle für die Volkspartei im Oberamt Blaubeuren: 1876 verlor er gegen den württembergischen Innenminister Heinrich von Sick, 1881 gegen den Seißer Schultheißen Johannes Pfetsch.

Es ist anzunehmen, daß Nüßle sehr wohl wußte, daß seine Chancen recht schlecht waren, aber er hielt der demokratischen Volkspartei die Treue. Und so trug er, auch wenn er persönlich erfolglos blieb, zum Wiederaufstieg der liberalen Demokraten in Württemberg bei, die nach 1871 und in den folgenden Jahren schwere Niederlagen hinnehmen mußten.

Sein Bekentnis zur demokratischen Sache war bestimmt, was er öffentlich deutlich demonstrierte. Nachdem Nüßle 1864 den »Löwen« verkauft hatte, erbaute er sich eine neue Gastwirtschaft in der Klosterstraße, die er 1867 »Zur Schweiz« nannte. Diese Namenswahl war bezeichnend, denn die Schweiz galt als das Land der Freiheit und Demokratie. Seinem alten Widersacher – dem »Blaumann« – war dies Anlaß zum Sticheln: »Letzten Mittwoch hat eine ziemliche Anzahl katholischer Geistlicher aus der Umgebung einen Ausflug hierher gemacht. Die Herren kamen mit dem 10 Uhr Zug von Ulm an und stiegen bei ihrem politischen Gesinnungsgenossen, Herrn K. Nüßle zur Schweiz ab, dessen Küche und Keller ihnen gewiß nichts zu wünschen übrig ließ.«[9]

Mehrfach wurde er in den Gemeinderat der Stadt gewählt. Er war Gründungsmitglied des Arbeiterbildungsvereins und gehörte zum Vorstand des ländlichen Albvereins[10], eines Zusammenschlusses von Landwirten, der sich in selbstorganisierter Weise um Weiterbildung und um Bezug von Saatgut, kurz, um alle Belange der Landwirtschaft mit Erfolg kümmerte. Als sich in Blaubeuren ein »Verschönerungsverein« gründete, wurde er – wie selbstverständlich – zum Vorstand gewählt.

Als Nüßle sich 1873 von Blaubeuren verabschiedete, erwähnte er, an die Stadtbewohner gerichtet, die erfahrene, oft schmerzende unfaire Behandlung: »Ich mußte aber auf der andern Seite viele Kränkungen und viel Bitteres erfahren, doch möge dies Alles in das Meer der Vergangenheit versenkt seyn und bleiben,« und schloß dennoch mit einem versöhnlichen Abschiedsgruß: »Indem ich schließlich die aufrichtige Bitte an alle meine Mitbürger, – an Freunde und Gegner, – in Stadt und Amt Blaubeuren richte, auch ihrerseits alles, womit ich mich – wissend oder unwissend – etwa gegen sie verfehlt haben sollte, zu vergeben und zu vergessen, rufe ich ihnen ein herzliches Lebewohl! zu, mit dem Ersuchen, mich und die lieben Meinen im guten Andenken zu behalten.«[11]

1 *STAL*, E 320, Bü 43, Nr. 100.
2 *STAL*, E 320, Bü 40, Fragen 5866–5894.
3 *Blaumann*, Nr. 26 v. 5.3.1892.
4 *Blaumann*, Nr. 97 v. 11.12.1855.
5 *Blaumann*, Nrn. 39 v. 12.5. und 57 v. 14.7.1868.
6 *Blaumann*, Nr. 58 v. 22.7.1870.
7 *Blaumann*, Nr. 87 v. 28.10.1870.
8 *Blaumann*, Sommer 1870 passim.
9 *Blaumann*, Nr. 78 v. 25.9.1868.
10 Vgl. *Herbert Hummel*, Vom ersten Albverein, in: BlSAV 94, 1988, S. 107.
11 *Blaumann*, Nr. 110 v. 23. 9.1873.

Jörg Martin

Johann Georg Zürn (1793–1864)

Johann Georg Zürn war kein Revolutionär. Aber er war ein politisch interessierter Bürger seiner Stadt, der mit Neugierde und großen Hoffnungen die Revolution verfolgte, bis sie ihn eines Tages unversehens überrollte.

Johann Georg Zürn wurde 1793 in Untermarchtal geboren. Aus der Zeit vor seinem Zuzug nach Munderkingen ist kaum mehr bekannt, als daß er acht Jahre bei den württembergischen Landjägern diente. Erst danach, 1829, – Zürn war nunmehr schon 36 Jahre alt – scheint er finanziell in der Lage gewesen zu sein, einen Hausstand zu gründen. Dabei machte er allerdings mit der Witwe des Kronenwirts Braunger von Munderkingen eine glänzende Partie, wenn auch die Braungerin ihm bereits fünf Kinder in die Ehe mitbrachte. Als Wirt auf der Munderkinger Kronenwirtschaft fand er schnell Anschluß in der Stadt und wurde bereits kurze Zeit nach seiner Heirat in den städtischen Bürgerausschuß (ein besonderes Parallelorgan zum Gemeinderat) gewählt. Dort brachte man ihm soviel Vertrauen entgegen, daß er sogleich Obmann des Bürgerausschusses wurde. Dieses Amt bekleidete er mit den gesetzlich vorgeschriebenen Rotationslücken bis 1848. Bemerkenswerterweise ließ sich Zürn jedoch nie in den Gemeinderat wählen – vielleicht, weil er die mit diesem Amt verbundene lebenslängliche Mandatsdauer im Gemeinderat, die von den zeitgenössischen Liberalen scharf bekämpft wurde, ablehnte?

Im Bürgerausschuß dagegen setzte er sich eifrig für die städtischen Belange ein. Er hatte sich neben seinem Geschäft ein bemerkenswertes Wissen in Verwaltungsdingen angeeignet, wie seine kompetenten Stellungnahmen als Obmann des Bürgerausschusses zu den kommunalen Angelegenheiten, insbesondere zum städtischen Haushaltsplan, beweisen[1]. Überhaupt strebte Zürn nach Bildung und hatte auch an dem Studium der Geschichte Freude[2].

Als im März 1848 die Kunde von der Revolution nach Munderkingen kam, war Zürn begeistert. Er beteiligte sich maßgeblich an der Bildung einer »Bürgerkommission«, der es noch im März gelang, die ungeliebten »lebenslänglichen« Gemeinderäte zum Rücktritt zu bewegen[3]. Am 25. März – dem berühmten »Franzosensamstag« – veranstaltete die Bürgerkommission eine Bürgerversammlung auf dem Rathaus, bei der Zürn als Vorstand der Kommission eine große Rede hielt[4]. In dieser erklärte er mit wenigen Worten einleitend den Anschluß der Bürgerkommission an die überall im Land verbreiteten Märzforderungen. Dann aber ging er – ein Zugeständnis an seine Zuhörer und Wähler? – ausführlich auf lokale Mißstände ein, deren Beseitigung er von der Staatsregierung wie von den städtischen Behörden erhoffte. Vordringlich erschien ihm die Bekämpfung der Armut. Dazu drängte er auf eine Verwirklichung der von ihm seit Jahren im Bürgerausschuß immer wieder angemahnten Vorschläge, als da waren Einsparungen im städtischen Haushalt, vor allem bei den Personalkosten, Erhöhung der Mittel für die Armenfürsorge, Vergabe öffentlicher Arbeiten an Arme, Aufteilung der Allmenden und Einrichtung eines Armenvereins. Alle diese Vorschläge zeigen, daß Zürn die landesweiten politischen Diskussionen der letzten Jahre verfolgt hatte und ihre Ergebnisse auf die Munderkinger Verhältnisse anzuwenden wußte.

Schließlich benannte er wiederholt die Mittel, mit denen er diese Ziele zu erreichen gedachte: »Ordnung, Vertrauen und Eintracht!« Alles sollte also auf gesetzmäßigem Wege bewirkt werden – in der »Ordnung«. Außerdem hatte er die Hoffnung, daß die Kommission die eigenen Ziele nur würde richtig erklären müssen, um alle anderen davon zu überzeugen – in »Vertrauen und Eintracht«. In Zirns Augen war also bislang nur ein Teil der Munderkinger über diese als richtig erkannten Ziele aufgeklärt und hatte sie sich zu eigen gemacht. Zu diesem Teil zählte er sich natürlich selbst. Dies hatte für ihn aber die Folge, daß er sich nicht mehr als Vertreter der gesamten Bürgerschaft verstehen konnte, und veranlaßte ihn, sein Mandat als Bürgerausschußobmann niederzulegen[5]. Dies war ganz im Sinne der liberalen Ideologie der Zeit: Partei und Mandat schlossen sich aus.

Von der Munderkinger Bürgerkommission wissen wir ansonsten nur wenig. Jedenfalls erreichte sie im revolutionären Schwung der Märztage den bereits oben erwähnten Rücktritt der Gemeinderäte mit lebenslänglichem Man-

> Hohenasberg. Unter Beziehung auf den in Nr. 169 dieses Blattes erlassenen Steckbrief gegen Dr. Lenz von Tettnang, Rechtskonsulent Zeller von Calw und Kronenwirth Zürn von Munderkingen, Oberamts Ehingen, wird hiemit das Signalement dieser Flüchtlinge nachgetragen, und zwar:
>
> 1) Des Dr. Lenz: Alter 41 Jahre, Größe 6' 6'', Statur stark beleibt, Haare dunkelbraun, Augen blaue, Gesichtsform proportionirt, Gesichtsfarbe gesund, Bart schwach; seine Kleidung kann nicht angegeben werden.
>
> 2) Des Rechtskonsulenten Zeller: Alter 27 Jahre, Größe 5' 7'', Statur hager, Gesichtsform länglich, Gesichtsfarbe blaß, Haare braun, Augen grau, Nase spizig, Mund gewöhnlich, Wangen eingefallen, Kinn spizig, Zähne gut, Beine gerade, trägt einen starken unter dem Kinn zusammenlaufenden braunen Backenbart.
>
> 3) Des Kronenwirths Zürn: Alter 56 Jahre, Größe 6' 2'', Statur schlank, Gesichtsform länglich, Gesichtsfarbe bleich, Haare grau, Stirne rund, Augbraunen braun, Augen gräulich, Nase proportionirt, Mund gewöhnlich, Wangen eingefallen, Kinn rund, Beine gerade; bei seiner Entweichung bestand seine Kleidung in einer grauen Jacke, grauen Sommerhosen, einem Strohhut und Schuhen. Den 19 Juli 1849.
> Der Untersuchungsrichter:
> Ger.Akt. Wullen.

Abb. 14: Steckbrief für den Kronenwirt Zürn aus dem »Schwäbischen Merkur« vom 21. Juli 1849

dat[6]. Möglicherweise war sie es auch, die zum sehr aktiven Wahlkampf der Munderkinger für die Wahlen zur Nationalversammlung beitrug. Dazu wurde unter anderem eine Bürgerversammlung abgehalten und nach der Wahl der Abgeordneten (Gfrörer und Oehler) diese in Munderkingen feierlich begrüßt[7]. Schließlich scheint aus der Bürgerkommission der Munderkinger Volksverein hervorgegangen zu sein, dessen Gründungsdatum aber unbekannt ist. Zürn wurde Mitglied in dem Verein, nahm jedoch keine Ämter mehr an. Der Sache des Vereins stand er jedoch nach wie vor nahe. Dies bewog ihn ein Jahr später, an Pfingsten 1849, sich mit einigen anderen Munderkingern – dem jungen Müller Mohn, Schullehrer Norbert Wolf, Zirns Stiefsohn Kaufmann Braunger, Konditor Doll, Wagner Burger und Silberarbeiter Melber – zur Fahrt zur großen Reutlinger Volksversammlung zu entschließen. Dort wollten die württembergischen Volksvereine über das weitere Schicksal der württembergischen Revolution beraten, insbesondere darüber, ob sich die Württemberger dem badischen Aufstand anschließen sollten.

Als die Munderkinger nach zwölfstündiger Kutschfahrt am Pfingstmontagmorgen in Reutlingen ankamen, erfuhren sie, daß für jedes Oberamt ein Mitglied zu einer sogenannten »Wehrversammlung« zu stellen sei. Kurzerhand meldete der Vorstand des Munderkinger Volksvereins, Schullehrer Wolf, Zürn für das Oberamt Ehingen zu dieser Versammlung an; dieser sei ein »alter Militär und passe zum Wehrausschuß deshalb am besten«[8]. Zürn jedoch fühlte sich in dieser Versammlung, der er den ganzen Vormittag anwohnte, ziemlich unwohl, denn er mußte erkennen, daß es um die Frage einer gewaltsamen Fortführung der Revolution ging. Dazu aber war er, der sich ja 1848 ausdrücklich für ein gesetzmäßiges Vorgehen ausgesprochen hatte, immer noch nicht zu haben. So mochte er mit Erleichterung den in der uneinigen Versammlung vorgebrachten Kompromißvorschlag aufgegriffen haben, der vorsah, eine Deputation der 64 württembergischen Oberämter nach Stuttgart zu senden. Diese sollte die Regierung zum Anschluß an den badischen Aufstand auffordern, also einen rechtmäßigen Regierungsbeschluß zum Anschluß Württembergs an die badische Revolution erreichen. Jedes Oberamt stellte einen Abgeordneten zu der Deputation, für das Oberamt Ehingen nahm Zürn an ihr teil. Das Vorhaben der Deputation mißlang bekanntlich zur Gänze. Die gescheiterte Deputation zerfiel auf der Stelle, die Mitglieder reisten nach Hause. Auf der Rückfahrt von Stuttgart machte Zürn noch in Ehingen Halt, wo er zufällig den Ehinger Volksvereinsvorsitzenden, Präzeptor Feyl, traf und diesem von der Versammlung berichtete. Am folgenden Sonntag hielt der Munderkinger Volksverein eine öffentliche Versammlung im »Felber« ab, bei der Zürn über seine Reise als Deputationsmitglied berichtete. Den mittlerweile in den Zeitungen erschienenen Berichten konnte er wenig mehr hinzufügen. Angesichts der maßlosen Anschuldigungen und Verleumdungen, die in der Presse gegen die Reutlinger Versammlung betrieben wurden, müssen es die Munderkinger mit der Angst zu tun bekommen haben. Die Versammlung im »Felber« an jenem Frühsommerabend wurde zur letzten des Munderkinger Volksvereins[9].

Zürn kam bald darauf zu Ohren, daß alle Teilnehmer an der sogenannten »Wehrversammlung« und an der Deputation der Oberämter wegen des Verdachts des Hochverrats verhaftet und auf den Hohenasperg eingeliefert werden sollten. In dieser Lage entschloß er sich zur Flucht. So war er, als am 30. Juni 1849 tatsächlich der Ehinger Stationskommandant Maurer zur Verhaftung Zirns nach Munderkingen kam, bereits über alle Berge. Die Flucht Zirns hatte sich in Munderkingen schnell herumgesprochen. Um Maurer, der in Munderkingen in mehreren Häusern nach Zürn suchte, bildete sich eine mißmutige Menschenmenge. Die Situation drohte zu eskalieren, Maurer zückte bereits seinen Säbel. Einigen besonnenen Munderkingern gelang es jedoch, die Lage zu entschärfen und Maurer aus der Menge freizumachen. Noch am Abend des gleichen Tages versammelte sich der Munderkinger Gemeinderat zu einer Dringlichkeitssitzung, um das vorgesetzte Oberamt Ehingen von der Harmlosigkeit des Vorfalls zu überzeugen. Die Furcht vor einem zweiten Riedlingen, vor einer Besetzung Munderkingens durch Militär, steckte allen in den Knochen[10].

Zürn floh wie viele andere Württemberger in die Schweiz, und zwar in den nahegelegenen Kanton St. Gallen[11]. Leider wissen wir nichts Näheres über seinen Aufenthalt dort. Offenbar konnte er aber mit seiner Munderkinger Familie Kontakt halten und die weitere Entwicklung in Württemberg verfolgen. Mochte ihn der Ende Juli gegen ihn erlassene Steckbrief nochmals schrecken, so entschloß er sich wohl spätestens im September 1849, sich den Behörden zu stellen. Vermutlich wurde er bereits an der Grenze verhaftet und auf den Hohenasperg geliefert, wo er am 4. November ankam[12]. In dem völlig überfüllten Gefängnis konnte er erst am 20. November zu seiner Beteiligung an der Reutlinger Volksversammlung verhört werden. Vierzehn Tage später folgte ein zweites Verhör. Beide Verhöre dürften dazu geeignet gewesen sein, den Untersuchungsrichter davon zu überzeugen, daß Zürn, wie auch die übrigen Mitglieder der Reutlinger »Wehrversammlung« und der Deputation, einem bewaffneten Aufstand in Württemberg ablehnend gegenüberstanden. Der Vorwurf des Hochverrats mußte fallengelassen werden. Vorsichtshalber wurde Zürn jedoch nochmals 14 Tage festgehalten, bis er am 18. Dezember 1849 gegen Zahlung einer Kaution nach Munderkingen entlassen wurde. Wenig später wurde im Zuge der landesweiten Amnestie von 1850 das Strafverfahren gegen ihn eingestellt.

Die Verhöre Zirns sind ein interessantes Zeugnis für die Wahrnehmung der Vorgänge in Reutlingen durch einen Durchschnittsbürger. Zürn und seine in diesem Zusammenhang zusätzlich verhörten Munderkinger Mitreisenden erklärten übereinstimmend, daß man nur »aus purer Neugierde« nach Reutlingen gereist sei, und weil man »noch nie bey so etwas gewesen war« (Aussage von Lehrer Wolf)[13]. Im Gesamtzusammenhang des Mammutprozesses um die Reutlinger Versammlung erwecken diese Aussagen nicht den Anschein von Ausflüchten. Keiner der Munderkinger wußte genau anzugeben, was in Reutlingen überhaupt verhandelt worden war. Dafür wird uns die Atmosphäre der Versammlung anschaulich geschildert: die Hitze des Pfingstwochenendes, der Lärm und der Gestank im Gedränge der vielen tausend Menschen in den Straßen von Reutlingen, die ungenügende Organisation, schließlich die vielen erregten Reden, die von der großen Menge schon akustisch kaum verstanden wurden, geschweige, daß man dem Gedankengang der Redner folgte.

Wir wissen nicht, wie Zürn über seine Erlebnisse im Jahr 1849 dachte. Seinem kommunalpolitischen Engagement taten sie jedenfalls keinen Abbruch, denn im Juli 1850 wird er wieder Obmann des Munderkinger Bürgerausschusses. Die Revolution hatte ihn geschüttelt, aber nicht gebrochen.

1 *StAM*, Bd. 31, Protokolle des Bürgerausschusses..
2 Vgl. die Bücherliste in der anläßlich seines Todes erstellten Realteilung: *StAM*, Bd. 218/37, Nr. 83.
3 *StAM*, Bd. 207/17 Schultheißenamtsprotokoll v. 12.5.1848.

4 Vollständig abgedruckt in der Beilage zum *AlwBl,* Nr. v. 4.4.1848.
5 Dazu auch *StAM*, Bd. 33/10, Bekanntgabe von Zirns Rücktritt.
6 *AlwBl,* v. 28.3.1848; vgl. auch *StAM*, Bd. 207/17, Verhandlung des Schultheißenamts v. 12.5.1848.
7 *AlwBl* Nr. 41 v. 30.5.1848.
8 *STAL*, E 320, Bü 40, Fragen 5145 – 5160 an Wolf.
9 *STAL*, E 320, Bü 21, Bü 39 – 40, Fragen 4508 – 4527 und 5306 – 5332 an Zürn.
10 *StAM*, Bd. 29/25, Protokoll des Gemeinderats v. 30.6.1849; Haftbefehl in *STAL*, E 320, Bü 41, Spezialfasz. 26.
11 *HSTAS*, E 146/2, Bü 1947; s. auch den Steckbrief in *SchM,* Nr. 174 v. 21.7.1849.
12 *STAL*, E 320, Bü 4.
13 *STAL*, E 320, Bü 21.

Herbert Hummel

Blaubeurer Seminaristen in der Revolution 1848/49

Eine herausragende Stellung nicht nur in der württembergischen, sondern auch in der deutschen Schul- und Bildungsgeschichte nehmen die theologischen Lehranstalten des Landes ein. Durch Herzog Christoph 1556 gegründet, stellten sie dem Lande nicht allein zahllose Pfarrer zur Verfügung, auch wurde ein Großteil der geistigen Elite des Landes durch diese Institute gebildet.

1817 wurden die bisherigen Klosterschulen in Evangelisch-Theologische Seminare umgewandelt und grundlegend reformiert. Gerade die ersten Promotionen zeitigten – beflügelt vom Elan der Neugründung – Begabungen auf allen Gebieten. Wissen und Bildung klären auf – deshalb darf nicht wundern, daß gerade unter den Absolventen der Eliteschulen Skepsis am Anspruch und Kritik am Gebaren und Verhalten der vormärzlichen Adelsherrschaft geweckt wurden. In Württemberg war die Arroganz des Adels nicht so ausgeprägt wie anderswo; König Wilhelm I. war ein wohlwollender, tüchtiger Regent – dennoch, die geistige Elite das Landes fühlte sich angesprochen und in die Pflicht genommen, als im März 1848 die nationale und demokratische Sehnsucht der Deutschen Erfüllung zu finden versprach[1].

»Ich befehle Euch beiden im Namen des Vaterlandes, daß Ihr sowohl alle Blasiertheit, als auch alle Skrupel und falsche Bescheidenheit abwerft und Eurer Pflicht gehorcht, Euch um Abgeordnetenstellen umzutun. ... Tut ihr's nicht, so seid ihr Sauseckel!«[2] So schrieb Friedrich Theodor Vischer in seiner bekannten burschikosen Art an die Freunde, mit denen er zusammen vier Jahre lang in Blaubeuren (und später im Tübinger Stift) eng vertraut war. Die Geniepromotion, mit der er von 1821 bis 1825 im Seminar weilte, folgte dem Aufruf, denn sie stellte eine ganze Reihe von Parlamentariern auf Reichsebene wie auch für den württembergischen Landtag. Vischer (1807–1887) selbst wurde für Reutlingen in die Paulskirche gewählt, dort traf er seinen Kompromotionalen Wilhelm Zimmermann (1807–1878), der für Schwäbisch Hall im ersten gesamtdeutschen Parlament saß. In Frankfurt begegnete ihm auch der vom Tübinger Stift her wohlbekannte Friedrich Gfrörer (1803–1861), der im Blaubeurer Seminar vier Jahre vor Vischer den Konkurs (= das Abitur) als Primus des Jahrgangs bestand. Gfrörer vertrat den Wahlkreis Ehingen-Münsingen. Zu einem weiteren Abgeordneten dürfte Kontakt bestanden haben, nämlich zum Hamburger Professor Christian Friedrich Wurm (1803–1859). Wurm, aus der bekannten Theologenfamilie stammend und dessen Vater Professor an der Klosterschule war, kam in Blaubeuren zur Welt. Wurm vertrat den Wahlbezirk Esslingen in der Nationalversammlung in der Frankfurter Paulskirche.

Bestimmt erinnerten sie sich bei allfälligen Treffen ihrer Blaubeurer Vergangenheit – politisch gehörten sie verschiedenen Lagern an. Gfrörer, obwohl Protestant, war ultramontan, d. h. er vertrat die Interessen der katholischen Kirche (später konvertierte er zum Katholizismus), Vischer gehörte zur Westendhall, der rationellen, der »vernünftigen« Linken, ironisch »die Linken im Frack« genannt. Wurm gehörte zum Württemberger Hof, später Augsburger Hof, einer Parteiung der bürgerlichen Mitte. Wilhelm Zimmermann wurde zur »äußersten Linken«, zur Gruppe Donnersberg, gerechnet.

Weitere Angehörige der Geniepromotion kandidierten, waren jedoch unterlegen. David Friedrich Strauß, der umstrittene und fanatisch befehdete Theologe, unterlag seinem pietistischen Gegner Christoph Hoffmann (1815 bis 1885) im Wahlkreis Ludwigsburg. Eduard Süskind trat im Wahlbezirk Ehingen-Münsingen vergeblich gegen Friedrich Gförer an. Christian Märklin (1807–1849) unterlag in Heilbronn und Gustav Pfizer (1807–1890) in Nagold. Immerhin bewarben sich sechs Angehörige der Blaubeurer Geniepromotion für die Paulskirche, nur zwei erreichten das Ziel. Die anderen blieben der demokratischen Bewegung erhalten: Eduard Süskind, bekannt als streitbarer Demokrat, gehörte ebenso dem Landtag an wie Gustav Pfizer, der die Stadt Stuttgart auch in den verfassungrevidierenden Landesversammlungen vertrat. David Friedrich Strauß wurde für das Oberamt Ludwigsburg gewählt, allerdings resignierte er bald. Gustav Binder (1807–1885) repräsentierte das Oberamt Heidenheim und Christian Märklin (1807–1849) saß für Heilbronn im Halbmondsaal in Stuttgart.

Abb. 15: Friedrich Theodor Vischer (1807 – 1887)

Ein entschiedener Gegner des demokratischen Aufbruches drückte mit den vorstehend Genannten die Schulbank im Blaubeurer Seminar: Heinrich Elsner (1806 – 1858), Redakteur der »Ulmer Kronik«, des konservativ-reaktionären Blattes im Lande.

Auch einfache Geistliche engagierten sich für die nationale Demokratie. Vorgestellt sei Johann Michael Elsenhans (1803–1882), Blaubeurer Seminarist, der als Pfarrer von Klosterreichenbach eng mit dem badischen Aufstand verbunden war, wurde 1853 seines Amtes enthoben. Er mußte froh sein, daß ihm 1856 mit der Pfarrei Niederhofen bei Brackenheim wieder ein, wenn auch schlechter besoldetes, Amt gewährt wurde. Sein Bruder, Ernst Elsenhans, der in der von Preußen eingeschlossenen Festung Rastatt den »Festungsboten« herausgab, war der erste Revolutionär und der einzige Württemberger, der von den Standgerichten zum Tode verurteilt und erschossen wurde

Wie aus den Geburtsdaten zu ersehen ist, waren die bisher vorgestellten Personen im besten Mannesalter, als sie sich für die nationale und demokratische Sache engagierten. Lag es an ihrem Alter oder am ausbleibenden Erfolg, daß sie nach anfänglicher Begeisterung für die revolutionäre Erhebung doch nach und nach resignierten oder in konservativ-konstitutionellen Bahnen zurückkehrten? Charakteristisch dafür ist die Formulierung, mit der David Friedrich Strauß sein Mandat niederlegte. Er wandte sich gegen die demokratische Mehrheit in der Kammer und nannte sie »eine Richtung, welche ohne Hemmschuh den Abhang hinunter jagen möchte, in der erklärten Absicht, den alten Staatswagen umzuwerfen und zu zertrümmern, möge es dabei den Passagieren dabei gehen wie es wolle, einer Richtung, die mit knabenhaftem Muthwillen über jedes Loch jubelte, das ihr in den bisherigen Rechtsboden zu stoßen gelungen war, ohne zu bedenken, auf welchem Boden denn als den des Rechts und der Achtung vor dem Recht ein künftiger Staat begründet werden soll.«[3]

Die jüngere Generation dachte anders, radikaler, und etliche waren bereit, mit der Waffe in der Hand für die demokratische Idee zu kämpfen, auch wenn ihnen dieses Engagement berufliche Aussichten im Lande, gar als Pfarrer verstellte. Als der dritte badische Aufstand im Frühsommer 1849 von preußischen Truppen niedergeschlagen zu werden drohte, hielten es einige Tübinger Stiftler nicht in den Hörsälen aus, sie entwichen und zogen als Freischärler aus, die badische Freiheit zu verteidigen. Darunter waren als Blaubeurer Seminaristen:

Adolf Bacmeister (1827–1873)[4], im Seminar von 1841 bis 1845, begrüßte als Stiftler den nationalen und demokratischen Aufbruch von 1848. Er entwich dem Stift im Frühjahr

1848 und glaubte, mit Waffengewalt die nationale Demokratie in Baden erkämpfen zu müssen. Er gehörte zur Deutschen Demokratischen Legion des Georg Friedrich Herwegh (1817–1875), der mit der Legion im April 1848 das Heckersche Unternehmen unterstützen wollte. Bei Dossenbach in der Nähe von Säckingen scheiterte dieser Versuch recht kläglich an württembergischen Truppen. Bacmeister geriet in Gefangenschaft, wurde im gerade fertiggestellten Zuchthaus Bruchsal als einer der ersten Gefangenen inhaftiert und dann an Württemberg ausgeliefert. Auch er lernte den Hohenasperg kennen. Mit einer Anstellung im Pfarrdienst war es nun vorbei. Bacmeister mußte froh sein, daß er – Jahre danach – als Gymnasiallehrer beschäftigt wurde. Später wurde er Journalist. Seinen demokratischen Idealen blieb er treu, allerdings begrüßte er die nationale Einigung von 1870/71 begeistert.

Bacmeister war mit einem weiteren Kämpfer, mit Wilhelm Rapp (1827–1907)[4], aus Seminar und Stift wohl bekannt. Rapp gehörte zu den 30 Freischärlern, die im Jahre 1849 nach der Reutlinger Pfingstversammlung nach Baden aufbrachen, um die badische Republik gegen die Preußen zu verteidigen. Bis sie ankamen, war die badische Sache verloren. Wilhelm Rapp rettete sich in die Schweiz, wurde aber bei einem Besuch im elterlichen Trossingen verhaftet und auf den Hohenasperg eingeliefert. Im folgenden Hochverratsprozeß wurde er freigesprochen. Es sieht aber so aus, daß er sich verpflichten mußte, die Heimat zu verlassen. Die Vereinigten Staaten – die Zufluchtsstätte vieler europäischer Demokraten – war auch sein Ziel. Als Journalist setzte er sich besonders für die Deutschen in den USA ein, daneben war er ein Anwalt deutscher Kultur in Nordamerika; so ist das Denkmal für Friedrich Schiller in Chicago seinem Engagement zu verdanken. Auch er bekannte sich zur nationalen Einigung von 1870/71, denn er fühlte sich dem alten Vaterland aufs tiefste verbunden. Im Alter besuchte Wilhelm Rapp Deutschland, auch nach Blaubeuren kam er.

Wie verhielten sich während der Märztage 1848 die Seminaristen in Blaubeuren? So wie sich ihre Lehrer, an der Spitze Ephorus Wilhelm Gottlieb Bohnenberger und Professor Karl Friedrich Widmann, für die Revolution erklärten und dem Blaubeurer Volksverein beitraten, so war es Ehrensa-

Abb. 16: Christian Friedrich Wurm (1803 – 1859)

che der Promotion, sich einmütig in den Dienst der deutschen Sache zu stellen. Am »Franzosensamstag« beispielsweise patrouillierte sie unermüdlich. Wie sie bewaffnet war, wissen wir nicht. Auch liegt der Verdacht nahe, daß der paramilitärische Einsatz als hochwillkommene Abwechslung zum eintönigen Schulalltag genutzt wurde. Dennoch war ihr Einsatz gewiß echt und ehrlich gemeint, genauso wie dann Gelder gesammelt wurden, um das Projekt einer deutschen Kriegsflotte zu finanzieren.

Überliefert und aktenkundig ist ebenfalls, daß die Disziplin unter den Seminaristen in der Folgezeit erheblich zu wünschen ließ – in den Augen der Obrigkeit freilich. Offenbar verstanden es die Blaubeuren Seminaristen, das allgemeine Reden von Freiheit in eine Lockerung der allzu streng empfundenen Seminarordnung umzumünzen.

Mußte man die Promotion, die im Frühsommer 1849 Blaubeuren verließ, freiwillig-unfreiwillig in ihrem Freiheitsdrang gewähren lassen, so war man fest entschlossen, bei der neu im Herbst 1849 aufziehenden Promotion die Zügel um so fester anzuziehen. So kam es auch. Die Euphorie des demokratischen Aufbruches war mit dem schmählichen Ende des ersten deutschen Parlamentes verflogen, und die 15jährigen Bürschchen fügten sich fürs erste.

Ganz war der Freiheitsdrang nicht erloschen, und die Seminarsobrigkeit war auf der Wacht, als Wilhelm Breitling (1835–1914), der spätere württembergische Ministerpräsident, eine Rede halten sollte und dafür die jüngst vergangenen Ereignisse der Revolution zum Thema geplant hatte, was ihm nicht genehmigt wurde, so daß er sich mit einem unverfänglichen Thema aus dem griechischen Altertum begnügen mußte[5].

Zur Totenehrung für Ludwig Uhland 1864 war der Hörsaal in Schwarz-Rot-Gold dekoriert. Friedrich Payer (1847 bis 1931), der dieser Promotion angehörte und der später einer der Führer des deutschen Liberalismus werden sollte, berichtet, daß alle erreichbaren demokratischen Blätter gelesen wurden – der »Gradaus« des streitbaren Pfarrers Franz Hopf (1807–1887) und »Der Beobachter«, beide Blätter gehörten zu der Lektüre, die den Seminaristen verboten war[6].

Sie wurden dennoch gelesen – und so hat auch in der Folgezeit das Blaubeurer Seminar einige Persönlichkeiten gebildet, die sich der bürgerlich–demokratischen Sache verpflichtet fühlten. Der prominenteste ist Friedrich Payer, zusammen mit Friedrich und Conrad Haußmann, den Zwillingssöhnen des Blaubeurer Revolutionärs Julius Haußmann, baute er die Volkspartei nicht nur im Lande, sondern in ganz Deutschland auf. Bekanntlich erhielt die liberale und demokratische Idee infolge der monarchisch-konservativ geschaffenen nationalen Einheit von 1871 einen schweren Einbruch. Der Wiederaufbau war schwer, aber er gelang. Es ist gewiß ein Verdienst dieser drei Württemberger, daß der liberale Gedanke hier im Lande stärker verankert ist als in anderen Regionen Deutschlands.

1 Vgl. *Bernhard Mann*, Die Württemberger und die deutsche Nationalversammlung 1848/49 (Beiträge zur Geschichte des Parlamentarismus und der politischen Parteien, Bd. 57), Düsseldorf 1975.
2 So Friedrich Theodor Vischer an David Friedrich Strauß am 23. 3. 1848; zit. nach *Adolf Rapp* (Hrsg.), Briefwechsel zwischen Strauß und Vischer, Bd.1: 1836–1851, Stuttgart 1952, S. 211.
3 *Blaumann,* Nr. 2 v. 5.1.1849.
4 Vgl. *Herbert Hummel*, Blaubeurer Kosterschüler und Seminaristen (erscheint 1998).
5 *Württembergischer Nekrolog für 1914,* S. 73.
6 *HSTAS, Q 1/12,* Nachlaß Payer.

Uwe Schmidt

Nikolaus Müller (1809–1875)

Nikolaus Müller gehört nicht zu den revolutionären Demokraten, die im heutigen Alb-Donau-Kreis wirkten. Dennoch sollte der gebürtige Langenauer wegen seiner Mitgliedschaft in der revolutionären badischen Verfassunggebenden Versammlung im Juni 1849 in die Reihe der Liberalen und Demokraten aus dem Ulmer Raum aufgenommen werden.

Nikolaus Müller wurde am 15. November 1809 als Sohn eines Leinenwebers in Langenau geboren. Seine Kindheit und Jugend verbrachte er in Stuttgart. Schon früh kam er mit der Dichtkunst in Berührung. Als Zehnjähriger lernte er Uhlands Gedichte und Lieder auswendig, die er noch 13 Jahre später aufzusagen wußte. Nach seiner Lehre als Buchdrucker ging Müller auf Wanderschaft, die ihn nach Wien und 1829 nach Pest in Ungarn führte. Seine Begeisterung für Lyrik animierte ihn zu dichterischen Versuchen. Mit nicht geringem Erfolg. Kein anderer als Gustav Schwab veröffentlichte seine Gedichte im »Morgenblatt« und »Musenalmanach«. Schließlich erschienen 1837 im Verlag Cotta seine »Lieder«, denen Gustav Schwab ein Vorwort voranstellte. Zu Beginn der 1840er Jahren ließ sich Nikolaus Müller in Wertheim am Main nieder, kaufte dort die Hollsche Buchdruckerei, die er um eine Buchhandlung erweiterte, und gab von 1843 bis 1849 den »Main- und Tauberboten« heraus. Wegen seiner Artikel wurde die Zeitung als demokratisch eingestuft und ihm daher vom Stadt- und Landamt Wertheim die Konzession entzogen, das Blatt als Amts- und Verkündigungsblatt für die Ämter Wertheim, Boxberg, Krautheim und Buchen herauszugeben[1].

Die Revolution fand in Nikolaus Müller einen engagierten Mitstreiter. Am 15. April 1849 wurde er auf einer Versammlung der Volksvereine des Bezirks Wertheim in Tauberbischofsheim in den Kreisausschuß gewählt, der innerhalb der straff zentralisierten Organisationsstrukturen der Volksvereine für eine reibungslose Kommunikation zwischen der Basis in den Volks- und Bezirksvereinen und dem Landesausschuß in Mannheim sicherstellen sollte[2]. Als Deputierter des Wertheimer Bezirksvereins nahm Müller an der Offenburger Volksversammlung am 12. und 13. Mai 1849 teil und wurde am 2. Juni 1849 auf Vorschlag des Wertheimer Volksvereins in die aus 76 Mitgliedern bestehende Verfassunggebende Versammlung in Karlsruhe gewählt[3]. Dort gehörte er der 5. Abteilung der Kommission zur Befreiung des Konstanzer Publizisten Joseph Fickler an, der, Mitglied der provisorischen badischen Regierung, am 2. Juni 1849 in Stuttgart verhaftet und auf dem Hohenasperg inhaftiert wurde[4]. Als Zivilkommissär für den Bezirk Wertheim, zu dem er nach dem Rücktritt des Wertheimer Handelsmannes Jakob Langguths Mitte Juni ernannt worden war, kehrte er in seine Heimatstadt zurück[5]. Als Müller umgehend das Erste Aufgebot der Volkswehr an die Grenze bei Steinbach ausrücken zu lassen beabsichtigte, kam es zu Tumulten. Zwei Mitglieder des Vaterländischen Vereins suchten den Ausmarsch zu verhindern, worauf Müller die beiden verhaften ließ. Eine aufgebrachte Menschenmenge, die noch zwei weitere Mitglieder des Vaterländischen Vereins in ihre Gewalt bekam, begleitete die Verhafteten bis zum Gefängnis. Müller führte dann die Volkswehr nach Steinbach, kehrte aber nach deren Niederlage schon einen Tag später wieder nach Wertheim zurück[6].

Nach dem Ende des Bürgerkriegs in Baden flüchtete Nikolaus Müller in die Schweiz, wo er zunächst in Zürich, ab Februar 1850 in Graubünden politisches Asyl fand[7]. Sein Betragen wurde von den Polizeibehörden als gut und unauffällig beurteilt, so daß er vom Departement der Justiz und Polizei die Erlaubnis erhielt, in die südlichen und westlichen Kantone reisen zu dürfen[8]. Dagegen bemühten sich badische Behörden energisch, des geflüchteten Revolutionärs habhaft zu werden oder zumindest dessen Ausweisung aus der Schweiz zu erwirken. Das Stadtamt Karlsruhe schätzte Müller als »sehr gefährlich« ein und ging davon aus, daß dieser seine »politischen Wühlereien fortsetzen dürfte«. In das gleiche Horn stieß das Stadt- und Landamt Wertheim: Müller sei ein Fanatiker, »der sein Geschäft leicht zur Verbreitung aufrührerischer Druckschriften mißbrauchen kann«[9].

Das Großherzogliche Hofgericht in Bruchsal verurteilte Nikolaus Müller am 20. Februar 1850 zu neun Jahren Zuchthaus. Die Generalstaatskasse erhob am 13. Juli 1850 Anklage gegen 52 Personen, deren Vermögen beschlagnahmt und als Schadensersatz für 131 648 Gulden, die der revolutionäre Finanzminister Heunisch aus der Amortisationskasse entnommen hatte, sowie für 65 000 Gulden aus der Hauptkriegskasse, die für den Aufbau der Volkswehren »zum Zwecke des Widerstands gegen die rechtmäßige Gewalt« – so die Behörden – verwandt wurden, dienen sollten. Wegen Überschuldung der Müllerschen Druckerei mußte sich Anfang 1851 die Generalstaatskasse mit einem Vergleich in Höhe von eher bescheidenen 150 Gulden zufriedengeben[10]. Müllers Frau Caroline erhielt die Erlaubnis, den Zeitungsverlag und die Buchhandlung weiterzuführen. Allerdings mußte sie einen verantwortlichen Redakteur, den ehemaligen Vorsitzenden des Vaterländischen Vereins Christian Friedrich Platz, benennen. 1852 verkaufte Caroline Müller die Druckerei[11].

Nach vier Jahren Exil in der Schweiz wanderte Müller 1853 mit seiner Familie in die Vereinigten Staaten aus, wo er sich in New York niederließ und eine Druckerei mit Verlag erwarb. Ein zweiter Lyrikband »Gedichte und Lieder« erschien 1867. In den späten 1860er wandelte sich sein politischer Standort, mehr und mehr verließ er die republikanischen Grundsätze und näherte sich deutschnationalen Positionen. Nach den deutschen Siegen im Deutsch-Französischen Krieg 1870/71 kannte seine nationale Begeisterung kaum noch Grenzen. Die noch 1870 und in einer Auflage von 1000 Exemplaren erschienenen »Frische Blätter auf die Wunden deutscher Krieger« spendete er dem Frauenbazar in New York zum Verkauf zugunsten des Deutschen Patriotischen Hilfsverein. Seinen Lebensabend beabsichtigte er in der Heimat zu verbringen. Anstalten für die Rückkehr waren schon getroffen, aber nach kurzer Krankheit starb Nikolaus Müller am 14. August 1875.

1 Vgl. *Ulrike Kühnle*, Wertheim, in: Revolution im Südwesten. Stätten der Demokratiebewegung 1848/49 in Baden-Württemberg, hrsg. von der Arbeitsgemeinschaft hauptamtlicher Archivare im Städtetag Baden-Württemberg, Karlsruhe 1997, S. 728.
2 *GLAK*, 298/14, Bericht v. 15.4.1849.
3 *GLAK*, 48/3076, Namensliste der Verfassunggebenden Versammlung, 236/8577, Bericht des Stadt- und Landamts Wertheim v. 10.12.1849, Bericht v. 31.5.1849.
4 *GLAK*, 231/1128, Geschäftsbericht der 5. Abteilung v. 11.6.1849.
5 *GLAK* 48/3076, Namensliste der Verfassunggebenden Versammlung; vgl. *Kühnle* (wie Anm. 1), S. 728.
6 *GLAK*, 236/8577, Bericht des Stadt- und Landamts Wertheim v. 10.12.1849; vgl.*Kühnle* (wie Anm. 1), S. 726.
7 *BA Bern*, E 21/214, E 21/216, E 21/234, Kontrolle der Flüchtlinge am 12.9., 13.9. und 15.10 1850.
8 *BA Bern*, E 21/215, Kontrolle der Flüchtlinge am 12.9.1850.
9 *GLAK*, 236/8577, Bericht des Stadtamts Karlsruhe v. 8.12.1849.
10 *GLAK*, 237/2775, Bericht des Stadtamts Karlsruhe v. 7.1.1851, 237/16844; *Großherzoglich Badisches Amtsblatt für den Mittelrheinkreis*, Nr. 62 v. 3.8.1850.
11 Vgl. *Kühnle* (wie Anm. 1), S. 727.

Ulrich Seemüller

Die Wahl zur Nationalversammlung im Bezirk Ulm-Blaubeuren-Laupheim

1. Vorgeschichte und Vorbereitung der Wahl

Nachdem der Funke der Februarrevolution von Frankreich auf Deutschland übergesprungen war, versammelten sich Ende März 1848 zahlreiche Politiker aus den Staaten des Deutschen Bundes in Frankfurt a. M. und bildeten dort die vorberatende Bundesversammlung. Diese beschloß Anfang April 1848 die Schaffung eines nationalen Parlaments, das mit der Ausarbeitung einer Verfassung betraut werden sollte. Die Abgeordneten zu dieser verfassunggebenden Nationalversammlung waren in einer bundesweiten Wahl zu bestimmen, wobei 50 000 Einwohner – ursprünglich war man von 70 000 Personen ausgegangen – je einen Vertreter entsenden sollten. Zur Feststellung der Bewohnerzahlen in den einzelnen Bundesstaaten wurden die Bundesmatrikeln herangezogen, nach denen das Königreich Württemberg 1 395 000 Einwohner und damit Anspruch auf knapp 28 Abgeordnete hatte[1]. Am 11./12. April 1848 erließ der württembergische König Wilhelm I. ein Wahldekret, in dem er u. a. die Ermittlung der Abgeordneten durch jeweils einen Wahlbezirk anordnete[2]. Die Wahlbezirke orientierten sich zunächst an der seit 1817 bestehenden Einteilung des Königreichs in Kreise, den Neckar-, Schwarzwald-, Jagst- und Donaukreis. Diese mußten allerdings noch weiter untergliedert werden. Eine Anlehnung an die existierenden Oberämter kam wegen ihrer hohen Zahl hierfür nicht in Frage, so daß z. B. aus den 16 Oberämtern des Donaukreises kurzerhand sechs Wahlbezirke geschaffen wurden[3]. Der hiesige Wahlbezirk wurde aus dem gesamten Oberamt Ulm und größeren Teilen der beiden angrenzenden Oberämter Blaubeuren und Laupheim gebildet und erhielt daher die Bezeichnung Ulm-Blaubeuren-Laupheim.

Auf die heute selbstverständliche Annehmlichkeit, an den Wahltagen ein in der Nähe des Wohnortes gelegenes Wahllokal vorzufinden, mußten die Wähler 1848 verzichten. Statt dessen hatten sie oftmals viele Kilometer zurückzulegen. Für den hiesigen Wahlbezirk wurden zunächst der jeweilige Sitz des Oberamts, also Ulm, Blaubeuren und Laupheim als Abstimmungsorte benannt. Damit die Wähler keine allzu langen Wege auf sich nehmen mußten, legte man für den Oberamtsbezirk Ulm noch Langenau und Weidenstetten und für die Bereiche Blaubeuren und Laupheim noch Merklingen bzw. Oberkirchberg als Abstimmungsorte fest. In jedem dieser Orte sollte ein verantwortlicher Wahlkommissär, dem die Ortsvorsteher spätestens bis zum 24. April 1848 die Verzeichnisse der Wahlberechtigten zuzuleiten hatten[4], den korrekten Verlauf der Wahl überwachen.

Die vorberatende Bundesversammlung in Frankfurt beschloß, an der Wahl zur Nationalversammlung jeden vollberechtigten Staatsbürger ohne Standesunterschiede teilnehmen zu lassen[5]. Diese Forderung enthielt mehrere wesentliche Neuerungen: Zum einen hatten z. B. die Bewohner des Königreichs Württemberg bisher nur Kommunal- und Landes-, aber noch nie Bundesparlamente wählen dürfen, zum anderen war bei den Landtagswahlen statt eines gleichen Wahlrechts stets ein Zensus üblich gewesen, der einseitig eine kleine Minderheit zu Lasten der übrigen Bevölkerung begünstigt und ihr ein überproportionales Gewicht eingeräumt hatte[6].

Die Bundesversammlung setzte einen Rahmen, der von den einzelnen Bundesstaaten freilich unterschiedlich ausgefüllt werden konnte. So sollte prinzipiell die direkte Wahl gelten, gleichzeitig jedoch jeder Staat in der Entscheidung frei sein, einen anderen Wahlmodus zu praktizieren. Für die unmittelbare Wahl entschieden sich von den größeren Bundesstaaten neben Württemberg nur noch Kurhessen und Schleswig-Holstein, während die meisten anderen eine indirekte Wahl über Wahlmänner mit zwei Wahlgängen bevorzugten[7]. Ebenso konnte der Begriff des »vollberechtigten Staatsbürgers« ganz unterschiedlich interpretiert werden: In Württemberg wurde jeder volljährige Staatsbürger für wahlberechtigt erklärt, soweit er selbstständig war, d. h. nicht unter Vormundschaft stand, nicht aus öffentlichen Mitteln Armenfürsorge bezog, in ein Konkursverfahren verwickelt, zu einer Gefängnisstrafe, einem Arbeitshausaufenthalt oder zum Verlust der bürgerlichen Ehrenrechte verurteilt war. Außerdem blieben Personen, die noch im väterlichen Haushalt lebten oder als Knechte in einem dienenden Verhältnis standen und dort Kost und Logis erhielten, vom

Abb. 17: Das Gebiet des Alb-Donau-Kreises hatte an vier Wahlkreisen zur Frankfurter Nationalversammlung Anteil:

Wahlbezirk I Göppingen
- Abstimmungsort Geislingen (OA Geislingen)
- Abstimmungsort Laichingen (OA Münsingen)

Wahlbezirk II Ulm – Blaubeuren – Laupheim
- Abstimmungsort Ulm (OA Ulm)
- Abstimmungsort Weidenstetten (OA Ulm)
- Abstimmungsort Langenau (OA Ulm)
- Abstimmungsort Blaubeuren (OA Blaubeuren)
- Abstimmungsort Merklingen (OA Blaubeuren)
- Abstimmungsort Oberkirchberg (OA Laupheim)

Wahlbezirk III Leutkirch – Biberach
- Abstimmungsort Dietenheim (Teile OA Laupheim)

Wahlbezirk IV Ehingen – Münsingen
- Abstimmungsort Schelklingen (Teile OA Blaubeuren, OA Münsingen, OA Ehingen)
- Abstimmungsort Ehingen (OA Ehingen)
- Abstimmungsort Munderkingen (OA Ehingen)
- Abstimmungsort Munderkingen (OA Riedlingen)

Orte, die nicht zum Alb-Donau-Kreis gehören:

Wahlbezirk II Ulm – Blaubeuren – Laupheim
- Abstimmungsort Langenau (OA Ulm, heute LK Heidenheim)
- Abstimmungsort Laupheim (Teile OA Laupheim)

Wahlbezirk VI Ehingen – Münsingen
- Abstimmungsort Münsingen (OA Münsingen, Teile OA Urach)
- Abstimmungsort Zwiefalten (OA Münsingen, Teile OA Riedlingen)
- Abstimmungsort Uttenweiler (OA Riedlingen)

Entwurf der Karte: Manfred Poh.

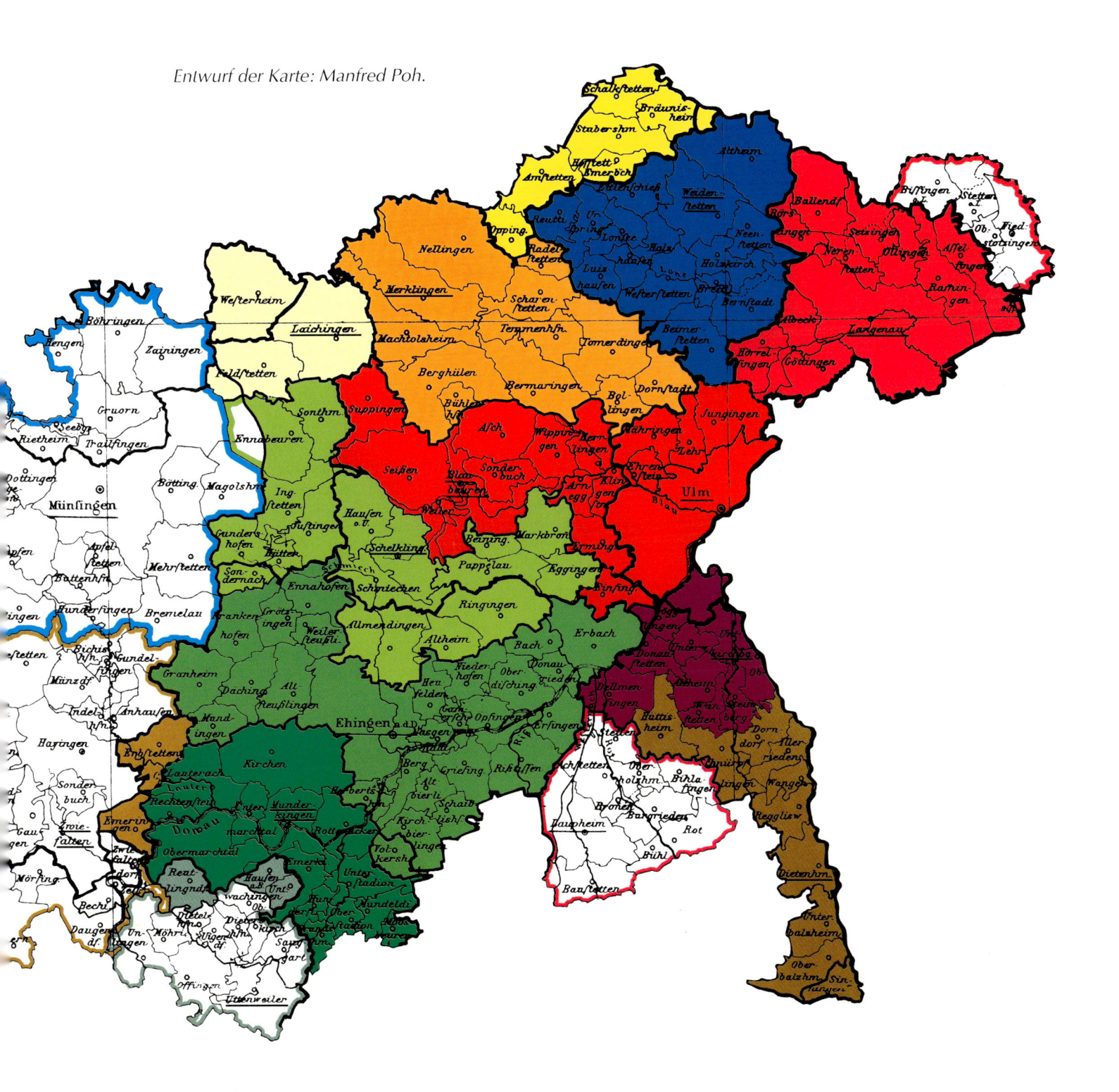

Wahlrecht ausgeschlossen[8]. Daß darüber hinaus auch Frauen nicht wählen durften, stellte für die Zeitgenossen eine solche Selbstverständlichkeit dar, daß dies gar nicht erst in den Wahlverordnungen erwähnt wurde. Die Beschränkungen hatten zur Folge, daß durchschnittlich nur etwa jeder sechste Einwohner in Württemberg an der Wahl zur deutschen Nationalversammlung zugelassen war[9], so daß von einer allgemeinen Wahl nicht die Rede sein konnte. Es muß allerdings eingeräumt werden, daß die Wahlvorschriften im gesamten Deutschen Bund und insbesondere im Königreich Württemberg so liberal wie nie zuvor gehalten waren und einer bisher ungekannten Personenzahl den Gang zur Urne erlaubten.

2. Kandidatenauswahl und Wahlkampf

Der in langen Jahren der Unterdrückung aufgestaute Unmut weiter Bevölkerungskreise hatte sich nach Bekanntwerden der Ereignisse in Frankreich auch in der hiesigen Region im März 1848 in zahlreichen Volks- und Bürgerversammlungen Luft verschafft. Nach dem Vorbild der wöchentlichen Versammlungen der Ulmer Bürgerschaft begannen auch Bewohner von Gemeinden des Umlandes, Veranstaltungen zu organisieren. Am 20. März fanden in Kirchberg, am 7. April in Laupheim und am 9. April 1848 in Asch Bürgerversammlungen statt, in denen Wünsche an die Obrigkeit und Beschwerden geäußert wurden[10].

Nachdem über die Presse seit Ende März die Absicht der Bildung eines »Hauses des Volkes« bekannt und Mitte April 1848 auch die Veröffentlichung der Wahlordnung erfolgt war, standen die Bürger- und Volksversammlungen ganz im Zeichen der Wahl zur Nationalversammlung. Es war geplant, den Bundestag bereits Anfang Mai 1848 in Frankfurt zusammentreten zu lassen, so daß als Wahltermin die Woche nach Ostern festgelegt wurde. In rascher Abfolge fanden nun im ganzen Land Volksversammlungen statt, um Kandidaten ausfindig zu machen. Auf der Volksversammlung der Oberämter Blaubeuren, Münsingen und Ehingen am 13. April 1848 in Schelklingen hatte man noch ganz unverbindlich lokale Persönlichkeiten ins Spiel gebracht, wobei von den dort gehandelten potentiellen Kandidaten – unter ihnen Professor Konrad Dieterich Haßler und Oberjustizprokurator Andreas Wiest aus Ulm, Advokat August Becher aus Blaubeuren und Pfarrer Eduard Süskind aus Suppingen – einige überhaupt nicht anwesend waren und keine Stellung zu den Vorgängen beziehen konnten. Nur wenige Tage später konkretisierte sich jedoch die Kandidatenfrage, als am 16. bzw. 18. April 1848 bei den Volkstagen in Günzburg und Biberach Haßler und der deutschkatholische Prediger Friedrich Albrecht mit Reden vor größerem Publikum den Wahlkampf im Umland eröffneten[11].

In der Frage der Kandidatenauswahl wirkten auch Bürgervereine mit. Während das Anfang April 1848 in Asch gegründete Wahlkomitee des Oberamts Blaubeuren in der Presse zur Einreichung von Kandidatenvorschlägen aufrief und sich vorbehielt, diese anschließend zu prüfen, ließ der Vorsitzende des im gleichen Zeitraum entstandenen Ulmer Nationalverfassungsvereins, Stadtschultheiß Julius Schuster, in einem Extrablatt der »Ulmer Schnellpost« die Kandidatur der Bewerber Albrecht und Haßler allgemein verkünden und schickte mit dem Verleger Philipp Ludwig Adam gleich noch einen weiteren Kandidaten ins Rennen[12].

Die Presse diente nicht nur den Bürgervereinen als Sprachrohr. Sehr häufig waren dort auch Kandidatenvorschläge zu finden, die auf Einsendungen von »Vaterlandsfreunden«, d. h. von einzelnen politisch interessierten Bürgern[13] oder auf die Berichterstattung über Volksversammlungen zurückgingen. Seit Aufhebung der Pressezensur Anfang März 1848 fanden politische Ereignisse eine ausgiebige Kommentierung. Die Bemühungen, hierdurch auf die Meinungsbildung der Leserschaft einzuwirken, waren unverkennbar. Persönlichkeiten, die der weltanschaulichen Auffassung des Herausgebers oder verantwortlichen Redakteurs entsprachen, wurden offen begünstigt, während gegen Andersdenkende unverblümt polemisiert wurde. Die von Ernst Nübling herausgegebene »Ulmer Schnellpost« beispielsweise favorisierte eindeutig den gemäßigt liberalen Bewerber Haßler[14], während der »Erzähler an der Donau« des radikal-demokratischen Redakteurs Bernhard Schifterling im Lokalbereich vor allem Prediger Albrecht und Stadtschultheiß Schuster den Rücken zu stärken suchte. Von Andreas Wiest, selbst als Abgeordneter im Gespräch, wurde der »Donaubote« herausgegeben, der als Organ des liberal-katholischen Lagers vor allem bei der Landbevölkerung Zuspruch fand. Dagegen verfocht die »Ulmer Kronik« des Monarchisten Heinrich Elsner einen ausgesprochen reaktionären Kurs, indem sie sämtliche Revolutionsforderungen kategorisch ablehnte[15].

Noch heute ist den zeitgenössischen Tageszeitungen zu entnehmen, mit welcher Hitzigkeit der Wahlkampf damals geführt wurde. Vielfach sind dort mehrseitige Namensauflistungen und öffentliche Loyalitätsbekundungen zu finden, die eine politische Übereinstimmung mit den Kandidaten signalisieren sollten, allerdings auch häufig »offene Briefe«, in denen sie verunglimpft wurden. Artikel über zu ihren Ehren veranstaltete Fackelzüge und Ständchen wechselten sich ab mit Berichten über ruhestörende und einschüchternde Aktionen wie »Katzenmusiken« vor den Privatwohnungen einzelner Bewerber[16].

Auf Veranlassung des sogenannten »Fünfziger-Ausschusses«, der Übergangseinrichtung zwischen Vorparlament und Nationalversammlung in Frankfurt, sollten in allen Städten und Gemeinden des Deutschen Bundes Wahlkomitees eingerichtet werden, die u. a. bereits im Vorfeld eine Einigung auf wenige, möglichst aussichtsreiche Kandidaten herbeiführen sollten[17]. Offensichtlich wurde befürchtet, daß eine Zersplitterung der Wählerstimmen und knappe Mehrheiten sowohl dem Ansehen des jeweiligen Abgeordneten als auch dem der Nationalversammlung insgesamt abträglich sein könnten. In Ulm bildete sich in der Karfreitagswoche aus den Reihen des Nationalverfassungsvereins ein Wahlkomitee. Bislang nicht geklärt ist, ob nun auf Betreiben dieses Komitees oder infolge persönlicher Befürchtungen, sich nicht durchsetzen zu können, unmittelbar vor dem Wahltermin einige Kandidaturen zurückgezogen wurden. Am 22. und am 23. April 1848 verkündeten zunächst Wiest und dann Adam in Presseanzeigen öffentlich ihren Rücktritt und gaben ihren Anhängern die Empfehlung, Haßler zu wählen[18]. Einen Tag später, am Ostermontag, zog schließlich auch der Blaubeurer Landtagsabgeordnete Becher seine Kandidatur zurück[19]. Trotz dieser Verzichte sah das Wahlkomitee aber sein selbstgestecktes Ziel, sich auf nur einen Kandidaten zu einigen – was im übrigen eine überzogene Auslegung der Frankfurter Empfehlung darstellte –, nicht erreicht. Das Gremium formulierte daher seine Bestimmung nun dahingehend um, den verbliebenen Bewerbern ein Forum bieten zu wollen, »damit jedem Candidaten möglich gemacht sey, sich offen auszusprechen, und daß die Versammlung Gelegenheit erhalte, die Candidaten ... kennenzulernen«[20].

Welcher besondere Stellenwert diesem Forum eingeräumt wurde, geht nicht zuletzt aus dem dafür gewählten Ort und Termin hervor. Das Wahlkomitee hatte in Ulms größter Kirche, dem Münster, für den Vormittag des Ostermontags eine Veranstaltung organisiert, die als Versammlung sämtlicher Wähler des Bezirks den Höhepunkt des Wahlkampfes darstellen sollte. Nach der Eröffnung der mit mehreren tausend Zuhörern aus Stadt und Umland zahlreich besuchten Volksversammlung durch den Ulmer Stadtschultheißen Julius Schuster legten nacheinander Haßler und Albrecht eine Art politischen Glaubensbekenntnisses ab. Haßler warb für eher vorsichtige Reformen, während Albrecht dem Republikanismus zuneigte, es aber geschickt vermied, dies direkt auszusprechen. Da der dritte Kandidat, Becher, kurzfristig seinen Rücktritt erklärt hatte, sprach im Anschluß Gymnasialprofessor Karl Renz. Er verglich die beiden Bewerber miteinander und sprach sich abschließend für seinen Landsmann Haßler aus, da dieser »auf württembergischen Landtagen durch geschäftskundiges Auftreten seine Befähigung schon erprobt« habe[21]. Die friedlich verlaufene, jedoch aus Gründen der Raumakustik fast ausschließlich für die vorderen Reihen zu verfolgende Veranstaltung endete mit der Empfehlung Buchhalter Klaibers, Adam als Ersatzmann zu wählen[22].

3. Verlauf und Ergebnisse der Wahl zur Nationalversammlung im Bezirk Ulm-Blaubeuren-Laupheim

3.1. Die Ergebnisse in den einzelnen Abstimmungsorten

In Ulm fungierte der Vorstand des Oberamts, Regierungsrat Friz, als Wahlkommissär[23]. Da hier mit Abstand die meisten Wahlberechtigten wohnten, wurden im Gegensatz zu den übrigen Abstimmungsorten nicht nur zwei, sondern drei Tage zur Durchführung der Wahl angesetzt. Jeweils zu genau festgelegten Stunden hatten die Bewohner bestimmter Stadtviertel auf dem Rathaus zu erscheinen und ihre Stimmen abzugeben. Die Stimmabgabe geschah nicht, wie

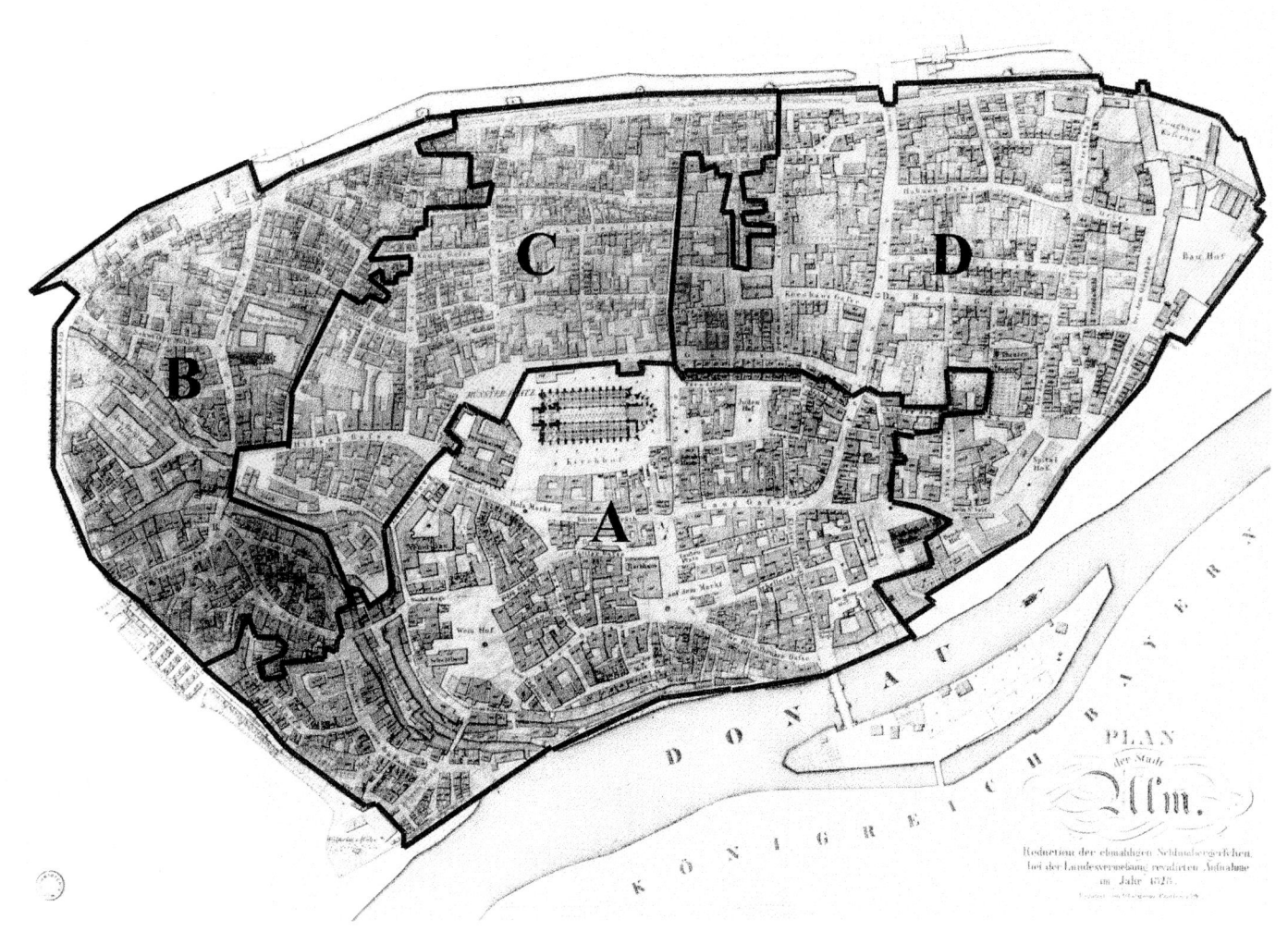

Abb. 18: Ulm mit seinen vier Stadtvierteln A–D.

heute mittels Listen, auf denen die Namen der Kandidaten schon aufgedruckt sind und nur noch angekreuzt werden müssen, sondern mit Zetteln, auf denen bis zu zwei Namen frei eingetragen werden durften. Der oben bzw. links angegebene Name wurde als Votum für den Abgeordneten und der unten bzw. rechts stehende für den Ersatzmann gewertet. Nach der Überprüfung ihrer Identität durch den Wahlkommissär zogen die Wähler in zwei Reihen an den beiden versiegelten Urnen vorbei und warfen ihre Zettel ein. Bis zum Abend des 25. April 1848 hatten insgesamt 1468 Wähler aus den Stadtvierteln A, B und C ihre Stimmen zur Abgeordnetenwahl abgegeben, wobei sich 858 von ihnen für Haßler, 578 für Albrecht, zehn für Adam, neun für Schuster und vereinzelte noch für neun weitere Persönlichkeiten ausgesprochen hatten. Haßler hatte damit 280 Stimmen Vorsprung vor seinem Kontrahenten Albrecht errungen.

Vom Recht zur Wahl des Ersatzmanns hatten am ersten Wahltag 1444 Wähler Gebrauch gemacht. Hier bekamen Adam 970 und Schuster 227 Stimmen, 27 weitere Kandidaten erhielten die restlichen Stimmen.

Nachdem am 26. April 1848 die Bewohner des Stadtviertels D und die Bewohner der Gräben, der städtischen Parzellen Örlingen, Böfingen, Ruhetal und Obertalfingen, die Soldaten und Unteroffiziere der Garnison sowie die aus Württemberg kommenden Festungsarbeiter abgestimmt hatten, ergab sich allerdings ein ganz anderes Bild: Haßler wählten von 1 795 Wählern gerade 503, während Albrecht 1251 Stimmen gewann und dadurch mit 468 in Vorsprung lag. Die übrigen 51 Stimmen verteilten sich auf 16 weitere Kandidaten, unter ihnen Schuster und Adam mit 16 bzw. elf Stimmen. Dieses Wahlergebnis war nicht zuletzt durch die soziale Zusammensetzung des Abstimmungsgebiets zustandegekommen. Das Viertel D und die städtischen Randgebiete beherbergten überwiegend städtisches Proletariat, das sich von den behutsamen politischen Reformabsichten des aus dem Besitz- und Bildungsbürgertum stammenden Bewerbers Haßler keine großen politischen und sozialen Fortschritte versprach und radikaler wählte als das vor allem in den Vierteln A bis C wohnende Bürgertum. Der Trend, republikanisch zu wählen, zeigte sich an diesem Tag auch beim Ergebnis zur Wahl des Ersatzmanns: Adam wurde mit nur 660 gegenüber 877 Stimmen für den republikanisch gesinnten Ulmer Stadtschultheißen Schuster recht deutlich überflügelt.

Am dritten Wahltag erschienen die Wahlberechtigten der umliegenden Ortschaften Ehrenstein, Einsingen, Grimmelfingen, Jungingen, Lehr, Mähringen und Söflingen zusammen mit ihren Ortsvorstehern und Obmännern der Bürgerausschüsse in Ulm zur Stimmabgabe. Von den insgesamt 406 Wählern stimmten 341 für Haßler, 45 für Albrecht und die restlichen für vier weitere Kandidaten. Bei der Wahl des Ersatzmanns erhielten u. a. Adam 142 Stimmen, Wiest 81 und Justizprokurator Carl Ferdinand Göriz 79, während sich für Schuster nur zehn Wähler aussprachen.

In Langenau wirkte Gemeindepfleger Hauser als Wahlkommissär. Am 25. April 1848 trafen seit 6.00 Uhr morgens nacheinander die Bewohner des Abstimmungsortes und der umliegenden Ortschaften zur Stimmabgabe im Wahllokal ein. Bis zum Abend gaben 778 Wähler ihre Stimmen ab, von denen Haßler 413, Albrecht 256 und Freiherr August von Hornstein zu Orsenhausen 71 erhielt. Von den 773 Stimmen zur Wahl des Ersatzmanns vereinigten Adam 347 und sein Konkurrent Wiest nur drei Stimmen auf sich, während erstaunlicherweise hier auch die Abgeordnetenkandidaten Haßler und Albrecht mit 99 bzw. 85 Stimmen nennenswerte Anteile erzielten. Am nächsten Tag kamen die restlichen 424 Wahlberechtigten des Bezirks nach Langenau, von denen die überwältigende Mehrheit Haßler (381) ihre Stimme gab. Der mit weitem Abstand und eigentlich nur als Ersatzmann kandidierende Adam lag mit 33 Stimmen noch vor dem an diesem Tag besonders schlecht abschneidenden Albrecht (9 Stimmen). Als Ersatzmann bekam Oberjustizprokurator von Steffelin mit 215 die meisten Stimmen, es folgten Dekan Christian August Landerer aus Ulm mit 77 und Adam mit 62. Wiest erhielt wie am Vortag nur drei Stimmen.

Nach Weidenstetten hatte man mit Regierungssekretär Wolff einen Hilfsbeamten des Oberamts Ulm als Wahlkommissär beordert. Dort wurde nur am 26. April 1848 abgestimmt. Von 951 abgegebenen Stimmen entfielen auf Haßler 880, auf Albrecht 58 und noch vereinzelte auf sechs weitere Personen. Bei der Wahl zum Ersatzmann erhielten der aus Lonsee stammende Verwaltungsaktuar Ruff als Lokalmatador 241, Adam 181, Göriz 164, Becher 140, von Steffelin 75 und Wiest 46 Stimmen. Die übrigen der 949 abgegebenen Stimmen verteilten sich auf zehn weitere Personen.

In Blaubeuren stimmten am 25. April 1848 unter der Aufsicht des Wahlkommissärs Oberamtmann Osiander die Bewohner von Blaubeuren, Gerhausen, Suppingen und Weiler ab. Von den 490 Stimmen erhielt Haßler 276, Albrecht 211 und Becher, Süskind und Reiseprediger Gustav Werner aus Reutlingen jeweils eine. Mit nur einer Ausnahme machten alle Wähler von ihrem Recht zur Wahl des Ersatzmanns Gebrauch. Hier errangen Adam mit 254 und Becher mit 96 die meisten Stimmen. Am folgenden Tag trafen die Wahlberechtigten aus den restlichen Orten des Stimmbezirks ein. Von den 459 Stimmen entfielen 228 auf Haßler, 136 auf Albrecht und 95 auf den Freiherrn von

Hornstein. Für den Posten des Ersatzmanns erhielten Adam 115 und Becher 96 Stimmen, wobei sie beide an diesem Tag von Oberjustizprokurator von Steffelin aus Ulm mit 154 Stimmen übertroffen wurden.

In Merklingen stimmten unter der Aufsicht des Blaubeurer Oberamtspflegers Kneer am ersten Tag 369 und am zweiten 330 Wähler ab. An beiden Tagen bekam Haßler mit 228 bzw. 296 das Gros der Stimmen, für Albrecht sprachen sich 100 bzw. 15 Wähler aus. Nur am ersten Tag erhielten Becher (26), Süskind (12) und – entweder aus Protest oder als Scherz gedacht – auch der württembergische König (2) und der Chef des Departements der Justiz, Friedrich Römer (1), Stimmen. Am zweiten Tag erhielt neben den beiden Hauptkonkurrenten nur noch Baron von Hornstein (19) Abgeordnetenstimmen. Bei der Wahl des Ersatzmanns gewann Becher mit 167 bzw. 143 die meisten Stimmen. Es folgten mit gleichem Endergebnis Adam (96 bzw. 33) und Süskind (64 bzw. 65), dann Wiest (2 bzw. 50) und von Steffelin (0 bzw. 31).

In Laupheim fungierte Oberamtmann Lindenmayer als Wahlkommissär. Da kein Wahlprotokoll aufgefunden werden konnte und auch die entsprechenden Jahrgänge der regionalen Zeitung als Ersatzquelle fehlen[24], sind die Ergebnisse der einzelnen Abstimmungstage nicht mehr zu rekonstruieren. Überliefert ist nur das Endergebnis mit dem direkten Vergleich der Konkurrenten Haßler und Albrecht bzw. Adam und Wiest. Demnach fiel mit 978 von 1006 abgegebenen Stimmen die überwältigende Mehrheit auf Haßler, von den übrigen 28 Stimmen erhielt Albrecht vier. Als Ersatzmann kam Wiest auf 634 und Adam auf eine Stimme. Die restlichen 371 Stimmen verteilten sich auf eine unbekannte Zahl von Personen.

Amtsnotar Blöst in Oberkirchberg war der einzige Wahlkommissär im Wahlbezirk, der in seinem Protokoll nicht nur die Anzahl der Wähler, sondern auch die der Wahlberechtigten notierte. Am 25. April 1848 wählten zunächst die Bewohner der umliegenden Ortschaften. Von 556 Wahlberechtigten gaben 447, d. h. 80,4 Prozent, ihre Stimme ab (die Wahlbeteiligung reichte von 64 Prozent in Altheim/Weihung bis 95,7 Prozent in Unterkirchberg). Haßler war am späten Vormittag im Ort eingetroffen und hielt – man stelle sich dies unter heutigen Bedingungen vor – bei laufender Wahl zwei Ansprachen[25]. Sein Einsatz lohnte sich offensichtlich, denn er bekam 445 Stimmen, seinen Konkurrenten Albrecht und Wiest blieben nur die restlichen beiden Stimmen. Bei der Wahl des Ersatzmanns fielen auf Wiest 445 und auf Haßler und Oberjustizprokurator Adolf Friedrich Klett je eine.

Am zweiten Wahltag mußten nur noch die Bewohner Oberkirchbergs zur Stimmabgabe. Die Wahlbeteiligung lag mit 94 von 118 Wahlberechtigten bei 79,7 Prozent und entsprach damit fast exakt dem Wert des Vortags. Das Wahlverhalten Oberkirchbergs war monolithisch: Bei der Wahl zum Abgeordneten fielen sämtliche Stimmen auf Haßler und bei der zum Ersatzmann auf Wiest.

3.2 Das Gesamtergebnis

Im Anschluß an die Stimmenauszählung sollten sich die Wahlkommissäre am 28. April 1848 zur Ermittlung des Gesamtergebnisses in Ulm zusammenfinden[26]. Da allerdings der Laupheimer Oberamtmann Lindenmayer mit der Wahlurne unterm Arm zum Treffen erschien, ohne sie zu Hause unter Beiziehung von Urkundspersonen ausgezählt zu haben, mußte das Gremium seine Tätigkeit auf den nächsten Tag verlegen[27]. Bei der folgenden Sitzung mußten sich die Kommissäre erst noch mit einigen Unstimmigkeiten auseinandersetzen: In Langenau hatte man an beiden Wahltagen mehr Stimmen in den Urnen vorgefunden als Wähler registriert worden waren, was Kommissär Hauser im Protokoll »auf einen Irrtum beim Abzählen« bzw. darauf zurückführte, »daß solche im Gedränge in den Wählerlisten nicht angestrichen wurden«[28]. Die Langenauer Zahlen wurden schließlich von den Anwesenden ohne jegliche Änderung ins Endergebnis übernommen. Auch in Ulm waren am zweiten Wahltag zu viele Stimmzettel vorgefunden worden. Da sich dieses Phänomen allerdings auf einige doppelt eingelegte Stimmzettel beschränkte und hier die betrügerische Absicht von vornherein feststand, hatte Wahlkommissär Friz diese Stimmen nur einfach gewertet. Daß sich mehr Voten in den Urnen befanden als Wähler abgestimmt hatten, scheint allerdings auch in anderen Teilen des Königreichs Württemberg vorgekommen zu sein. Deshalb hatte das Innenministerium angeordnet, in solchen Fällen ein Auge zuzudrücken, sofern nur das Endergebnis dadurch nicht in Frage gestellt würde[29]. Aus ungeklärter Ursache nahmen die Wahlkommissäre bei ihrer Sitzung jedoch noch eine Reihe von Korrekturen an den Ulmer Ergebnissen vor[30]. Zweifellos »optische« Gründe dürften es gewesen sein, die die Kommissäre dazu veranlaßten, die Stimmen zur Wahl des Ersatzmanns – bei der etliche Wähler gar kein Votum abgegeben hatten – der Zahl der Abgeordnetenstimmen anzugleichen[31]. Nachdem am 28. April 1848 in Teilen bereits die Abstimmungsergebnisse aus Ulm, Langenau und Weidenstetten veröffentlicht waren, konnte der Bevölkerung am 30. April 1848 schließlich das offizielle Endergebnis des Wahlbezirks präsentiert werden[32].

Eine genaue Angabe über die im Bezirk Ulm-Blaubeuren-Laupheim stattgefundene Wahlbeteiligung kann aus Mangel an Quellen leider nicht gemacht werden. Man kann allerdings davon ausgehen, daß sie sich im Bereich der aus dem Stimmort Oberkirchberg überlieferten Quote bewegte, was sich mit dem für Gesamtwürttemberg ermittelten Wert von ca. 80 Prozent decken würde[33].

Die Ergebnisse in den ländlichen Teilen des Wahlbezirks hatten den Wahlausgang entschieden. Trotz einer gewissen Dominanz Ulms in der Stimmenzahl reichte Albrechts überwiegend auf städtischem Proletariat beruhender Vorsprung bei weitem nicht aus, um den Wahlsieg Haßlers ernsthaft zu gefährden. Albrecht hatte in den Abstimmungsbezirken Oberkirchberg und Laupheim seine stärkste Ablehnung erfahren. Für die dortige, im Unterschied zum restlichen Stimmbezirk katholisch geprägte Bevölkerung kamen offensichtlich nur vorsichtige Reformen auf der Basis der konstitutionellen Monarchie in Frage. Fünf Prozent der Abgeordnetenstimmen wurden zugunsten anderer Persönlichkeiten abgegeben. Lag es daran, daß sich diese Wähler mit den beiden offiziellen Kandidaten nicht zu identifizieren wußten, oder war es einfach nur nicht allgemein durchgedrungen, daß Bewerber wie Becher noch kurz vor Eröffnung des Wahlgangs auf ihre Kandidatur verzichtet hatten?

Der Polarisierung auf die beiden Abgeordnetenkandidaten stand eine verhältnismäßig große Stimmenzersplitterung bei der Wahl des Ersatzmanns gegenüber, die vor allem in der Unterstützung lokaler Größen begründet war. Dies zeigte sich sowohl im Ulmer Ergebnis, z. B. in der breiten Unterstützung des Stadtschultheißen Schuster, als auch in den Ergebnissen der übrigen Stimmorte. Offensichtlich hatten sich die Wähler beim Ersatzmann weit weniger um die offiziellen Empfehlungen gekümmert[34] und verstärkt von der Möglichkeit Gebrauch gemacht, auf den Wahlzetteln auch die Namen anderer Kandidaten einzutragen. Die Ergebnisse des katholisch-liberalen Kandidaten Wiest in Laupheim und Oberkirchberg deuten außerdem darauf hin, daß auch konfessionelle Gesichtspunkte bei der Wahl des Ersatzmanns eine Rolle spielten.

Den Wahlausgang nahmen in Ulm Teile der Einwohnerschaft mit großer Empörung zur Kenntnis. An Haßler wurden Drohbriefe adressiert und bei Nacht die Fenster seiner Wohnung eingeworfen. Nur heimlich und unter militärischer Bewachung konnte er zum Paulskirchenparlament abreisen. In Frankfurt schloß er sich den gemäßigten Linken an. Er war im Ausschuß für Kirchen- und Schulangelegenheiten tätig und als Schriftführer der Redaktionskommission maßgeblich an der Herausgabe der Parlamentsprotokolle beteiligt. Als sich aber herausstellte, daß eine deutsche Reichseinigung nicht zustandekommen würde, kehrte Haßler am 11. April 1849 der Frankfurter Nationalversammlung den Rücken. Adam trat noch Ende des gleichen Monats seine Nachfolge an, blieb dort jedoch nur bis zum 30. Mai 1849, so daß er die gewaltsame Auflösung des »Rumpfparlaments« im Juni nicht mehr als Abgeordneter miterleben mußte.

4. Resümee

Nicht zuletzt aus taktischen Überlegungen waren die deutschen Fürsten den freiheitlichen Forderungen der Bevölkerung entgegengekommen und hatten liberale Wahlrechte geschaffen, die bis dahin in der deutschen Geschichte einzigartig waren. Die Etablierung der Nationalversammlung und deren allgemeine Wahl verhinderte einen politischen wie gesellschaftlichen Dammbruch. Die Revolution wurde kanalisiert und büßte damit an Sprengkraft ein, wodurch sich das monarchisch-konstitutionelle System über diesen kritischen Punkt im Frühjahr 1848 hinüberretten ließ. Die ins Wanken geratenen Fürsten hatten nunmehr Gelegenheit, die gewonnene Zeit zum Wiedererstarken zu nutzen. Die große Beteiligung an der Wahl, aber auch die zu deren Durchführung im ganzen Land erfolgte Gründung Vaterländischer Vereine und Komitees zeigt deutlich, welche Bedeutung die Zeitgenossen diesem ersten demokratisch gewählten Nationalparlament beimaßen. Die Stunde der Verwirklichung ihrer Vorstellungen von nationaler Einheit und liberaler Freiheit schien gekommen. Die Paulskirchenversammlung sollte jedoch ihr selbstgestecktes Ziel, die Herbeiführung der deutschen Einigung, nicht erreichen. Ihr Gedankengut entfaltete jedoch reiche Nachwirkungen, indem sie den republikanischen Verfassungen des 20. Jahrhunderts wichtige Impulse gab.

Exkurs

Die Wahl zur Nationalversammlung in den heute zum Alb-Donau-Kreis gehörigen Teilen des Bezirks Ehingen-Münsingen

Ehingen und Blaubeuren waren in der Mitte des 19. Jahrhunderts Sitz kgl. Oberämter. Da die württembergische Einteilung nach Wahlkreisen das Ziel hatte, möglichst gleichgroße Bevölkerungsteile zu erfassen, war aus den Oberämtern Ehingen und Münsingen sowie aus dem Oberamt Blaubeuren stammenden Streifen zwischen Hausen ob Urspring und Eggingen der Wahlbezirk Ehingen-Münsingen gebildet worden[35]. Als Abstimmungsorte dieses Wahlbezirks hatte die Wahlverordnung u. a. Schelklingen, Munderkingen und Ehingen festgesetzt. Die Aufgaben der Wahlkommissäre sollten dort die Amtsnotare Betz und Brecht sowie Oberamtmann Weber wahrnehmen. Der für die Tage vom 26. bis 28. April 1848 anberaumten Wahl war eine Kandidatenauswahl vorangegangen, die am 13. April 1848 in der Schelklinger Volksversammlung eröffnet wurde. Dort waren jedoch vorwiegend überregional bekannte Persönlichkeiten vorgeschlagen worden, die nur wenig Beziehungen zum Wahlbezirk aufwiesen. »Da bis jetzt kein Mann des Volksvertrauens« aufgetreten sei und er »den Beruf zu einer derartigen Sendung« in sich spürte, sah sich Revierförster von Muschgay aus Zwiefalten veranlaßt, dem Ehinger Amtsblatt drei Tage später eine Presseerklärung zukommen zu lassen, worin er öffentlich seine Kandidatur verkündete[36].

In Ehingen wurde die Kandidatenauswahl von einem Honoratiorenzirkel in die Hand genommen. Am 16. April 1848 fand im Gasthaus »Zur Linde« eine Versammlung statt, bei der sich dieser Kreis um Professor Aberle für den Freiburger Geschichtsprofessor August Friedrich Gfrörer als Abgeordnetenkandidaten einsetzte. Mit Bedacht auf einen konfessionellen Ausgleich sollte der protestantische Bewerber Gfrörer von einem Katholiken begleitet werden, weshalb man sich auf Oberkirchenrat Anton Oehler aus Stuttgart als Ersatzmann einigte[37]. Bei der Wahlveranstaltung des Donaukreises am 18. April 1848 in Biberach wurden diese beiden Vorschläge für den Wahlkreis Ehingen-Münsingen wieder aufgegriffen und um Rentmeister Scheffold aus Erbach, Rechtskonsulent Niethammer aus Ehingen, Professor Johannes Baptista Fallati aus Tübingen und Pfarrer Süskind aus Suppingen ergänzt. Die aus Münsingen anwesenden Mitglieder des Wahlkomitees waren mit diesen Vorschlägen nicht einverstanden. Da sie allerdings nicht in der Lage waren, aus dem Stegreif andere Persönlichkeiten zu benennen, blieb ihnen nichts anderes übrig als die Lösung dieses Problems zu vertagen[38]. Im Bewußtsein der knappen Zeit ging man in Ehingen dagegen schon zum aktiven Wahlkampf über. Einen Tag nach der Biberacher Versammlung begannen dort die Anhänger Gfrörers und Oehlers mit der Verteilung gedruckter Wahlaufrufe[39], während eine andere Richtung den Stuttgarter Silberarbeiter und Stadtrat Sick und den Murrhardter Schlosser Nägele als zusätzliche Kandidaten ins Spiel brachte[40]. Zur Betonung seines Anspruchs signalisierte daraufhin Gfrörer öffentlich seine Bereitschaft zur Ausübung des Abgeordnetenmandats[41]. Um die Kandidaturen und weitere Fragen im Zusammenhang mit der Wahl des Abgeordneten zu erörtern, lud schließlich das u. a. aus Oberamtmann Weber, Kameralverwalter Schoffer, den Professoren Aberle, Boser und Erhardt sowie dem Gastwirt Linder »Zur Post« bestehende Komitee alle Wahlberechtigten des Bezirks für den Nachmittag des Ostermontags ins Ehinger Rathaus ein[42]. Diesen wahlnahen Termin nutzte auch Gfrörers Anhängerschaft, um in einer letzten Veranstaltung seine Kandidatur nochmals zu bekräftigen und die Wählerschaft auf ihn einzustimmen[43].

Erst am Wochenende vor der anberaumten Wahl, am 22. April 1848, legte sich das Münsinger Wahlkomitee in der Kandidatenfrage fest. Das Gremium beschloß, auf die Aufstellung des bis dahin favorisierten Bewerbers Fallati wegen seines Engagements für einen anderen Wahlkreis zu verzichten. Statt dessen einigte sich das Komitee nun auf Pfarrer Süskind, dessen Kandidatur es wohl wegen seiner liberal-demokratischen Haltung bis zu diesem Zeitpunkt nicht sonderlich unterstützt hatte. Mit Rücksicht auf einen entsprechenden Antrag der Schelklinger Bevölkerung wurde außerdem Pfarrer Martin Joseph Mack aus Ziegelbach als Ersatzmann benannt[44]. Es wäre sicherlich falsch zu behaupten, daß in der Münsinger Gegend bis zu diesem Zeitpunkt keine Wahlveranstaltungen stattgefunden hätten. Revierförster von Muschgay hatte sich bereits am 20. April 1848 in den Wahlkampf gestürzt und ein Treffen in Hayingen veranstaltet, zu dem jedoch nur etwa 30 Personen erschienen waren. Auf eine noch schlechtere Resonanz stieß er in Ehingen, wo er am 23. April 1848 eine Versammlung mangels Teilnehmerinteresse wieder abblasen mußte. Den Verlauf der Hayinger Veranstaltung und die Tatsache, daß er aus Ehingen unverrichteter Dinge wieder nach Hause zurückkehren mußte, kommentierte die »Ulmer Kronik« mit der hämischen Bemerkung, daß »das beharrliche Wiederkäuen trivialer Redensarten ... nachgerade einen ermüdenden Einfluß auf die Zuhörenden ausübe« und daß der Bewerber »im übrigen auf seinem jetzigen Posten in Zwiefalten ganz am rechten Platze« sei[45].

Von Ehingen, Schelklingen und Munderkingen sind keine Wahlprotokolle überliefert, weshalb der Verlauf der Wahl zur Nationalversammlung nicht mehr detailliert zu rekonstruieren ist. Auch den in diesem Zeitraum erschienenen Zeitungsberichten können allenfalls Hinweise auf Einzelergebnisse entnommen werden. So berichtete die »Ulmer Kronik« am 29. April 1848, daß Gfrörer in Ehingen fast alle 600 Stimmen erhalten habe. Diese Zahl dürfte jedoch ausschließlich auf das Stadtgebiet zu beziehen sein, da in der »Schwäbischen Kronik« vom Vortag die Meldung zu finden ist, Gfrörer habe dort – und hier dürfte es sich um das Gesamtergebnis des Abstimmungsortes gehandelt haben, zu dem sämtliche Wähler der im Dreieck Erbach, Kirchbierlingen und Granheim liegenden Ortschaften beigetragen hatten[46] – von 956 Stimmen 935 und Oehler als Ersatzmann 895 Stimmen errungen. Nach der Wahl mußten sich alle Kommissäre des Wahlbezirks in Ehingen zusammenfinden, wobei auch von diesem Treffen heute kein Protokoll mehr existiert. Das hierbei festgelegte Endergebnis wurde jedoch der Presse bekanntgegeben und ist dadurch überliefert[47].

Obwohl die Presse bereits in den Tagen vor der Wahl in Anbetracht der höheren Einwohnerzahl des Ehinger Oberamtsbezirks Gfrörers Sieg prophezeit hatte[48], mußten die Zeitgenossen von dessen Deutlichkeit überrascht gewesen sein. Die hohe Zustimmung von 67,5 Prozent aller Stimmen konnte nicht ausschließlich mit der Wählerschaft des Ehinger Oberamtsbezirks erklärt werden, auch aus dem Münsinger Bezirk mußten sich viele für ihn ausgesprochen haben. Überraschend dürfte weiterhin gewesen sein, daß Süskind mit so großem Abstand folgte und außerdem von Oberjustizrat Klett aus Ludwigsburg, einem Kandidaten, der zuvor weder bei den Volksversammlungen noch in der Presse in Erscheinung getreten war, deutlich überrundet wurde. Sehr wahrscheinlich hatten Süskinds Gegner zu diesem Ergebnis beigetragen. Der Münsinger Oberamtmann Scholl hatte wegen Süskinds republikfreundlicher Gesinnung wiederholt gegen ihn Stimmung gemacht, was in der kleinen Oberamtsstadt sicherlich nicht wirkungslos blieb[49], und zudem hatte er sich noch mit dem Tigerfelder Pfarrverweser Wilhelm in publizistische Streitigkeiten verwickelt[50]. Hinzu kommt, daß er offenbar sehr ehrgeizig war und seine Umgebung möglicherweise mit dieser Eigenschaft verprellte. Die »Ulmer Kronik« schrieb in diesem Zusammenhang, »die mehrjährige Jagd des Pfarrers Süskind um Abgeordnetenstellen« habe längst Abneigung erregt[51]. Man muß sich bewußt sein, daß diese Äußerung von Heinrich Elsner stammte, einem ausgesprochen monarchistischen und mit ihm verfeindeten Redakteur, allerdings finden sich auch in der umfassenden Süskind-Biographie von Lina Benz Hinweise auf seinen ausgeprägten Ehrgeiz[52]. Sicher ist jedoch, daß sich Süskind im Wahlbezirk Ehingen-Münsingen auf fremden Terrain bewegte. Er war vor allem in der Laichinger und Blaubeurer Region bekannt[53] und hatte dort auch seine Anhängerschaft, was nahelegt, daß er seine Stimmen vor allem im Abstimmungsort Schelklingen erhalten haben dürfte.

Der in Münsingen maßgeblich von Pfarrer Konrad Dieterich[54], einem engen Vertrauten Süskinds, ausgegangene Widerstand gegen Gfrörer hatte zunächst nicht erwarten lassen, daß sich dieser im gesamten Wahlbezirk als erfolgreich erweisen sollte. Sehr wahrscheinlich veranlaßte aber Gfrörers offizielle Religionszugehörigkeit auch große Teile der mehrheitlich auf der Schwäbischen Alb wohnenden Protestanten, ihm die Stimme zu geben. Andererseits empfahl ihn wiederum seine katholikenfreundliche Einstellung[55] im südlichen Teil des Wahlbezirks. Ausschlaggebend für seinen übergreifenden Erfolg dürfte aber seine politische Einstellung gewesen sein, die ein Spiegelbild der konservativ-konstitutionellen Grundhaltung der Bevölkerung darstellte. Die übrigen Abgeordnetenbewerber spielten bei der Wahl keine Rolle: Von Muschgay hatte am dritten Wahltag bei einer Veranstaltung in Münsingen den Rücktritt von seiner Kandidatur erklärt, nachdem er am 26. mit einer und am 27. April 1848 mit nur zwei Stimmen vernichtende Ergebnisse erhalten hatte[56]. Auch Sick und Nägele erschienen nicht in den Ergebnisberichten der Presse.

Bei der Wahl des Ersatzmanns erreichte Oehler mit 1 082 Mehrstimmen gegenüber dem zum Abgeordneten gewählten Kandidaten ein überwältigendes Ergebnis. Pfarrer Mack, der seine Stimmen fast ausschließlich aus dem Schelklinger Gebiet bezogen haben dürfte, landete weit abgeschlagen auf dem zweiten Platz. Auf dem dritten Rang folgte der Reutlinger Finanzkammerdirektor Johannes Werner, der Vater des damals weithin bekannten Reisepredigers und populären »Armenvaters« Gustav Werner[57].

August Friedrich Gfrörer vertrat vom 20. Mai 1848 bis zum 30. Mai 1849 den Wahlkreis Ehingen-Münsingen in der Frankfurter Nationalversammlung[58]. Er schloß sich während dieser Periode keiner Fraktion an und stimmte überwiegend mit dem rechten Zentrum. Als Großdeutscher war er ein entschiedener Gegner Preußens und lehnte bei der Abstimmung über das Reichsoberhaupt die Wahl Friedrich Wilhelms IV. zum deutschen Kaiser ab. Zur Stärkung des österreichischen Einflusses in Norditalien forderte er die Nationalversammlung auf, Venedig zur deutschen Reichsstadt zu erklären. Außerdem stellte er einen Antrag auf die Wiedervereinigung der katholischen und protestantischen Kirche.

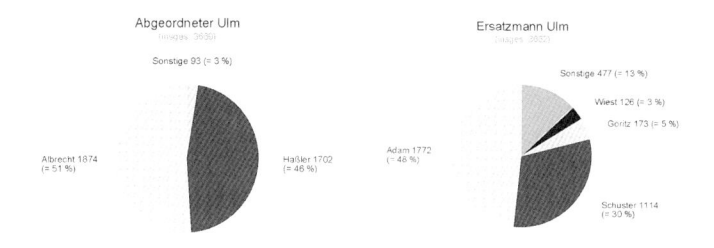

Abb. 19 und 20: In Ulm hatten sich die Wählerstimmen auf die beiden Hauptbewerber polarisiert. Ohne das Abstimmungsverhalten der Umlandgemeinden wäre Albrechts Wahlsieg noch deutlicher ausgefallen. Bei der Wahl des Ersatzmanns hatte im letzten Sektor eine stärkere Stimmenverteilung stattgefunden. Dort sind u. a. die Stimmen für Renz (67), von Hornstein (40) und Becher (34), aber auch die der Abgeordnetenkandidaten Albrecht (77) und Haßler (60) zusammengefaßt.

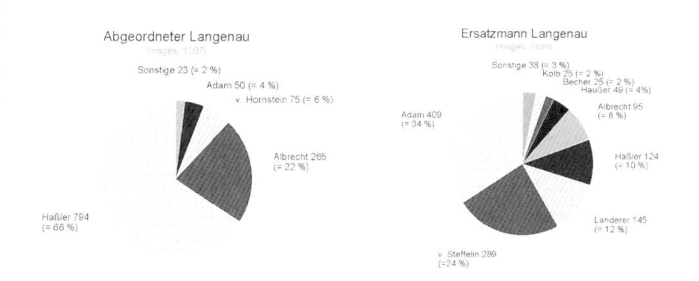

Abb. 21 und 22: Für sonstige Abgeordnetenkandidaten votierten im Abstimmungsort Langenau zwölf Prozent der Wähler und damit die höchste Quote im ganzen Wahlbezirk.
Im Gegensatz zum restlichen Wahlbezirk wurde hier mit Posthalter Christian Gottlob Kolb aus Nerenstetten, der außerdem noch neun Abgeordnetenstimmen erhielt, auch ein Mann aus dem Volk mit Stimmen bedacht.

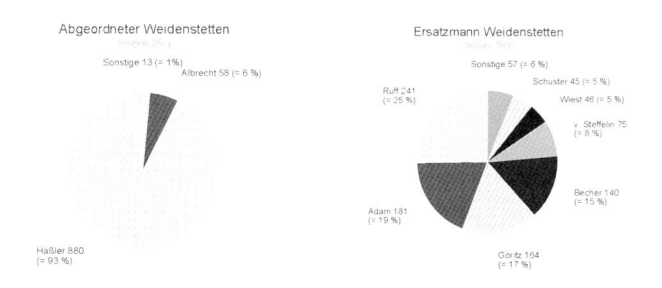

Abb. 23 und 24: In Weidenstetten errang Haßler sein zweitbestes Ergebnis im gesamten Wahlbezirk.
Adam mußte sich von dem aus der unmittelbaren Umgebung des Abstimmungsortes stammenden Verwaltungsaktuar Ruff aus Lonsee geschlagen geben.

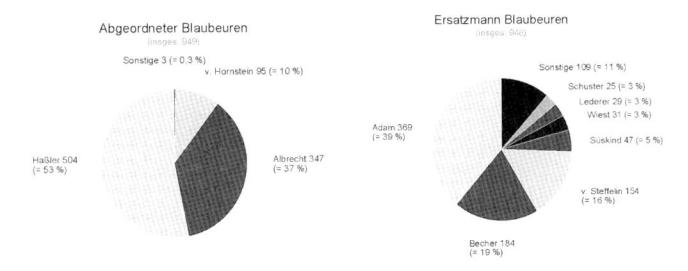

Abb. 25 und 26: Von den Ergebnissen im ländlichen Bereich des Stimmbezirks stellte das Blaubeurer für Albrecht noch das beste dar, allerdings blieb er auch hier deutlich hinter Haßler zurück.
In Blaubeuren erreichte Adam sein zweitbestes Ergebnis und verwies damit den hier populären Juristen Becher auf den zweiten Rang.

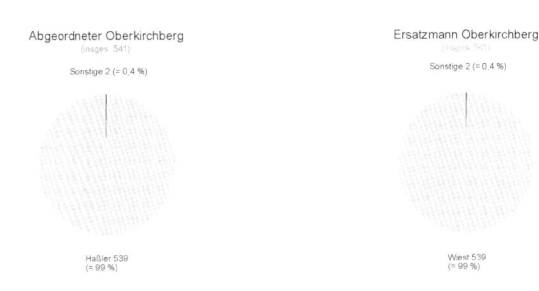

Abb. 31 und 32: Möglicherweise hatte Haßler nicht zuletzt seine Anwesenheit am ersten Wahltag dazu verholfen, in Oberkirchberg mit über 99 Prozent der Wählerstimmen ein absolutes Spitzenergebnis einzufahren. Albrecht und der eigentlich als Abgeordnetenkandidat zurückgetretene Wiest erhielten die restlichen Stimmen.
Das Ergebnis zur Wahl des Ersatzmanns fiel ähnlich einstimmig aus: Hier wie auch in Laupheim erhielt Wiest seine stärksten Ergebnisse.

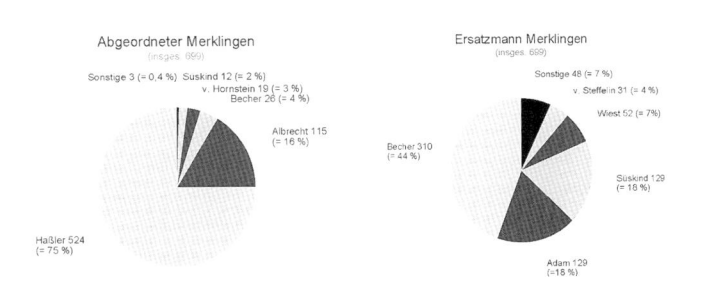

Abb. 27 und 28: Auch in Merklingen blieb der Republikaner Albrecht weit hinter Haßler zurück.
Im Merklinger Raum hatte sich Becher deutlich gegenüber Adam durchgesetzt, der mit dem Suppinger Pfarrer Süskind auf gleiche Stimmenzahl gekommen war.

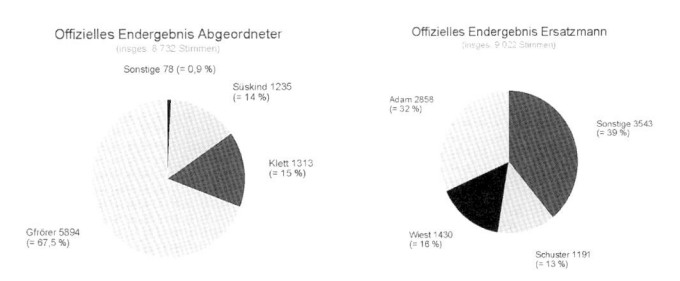

Abb. 33 und 34: Nach dem offiziellen Endergebnis hatte Haßler mehr als doppelt so viele Stimmen erhalten als Albrecht.
Obwohl weniger Personen vom Recht zur Wahl des Ersatzmanns Gebrauch gemacht hatten, wurde ihre Anzahl im offiziellen Endergebnis den Abgeordnetenwählern angeglichen.

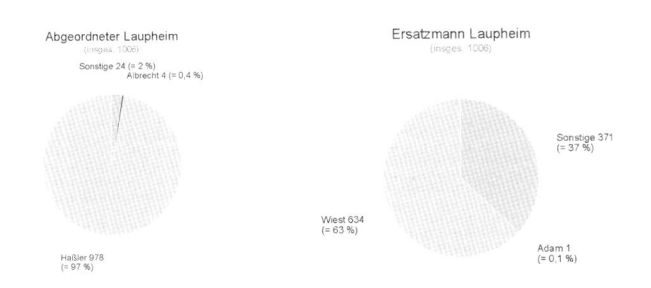

Abb. 29 und 30: In Laupheim erfuhr Haßler eine enorme Zustimmung, die nur noch von derjenigen in Oberkirchberg übertroffen wurde. Wegen des fehlenden Wahlprotokolls ist es nicht möglich, die Gruppe »Sonstige« näher aufzuschlüsseln.

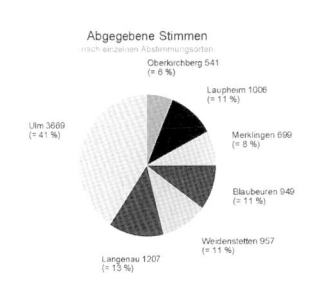

Abb. 35: Der Bezirk wurde zwar stimmenmäßig von Ulm dominiert, allerdings hatte sich das Umland durch sein weitgehend homogenes Wahlverhalten gegenüber der Stadt durchsetzen können.

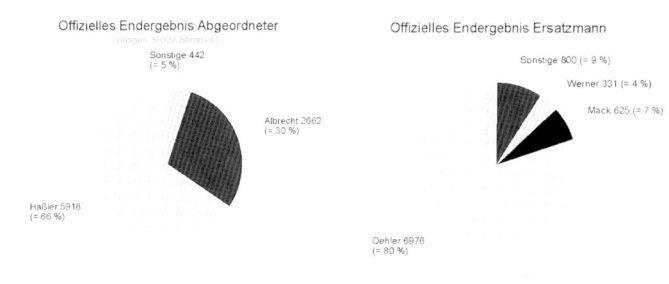

Abb. 36 und 37: Gfrörer wurde unangefochtener Sieger der Wahl zum Abgeordneten im Wahlkreis Ehingen-Münsingen.
Der Ersatzmann Oehler erhielt mehr Stimmen, als Gfrörer Abgeordnetenstimmen bekam. Die Gesamtzahl der Ersatzmannwahlstimmen ist unbekannt, jedoch dürfte sie derjenigen der Abgeordnetenwähler entsprochen haben. Die in der Graphik angegebenen Prozentanteile wurden unter dieser Annahme errechnet.

1 Da sich die Bewohnerzahl Württembergs seit Erstellung der Bundesmatrikel im Jahre 1819 aber auf 1 781 810 Personen erhöht hatte, wurden pro Wahlbezirk tatsächlich durchschnittlich 63 000 Bewohner erfaßt; vgl. *DB* v. 10.4.1848; *Bernhard Mann*, Die Württemberger und die deutsche Nationalversammlung 1848/49 (Beiträge zur Geschichte des Parlamentarismus und der politischen Parteien, Bd. 57) Düsseldorf 1975, S. 70.
2 *Reg.-Bl.*, Nr. 21 v. 14.4.1848.
3 Als Oberämter bzw. Kreise wurden damals die staatlichen Verwaltungsinstanzen auf der unteren und mittleren Ebene bezeichnet, heute vergleichbar den Landkreisen bzw. Regierungsbezirken.
4 *AA* v. 19.4.1848 ; *Reg.-Bl.*, Nr. 21 v. 14.4.1848.
5 *ULb* v. 12.4.1848.
6 Bei Kommunalwahlen existierte zwar kein Zensus; allerdings durften nur Gemeindebewohner mit Bürgerrecht daran teilnehmen, weshalb die zahlenmäßig größere Gruppe der Beiwohner regelmäßig vom Stimmrecht ausgeschlossen blieb. Die Ausübung des Landtagswahlrechts war ebenfalls an den Besitz des Bürgerrechts gebunden, wobei der hier wirksame Zensus für eine zusätzliche Abstufung des Wählerkreises sorgte (so bestimmten 1862 bei der Landtagstagswahl in Ulm die 10 Prozent wohlhabenderen Wähler zwei Drittel der Wahlmänner); vgl. dazu *Raimund Waibel*, Stadt und Verwaltung, in: Hans Eugen Specker (Hrsg.), Ulm im 19. Jahrhundert. Aspekte aus dem Leben der Stadt (Forschungen zur Geschichte der Stadt Ulm, Reihe Dokumentation, Bd. 7), Ulm1990, S. 292 f. und 304; *ders.*, Ein Jahrhundert wachsender Einflußmöglichkeiten und Partizipationsforderungen der Bevölkerung (1810–1918), in: Hans Eugen Specker (Hrsg.), Die Ulmer Bürgerschaft auf dem Weg zur Demokratie (Forschungen zur Geschichte der Stadt Ulm, Reihe Dokumentation, Bd. 10), Ulm 1997, S. 301.
7 Vgl. *Bernhard Mann*, Die Wahlen zur deutschen Nationalversammlung 1848 im Wahlkreis Hall-Gaildorf-Crailsheim, in: Jahrbuch des Historischen Vereins für Württembergisch Franken 53, N. F. 43 (1969), S. 110.

8 *Reg.-Bl.*, Nr. 21 v. 14.4.1848; der Begriff »Staatsbürger« besagte weiterhin, daß nur Württemberger und nicht Angehörige anderer Bundesstaaten im Königreich aktiv wählen durften; letzteren stand allerdings das passive Wahlrecht zu.
9 Vgl. *Handbuch der baden-württembergischen Geschichte*, Bd 3: Vom Ende des Alten Reiches bis zum Ende der Monarchien, hrsg. von Hansmartin Schwarzmaier u. a., Stuttgart 1992, S. 305.
10 *USp* v. 24.3. und 9.4.1848; *Blaumann* v. 14.4.1848.
11 *USp* v. 18.4.1848.
12 *Blaumann* v. 14.4.1848; *USp-Beilagen* v. 20.4.1848.
13 Im *ULb* v. 22.4.1848 setzte sich z. B. ein Arzt aus Kirchberg vehement für den Dellmensinger Schultheißen Walser ein. Längere Kandidatenauflistungen befinden sich u. a. in *USp* v. 19. und 20.4.1848.
14 *USp-Beilagen* v. 23.4.1848.
15 Detaillierte Beschreibungen der Presselandschaft und ihres Einflusses auf die Vorgänge 1848/49 im Ulmer Raum finden sich u. a. bei *Hermann Simon*, Geschichte der Ulmer Presse von den Anfängen bis zum Beginn des 20. Jahrhunderts, Diss. phil. München 1954 (masch.); *Wolf-Dieter Hepach*, Ulm im Königreich Württemberg 1810–1848. Wirtschaftliche, soziale und politische Aspekte (Forschungen zur Geschichte der Stadt Ulm, Bd. 16), Ulm 1979, S. 170 ff.; *Karin Weltin*, Die Ulmer Presse im Überblick, in: Hans Eugen Specker (Hrsg.), Ulm im 19. Jahrhundert. Aspekte aus dem Leben der Stadt (Forschungen zur Geschichte der Stadt Ulm, Reihe Dokumentation, Bd. 7), Ulm 1990, S. 472 und 477.
16 *USp-Beilagen* vom 22., 24., 25. und 29.4.1848; *AZ* v. 27.4.1848; *ULb* v. 29.4.1848.
17 *DB* v. 17.4.1848.
18 *DB* v. 22.4.1848; *USp* v. 23.4.1848.
19 *ULb* v. 26.4.1848.
20 *USp-Beilagen* v. 23.4.1848.
21 *DB* v. 25.4.1848. Der deutschkatholische Prediger Friedrich Albrecht stammte aus Schlesien und hielt sich erst seit zwei Jahren in Ulm auf.
22 *DB* v. 25.4.1848; *AA*, *ULb* und *USp* v. 26.4.1848.
23 Die Abwicklung und detaillierten Ergebnisse der Wahl können anhand von Protokollen nachvollzogen werden, die mit Ausnahme Laupheims für den Bezirk Ulm-Blaubeuren-Laupheim zentral vorliegen: StAU, B 000/1, Nr. 2.
24 Freundliche Auskunft des *Kulturamts Laupheim* v. 2.4.1998.
25 *USp* v. 27.4.1848.
26 *AA* v. 26.4.1848.
27 *USp* v. 29.4.1848.
28 Am 25. wurden in Langenau 778 Wähler und 779 Abgeordnetenstimmen und am 26.4.1848 424 Wähler und 428 Abgeordnetenstimmen registriert: StAU, B 000/1, Nr. 2.
29 Vgl. *Mann* (wie Anm. 7), S. 119.
30 Haßler wurden drei und Albrecht zwei Stimmen abgezogen, die das Gremium den »sonstigen Kandidaten« zuschlug: StAU, B 000/1, Nr. 2.
31 So wurden die Ersatzmannwähler formal in Ulm um sieben, in Langenau um acht, in Weidenstetten um zwei und in Blaubeuren um eine Stimme erhöht: StAU, B 000/1, Nr. 2.
32 *USp* v. 28. und 30.4.1848.
33 Vgl. *Mann* (wie Anm. 7), S. 119.
34 Sowohl bei der Veranstaltung im Münster als auch beim Treffen des Ulmer Nationalvereins am Abend des gleichen Tages in der »Krone« war öffentlich die Empfehlung ausgegeben worden, Adam als Ersatzkandidaten zu wählen: *AA* v. 26.4.1848.

35 Im Zusammenhang mit einer Darstellung über die Wahl zur Nationalversammlung im Gebiet des heutigen Alb-Donau-Kreises ist von Bedeutung, daß z. B. der nordöstliche Streifen von Oppingen bis Bräunisheim damals dem Oberamtsbezirk Geislingen zugehörig war und deshalb mit dem Wahlkreis Göppingen-Geislingen stimmte. Diesem wurden außerdem noch die dem Oberamt Münsingen angehörenden Orte Laichingen und Feldstetten zugeordnet. Als Teil des Oberamts Laupheim stimmte Dietenheim mit dem Wahlkreis Laupheim-Leutkirch-Biberach: *Reg.-Bl.,* Nr. 21 v. 14.4.1848.
36 *AlwBl* v. 21.4.1848.
37 Aberle hinterließ bei der Veranstaltung offenbar einen sehr guten Eindruck, da ihn anschließend mehrere Ehinger Bürger in der Presse als Kandidaten vorschlugen. Dieser dementierte jedoch wenige Tage später öffentlich jegliche politischen Ambitionen und empfahl erneut, Gfrörer zu wählen: *AlwBl* v. 18. bzw. 21.4.1848.
38 Vgl. *SchwKr* v. 20.4.1848; *USp* v. 21.4.1848.
39 *UKr* v. 21.4.1848.
40 *Blaumann* v. 21.4.1848; *UKr* v. 26.4.1848.
41 *UKr* v. 23.4.1848.
42 *AlwBl* v. 21.4.1848.
43 *SchwKr* v. 26.4.1848.
44 *SchwKr* v. 25. und 26.4.1848; Mack war ehemaliger Professor der katholischen Theologie in Tübingen. Wegen seiner Haltung in der Mischehenfrage war er nach Ziegelbach strafversetzt worden; vgl. *Mann* (wie Anm. 1), S. 382.
45 *UKr* v. 26.4.1848.
46 Eine Auflistung der Gemeinden, die in Ehingen abstimmten, befindet sich in *AlwBl* v. 21.4.1848.
47 *SchwKr* v. 1.5.1848.
48 *UKr* v. 23. und 26.4.1848.
49 Freundliche Auskunft von *Roland Deigendesch*, Leiter des Stadtarchivs Münsingen, v. 13.2.1998.
50 Zu den überwiegend aus konfessionellen Gründen geführten Auseinandersetzungen vgl. *Lina Benz,* Eduard Süskind (1807–1874). Pfarrer, Volksmann, Visionär (Europäische Hochschulschriften, Reihe 3, Geschichte und ihre Hilfswissenschaften, Bd. 668), Frankfurt a. M. u. a. 1995, S. 347 ff.
51 *UKr* v. 23.4.1848.
52 Vgl. *Benz* (wie Anm. 50), S. 341 und 350.
53 *UKr* v. 26.4.1848; vgl. *Benz* (wie Anm. 50), S. 341.
54 *SchwKr* v. 26.4.1848.
55 Gfrörer hatte sich schon seit langen Jahren innerlich vom Protestantismus entfernt und konvertierte 1853 zum Katholizismus; vgl. *Benz* (wie Anm. 50), S. 349.
56 *UKr* v. 30.4.1848.
57 Vgl. *Mann* (wie Anm. 1), S. 390.
58 Hierzu und zum folgenden Abschnitt vgl. *Rainer Koch* (Hrsg.), Die Frankfurter Nationalversammlung 1848/49. Ein Handlexikon der Paulskirchenabgeordneten, Frankfurt 1989, S. 182; *Niebour,* Biographisches über diese Abgeordneten, in: Thilo Schnurre (Hrsg.), Die württembergischen Abgeordneten in der konstituierenden deutschen Nationalversammlung zu Frankfurt am Main (Darstellungen aus der württembergischen Geschichte, Bd. 9), Stuttgart 1912, S. 110 f.

Herbert Hummel

Die Wahlen zum württembergischen Landtag 1848 bis 1850

Württemberg legte sich anläßlich der Verfassung von 1819 eines der modernsten und demokratischsten Wahlrechte Europas zu (selbstverständlich muß dies aus der damaligen Sicht betrachtet werden). Das Parlament bestand aus zwei Kammern: Die Erste Kammer war im wesentlichen dem Adel vorbehalten, sofern er im Alten Reich eine Stimme besessen hatte; weitere Mitglieder konnte der König erblich oder auf Lebenszeit ernennen. Die auf Lebenszeit ernannten Mitglieder konnten Bürgerliche sein, ihre Zahl war jedoch auf ein Drittel der Gesamtzahl beschränkt. Die Erste Kammer war streng monarchisch-konstitutionell gesinnt.

Die Zweite Kammer vertrat das demokratische Prinzip, zwar nicht in völliger Reinheit, denn 13 Abgeordnete wurden ausschließlich von der Ritterschaft gewählt; hinzu kamen der Kanzler der Universität Tübingen, der Bischof von Rottenburg, sechs evangelische und zwei katholische Prälaten. Die sieben »guten Städte« wählten je einen Abgeordneten. Jedes der 63 Oberämter stellte ebenfalls einen Abgeordneten. Die Mehrheit der Zweiten Kammer wurde folglich »demokratisch« bestimmt. Für unseren Raum bedeutete dies, daß die Stadt Ulm als »gute Stadt« einen Abgeordneten stellte und das Oberamt Ulm einen weiteren zu wählen hatte. Hinzu kamen die Abgeordneten der Oberämter Blaubeuren, Ehingen, Laupheim und Münsingen (insgesamt haben acht Oberämter Anteil am heutigen Alb-Donau-Kreis, im Schwerpunkt jedoch sind dies die vier genannten[1]).

Wählen freilich durften nur Männer über 25 Jahre. Sie mußten jährlich über 200 Gulden zur Steuer veranschlagt sein. Das hatte zur Folge, daß mehr als die Hälfte aller Erwachsenen vom aktiven Wahlrecht ausgeschlossen war – Frauen, Knechte, Tagelöhner! Allenfalls 12 bis 14 Prozent der gesamten Bevölkerung durften daher wählen. Gewählt wurde über Wahlmänner; dabei war festgelegt, daß die Zahl der Wahlmänner pro Ortschaft der siebte Teil der Wählerschaft betragen mußte.

Das Wahlverfahren zerfiel in mehrere Teile: Zunächst mußte die Zahl der Wahlberechtigten anhand der Steuerlisten ermittelt werden; daraus wurde die Zahl der Wahlmänner errechnet. Zwei Drittel dieser Zahl wurde für die Höchstbesteuerten reserviert. Danach wählten die Nicht-Bevorrechtigten aus ihren Reihen das restliche Drittel der Wahlmänner. Üblich war dabei, daß die Wahlmänner vor der Wahl erklärten, für wen sie bei der Abgeordnetenwahl stimmen würden. Zuletzt schritt man zur förmlichen Wahl in der Oberamtsstadt[2].

Am Beispiel Blaubeurens sei dies dargestellt. Blaubeuren besaß zum Zeitpunkt der Wahl ca. 2140 Bewohner. Davon verfügten 428 Männer über ein steuerbares Vermögen von mehr als 200 Gulden, folglich waren 61 Wahlmänner zu benennen, 41 davon qualifizierten sich als Höchstbesteuerte (dabei reichte der Betrag von 6.59 bis zu 116.46 Gulden). Schließlich wählten 386 Bürger die restlichen 20 Wahlmänner, denn das Wahlgesetz bestimmte, daß diejenigen Wahlmänner, die von vornherein feststanden, bei dieser Wahl nicht stimmberechtigt waren[3]. Der Anteil der Wahlberechtigten scheint groß gewesen zu sein, doch ist zu bedenken, daß in Blaubeuren kleinbürgerliches Gewerbe vorherrschend war. Diese kleinen Handwerker besaßen im allgemeinen ein Wohnhaus und überschritten so leicht die Steuergrenze von 200 Gulden. Auf dem Lande gab es wesentlich mehr Personen – Knechte, Tagelöhner, Seldner, die diesen Steuerwert nicht erreichten und folglich vom aktiven Wahlrecht ausgeschlossen waren.

Für modernes Denken muß dieses Wahlverfahren als ein reichlich ungleiches, die Wohlhabenden deutlich bevorzugendes Vorgehen gelten. »9,5 Prozent der Wahlberechtigten stellten 66 Prozent der eigentlichen Abgeordnetenwähler, die restlichen 90 Prozent nur ein Drittel!« entrüstet sich ein Historiker aus der Sicht von heute[4]. Dennoch muß das württembergische Wahlrecht von 1819 als zeitgemäß und modern angesehen werden, vergleicht man es mit den Wahlsystemen in anderen Ländern, sofern dort überhaupt gewählt werden durfte.

Vor den stürmischen Ereignissen des Frühjahrs 1848 fanden die verschiedenen Kammern zwar zu keinem geruhsamen, aber auch zu keinem allzu aufgeregten Nebeneinander.

Auch die Zusammenarbeit mit König Wilhelm I. war eher produktiv, denn der König verstand und förderte – bei allen monarchischen Vorbehalten – durchaus das Wohl seiner Untertanen. Daß man im Lande mit diesen Zuständen im allgemeinen zufrieden war, beweist allein schon der Umstand, daß man – als die Revolution 1849 gescheitert war – zu diesem (altbewährten?) Prozedere zurückkehrte, ohne daß sich darüber große Beschwerde im Lande erhoben hätte.

1844 war zum letzten Mal vor den Märzereignissen ein Landtag gewählt worden; reguläre Neuwahlen standen daher erst wieder für Ende 1850 an. Daraus wurde nichts. Die revolutionären Ereignisse zwangen zum Handeln. Der Landtag wurde aufgelöst, denn die Regierung hielt Neuwahlen für erforderlich, um den im Lande latent verbreiteten Umsturzgelüsten die Spitze zu nehmen.

Gewählt wurde zwischen dem 17. Mai und Anfang Juni 1848. Jedes Oberamt bestimmte den Termin der Wahl in eigener Regie und wählte einen Abgeordneten (so hat das Oberamt Biberach erst am 16. Juni gewählt). Im Oberamt Ulm waren zwei Abgeordnete zu wählen, einer für die Stadt und einer für das Amt (= die Landgemeinden).

Auffallend ist, daß sich bei dieser Wahl – im Gegensatz zu späteren – von einem Wahlkampf kaum die Rede sein kann. So begeistert war die allgemeine Stimmung für Demokratie und Vaterland – die Kandidaten der »Volksfreunde« kamen im ganzen Land zum Zuge. Im Oberamt Blaubeuren fuhr einer der entschiedensten Demokraten einen überwältigen Wahlsieg ein: August Becher (1816–1890). Mit 402 Stimmen besiegte er seinen Gegenkandidaten, den Markbronner Schultheißen Franz Anton Knupfer (1805–1874), der nur 26 Stimmen erhielt (der allerdings spät und nur zögerlich seine Kandidatur vorbereitet hatte). In Münsingen wurde Johannes Fallati (1809–1855) und in der Stadt Ulm Philipp Ludwig Adam (1813–1893) gewählt. Beide waren zudem Mitglieder der Paulskirche. Fallati wurde im April 1848 für den Wahlbezirk Nagold gewählt; Adam rückte für Konrad Dieterich Haßler (1803–1873) nach dessen Rücktritt im April 1849 als Ersatzmann nach. Beide gehörten zur gemäßigten, aber dennoch demokratischen Mitte.

In Ehingen wurde Felix Linder (1817–1885) Abgeordneter für den Oberamtsbezirk. Linder war ein überzeugter Volksmann, wie sein Wahlaufruf im Ehinger »Kreisboten« beweist[5]. Im Amt Ulm wurde Gemeindepfleger Konrad Friedrich Hauser (1801–1875) aus Langenau gewählt. Er, ein wohl eher konservativ-liberal einzuschätzender Mann, trat im politischen Richtungsstreit wenig hervor. Das Oberamt Laupheim wurde von Oberjustizprokurator Andreas Alois Wiest (1796–1861) aus Ulm vertreten. Wiest vertrat wie seine Brüder die Sache der katholischen Kirche; er gehört zu den Pionieren, die dem Katholizismus in der Folge von 1848 eine politische Basis schufen.

In den damaligen Wahlkämpfen kannte man noch keine Parteien im heutigen Sinne. Örtliche Komitees und Vereine schlugen Kandidaten vor – in der revolutionären Aufbruchstimmung des Frühjahrs 1848 war das Gefühl für Eintracht vorherrschend. Ferner fällt auf, daß man vor allem in kleineren Orten bemüht war, eine einheitliche Stimmabgabe zu erzielen; die Wahlmänner unterlagen einem gewissen öffentlichen Druck, so zu wählen, wie die Dorfgemeinschaft dies wünschte. Zwar war der Wahlmann nicht gebunden, aber seine Stimmabgabe war öffentlich, und er setzte sich bei mißliebiger Wahl der Kritik der Dorfgemeinschaft aus.

Ferner stand die Landtagswahl im Mai 1848 ganz im Schatten der Wahlen zur Nationalversammlung in Frankfurt. Von dort glaubte man die großen Entscheidungen erwarten zu dürfen. In dem Maße, wie sich die Verhandlungen in Frankfurt als schwierig und langwierig erwiesen, wich die optimistische Gestimmtheit des März, ungeduldig wartete die Bevölkerung auf positive Nachrichten. Sie blieben aus – einen, den konservativen Teil des Volkes lähmte dieser Zustand, ließ ihn resignieren und zu den alten Verhältnissen zurückführen; der andere wollte aufbegehren und mit weiteren revolutionären Schritten die demokratische Sache beschleunigen.

Vor allem im Herbst 1848, als nach dem Waffenstillstand von Malmö, der allgemein als schmählich empfunden wurde, die Ohnmacht der Nationalversammlung in der Paulskirche deutlich vor Augen trat, verschärfte sich die Diskussion. Der Umgangston wurde rauher, die Debatten polemischer. Die ursprünglich eher gemeinschaftlich operierenden Wahlvereine begannen sich in Parteiungen zu trennen. Dabei orientierten sich die Volksvereine am demokratischen Muster nach der Melodie »Fürsten zum Land hinaus«, die Vaterländischen Vereine blieben konservativ, hingen am sogenannten Bewährten, vor allem an der Monarchie, allenfalls gemäßigte politische Reformen strebten sie an. Dazwischen bildete sich mit den Liberalen eine mittlere Gruppierung, welche die bestehende Staatsform in eine parlamentarische Monarchie zu transformieren trachtete. Dazwischen gab es eine Menge von Übergängen. Nicht übersehen werden sollte, daß sich die Katholiken im Lande politisch zu organisieren begannen.

Der neu gewählte Landtag trat erst im Herbst 1848 in Stuttgart zusammen, er ist als »langer Landtag« in die württembergische Geschichte eingegangen, lang deshalb, weil sich die Sitzungsperiode bis in den Sommer 1849 hinzog, am 11. August wurde er aufgelöst. Er agierte durchaus liberal: Die Todesstrafe und körperliche Züchtigung wurden abgeschafft, die letzten Vorrechte des Adels beseitigt, die Zehnten abgelöst und ein neues demokratisches Gemeindewahlrecht geschaffen[6].

Am 1. und 2. August 1849 wurde die 1. verfassungsrevidierende Landesversammlung gewählt. Für kurze Zeit war dieses Gremium die einzige Vertretung des Volkes, denn die alte Erste Kammer hatte sich am 26. Mai 1849 selbst aufgelöst.

Diese parlamentarische Vertretung blieb jedoch Episode. Mehrheitlich demokratisch, kam sie rasch in Konflikte mit der Regierung, die nach wie vor vom König eingesetzt wurde. Im Dezember 1849 wurde die 1. verfassungsrevidierende Versammlung entlassen. Im Februar 1850 folgten Neuwahlen, die erneut von den demokratischen Volksvereinen gewonnen wurden. Die Konflikte zwischen Regierung und Versammlung nahmen an Schärfe zu, so daß im Herbst 1850 erneut zu wählen war. Auch diese dritte Versammlung wurde rasch aufgelöst, denn trotz geringer Wahlbeteiligung (30 Prozent) änderten sich die Parteiverhältnisse nicht; ebenfalls blieb es beim grundsätzlichen Dissens zwischen der Kammermehrheit und der königlichen Regierung.

Im März 1851 schließlich wurde nach dem alten Wahlrecht von 1819 eine Zweite Kammer gewählt, der König berief sogar eine neue Erste Kammer. Die Demokraten fügten sich, wohl aus der Einsicht, daß der revolutionäre Elan verpufft war, weil große Teile der Bevölkerung – insbesondere auf dem Lande – resigniert hatten bzw. Ziele, an denen sie primär interessiert waren, z. B. die Ablösung der Lasten, als erreicht ansahen.

Dem demokratischen Zwischenspiel entsprach ein neues Wahlrecht. In jedem Oberamtsbezirk war ein Vertreter zu wählen (nur Stuttgart erhielt zwei). Jeder Bürger über 25 Jahre, der zur direkten Staatssteuer im Jahr zuvor beigetragen hatte[7], war wahlberechtigt. In der Instruktion an die Ortsvorsteher wurde ausdrücklich betont, daß dies »bei Allen, welche im Jahr 1848/49 zu der Staatssteuer aus Grund-Eigenthum, Gefällen, Gebäuden, Gewerben, Capitalien, Besoldungen oder anderen den Besoldungen in der Steuer gleichgestellten Einkommen irgend einen, wenn auch noch so kleinen Beitrag geleistet haben, und auch im Jahre 1849/50 leisten« gelte[8]. Gewählt wurde nicht mehr über Wahlmänner, sondern direkt und geheim. Jede Stimme zählte gleich. Offensichtlich sollte der Kreis der Wahlberechtigten ausgeweitet werden, damit sich die Regierung in ein demokratisch unanfechtbares Licht setzen konnte. Sie wußte wohl aber auch um die Wahlmüdigkeit vor allem im ländlichen Bereich. In Wirklichkeit veränderte sich der Kreis der Wahlberechtigten kaum. Wieder diene uns das Oberamt Blaubeuren als Beispiel.

Bei der Wahl zum Landtag am 21. Mai 1848 nach altem Modus stimmten gerade 428 Wahlmänner ab; sie vertraten 2996 Wahlberechtigte. Im August 1849 waren über 3000 Personen wahlberechtigt (kaum mehr also); allerdings muß gesehen werden, daß jetzt die Wähler unmittelbar und geheim wählen konnten. Daß ein Ort geschlossen für einen Kandidaten votierte, gehörte nun der Vergangenheit an. Zudem gab es keine Wahlmänner 1. Klasse mehr, also Wahlmänner, die ihr Privileg aufgrund ihrer Steuerleistung besaßen.

Der Wahlkampf war erbittert[9], besonders in Blaubeuren, denn hier trat für den demokratischen Volksverein August Becher an. Becher war seit 1847 Abgeordneter für das

Oberamt, war in den Tagen des »Rumpfparlamentes« im Juni 1849 für kurze Zeit Mitglied der Reichsregentschaft geworden und als entschiedener Verfechter demokratischer Prinzipien vor politischer Verfolgung in die Schweiz geflüchtet. Von dort aus kandidierte er.

Die Konstitutionellen sahen ihre Chance und boten Obertribunalprocurator Friedrich Seeger (1798–1868) aus Stuttgart auf. Sie argumentierten wie folgt:
»3) hat Becher ganz offen darauf hingewirkt, unser Land in die badische Revolution zu verwickeln, so daß, wenn es nach seinem Willen gegangen wäre, unser Würtemberg wie das Badische Land auf Jahre ruiniert und zu Grunde gerichtet worden wäre, ein Unglück, vor welchem unsere Minister uns bewahrt und sich dadurch den großen Dank des ganzen Volkes verdient haben.
4) ist schon lange bei der gegenwärtigen Kammer die Genehmigung zur Verhaftung Bechers nachgesucht worden und dieselbe wird voraussichtlich nicht verweigert werden; auch hat ja Becher schon lange seinen Posten verlassen und ist ins Ausland geflohen.
5) Wollen wir nicht noch einmal wählen und Zeit und Geld doppelt aufwenden, was gewiß geschehen müßte, wenn Herr Becher gewählt würde, da er wegen der gegen anhängigen Criminal-Untersuchung nicht in die Kammer wird eintreten können; und endlich:
6) ist uns von den Verdiensten des A. Bechers um das Oberamt oder das Land durchaus nichts bekannt, als daß er durch immerwährende Opposition gegen die Regierung das Ministerium gehindert, das Land viel Geld gekostet hat und noch mehr gekostet hätte, wenn es nach seinem Willen gegangen wäre; wir können aber keinen Abgeordneten brauchen, der von Volksbeglückung spricht und Land und Volk an den Rand des Verderbens führt.«[10]

Die Volkspartei antwortete prompt: »Männer, welche den Herrn Seeger von Jugend auf genau gekannt haben, geben hierüber folgenden Aufschluß und urtheilen also über ihn: Nach seinem ganzen Wesen und Charakter besitze derselbe einen nicht geringen Ehrgeiz, aber desto weniger Festigkeit und Entschiedenheit, indem er sich immer zu denjenigen gehalten habe, welcher weder kalt noch warm, stets trachten, auf der Seite der herrschenden Macht zu stehen. ... In der Kammer vom Jahr 1845 gehörte Seeger zu denjenigen, welche 400 000 fl. verwilligt haben zum Bau eines Palais für den Kronprinzen, und zwar aus dem Grunde, weil es bedenklich wäre und schaden könnte, wenn man die Ungnade des Kronprinzen durch die Ablehnung dieses Bauwesens sich zuziehen würde!! ... Darum wohl aufgeschaut, und keine Wetterfahne gewählt; die taugt wohl auf den Kirchthurm, damit man sehen kann wie der Wind wehet, aber nicht in die Kammer nach Stuttgart, und jetzt gerade am allerwenigsten, wo der Wind bereits gegen die Volkssache sich gewendet hat. Bleibet treu dem Mann, der um seiner Ueberzeugung und um der deutschen Volkssache willen verfolgt wird.«[11]

Wie sehr im Wahlkampf auch an ehrabschneidenden Worten nicht gespart wurde, zeigen die Auseinandersetzung im Oberamt Laupheim. Der Dellmensinger Schultheiß Xaver Walser trat als Herausforderer des bisherigen Abgeordneten Andreas Alois Wiest auf. Dessen Partei versuchte nun die Reputation des Walser zu beschädigen: »Unstreitig ein braver Mann ... aber Mangel an Kenntnissen und Fähigkeiten ... Nach unserer Ansicht gehen dem H. Walser nicht nur die gewöhnlichen Schulkenntnisse ab, sondern er scheint sowenig mit klarem Verstand gesegnet zu sein ... gänzlich unfähiger Mann ... Als unmündig aber müßte der Oberamtsbezirk Laupheim erklärt werden, wenn ein Mann, wie Walser, der dem schwächsten unter den schwachen der bis jetzt gewählten Abgeordneten das Wasser nicht bieten und dessen ganze Thätigkeit nur im Ja- und Neinsagen bestehen kann, in die Kammer geschickt würde.«[12]

Die Wähler freilich beeindruckte diese böse Invektive nicht sonderlich. Sie kannten Schultheiß Walser besser und wählten ihn in die Landesversammlung. Auch in den beiden folgenden Wahlen behauptete er sein Mandat.

Das Wahlergebnis, wie in der folgenden Tabelle ersichtlich, fiel im Lande ganz im Sinne der Volkspartei aus. Überall im Lande setzte sie ihre Kandidaten durch, so auch in den Oberämtern, die heute den Alb-Donau-Kreis bilden:

	Bevölkerung	Wahlberechtigte	Wähler	Demokraten	andere
Blaubeuren	18 157	3 003	1 794	1 368	425
Ehingen	25 093	4 535	2 515	1 168	772
Münsingen	21 304	4 351	2 376	1 806	536
Ulm	36 577	6 728	4 043	2 359	1 588
Württ.	1 761 813	290 933		172 747 (=59,4%)[13]	

August Becher gewann in Blaubeuren überlegen und lehnte die Wahl ab. Sofort setzte der Wahlkampf erneut ein. Während die Volkspartei nach einen neuen Kandidaten suchte, betonten die Konstitutionellen, recht gehabt zu haben, und waren entrüstet[14].

Karl Nüßle, der Löwenwirt von Blaubeuren, trat für die Volkspartei auf den Plan und beging einen kapitalen Fehler. Er war wohl ehrlich, als er bekannte, was »mir hauptsächlich abgeht: genaue Gesetzeskunde, genaue Kenntniß der Geschichte, und glänzende Beredsamkeit.«[15] Die Gegenpartei hakte bei diesem Eingeständnis ein und in der Folgezeit entwickelte sich ein munterer Anzeigenkrieg. Überdeckt durch gleichzeitige Wahlen zum Stadtrat in Blaubeuren, brach die öffentliche Auseinandersetzung vehement los. Nüßle resignierte schließlich zugunsten von Oberjustizassessor Oesterlen aus Stuttgart. Gewählt wurde der katholische Stadtpfarrer Philipp Frank (1803–1866) aus Schelklingen. Der »Blaumann« berichtete über das Ergebnis lapidar: »Stadtpfarrer Frank ist mit einer Mehrheit von 89 Stimmen gewählt.« Gleichzeitig beklagte er die geringe Wahlbeteiligung: »Kaum die Hälfte.«[16]

In Münsingen durfte Eduard Süskind Genugtuung darüber empfinden, daß seine Wähler dem Innenminister und eigentlichen Regierungschef Gustav von Duvernoy (1802–1890), der gezielt gegen den entschiedenen Volksmann Süskind aufgeboten worden war, eine herbe Abfuhr erteilten (1806 zu 536 Stimmen)[17].

In Ulm setzte sich der demokratische Redakteur Ludwig Seeger (1818–1895) mit 2359 Stimmen deutlich gegen Philipp Ludwig Adam (1588 Stimmen) durch. Auch hier war ein erbitterter Wahlkampf vorausgegangen.

Ehingen sah einen besonders denkwürdigen Wahlkampf. Die »Schwäbische Kronik« schrieb: »Wenn ungefähr in dem hiesigen Oberamte, das als das allerkonservativste im Königreich Württemberg bekannt ist, ein Radikaler als Abgeordneter zur Revision der Staatsverfassung gewählt wird, so ist die Ursache in der Spaltung der konservativen Partei zu suchen.« Oberamtsrichter Anton Boscher (1814–1887) aus Laupheim und Domkapitular Anton Oehler (1810–1879) standen sich im katholisch-konservativen Lager gegenüber. »Während nun diese zwei Parteien sich nicht nur nicht vereinigen, sondern in den Lokal-, Extra – und anderen Blättern und Blättchen zur Belustigung des Publikums sich weidlich durchhecheln und herumschlagen, so ist es gar nicht unwahrscheinlich, daß der dritte, radikale Bewerber, der Ehinger Präzeptor Feyl (1810–1860), den Sieg davon trägt.«[18]

So kam es auch. 2515 Wahlberechtigte stimmten ab, Feyl erhielt 1168, Boscher 772, Oehler 564 Stimmen[19]. Religiöse Engstirnigkeit war die Ursache, daß im »allerkonservativsten« Wahlkreis ein radikaler Demokrat gewählt wurde. Anton Boscher war mit einer evangelischen Frau verheiratet und ließ seine Kinder in diesem Glauben erziehen. Dies war Grund genug für die Ablehnung seiner Person in entschieden katholischen Kreisen. Diese boten nun Domkapitular Oehler aus Rottenburg als Gegenbewerber auf; und gegen Boscher wurde heftig öffentlich agitiert. »Billig frägt man, warum bringt er seine Kinder um des Vaters Confession? ... Veranlaßt er nicht selbst zu der Frage, warum ist er so früh als Oberamtsrichter angestellt worden? Setzt er sich nicht dem Verdachte aus, er wolle sein und seiner Kinder Glück im ›württembergischen Verwandtschaftshimmel‹ ... gründen? Müssen dann die Leute nicht nothwendig fragen, ob der Bandwurm des vormärzlichen Büreaucratengeistes ausgestorben sei oder nicht? ... Warum will Boscher durchaus gewählt sein? Warum hat er so eifrige Gehülfen? Mitbürger! wisset ihr, wer die sind, welche euch um jeden Preis für Boscher gewinnen wollen? Trauet nicht. Wählt den unabhängigen und in aller Beziehung höher stehenden Oehler!«[20]

Wie neutral der »Volksfreund für Oberschwaben« berichtete, zeigt ein Bericht über eine Wahlversammlung in Oberdischingen, auf der Boscher und Oehler gegeneinander auftraten. »Es wurde vorgeschlagen und besprochen, zuerst Boscher, dann Oehler. Boscher fand nicht den mindesten Anklang; kaum eine Stimme außer der seines Redners wurde für ihn vernommen. Lauten Beifall dagegen fand der Vorschlag Oehlers; ... Man darf wohl sagen, die Sache Boschers ist jetzt verloren, und es handelt sich blos mehr um Oehler oder Feyhl. Feyhl scheint im obern Bezirk wirklich manche Sympathien für sich zu haben; seine Partei war auch in der Versammlung vertreten und es nahm für ihn ein Bürger, der seines Zeichens Pfannenflicker oder so was sein soll, zu allgemeiner Heiterkeit das Wort.«[21]

Der radikale Dritte – Feyl – durfte sich über den Bruderzwist im konservativen Lager freuen. Dort war der Verdruß über die selbst aus Nickeligkeit verschuldete Niederlage groß und hielt auch nach der Wahl einige Zeit lang an. Die konservativ-katholische Grundtendenz des Wahlkreises blieb freilich erhalten.

Das Land hatte demokratisch gewählt. Die Vertreter der Volksvereine hatten sich mehrheitlich durchgesetzt. Politisch erreichen konnte diese Mehrheit freilich wenig, denn zu schroff standen sich in der Folgezeit Landesversammlung und Regierung gegenüber. Etliche Verfassungsentwürfe wurden vorgelegt und diskutiert – keiner sollte Wirklichkeit werden. Am 1. Dezember 1849 trat die 1. verfassungrevidierende Versammlung feierlich zusammen, am 22. Dezember wurde sie bereits wieder aufgelöst.

Bei der Wahl zur 2. Landesversammlung am 17. Februar 1850 konnte sich Eduard Süskind in Münsingen durchsetzen, aber sein Stimmenanteil (1621) war gesunken, der Gegenkandidat Walz kam auf 1039 Stimmen. Ehingen wählte wieder den Präzeptor Feyl, in Ulm gewann wieder Ludwig Seeger. In Blaubeuren dagegen setzte sich bei dieser Wahl Löwenwirt Karl Nüßle gegen den Schelklinger Stadtpfarrer Philipp Frank durch (1236 zu 912 Stimmen). Ein kurzer hitziger Wahlkampf war vorausgegangen. Einige Kostproben: »Um das Volk zu vertreten und zum Wohl des Volkes zu wirken, genügt es nicht, demokratische Ansichten zu haben und den Beobachter [Zeitung der Volkspartei] zu widerkäuen. Mündliche Ansprache und Erwiederung lassen allein die geistige Fähigkeit beurtheilen. Dazu scheint Herr Nüßle keine Lust zu haben aus ganz einfachen Gründen und darum beehrt er uns Wahlmänner mit einem gedruckten Papier.«[22] – »Die Vögel aber, die es weder mit der einen noch der anderen Partei halten, die weder kalt noch warm, weder für noch gegen sind, die blos zuwarten, woher der Wind kommt, um den Mantel danach zu hängen, die den Grundsatz haben: ›im Dunkeln ist's gut munkeln‹, diese Vögel kennt man, für die gilt das Sprichwort: ›Ma woißt no schau!‹ Das, was diese Herren an Herrn Frank so rühmen, seine ›Unabhängigkeit irgend einer Partei gegenüber‹, ist eine eben so freche als dumme Lüge.«[23]

Im September 1850 mußte erneut gewählt werden; Landesversammlung und Regierung konnten sich nicht einigen, von der Regierung scheint dies provoziert gewesen zu sein. Die Wahlverdrossenheit ist überall zu erkennen: Nach ruhig verlaufenem Wahlkampf gingen im Oberamt Blaubeuren von 3150 Wahlberechtigten nur 1782 zur Wahl; dies war noch ein recht hoher Wert, denn im Lande betrug die Wahlbeteiligung nur noch 30 Prozent[24]. Karl Nüßle verteidigte sein Mandat (782) gegen Stadtpfarrer Frank (742). Eduard Süskind siegte leicht über den feinsinnig-konservativen Literaten Wolfgang Menzel (1796–1873), den die »Constitutionellen« ausgerechnet im ländlichen Oberamt Münsingen aufgestellt hatten. Aber gerade am Beispiel des Oberamtes Münsingen läßt sich gut beweisen, wie wenig es als attraktiv galt, zum Wählen zu gehen – von 4089 Stimmberechtigten gaben gerade 1543 ihre Stimme ab. Süskind erhielt 1062, Menzel 210 Stimmen, der Rest verteilte sich[25].

Eine Niederlage erlitten die Demokraten im Oberamt Ulm. Redakteur Ludwig Seeger verlor gegen den Ulmer Oberjustizrat August Walther (1805–1885) bei relativ hoher Wahlbeteiligung mit 1506 zu 1735 Stimmen deutlich[26]. Auch im Oberamt Ehingen war man recht wahlmüde. Bei der Wahl zur 2. Landesversammlung waren noch 3011 Stimmen abgegeben worden, jetzt gingen nur noch 1236 Männer zur Wahl. Gewählt wurde der Rechtskonsulent Eduard Franz Scheffold (1808–1873) aus Ehingen mit 450 Stimmen, Linder unterlag mit 282 Stimmen und für den Demokraten Zürn votierten nur 265 Wähler (Feyl hatte nicht mehr kandidiert).

Auch die 3. Landesversammlung konnte sich mit Regierung

und König nicht einigen, auch sie verfiel der raschen Auflösung. Im April 1851 wurde wieder nach dem alten Wahlrecht von 1819 gewählt. Für die Stadt Blaubeuren, die über 426 wahlberechtigte Bürger stellte, wählten folglich wieder 61 Wahlmänner[27]. Natürlich begünstigte dies die Parteiungen, welche die Regierung unterstützten oder als »Mittelpartei« zur Verständigung mit der Regierung neigten, wie es auch im allgemeinen geschah. Im heutigen Alb-Donau-Kreis setzte sich jedoch die Volkspartei durch.

In der Stadt Ulm votierten von 306 Wahlmännern 151 für Ludwig Seeger, sein Gegner Walther erhielt nur 92 Stimmen, der Rest war zersplittert. Im Oberamt Ulm wurde der Schmied und Schultheiß von Beimerstetten, Johann Georg Ott (1792–1865) gewählt, – ein Volksmann, jedoch konservativen Zuschnitts. Eduard Süskind gewann erneut die Wahlmänner des Oberamtes Münsingen (von 551 stimmten 308 für ihn). In Blaubeuren siegte Karl Nüßle gegen Bürgermeister Philipp Scheitenberger aus Schelklingen recht knapp mit 231 zu 226 Stimmen.

In Ehingen kündigte sich mit der Wahl des Esslinger Oberjustizrats Alois Wiest (1810–1890) eine neue folgenschwere Entwicklung an: die konfessionelle Spaltung der demokratischen Bewegung. Zwar war die Frage, welcher religiösen Richtung ein Kandidat angehörte, schon zuvor stets ein Kriterium gewesen, an dem sich die Stimmabgabe orientierte. Die Deutschkatholiken waren bereits 1848 aufgetreten, ihr Wirkungskreis beschränkte sich jedoch auf die Städte. Nach der gescheiterten Revolution sammelten sich die katholischen Demokraten in der »Landespartei« – und Alois Wiest engagierte sich in dieser Richtung –, die sich 1892 dem Zentrum, der katholischen Partei auf Reichsebene, anschloß. Für die demokratische Entwicklung im Lande ein ungünstiger Schritt, denn die demokratischen Kräfte zersplitterten sich konfessionell.

Bereits bei der Wahl zur 2. verfassungrevidierenden Versammlung im Februar 1850 hatte sich diese Tendenz angekündigt. Das Wahlergebnis – aufgeschlüsselt nach den sieben Wahlbezirken des Blaubeurer Oberamtes, zeigt deutlich, wie bestimmend das konfessionelle Moment war. Löwenwirt Nüßle aus Blaubeuren gewann die mehrheitlich evangelischen Dörfer, Stadtpfarrrer Frank behauptete sich im katholischen Teil des Oberamtes.

	Frank	Nüßle
Blaubeuren (ev.)	43	486
Schelklingen (kath.)	234	70
Ringingen (kath.)	190	69
Arnegg (kath.)	156	88
Tomerdingen (kath.)	186	11
Bermaringen (ev.)	84	185
Merklingen (ev.)	59	327
	912	1236[28]

In den Jahren danach blieben die Münsinger und Blaubeurer Oberämter, sofern die Orte mehrheitlich protestantisch waren, eine Hochburg der Volkspartei; der demokratische Elan war jedoch recht gedämpft. Das agrarischen Württemberg erlangte bescheidenen Wohlstand, die Ablösung lehnsrechtlicher Gefälle setzte die Bauern nun in das volle Eigentum ihrer Äcker und Wiesen. Gedankt wurde dies der Staatsspitze, der Regierung und letzlich dem »guten« König Wilhelm.

Wie wahlmüde man in der Folgezeit gerade auf dem Lande wurde, zeigt eine Episode aus Sonderbuch. 1868 wollte in Sonderbuch niemand mehr zur Wahl gehen, so daß der Gemeinderat jedem Wähler 12 Kreuzer zahlte. Zwei Jahre später mußte die »Prämie« wieder zurückgezahlt werden, weil die vorgesetzte Behörde diese Maßnahme als ungesetzlich rügte.[29]

»Einigkeit und Recht und Freiheit« – unter diesem Ziel war die Volksbewegung der Jahre 1848/49 angetreten. Der idealistisch gutgesinnte Wille jedoch konnte die realen, historisch gewachsenen Verhältnisse nicht überwinden. Am Dualismus zwischen Preußen und Österreich, an deren Gegensatz, aber auch an der Liebe beider deutschen Großmächte zum Frieden, scheiterte die Paulskirche. Ohne eine kriegerische Auseinandersetzung – ein Bismarck führte dann die Kriege von 1866 und 1870/71 – war eine Einheit im Zentrum Europas nicht zu erreichen; keine andere europäische Großmacht hätte ein übermächtiges, einheitliches und zentral geführtes Deutschland zugelassen.

Andererseits war der vorherrschende Wunsch nach nationaler Einheit allgemein verbreitet. Das zeigt hier im Raum das massive Interesse an den Vorgängen in Schleswig-Holstein, das streng antidänisch, also deutsch-national geprägt war. Daher konnte die kleindeutsche Lösung – ein Deutschland unter preußischer Führung – die nationale Sehnsucht befriedigen, war sie doch militärisch gegen Frankreich 1870/71 erzwungen worden, gegen ein Land, von dem in der Vergangenheit zahllose Truppendurchzüge und Drangsale ausgegangen waren. Wie sehr man den französischen Nachbarn fürchtete, zeigt die massenhysterische Aufwallung am sogenannten »Franzosensamstag«. Der Sieg über Frankreich und die erreicht geglaubte Sicherheit in Preußen-Deutschland zeitigte in Württemberg eine grenzenlose Zustimmung zum neuen Deutschen Reich.

Gegen diesen begeistert gefeierten nationalen Aufbruch gerieten die demokratisch gesinnten Kräfte im Lande ins Hintertreffen. Sie übten wohl Selbstkritik und resignierten, denn sie hatten die nationale Frage 1848/49 nicht lösen können. Daß die nationale Frage im Sinne der Monarchen entschieden wurde, macht die Tragik der deutschen Demokraten aus.

1 Vgl. *Manfred Poh*, Territorialgeschichte des Alb-Donau-Kreises und der Stadt Ulm, Ulm 1988. S. 52 f.
2 Vgl. *Hartwig Brandt*, Parlamentarismus in Württemberg 1819–1870. Anatomie eines deutschen Landtages, Düsseldorf 1987, S. 33 ff.
3 *StAB*, Wahlakten Landtagswahl 1848.
4 *Raimund Waibel*, Ein Jahrhundert wachsender Einflußmöglichkeiten und Partizipationsforderungen der Bevölkerung, 1810–1918, in: Hans Eugen Specker (Hrsg.), Die Ulmer Bürgerschaft auf dem Weg zur Demokratie (Forschungen zur Geschichte der Stadt Ulm, Reihe Dokumentation, Bd. 10), Ulm 1997, S. 302.
5 *Kreisbote* v. 12.5.1848.
6 Vgl. *Paul Rotmund/Erhard Wien* (Hrsg.), Die F.D.P./DVP in Baden-Württemberg und ihre Geschichte. Liberalismus als politische Gestaltungskraft im deutschen Südwesten (Schriften zur politischen Landeskunde Baden-Württembergs, Bd. 4), Stuttgart 1978, S. 26.
7 *Reg.-Bl.*, Nr. 32 v. 29.6. 1849, S. 229 ff.
8 *Reg.-Bl.*, Nr. 35 v. 3.7.1849, S. 250.
9 Vgl. *Bernhard Mann*, Die Württemberger und die deutsche Nationalversammlung 1848/49 (Beiträge zur Geschichte des Parlamentarismus und der politischen Parteien, Bd. 57), Düsseldorf 1975, S. 353 ff.
10 *Blaumann*, Nr. 58 v. 27.7.1849.
11 *Blaumann*, Nr. 58 v. 27.7.1849 (Beilage).
12 *Amts–und Intelligenzblatt für das Oberamt Laupheim* v. 1.9.1849.
13 Nach *Mann* (wie Anm. 9), S. 411.
14 *Blaumann*, Nr. 62 v. 10.8.1849.
15 *Blaumann*, Nr. 63 v. 14.8.1849 (Beilage).
16 *Blaumann*, Nr. 78 v. 5.10.1849.
17 *SchwKr*, Nr. 187 v. 5.8.1849.
18 *SchwKr*, Nr. 185 v. 3.8.1849.
19 *SchwKr*, Nr. 187 v. 5.8.1849.
20 *VfO*, Nr. 60 v. 31.7.1849.
21 *VfO*, Nr. 60, v. 31.7.1849.
22 *Blaumann*, Nr. 13 v. 12.2..1850.
23 *Blaumann*, Nr. 14 v. 15.2.1850.
24 Vgl. *Günter Cordes*, Württembergischer Landtag bis 1918, in: Von der Ständesversammlung zum demokratischen Parlament. Die Geschichte der Volksvertretungen in Baden-Württemberg, hrsg von der Landeszentrale für politische Bildung Baden-Württemberg, Stuttgart1982, S. 139.
25 *SchwKr* v. 25.9.1850
26 *SchwKr* v. 25.9.1850.
27 *Blaumann*, Nr. 25 v. 28.3.1851.
28 *Blaumann*, Nr. 16 v. 22.2.1850.
29 Vgl. *Martin Weingardt/Jörg Martin* (Hrsg.), Spuren eines Dorfes. Sonderbuch 1294–1994, Dettingen/Erms 1994.

Ludwig Ohngemach

Die Ereignisse der Jahre 1848/49 in Ehingen (Donau)

Die Anfänge der Politisierung im Jahr 1848

Die Kunde von der Februarrevolution in Paris drang zwar auch bis Ehingen und in das gleichnamige Oberamt, zunächst aber blieb alles völlig ruhig, was den Oberamtmann vor dem Hintergrund der Ereignisse in einigen nordwürttembergischen Oberämtern (Neckarsulm, Öhringen etc.) veranlaßte, in der Lokalpresse die »gute Gesinnung seiner Amtsangehörigen« ausdrücklich zu loben[1].

Bereits am 4. März hatten die bürgerlichen Kollegien, also Stadtrat und Bürgerausschuß, ihre »Ergebenheit an König und Vaterland« beteuert[2]. Das politische Interesse der Bürgerschaft Ehingens wird aber erst Mitte März stärker greifbar. Nachdem zunächst Rechtskonsulent Niethamer öffentliche Vorträge, insbesondere über das württembergische Verfassungsrecht angeboten hatte, beriefen einige Bürger, darunter Professoren des hiesigen Gymnasiums und der Postverwalter Felix Linder[3], auf den 12. März eine Bürgerversammlung auf den Platz vor dem Rathaus ein[4]. Linder war damals auch Mitglied im Bürgerausschuß[5]. Schon bei dieser ersten Bürgerversammlung brachten die Initiatoren die Gründung eines Bürgervereins ins Gespräch, der dem Austausch über äußere und innere politische Verhältnisse sowie über städtische Angelegenheiten ein Forum bieten sollte. Anläßlich der sogenannten »Ersten Bürgerversammlung« am 19. März 1848 kam es dann zur Gründung dieses Bürgervereins[6]. Am darauf folgenden Montag, dem 20. März, konstituierte sich der Vorstand. Den Vorsitz übernahm Professor Gustav Erhardt[7]. Außerdem formulierte man Vereinsstatuten, die mit 54 Unterschriften bekräftigt wurden. Man war sich einig, am konstitutionellen Königtum festhalten zu wollen. Als Zweck des Vereins wurde die Verbesserung der Lage des Bürgers auf gesetzlichem Wege genannt. Dazu sollte über die innere und äußere Politik, die städtischen Angelegenheiten, Stadtrats- und Bürgerausschußwahlen und eventuelle Gebrechen der städtischen Verwaltung gesprochen werden[8]. Tatsächlich beschäftigte sich der Verein bei seinen verschiedenen Bürgerversammlungen mit Wahlen zu den Stadträten, im April mit den Wahlen zur Nationalversammlung in Frankfurt, aber auch mit Themen, die in keiner Weise politische Bedeutung für sich in Anspruch nehmen konnten[9]. Der Bürgerverein zählte im April 1848 115 Mitglieder[10].

Für große Beunruhigung sorgte am 25. März 1848 das Gerücht über einen bevorstehenden französischen Einfall (»Franzosensamstag«). Man wähnte die feindlichen Truppen bereits im badischen Oberland und im württembergischen Schwarzwald. Nach einem chronikalischen Bericht sollen damals schon am frühen Morgen 400 Mann Infanterie von Ulm nach Ehingen verlegt worden sein[11].

Von alters her war die Mitgliedschaft in den städtischen Gremien lebenslang gewesen. Dies änderte sich nun. Nach dem Rücktritt von fünf Mitgliedern des Stadtrates, die auf dieses Vorrecht verzichten wollten, erfolgte Anfang April die Wahl von deren Nachfolgern[12]. Seit August waren die Stadtratssitzungen in Ehingen zudem öffentlich[13].

Bei den Wahlen zur Frankfurter Nationalversammlung, die Ende April 1848 stattfanden, setzte sich im sechsten Wahlbezirk des Donaukreises Professor Gfrörer, Freiburg, durch. Er, wie sein Ersatzmann Oberkirchenrat Dr. Oehler, Stuttgart, gehörten zu den Konservativen[14].

Aus den Wahlen zur Zweiten Kammer der Ständeversammlung in Stuttgart am 18./19. Mai 1848 ging Postverwalter Felix Linder als Sieger hervor. Stadtschultheiß Wizigerreuter, seit 1844 Abgeordneter des Ehinger Bezirks, hatte nicht mehr kandidiert[15]. Linder gehörte – wie erwähnt – zu den Gründern des Bürgervereins und saß in dessen Vorstand. Schon vor seiner Wahl hatte er seinen Wählern einige Versprechungen gemacht, offenbar aber wenig realisiert[16]. Dagegen hielt er den Nutzen von »Preßfreiheit, Volksbewaffnung [und] Versammlungsrechten« für den Bürger erklärtermaßen für gering. Und bevor er Anfang September zur Ständeversammlung nach Stuttgart abreiste, setzte er eigens eine Versammlung an, um erneut die Wünsche seiner Wähler (Kommittenten) zu erfahren[17]. Diese Bemühungen konnten jedoch nicht verhindern, daß ihm am 6. Oktober eine sogenannte »Katzenmusik« dargebracht wurde, wobei insbesondere einige Ehinger Gastwirte – vielleicht auch aus anderen als politischen Gründen – an führender Stelle beteiligt waren. Man warf Linder seine Haltung in der Frage des Kammergutes für den König vor, sowie, daß es ihm nicht gelungen sei, nach Ehingen eine Kaserne zu bekommen. Der Tumult zog eine gerichtliche Untersuchung nach sich, in deren Folge u. a. die Wirte von »Scheibe«, »Traube« sowie Bierbrauer Sprießler mit einer Geldstrafe belegt wurden[18].

Auf ein Anwachsen der Spannungen deutet, daß das Oberamt im Juni 1848 einen Erlaß des Innenministeriums publizierte, in dem die Bürgerschaft unter Hinweis auf republikanische Aktivitäten, aufgefordert wurde, von hochverräterischen Unternehmungen Meldung an die Behörden zu machen[19].

Als die Nationalversammlung in Frankfurt am 29. Juni 1848 Erzherzog Johann von Österreich (1782-1859) zum Reichsverweser wählte, wurde dies in Ehingen und Umgebung mit Begeisterung aufgenommen. Der Stadtrat beschloß, auf den Höhen des Stoffelbergs sowie auf dem Wolfert Freudenfeuer abzubrennen[20]. Auch später votierte man in und um Ehingen in der Kaiserfrage mit Nachdruck für ein deutschösterreichisches Kaisertum, was sich beispielsweise in mehreren Adressen (Eingaben, offene Briefe) an die Frankfurter Versammlung, aber auch an die Ständekammer in Stuttgart, äußerte[21]. Diese Haltung ist nicht zuletzt auf die jahrhundertelange Verbindung unseres Raumes zum Hause Habsburg zurückzuführen[22].

Die Volksbewaffnung

Eines der wichtigsten politischen Themen, das auch in den folgenden Jahren aktuell bleiben sollte, war die Bürgerbewaffnung. Die Organisation der Bürgerwehren, die im Gesetz vom 1. April 1848 gesetzlich vorgeschrieben waren, gestaltete sich in Ehingen, aber nicht nur dort, langwierig[23]. Stadtrat und Bürgerausschuß hegten nach kurzer Zeit eine »Abneigung gegen die Einführung dieser Volksbewaffnung«[24]. Möglicherweise spielte auch eine Rolle, daß Ehingen seit 1821 wieder ein Bürgermilitär besaß, das vor allem an kirchlichen Festtagen (Fronleichnam) in Erscheinung trat. Die Umsetzung des Gesetzes wurde dadurch erschwert, daß sich zunächst die Bewaffnung vieler tausend Bürgerwehrmänner mit Gewehren als unlösbar erwies. Später ließ das Interesse der Gemeinden an der Bewaffnung ihrer Wehren sehr schnell nach[25]. Auch in Ehingen versuchte man, die Erfüllung dieser Pflicht u. a. durch mehrere Eingaben an das Ministerium in Stuttgart zu verzögern. Dabei wurde insbesondere mit der schwierigen Finanzierung argumentiert, aber auch darauf verwiesen, daß in der Oberamtsstadt an der Donau Ruhe und Ordnung herrsche. Anfang Dezember 1848 berieten die bürgerlichen Kollegien erneut über dieses Thema, nachdem Verfügungen des Ministeriums des Innern sowie ein Erlaß des Oberamts eingegangen waren, in denen die Errichtung der Bürgerwehr »strengstens anbefohlen« wurde. Insbesondere der Umstand, daß Stadtschultheiß Wizigerreuter als zunächst Verantwortlicher nicht Mitglied und Vorstand des Organisationskommitees war, wurde als gravierender Mißstand vermerkt.

Im April des Folgejahres richteten die Ehinger an Stuttgart das Gesuch, das Gesetz zur Volksbewaffnung aussetzen zu dürfen. Dieser Vorstoß blieb freilich erfolglos[26]. Anläßlich der Beratungen des Entwurfes zur Revision des Bürgerwehrgesetzes im Juli 1849 äußerte der Ehinger Abgeordnete in Stuttgart, Felix Linder, daß das Volk erhofft habe, mit der Errichtung der Bürgerwehr den Militäretat für das stehende Heer verringern zu können. Mit der Entlassung des Ministeriums Römer und der Etablierung des »Oktoberministeriums«, das zu einer vorrevolutionären Politik zurückkehrte, entfiel jedoch bei der Regierung die Neigung, unwillige Gemeinden zur Neuorganisation ihrer Bürgerwehren zu veranlassen[27].

Am Stand der Volksbewaffnung hat sich im Oberamt Ehingen bis Mitte 1850 offenbar nichts wesentliches geändert. Die Widerstände bestanden weiterhin. Lediglich in Griesingen wollte man angeblich die Bürgerwehr einführen[28]. Eine Neuordnung der gesetzlichen Grundlagen erfolgte durch das Gesetz vom 1. Juni 1853, wobei die Abschnitte zur Volksbewaffnung aus den Jahren 1848/49 außer Kraft gesetzt wurden[29].

Insgesamt verlief das Jahr 1848, im Vergleich zu anderen Landesteilen, in und um Ehingen vergleichsweise ruhig.

Die Ereignisse des Jahres 1849

Die Ehinger Lokalpresse

Im öffentlichen und politischen Leben der Oberamtsstadt sowie bei der politischen Meinungsbildung spielte das »Amts- und landwirthschaftliche Blatt«, das unter wechselndem Titel seit 1826 in Ehingen erschien, eine kaum zu überschätzende Rolle. Zu Beginn des Jahres 1849 änderte es seinen Titel in »Der Volksfreund für Oberschwaben«. Wie den Ausführungen zum Jahreswechsel zu entnehmen war, wollte das Blatt »dem Volke in politischen und andern Dingen freundlicher Rathgeber und Führer« sein. Seine konservative Ausrichtung belegen seine Ziele, die folgendermaßen beschrieben sind: »mit Rath und That die Uebel heben, das Bessere an die Stelle führen, ... ohne durch Hetzen und Wühlen das Volk um sein Glück und um den Trost auf eine bessere Zukunft [zu] bringen«. Dagegen disqualifiziere sich, »wer blos gegen die Großen und Könige und Fürsten und ihre Diener schimpft und poltert und immer schreit: es muß anders, es muß besser werden«[30].

Diese politische Richtung schlug sich naturgemäß auch in den Kommentaren nieder. So war Anfang Januar 1849 im Zusammenhang mit der Inkraftsetzung der »Grundrechte des deutschen Volkes« zu lesen: »Die Grundrechte sind zum Theil aber so ausgefallen, daß man nur wünschen kann, sie möchten nie Geltung erhalten«. Daß gegen die »Preßfreiheit« agitiert wurde, versteht sich von selbst[31]. Entsprechend fiel auch das Bild aus, das man der Ehinger Bevölkerung von den revolutionären Geschehnissen in Baden vermittelte[32].

Gleichfalls seit Anfang des Jahres 1849 erfuhr die Presselandschaft Ehingens und des Oberamtes durch den »Oberschwäbischen Kurier« eine wichtige Veränderung. Das neue Blatt vertrat im Gegensatz zum »Volksfreund« eine dezidiert liberal-demokratische Position und entwickelte sich daher zu einem wichtigen Organ in der öffentlichen politischen Auseinandersetzung. Der »Kurier« erschien normalerweise dreimal wöchentlich in Ehingen. Hergestellt wurde er im Sommer 1849 in der Druckerei G. Sellmer in Ulm[33]. Seit Juni 1849 erhielten die Abonnenten außerdem wöchentlich eine Unterhaltungsbeilage mit dem Titel

Abb. 38: Felix Lindner (1817 – 1885)

»Rosen und Dornen«[34]. Wie die bisher einzig bekannte erhaltene Ausgabe belegt, inserierten in diesem Blatt der Volksverein sowie dessen Funktionäre[35].

Durch die neue Konkurrenzsituation – dem Schriftsetzer und Herausgeber des »Kuriers« Wilhelm Handschuh[36] verwehrte man die erbetene Druckerei-Konzession in Ehingen – sowie durch die unterschiedlichen politischen Positionen erreichten die Auseinandersetzungen zwischen den beiden

Oberschwäbischer Kurier.

Eine Zeitschrift politischen und nichtpolitischen Inhalts.

Nro. 29. **Dienstag den 26. Juni** **1849.**

Dieses Blatt erscheint wöchentlich dreimal (Dienstag, Donnerstag und Samstag) in Ehingen. Der Abonnementspreis beträgt vierteljährig 30 kr. (Vorausbezahlung) mit Einschluß des Trägerlohns. Es kann auch monatlich zu 12 kr. abonnirt werden.

Anzeigen aller Art werden jederzeit in dieses Blatt aufgenommen und bei einmaligem Einrücken die Zeile mit 2 kr., bei mehrmaligem Einrücken mit 1½ kr. berechnet.

Plangemäße Beiträge werden unter Zusicherung strengster Namensverschwiegenheit mit Dank angenommen und auf Verlangen honorirt.

Auf den Oberschwäbischen Kurier kann man sich täglich abonniren.

Deutsche Zustände.

* Seitdem die Nationalversammlung das schwierige Werk beendet, dem deutschen Volke eine seinen Verhältnissen entsprechende Verfassung zu geben und nun dieselbe zur Ein- und Durchführung vorgelegt ist, stehen sich die Partheien auf's Neue wieder schroffer denn je entgegen. — Die Fürsten und das Volk, ja das Volk unter sich selbst, sie veruneinen sich mit jedem Tage mehr, — sie veruneinigen sich über dem Werk, welches die Einheit Deutschlands begründen sollte!

Preußen, Hannover und Sachsen bilden einen Sonderbund und trachten darnach, ihr Volk mit einer octroyirten Verfassung zu beglücken, ein Wahlgesetz einzuführen, welches dem leeren Kopfe und vollen Beutel des Besitzenden seine Stimme einräumt, während der Denkende aber Arme davon ausgeschlossen ist. Bayern scheint mit Preußen und Oestreich zugleich sympathisiren zu wollen.

Die kleineren 28 deutschen Ländchen haben sich bereits für unbedingte Annahme der Verfassung, wie sie aus der Nationalversammlung in Frankfurt hervorging, ausgesprochen, und nun sehen wir dieselben von ersterer abfallen und sich für die octroyirte preußische erklären.

Baden und die Rheinpfalz stehen in offenem Kampfe mit ihren Regierungen. Werfen wir einen nähern Blick auf den gegenwärtigen Zustand dieser beiden Länder, so kann sich unser nur ein tiefer Schmerz bemächtigen, bei dem Gedanken, daß all das Unglück, welches über diese beiden Länder hereinzubrechen droht, durch den Eigensinn volksfeindlicher Regierungen heraufbeschworen wurde. Baden, das ohnedies durch die Freischaaren unter Hecker und Struve von Reichstruppen schwer heimgesuchte Ländchen, ist auf's Neue im Zustande offener Revolution; Jünglinge und Männer sind unter den Waffen, Handel und Gewerbe liegen darnieder. Der Großherzog, statt bei der drohenden Gefahr die Zügel der Regierung um so fester in die Hand zu nehmen, ist, von schlechten Räthen verleitet, entflohen, und sucht nun mit Hülfe preußischer Bajonnette seine Unterthanen zum Gehorsam zu bringen, welch letzteres ihm gewiß durch persönliches kluges Handeln, gepaart mit dem Muthe der einem Fürsten geziemt, besser gelungen wäre, als mit fremder Hülfe. So aber hat er das Land ohne Regierung im Stiche gelassen und wäre nicht in dem Landesausschuß augenblicklich eine provisorische Regierung gefunden worden, wer weiß in welchen Grad von Anarchie das Land verfallen wäre. Die Rheinpfalz hat sich von Bayern losgesagt und geht mit Baden Hand in Hand. — Wir wissen bereits, auf welche Art man diese beiden Länder wieder zu unterwerfen sucht. Es hat schon heiße Tage gegeben, aber es werden noch heißere kommen; denn hat einmal ein Volk die Fesseln gesprengt, so läßt es sich nicht so leicht wieder in noch härtere Bande schlagen.

Preußen, Bayern, Mecklenburger und Hessen operiren bereits in Baden und in der Rheinpfalz, daß die beiden letzteren der Uebermacht unterliegen müssen, wird Niemand bezweifeln; aber sie vollkommen zu besiegen, wird noch manchen heißen Kampf kosten; denn ein Volk, wie das badische und pfälzische, ist nicht so schnell mit Kartätschen zu beschwichtigen, und muß es auch der Uebermacht weichen, so wird es sich verzweifelt wehren, bevor es seine schönen Städte und Dörfer zu einem zweiten Dresden verwandeln, bevor

Lokalblättern eine übergroße Schärfe. Dabei waren persönliche Verunglimpfungen unter Einschaltung der Gerichte an der Tagesordnung[37]. Wie nicht anders zu erwarten, wurde auch der Ehinger Landtagsabgeordnete Felix Linder im neuen Blatt scharf angegriffen. Allerdings finden sich auch im »Volksfreund« Leserbriefe, die ihm vorwarfen, seine Versprechen nicht gehalten zu haben[38].

Der Ton der Auseinandersetzungen in den beiden Presseorganen wurde im Verlauf des Jahres immer erbitterter. Schließlich reichte Thomas Feger, der Verleger und Herausgeber des »Volksfreundes«, beim Oberamtsgericht Klage ein, wegen Angriffe auf seine Person. Ob diese oder eine andere Angelegenheit der Anlaß war, ist noch ungeklärt: Wilhelm Handschuh mußte sich jedenfalls um die Jahreswende 1849/50 vor Gericht verantworten[39]. Am Ende stand für ihn der wirtschaftliche Ruin. Schon Anfang 1850 scheint der »Oberschwäbische Kurier« sein Erscheinen wieder eingestellt zu haben[40]. Im Juli 1850 wurde die offenbar zwischenzeitlich erworbene Ehinger Druckereieinrichtung im Zuge eines Gantverfahrens im »Volksfreund« zum Kauf angeboten[41]. Dagegen war Handschuh von den Untersuchungen in Zusammenhang mit dem Vorwurf des Hochverrats im Spätsommer 1849 offenbar nicht betroffen. Um 1853 scheint er nochmals kurzzeitig in Ulm ansässig gewesen zu sein. Danach verliert sich seine Spur[42].

Die Rolle der wichtigsten politisch wirksamen Vereine in Ehingen

Die Ehinger Bürgerschaft versuchte im Jahre 1849 weiterhin durch Eingaben und Adressen an König und Landstände Einfluß auf das politische Geschehen zu nehmen. Im März sprach ein Teil der Bürgerschaft den Staatsräten Friedrich Römer, Gustav Duvernoy und Adolf Goppelt das Vertrauen aus und dankte ihnen für das Festhalten am konstitutionell-monarchischen Prinzip. Wenig später schloß sich die Einwohnerschaft Nasgenstadt an[43]. Weitere Adressen konnten am 23. April 1849 auf dem Ehinger Rathaus unterzeichnet werden[44]. Daneben wurden aber die politischen Vereine immer wichtiger. Auf den Bürgerverein wurde bereits hingewiesen.

Wohl nur wenig später trat auch der Piusverein politisch in Erscheinung. Seit Ende 1848 bzw. Anfang 1849 bereicherte er das öffentliche Leben in der Oberamtsstadt und in deren Einzugsbereich mit politischen, kirchlichen und gewerblichen Vortragsveranstaltungen. Er geht auf einen seit 1846 in Ehingen bestehenden »Katholischen Leseverein« zurück und schloß sich 1848 den damals entstehenden Piusvereinen an[45]. Vorstand war 1849 Dr. Maximilian Joseph Wocher[46], Rektor am Ehinger Gymnasium. Als Referenten sind die örtliche Geistlichkeit sowie Professoren des Gymnasiums belegt[47]. Die Vereinsmitglieder versammelten sich üblicherweise donnerstags alle vierzehn Tage. Die Ziele des Vereins wurden mit der Förderung religiöser Interessen, Neubeleben des Glaubens und des frommen, christlichen Lebens, aber auch mit karitativen Aktivitäten umschrieben. Diese sollten u. a. mit Petitionen und Eingaben, aber auch durch eifrige Teilnahme an Landtags- und Reichstagswahlen erreicht werden. Es war daher nur folgerichtig, daß im Juni 1849 mehrere Bürger forderten, der Verein solle, wie die damalige Öpfinger Volksversammlung, eine Adresse zur Stärkung des Ministers Römer nach Stuttgart senden[48].

In eine neue Phase trat das politische Leben in der Stadt im Mai 1849, als der Volksverein, z. T. auch als Demokratischer Verein bezeichnet, gegründet wurde. Sein Vorstand beteuerte, daß die Vereinsziele nur auf legalem und ordnungsgemäßem Wege erreicht werden sollten. Über die Aktivitäten des Ehinger Volksvereins sind wir vergleichsweise gut informiert, da sich dessen Protokolle größtenteils erhalten haben[49]. Die Ziele der Vereinigung sind dem Programm vom 7. Mai zu entnehmen, das der »Volksfreund« zusammen mit den Vereinsstatuten Mitte des Monats abdruckte[50]. Vom Prinzip der Volkssouveränität ist dort die Rede sowie von der Demokratie, wobei man sich bezüglich der Staatsform weder für eine konstitutionelle Monarchie noch für eine Republik erklärte. Zur Abänderung der Verfassung erwarte man, daß eine auf demokratischer Basis konstituierte Versammlung berufen werde, wobei das Wahlrecht insbesondere nicht durch den Zensus beschränkt

Abb. 39: Titelblatt des bisher einzig bekannten erhaltenen Exemplars des »Oberschwäbischen Kuriers«.

sein dürfe. Darüber hinaus erhoffte man für das Volk materielle Erleichterungen, u. a. durch ein auf Gleichheit beruhendes Steuersystem. Auch in den Statuten wurde noch einmal auf den Zweck des Vereins eingegangen, der damit umschrieben wurde, für die politischen, geistigen und materiellen Interessen des Volkes im Geiste des entschiedenen, aber gesetzlichen Fortschritts zu wirken. In diesem Sinne wolle man vor allem bei politischen Wahlen tätig werden.

Es wird deutlich, daß den Initiatoren sehr daran lag, ihre Gesetzestreue bei der Verfolgung ihrer Ziele zu betonen. Jeder unbescholtene Mann von mindestens 18 Jahren konnte sich um die Aufnahme in den Verein bemühen, d. h. sich durch ein Mitglied vorschlagen lassen. Über den Antrag beschloß der Verein. Satzungsgemäß sollten sich die Mitglieder alle acht Tage treffen, was ein reges Vereinsleben erwarten ließ. Diese Treffen waren öffentlich und jedermann zugänglich. Allerdings sollten Mitglieder und Nichtmitglieder getrennt sitzen. Der Ausschuß – er vertrat den Verein nach außen – umfaßte einschließlich des Vorstands fünf Personen und amtierte für die Dauer eines Quartals. Er tagte in der Regel sonntags nach der Kirche.

Zu Beginn einer jeden Sitzung wurde das Protokoll der vorhergehenden Zusammenkunft verlesen und darüber abgestimmt. Auch die Neuaufnahme von Mitgliedern fand regelmäßig statt, wobei auffällt, daß es sich zumeist um etablierte Bürger, wie z. B. Handwerksmeister, handelte. Geistliche, die an den Ehinger Schulen lehrten, aber auch Personal der Behörden, die in Ehingen angesiedelt waren, lassen sich unter den Mitgliedern des Volksvereins nicht belegen. Das Einzugsgebiet des Ehinger Vereins schloß auch benachbarte Ortschaften ein. Als Wohnorte neu aufgenommener Mitglieder wurden auch Nasgenstadt, Griesingen, Berg u. a. genannt.

Bereits Mitte Mai 1849 nahm man mit Nachbarvereinen in Munderkingen, Oberdischingen, Kirchen und Oggelsbeuren Kontakt auf. Auch mit den einschlägigen Vereinigungen in den angrenzenden Oberämtern wollte man in Verbindung treten. Wegen der nur kurzen Zeit, die der Ehinger Verein existierte, scheint der organisatorische Verbund letztlich jedoch nicht sehr eng gewesen zu sein.

Selbstverständlich war die Errichtung einer Bürgerwehr im Sinne der Volksbewaffnung ein wichtiges Anliegen für den Volksverein. Am 19. Mai 1849 entschloß man sich, an den Stadtrat die Bitte zu richten, möglichst bald eine solche zu errichten. Daneben nahm man den selbstgestellten Bildungsauftrag ernst. So sollte der Stadtrat veranlaßt werden, auf Kosten der Stadtkasse jedem Bürger ein Exemplar der Reichsverfassung zur Verfügung zu stellen. Am 26. Mai erhielt Wilhelm Handschuh den Auftrag, Programm und Statuten des Vereins zu drucken. Die insgesamt 200 Exemplare waren für die Mitglieder bestimmt.

Einen nicht geringen Teil der Energie des neuen Vereins nahmen jedoch Streitigkeiten und Beleidigungssachen in Anspruch, die in der örtlichen Presse, aber auch vor Gericht ausgefochten wurden (z. B. mit dem Ehinger Schulmeister Hofmann). Zwar gab es in den Versammlungen des Volksvereins durchaus kritische oder gar aggressive Töne gegen Beamte des Staates zu hören, doch scheint die Vereinsführung wohlweislich sofort gegen derartige Tendenzen vorgegangen zu sein[51].

An der Spitze des Volksvereins stand als Vorsitzender der Präzeptor am Gymnasium Georg Anton Feyl. Er stammte aus Sechtenhausen im damaligen Oberamt Ellwangen, wo sein Vater eine Gastwirtschaft führte. Nach drei Jahren am unteren Gymnasium wechselte Feyl als Konviktor ans obere Gymnasium zu Rottweil. Im Anschluß daran studierte er an der Universität Tübingen Philosophie, Philologie und Theologie. Nach einjähriger Hofmeistertätigkeit in Ellwangen wurde er zum Amtsverweser einer Präzeptorenstelle in Weil der Stadt ernannt. Im September 1843 übernahm der unverheiratete Feyl die untere Klasse des Gymnasiums in Ehingen[52].

Politisch weniger aktiv dürfte die Ehinger Turngemeinde gewesen sein. Möglicherweise schlug ihre Geburtsstunde bereits in den Anfangsmonaten des Jahres 1848. Fest steht, daß sie im August 1849 die Weihe ihrer Fahne feierte[53].

Das Pfingsttreffen der demokratischen Volksvereine
in Reutlingen Pfingsten 1849

Der Ehinger Volksverein nahm an der allgemeinen politischen Entwicklung regen Anteil. Zunächst unterstützte man die von Riedlingen aus geplante Volksversammlung auf dem Bussen. Als dieses Vorhaben zugunsten einer Delegiertenkonferenz aller Volksvereine sowie einer Volksversammlung zu Pfingsten in Reutlingen aufgegeben wurde, kam bei einer der Routinesitzungen der Wunsch auf, daß Ehingen auch dort vertreten sein sollte. Schließlich reisten Flaschnermeister Majer[54], Seifensieder Bechler[55] sowie Büchsenmacher Arnold[56] als Abgeordnete des Vereins nach Reutlingen.

Nach ihrer Rückkehr fand am 30. Mai eine erste öffentliche Versammlung mit Berichten der drei Ehinger in der »Rose« statt[57]. Die in Reutlingen getroffenen Beschlüsse wurden am 9. Juni nochmals eingehend besprochen und angenommen, soweit sie nicht der Reichsverfassung und der Verfassung Württembergs widersprachen. An Änderungen wurden gefordert und beschlossen: Baden und Pfalz sollten nur unterstützt werden, solange sie sich auf dem Boden der Reichsverfassung bewegten. Weiterhin wollte man sich mit einer verfassungsändernden Landesversammlung statt einer verfassunggebenden Versammlung begnügen. Hinsichtlich der Feudallasten schien den Ehingern statt unentgeltlicher Abschaffung deren Ablösbarkeit ausreichend.

Die Ehinger Lokalpresse berichtete über die Reutlinger Versammlung schon im Vorfeld ausführlich. Dennoch scheint insgesamt der Zulauf aus dem Oberamt letztlich wenig bedeutend gewesen zu sein. Über den Einfluß bzw. die Auswirkungen der Reutlinger Veranstaltung auf Ehingen hat sich ein, allerdings recht parteiischer Bericht des Oberamtsarztes Buzorini erhalten, den dieser dem Oberamt übermittelte. Darüber hinaus enthalten die Protokolle des Volksvereins einige Angaben[58]. Demnach hatte der Ehinger Volksverein wie erwähnt drei seiner Mitglieder in die Stadt an der Achalm entsandt. Nach ihrer Rückkehr habe Majer, so Buzorini, auf offenem Jahrmarkt mehrfach angekündigt, in den nächsten Tagen werde Sturm durch das ganze Land geläutet und alles würde bewaffnet nach Stuttgart ziehen, um die Herren fortzujagen. Wenig später sei auch Kronenwirt Zürn von Munderkingen[59], der von Reutlingen mit der Deputation der 64 Vertreter der Volksvereine aus den Oberämtern nach Stuttgart gesandt worden sei, nach Ehingen gekommen, wo er Präzeptor Feyl getroffen habe. Dieser Sachverhalt wurde später von Feyl bestätigt[60]. Angeblich soll Feyl in den folgenden Tagen einzelnen Mitgliedern des Volksvereins, gegen das Gelübde der Verschwiegenheit, Mitteilungen über geheime Beschlüsse von Reutlingen gemacht haben, die er, so vermutete Buzorini, vom inzwischen flüchtigen Zürn erhalten habe. Feyl bestritt dies später, vielmehr habe er von einer geheimen Versammlung zu Reutlingen am Pfingstsonntag und deren Beschlüssen nichts gewußt[61]. Buzorini behauptete weiter, daß der Volksverein auf die Einrichtung der Bürgerwehr gedrungen habe, was bisher von Bürgerschaft und Stadtrat aufgehalten worden sei. Feyl selbst habe versucht, im Stadtrat die schnelle Beschaffung von 200 Gewehren durchzusetzen. Auch Wizigerreuter wurde später hierzu befragt, verwies aber darauf, daß auch nach der Reutlinger Versammlung Organisation und Bewaffnung der Bürgerwehr in Ehingen eher säumig und nachlässig betrieben worden seien. Zuletzt habe sogar das Oberamt deshalb Strafen angedroht[62].

Die Auseinandersetzungen des Sommers 1849

Die Liberalkonservativen versammelten sich ab Ende Mai 1849 mehrfach im nahen Öpfingen und versuchten durch verschiedene Appelle und Eingaben dem Minister Römer in Stuttgart den Rücken zu stärken, damit dieser im Amt bliebe[63]. Außerdem wollten sie nicht den Reutlinger Beschlüssen folgen, als deren Ziel sie die »blutrothe Republik« ausgemacht hatten[64]. Wenige Tage später, am 15. Juni, formulierte eine weitere Volksversammlung in Öpfingen gleich drei Adressen mit der Absicht, ihre Zustimmung an das Gesamtministerium in Stuttgart auszudrücken.

Die Öpfinger standen mit diesem Anliegen nicht allein. Vielmehr zirkulierten damals auch in Ehingen mehrere ähnliche Briefe, wobei im Einzelfall nicht namhaft zu machen ist, wer dahinter stand[65]. Weiter appellierte man an die nach Stuttgart übersiedelte Nationalversammlung («Rumpfparlament»), ihre »unheilvolle Thätigkeit« einzustellen und Württemberg zu verlassen. Dagegen wurde dem Reichsverweser Dank für seine Tätigkeit ausgesprochen und dem Wunsch Ausdruck verliehen, Oberschwaben solle Österreich nicht entfremdet werden[66].

Eine neue, gewalttätige Phase der politischen Auseinandersetzung schien ein Zettel anzukündigen, der – anonym abgefaßt – im Hinterhof des Gasthauses »Traube« in Ehingen aufgefunden und Anfang Juni im »Volksfreund« veröffentlicht wurde. Dort präsentierte man ihn als Hinweis auf angeblich vom Volksverein geplante gewaltsame Aktionen. Es handelte sich aber wohl um eine Fälschung, die im Zusammenhang mit den Gerüchten über die geheimen Beschlüsse des Reutlinger Treffens zu sehen ist[67].

Generell kristallisierten sich die Auseinandersetzungen des Sommers 1849 vor allem um den Volksverein und um den »Oberschwäbischen Kurier«, der dessen politische Positionen verbreitete. Auch wenn die Quellenlage nicht unproblematisch ist, scheint der Ehinger Oberamtsarzt Dr. Ludwig Buzorini[68], der auch mit Briefen und Annoncen im »Volksfreund« in Erscheinung trat, als Protagonist gegen den Volksverein eine, wenn nicht die maßgebliche Rolle gespielt zu haben[69]. Er war es auch, der dem Oberamtsrichter Lamparter in Laupheim von den Ehinger Ereignissen berichtete. Präzeptor Feyl bezeichnete er als »Rothen«. Als Beilage übersandte er das obenerwähnte Dokument, das angeblich im Hinterhof der »Traube« nach einer Versammlung des Volksvereins aufgefunden worden war. Buzorini interpretierte es als Aufruf und als Vorbereitung zum bewaffneten Aufstand. Gerichtet sei dieser, so das erwähnte Dokument, gegen eine »gewisse Partei von Vaterlands-Verräthern«, gemeint sind diejenigen, die sich in Öpfingen trafen. Buzorini selbst wurde als »Seele dieser Verräther« angesprochen. Er, fünf weitere Personen sowie der »F«, der wohl zutreffend mit dem Buchhändler Thomas Feger[70] identifiziert werden kann, sollten ergriffen, an nicht bezeichnete Orte gebracht und dort mit ihnen wie verabredet verfahren werden, ohne daß deutlich würde, was darunter zu verstehen sei.

In diesem Zusammenhang verwies Buzorini darauf, daß es dem Kgl. Oberamt nicht unbekannt sei, daß es in Oberdischingen eine Gruppe von Leuten gebe, die beabsichtige, bewaffnet auszuziehen. Im erwähnten Schriftstück ist dann auch auf 15 »Dischinger« Bezug genommen. Anläßlich seiner gerichtlichen Befragung mit diesem Schreiben konfrontiert, vermutete Feyl, daß es sich um ein »teuflisches Machwerk« der Gegenpartei handle, wodurch der Volksverein diskreditiert werden sollte[71].

In seinem Schreiben an Lamparter wies Buzorini außerdem auf das »freche Benehmen« von Stadtschultheiß Gottfried Wizigerreuter[72], der als Vizevorstand des Volksvereins für seine verdächtigen Gesinnungen bekannt sei[73]. Dieser hingegen berichtete bei seiner Befragung im August 1849, er habe versuchen wollen, den bereits bestehenden Piusverein mit dem Volksverein – in beiden sei er Mitglied gewesen – in ein gutes Verhältnis zu bringen, was ihm aber nicht gelungen sei. Auf Grund der Konfrontationen sei er dann beim Volksverein ausgetreten[74].

Im Juni geriet Wizigerreuter unter starken Druck, da er als Stadtschultheiß gleichzeitig Vizevorsitzender des Volks- oder demokratischen Vereins war. Ein Leserbriefschreiber warf ihm im »Volksfreund« vor, er habe die Herren Feyl und Handschuh, die ihm politisch nahestünden, vorab über die Tagesordnung der städtischen Kollegien informiert. Zur Beratung kam am fraglichen Tag u. a. Ein- und Ausführung der Bürgerwehr in Ehingen. Besonders betont wurde, daß es sich bei den Herren Feyl und Handschuh um Nichtbürger gehandelt habe, wobei man Feyl zudem noch gestattet habe, eine Rede zu halten. Einer der Leserbriefschreiber forderte von den städtischen Kollegien ein politisches Glaubensbekenntnis. Von den Stadträten erwarte man außerdem, daß sie sich stärker an den allgemeinen Bürgerversammlungen beteiligten und dort auch offen Stellung bezögen[75]. Darüber hinaus lieferte sich Wizigerreuter mit Schullehrer Streißle, einem der führenden Leute der Volksversammlung in Öpfingen, einen publizistischen Schlagabtausch[76].

Den Anfang vom Ende des Volksvereins markiert der bereits erwähnte Austritt von Wizigerreuter. Wie Feyl bei seiner Vernehmung wenig später berichtete, stellte ein Teil der Mitglieder Ende Juni den Antrag auf Auflösung des Vereins. Die ständig zunehmenden und mit wachsender Erbitterung ausgetragenen Streitigkeiten und Feindseligkeiten unter der

Ehinger Bürgerschaft hatten sie zu diesem ungewöhnlichen Schritt veranlaßt[77]. Noch im Juli 1849 wurde im »Volksfreund« eine »neue demokratische Vereinsfahne« zum Kauf angeboten. Möglicherweise kam diese vom Volksverein[78].

Auf den 13. Juni 1849 berief Stadtschultheiß Wizigerreuter die Bürgerschaft zu einer Versammlung auf das Rathaus, um weitere Adressen an das Stuttgarter Gesamtministerium sowie die dortige Ständekammer zu verabschieden[79].

Das abschreckende Beispiel Riedlingen

Während in Stuttgart das Ministerium Römer zunehmend in Konflikt mit dem von Frankfurt nach Stuttgart übersiedelten »Rumpfparlament« und dem von diesem eingesetzten Reichsregiment geriet, kam es im Lande zu örtlichen Aufständen. In Ehingen registrierte man insbesondere die Ereignisse im nahen Riedlingen. Diese fanden in der Lokalpresse ein breites Echo. In der donauaufwärts gelegenen Stadt war am 17. Juni württembergisches Militär in erheblicher Stärke, der »Volksfreund« berichtete von 1400 Mann, einmarschiert und hatte die Bürgerwehr aufgelöst. Zahlreiche Republikaner befanden sich auf der Flucht Richtung Saulgau[80]. In Ehingen blieb es ruhig. Auf dem Marsch nach Riedlingen war das 3. Infanterieregiment aus Ulm auch durch Ehingen gezogen, wo 1200 Soldaten übernachtet hatten. Regierungsrat Schott zu Schottenstein, der dort zu den Soldaten stieß, berichtete: »Die Stimmung in dieser Stadt und Oberamt ist untadelhaft und in vollkommenem Widerspruch mit der in einem großen Teil von Oberschwaben herrschenden Aufregung.«[81]

Diese Vorgänge erhielten dadurch besonderes Gewicht, daß – so jedenfalls verschiedene Zuschriften im »Volksfreund« – auch Bürger aus dem benachbarten Munderkingen angeblich bewaffnet nach Riedlingen gezogen waren. Dem Ehinger »Nichtbürger« und Volksvereinsvorsitzenden Feyl wurde polemisch unterstellt, in seiner Stadt die »Rolle des Riedlinger Demokraten-Häuptlings Thadä Miller« übernehmen zu wollen. Gemeint ist Thadä Eduard Miller (1819 bis 1883)[82]. Wenig später war die Forderung zu lesen, die Namen der Volksvereinsmitglieder zu veröffentlichen, um wirtschaftlichen Druck auf diese ausüben zu können[83].

Die Wahlen des Jahres 1849

Seit Juli 1849 trat immer mehr die Wahl »der Versammlung von Volksvertretern behufs der Revision der Verfassung« in den Mittelpunkt des Interesses. Sie sollte am 1. und 2. August stattfinden. Die Steuerzahler in den 64 Oberämtern durften je einen Vertreter wählen[84]. Von entscheidender Bedeutung erwies sich, daß sich die liberal-konservativen Kräfte nicht auf einen Kandidaten einigen konnten und sich gegenseitig angriffen. So hielten einige Bürger Oberamtsrichter Boscher von Laupheim vor, sich in vor- wie nachmärzlicher Zeit nicht konsequent verhalten zu haben. Er erklärte darauf, niemals mit dem Landesausschuß der Volksvereine in Verbindung gestanden zu haben.

Diese Uneinigkeit des konservativen Lagers bewirkte letztendlich, daß weder der Laupheimer Oberamtsrichter Boscher, noch der Freiburger Domkapitular unn Professor Oehler zum Zuge kamen. Die meisten Stimmen konnte der ehemalige Ehinger Volksvereinsvorsitzende Feyl auf sich vereinigen. Daran änderten auch die aggressiven Kommentare im »Volksfreund« (»das unselige Wahlergebnis ist nicht der Ausdruck des Volkswollens, es ist, wie gesagt, nur die unglückliche Aus-, Miß-, Steiß- und Schandgeburt der Demokratie«[85]) nichts mehr. Die Enttäuschung der Unterlegenen über das Ergebnis war groß, wie es an der Wahlkommentierung im »Volksfreund« abzulesen ist. Die Ursachen für die Niederlage in Ehingen wurden jetzt richtig benannt[86]. Im übrigen stellte das Ehinger Wahlergebnis aber keine Ausnahme dar, hatte doch der größte Teil Württembergs ebenfalls radikal gewählt[87].

Weiterhin waren am 1. September zwölf Stadträte zu wählen. Wie zu erwarten, wirkten sich hierauf auch die gerade überstandenen Wahlen zum Landtag aus[88].

Im September 1849 veröffentlichte Feyl als neuer Abgeordneter des Bezirks eine Erklärung im »Volksfreund«. Demzufolge habe eine als Folge einer Denunziation gegen ihn durchgeführte Untersuchung durch einen Richter vom Hohenasperg seine völlige Unschuld erwiesen[89]. Die persönlichen Auseinandersetzungen in den Blättern der Lokalpresse gingen jedoch weiter und die Nachbereitung der Wahl und der mit ihr verbundenen Vorgänge blieb bis zum

Jahresende aktuell[90]. Beanstandungen wegen angeblicher Formfehler gegen die Wahl in Ehingen blieben offenbar ohne Folgen[91]. Feyl wurde Mitglied in der Petitionskommission[92].

Am 22. Dezember 1849 verordnete König Wilhelm I. nach dreiwöchiger Dauer die Aufhebung der außerordentlichen Landesversammlung. Ein erster Versuch zur Reform der Verfassung hatte somit nicht zum Ziel geführt[93].

Im Vorfeld der Wahlen zur revidierten Kammer gab es wiederum harte, persönlich geprägte Auseinandersetzungen in der Ehinger Presse[94]. Dennoch, auch aus den Wahlen zur 2. Landesversammlung im Februar 1850, ging Feyl als Sieger hervor. Er wurde mit fast 200 Stimmen Vorsprung erneut Abgeordneter des Bezirks Ehingen. Feyl errang 1602, sein liberal-konservativer Konkurrent Wiest aus Ulm[95] 1409 Stimmen. Als Hochburgen Feyls erwiesen sich insbesondere Dächingen, Grundsheim, Rottenacker, Obermarchtal und Munderkingen, während Wiest in Donaurieden, Öpfingen, Rißtissen und Kirchbierlingen Mehrheiten für sich gewann[96]. Dieser Erfolg war dem Präzeptor trotz seiner zum 1. Februar 1850 angeordneten Versetzung an das Gymnasium Ellwangen gelungen.

In den Vorjahren hatte Feyl offenbar immer wieder Konflikte mit seinen Vorgesetzten gehabt. Nachdem er dann Ende 1849 gegen eine Verfügung der Schulbehörde interveniert und gar mit der Einschaltung der Presse gedroht hatte, fiel am 19. Januar 1850 die Entscheidung, ihn strafweise nach Ellwangen zu versetzen. Verbunden war dies mit einem Verweis für »mehrfach, gröbliche Ungebühr«. Außerdem drohte man ihm von seiten der königlichen Schulverwaltung bei weiterem Fehlverhalten die Entlassung an. Bei seinen Vorgesetzten scheint Feyl den Ruf einer sehr streitbaren Persönlichkeit genossen zu haben. Jedenfalls erließ der königliche Studienrat in Stuttgart an Rektor Wocher in Ehingen detaillierte Anweisungen, wie Feyl die Versetzung mitzuteilen sei, um ihm keine Gelegenheit zu Einwendungen zu geben[97].

Rückkehr zur Normalität

Nachdem auch die 2. verfassungrevidierende Landesversammlung bereits am 3. Juli 1850 aufgelöst worden war, mußte im Herbst erneut gewählt werden[98]. Als Kandidaten traten der Rechtskonsulent Schefold, Postverwalter Linder sowie Kronenwirt Zürn aus Munderkingen in Erscheinung. Gewählt wurde Schefold, der zu den »Rechten« und damit zur Minderheit in der Versammlung zählte. Außer in Öpfingen und Rißtissen, die mehrheitlich für Linder votierten, sowie in Munderkingen, das sich für Zürn entschied, konnte Schefold in allen 13 Wahlbezirken die Mehrheit gewinnen[99]. Doch schon nach der siebten Sitzung wurde auch diese Kammer Anfang November 1850 wieder aufgelöst[100].

Der Umschlag der politischen Großwetterlage erlaubte im März 1851 Wahlen zur Zweiten Kammer nach dem alten Wahlrecht von 1819 auszuschreiben. Der Landtag wurde in seiner alten Zusammensetzung mit zwei Kammern und allen Privilegierten wieder einberufen[101]. Den Wahlbezirk Ehingen vertrat ab April der Oberjustizrat Alois Wiest aus Esslingen, der sich zur liberal-konservativen Partei von Friedrich Römer bekannte[102].

1 *AlwBl* v. 14.3.1848.
2 *StAE*, GPr v. 4.3.1848, § 80.
3 Felix Linder, * 30.5.1817, † 30.12.1885; *VfO* v. 31.12.1885.
4 *AlwBl* v. 17.3.1848.
5 *VfO* v. 15.6.1849: Ende seiner zweijährigen Mitgliedschaft.
6 *AlwBl* v. 21. und 24.3.1848: Statuten, div. Bürgerversammlungen.
7 Prof. Gustav Erhardt, Lehrer am Gymnasium Ehingen, * 5.3.1814.
8 *AlwBl* v. 24.3.1848: Statuten v. 19.3.1848.
9 *AlwBl* v. 7.4.1848: z. B. Fleischkauf durch den Konviktskostpächter, *AlwBl* v. 18.4.1848.
10 *AlwBl* v. 9.5.1848.
11 *StAE*, Annalen der Stadt Ehingen. Handschr. Chronik ca. 1806 bis 1899, Mantz'sche Chronik, S. 150; *AlwBl* v. 28.3.1848; vgl. *Franz Michael Weber*, Ehingen. Geschichte einer oberschwäbischen Donaustadt, 2. Aufl. Ehingen 1980, S. 121.
12 *AlwBl* v. 4.4.1848.
13 *StAE*, GPr v. 9.8.1848, § 312; *AlwBl* v. 30.6.1848: Verfügungen des Ministeriums des Innern v. 23.6. und 11.8.1848.
14 *VfO* v. 18.4. und 30.5.1848.
15 *AlwBl* v. 7.4.1848; Gottfried Wizigerreuter, * 6.8.1797 in Schöntal, Hohenlohekreis, 1825 nach Ehingen, Stadtschultheiß seit 1828, † 27.12.1862 in Ehingen.
16 *AlwBl* v. 12.5.1848.
17 *AlwBl* v. 5.9.1848.

18 *StAE*, Mantz'sche Chronik, S.151, Chronik 1848; *AlwBl* v. 10.10.1848: Rechtfertigung Linders, sowie v. 13. und 17.10.1848.
19 *AlwBl* v. 27.6.1848: Publikation des Erlasses des Ministeriums des Innern v. 21.6.1848.
20 *StAE*, GPr v. 6.7.1848, § 258.
21 Z. B. *VfO* v. 9.2. und 1.5.1849, Beilage Nr. 35.
22 *StAE*, GPr v. 6.7.1848, § 258; *AlwBl* v. 4. und 7.7. sowie 11.8.1848; *VfO* v. 13.2.1849: Versammlung auf dem Ehinger Rathaus.
23 *AlwBl* v. 5., 16. und 23.5. sowie 29.8.1848; vgl. *Paul Sauer*, Revolution und Volksbewaffnung. Die württembergischen Bürgerwehren im 19.Jahrhundert vor allem während der Revolution 1848/49, Ulm 1976, S. 80 ff.
24 *StAE*, GPr v. 1.9.1848, § 348.
25 Vgl. *Sauer* (wie Anm. 23), S. 84 ff; vgl. das Beispiel Langenau oben S. 25.
26 *StAE*, GPr v. 13.4.1848, § 128, 1.9.1848, § 348, 7.12.1848, § 515, 12.4.1849, § 107, 10.5.1849, § 148, 31.5.1849, § 172, wohl nicht realisiert.
27 Vgl. *Sauer* (wie Anm. 23), S. 193 f.
28 *VfO* v. 21.6.1850.
29 Vgl. *Sauer* (wie Anm 23), S. 222.
30 *VfO* v. 2.1.1849.
31 *VfO* v. 16.1.1849.
32 Z. B. *AlwBl* v. 2.6., 29.9., 3. und 6.10.1848.
33 Die Druckerei G. Sellmer befand sich am Judenhof in Ulm: *VfO* v. 30.10.1849.
34 Auf einen dort erschienenen Artikel geht offenbar der fasnachtliche Übername Ehingens »Kügeli[e]shausen« zurück: *VfO* v. 23.10.1849.
35 *OK* v. 26.6.1849 Juni 26, Reproduktion im Stadtarchiv Ehingen.
36 Zu Wilhelm Handschuh konnten bisher noch keine biographischen Angaben gefunden werden.
37 *StAE*, GPr v 8.7.1848, § 266, 3.11.1848, § 465 und 29.3.1849, § 92. Eine Beschwerde Handschuhs beim Ministerium des Innern blieb offenbar erfolglos: *VfO* v.4.5.1849.
38 *VfO* v. 20.4.1849.
39 *VfO* v. 28.8., 30.10., 2. und 6.11. sowie 14. und 18.12.1849; Thomas Feger, Buchdrucker und Buchhändler, * 8.12.1799 in Schaiblishausen, † 24.1.1884 in Ehingen.
40 *VfO* v. 19.2.1850: »ehemalige[n]r oberschwäbische[n]r Kurier[s]«.
41 *VfO* v. 30.6.1850.
42 Freundliche Mitteilung v. Herrn Dr. Weig, Stadtarchiv Ulm, v. 19.9.1996.
43 *VfO* v. 6. und 13.3.1849.
44 *VfO* v. 1.5.1849, Beilage zu Nr. 35.
45 *VfO* v. 3.1.1851; zum Vereinswesen im Raum des heutigen Alb-Donau-Kreises vgl. den Beitrag von *Jörg Martin* in diesem Band.
46 Dr. Maximilian Joseph Wocher, Rektor am Gymnasium Ehingen, † 21.8.1852.
47 Z. B. Prof. Blasius Boser, * 24.1.1818, Kaplan Wolff, Kaplan Dreher: *VfO* v. 3.7.1849; s. auch *VfO* v. 19.1.1849: Vereinsziele.
48 *VfO* v. 3.6.1849; s. auch *VfO* v. 8.6.1849.
49 *STAL*, E 320, Bü 21, Fasz. 6, 7.5.1849; in diesem Bestand befinden sich zudem Protokolle der gerichtlichen Befragungen vom Herbst 1849.
50 *VfO* v. 4. und 15.5.1849.
51 Vgl. Sitzung v. 26.5.1849.
52 Georg Anton Feyl, * 2.12.1810 in Sechtenhausen, heute Gemeinde Zipplingen, Ostalbkreis; siehe *STASig*, Wü 90, Gymnasium Ehingen, Nr. 324.
53 Das Gründungsjahr steht nicht sicher fest. Noch im Frühjahr 1849 bekundete ein Inserent seine Freude darüber, daß es nun gelungen sei, auch in Ehingen eine Turngemeinde zu gründen: *VfO* v. 4.5., 21. und 24.8.1849,Turnerfahnenweihe;. vgl. *150 Jahre Turn- und Sportgemeinde Ehingen 1848 e. V*, hrsg. von der TSG Ehingen, Ehingen 1998, S. 39; vgl. dazu den Beitrag von *Jörg Martin*.
54 Gotthart Majer, Flaschnermeister, * 23.8.1812, † 2.2.1901.
55 Christoph Bechler, Seifensieder, * 19.4.1818, † 4.12.1893.
56 Josef Arnold, Büchsenmacher, * 14.3.1812, † 9.8.1869.
57 *STAL*, E 320, Bü 21, Fasz. 7, fol. 39a.
58 *STAL*, E 320, Bü 21, Fasz. 5, 14.7.1849, Bü 21, Fasz. 3, 20.7.1849, Bü 21, Fasz. 6; Dr. Ludwig Buzorini, Oberamtsarzt, * 30.7.1801 in Buchau, † 4.3.1854 in Ehingen.
59 Johann Georg Zürn, Kronenwirt zu Munderkingen.
60 *STAL*, E 320, Bü 21, Fasz. 7, fol. 39a.
61 Vgl. *Sauer* (wie Anm. 23), S. 139 ff., der von der Vorbereitung eines bewaffneten Aufstandes spricht.
62 *STAL*, E 320, Bü 21, Fasz. 7, fol. 62a.
63 *STAL*, E 320, Bü 21, Fasz. 2; Öpfinger Adressen zur Rückenstärkung für Minister Römer s. z. B. *VfO* v. 12.6.1849.
64 *VfO* v. 1.6.1849, Beilage Nr. 43: »Ansprache ans Volk« v. 31.5.1849; *VfO* v. 8.6.1849.
65 *VfO* v. 8.6.1849.
66 *VfO* v. 19.6.1849.
67 *VfO* v. 5.6.1849.
68 Zu Dr. Ludwig Buzorini, Oberamtsarzt vgl. Anm. 58.
69 Z. B. *VfO* v. 1. und 8.5.1849.
70 Zu Thomas Feger, Buchdrucker, vgl. Anm. 39.
71 *STAL*, E 320, Bü 21, Fasz. 7, fol. 43.
72 Zu Schultheiß Wizigerreuter vgl. Anm. 15.
73 *STAL*, E 320, Bü 21, Fasz. 1, 5.6.1849, Ehingen.- 2 Beilagen.
74 *STAL*, E 320, Bü 21, Fasz. 7, fol. 60a f.
75 *VfO* v. 12.6.1849, Beilage Nr. 46, und 19.6.1849: Erwiderung Wizigerreuters.
76 *VfO* v. 5., 8., 12. und 15.6.1849.
77 *STAL*, E 320, Bü 21, Fasz. 7; *VfO* v. 15.6.1849: Anzeige von Präzeptor Feyl, 29.6.1849, Beilage Nr. 51, 9.11.1849.
78 *VfO* v. 3.7.1849.
79 *VfO* v. 12.6.1849.
80 *VfO* v. 19.6.1849.
81 Zit. nach *Karl Neidlinger*, Thadä Eduard Miller (1819–1883). »Anstifter und Anführer« der Revolution 1848/49 in Riedlingen, in: BC. Heimatkundliche Blätter für den Kreis Biberach 7 (1984), H. 1, S. 26.
82 *VfO* v. 22.6. und 11.9.1849; vgl. *Neidlinger* (wie Anm 81), S. 18 ff.; *Sauer* (wie Anm. 23), S. 154 f.
83 *VfO* v. 22.6.1849.
84 *VfO* v. 6.7.1849.
85 *VfO* v. 7., 10., 17., 21. und 31.8.1849.
86 *VfO* v. 7., 10., 17., 21. und 31.8.1849.
87 *VfO* v. 10., 13., 17., 20. (mit Beilage 57), 24., 27. und 31.7. sowie 3.8.1849; vgl. *Walter Grube*, Der Stuttgarter Landtag 1457–1957, Stuttgart 1957, S. 532.
88 *VfO* v. 28.8.1849, 31.8.1849: »Wen sollen wir in den Stadtrat wählen?«, 4.9.1849.
89 *VfO* v. 9.11.1849.
90 *VfO* v. 9.11., 14. und 21.12.1849.
91 *VfO* v. 18. und 28.12.1849.
92 *VfO* v. 14.12.1849.
93 *VfO* v. 28.12.1849 und 4.1.1850; vgl. *Grube* (wie Anm. 87), S. 533.

94 *VfO* v. 9. und 12.2.1850: Wahlaufruf.
95 Gemeint ist wohl der Ulmer Oberjustizprokurator Andreas Alois Wiest (1796–1861), 1833–1859 Abgeordneter für das Oberamt Saulgau: *VfO* v. 12.2.1850; vgl. *Hartwig Brandt*, Parlamentarismus in Württemberg 1819 – 1870. Anatomie eines deutschen Landtags, Düsseldorf 1987, S. 120.
96 *VfO* v. 1. und 26.2.1850.
97 *STASig*, Wü 90, Gymnasium Ehingen, Nr. 18/1, 23.1.1850; mit den beruflichen Leistungen Feyls war man beim Kgl. Studienrat nicht zufrieden: *STASig*, Wü 90, Gymnasium Ehingen, Nr. 182, 20.3.1850.
98 Vgl. *Grube* (wie Anm. 87), S. 536.
99 *VfO* v. 24. und 27.9.1850.
100 *VfO* v. 12.11.1850.
101 *VfO* v. 14. und 28.3.1851; vgl. *Grube* (wie Anm. 87), S. 536.
102 Alois Wiest (1810–1890), Oberjustizrat in Eßlingen, 1851–1868 Ständemitglied für Ehingen, 1851 – 1855 Vizepräsident der Kammer; *VfO* v. 15. und 29.4.1851; vgl. *Brandt* (wie Anm. 95), S. 120 und 152, Anm. 82.

Herbert Hummel

Die Volksbewaffnung im Alb-Donau-Kreis 1848/49

»Es kämpft der Mann, und alles will er wagen«, so dichtete Friedrich Schiller, der mit seinem »Wilhelm Tell« sozusagen das Drehbuch für alle Freunde der Freiheit schrieb. Im Vormärz und in den Revolutionstagen war die Schweizer Republik und ihr System der Landesverteidigung, das strikten Milizcharakter hatte und hat, zumindest bei den Wortführern sehr beliebt und galt als Vorbild für eine zukünftige Landesverteidigung. Die Dichter der Revolution übten sich ihrerseits in martialischen Gesängen, »Blut und Gut« sollten die Bauern und Bürger für das Gelingen des Freiheitskampfes wagen. Ferdinand Freiligrath illustrierte die deutschen Farben wie folgt: »Pulver ist schwarz, Blut ist rot, golden flackert die Flamme!«

Keine Revolution ohne Pathos. Der Stuttgarter Georg Herwegh trug seinen Teil ebenfalls bei:

> »Jetzt ein Schuß! – Und wieder einer! – Die Signale sind's, Gesellen!
> Hallender Schritt erfüllt die Gassen, Hufe dröhnen, Hörner gellen!
> Hier die Kugeln! Hier die Büchsen! Rasch hinab! – Da sind wir schon!
> Und die erste Salve prasselt! – Das ist Revolution!«

»Dem König Schach, ihr Bauern!« so rief er in einem anderen Gedicht die Landleute zur Empörung auf. Wie es allerdings die Bauernschaft mit der Volksbewaffnung, mit der Revolution, genauer mit ihrem persönlichen Einsatz als Kämpfer für Freiheit und Demokratie, mit dem Risiko, verwundet oder gar getötet zu werden, hielt, soll im folgenden am Beispiel der Orte des alten Oberamtes Blaubeuren gezeigt werden.

Volksbewaffnung[1] – schon vor den Märztagen 1848 ein Thema, das in den bürgerlich-akademischen Zirkeln der Städte diskutiert wurde. Wußte man doch genau, daß, wenn die reguläre Armee unter dem Kommando der Fürsten ohne Gegengewicht blieb, die republikanischen Errungenschaften auf Dauer nicht gesichert werden konnten. Überdies sah die Verfassung Württembergs von 1819 »in Zeiten äußerer Gefahr« die Möglichkeit zur allgemeinen Volksbewaffnung vor.

In unserem Raum gab es auch einige vormärzliche Bürgerwehren: in Ehingen, Schelklingen, Munderkingen, Dietenheim und Obermarchtal. Ihre Satzungen sind in den Archiven aufbewahrt. Über ihre militärische Schlagkraft ist wenig bekannt, aber der Name »Bürgerwehr« gibt Aufschluß genug: Allenfalls lokale Operationen, Sicherung der öffentlichen Ordnung, Objektschutz und Wachdienst konnten die Bürgerwehren leisten – und das nur zeitlich beschränkt, denn der Wehrmann mußte seinem Beruf nachgehen. Aus Munderkingen ist die Tätigkeit der frühen Bürgerwehren – hier seit 1803 nachweisbar – am besten dokumentiert: Im Vormärz beschränkte sich die echte militärische Aktivität auf einige Übungen und auf Exerzieren, in der Öffentlichkeit paradierte die Wehr bei Prozessionen, vor allem an Fronleichnam und an den Geburtstagen der Majestäten[2].

Der »Franzosensamstag«, am 25. März 1848, schreckte die Bevölkerung gewaltig auf: Ein Gerücht, Tausende französischer Truppen sei sengend, plündernd und mordend in Baden eingefallen und zögen nun nach Württemberg, verängstigte die durch die Märzereignisse emotionalisierte Bevölkerung. Der »Blaumann« berichtete: »Gestern [Samstag] hatten wir hier einen Tag, der einem deutschen Mann das Herz weit machen konnte: die ganze Stadt vom frühen Morgen bis in die Nacht voll kriegerischer Rüstung gegen einen feindlichen Anfall, den man erwartete. Wenn auch manches männliche Herz hoch von anderen Empfindungen bewegt wurde, so war es die Sorge um die Seinigen und deren Schicksal, um die Habe, die Mancher im Schweiße seines Angesichts in Jahren sauer erworben hatte; Furcht und Feigheit zeigte sich nirgends. Wenn man bedenkt, daß bei der Nachricht, ein Heer von 20 000 Mann sei sengend und brennend nur noch eine Tagesreise von hier, so lauteten die die Berichte der Eilboten, die waffenfähige Bevölkerung unserer Stadt, kaum 500 Mann stark, nicht viel über 200 mit Schießgewehr versehen, kaum 50 im Schießen geübt, doch entschlossen war, sich zur Wehr zu setzen, und Alles zur Waffe nahm, was sich brauchen ließ, so darf man

143

unserer Bürgerschaft das Lob des Muthes, und der Wehrhaftigkeit wohl beimessen. Gleicher Ruhm gebührt uns wackeren Aelplern, die nur zum Theil mit Schußwaffen, meistens mit der volksthümlichen Wehr, der Sense, versehen, alsogleich zusammentraten, dem Feind die Spitze zu bieten. Selbst die Seminaristen schafften in aller Eile sich Piken an und versahen unverdrossen den Dienst von Streifwachen im Kloster und seiner Umgebung.«

Man war dann doch froh, als ordentliches Militär von Ulm angekündigt wurde, aber zugleich ermahnte der Kommentator mit Nachdruck: »Aber eifrig wollen wir fortfahren, an der Bewaffnung und Einübung des Volkes zu wirken, so viel an uns ist.«[3]

Wie ist der Ausbruch an Massenhysterie zu erklären? Ausgangspunkt waren die Ereignisse in Frankreich. Dort fand vier Wochen zuvor der Sturz des Königs Louis-Philippe statt. Die Nachrichten über die Unruhen der Februarrevolution erreichten Deutschland. Die Erinnerung an die Große Revolution der Franzosen von 1789 und an die Feldzüge Napoleons, an die sich die älteren Bewohner noch erinnern konnten, wurden wach. Die Gerüchte wurden angeheizt von deutschen Gesellen und Arbeitern in Paris, die, weil sie in den neueingerichteten, nur für Franzosen bestimmten Nationalwerkstätten keine Arbeit erhielten, die Stadt an der Seine verlassen mußten. Diese Nachrichten erregten die Gemüter, die ohnehin seit dem Herbst 1847 angespannt waren. Hinzu kam es zu vereinzelten Unruhen, vor allem im nördlichen Landesteil, so daß einzelne Städte und Gemeinden die Regierung baten, ihnen Waffen aus dem Ludwigsburger Arsenal zu überlassen. Außerdem veröffentlichten die Zeitungen am 24. März den Gesetzentwurf über die allgemeine Volksbewaffnung, der im März in Stuttgart beraten wurde. Im Ulmer Raum war außerdem über Pläne zu lesen, ob und wie die Festung Ulm in Kriegszustand zu versetzen sei[4].

Das alles wurde offenbar als Sache von Bedeutung aufgefaßt und war wohl der Hintergrund, der den wilden Gerüchten Glaubwürdigkeit verlieh. So haltlos das Ganze war, die Regierung glaubte dennoch, Vorsorge treffen zu müssen. Am 1. April 1848 trat dann das Gesetz die Volksbewaffnung betreffend in Kraft[5].

In den amtlichen Akten findet der »Franzosensamstag« seinen Niederschlag[6]. Aus allen Oberämtern erreichten Eilmeldungen die Kreisregierung in Ulm. Der Blaubeurer Oberamtmann meldete:

»Citissime [höchst dringlich].
25 März 1848 morgens 3 Uhr
Das k. Oberamt macht von dem Einfall französischen Gesindels in Württemberg unterthänigst Anzeige ... So eben geht hier von dem Oberamt Rottenburg durch das Oberamt Reutlingen die Nachricht ein, daß eine bewaffnete Bande von 20–40 000 französischen Gesindels in Offenburg im Badischen eingefallen sey. Es ist möglich, daß auch unsere Gegenden von dieser Bande bedroht werden.« Und er bat um eilige Sendung von Militär.

Andere Oberämter waren rascher. Riedlingen sandte am 24. März nachts um halb Zehn einen reitenden Boten nach Ulm. Dem Ehinger Oberamt wurde aus Zwiefalten gemeldet, die »Franzhosen«(!) seien schon in Haigerloch, der Feldstetter Schultheiß zeigte dem Oberamt Baubeuren an, daß die Franzosen in Engstingen »sengen und brennen«.

Am Samstagabend berichtete der Blaubeurer Oberamtman an die Kreisregierung in Ulm, offenbar von der allgemeinen Hysterie angesteckt: »Die ganze Gegend erwartet mit Begierde die Ankunft württembergischen Militärs, damit sich an dasselbe die bereits im hiesigen Bezirk in Sectionen eingetheilte unter das Commando von Vertanen gestellten Bürgerschaften anschließen können. Die Aufregung und die Unruhe der Gemüther ist hier und in der Umgebung auf den höchsten Grad gesteigert ... Schließlich habe ich zu bemerken, daß unter der heute früh von mir versammelten Bürgerschaft ein ganz guter Geist besteht, daß aber wenn nicht Hilfe von oben kommt, die weiteren Folgen im Augenblick nicht bemeßen werden können.«

Oberjustizrat Cronmüller aus Ulm urteilte skeptischer, allerdings am Sonntagmorgen aus Ehingen, als sich herausstellte, daß an den Gerüchten nichts Wahres sein konnte, weder zeigten sich Franzosen, noch kamen die Scharen an Flüchtlingen, mit denen man rechnete. Die Nacht war zwar recht aufgeregt, aber doch friedlich verlaufen: »Wo aber die Gefahr ist, darüber fehlt bis jetzt an jeder zuverlässigen

Nachricht.« Am 29. März erstattete Cronmüller einen Bericht über »einen vermutheten Ueberfall durch feindliche Rotten«[7]. Darin führte er aus, wie unangebracht die Aufgeregtheit der Bürger im Grunde war, wies aber gleichzeitig betont darauf hin, wie nützlich wenigstens eine zeitweise Präsenz regulären Militärs im Ehinger-Riedlinger Raum sein könnte.

Michel Buck (1832–1888), der Ehinger Oberamtsarzt und Dichter schilderte in seinen Kindheitserinnerungen den »Franzosensamstag« von der humoristischen Seite: »Da kamen die Metzger mit ihren Schlachtäxten und Beilen, die Stadtknechte mit uralten Hellebarden und Morgensternen, die noch in einem Winkel des Stadtarsenals gelegen. Die Schützen mit ihren Stutzen und Standbüchsen, der übrige Haufen mit aufrechten Sensen, Dreschflegeln, Gabeln, Prügeln und dgl. Es war aber alles in kurzem mehr oder weniger besoffen, vermutlich, weil die Vaterlandsverteidiger Mut trinken wollten.«[8]

Aus Dietenheim ist ein Gedicht überliefert, das schildert, wie die Ereignisse um den »Franzosensamstag« zum humoristischen Anlaß genommen wurden, und das »feucht-fröhliche Fest« nach verebbter Aufregung entsprechend glossiert[9]. In Bermaringen wurde der Feind schon in Suppingen vermutet. 38 Mann mit Sensen und einigen Gewehren wurden entsandt. In Suppingen traf die Truppe auf keinen Feind, wohl aber auf eine Wirtschaft, in der dann so lustig gezecht wurde, daß der Kommandant bis zum Rückmarsch der Bermaringer Ersatztruppe in einen Schweinestall gesperrt werden mußte[10].

Aus der Distanz läßt sich trefflich spotten. Im Frühjahr 1848 förderte der »Franzosensamstag« die revolutionäre Entschlossenheit. So wurde am 27. März auf der Wilhelmsburg in Ulm und auf dem Augsburger Tor in Neu-Ulm die neuen deutschen Farben Schwarz-Rot-Gold aufgezogen. Die Angst vor den Franzosen gab den Anstoß zu einer allgemeinen Volksbewaffnung – und zwar von Amts wegen. Manche warteten nicht mehr auf das Gesetz. Pfarrer Eduard Süskind in Suppingen handelte sofort. In der Woche nach dem »Franzosensamstag« gründete er ein »Schützencorps«, dem sogleich 40 Männer und 30 »ledige Pursche« beitraten. Auch in Blaubeuren kam es zu Schießübungen, jedoch

Abb. 40: Hauptmann der Schelklinger Bürgerwehr

wurde sofort Klage geführt, weil die Schützen die so nützlichen Singvögel zu ihren Zielen erkoren hatten.

Eine Bürgerwehr wurde in Blaubeuren erst Ende April 1848 gegründet. Anlaß hierzu war das Gesetz zur Volksbewaffnung vom 1. April 1848[11]: Der Besitz an Schußwaffen wurde freigegeben, in jeder Gemeinde sollten Bürgerwehren eingerichtet werden. Für den Dienst sollten diejenigen Bürger herangezogen werden, die finanziell in der

Lage waren, die Kosten für Bewaffnung und Uniformierung aufzubringen, denn die Staats- und Gemeindekassen sollten damit nicht belastet werden. Wie sich zeigen sollte – ein kluger Schachzug: Der König und seine Regierung kannten ihre Schwaben! Öffentliche Diener und Beamte waren vom Dienst befreit – auch dies eine offensichtlich berechnende Bestimmung. Auch sorgte die Gesetzgebung sich genau um Bekleidung und Rangabzeichen der kommenden Bürgerwehr, Bestimmungen über die Bewaffnung wurden auf später vertagt.

Friedrich Theodor Vischer sah die Entwicklung hellsichtig vorher. Er war selbstverständlich ein Verfechter der Volksbewaffnung, aber er wollte sie nicht den einzelnen Gemeinden überlassen: »Ehre und Achtung den Gemeinden! Aber nur keine militärische Organisation werde ihnen überlassen! Bürgerliche Behörden haben, so wie sie jetzt sind, keinen militärischen Sinn. Die Sache wird hinhängen, da fortschreiten, dort zurückbleiben, in einen Schlendrian übergehen und schließlich in einigen Krähwinkler Stadtsoldaten dem Militär des stehenden Heers einen ebenso reichen Stoff zum Spotte geben, wie bisher die klägliche Spielerei unserer Bürgergarden, welchen nun glücklicher Weise ein Ende gemacht werden soll.«[12] Vischer verlangte eine strenge Organisation und Einheitlichkeit mit zentraler Kommandostruktur. Vischer behielt recht, aber möglicherweise hatte man auf der Regierungsseite auf das gehofft, was Vischer befürchtete.

Zunächst löste das Gesetz eine Welle von Gründungen aus. Kommissare wurden eingesetzt, welche die Männer, die für den Waffendienst in Frage kamen – sie mußten älter als 25 Jahre alt sein und waren bis zum 50. Lebensjahr dienstverpflichtet –, in Listen erfaßten. Sogleich fand die neue kriegerische Begeisterung ihren Niederschlag im Anzeigenteil der Zeitungen. Trommeln und Gewehrschäfte wurden angeboten, die Marseillaise – das Revolutionslied der Franzosen – war in Noten und mit französischem und deutschem Text zu haben, auch Exerziervorschriften fanden sich im Angebot.

Im Mai 1848 organisierte sich die Blaubeurer Bürgerwehr. Die Hauptleute und Leutnante wurden gewählt, alle angesehene Bürger der Stadt. Die schon existierende Schützengesellschaft wurde als erste Kompagnie integriert sowie zwei weitere aufgestellt. 250 Mann zählte die Blaubeurer Wehr, jedoch war nur die erste Kompagnie uniformiert. Auch ein berittenes Corps stellte sich ein, dessen Kommando als Major der Rechtsanwalt Kübel ausübte.

Sehr rasch jedoch verebbte die revolutionäre kriegerische Begeisterung. Es war halt doch zweierlei, auf revolutionären Festkommersen Freiligraths Lieder zu singen, »Gut und Blut« der Revolution zu opfern, wenn man in pathetisch-aufgekratzter Stimmung war, als den Kommandos zwar gewählter, aber eben doch Vorgesetzter zu folgen, denen man sich im alltäglichen Leben vielleicht überlegen fühlte. Außerdem vereinnahmte das Exerzieren Kraft und Zeit und wurde mit der Zeit langweilig – schlußendlich kostete das Exerzieren Geld! Es sieht so aus, daß die Regierung ganz auf die schwäbische Mentalität abstellte, als sie das Gesetz zu den Bürgerwehren erließ.

Hinzu kam, daß die Volksbewaffnung tatsächlich nur zögernd erfolgte. Die Regierung stellte Waffen aus den staatlichen Arsenalen mit äußerster Zurückhaltung zur Verfügung, selbst wenn eine Gemeinde die Musketen oder Flinten kaufen wollte. Trotzdem setzte im Lande eine muntere Diskussion darüber ein, wie denn die Bürgerwehren zu uniformieren seien: Graue Hosen? Grüne Jacken? Graue Jacken? Umschläge aus Samt? Hecker-Hüte? Welche Farbe? Grau? Schwarz? Grün?

Der »Blaumann« stellte Mitte April 1849 endlich die lang erwartete Uniform der Blaubeurer Bürgerwehr vor: »Sie ist um der Einigkeit Willen ganz wenig verschieden von der 1. Compagnie und es ist gut, daß es so ist. Graue tuchn. Hosen, dunkelgrüner Rock mit stehendem Schwarzen Kragen und 2 Reihen blanken Knöpfen und schwarzer Filz- (sogen. Hecker-) Hut. Für die Anschaffung der dann noch fehlenden Patrontasche will man sich beim Stiftungsrath um Unterstützung verwenden. Es wird freilich noch Zeit brauchen, bis sämmtliche Mannschaften der 2. Comp. vollständig bekleidet sind, da die Mittel hiezu bei Vielen theils schwach sein dürften, theils mangeln werden ... Der Berichterstatter zweifelt auch am Gelingen der Uniformierung und bittet um Spenden im Sinne der unvermöglichen Wehrpflichtigen.«[13]

Idealistisch gesinnte Vertreter der Volksbewaffnung gingen davon aus, daß der freie Bürger ganz im Sinne der demokratischen Sache die Kosten für seine Ausrüstung selbst tragen werde. Ein Gewehr wurde auf 17 fl 30 kr, eine Patronentasche auf 5 fl 16 kr veranschlagt, insgesamt wurde die komplette Ausrüstung auf 35 Gulden geschätzt; hinzu kamen die laufenden Kosten für Abnutzung, Pulver und Blei[14]. Gewiß, das Gesetz sah vor, daß die Gemeinde die Gesamtkosten übernehmen oder als Kredit vorstrecken würden. Fortan stritten sich Gemeinderat und Bürger darüber, wie die Finanzierung vorgenommen werden sollte.

Die Ereignisse um Schleswig-Holstein im Herbst 1848, die im demokratischen Lager als äußerst blamabel empfunden wurden, erneuerten den Ruf nach Volksbewaffnung. Am 28. August 1848 hatte Preußen in Malmö einen Waffenstillstand mit Dänemark unterzeichnet, ohne dies mit der Nationalversammlung in Frankfurt abgesprochen zu haben. Die Ohnmacht der Demokraten in der Paulskirche wurde so augenscheinlich: Über die bewaffnete Macht verfügten nach wie vor die Fürsten – die Nationalversammlung mußte sich beugen, ungeachtet aller Proteste.

Das hatte zur Folge, daß der revolutionäre Elan erneut aufflackerte und die Idee der Volksbewaffnung wieder an Boden gewann. In Sonderbuch beschloß der Gemeinderat am 12. September 1848, nun eine Bürgerwehr zu gründen, nachdem einige Monate zuvor keine Begeisterung dafür vorhanden war. Die Gemeinde verschuldete sich sogar, weil Waffen, Munition und Ausrüstungsgegenstände in Höhe von 300 Gulden zu beschaffen waren (die sie im übrigen noch Jahre abzahlen mußte)[15]. Über die Schlagkraft der neugegründeten Bürgerwehr liegen nur wenige Nachrichten vor. Nur ein Mal, im Frühjahr 1849, übte sie zusammen mit der Blaubeurer Bürgerwehr. Die Resignation über den gescheiterten demokratischen Aufbruch hatte auch in Sonderbuch, wie überall, die Gemüter erfaßt[16].

Ernstgenommen wurden die Bürgerwehren im Frühjahr 1849 von vielen nicht mehr. Dies lassen Zuschriften an den »Blaumann« erkennen, in denen sich Angehörige der Bürgerwehr über zugefügte Kränkungen beschweren. Eine sei hier zitiert: »Diejenige (größtentheils wehrpflichtige) Herrn, welche lezten Sonntag Vormittag auf der Post [Gastwirt-

Abb. 41: Zu Piken umgearbeitete Sensen. Die linke der Piken ist mit einem schwarz-rot-goldenen Bändchen verziert.

schaft zur Post] vom Fenster auf die Straßen sich über die neue Uniform der Bürgerwehr lustig machen, werden gebeten, das Sprichwort nicht zu vergessen: Wer zuletzt lacht, lacht am besten.« Dabei war das militärische Treiben von durchaus bürgerlich-behaglichem Zuschnitt. Am 13. April 1849 wollte die Blaubeurer Bürgerwehr zu einer Übung ausrücken, jedoch nur »bei günstigem Wetter«! Ständig wurde über die Versäumnisse der Wehrmänner beim Exerzieren geklagt. Selbst der »Blaumann« veröffentlichte Spottgedichte auf die Blaubeurer Bürgerwehr[17].

So war die Lage in einer Kleinstadt. Auf dem Lande war das Interesse an einer Bürgerwehr schon lange zuvor so gut wie erloschen. Bereits am 28. August 1848 forderte das Blaubeurer Oberamt die Schutheißen auf, zu berichten, wieweit die Bürgerwehren in den Ortschaften eingerichtet worden seien[18]. Die Berichte liegen für fast alle Ortschaften des Oberamtes vor[19]. Für die Freunde der Volksbewaffnung enthalten sie Niederschmetterndes. Die Regierung jedoch war gewiß zufrieden, erkannte sie hinter der allgemeinen Unwilligkeit, Bürgerwehren einzurichten und zu bezahlen, daß die ländliche Bevölkerung den revolutionären, verbalradikalen Aufrufen wenig Gehör schenkte.

Abb. 42 und 43: Vorder- und Rückseite der Fahne der Blaubeurer Bürgerwehr

149

Bürgerwehren gab es nur noch an drei Orten: in Blaubeuren, Arnegg und Suppingen. In der Oberamtsstadt existierte ein bürgerliches Potential, das vorläufig noch zur demokratischen Sache stand. Hier hatte auch die Verwaltung 100 Musketen auf städtische Kosten beschafft[20]. Die stattliche Bürgerwehr in Suppingen (56 Mann) ist nur zu erklären durch das Engagement des Ortspfarrers Eduard Süskind, der sich voll und ganz der demokratischen Revolution verschrieben hatte. Der Gemeinderat beschloß sogar, 50 bis 60 Gewehre zu kaufen. Allerdings mußte noch beraten werden, wie die Mittel dazu aufzubringen waren. In Arnegg war die Lage ähnlich: »Es bedarf daher hier nichts mehr als Muskete und Pulver, so wäre alles in Ordnung.«

Für das Jahr 1848 werden Bürgerwehren in Berghülen, Gerhausen, Machtolsheim, Merklingen und Nellingen erwähnt. Aber weit über erste Versammlungen hinaus gelangte ihre Installation nicht. In Nellingen bestand vermutlich entgegen dem Bericht des Oberamtmannes bis ins Jahr 1849 eine Bürgerwehr, denn die bürgerlichen Gremien beschlossen im Frühjahr 1849, 75 Musketen auf Gemeindekosten zu kaufen, die am 15. Mai 1849 geliefert wurden. Auch die Stadt Blaubeuren erwarb 75 Musketen für ihre Bürgerwehr (im Jahr zuvor waren Bitten auf kostenlose Überlassung abgelehnt worden).

Wenig Begeisterung für Bürgerwehren ist auch den anderen Berichten über den Stand der Volksbewaffnung zu entnehmen. In Berghülen wurde offenbar nur die Liste der wehrfähigen Männer erstellt, freiwillig meldete sich dann keiner. Der Schultheiß konnte es nicht verhehlen, »daß bey hiesigen Bürgern ... gar kein Lust und Trieb [zum Exerzieren] sich vorfindet, dafür jedoch den Landleuten Neigung und Lust zur Arbeit und Fleiß eingepflanzt ist.«

Gerhausen meldete, daß auf der Liste 84 Mann gezählt wurden und am nächsten Sonntag die Offiziere gewählt werden sollten. Gewehre wollte die arme Gemeinde auf keinen Fall beschaffen. In Nellingen und Merklingen war seit den Apriltagen 1848 nichts geschehen (für Nellingen kann die Aussage nur für den August 1848 gelten).

Die ländliche Bevölkerung wollte von einer Bewaffnung auf eigene Kosten nichts wissen, wie beispielsweise in Markbronn: »Bürgerschaft ist einstimmig, will nichts von Bürgerwehr wissen«, oder in Temmenhausen: »Vollzug müßte mit Zwang durchgeführt werden.« In Eggingen erklärten einige Bürger, »daß sie mit ihrem verdienten Taglohn genug zu thun haben, wenn sie nur ihre Familie gehörig ernähren und fortbringen können, ohne daß sie sich Kleider zur Bürgerwehr und Volksbewaffnung anzuschaffen im Stande seien.« In Ermingen lehnten alle betroffenen Männer das Vorhaben einstimmig ab und bekräftigten dies mit ihrer Unterschrift unter das Schreiben des Dorfschultheißen. Die Gewehre fehlten in Bermaringen. Zwar wurde die Anschaffung der Gewehre auf Kosten der Gemeinde beschlossen. »Aber kein Lied und kein Heldenbuch meldet von den Thaten dieser Bürgerwehr, ja kein Mensch weiß zu sagen, ob sie überhaupt ins Leben getreten ist. Die ganze Sache ist wohl auf dem Papier stehen geblieben«[21], wie ein Dorfchronist zu Beginn unseres Jahrhunderts feststellte.

Aus Herrlingen verlautete, eine Einführung der Bürgerwehr sei nicht tunlich, weil die Männer »tagsüber strenge beschäftigt sind und Abends sich zur Ruhe sehnen«. Der Ortsvorsteher Ringingens lehnte ebenfalls ab und schrieb: »Übrigens erlaube ich mir noch beizufügen, daß die Aufrechterhaltung der Ordnung, Ruhe und Sicherheit in hiesigem Ort auch ohne Waffen unter der Einwohnerschaft erfüllt werden könnte, indem allenfallsige Ruhestörer schon durch die überwiegende Mehrzahl der Gutgesinnten auf geeignete Weise zu Recht gewiesen würden.«

Man sieht, der praktische Sinn der bäuerlichen Bevölkerung hielt nichts vom wöchentlichen Exerzieren und ständiger Volksbewaffnung. Das Landvolk behielt in seiner Skepsis auch recht. Als die Demokratie von 1848 vom Untergang bedroht war, regte sich kaum eine der mit viel revolutionärem Verve gegründeten städtischen Bürgerwehren. Am 18. Juni 1849 löste württembergisches Militär das »Rumpfparlament« in Stuttgart gewaltsam auf. Die Bürgerwehr der Hauptstadt, sechs Bataillone stark, verhielt sich völlig passiv – vom revolutionären Elan anläßlich der Fahnenweihe eine knappes Jahr zuvor war wenig mehr zu spüren.

Von den ländlichen Bürgerwehren hört man seit dem Sommer 1848 nichts mehr. In den Städten war die Bereitschaft, sich in eigener Person soldatisch zu engagieren etwas besser. Dennoch wurde in Blaubeuren immer wieder geklagt, daß die Bereitschaft zum Exerzieren zu wünschen übriglasse. Dreimal wurde in der Woche geübt: abends Montag und Donnerstag und am Sonntag ganz in der Frühe vor fünf Uhr! Obgleich der Dienst für die Betroffenen gesetzlich vorgeschrieben war, blieb er jedoch praktisch unverbindlich, da es keine Autorität gab, einen freien Bürger zu seinem freiwilligem Einsatz zu bewegen oder gar zu zwingen.

Auch in manchen Kleinstädten war nur ein geringes Engagement zu spüren. Selbst in Munderkingen, das eine alte Tradition aufweisen konnte, bestand an der Volksbewaffnung ein nur geringes Interesse[22]. Ähnlich verhielt es sich in Schelklingen. Hier wurde am 3. September 1848 die nach dem Gesetz verordnete Bürgerwehr gegründet (ob Teile der alten Wehr in ihr aufgegangen sind, ist ungewiß, jedoch anzunehmen). 105 Wehrmänner wurden benannt. Eine Woche darauf fand die Wahl der Offiziere statt, aber nur 54 Wehrmänner nahmen daran teil! Im Protokollband datiert der letzte Eintrag vom 5. Oktober 1848. Charakteristisch für die Einstellung zur Bürgerbewaffnung ist, über was beraten werden mußte: Wie sind die Wehrmänner zu behandeln, die sich als untauglich erklären? Ein ärztliches Attest wurde verlangt, und es mußten drei Gulden in die Corps-Kasse gezahlt werden. Ferner wurden Strafvorschriften beschlossen, jenen, die unerlaubt beim Ausrücken fehlten, »nöthigenfalls« mit Arrest gedroht[23].

Im Protokollband der Schelklinger Bürgerwehr schließt sich an die Revolutionszeit der Bericht über die Neugründung der Bürgerwehr im Jahre 1856 an. Nun bewegte sich der militärische Dienst in gewohnt bürgerlichen Bahnen, z. B. 1859 ein Manöver, zusammen mit der Munderkinger Wehr und einer Turnerschar aus Blaubeuren, bei dem das Kloster Urspring erstürmt wurde. Oder am 12. September 1865: »Ausrücken zum Geburtstag ihrer Majestät Königin Olga. Morgens zur Kirchenparade. Abends heiteres Beisammensein. Musik und Gesang« Und: nachmittags Manöver – abends Ball: »Das Ganze ging in heiterer, fröhlicher, brüderlicher Liebe vor sich und wird der ganzen Mannschaft noch lange in freundlicher Erinnerung bleiben.«

Abb. 44: Karikatur auf die Bürgerwehr

Zurück in die Jahre der Revolution. Im Mai 1849 beschloß die Nationalversammlung in Frankfurt ein Gesetz, das vorsah, daß in jeder Gemeinde eine Bürgerwehr gegründet werden müsse. Die württembergische Staatsregierung untersagte umgehend die Befolgung dieses Gesetzes – wahrscheinlich hätte es dieser Maßnahme nicht mehr bedurft. Die bestehenden Bürgerwehren allerdings waren vom Verbot nicht betroffen. Am 14. Mai beschloß der Stadtrat von Blaubeuren, einen Kredit von 1125 Gulden aufzunehmen, um 75 Musketen zu kaufen[24]. Am 24. Juni 1849 wurde noch eine feierliche Fahnenweihe inszeniert. In Blaubeuren hoffte man im Herbst 1849 auf den Fortbestand der Bürgerwehr, sogar auf ein »neues Leben und auf wenigstens 1 mal in der Woche stattfindende Exerzitien«[25].

Zur selben Zeit kämpften die Revolutionäre in Baden ihren verzweifelten Kampf gegen das preußische Militär und hofften auf personelle Unterstützung aus dem benachbarten Württemberg. Nur ganz wenige Bürgerwehren rückten aus, nach Baden gelangte kaum eine. Die meisten kehrten um, als sie erfuhren, daß die Wehren der Nachbarstädte daheim geblieben waren. Aus dem Ulmer Raum ist keine Initiative bekannt, die zum Marsch nach Baden aufgerufen hätte. Möglicherweise waren im Aufgebot aus Riedlingen, das gegen Stuttgart rücken wollte, Wehrmänner aus Munderkingen dabei.

Noch auf der Pfingstversammlung der württembergischen Volksvereine am 26./27. Mai 1849 war man fest entschlossen, notfalls mit der Waffe in der Hand die Freiheiten insbesondere Badens zu verteidigen. Aus Blaubeuren waren Karl Nüßle und Wilhelm Zobel nach Reutlingen geschickt worden, Wehrmänner sollten sie begleiten[26]. Vermutlich folgten ihnen nur wenige. Von der Blaubeurer Bürgerwehr kam nur Wilhelm Zobel bis Rastatt[27]. Am 26. Mai wurden entsprechende Planungen vorbereitet. Zu den treibenden Kräften gehörte der Inhaber der Blaubeurer Bleiche Julius Haußmann, hingegen war der Blaubeurer Abgeordnete August Becher zur Gewalt nicht bereit. Ansatzweise wurden Pläne zum bewaffneten Aufstand entworfen, die Soldaten der regulären württembergischen Armee wurden aufgefordert, mit den Bürgerwehren gemeinsame Sache gegen die »preußischen Henkersknechte« und gegen die »Verrätherei der Fürsten« zu machen[28].

Aus den Planungen wurde nichts. Ungerecht wäre es, diesen Bürgerwehren Feigheit zu unterstellen. Denn, so wie sie organisiert waren, konnten sie gar keine »Feldzüge« unternehmen. Sie waren Dilettanten in allen militärischen Dingen: Den Revolutionären in Baden oder dem »Rumpfparlament« in Stuttgart helfen zu wollen, war das eine. Aber zu einer soliden Stabsarbeit (Marschplanung, Unterbringung und vor allem Versorgung) waren sie nicht in der Lage. Für die meisten, die dennoch auszogen, erlosch die Begeisterung am ersten, spätestens zweiten Tage des Ausmarsches, als sie feststellen mußten, daß für Unterkunft und Ernährung keine ausreichende Vorsorge getroffen war – so die Erfahrung der Heilbronner und Tuttlinger Bürgerwehren.

Allenfalls einzelne schlugen sich zu den Aufständischen nach Baden durch, die zu erwartende Niederlage konnten sie nicht im geringsten aufhalten. Idealismus kann Sachkenntnis schlecht ersetzen – der praktische Sinn der schwäbischen Bauern ahnte wohl das kommende Desaster. Hinzu kam, daß die im März 1848 doch recht erschrockene Obrigkeit gerade dem Landvolk Zugeständnisse machte und Entwicklungen beschleunigte, die im Interesse der Bauern lagen. Es ist schon paradox, daß die ländliche Bevölkerung am meisten von der bürgerlichen Revolution profitieren sollte.

Mit dem Scheitern der bürgerlichen Revolution kam auch das Ende der Bürgerwehren. Ein neuformuliertes Gesetz vom Oktober 1849 erwies sich als undurchführbar. Der »Blaumann« sah das Ende der Wehren bereits in seiner ersten Ausgabe von 1850 voraus. Am 1. Juni 1853 wurde dies amtlicherseits eingesehen und das Gesetz aufgehoben. Ganz sind die Bürgerwehren jedoch nicht verschwunden. Als romantisierende folkloristische Vereine bereichern sie bis heute Volks- und Stadtfeste.

Auf jede Tragödie hat ein Satyrspiel zu folgen, so auch hier: Was soll mit den Uniformen, vor allem was soll mit den Musketen geschehen? Die reguläre Armee wollte sie nicht, denn die Wehren hatten sich zum Teil verschiedenartige Modelle gekauft. 1855 warnte die Blaubeurer Stadtverwaltung vor unbefugtem Verkauf von Ausrüstungsgegenständen. 1859 verkaufte die Stadt selbst die letzten Reste der

Montur der ersten »Bürgercompagnie«, offenbar mit geringem Erfolg, denn im Juli 1860 wurden die letzten Reste versteigert.

Quellen:
STAL, F 156, Bü 64, Bürgerwehren im Oberamt Blaubeuren.
STAL, F 156, Bü 65a, Waffenkäufe.
StAB, Stadtratsprotokoll
StAS, Protokollbuch der Bürgerwehr.
Der Blaumann, Jgg. 1848–1850.
AA, Jgg. 1848, 1849.

1 Hierzu allgemein *Paul Sauer,* Revolution und Volksbewaffnung. Die württembergischen Bürgerwehren im 19. Jahrhundert, vor allem während der Revolution von 1848/49, Ulm 1976.
2 Vgl. *Josef Traub,* Nachforschungen über die Bürgerwehr in Munderkingen, in: Schwäbische Zeitung v. 11.12.1986.
3 *Blaumann* v. 28.3.1848.
4 *AA* v. 18.3.1848.
5 *Reg.-Bl.,* Nr. 17 v. 2.4.1848, S. 101 ff., Nr. 20 v. 11.4.1848, S. 125 ff.
6 *STAL,* E 179/II, Bü 6825.
7 *STAL,* E 1701 II, Bü 6823.
8 *Heinz-Eugen Schramm* (Hrsg.), Michel Buck Brevier, Ertingen 1981, S. 15.
9 Vgl. *Harald Kächler,* Dietenheimer Bürgerwehr rückte damals aus, in: Illertalbote v. 26.3.1998.
10 Vgl. *Ernst Egerer,* Einst und Jetzt. Geschichten und Geschichte des altulmischen Amtsortes Bermaringen, Blaubeuren 1901, S. 31.
11 *Blaumann* v. 28.3.1848.
12 *SchwKr* v. 1.4.1848.
13 *Blaumann* v. 17.4.1849.
14 *AA* v.13.5.1848 und 25.12.1849.
15 Vgl. *Martin Weingardt/Jörg Martin (*Hrsg.), Spuren eines Dorfes. Sonderbuch 1294–1994, Dettingen/Erms 1994, S. 58.
16 Vgl. *ebd.*
17 *Blaumann* v. 25.9.1849.
18 *Blaumann* v. 28.8.1848.
19 *STAL,* F 156, Bü 64.
20 *Blaumann* v. 4.8.1848.
21 *Egerer* (wie Anm. 10), S. 31.
22 Vgl. *Traub* (wie Anm. 2).
23 *GA Asch,* Protokollband Bürgerwehr.
24 *StAB,* Stadtratsprotokoll v. 14.5.1849.
25 *Blaumann* v. 7.9.1849.
26 *STAL,* F 156, Bü 64.
27 Vgl. seinen Bericht, S. 163 ff.
28 *Anklageakt gegen den vormaligen Rechts-Consulenten August Becher von Ravensburg, und Genossen wegen Hochverraths,* o. O. [1851]; vgl. auch *Hans Maier,* Die Hochverratsprozesse gegen Gottlieb Rau und August Becher nach der Revolution von 1848 in Württemberg, Pfaffenweiler 1992.

Uwe Schmidt

Soldaten der Revolution

Demokraten aus Ulm und dem Alb-Donau-Kreis im Kampf für Freiheit und Demokratie

Nach der Flucht des badischen Großherzogs und der Übernahme der Regierungsgewalt durch den Landesausschuß der Volksvereine am 13. Mai 1849 mußte es jedem politisch Einsichtigen klar sein, daß die Regierungen in Preußen, Bayern und Österreich alle Mittel mobilisieren würden, die demokratische Erhebung in Baden und in der Pfalz, wo am 17. Mai 1849 in Kaiserslautern eine revolutionäre provisorische Regierung eingesetzt wurde, mit Waffengewalt niederzuschlagen[1]. Gegen die Pfalz und Baden zog eine gewaltige militärische Macht auf: 18 000 Mann aus den Klein- und Mittelstaaten, die vom Reichsverweser aufgeboten wurden, marschierten an der Nordgrenze Badens auf. Hinter ihnen rückte ein 16 000 Mann starkes preußisches Armeekorps an. An der Nordgrenze der Pfalz standen weitere 20 000 preußische Soldaten bereit. Zur Verteidigung der Revolution schlossen Baden und die Pfalz am 18. Mai eine Militärunion.

Soldaten der regulären bayerischen und badischen Heere bildeten den Grundstock der badisch-pfälzischen Revolutionsarmee. Die badischen Linientruppen, fast vollständig auf die Seite des Volkes übergegangen, stellten mit 15 000 Mann das zahlenmäßig stärkste Kontingent. Verstärkt wurden die Linientruppen durch Volkswehren, die auf Grund des Beschlusses der Offenburger Volksversammlung vom 12./13. Mai 1849, die Volksbewaffnung durchzuführen, aufgestellt wurden. Als erstes Aufgebot sollten alle kampffähigen Männer zwischen 18 und 30 Jahren mobilisiert werden. Trotz aller Schwierigkeiten, z. B. Behinderungen durch örtliche Behörden, konnten immerhin etwa 25 Volkswehren mit einer Durchschnittsstärke von rund 500 Mann aufgeboten werden. Freiwillige aus anderen deutschen Staaten oder aus der Emigration zogen nach Baden. Diese Freischaren, die ihre Namen meist aus der geographischen Herkunft ableiteten (Deutsch-schweizerische Legion, Deutsch-polnische Legion, Schwäbische Legion, Mannheimer Arbeiterbataillon, Hanauer Turnerwehr) und überwiegend aus Handwerksgesellen und Arbeitern bestanden, stellten mit rund 6000 Mann die dritte Säule der Revolutionsarmee.

Bis Anfang Juni war die badisch-pfälzische Armee ohne eigentliche Führung. Am 9. Juni übernahm der polnische General und Freiheitskämpfer Ludwik Mieroslawski den Oberbefehl. Mieroslawski, der schon mit 17 Jahren im polnischen Aufstand von 1831 gekämpft hatte und in Preußen wegen seiner Teilnahme am Posener Aufstand 1847 zum Tode verurteilt, dann begnadigt und im März 1848 aus dem Berliner Gefängnis befreit worden war, schloß das ohne feste Organisation und klare militärische Zielstellung agierende Konglomerat aus Linientruppen, Volkswehren und Freischaren zu einer eigentlichen Armee zusammen.

In nur fünf Tagen besetzten preußische Truppen die gesamte aufständische Pfalz; am 19. Juni setzte als Nachhut das Willichsche Korps auf das rechte Rheinufer über[2]. Das preußische Armeekorps folgte und besiegte am 21. Juni in der Schlacht von Waghäusel die badischen Revolutionstruppen. In kürzester Zeit mußte das badische Unterland aufgegeben werden. Heidelberg fiel am 22. Juni, die Hauptstadt Karlsruhe wurde am 25. Juni von den Preußen besetzt. In dem Gefecht bei Durlach am 25. Juni deckten Freischaren und Volkswehren, kaum 1000 Mann stark, abgehetzt durch Eilmärsche und ohne Artillerie, den Rückzug der badischen Revolutionstruppen auf die Murglinie, an der sie sich in einem letzten verzweifelten Kampf der feindlichen Übermacht stellten. Die Entscheidung fiel, als am 29. Juni Reichstruppen unter Verletzung der württembergischen Neutralität die Verteidigungslinie von Gernsbach, wo die Schwäbische Legion zum Einsatz kam, aufrollten und der letzten Verteidigungsfront den Todesstoß versetzten. Es blieb den Revolutionstruppen nur der Rückzug in die Festung Rastatt, die am 1. Juli eingeschlossen wurde, und an die schweizerische Grenze. Am 12. Juli setzte sich das Willichsche Freikorps als letzte Einheit in die Schweiz ab. In Rastatt kapitulierte am 23. Juli der Rest der Revolutionsarmee von über 5500 Mann bedingungslos. Die Kämpfer wurden entwaffnet und unter den unwürdigsten Bedingungen in den feuchten und dunklen Kasematten der drei Festungsforts gefangengesetzt. 19 standrechtlich abgeurteilte

Abb. 45: Freischärler im Lager

Revolutionäre, unter ihnen der Zögling des Blaubeurer Seminars Ernst Elsenhans, sowie eine unbekannte Zahl vor allem polnischer Freischärler, die nicht einmal vor ein Standgericht gestellt wurden, starben im Kugelhagel der Hinrichtungspelotons.

Bisher sind 20 Soldaten der badischen Revolutionsarmee aus Ulm und dem heutigen Alb-Donau-Kreis sowie ein Teilnehmer am Heckerzug im April 1848 und ein Mitglied der Legion Herweghs bekannt. Sie waren meist junge Handwerksgesellen, die sich auf der Wanderschaft befanden oder im Ausland Arbeit gefunden hatten, und sie kämpften vor allem in einer der Freischaren wie der Deutsch-schweizerischen oder Schwäbischen Legion, für deren Aufstellung im übrigen der Ulmer Revolutionär Georg Bernhard Schifterling von der provisorischen badischen Regierung beauftragt wurde[3]. Über ihre Beweggründe, in Baden für Freiheit und Demokratie mit der Waffe in der Hand zu kämpfen, geben die obrigkeitlichen Akten keine schlüssigen Erklärungen. Dabei muß bedacht werden, daß die Revolutionssoldaten berechtigterweise schwere Strafen befürchteten und nur soweit Aussagen machten, wie sie sich nicht schadeten. Diese Angst zeigt sich vor allem in der stereotypen Angabe, niemals auf württembergische Soldaten geschossen zu haben. Mit einer Ausnahme sind alle freiwillig der badischen Revolutionsarmee beigetreten. In den Verhörprotokollen gaben sie häufig an, daß ihre vergebliche Arbeitssuche sie zu diesem Entschluß gebracht habe. Eine bewußt politische Entscheidung deutet sich an, wenn sie ihren bewaffneten Kampf damit begründeten, für die Durchführung der auch von Württemberg am 24. April 1849 anerkannten Reichsverfassung einzutreten, womit sie ihrem Handeln eine verfassungsrechtlich abgesicherte Legitimation zu verleihen suchten. Allem Anschein nach behandelten die Behörden und Gerichte die in die Heimat zurückgekehrten Revolutionäre relativ milde. Meist wurden sie aus der Haft entlassen und in der Regel unter Polizeiaufsicht gestellt. Anders verfuhr dagegen die Obrigkeit mit dem Soldaten der Ulmer Garnison Marx Ludwig Wich, der wegen seiner Desertion Anfang Anfang Juni 1849 zu einer mehrjährigen Gefängnisstrafe verurteilt wurde.

Die Geschichtsschreibung kennt oft genug nur die Namen der sogenannten großen Personen. Die prominenten Revolutionäre, allen voran Friedrich Hecker, Gustav Struve, Georg Herwegh und Carl Schurz, vielleicht noch Julius Haußmann und Gottlieb Rau, sind uns ein Begriff. Aber jene, die 1848/49 aus der Masse des Volkes hervortraten und für die Freiheiten und Rechte des Volkes auch unter Einsatz ihres Lebens fochten, legte die Geschichte einen Mantel des Unbekannten und auch des Verschweigens. Die Namen von 14 Ulmer Festungsarbeitern, die um den 20. Juni auf ihrem Weg nach Pforzheim, dem Sammelplatz der Schwäbischen Legion, durch Leonberg kamen, sind uns nicht einmal überliefert wie auch der Name jenes Ulmer Soldaten uns unbekannt ist, der im Gefecht von Oos am 30. Juni 1849 für Freiheit und Demokratie sein Leben ließ[4]. Ihnen, den sogenannten kleinen Leuten, seien die folgenden Seiten gewidmet.

Jakob Abele
Ehrenstein (Blaustein)

Der 1828 geborene Wagnergeselle ging im Frühjahr 1849 auf Wanderschaft, die ihn, nachdem er in Württemberg keine Arbeit gefunden hatte, nach Karlsruhe führte[5]. Als auch dort die Arbeitssuche ohne Erfolg blieb, ließ er sich für die vormalige großherzogliche Armee anwerben. Abele nahm am 25. Juni bei einem der letzten Abwehrgefechte der Revolutionstruppen bei der Durlacher Obermühle teil[6]. Über Konstanz flüchtete er in die Schweiz nach Bern, wo er und seine Kampfgefährten in einem alten Schloß untergebracht und versorgt wurden. Nach wenigen Wochen kehrte er Anfang August über Ravensburg und Biberach in die Heimat zurück, wo er sich auf Anweisung der Hafendirektion in Friedrichshafen auf dem Oberamt in Ulm melden mußte. Am 29. August wurde Abele verhört. Über weitere Folgen seines Handelns ist nichts überliefert.

Jakob Baumann
Ulm

Der Metzger Jakob Baumann saß 1849 auf dem Hohenasperg wegen Teilnahme an der badischen Revolution. Die Quellen berichten nichts über ihn; lediglich eine Liste der noch nicht amnestierten Revolutionäre führte seinen Namen auf. Vermutlich gehörte er der badischen Revolutionsarmee an[7].

Karl Boulanger
Ulm

Der 27jährige Zimmergeselle trat in den letzten Tagen der badischen Republik in Lörrach der Revolutionsarmee bei. Schon nach zwei Tagen setzte sich seine Kompanie auf schweizerisches Gebiet ab. Am 19. August betrat Boulanger in Friedrichshafen wieder württembergischen Boden. Außer mit einem Verhör am 29. August wurde er nicht weiter belangt[8].

Karl Dietrich
Ulm

Der Ulmer Handelsmann gehörte der Schwäbischen Legion an und hielt sich noch im November 1849 im Kanton Waadt auf. Über sein weiteres Schicksal ist nichts bekannt[9].

Karl Faul
Ulm

Der 1826 geborene Schuster lebte von 1846 an in Genf, wo er Arbeit gefunden hatte. Aus gesundheitlichen Gründen verließ er am 9. Juni 1849 die Schweiz, um im Badischen seinen Lebensunterhalt zu verdienen. In Effringen bei Lörrach zwang ihn – seinen Angaben zufolge – am 20. Juni ein Zivilkommissar M. zum Beitritt in die Deutsch-polnische Legion (ein gedrucktes Verzeichnis der in Rastatt befindlichen Gefangenen führte ihn freilich als Freiwilligen auf). Mit dem Knollschen Freikorps, dem er seit dem 27. Juni angehörte, zog er nach Rastatt. Bei der Übergabe der Festung am 23. Juli wurde er gefangengenommen und im Fort B eingekerkert. Am 6. Dezember 1849 wurde Karl Faul den württembergischen Behörden übergeben[10].

Christian Fischer
Langenau

Der Schuhmachergeselle Christian Fischer, 22 Jahre jung, kam Anfang Mai 1849 nach Reutlingen und fand dort Arbeit. Offensichtlich beeindruckt von der Volksversammlung am Pfingstmontag (28. Mai) schloß sich Fischer einer Gruppe von 50 Männern an, die zur Verteidigung des badischen Aufstandes nach Pforzheim zogen. Dort wurden sie bewaffnet und in die von dem Ulmer Revolutionär Georg Bernhard Schifterling im Auftrag der badischen Revolutionsregierung gegründete Schwäbische Legion eingegliedert. Diese sollte nach dem ursprünglichen Plan in Württemberg einmarschieren und die Revolution dort entfachen. Doch der rasche Vormarsch der preußischen Interventionstruppen in Nordbaden zwang die Schwäbische Legion, sich an den Oberrhein zurückzuziehen. Fischer nahm an den Kämpfen in Gernsbach und an weiteren Gefechten teil.

Anfang Juli 1849 flüchtete er in die Schweiz. Nach sechs Wochen kehrte er zurück, wurde verhaftet und an das Oberamtsgericht in Ulm überstellt. Während eines Verhörs verteidigte Fischer seine republikanische Grundüberzeugung und stand zu seinem Handeln[11]. Dennoch behandelte das Gericht Fischer vergleichsweise milde; es stellte den Demokraten lediglich unter Polizeiaufsicht, wozu sicherlich die Tatsache beigetragen hatte, daß Fischer bei dem Schuhmachermeister Jakob Röser in Langenau Arbeit gefunden hatte[12].

Bernhard Harscher
Ehingen

Harscher trat der Revolutionsarmee aus freien Stücken bei und wurde am 23. Juli 1849 in Rastatt gefangengenommen[13].

Christian Hiller
Ballendorf

Hiller diente als Obermann im 2. Infanterie-Regiment des württembergischen Heeres. Im Juni 1849 schloß er sich der Schwäbischen Legion an. Der Kriminal-Senat des Kgl. Gerichtshofes in Esslingen strengte im Dezember 1850 Voruntersuchungen gegen Hiller an, da er sich in »verbrecherischer Weise« der Schwäbischen Legion angeschlossen habe[14].

Karl Keim
Ulm

Im Frühjahr 1849 arbeitete der 22jährige Blechlergeselle in der Schweiz und wurde von den Basler Behörden ausgewiesen, nachdem er keine Arbeit mehr gefunden hatte. Keim schloß sich wegen seiner Arbeitslosigkeit am 10. Juni 1849 in Lörrach der Deutsch-polnischen Legion an. Nach zwölf Tagen wurde er nach Rastatt beordert, wo er an zwei Ausfällen teilnahm. Nach mehrmonatiger Gefangenschaft in Rastatt wurde er am 6. Dezember 1849 den württembergischen Behörden überstellt und Verhören unterzogen. Seinen Aussagen nach kämpfte Keim »nur für die Reichsverfassung gegen die Preußen«, wodurch er sich dem Vorwurf, gegen die eigenen Landsleute geschossen zu haben, zu entziehen suchte[15].

Jakob Josef Lindner
Ulm

Der gelernte Bäcker gab vor der württembergischen Untersuchungskommission, in Rastatt mit Waffengewalt zwangsrekrutiert worden zu sein und nie an einem Gefecht teilgenommen zu haben. Am 6. Dezember 1849 wurde er an Württemberg ausgeliefert, nach Ulm gebracht, dort verhört und dann entlassen. Als der vermögenslose Lindner trotz aller Bemühungen in Württemberg keine Arbeit fand, richtete er im August 1850 eine, auch von der Stadt Ulm unterstützte, Bitte an den König, damit ihm dieser einen Pass für das Ausland bewillige, wo er seinen Broterwerb suchen wolle[16].

Gottfried Nüssle
Ulm-Böfingen

Der Schneidergeselle gehörte Georg Herweghs »Legion der deutschen Arbeiter« an, die am 27. April 1848 bei Dossenbach von württembergischen Truppen zerschlagen wurde. Dabei geriet Nüssle in Gefangenschaft und wurde mit 23 anderen Gefangenen am 17. Juli 1848 auf den Hohenasperg gebracht[17].

Daniel Schmid
Langenau

Der Schneidergeselle Daniel Schmid, der in Tettnang Arbeit gefunden hatte, zog im Frühsommer 1849 mit Muskete, Patronentasche und Messer aus städtischen Beständen bewaffnet zusammen mit acht weiteren Tettnangern ins Badische[18]. Dort wurden die oberschwäbischen Freischärler in die badisch–pfälzische Revolutionsarmee aufgenommen. Nach der Niederschlagung der revolutionären Erhebung flüchtete Schmid wie tausend andere in die Schweiz. Im Juli 1849 kehrte er mit 32 Kameraden aus dem Exil über Langenargen zurück und begab sich wieder nach Tettnang, wo er bei seinem früheren Meister Arbeit zu finden hoffte. Da Schneidermeister Fischer dem vormaligen Soldaten der Revolution nicht Brot und Arbeit gab, machte sich Schmid auf die Wanderschaft[19]. An einem unbekannten Ort wurde er verhaftet und auf den Hohenasperg bei Ludwigsburg gebracht, wo er noch Ende 1849 einsaß[20].

Dionis Schmidt
Munderkingen

Schmidt gehörte als Freiwilliger der Revolutionsarmee an. Bei der Kapitulation Rastatts am 23. Juli 1849 wurde er gefangengenommen und im Fort B der Festung eingekerkert[21].

Ludwig Schmidt
Langenau

Von Ludwig Schmidt, vermutlich ein Handwerksgeselle, wissen wir wenig. Am 1. Juli 1849 trat er dem Knollschen Freikorps bei und gehörte der Kompanie Robert Blum an. Als Wehrmann erhielt er sechs Kreuzer Sold pro Tag. Schmidt geriet in Gefangenschaft; über sein weiteres Schicksal ist nichts bekannt[22].

Louis Staudenmeyer
Ulm

Von Louis Staudenmeyer ist nur bekannt, daß er den badischen Behörden einen Stutzen und einen Hirschfänger mit Silbergriff und damaszierter Klinge übergab. Vermutlich zog er mit anderen Freischärlern aus Friedrichshafen und Markdorf zu der auf den 13. April 1848 einberufenen Volksversammlung nach Stockach, um sich dort dem Heckerzug anzuschließen[23].

Hilarius Strahl
Dellmensingen

Nach der Niederlage der badischen Revolution, an der er wohl als Soldat teilgenommen hatte, flüchtete der 1817 geborene Schreiner, der bereits von 1843 bis zum Ausbruch der badischen Revolution bei französischen und schweizerischen Meistern Arbeit gefunden hatte, in die Schweiz. Politisches Asyl fand Strahl im Kanton Bern, bis ihn die Schweizer Behörden im Frühjahr 1851 auswiesen. Strahl selbst hatte sich schon im Dezember 1849 zur Auswanderung in die Vereinigten Staaten entschlossen. In einem Brief an den Dellmensinger Schultheißen schrieb er, »daß ich ein Auskommen hier zu Lande nicht finden kann und bin deswegen gesonnen, künftiges Frühjahr nach Nordamerika zu reisen und dort mein Glück zu suchen, indem ich durchaus nicht gesonnen bin, einstens zu Hause am Ende noch Tagelöhner zu werden, da ich bei der allgemeinen Stockung der Gewerbe die Schreiner-Profession am meisten Not leidet.« Über das weitere Schicksal Strahls ist nichts bekannt[24].

Johannes Straub
Ulm

Der am 9. Dezember 1810 in Ulm geborene Schuhmacher schloß sich der Hanauer Turnerwehr als Wehrmann an. Die Hanauer Turnerwehr, in die am 9. Juni die Heilbronner Turnerwehr eingegliedert wurde, beteiligte sich an dem Gefecht bei Waghäusel und den Verteidigungskämpfen an der Murglinie. Nach deren Aufgabe zog sich die Turnerwehr bis an die schweizerische Grenze zurück. Am Morgen des 6. Juli überschritt sie die Grenze und marschierte von Basel nach Bern. Bei seinem Übertritt in die Schweiz lieferte Straub ein Infanteriegewehr ab. Im Oktober 1849 hielt er sich in Bern auf. Straub starb am 13. April 1879 in seiner Heimatstadt[25].

Johannes Vogt
Ulm

Wegen seiner Arbeitslosigkeit – er fand weder in der Pfalz noch in Baden noch in der Schweiz Arbeit – trat der 1828 geborene Müller, den ein Aufruf der provisorischen Regierung zur Teilnahme am Kampf für die Reichsverfassung motivierte, in Lörrach der Schweizer Legion bei und nahm an den Gefechten bei Durlach und Rastatt teil. Nach der Übergabe Rastatts am 23. Juli wurde er vom preußischen Militär gefangengesetzt und am 6. Dezember 1849 den württembergischen Behörden überstellt[26].

Friedrich Weber
Ulm

Der Ulmer Messerschmied, Soldat der badischen Revolutionsarmee, wird in einer Liste der württembergischen Flüchtlinge von Ende Oktober 1849 als sich im schweizerischen Kanton Waadt aufhaltend aufgelistet[27].

Karl Weiß
Ulm

Der gelernte Schuster gehörte der Schwäbischen Legion an. Im Oktober 1849 lebte Weiß in Zürich und war nur unter der Bedingung einer Amnestie bereit, nach Württemberg zurückzukehren[28].

Johann Werner
Ulm

Der 21jährige Schustergeselle stand im Frühjahr 1849 in Luzern in Arbeit und war Mitglied eines Gesangvereins deutscher Handwerker. Dieser erhielt von der provisorischen badischen Regierung verschiedene Briefe, in denen die deutschen Handwerker zur Teilnahme an der Durchführung der Reichsverfassung in Baden aufgefordert wurden. Werner und 28 weitere Handwerker entschlossen sich, nach Baden zu gehen. Per Dekret erhielten sie 75 Franken Reisekosten. In Heidelberg trat Werner der Schweizer

Legion bei, die zunächst die Grenze im Odenwald zu schützen hatte und dann nach Durlach verlegt wurde. Dort nahm Werner am Gefecht am 25. Juni, seinem ersten und einzigen, teil. In Rastatt gefangengenommen, wo er wegen Fiebers 17 Wochen im Hospital lag, wurde der Schustergeselle Anfang Dezember 1849 den württembergischen Behörden übergeben[29].

Marx Ludwig Wich
Ulm

Marx Ludwig Wich, 1822 geboren, von Beruf Gärtner und im Frühjahr 1849 Soldat im 2. Infanterie-Regiment in Ulm, verließ am 2. Juni 1849 die Ulmer Garnison. Von Ulmer Bürgern erhielt er Geld für die Reise nach Baden. In Freiburg trat Wich dem badischen 2. Infanterie-Regiment als Unteroffizier bei und beteiligte sich an einem Gefecht. In einem Verhör bekannte sich Wich zu seiner republikanischen Überzeugung. Seine Absicht sei es gewesen, für die Einführung der Republik in Baden und den übrigen deutschen Ländern tätig zu sein[30]. Ende Februar 1850 wurde Wich nach Württemberg ausgeliefert und am 7. März wegen zweiter erschwerter Desertion – Wich hatte ein Seitengewehr mitgenommen – zu einer siebenjährigen Festungsarbeitsstrafe verurteilt. Wich gelang in der Nacht vom 29. auf den 30. August 1850 mit zwei anderen Häftlingen die Flucht aus der Cannstatter Militärstrafanstalt. In Abwesenheit erhielt Wich wegen »hochverräterischer Angriffe in Baden« eine fünfjährige Zuchthausstrafe. Der gewesene Soldat lebte im Schweizer (Zürich) und italienischen Exil, bis er sich am 21. September 1857 in Tuttlingen den württembergischen Behörden stellte. Wich wurde umgehend wieder in die Militärstrafanstalt in Cannstatt eingeliefert. Für seine Flucht verurteilte ihn ein Militärgericht zu einer Festungsarbeitsstrafe von zwei Jahren wegen »Entweichung vom Strafplatze«. Am 3. Dezember 1857 wurde zwar ein erneuter Hochverratsprozeß gegen Wich auf Anordnung König Wilhelms I. niedergeschlagen, Wich selbst blieb jedoch in Haft[31].

1 Vgl., auch i. f., *Illustrierte Geschichte der deutschen Revolution 1848/49*, 3. Aufl. Berlin/DDR 1988, S. 330 ff.
2 Zum Verlauf des Bürgerkrieges s. die heute noch lesenswerten Darstellungen und Erinnerungen von *Heinrich Loose*, Der deutsche Reichsverfassungskampf im Jahre 1849, Leipzig 1852, und *Friedrich Engels*, Die deutsche Reichsverfassungskampagne, in: Marx-Engels-Werke, Bd. 7, Berlin/DDR 1960, S. 109 ff.; eine Zusammenstellung zeitgenössischer Berichte liefert *Wolfgang Dreßen* (Hrsg.), 1848/1849. Bürgerkrieg in Baden. Chronik einer verlorenen Revolution, Berlin 1975, S. 87 ff.
3 *Die Sonne*, Nr. 106 v. 13.6.1849.
4 HSTAS, E 146/2, Bü 1935, Bericht des Oberamts Leonberg v. 22.6.1849; vgl. *Johann Philipp Becker/Chr. Esselen*, Geschichte der süddeutschen Mairevolution des Jahres 1849, Genf 1849, S. 416.
5 Auch i. f. STAL, E 319, Bü 76, Verhörprotokoll v. 29.8.1849.
6 Vgl. *Ute Grau*, Karlsruhe, in: Revolution im Südwesten. Stätten der Demokratiebewegung 1848/49 in Baden-Württemberg, hrsg. von der Arbeitsgemeinschaft hauptamlicher Archivare im Städtetag Baden-Württemberg, S. 302 f.
7 HSTAS, E 9, Bü 105, Liste der noch nicht amnestierten Teilnehmer an der badischen Revolution auf dem Hohenasperg.
8 STAL, E 319, Bü 76, Verhörprotokoll v. 29.8.1849.
9 HSTAS, E 65, Bü 236, Unterfasz. 5, Liste der württembergischen Flüchtlinge in der Schweiz v. 21.11.1849 (=E 301, Bü 245/1).
10 GLAK, 29/2410, 237/2954; STAL, E 319, Bü 69a, Liste der Kriegsgefangenen in Rastatt, Nr. 35, Bü 70, Verhörprotokoll v. 13.9.1849.
11 STAL, E 319, Bü 73, Verhörprotokoll v. 29.8.1849.
12 STAL, E 319, Bü 73, Beschluß des Oberamtsgerichtes v. 8.9.1849 und Verhörprotokoll v. 24.10.1849.
13 GLAK, 49/2410.
14 STAL, E 320, Bü 71a, Schreiben des Criminal-Senats v. 3.12.1850.
15 GLAK, 237/2954; STAL, E 319, Bü 69a, Liste der Kriegsgefangenen in Rastatt, Nr. 36, Bü 70, Verhörprotokoll v. 14.9.1849.
16 GLAK, 49/2410; STAL, E 319, Bü 69a, Liste der Kriegsgefangenen in Rastatt, Nr. 91, Bü 70, Verhörprotokoll v. 24.9.1849, Bü 72, Bitte Lindners und Schreiben der Stadt Ulm v. 15.8.1850.
17 GLAK, 236/2570, Verzeichnis der bei und nach dem Gefecht von Dossenbach eingebrachten Gefangenen von der »Legion der deutschen Arbeiter«, Nr. 29; HSTAS, E 271c, Bü 694, Schreiben des Festungskommandos Hohenasperg v. 18.7.1848.
18 GLAK, 233/2570, Verzeichnis der Waffen, welche von den nach Baden ausgezogenen Freischärlern von Tettnang nicht mehr zurückgegeben wurden v. 6.9.1849.
19 STAL, F 207/I, Bü 82, Bericht des Oberamts Tettnang an das Oberamt Ulm v. 28.7.1849.
20 HSTAS, E 9, Bü 105, Liste der noch nicht amnestierten Teilnehmer an der badischen Revolution auf dem Hohenasperg.
21 GLAK, 49/2410.
22 GLAK, 237/2954, fol. 54, 138, 142.
23 GLAK, 233/2570, Verzeichnis der Waffen, welche von den Freischaren aus Friedrichshafen an die betreffenden Behörden abgegeben wurden, o. D; vgl. auch *Georg Wieland*, Friedrichshafen, in: Revolution im Südwesten. Stätten der Demokratiebewegung 1848/49 in Baden-Württemberg, hrsg v. der Arbeitsgemeinschaft hauptamtlicher Archivare im Städtetag Baden-Württemberg, Karlsruhe 1997, S. 204.
24 BA Bern, E 21/40a, Situationsrapport der Flüchtinge v. 30.11.1850, E 21/216, Kontrolle der Flüchtlinge, 15.10.1850, zit. bei *Dellmensingen 1092-1992*, hrsg. von der Gemeinde Erbach, Ortsverwaltung Dellmensingen, Ulm 1992, S. 500.

25 *HSTAS*, E 65, Bü 236, Unterfasz. 5, Liste der Flüchtlinge in der Schweiz, Ende Oktober 1849; vgl. *Karl Geisel,* Die Hanauer Turnerwehr. Ihr Einsatz in der badischen Mairevolution von 1849 und der Turnerprozeß (Hanauer Geschichtsblätter, Bd. 25), Hanau 1974, S. 296.
26 *STAL,* E 319, Bü 69a, Liste der Kriegsgefangenen in Rastatt, Nr. 92, E 319, Bü 70, Verhörprotokoll v. 13.12.1849.
27 *HSTAS*, E 65, Bü 236, Unterfasz. 5.
28 *HSTAS*, E 65, Bü 236, Unterfasz. 5, Liste der württembergischen Flüchtlinge in der Schweiz, Oktober 1849.
29 *STAL,* E 319, Bü 69a, Liste der Kriegsgefangenen in Rastatt, Nr. 90, Bü 70, Verhörprotokoll v. 13.12.1849.
30 Vgl. *Anklageakt gegen den vormaligen Rechtskonsulenten August Becher und Genossen wegen Hochverrats,* o. O. [1851], S. 165, 236.
31 *STAL,* E 320, Bü 71a, Schreiben des Justizministeriums v. 4.12.1857 mit Beilagen; *HSTAS,* E 14, Bü 653, Schreiben des Justizministeriums v. 27.11.1857, E 65, Bü 236, Unterfasz. 5, Liste der württembergischen Flüchtlinge in der Schweiz v. 27.11.1849.

Schicksale des W. F. A. Zobel[1] aus Blaubeuren während seiner Theilnahme an der badischen Bewegung im Jahre 1849[2]

Als die Großherzogliche Regierung von Baden im Frühjahre 1849 die von der National-Versammlung zu Frankfurt beschlossene Reichsverfassung ihrem Volke zu verkümmern suchte und der Großherzog, auf die Volksversammlung von Offenburg[3] hin, den entschiedenen Willen seines Volkes fürchtend, die Flucht ergriff[4] und hierauf preußische Hilfe anrief, entschloß auch ich mich, wie es viele wahren Freunde des Volkes taten[5], nach Baden zu gehen und dort dem Rechte meinen Arm zu leihen, das badische Volk vor einer Verfassung bewahren zu helfen, die ihm sonst voraussichtlich durch Bajonette aufgedrungen werden mußte.

Ich reiste im Anfang des Monats Juni d. Js. von Blaubeuren ab und nahm unterwegs einen bayerischen Flüchtling mit, welcher den gleichen Zweck wie ich verfolgte. Am 17. Juni morgens kamen wir in Karlsruhe an, meldeten uns auf dem Kriegsministerium und bei der provisorischen Regierung[6], welche auf dem Ständehause[7] ihre Arbeitslokale hatte.

In beiden Lokalen war ein Drängen, ein Laufen und ein Durcheinander, wie ich's noch nie sah, und es ließ sich mit den betreffenden Beamten nur wenig reden.

Auf den Straßen der Stadt sah man nichts als Militär, Bürgerwehren, Freischaren und kleines und großes Geschütz; kurz es sah so recht kriegerisch aus. Wahrhaft ergreifend aber war es wirklich, wenn man sah, wie Frauen und Jungfrauen mit Blusen und sogenannten Heckerhüten gekleidet, die Büchse auf der Schulter, in geschlossenen Gliedern einmarschierten und entschlossen dem Kampfe für des Volkes Recht entgegengingen. Buben von 13 bis 14 Jahren sah ich ebenfalls teils bewaffnet, teils als Trompeter oder Tamboure mitziehen. Wie ich so recht die verschiedenen Korps betrachtete, mich von der Heiligkeit des begonnenen Kampfes noch vollends durch diesen Anblick begeistern ließ, gebot mir der Hunger, ein Wirtshaus zu betreten. Kaum in demselben (Gasthof zum Ritter) angekommen, trat ein Mann von hoher Gestalt, mit einer Bluse und einem Heckerhut gekleidet auf mich zu, redete mich freundlich an, und fragte, ob ich erst kurz hier sei. Nachdem ich dies bejaht und ihm meine Absicht mitgeteilt hatte, sagte er, daß er Kinkel[8] heiße, Professor aus Bonn sei und begeistert für das unverkennbare Recht des badischen Volkes sich entschlossen habe, die Muskete mit dem Lehrstuhle zu vertauschen. Er trat am Montag in das Willichsche Korps[9] ein, und ich beschloß, dem sich bildenden Reiterkorps mich anzuschließen.

Ein einziges Gefecht, das ich bei Waghäusel[10] mitmachte, ließ mich nun auch sogleich entdecken, wie schonungslos die Kugeln ihren Weg machten, denn eine Kartätschenkugel flog auf ein Rad eines Munitionswagens, dem ich mich näherte, zersplitterte das Eisen, und drei Stückchen hiervon drangen mir in den hinteren Teil meines rechten Fußes (in den Waden) bis aufs Bein. Ich konnte noch reiten bis Durlach, mußte aber dort absteigen, und nach Karlsruhe fahren. Bedeutend war indessen die Verwundung nicht, und ich konnte den anderen Tag, als die Splitter ausgezogen waren, wieder gehen. Auf dem Depot in der Dragoner-Kaserne zu Karlsruhe machte ich nun die Exerzitien mit, half die Waffen von der Kammer herunterschaffen, und die noch nicht ausgerüsteten Reiter bewaffnen usw.

Täglich war dies meine Beschäftigung, täglich aber verlor ich das Vertrauen auf das Gelingen der badischen Sache, da ich schon den Verrat des Oberst Beckert[11] vom ersten Dragonerregiment bei Waghäusel kannte, und immerwährend mit anhören mußte, wie die Karlsruher Einwohner mit einigen Dragoneroffizieren die Gemeinen zum Treubruch gegen die provisorische Regierung aufforderten, ja sogar, wie sie es soweit brachten, daß die Dragoner Montag, den 24. Juni, den wegen seines Verrats bei Waghäusel auf Befehl des Generals Mieroslawky[12] verhaftet gewesenen Oberst Beckert gewaltsam befreien wollten. So sehr mich dies niederschlug, so konnte ich doch meine einmal übernommenen Pflichten nicht vergessen, und ich erlaube mir zu behaupten, daß es den Bemühungen meines Freundes von mir, eines Rechts-Sand. K. und mir gelang, die Ausführung dieser Gewaltmaßregel zu verhindern. Hierbei hatte ich Gelegenheit, mehrere Schwächen von seiten der provisorischen Regierung zu bemerken, über die ich aber hier weggehen will.

163

Am nämlichen Tage kam ein Lärm nach Karlsruhe, daß die Preußen kommen, und mein Freund K. und ich, wir erkundigten uns im Auftrage unserer Kameraden bei der Regierung, was zu tun sein, und wohin wir etwa uns zurückziehen sollen; man versicherte uns, daß man uns nicht im Stiche lassen und uns schon Befehle zustellen werde, die uns unsern künftigen Aufenthaltsort bezeichnen werden. Das Gleiche geschah am Montagfrüh, als der gleiche Lärm in die Kasernen drang, und schon mehrere meiner Kameraden die Flucht ergriffen.

Ich schämte mich, so feig zu fliehen ohne Befehl, und blieb, auf die Regierung vertrauend, trotz aller Nachrichten, mit meinem Freund R. und vielen anderen auf meinem Posten. Wie sah ich mich aber elend betrogen, als mich ein Reiter nachmittags um halb 3 Uhr darauf aufmerksam machte, daß die Preußen bereits im Durlacher Tor[13] hereinmarschierten, und wir nun trotz unserer Pflichttreue und Anhänglichkeit an die Regierung, dennoch scheußlich verraten, verlassen und der Gefangenschaft preisgegeben seien; ich muß gestehen, ich traute kaum meinen Augen, als ich sie gegen das Durlacher Tor wandte, und konnte kaum glauben, daß sie recht sahen; allein es war nur zu wahr, was er mir gesagt hatte, und nun wollte ich fliehen. Was half mir aber jetzt jeder Versuch; die Regierung war geflohen, die Infanterie hatte die Stadt verlassen und war auf der Eisenbahn Rastatt zu gefahren, und ich war den Händen der herzogstreuen Karlsruher Bürger anheimgefallen, welche wie ein Blitz die Tore besetzt hatten und mich unter den rohesten Schimpfreden und Kolbenstößen verhafteten, in das Kriegsministeriumsgebäude führten, und von da in den Stadtarrest brachten. Ein Freund von mir, namens B. aus D., hatte das gleiche Schicksal. Wir kamen in Nr. 10, wo wir mit Wasser und Brot traktiert wurden, und nun über unser Schicksal nachdenken konnten.

Es wird unglaublich scheinen, wenn ich sage, daß wir beide nach kaum einer halben Stunde, in der wir uns meistens nur starr ansahen, – einschliefen, und so lange nicht aufwachten, bis uns die Wachsamkeit der Karlsruher Bürger noch Verstärkung gebracht hatte. Bis den andern Morgen stieg unsere Gesellschaft auf sechs, obgleich das kleine, elende Gemach nur für höchstens zwei Personen Raum hatte. Man tat verschiedene Leute zu uns herein, auch einen, der wegen Mordversuchs Zuchthausstrafe verwirkt hatte, und dann leisteten Läuse, Flöhe und Wanzen recht ordentlich uns Gesellschaft.

Nicht vergessen darf ich, daß ein Nachtstuhl im Gemache war, welcher, da er noch überdies zerbrochen war, seine Rosendüfte so wohltuend verbreitete, daß der Geruch des Schnupftabaks, den ein Gefangener bei sich hatte, weit in Hintergrund kam. Wie sollten wir nun aber liegen? Bloß für zwei Mann war Platz, und keiner wollte den Spreuersack dem andern überlassen; ich wollte keinen Krieg im Arrest führen und legte mich zuerst auf den Boden, zog meine Stiefel aus, legte sie und einen alten Besen unter den Kopf, benützte meine Bluse als Decke und schlief so sechzehn Nächte.

Täglich bekamen wir einigemal frisches Wasser, ordentliches Brot, dagegen aber als warmes Essen so miserables Zeug, daß die Schweine es kaum gefressen haben würden. Saure Kartoffeln, Hirsen, Erbsen mit Würmern, und Gerste, dies waren die sogenanntes Gemüse. Fleisch aber bekam ich bloß einmal in sechzehn Tagen, obgleich dem Wächter vorgeschrieben war, in der Woche zweimal solches zu reichen. Dieser Mann, welcher Stecher heißt, und weswegen man auch den Arrest nur »Hotel Stecher« nannte, hatte gut machen, denn beschweren konnten wir uns nicht, und sein Herz ist von den vielen Schoppen, die er des Tags zu sich nimmt, etwas steinern geworden. Ein allerliebster badischer Unteroffizier, namens Weig, wurde ihm als Gehilfe beigegeben. Dieser ist die Roheit selbst; wenn er etwas zu fragen hatte, oder des Morgens den Stand der Gefangenen aufnahm, dann rief er uns zu: »Wie viel Stück sind da drin?« Baten wir um Stroh, sogar um unser Geld, dann hieß es: »Ich hätte viel zu tun, wenn ich euch auch noch so viel Gehör geben müßte«; wollten wir Servietten zum Waschen, wofür Stecher bezahlt wird, – so hieß es, »wir hätten keine verdient«; wollte man für sein Geld etwas zum Essen kaufen, dann bemerkte man nicht undeutlich, »wenn man für diese besondere Mühe noch besondere Belohnung gebe, dann bekomme man es«.

Leider aber waren wir schon dadurch dieser an und für sich verbotenen Art und Weise, etwas zu bekommen, überhoben, daß man, – wenigstens mir, – mein Geld, meine Effekten und meine Reisetasche bei der Verhaftung abnahm und bis auf den heutigen Tag behielt. Kränkungen und Grobheiten aller Art hatten wir täglich im Überflusse zu erfahren, und davon, daß wir zur Erhaltung unserer Reinlichkeit wenigstens nur Hemden bekommen hätten, ist gar keine Rede.

Am dritten Tage meiner Haft wurde ich vom Polizeiamts-Assessor Görgilo verhört, und von ihm selbst menschlich behandelt; ich gestehe, daß ich hier mich nicht selbst anklagte, und weil noch nichts besonderes gegen mich vorlag, mein Protokoll so kurz wie möglich machte. Später verlangte ich öfter Papier, um meine Familie davon in Kenntnis setzen zu können, wo ich mich befinde, allein mein Wärter Weig war nie so gut, mir solches zu geben, ja er meldete es nicht einmal, als ich ihn darum bat, daß ich ins Verhör wolle.

Ein Schmied namens Rachel (er bekam das sogenannte Miserere[14]) wir meldeten alle Tage sein Unwohlsein und hofften immer, daß ein Arzt komme, allein vergebens, bis endlich am fünften Tage die Krankheit so überhandnahm, daß er ersticken wollte und umfiel. Wir schlugen an die Türe, bis endlich jemand kam, und dann wurde ein Arzt, der auch gefangen saß, herausgelassen, um ihn zu untersuchen. Die Folge davon war, daß er in einer Trag-Chaise in den Spital gebracht wurde, wo er wieder kuriert worden sein soll.

Es kamen Zivil-Beamte und Offiziere, welche wahrscheinlich die Gefängnisse visitieren sollten; allein es wagte keiner, zu uns hereinzugehen und unsere Klagen anzuhören, weil der üble Dunst, der ihnen natürlich bei Öffnung der Türe entgegenkam, sie abgehalten haben muß.

Endlich kam ein Mann, dessen mildes, freundliches Gesicht noch heute ganz deutlich vor meinen Augen schwebt, es war der Medizinalrat Molitor; dieser nahm ernstlichen, wahren Anteil an unserer Lage und sagte, daß es unmöglich sei, daß man uns so aufeinandergepreßt in diesen elenden Lokalen lassen könne, wenn man nicht Krankheiten befürchten wolle, er werde sorgen, daß wir anderswo untergebracht werden. Wirklich kamen wir auch mit vielen andern in die Infanterie-Kaserne, wo wir dann in Beziehung auf das Lager und andere Bequemlichkeiten Erleichterung fanden; wir bekamen Stohsäcke oder Spreuersäcke, auf die wir liegen konnten, nach einiger Zeit sogar Leintücher und Teppiche, um uns zuzudecken. Hier glaubten wir uns in den Himmel versetzt, indem wir nur noch mit den Flöhen und wenig Läusen zu tun hatten, und nebenbei doch noch etwas bessere Kost bekamen. Alle Tage gab man uns Fleisch, etwas Gemüse und Brot, nach und nach aber wurde das Gemüse so schlecht, daß man es nicht mehr essen konnte; namentlich bekamen wir einmal unter den Erbsen eine solche Masse weißer Würmer oder Milben, wie man's heißt, daß man den Appetit auf mehrere Tage verlor; auch war das Brot oft so schlecht, daß man es nicht essen konnte. Alles dies wäre noch anzunehmen gewesen, denn derjenige, der etwas Geld hatte, konnte sich auf dem Wege des Schmierens und Salbens und teilweise auf offenem Wege, etwas verschaffen, und wer kein Geld hatte, hielt sich an das Mitleid der Bemittelten; allein es wurde dieser unser Himmel, in den wir uns versetzt hielten, bald zur Hölle durch das Benehmen der preußischen Offiziere und Soldaten. Wer ein bißchen Gefühl hatte, konnte sich nur wieder zurückwünschen in den Stadtarrest. Man wollte uns einmal nicht als Menschen behandeln, sondern man fing an verschiedenes zu verbieten, was man in aller Unschuld zur Unterhaltung trieb. So das Hinausschauen zum Fenster, das Pfeifen, das Singen, das laute Sprechen, kurz alles, was im mindesten unterhalten hätte. Sah oder hörte nun ein wachhabender Soldat etwas von dem, was verboten war, so war es ihm natürlich (hauptsächlich denen vom 31. Regiment, geb. Pommern) eine wahre Lust, hier sein Mütchen an den wehrlosen Gefangenen zu fühlen. Einmal beggnete es einem gefangenen Württemberger, namens A. aus Echterdingen, daß er aus Versehen ans Fenster ging und in den Kasernenhof hinterspuckte. Die Wache sah es und es gab eine Untersuchung, wie über einen Straßenräuber. Offiziere rannten hin und her, schrien und taten wie wenn es brenne. Der Übeltäter wurde endlich von andern verraten, und dann was geschah? Der preußische Oberst v. Brandenstein als Stadt-Kommandant erschien im Kasernenhof mit großem Gefolge, beschützt von starker Wache. Wir Gefangenen, zirka 600 an der Zahl, mußten alle in einem Halbkreise drei Glieder hoch antreten, der Übeltäter und seine Stubengenossen auf der Seite. Der Oberst trat in die Mitte und fing an: »Ich habe euch Bettstellen gegeben, ich habe euch gutes Essen gegeben, ich lasse euch alle Tage eine halbe Stunde spazieren gehen usw., und dennoch handelt ihr immer gegen meine Befehle; ich will euch zeigen, wie ich euch künftig bei jeder Verbotswidrigkeit behandle, ich lasse euch hauen wie die Buben, wie ichs schon bei einem machen ließ, und es vor eurem Angesicht wieder an einem tun werde.« Er packte sofort den schweren Verbrecher an der Brust, riß ihn in die Mitte des Halbkreises und ließ unter abscheulichen Schimpfworten einen Unteroffizier kommen, welcher die Exekution vollziehen mußte. Dieser packte den Armen am Arme und schlug ihn mit einem Stecken auf den Hintern, während er immer herumtanzte wie ein Bär. Wir, die wir die Ehre des Zuschauens hatten, konnten natürlich unsern Gefühlen nur durch Gebärden Luft machen, und durften nachher wieder abziehen.

Bei jeder Gelegenheit wurden wir blos Lumpengesindel, Räubergesindel und dergleichen mehr geheißen, und wenn man sich über etwas verantworten wollte, dann hieß es: »Halt's d' Schnauzen!«

Drei Tage bei Wasser und Brot im dunkeln Arrest war das Losungswort der Offiziere.

Noch lange nicht genug ist alles das hier Erzählte. Um das Maß der Roheit vollzumachen, erhielt jeder Soldat den Befehl, jeden Gefangenen, der sich über die Fensteröffnungen hinausbeuge oder beim Fenster hinausspreche, sogleich totzuschießen. Dies war nur Wasser auf die Mühle der 31ger Landwehr, diese Herrn Soldaten ließen sich dies nicht zweimal sagen. Gerade ob meinem Zimmer im dritten Stockwerke, hat sich einmal ein Gefangener erlaubt, dem Fenster, das offen war, sich zu nähern; der wachthabende Soldat, welcher immer mit gespanntem Hahn wie ein Schafhund hin und herlief, sah es, und puff! schoß er nach ihm. Die Kugel flog in die Decke, traf aber keinen Gefangenen. Jetzt aber ging das Untersuchen erst an, und es wurde Tag und Nacht eine Wache ins Zimmer gestellt, und hernach erst noch gestraft.

Auf dieses Zimmer war es nun von der Stunde an abgesehen, und obgleich andere Gefangene in daselbe kamen, so stand es doch nicht lange an, bis wieder der gleiche Fall vorkam. Am 24. August näherte sich wieder ein Gefangener dem Fenster, und ehe er sich versah, flog ihm eine Kugel am Kopf vorbei; es war nachmittags. Wie wenn ein Ungeheuer zu sehen wäre, versammelte sich jung und alt in der Amalienstraße, von welcher aus der Soldat heraufschoß, begaffte das Fenster und machte seine Bemerkungen dazu. Ein alter pensionierter badischer Hauptmann sah sich natürlich auch berufen, hinzustehen und heraufzugaffen; er hatte übrigens nicht genug an leeren Betrachtungen, denn dies wäre auch für ihn zu wenig gewesen, er rief deshalb ganz vergnügt aus: »So ist's recht!«

Verschiedene solche Mitleidsbezeugungen mußten wir in Karlsruhe erfahren, sowohl unmittelbar vor unsern Fenstern, als auch beim Transport zum und vom Verhör.

Bloß Dienstmägde und einige Frauen bemitleideten uns und kamen sogar hierwegen in Verlegenheit, wie denn namentlich einmal ein Mädchen zur Schildwache sagte: »Die da drinn sind ja auch keine Hunde, was ist's, wenn man auch in ihre Nähe geht!« Sie wäre um ein Kleines hierwegen verhaftet worden.

Einmal stand ich nach dem Mittagessen vom Tische auf, um zu meiner Lagerstätte zu gehen, welche zunächst einer Fensteröffnung war, ich hatte mich dem Fenster kaum auf drei Schritte genähert, als der wachhabende Soldat mir zurief: »Wollen's weggehen oder ich schieße!«

Weil ich nun auf diese Art nicht mehr ohne Todesgefahr mich auf mein Lager legen konnte, so machte ich augenblicklich eine schriftliche Meldung an den für uns kommandierten badischen Leutnant namens Dienst, welcher dann auch wirklich solche Anordnungen traf, daß ich wenigstens mit Sicherheit an mein Bett gehen konnte.

Dieser Offizier hat überhaupt bewiesen, daß er Gefühl hat, und ich könnte noch einige Beweise hier dafür anführen, daß er wußte, daß wir auch Menschen sind.

Vor allen andern Gefangenen hatte ich noch immer Glück in viel Sachen; so z. B. war der preußische Oberfeldwebel, der mein Türschließer war, gegen mich immer recht ordentlich, und manchmal gelang es mir, andern dadurch eine Freundschaft erweisen zu können; nicht nur aber insoferne hatte ich Glück, sondern insbesondere darin, daß ich immer gesund blieb. Sowohl in meinem Zimmer als in allen andern wurden Gefangene krank, sehr viele bekamen das Nervenfieber und verschiedene andere Krankheiten; neben mir lagen Nervenkranke, und nie wurde ich von der sonst ansteckenden Krankheit befallen. Sehr viele starben in den Krankenzimmern und zwar gleich in den ersten Tagen ihrer Krankheit.

Wenn unter solchen Umständen schon damals Pläne zur Flucht in mir rege wurde, so wird es wohl verzeihlich sein, und ich gestehe, daß es nahe daran war, daß ich schon in Karlsruhe durchgekommen wäre. Immer dachte ich darüber nach, und am eifrigsten dann, als mir einmal ein Freund sagte, daß ein gewisser Wachtmeister ihn und mich bedeutend verdächtigt habe. Wie nun aber das ein Donnerschlag für mich war, als ich auf einmal von meinem Schließer hörte, ich solle meine Sachen packen, ich komme nach Rastatt, das kann ich nicht genug beschreiben; da hielt ich alle Flucht für unmöglich, und bei der bekannten Anzeige-Sucht der badischen Soldaten und eines großen Teils der übrigen Gefangenen nichts anderes für das Ende meiner sogenannten Kriegsgefangenschaft, als lange Kerkerleiden oder Tod.

Die Not macht erfinderisch, sagt ein Sprichwort, und dies war auch bei mir und meinen geretteten Kameraden der Fall, wie aus nachstehender Erzählung hervorgehen wird. Am 14. September wurden zirka 80 Mann, teils Württemberger, Bayern, Hessen, Nassauer und andere auf der Eisenbahn mit mir nach Rastatt[15] geführt, wo wir im Fort A, Cavalier Nr. 5, untergebracht wurden. Hier hielt ein badischer Oberleutnant eine Anrede an uns, in welcher er uns bemerklich machte, daß wir uns ganz militärisch zu halten haben, beim Erscheinen von Offizieren in »Achtung« hinstehen müssen, und die Kopfbedeckung in die linke Hand zu nehmen haben; jeder Unteroffizier und Soldaten haben wir als Vorgesetzten anzusehen und stets den Befehlen und Anordnungen derselben zu folgen.

Das Lokal, in welchem wir untergebracht wurden, wird Cavalier genannt; es besteht in zwei Flügeln und hat in der Mitte einen Balkon, der das Ganze in zwei Gelasse trennt; dort waren wir zirka acht Tage, bis wir von da in ein Gelaß gebracht wurden, das auf der äußeren Seite des äußersten Laufgrabens des Forts A steht. Dieses Gelaß wird das Blockhaus »links« genannt. Hier angekommen trafen wir Franzosen, Schweizer, Ungarn, Italiener, sogar einen Kroaten und Leute aus allen Ländern Deutschlands; wir waren in der letzten Zeit 100 Mann stark. Das Gebäude ist zweistockig, der Haupteingang führt vom Laufgraben aus in ein kleines Höfchen, welches mit einer zirka 24 Fuß hohen und mit Schießscharten versehenen Mauer umfangen ist; von da geht eine Tür in das Gebäude selbst, wo dann zwei Gelasse sind, von denen aus eine Stiege in den obern Teil deselben führt, den wir bewohnten. Dieser obere Teil ist halbrund und die meisten Fensteröffnungen gehen auf das Glacis, an welchem es angrenzt, und von welchem Öffnungen aus derselbe mit Kanonen bestrichen werden kann. Wir trafen hier Läuse und Flöhe in Menge, und wußten uns fast nicht von denselben zu reinigen.

Alle Tage mußten 40 Mann auf die Arbeit, wo sie in Kärren Boden führen, Lafetten waschen und Kanonen putzen mußten; die Schneider, Schuster, Schlosser, Schreiner, Maurer und Zimmerleute aber mußten auf ihren Gewerben schaffen. Zudem, daß die Gefangenen hier arbeiten mußten, wurde noch eine ganz schlechte Kost gereicht: morgens eine Wassersuppe, in der fast kein Brot war, mittags Erbsen oder Gerste, hie und da Reis und Kartoffeln und alle zwei Tage ein Stückchen Fleisch; abends hatten wir nie etwas Warmes, alle zwei Tage aber bekamen acht Mann einen schlecht gemessenen badischen Schnaps. Das Brot allein war durchschnittlich gut.

Wohl klagten diejenigen, welche arbeiten mußten, manchmal darüber, daß es zu wenig sei, allein ich wurde nie so hungrig, daß es mir nicht gereicht hätte, weil ich nicht auf die Arbeit mußte; indem ich als sogenannter Zimmerkommandant aufgestellt war, wo ich die Listen zu führen und sonst über die Mannschaft zu wachen hatte.

So ungesetzlich man überhaupt darin handelte, daß man uns als Kriegsgefangene so lange in Gefängnissen herumzog, und als solche uns noch zu bestrafen suchte, und viele strafte, ebenso ungesetzlich, ja unerhört ist es, daß man uns ohne Urteil und Recht zu Arbeiten zwang. Die Geschichte wird außer einem kein zweites Beispiel dieser Art aufweisen. Neben dem, daß wir also arbeiten mußten und schlechte Kost hatten, mußten wir auf dem Stroh liegen, und hatten nichts als einige schlechte, stinkende, mit Ungeziefer angefüllte Teppiche zum Bedecken, sowie alte abgetragene Mäntel. Auf unserem Strohlager sprangen bei Tag und Nacht die Mäuse herum, welche zuletzt so zahm wurden, daß wir mehrere fingen, an Schnürchen banden und bei uns schlafen ließen; sie fraßen uns aus den Händen und schlüpften uns beim Rockärmel hinein und hielten sich der Wärme wegen unter dem Arme auf. Bei Nacht war es in dem von sechs Fuß dicken Mauern umgebenen Gemach schon recht kalt, und manchmal gab es mitten in derselben heftige Kämpfe um die Teppiche; ich darf sagen, daß ich in drei Wochen keinen warmen Fuß bekam, und Morgens vor Kälte oft zitterte.

Verschiedene Auftritte kamen vor, der eine hatte kein Hemd, der andere keine Schuhe, der dritte keine Hosen, und so war den ganzen Tag ein Melden, ein Bitten und ein Klagen, daß ich mir oft nicht zu helfen wußte. Bald meldete sich der eine krank, bald kam wieder einer aus dem Spital, der eine hatte Krätze, der andere die Brechruhr oder das Nervenfieber, kurz alle Tage, so oft der Arzt kam, waren Kranke da. Wie konnte es aber anders sein; 109 Mann lagen bei so naßkalter Witterung ohne gehörige Decken auf stinkendem Stroh, und hatten bei Tag nicht einmal etwas zu ihrer Körper- oder Fußbedeckung. Meldete ich, daß so viele Leute ohne Schuhe, Kleider und Leibweißzeug seien, dann hieß es, man könne für den Augenblick nicht helfen; sagte ein Kranker zu einem Arzte, daß er kein Hemd habe, dann wurde ihm bemerkt: dafür gebe es keine Rezepte. Das Elend war somit groß, und wird noch so sein. Es griff mich oft so an, daß ich im Stillen weinte, aber ich konnte mit allem Willen nicht helfen. Ein halb Dutzend Hemden, die ich entbehren konnte, verschenkte ich gleich anfangs, und das war eben ein Tropfen ins Meer.

Wegen der so sehr gefürchteten Cholera erlaubte man uns, daß wir rauchen durften. Damit war nun dem Kasemattenleben in seiner ganzen Glorie nach der schönste Anstrich gegeben.

Zerlumpte Kleider, kein Hemd auf dem Leib, einen durchlöcherten Heckerhut auf dem Haupt, Schuhe an, bei welchen die Zehen vornen heraussahen und ein sogenanntes kölnisches Pfeifchen im Munde, einen Porto-Caferno um zwei kr. per Vierling[16], dampfend, und dabei gravitätisch im Laufgraben hin- und herspazierend, so konnte man viele von uns sehen. Ich wette darauf, mancher in Freiheit Lebende hätte was gegeben, wenn er uns so an einem Sonntage hätte unbemerkt belauschen können, wohl möchte ihm das Herz darüber weich geworden sein, aber jedenfalls hätte er auch bisweilen lachen müssen. Mancher hatte noch seinen freiwilligen Leidensgefährden (seine zahme Maus) auf dem Arme oder auf der Achsel sitzen, und das nahm sich dann ganz possierlich aus. Wenn ein Offizier kam, durfte man keinen Heckerhut mehr sehen lassen, und daher kam es denn, daß fast jeder aus alten Lumpen von blauem Tuch ein Käppchen machte, wie es die Franzosen tragen (ohne Schild) und so mit auf die Arbeit und zum Essen ging; ich habe ein solches noch mit hierher gebracht, und lasse nun meine Kinder damit ihren Spaß treiben.

Des Morgens und Mittags wurden wir zum Essen transportiert, wohin wir einige hundert Schritte hatten, da trafen wir oft mit 300 bis 400 anderen Gefangenen zusammen, und mußten nun im Regen unter freiem Himmel hinstehen, bis die Reihe der Fütterung an uns kam. Jeder mußte aus der gleichen Schüssel und mit dem gleichen Löffel, ohne daß er vorher gespült worden wäre, essen, mit dem vorher ein Krätziger oder sonst Unreinlicher seine Fütterung zu sich genommen. Ich hatte mit mehreren anderen einmal die Erlaubnis erwirkt, daß wir uns eigene Schüsseln und Löffel kaufen durften, aber auf einmal kam der für die gewaltigen Herrn Offiziere leicht zu verantwortende Befehl, daß wir unsere gekauften und bezahlten Schüsseln und Löffel abgeben und wie die anderen wieder aus ungespülten Schüsseln und Löffeln essen mußten. Der Wert ist wohl ein geringer, aber unser Eigentum wurde uns eben doch genommen. Wo ist hier ein Recht? Das muß ich sagen, daß es zu selbiger Zeite gerade an Schüsseln und Löffeln fehlte, und dadurch, daß uns die unfertigen abgenommen wurden, ging das Essen etwas rascher vonstatten, und wir hatten wenigstens den Nutzen, daß wir eine Minute weniger im Regen stehen durften.

Alle Tage kamen andere preußische Soldaten auf die Wache und wir hatten hier Gelegenheit, verschiedene Menschen kennenzulernen. Zur Steuer der Wahrheit muß ich sagen, daß oft Leute vor uns standen, die uns bemitleideten und kleine Freundschaftsdienste uns erwiesen, namentlich in letzter Zeit, aber mitunter waren auch Unteroffiziere auf der Wache, die so roh waren, wie die Wilden. Einer sagte einmal in seiner Roheit zu einem Freund von mir, der im Schlafrock dastand, als zur Arbeit kommandiert wurde: »Da dieser feine Fritze in seinem Schlafrock soll nur schaffen, wäre er zu Haus geblieben.« Er nahm ihn hierbei am Kinn.

Überhaupt, wenn uns die Preußen schelten wollten, so sagten sie nur: »Ihr Fritzchen«, oder: »Das ist ein rechter Fritze«.

Viele so recht einfältige, stolze Anhänger des Brandenburgers wollten uns verschiedenes vorschwätzen, und taten sich etwas darauf zugut, so recht stolz uns vormalen zu können, wie sie sich da oder dort ausgezeichnet haben, und wie sie nun die Schweiz und Frankreich züchtigen und Könige dort einsetzen werden, aber ich lachte natürlich über solche Luftschlösser und bedauerte nur, daß noch solche kurzsichtige Menschen die deutsche Erde bewohnen. Im ganzen waren mir übrigens die preußischen Soldaten noch lieber als ihre Offiziere, denn von denen hörte ich auch nicht ein einziges gutes Wort. Sie sprachen nicht mit uns wie mit Menschen und behandelten uns auch nicht wie solche; jedes Wort, das sie mit uns sprachen, wurde aufs allerwenigste mit noch recht rohem Tone begleitet, und hierbei ein so verächtlicher Blick auf uns geworfen, als würden wir weniger als Hunde, was sie uns bei jeder Gelegenheit auch hießen. Sie waren übrigens nicht allein gegen uns so, sondern selbst gegen ihre Soldaten, die wegen jeder Kleinigkeit die härtesten Strafen erhielten. Das ist das preußische Junkertum. Die badischen Offiziere, die uns in den Kasematten besuchten, behandelten uns durchschnittlich recht menschlich.

Alle Tage fast kamen neue Befehle, und so kam es denn auch, daß bald Briefe und Geld eingelassen wurden und bald nicht; Gelder und Kleider, die aber von Vereinen usw. uns zugeschickt worden sein sollen, kamen uns nie zu; was hereingeschmuggelt wurde, war alles, war wir hatten, und dafür wurde Tabak gekauft, und auch den Unbemittelten davon gegeben.

Zum Essen durften wir nichts kaufen, viel weniger noch Getränke, und es war als besonderes Glück anzusehen, wenn man beim Wasserholen in der Vorstadt bei einem Metzger eine Wurst kaufen konnte, ohne von den Patrouilleurs bemerkt zu werden. Bei Gelegenheit des Wasserholens konnten wir den Unterschied zwischen den Bürgern von Rastatt und denen von Karlsruhe recht kennenlernen. Diese so teilnahmslos und schadenfroh und jene so teilnehmend und herzensgut; manchmal schenkte uns ein Mann, eine Frau oder Jungfrau in Rastatt eine Wurst oder Äpfel, oder sonst etwas, und es kam sogar vor, daß einmal eine Dame einen Wasserkrug ganz mit Kaffee füllte. Mehrere wurden sogar hierwegen verhaftet, ließen sich aber deswegen doch nicht abschrecken, uns Gutes zu tun. In dem Blockhause, in dem wir uns zuletzt befanden, lagen vor uns mehrere Rheinbayern, Ungarn, Italiener und ein Pole. Diese machten die Entdeckung, daß ein Minengang von dem Blockhause aus, unter dem Glacis durch gegen das Feld führt, und daß von diesem aus eine Flucht möglich wäre; ein Pionier hauptsächlich soll sogar den Gang gekannt haben. Von dem untern Teile des Blockhauses aus führte eine Türe in Nebengelasse, und von da endlich gegen die Mine. Sie sprengten Türen und erreichten den Gang, kaum aber hatten sie am Ende deselben aufwärts zu graben begonnen, als einer von ihnen, ein Rheinbayer namens Hobacher, die Gemeinheit beging und den Verräter machte, worauf die Wachmannschaft Nachsuchung anstellte und einen Polen namens Willzinski, noch in dem Gang antraf. Auf diesem wurde dreimal geschossen, es traf ihn aber keine Kugel, bloß ging ihm eine solche durch die Hosen. Hernach wurde er herausgezogen und dermaßen mit Schlägen traktiert, daß er wie tot liegen blieb, so daß die Soldaten selbst sagten: »Der Hund ist tot.« Den andern Tag kam er in den Spital, und die Türe, die in den Minengang führte, wurde zugemauert.

Dieser Vorfall wurde mir gleich erzählt, als ich in das Blockhaus kam, und ich muß sagen, daß ein Strahl der Hoffnung in mir sogleich aufstieg.

Auf solche Behandlungen hin, und unter Umständen, wie die vorstehend erzählten, wird jedermann es natürlich finden, daß man Gelegenheiten zur Flucht mit doppelten Händen ergreift; so erging es nun auch mir und meinen Kameraden, wie aus nachstehender Erzählung hervorgehen wird. Ein Schweizer sagte mir einmal im Vertrauen, daß, obgleich die Türe vermauert sei, man doch von dem Höfchen aus, das ich oben beschrieben habe, durch die zirka 16 Fuß hoch an unserem Blockhaus angebrachte, halbrunde Öffnung in die unteren Kasematten steigen, und von da in den Minengang kommen könne. Ich hätte gleich die erste Nacht benützt, um an dem Durchbruche zu arbeiten, aber es war deswegen unmöglich, weil die Türe, die von unserem Blockhaus aus in das Höfchen führte, alle Nacht geschlossen wurde, und diese durchzubrechen war deswegen nicht ratsam, weil die Wache es hätte hören müssen. Es mußte deswegen ein anderes Mittel ersonnen werden, um in den Hof zu kommen. In dem unteren Teile unseres Blockhauses nahe bei der Türe wurden unsere Nachtkübel aufgestellt; diese verursachten natürlich einen nicht unbedeutenden üblen Geruch im ganzen Gebäude, hauptsächlich aber wurde unten das Gemäuer und der Boden bedeutend dadurch verunreinigt. Diesen Umstand benützte ich, um die Nachtkübel von da wegzubringen und in das berührte Höfchen stellen zu dürfen; ich meldete es daher den betreffenden Offizieren und dem Arzte, setzte auseinander, wie der üble Geruch im Gemache selbst nicht nur Krankheiten verursachte, sondern durch die Verunreinigung, die vorkomme, das Gemäuer selbst Schaden leide, und es wurde nun erlaubt, die Türe offen lassen und die Nachtkübel auf den gewünschten Platz im Höfchen hinstellen zu dürfen. Es konnte weniger auffallend den Offizieren vorkommen, als vom Höfchen aus eine Türe, die in den Laufgraben führt, eschlossen wurde, und im Graben selbst doppelte Posten standen.

Nun war einmal das Haupthindernis beseitigt, der Weg von unserem Blockhause in den Hof war offen und von da durfte man nur zu der oben besprochenen Öffnung hineinsteigen, um in die unteren Kasematten und von da in den Minengang zu kommen.

Der Pole Willzinski war indessen auch aus dem Spitale entlassen und wieder zu uns gebracht; dieser war nun gleich wieder dabei, diesen neuen Weg zur Flucht zu benützen. Nun wurde aber nicht mehr die ganze Mannschaft von dem Plane in Kenntnis gesetzt, weil man mit Recht befürchten mußte, es möchte wieder ein Verrat stattfinden; man eröffnete nur den Entschlosseneren den Plan und beobachtete gegen die andern eine äußerst strenge Verschwiegenheit. Als mir ein Freund von dem Plane einmal Mitteilung machte, tat ich, als ob ich gar nichts wisse, und sprach absichtlich mit manchem Verbündeten gar kein Wort über die Sache. Ich kommandierte mit scheinbarer Strenge meine verbündeten Kameraden, welche ohne mich zwölf waren, auf die Arbeit und schalt oft manchen, wenn er morgens nicht aufstehen wollte, nur um bei den andern keinen Verdacht zu erregen.

Bei Tag mußte man an der Zeitung schaffen, und bei Nacht ging es nun an die Befreiungsarbeit.

Je sechs Mann schlichen sich, die andern schliefen, von ihrem Strohlager weg, gingen in den Hof, kletterten an der zirka sechzehn Fuß hohen Mauer hinauf, schlüpften bei der oben schon erwähnten Öffnung hinein, sprengten die Türen und kamen somit in den Minengang. Am Ende desselben wurde das Gewölbe mit Hilfe eines alten Messers durchgebrochen, und das Graben einer Öffnung nach oben mit den Händen und Nägeln begonnen.

Jede Nacht mußte beim Einsteigen in den Minengang, sowie beim Aussteigen aus demselben mit Lebensgefahr an der sechzehn Fuß hohen Mauer hinaufgeklettert werden, und es mußte hierbei noch eine tiefe Stille beobachtet werden, damit die Wache nichts hörte. Gewöhnlich mußte einer von uns an der unteren Türe Wache halten, und beim geringsten Geräusch, das die Wache hätte aufmerksam machen können, mußten natürlich die Nachtkübel herhalten. Diese guten Kübel haben jetzt alle Schuld. Wenn mir jemand einmal gesagt hätte, daß ein Nachtkübel mir das Leben helfen retten würde, ich hätte mir nicht zusammenreimen können, wie dies zugehen müßte, und nun ist's aber doch so.

Welche übermenschliche Anstrengung dabei notwendig war, um jede Nacht hin- und herzusteigen, mit den Händen die Erde zu durchgraben, und bei Tag wieder in Kärren zu ziehen oder in einer Werkstätte zu schaffen, das kann sich gewiß jedermann vorstellen. Um aber graben zu können, mußte man Lichter haben, und bei der Strenge der Wachen waren solche nicht wohl beizuschaffen. Nachdem nun die einmal auf dem Schleichwege beigeschafften Lichter verbraucht waren, wurde ich beauftragt, solche beizuschaffen. Ich ging auf die Wache, verlangte von dem Wachkommandanten einen Patrouilleur, indem ich vorgab, für meine Mannschaft Tabak holen zu müssen; es mußte dies gestattet werden, so kaufte ich angeblich zum Stiefelschmieren Anschlitt und Lichterabfälle. Zu Hause hatte ich einen kleinen Topf, in welchem vorher zur Vertreibung des Ungeziefers Merkuralsalbe war, in diesen drückte ich das Unschlitt hinein, nahm einen Docht aus den unter dem Anschlitt befindlichen sogenannten Kerzenstumpen, steckte ihn in die Mitte des Topfes und der Verlegenheit war abgeholfen. Nun arbeiteten wir jede Nacht fort und fort. Der Schutt wurde rückwärts in den Minengang getan, so daß derselbe halb voll wurde, und wir am Ende nur noch auf dem Bauche kriechen konnten. Ein Glück beim ganzen Unternehmen war dies, daß wir auf lauter Kies- und Sandboden stießen, welcher nicht so schwer zu durchgraben war.

Nach einer Arbeit von zirka vierzehn Nächten gelang es uns endlich in der Nacht vom 7./8. Oktober um halb zwölf Uhr das Freie zu gewinnen. Wir hatten einen runden Schacht von sechzehn Fuß Höhe durchgegraben.

In dieser Nacht hatte ich abwechselnd die Wache. Es kam nun ein Franzose und gab mir das Zeichen, ich gab es den anderen Kameraden und kletterte die Mauer hinauf, bei der beschriebenen Öffnung hinein und gelang nach einigen hundert Schritten zu den glücklichen Kameraden, welche das Werk vollendet hatten. Am Ende des Minengangs saßen sie bei dem matten Scheine des Lichtes mit freudestrahlenden Augen, mich beim Nahen jubelnd grüßend und Gott dankend für das gelungene kühne Werk. Der eine hatte ein Stück Brot in der Hand, um dem Hunger seine bei solchen Geschäften eintretenden Mahnungen zu ersparen und der andere rauchte sein Pfeifchen. Der Anblick dieser Gruppe war ergreifend, und ich möchte nur Worte finden, um beschreiben zu können, wie mir's vorkam.

Es war ausgemacht, daß ein Teil von uns nach Württemberg und der andere nach Frankreich sich wende, und dies würde auch ganz nach der Verabredung geschehen sein, aber auf einmal hörten wir hinter uns im Gange ein Geräusch, das wir für die Wache hielten, und nun ging es über Hals und Kopf auf dem Bauche kriechend dem Schachte zu und denselben hinauf ins Freie. Der Erste, der ins Freie kam, hielt sich nicht mehr auf und so machte es dann jeder, der hinaufkam. Mir stand ein Schweizer namens Vogel, und noch ein Kaminfeger von Profession, auf dem Kopfe, und bat mich, ihm hinaufzuhelfen, weil er des nachrollenden Kieses und Sandes wegen nicht recht fortkommen konnte; ich strengte meine äußersten Kräfte an, er kam glücklich hinauf, ließ mich aber doch im Stiche und eilte davon. Ich brachte indessen meinen mageren Leib gut durch den Schacht hinauf und als ich niemanden sah und auf einige Rufe keine Antwort erhielt, glaubte ich, eine Patrouille verfolge meine Kameraden, und suchte dann auch das Weite[17].

Warum wir alle so ängstlich waren, wird man uns leicht verzeihen können, wenn ich erzähle, was zwei Tage vorher vorfiel.

Am Freitagmorgen kam der ebenfalls bei uns gefangene Piemontese Luigi Slovenzic zu mir und frage: »Der Pole Willzinski ist heute Nacht nicht auf seinem Lager gelegen, dieser Kerl hat gewiß wieder Fluchtversuche im Sinne, zeigen Sie es an, oder ich tue es, denn wir kommen sonst in Verlegenheit.« Dies brachte mich einen Augenblick in eine Verwirrung, da ich nur zu gut wußte, daß die Vermutung Slovenzics begründet war; doch durfte ich mich nicht lange besinnen, die Liebe zur Freiheit half mir eine Ausrede erdichten, und ich entgegnete ihm, es sei heute Nacht ein Preuße auf Wache gewesen, der sehr gut sei, und einen Schnaps gebracht und bei den Schießscharten hereingeboten habe; Willzinski sei gerade dazu gekommen, und habe dann eben mitgetrunken; der Kerl sei ja noch besoffen. Dies schien ihm glaubwürdig, und er beruhigte sich. Schnell ging ich zum Polen, erzählte ihm den Vorfall, und bat ihn, sich betrunken zu stellen, und Slovenzic sein Glück zu erzählen; er spielte diese Rolle so fein, daß Slovenzic bedauerte, nicht auch so zufällig zu dem Schnäpschen gekommen zu sein, und daß er bereute, so Schlimmes von dem Polen gedacht zu haben; er bat mich deshalb, demselben ja nichts zu sagen. Am nämlichen Tage schickte mir der Festungskommandant Major Gansaug einen Befehl, welchen ich abschreiben, an die Tür heften und der Mannschaft eröffnen mußte; es war in demselben gesagt, daß die

Patrouilleurs angewiesen seien, jeden Gefangenen, der sich beim Transportieren oder sonst unanständig betrage, oder zu entweichen suche, augenblicklich niederzuschießen. Solche Rezepte und dann der Vorgang mit Slovenzic konnten nun doch gewiß nicht bestimmen, uns außer der Öffnung im Freien noch abzuhalten und auf die anderen zu warten. Gerade wie diese Fälle uns bestimmen mußten, unsere einmal angetretene Flucht zu beschleunigen, ebenso mußte uns der Fall mit dem Rheinbauer beim ersten Fluchtversuch bestimmen, so wenig Kameraden als möglich in den Plan zu ziehen, denn einmal hätte durch den allzugroßen Andrang zur Öffnung am Eingang sowohl, als dadurch leicht alles vereitelt werden können, daß der eine oder der andere den Verräter gespielt hätte.

So sehr mich's schmerzte, daß ich nicht noch andere, zum Teil brave und rechtschaffene Kameraden in das Geheimnis habe einweihen können, so gerne wird mir jeder Vernünftige es verzeihen, wenn er Vorstehendes liest, und dabei noch bedenkt, daß ich nicht allein berechtigt war, ins Geheimnis aufzunehmen, wen ich wollte.

Als ich nun, wie oben erzählt, im Freien war, und niemanden mehr sah und hörte, sah ich mich um und erblickte auf einige Schritte eine Straße! Über diese machte ich einige Fluchten hinüber in einen Welschkornacker hinein, stand stille, lauschte und konnte aber weder jemand sehen noch hören; ich schlich mich langsam fort durch Äcker, Wiesen und Wälder, und kam in die Höhe des Rheins; hier erkannte ich nun die Richtung, in der ich war. Es regnete, was vom Himmel fallen konnte. Auf einmal aber zerteilte der Wind die Wolken ein wenig, und der Mond zeigte mir zu meiner Linken die Schwarzwaldgebirge. Dies waren die wahren Fittige, unter denen ein Jägersohn[18] auf einer solch gefährlichen Reise seine Zuflucht nehmen konnte. Linksum, Marsch! sagte ich zu mir selbst und nun gings über Hecken und Stauden, Wälder und Felder ohne Weg den schwarzen Freunden zu. Tausend Mißtritte tat ich und über viele Gräben mußte ich springen, aber was konnte da den Befreiten genieren, der zur Stillung seines Hungers und Durstes ja Gelegenheit hatte, einem badischen Bauern eine Rübe zu stehlen und aus einem Bache Wasser zu trinken. Als nächsten Zielpunkt vorwärts die schwarzen Gebirge, welche unsichtbar machen mußten, und hinter Preußen, das spornte an, das gab Kraft und Ausdauer, die ans Unglaubliche grenzt. Mehrere Male kam ich an Flüsse, und jedesmal zufällig an einen Steg oder eine Brücke.

Als ich in die Nähe der Eisenbahn kam, hörte ich einen Hund bellen, ich blieb einen Augenblick stehen, besah mir eine Stelle, wo ich am leichtesten hinüber konnte und in einem Nu war ich im Walde.

Jetzt ließ ich's mir wohl sein; ich stieg einen hohen Berg hinan, ging in ein Tal hinunter, wieder einen Berg hinauf und wußte aber nicht, wo ich war; auf einmal, als ich so recht hoch oben war, und hinter mir das breite Tal durch den Mondschein betrachten konnte, hörte ich drei Kanonenschüsse, welche ich sogleich als Alarmschüsse erkannte und nun recht herzlich lachen mußte. Ich wollte nun doch nicht länger im Ungewissen darüber sein, wo ich mich befände, und suchte deshalb ins Tal zu kommen; vor mir sah ich eine sogenannte Alleenstraße, was mich zur Vermutung brachte, daß eine Stadt in der Nähe sein müsse; ich näherte mich dieser Straße, nahm meinen unterwegs eroberten Stecken in die Hand und stellte mich, weil ich jemand gehen hörte, hinter einen Baum. Als der nächtliche Wanderer in meine Nähe kam, rief ich ihm zu: »Guten Morgen, guter Freund! Wieviel Uhr ist's?« Statt daß aber dieser mir eine Antwort gegeben hätte, ergriff er die Flucht, und ich ging weiter.

Welcher von uns beiden ein besseres Gewissen gehabt hat, darüber lasse ich meine Leser urteilen.

Nach kurzer Zeit kam ein Bauer auf der Straße einhergegangen; auf diesen ging ich zu, fragte nach der Zeit und wo ich mich befinde, wie weit ich ins nächste württembergische Dorf habe und wie es heiße. Er gab mir die tröstende Antwort, daß es halb 5 Uhr sei, der Ort vor mir Lichtental heiße, und ich noch drei Stunden nach Loffenau habe, welches der erste württembergische Ort sei. Ich dankte, trat die Weiterreise an, und traf, als es schon tagte, auf der Steige, wo es nach Gernsbach hinuntergeht, einen Mann, welcher Äpfel von einem Baume schüttelte. Mein hungriger Magen schickte mich hin zu diesem Manne; ich hatte noch 2 1/2 Kreuzer Geld bei mir und wollte nur für 1 Kreuzer Äpfel kaufen; dieser brave Mann nahm aber nichts von mir und schenkte mir sieben Äpfel; hierauf fragte ich ihn, ob noch Preußen in Gernsbach liegen und ob kein anderer Weg nach Loffenau führe als durch die Stadt. Nun merkte er den Putzen und erzählte mir, wie ihm die Preußen seine Möbel und Fenster zerschlagen, und er somit kein guter Freund von ihnen sei; ich dürfe mich ihm wohl anvertrauen, er rate mir, gerade durch die Stadt zu gehen, es seien keine Preußen mehr da, die Gendarmen seien noch nicht auf und somit habe ich nichts zu fürchten. Ich sagte ihm dann, daß ich in Rastatt durchgebrochen habe, bat ihn, den Schuhmacher Fels, der mit mir einige Zeit gefangensaß, zu grüßen, und eilte durch die Stadt über die Brücke unter seinen Glückwünschen. Meine Äpfel waren verzehrt, ehe ich die württembergische Grenze betrat, und ich las daher hie und da eine Baumnuß auf, die ich auf der Straße liegen sah, und verzehrte sie mit größter Begierde.

Endlich kam ich nach Loffenau; bei den ersten paar Häusern begegnete mir ein Bäuerlein, welches mich fragte, ob ich von Rastatt komme. Wohl etwas erstaunt über die Frage, antwortete ich ihm aber doch gleich mit einem aufrichtigen Ja! So! sagte er dann, gehen Sie nur in den »Löwen«, dort sitzen fünf Herren, welche auch da herkommen, und immer davon sprechen, wenn nur auch noch mehr Kameraden kämen. Ich war wohl recht müd und durch und durch naß, aber wie ein Vogel flog ich dem »Löwen« zu. Hier traf ich meine Freunde und Leidensgenossen: Stoll aus Ulm, Traub aus Herrenberg, den Polen Willzinski und zwei andere Freunde.

Das war nun ein Jubel und eine Freude, die ich nicht beschreiben kann; der eine bot mir ein Glas Wein, der andere ein Brot, der dritte die Hand zum Gruß, der vierte küßte mich, und so ging es unter dem Geschrei: unser Zimmergeneral ist da usw. eine halbe Viertelstunde lang fort. Meine Freude kann sich jedermann vorstellen, sie mußte groß sein, ich war überglücklich, meine Kameraden aus den Händen des Rastatter Blutgerichts zu wissen, und nun saßen wir eine gute Stunde zusammen, aßen und tranken, bis wir satt waren. Weil wir kein Fuhrwerk bekommen konnten, so gingen wir nach Herrenalb, um von da nach Neuenbürg zu fahren. Dort bestellten wir ein Fuhrwerk und ehe wir abfahren konnten, kam ein Landjäger in die Post herein, fragte nach unseren Pässen und dem Zweck unserer Reise, und als wir ehrlich gestanden, daß wir von Rastatt kommen und keine Pässe haben, verhaftete er uns und brachte uns zum Ortsvorsteher. Dieser nahm ein kurzes Protokoll auf und ließ uns durch den gleichen Landjäger und zwei Bürger von Herrenalb nach Neuenbürg an das Oberamt transportieren. Mein Freund Traub und ich, wir hatten Bekannte in Herrenalb, welche dem Ortsvorsteher über die Identität unserer Personen Auskunft geben konnten, aber der Gute wußte sich eben nicht recht zu helfen und gab kein Pardon.

In Neuenbürg erhielten wir alle Laufpässe bis auf einen, welcher wegen einem leichten Preßvergehen noch etwas gut hatte und daher nicht mit uns reisen durfte. Kaum hatten wir anderen die Pässe und waren in der »Krone«, um dort zu übernachten, als der Oberamtsdiener kam und mir sagte, daß wir nicht über Nacht bleiben dürfen, sondern die Stadt noch verlassen müssen. Ich ging sogleich ins Oberamt, stellte dem Oberamtmann vor, wie müd und naß wir seien, und daß eine Weiterreise nicht möglich sei. Ich erhielt dann, nachdem ich auf die Frage, ob wir Geld haben, mit Ja geantwortet hatte, die Erlaubnis, bleiben zu dürfen. Unser Freund Traub war in Neuenbürg gut bekannt und schaffte Geld an, auch waren mehrere Herren beim Weine in der »Krone«, die wohl einsahen, daß man aus den Kasematten keine Kapitalbriefe mitbringen kann, sie waren aber so gut, uns aus freien Stücken ein ansehnliches Geschenk zu machen.

Nun war das größte Glück gemacht, Geld in der Tasche, Laufpässe in der Hand und in Württemberg, was wollten dem Tode Entronnene noch mehr? Nichts war für den Augenblick weiter zu wünschen. Es wurde am andern Morgen zu guter Zeit die Weiterreise nach Liebenzell angetreten, nachdem zwei Freunde von uns einen anderen Weg einschlugen.

Wir drei, die wir nach Liebenzell gingen, kamen um die Mittagszeit dort an, kehrten im Gasthof »Zum Hirsch« ein und ließen uns ein Essen geben. Unsere Bluse und Heckerhüte verrieten uns gleich und namentlich die Wirtin wollte sich nicht nehmen lassen, daß wir Freischärler seien. Was brauchte man zu leugnen, der Laufpaß schützte ja vor jeder Gefahr, und nun wurde alles erzählt. Nach dem Essen, was uns trefflich schmeckte, wollten wir gehen, aber es waren indessen drei Herren ins Zimmer getreten, von denen mich zwei kannten, und wir mußten nun, obgleich wir schon vor der Türe waren, wieder umkehren und erzählen. Einer von diesen Bekannten war so gut, mir seine Kasse anzubieten, wenn ich im Falle sei, wie er sich vorstelle, von ihr Gebrauch machen zu müssen; allein hierfür war schon gesorgt, und ich dankte dem Edlen herzlich für sein Anerbieten.

Der Marsch ging weiter nach Hirsau, dort marschierten wir guten Mutes durch und als wir an einem Garten vorbeigingen, sahen wir einen Mann auf dem Apfelbaume beschäftigt; kaum waren wir in dessen Nähe, als er rief: »Hecker hoch!« »Dein Name schalle«, war unsere Antwort. Willzinski ging in den Garten, bat ihn um einen Apfel, worauf er fragte: »Sie können eher tausend haben, eher Windischgrätz[19] nur einen bekäme.«

Diese eigene Art von Anrede und die durch das weitere Benehmen des Mannes gegen uns bewiesene Teilnahme, aus welcher wir schließen mußten, daß er recht und uns für unglückliche, badische Flüchtlinge ansah, freute uns herzlich, und wir gingen dankend unseren Weg nach Calw. Dort trafen wir den Vater des bei uns in der gleichen Gefangenschaft gelegenen Kellners Carl Schnauffer von Calw. Er führte uns zu seinem Tochtermann, Bierwirt Heid, wo wir nun der ganzen Familie unsere Flucht erzählen mußten. Da tat es mir mehr als je leid, daß wir unsere anderen Kameraden nicht alle von unserem Plane in Kenntnis setzen konnten, denn es war herzzerreißend, wenn man sah und hörte, wie die Eltern und Geschwister des Schnauffer so sehnlichst sich um ihn erkundigten und darüber jammerten, daß er nicht auch mit uns durchgekommen sei.

Im »Hirsch« blieben wir über Nacht und den anderen Morgen fuhren wir auf dem Omnibus nach Stuttgart. Im Gasthof »Zum Petersburger Hof« angekommen, ließ ich meine Freunde ins Zimmer gehen, und eilte eine Straße hin, um einen Bekannten zu besuchen. Auf einmal sprang ein junger Mensch auf mich los und umhalste und grüßte mich; ich traute meinen Augen kaum, aber als ich recht sah, war es Caspar Lotterer aus Ehningen, ein junger Säcklergeselle, der mit uns im gleichen Blockhause zu Rastatt saß.

Er erzählte mir, wie er gemerkt habe, daß wir durchgehen und wie er sich dann entschlossen habe, eben auch nachzufolgen; er sei eigentlich durch einen anderen Kameraden schon vorher darauf aufmerksam gemacht worden, habe aber nichts sagen mögen, er habe gedacht, wenn wir draußen seien und er auch nachkomme, dann freue es uns auch. Diese treuherzige, gutmütige Erzählung erregte in mir eine rührende Freude und ich muß gestehen, vom Augenblick an achtete ich ihn fast mehr als meine anderen Kameraden, da er sich nebenbei auch noch durch Bescheidenheit auszeichnete.

Er erzählte mir, wie er von Rastatt barfuß bis nach Moosbronn über Wälder und Felder, Täler und Berge gelaufen sei, und dort vom Pfarrer alte Schuhe zum Geschenk erhalten habe. Er ließ mich sofort seine Füße sehen und zogen im dem selbigen Abend noch einen Dorn aus dem linken Fuße.

Dieser unglückliche, zirka 17 bis 18 Jahre alte Mensch, hat im Gefecht bei Durlach einen Schuß durch den linken Arm bekommen, der ihm den Knochen zerschmetterte und infolgedessen er einen steifen Arm hat.

In Stuttgart ging die Runde von unserer Ankunft wie ein Lauffeuer herum, und überall hatten wir nichts als zu erzählen, wie es uns ergangen sei. Viele Kleider, Wäsche und Geld wurden uns geschenkt, und erst den anderen Abend konnten wir unsere Reise fortsetzen.

Ich reiste mit den anderen nach Geislingen, wo ich einige Freunde besuchte, von da nach Ulm, wo ich mich dann von meinen Kameraden trennte und am Samstagabend, dem 13. Oktober, meiner Heimat zufuhr.

Es wurde dunkel, als ich an dem sogenannten Metzgerfelsen zwischen hier und Gerhausen vorbeifuhr. Auf einmal hörte ich einen Lärm; ein neben mir sitzender Freund öffnete das Fenster des Wagens und ich hörte, wie jemand nach mir fragte. Ich sah ein Gewehr und wußte nicht, was das bedeuten solle: endlich schoß der mir noch Unbekannte sein Gewehr los und rief: »Unser Freund Zobel soll leben! Da ist er!« Ich stieg aus, küßte den nun erkannten Freund und war tief ergriffen über diesen Empfang. Kaum hatte ich aber einige Schritte neben ihm getan, als ich Salve auf Salve in der Nähe des Friedhofes hörte, Freunde stürzten auf mich los, grüßten und küßten mich. Ich konnte nicht mehr reden.

Zusammengebrochen aber bin ich fast, als ich in der Nähe des Friedhofes mein ältestes Söhnlein (acht Jahre alt) durch die Menge, die um mich versammelt war, sich drängte, und Vater! Vater! rief. Ich drückte den armen Buben an mein Herz und hatte keine Worte mehr für ihn.

Die Grüßenden waren indessen mit meinen drei anderen Kindern gleichfalls entgegengegangen. Dieses Wiedersehen will ich nicht beschreiben, denn es war nur noch ein Schluchzen.

Meine Freunde begleiteten mich in den Gasthof »Zum Löwen«, wo mein 75 Jahre alter blinder Vater, der pensionierte Revierförster Zobel[20], auf mich wartete. Obgleich das Wirtschaftszimmer zum Ersticken voll war, als ich hineintrat, und Kinder usw. lärmten, so trat doch auf einmal eine Todesstille ein. Der blinde Greis griff nach mir mit den Händen und als er meine Hand erfaßt hatte und ich ihm um den Hals fiel, schluchzte er mit mir überlaut. Alles weinte und war tief ergriffen.

Nach einiger Zeit erzählte ich kurz meine Erlebnisse und begab mich mit den Meinigen nach Hause, wo ich jetzt nun wieder in deren Kreis froh und glücklich lebe, und bloß durch Träume, die mich hie und da wieder in die Kasematten versetzen, zuweilen in meinem Glücke gestört werde.

Vorgestern erhielt ich von einem Freunde namens Fronkman aus Darmstadt von Straßburg aus die Nachricht, daß er mit den übrigen Kameraden, die in den Fluchtplan eingeweiht waren, glücklich dort angekommen sei. Somit fiel keiner von uns in die Hände der Häscher.

Blaubeuren, den 25. Oktober 1849

1 Karl Friedrich Wilhelm Zobel, geb. am 13. Februar 1816 in Seißen, gest. im Oktober 1863 in New York, war einer der Aktivisten des Blaubeurer Volksvereins. Über Zobels Tun nach geglückter Flucht ist wenig bekannt. Er scheint für die Revolution agiert zu haben, wenigstens liegt ein entsprechender Bericht über ihn aus dem Oberamt Laupheim vor (HSTAS, E 146/2, Bü 1930). Wann er nach den USA ausgewandert ist, ist nicht bekannt; laut Einwohnerverzeichnis ist er seit 1852 abwesend. In der Ausgabe des »Blaumann« vom 10. Juni 1853 ließ er eine Anzeige drucken, die Auswanderern ein Lokal in Le Havre empfahl. Die Familie blieb in Blaubeuren (freundliche Auskunft von Herrn Jörg Martin, Stadtarchiv Blaubeuren).
2 Ein Original der Schrift war in jahrelanger Suche nicht mehr zu finden. Der vorliegender Abdruck stützt sich auf einen Nachdruck aus den zwanziger Jahren, den mir Dr. Georg Scheer, Darmstadt, freundlicherweise zur Verfügung stellte.
3 Der Offenburger Kongreß der badischen Volksvereine am 12. und 13. Mai stellte Forderungen, die die großherzogliche Regierung ablehnte. Daraufhin erklärte die Versammlung die Revolution und rief zur Notwehr gegen die Fürsten auf.
4 Am 14. Mai flüchtete Großherzog Leopold in die Festung Germersheim.
5 Zobel war auf der Reutlinger Pfingstversammlung am 27. Mai als Vertreter des Blaubeurer Volksvereins. In Reutlingen wurde der Anschluß an die badische Revolution diskutiert, aber nicht beschlossen.
6 Seit 1. Juni 1849.
7 Parlamentsgebäude in Karlsruhe; im Zweiten Weltkrieg zerstört.
8 Gottfried Kinkel (1815–1882), Professor für Kunstgeschichte in Bonn, Schriftsteller; am 29. Juni 1849 im Gefecht bei Gaggenau verwundet von preußischen Truppen gefangengenommen und zu lebenslanger Haft verurteilt. Er wurde 1852 von Carl Schurz aus der Spandauer Festung befreit.
9 August von Willich (1810–1878), ehemaliger preußischer Offizier, trat in den Bund der Kommunisten ein, kämpfte in Baden und in der Pfalz. Er emigrierte nach England, wo er die Bekanntschaft mit Karl Marx und Friedrich Engels machte. 1852 siedelte er in die Vereinigten Staaten über. Während des Sezessionskrieges (1861 bis 1865) kämpfte er als Brigadegeneral auf Seiten der Nordstaaten.
10 Am 21. Juni 1849.
11 Oberstleutnant Beckert floh mit seinem Regiment, weil er sich von den Preußen umzingelt glaubte. Ob gezielter Verrat vorlag, ist umstritten.
12 Ludwik Mieroslawski (1814–1878) kämpfte 1846 und 1848 in Polen gegen Preußen. Er wurde Obergeneral der badischen Revolutionsarmee. Am 1. Juli 1849 legte er den Oberbefehl nieder und floh in die Schweiz.
13 25. Juni 1849.
14 Durchfall.
15 Die Festung Rastatt kapitulierte am 23. Juli und war in der Folgezeit zentrales Gefängnis für die Revolutionäre.
16 Billigste Tabaksorte; ein badischer Vierling = 125g.
17 Die Flucht wurde im Land registriert, z.B. im *Intelligenzblatt Münsingen (Albbote)*, Nr. 83 v. 14.10.1849. Der *Blaumann* berichtete bereits am 12. Oktober von der Flucht und merkte an: »Ist kein Anderer als unser Zobel, mit Unrecht der ›wüthige‹ (richtiger der ›gutmüthige‹) genannt, der sich bei seiner Gefangennehmung für einen Kaufmann ausgegeben hat. Herr Gott, wird der sein langes Pedal gebraucht haben, als er den Kerker hinter sich gehabt, die frische Luft in Gottes freier Natur versucht, und die Kanonenschüsse zu seiner Verfolgung

gehört hat ... Ist ihm die Flucht gelungen, die ihm wohl Jedermann gönnen wird, denn schwer hat er seine Keckheit! gebüßt – so sehen wir ihn bald hier. Dann: ›wenn Jemand eine Reise Thut, so kann er was erzählen‹ die Ohren gespizt, Zobel erzähl', wie ist dirs ergangen?!«

18 Zobels Vater war Förster, Zobel selbst Jäger.
19 Alfred Fürst Windischgraetz (1787–1862) schlug den Aufstand in Böhmen und Wien nieder; er ließ am 9. November 1848 Robert Blum erschießen.
20 Karl August Franziscus Friedrich Zobel (1775–1857), Revierförster in Seißen.

Jörg Martin

**Die Entdeckung der Politik.
Vereine im Alb-Donau-Kreis in Vormärz und Revolution**

Man neigt leicht dazu, eine der bemerkenswertesten Erscheinungen der Revolution von 1848/ 49 zu übersehen, nämlich die Tatsache, daß die Revolution nicht nur in den Großstädten der deutschen Länder ausgefochten wurde, sondern bis in das kleinste Dorf Widerhall fand und Auseinandersetzungen auslöste. Ein derartiges, ungeheures Echo in allen Bevölkerungskreisen auf politische Vorgänge hatte es in Deutschland seit der Reformation nicht mehr gegeben. Alle machten sich auf einmal daran, sich über Politik zu informieren, über Politik zu diskutieren und für politische Ideale auch mit Leib und Gut einzutreten. Politik wurde nicht mehr in den Kabinetten der fürstlichen Regierungen ausgehandelt, sondern ging alle an und wurde von allen behandelt.

Für diese epochale Entwicklung machten bereits die Zeitgenossen vor allem das im Vormärz aufblühende Vereinswesen verantwortlich. In der Tat läßt sich, wie im folgenden gezeigt werden soll, auch anhand ausgewählter Vereine im Gebiet des heutigen Alb-Donau-Kreises zeigen, daß von ihnen wesentliche Impulse zur politischen Bildung sämtlicher Bevölkerungsschichten ausgingen, und zwar auch dann, wenn die Vereine an und für sich vollkommen unpolitische Ziele verfolgten. Mein Aufsatz will versuchen, diese Impulse zur Politisierung deutlich zu machen. Er kann sich dagegen nur am Rande mit den eigentlichen Zielen und der Tätigkeit der Vereine beschäftigen, geschweige, daß er die Geschichte irgendeines Vereins erschöpfend darstellen könnte. Auch wird das anders geartete und gut erforschte Vereinswesen der Stadt Ulm nicht berührt werden[1].

Vereinsgründungen von oben

Es ist eine Ironie der Geschichte, daß dieses Vereinswesen seinen Ursprung zunächst dort hatte, wogegen es später kämpfte: beim Staat. Denn der erste Verein, der uns im heutigen Alb-Donau-Kreis begegnet, ist eine staatliche Gründung. Es war der zum Jahresbeginn 1817 von Königin Katharina gegründete Wohltätigkeitsverein, der in allen Oberämtern Zweigvereine bildete. Der Wohltätigkeitsverein setzte sich zum Ziel, die überall vorhandenen Bemühungen zur Bekämpfung der Notjahre 1816/17 zu zentralisieren und zu koordinieren. Er war ein merkwürdiger Zwitter: Einerseits wurde er in allen Oberämtern und Gemeinden per Verordnung eingeführt, und damit er überhaupt zustande kam, mußte man die Zwangsmitgliedschaft der staatlichen Beamten, der Schultheißen und der Pfarrer anordnen. Er wurde also auf dem Behördenweg geboren, und die Stuttgarter Zentrale ließ auch keinen Zweifel daran, wer in ihm das Sagen haben sollte. Andererseits wählte Katharina aber die Organisationsform eines »Vereins«. Darunter verstanden sie und ihre fortschrittlichen Berater bereits damals all die Elemente, die wir auch heute noch als entscheidend für einen Verein ansehen: der freiwillige Ein- und Austritt der Mitglieder, die ihre Gleichberechtigung ohne Rücksicht auf Beruf, Vermögen, Konfession usw., die Vollversammlungen der Mitglieder mit demokratischen Stimmentscheiden über alle Vereinsfragen, die demokratische Wahl eines Vereinsvorstandes. In unserer Region war all dies 1817 neu. Hier, wo noch weithin die alten Standesschranken galten, wo sich Bauer, Bürger und Herr noch deutlich voneinander abgrenzten, wurde auf einmal – wenn auch zunächst nur auf dem winzig kleinen Gebiet der Wohltätigkeit – die Gleichheit aller eingeführt.

Erstmals signalisierte der Staat darüber hinaus mit der Gründung des Wohltätigkeitsvereins, daß er trotz seines Behördenapparates nicht alleine in der Lage sein würde, die Krisenjahre zu überwinden, sondern dazu der Mithilfe der Staatsbürger bedurfte. Diese wurden zur freiwilligen Mitarbeit an staatlichen Aufgaben aufgefordert und ihnen damit deutlich gemacht, daß der Staat nicht nur Herrschaft ist, sondern sich selbst als Gemeinschaft aller Staatseinwohner versteht, für die die Überwindung der Notsituation eine gemeinsame Aufgabe ist. Oder anders ausgedrückt: Der Staat erklärte erstmals seine Einwohner als mitverantwortlich für das allgemeine Geschehen im Staatswesen und für mündig. Damit nicht genug, forderte Königin Katharina neben den Herren der Schöpfung ausdrücklich auch Frauen zur Mitarbeit im Verein auf, auch sie wurden also im gleichen Sinne für mündig erklärt, an den Staatsangelegenheiten mitzuwirken. Freilich, die Botschaft von der Mündigkeit wurde im Gebiet des heutigen Alb-Donau-Kreises nur zögerlich aufgenommen. Neben den obenerwähnten Zwangsmitgliedern fanden sich nur wenige freiwillige Vereinsmitglieder ein. So traten beispielsweise dem Wohltätigkeitsverein für das Oberamt Blaubeuren nur noch weitere Beamte bei, etwa der ehemalige Amtsschreiber Luz oder Stadtschreiber Hoyer. Auch waren einige Gemeinderäte zur Mitarbeit bereit. Die große Masse der Blaubeurer Bevölkerung konnte sich dagegen nicht zu einer förmlichen Mitgliedschaft entschließen, sie begnügte sich mit gelegentlichen Spenden an den Verein. Nur mürrisch schließlich nahmen die Blaubeurer die Aufforderung an die Frauen zur Mitgliedschaft zur Kenntnis. Der Leitung des Blaubeurer Vereins reichte die Feststellung, daß Frauen für die Arbeit des örtlichen Wohltätigkeitsvereins nicht benötigt würden[2]. Daß es auch anders ging, zeigt das Beispiel des Ortsvereins Langenau, dessen Vorstand sich paritätisch aus Frauen und Männern zusammensetzte[3].

Honoratiorenvereine

Trotz allem, der Wohltätigkeitsverein setzte Zeichen. Daß diese Zeichen verstanden wurden, sehen wir daran, daß die Mitglieder dieses Vereins nun ihrerseits die Initiative ergriffen und eigene Vereine gründeten. Diese Vereine hatten anfangs rein geselligen Charakter, wie etwa die »Casino«-Gesellschaft in Blaubeuren, die unter der Leitung von Gerichtsnotar Bellino über den Winter Tanzabende und Maskenbälle in verschiedenen Blaubeurer Lokalen veranstaltete[4], oder die gleichnamige Ehinger Gesellschaft[5]. Wir wissen von ihnen kaum mehr als den Namen, ein Hinweis darauf, daß sie politisch nicht hervortraten. Es ist noch nicht einmal klar, ob sie überhaupt als förmliche Vereine organisiert waren oder lediglich lose Clubs bildeten. Man geht jedoch sicher mit der Vermutung nicht fehl, daß in ihnen die gleichen Namen wie im Wohltätigkeitsverein vertreten waren, also vor allem die oberen staatlichen und städtischen Beamten, dann wiederum die Gemeinderäte und schließlich, wenn auch noch recht zögerlich, das bessergestellte Wirtschaftsbürgertum – mithin jene gesellschaftliche Schicht, die von den Zeitgenossen als »Honoratioren« bezeichnet wurde. Zu diesen Honoratiorengesellschaften waren auch – keine Selbstverständlichkeit in jener Zeit, wie wir bereits sahen –, Frauen zugelassen, ja vielleicht war sogar eine der Hauptfunktionen der Gesellschaften ihr Nutzen als Heiratsmarkt[6]. Daraus ließe sich das frühe freiwillige Engagement der Beamten in den Gesellschaften erklären. Sie waren in der Regel von auswärts in die Oberamtsstädte Blaubeuren und Ehingen versetzt worden und mußten sich eigene Verbindungen jenseits der bestehenden gesellschaftlichen Netze schaffen, zu denen sie keinen Zutritt hatten. Die fehlenden Verpflichtungen gegenüber einer ortsanwesenden Verwandtschaft ersetzten sie durch Verpflichtungen in einem Verein und bildeten damit den Prototyp des von auswärts Zuziehenden, der zum klassischen Vereinsmeier wird. Den Anfang beim Vereinswesen machten die genannten, früh durch die staatliche Versetzungspolitik mobilisierten Beamten, gefolgt von den Lehrern an den höheren Schulen und an den Volksschulen sowie schließlich vom höheren Wirtschaftsbürgertum, das mit der beginnenden Industrialisierung mobil wurde. Wie neu dies im Vormärz war und wie unsicher sich die Beteiligten dabei fühlten, kann man für die aus den frühen Honoratiorengesellschaften herauswachsenden Vereine aus dem Drang der Vereinsmitglieder ableiten, ihre Verpflichtungen in Statuten formell zu fixieren und sich damit rechtlich abzusichern. Nach dieser Tradition gilt bis heute: kein Verein ohne Satzung.

Lesegesellschaften

Die geselligen Vereinigungen der Honoratioren bildeten die Vorläufer einer neuen Generation von Honoratiorenvereinen, die nicht mehr allein gesellige Zwecke verfolgte: die Lesegesellschaften. Lesegesellschaften setzten sich zum Ziel, in einer örtlichen Gastwirtschaft ein abgesondertes Zimmer zu unterhalten, in dem sie den Gesellschaftsmitgliedern die vereinseigenen Bücher, Zeitungen und Zeitschriften für die Lektüre zur Verfügung stellten. Zusätzlich traf man sich regelmäßig zu Vorträgen von Auswärtigen oder Mitgliedern. Daran ist zweierlei interessant: zum einen das Bedürfnis der Mitglieder nach Lektüre, d. h. nach neuen, weiterbildenden Anregungen von außen, von jenseits der heimischen Traditionen, und zum anderen das Bedürfnis, diese Lesefrüchte im Lesezimmer mit anderen zu teilen, mit ihnen darüber zu sprechen und zu streiten (in der Sprache der Zeit: darüber zu »räsonieren«). Damit aber waren die Lesegesellschaften die Keimzellen der politischen Gesellschaft, denn Politik ist ja in ihren Grundzügen zunächst nichts anderes als ein Gespräch über die Zustände der Gegenwart.

In unserem Raum bildeten sich derartige Lesegesellschaften um 1828, 1835 und 1842 in Blaubeuren[7] sowie vor 1833 und 1843 in Ehingen[8]. In Blaubeuren bestand zusätzlich eine Lesegesellschaft der Mangoldschen Buchhandlung, die aber offenbar nur den Charakter eines Lesezirkels hatte, d. h., die Vereinsschriften wurden ohne Zusammenkünfte der Vereinsmitglieder von Haus zu Haus weitergegeben[9]. Die drei Anläufe zur Gründung einer Lesegesellschaft in Blaubeuren zeigen recht deutliche Abstufungen eines derartigen Vereins: Die Gründung von 1828 war ein ausgesprochener Honoratiorenverein in der Tradition der Casinogesellschaft. Mitglieder waren die staatlichen Beamten, Dekan Bockshammer, Stadtschultheiß Krauß, die Lehrer des Seminars und der Blaubeurer Schulen sowie ganz vereinzelt auch Vertreter des Wirtschaftsbürgertums[10]. Gelesen wurden die Zeitschriften und Zeitungen des Bürgertums: voran die liberale »Augsburger Allgemeine Zeitung«, dann der »Schwäbische Merkur«, das »Morgenblatt«, die »Nekkarzeitung«, die »Dorfzeitung« und für das Musische die »Literaturzeitung«, das »Kunstblatt« und der »Hesperus«. Nachdem diese Gesellschaft offenbar eingeschlafen war, zeigte die Neugründung von 1835 ein neues Merkmal, denn dieser Verein ließ nunmehr auch Vorträge halten, bot seinen Mitgliedern also ein Mehr an gesellschaftlicher Öffentlichkeit als sein Vorgänger. Auch er ging bereits 1838 wieder ein.

Die erneute Gründung einer Lesegesellschaft im Jahr 1842 hatte dann jedoch dauernden Bestand. Man wird sie ohne Umschweife als einen der Vorläufer des Blaubeurer Volksvereins von 1848 bezeichnen dürfen, denn ihr gehörten bereits die wichtigsten Vertreter des Volksvereins an: Löwenwirt Nüßle, in dessen Wirtschaft der Verein sein Lesezimmer hatte, Reallehrer Speidel, der Vorstand des Vereins war, und schließlich die Repetenten des Seminars. Die Honoratioren der ersten Generation traten ihnen gegenüber in den Hintergrund. Auch diese Lesegesellschaft plante wieder die Abhaltung von Vorträgen, die sich laut Statuten auf »Physik, Chemie und andere gewerbswissenschaftliche Fächer, auch auf Unterredungen über württ. Geschichte« und – man höre und staune – auf die »Verfassungsurkunde und über einige fürs bürgerliche Leben wichtigere Geseze« beziehen sollten[11].

Neben den bildungsbürgerlichen Zielen, die in den beiden älteren Blaubeurer Lesegesellschaften ebenso zu erkennen sind, wird hier die Politik als eigenes Vereinsziel genannt. Allerdings wird sie noch ganz allgemein aufgefaßt. Politik ist noch nicht ein bestimmtes Programm, das die Lesegesellschaft vermitteln möchte, sondern sie ist hier zunächst ein Weiterbildungsangebot. Dies entspricht der Ideologie des Liberalismus, nach der es ausreichen sollte, solche Weiterbildungsangebote zur Verfügung zu stellen, um die Bevölkerung zu gemeinsam erarbeiteten, einheitlichen und vernünftigen Ansichten über das Gemeinwohl zu führen. In diesem Sinne ist die Blaubeurer Lesegesellschaft eine typische Gründung aus liberalem Geist. Noch lag ihren Gründern der Gedanke fern, daß es trotz fortschreitender Bildung unterschiedliche Ansichten über das Gemeinwohl geben könnte, ja es schien undenkbar, daß die eigene, vernunftgebildete Ansicht nur die Ansicht eines Teils der Gesellschaft, einer Partei (das Wort kommt von lateinisch pars – der Teil) sein könnte.

Wenn man sich vergegenwärtigt, daß die Gründung politischer Vereine in Württemberg zu diesem Zeitpunkt noch verboten war, so stellt man bewundernd fest, wie genau die Initiatoren des Blaubeurer Lesevereins den für Politik im öffentlichen Raum zur Verfügung stehenden Spielraum auszuloten gewußt haben. Denn die Statuten des Lesevereins passierten ohne Probleme die Hürden der staatlichen Genehmigung. Auch an den in der Folgezeit tatsächlich alle vier Wochen stattfindenden Versammlungen nahm niemand Anstoß. Dennoch hielt man darauf, daß der Verein nicht ausschließlich politischen Zwecken diente, denn die Lesegesellschaft trat nie als Verein in der politischen Agitation auf.

Sechs Jahre nach ihrer Gründung sollte die Gesellschaft eine bemerkenswerte Umformung erfahren. Denn im Februar 1848 schlug Vorstand Reallehrer Speidel ihre

179

Überführung in einen zu gründenden Gewerbeverein vor, der tatsächlich noch im gleichen Monat ins Leben trat. In den Statuten des Gewerbevereins wurden die Ziele der Lesegesellschaft auf das Gewerbe zugeschnitten. Damit gab man aber das Feld der allgemeinen Bildung und der allgemeinen Politik zugunsten eines Teilbereichs auf. Im Gewerbeverein wurde die Lesegesellschaft zur Interessenvertretung.

Die Umwandlung weist darüber hinaus erneut auf die mittlerweile eingetretene (oder von Reallehrer Speidel beabsichtigte?) Änderung in der Zusammensetzung der Lesegesellschaft hin: Die an Gewerbefragen weniger interessierten Honoratioren verließen die Gesellschaft und machten dem Wirtschaftsbürgertum Platz. Allerdings wird aus den Quellen nicht klar, ob die Lesegesellschaft wirklich völlig im Gewerbeverein aufging oder daneben noch weiterbestand. Zwar erhalten wir nach der Gründung des Volksvereins Nachrichten weder von der Lesegesellschaft noch vom Gewerbeverein, was die Vermutung bestätigt, daß beide als Vorläufer des Volksvereins zu gelten haben, jedoch tauchte die Lesegesellschaft in den Zeiten der Krise des Volksvereins (August/ September 1848 und Sommer 1849 folgend) unvermittelt wieder auf und bestand noch bis in die 1850er Jahre. Offenbar war das von ihr ausgehende Lese- und Vortragsangebot vielfältig genug, die politischen Stürme des Jahres 1848 zu überstehen. Der Gewerbeverein hingegen ging mit dem Volksverein unter[12].

Eine ähnlich enge Verknüpfung von Gewerbe- und Volksverein gab es auch in Schelklingen. Hier war die treibende Kraft der Baumwollfabrikant Georg Reichenbach in Schelklingen-Urspring, der im Vormärz schon wiederholt durch seine Initiativen zur Gewerbeförderung aufgefallen war[13].

Im Gegensatz zur Blaubeurer Lesegesellschaft engagierte sich die Ehinger Lesegesellschaft von 1843 im politischen Tagesgeschäft, indem sie eine Stellungnahme gegen die lebenslängliche Mandatsdauer der Gemeinderäte veröffentlichte[14]. Damit scheint sich wie in Blaubeuren anzudeuten, daß die Honoratioren der älteren Zeit sich bereits aus der Führung der Lesegesellschaft verabschiedet hatten, denn zumindest für die staatlichen Beamten wäre eine derartige Stellungnahme nicht zu vertreten gewesen. Schon drei Jahre nach ihrer Gründung verlieren wir die Gesellschaft allerdings aus den Augen[15].

Wie genau die Zeitgenossen die in einer Lesegesellschaft liegenden Möglichkeiten für politische Ziele erkannten und bewußt ausschöpften, zeigt schließlich auch die Gründung eines »Katholischen Lesevereins« durch einen namentlich nicht bekannten Kaplan 1846 in Ehingen, der, wenn man der Polemik der »Ulmer Schnellpost« folgt[16], eindeutig ultramontane Ziele verfolgte und später im Ehinger Piusverein aufging. Der Ultramontanismus vertrat in scharfer Auseinandersetzung mit der katholischen Aufklärung eine vertiefte Frömmigkeit des Katholizismus und leitete seinen Namen von seiner papsttreuen Ausrichtung ab (der Papst sitzt in Rom ultra montes – jenseits der Alpen). Damit ist der Höhepunkt der Entwicklung der Lesegesellschaften in unserem Raum erreicht. Denn der »Katholische Leseverein« ist nicht mehr wie die älteren Blaubeurer und Ehinger Gesellschaften ein Zusammenschluß von Bürgern, die sich weiterbilden und im Gespräch die gegenseitigen Interessen und Ansichten erkunden und diskutieren, sondern die zielgerichtete Gründung einer Einzelperson, die für ein vorgegebenes Programm Unterstützung beim Fußvolk zu mobilisieren sucht. Wenn auch Art und Umfang von politischen Ideen in diesem Programm unbekannt sind, so beeindruckt dennoch die Energie, mit der man sich bewußt der allgemeinen Ehinger Lesegesellschaft entgegenstellte und versuchte, eigene »pressure groups« zu bilden.

Es ist dies im Grunde die gleiche Erscheinung wie beim Blaubeurer Gewerbeverein. Das ursprünglich vom Staat eingeführte Vereinswesen nutzte man nicht mehr nur einfach für eigene Zwecke, sondern wandelte es in Interessenvertretungen um. Der Verein wurde zum Instrument im politischem Machtkampf. Es ist kein Zufall, daß den beiden Gruppen, denen es im heutigen Alb-Donau-Kreis noch im Vormärz gelang, diesen Schritt vom Verein zum Machtinstrument zu vollzuiehen, die Führungsrolle in der örtlichen 1848er-Revolution zukam: in Blaubeuren den Liberalen und in Ehingen den Ultramontanen.

Jedoch wäre es unfair, diesen Vorgang allein politischer Berechnung zuschreiben zu wollen, denn er ist viel mehr einerseits noch Ausdruck der hehren Ideale der Blaubeurer Liberalen und andererseits bei den Ultramontanen Zeichen der sich in jener Zeit ungemein verstärkenden religiösen Innigkeit.

Liederkränze

Unterdessen war es zu einer weiteren Entwicklung gekommen. Denn nicht mehr nur Honoratioren und das obere Bürgertum schlossen sich in Vereinen zusammen, sondern auch die mittleren und unteren bürgerlichen Schichten wie auch die Bauern suchten den Zusammenhalt und die Geselligkeit von Vereinen. Den Hintergrund dafür bot die 1824 mit der Gründung des Stuttgarter Liederkranzes in Württemberg einsetzende Sängerbewegung. Im ganzen Land schossen Liederkränze nach dem Stuttgarter Modell wie Pilze aus dem Boden. Ziel der Liederkränze war die Einübung von weltlichen, vierstimmigen Männergesängen zur Verschönerung des geselligen Zusammenseins. Die Leitung der Liederkränze übernahmen in den allermeisten Fällen die örtlichen Volksschullehrer, die durch ihre Ausbildung im Gesang geschult waren und sich – mancherorts auf der Grundlage bestehender Kirchengesanggruppen – der Sache der Sänger mit Begeisterung annahmen[17].

So verwundert es nicht, daß auch im Gebiet des Alb-Donau-Kreises zunächst dort Liederkränze entstanden, wo tüchtige und sangeslustige Lehrer vor Ort waren. Den Anfang machte 1826 unter Schullehrer Kaim der bis heute bestehende Liederkranz Schelklingen[18], gefolgt von mehreren, teilweise nur kurzlebigen Liederkränzen in Blaubeuren[19], Ehingen[20], Munderkingen[21], Obermarchtal[22], Oberdischingen[23], Allmendingen[24], Justingen[25], Seißen[26], Langenau[27], Sontheim[28], Laichingen[29], Suppingen[30], Bernstadt[31], Asch[32], Merklingen[33], Schmiechen[34], Erbach[35] und Gerhausen[36]. Sicherlich ist selbst diese lange Aufzählung für das Gebiet des Alb-Donau-Kreises nicht vollständig, denn die Sängerbewegung war eine echte Massenbewegung. So soll es darüber hinaus informelle Sängergruppen in Wiblingen, Oberkirchberg und Dietenheim gegeben haben[37].

Aber wer war die Masse? Die Leitung durch Volksschullehrer wird schon a priori eine Mitgliedschaft von Honoratioren eher erschwert haben. Dank der Mitgliederlisten des Liederkranzes Munderkingen von 1846 bis 1849 sind wir aber recht genau über die Sänger wenigstens eines Liederkranzes informiert: Von den 30 bekannten Mitgliedern konnten 20 näher identifiziert werden, die zehn fehlenden Mitglieder waren Auswärtige, die sich vermutlich nur während ihrer Lehrzeit oder zu Gesindediensten in Munderkingen aufhielten. Die 20 identifizierten Mitglieder, selbstverständlich alle männlich, waren 1846 zwischen 19 und 24 Jahre alt, die später beigetretenen Mitglieder fallen ebenfalls in diese Altersgruppe. Alle waren ledig. Damit waren sie nach den bestehenden Vorschriften noch unmündig (Volljährigkeit mit 25 Jahren oder bei Heirat) und vermutlich noch stark an die Elternhäuser gebunden. Die Berufe reichen vom Verwaltungsbeamten über Gastwirt bis zu den Handwerksberufen, womit alle in Munderkingen vertretenen Berufsgruppen vertreten gewesen zu sein scheinen. Die Vermögensverhältnisse der Elternhäuser haben offenbar keine Rolle gespielt. Der Sohn des reichen Munderkinger Müllers Willauer und die Söhne wohlhabender Gastwirte sind ebenso vertreten wie Söhne aus der unteren Schicht des Munderkinger Handwerks[38]. Entsprechendes ergaben Stichproben für den Blaubeurer Liederkranz von 1845, der eine ungefähr gleich hohe Mitgliederzahl hatte[39]. Kennzeichen der frühen Liederkränze war also vor allem die Jugend der Sänger, was die Blaubeurer zusätzlich noch durch die Bezeichnung des Vereins als »Lediger Liederkranz« deutlich machten (wohl in Abgrenzung zur 1844 gegründeten Kirchengesanggruppe[40]). Möglicherweise waren die Liederkränze anfangs nur eine Ausformung bereits bestehender Jahrgangs- oder Junggesellenvereinigungen, wie sie uns noch in späterer Zeit auf den Dörfern begegnen[41].

Es fällt ferner auf, daß die Vereinsbewegung mit den Liederkränzen auch das Land erfaßte. Freilich wirkten sie dort noch recht aufgesetzt und waren wohl lediglich dem Wirken der Lehrer zu verdanken, was das baldige Eingehen der Vereine deutlich macht. Ein dauerhaftes, lebendiges Vereinswesen konnte sich in den Dörfern erst in der zweiten Hälfte des 19. Jahrhunderts entfalten.

Wie von den Lesegesellschaften gingen von den Liederkränzen wichtige Impulse zur Politisierung aus, nun freilich nicht mehr der kleinen Schicht des Bildungs- und oberen Wirtschaftsbürgertums, sondern einer breiten Masse des Kleinbürgertums und der Landbevölkerung. Daß Politik in der Liederkränzen keine kleine Rolle spielte, erkennen wir an vielen Indizien, so etwa an dem Liedgut, das die Vereine pflegten, in dem neben der Luft und der Liebe viel vom deutschen Vaterland (dagegen nur am Rande von Württemberg!) oder gar vom Freiheitskampf der Polen gesungen wurde[42]. 1847 zog der Schelklinger Liederkranz auf die Nachricht vom Wahlsieg des liberalen Landtagskandidaten August Becher jubelnd und singend nach Blaubeuren, wobei er an der Spitze des Zuges seine Fahne mitführte, auf die anstelle der Vereinsleier ein goldener Becher aufgesetzt war[43]. 1848 spendete man für die Zwecke der Linksliberalen (Liederkranz Blaubeuren)[44], hielt eine Trauerfeier für Robert Blum ab (Liederkranz Laichingen)[45] und feierte die Annahme der Grundrechte und der Reichsverfassung durch die württembergische Regierung (Liederkränze Schelklingen und Blaubeuren)[46].

Klar erkennbar ist, in welch hohem, für unsere heutigen Begriffe fast unvorstellbaren Maß Vereine mit vorderhand unpolitischen Zielen wie die Gesangvereine politisiert waren, wie die Zeitgenossen jede Chance nutzten, die Verbote der politischen Vereinsarbeit zu umgehen, und welch großem Bedürfnis die wenigen öffentlichen Foren entsprachen, wo man wenigstens insgeheim »räsonieren« durfte. Gleichzeitig wird deutlich, daß politisches Engagement für die Liederkränzler Engagement für die Liberalen hieß, und zwar bei Fortschreiten der Revolution von 1848 zunehmend für die Linksliberalen. Man hatte also von den Honoratioren nicht nur die Form – das Vereinswesen -, sondern auch die Inhalte – den Liberalismus – übernommen. Das Bewußtsein des eigentlichen Vereinszwecks, nämlich die Pflege des Gesangs, ging jedoch über aller Politik nie verloren. Das Scheitern der Revolution von 1848/49 gefährdete daher den Fortbestand der Liederkränze zu keinem Zeitpunkt.

Ein weiteres Merkmal der Sängerbewegung war darüber hinaus, daß man durch Konzerte und Ausflüge den Kontakt zu umliegenden Ortschaften suchte. Bei derartigen Begegnungen konnte erstmals ein Gemeinschaftsgefühl benachbarter Orte entstehen – etwas, was der alten Zeit, in der man den Nachbarn im nächsten Dorf nur bei Grenzstreitigkeiten auf dem Feld begegnete, vollkommen unbekannt geblieben war. Jetzt lernte man sich von einer anderen Seite kennen und erkannte, daß man weithin die gleichen Sorgen und Nöte hatte oder umgekehrt, wie die Gemeinden Obermarchtal und Oberdischingen, daß man ganz allein im Umkreis unter den Belastungen einer Standesherrschaft wie den Thurn und Taxis oder den Schenk von Castell litt[47]. Der Vergleich untereinander ermöglichte den Liederkränzlern und der bei den Konzerten anwesenden breiteren Öffentlichkeit die Bildung einer eigenen Vorstellung von Recht und Unrecht im Staatswesen. Höhepunkte dieser Treffen waren die großen Liederfeste in Ulm, Reutlingen und Geislingen, bei denen die Liederkränze unseres Raumes Sänger aus ganz Württemberg und Bayern treffen konnten[48].

Ähnliche Wirkungen wie die Sängerbewegung dürfte die etwas später einsetzende Bewegung zur Gründung von Musikvereinen gehabt haben. Auch sie erfaßte die kleineren Städte und die Dörfer unseres Raumes, nahm aber nicht den Charakter einer Massenbewegung an. Der erste, schon in den 1830er Jahren nachweisbare Musikverein im heutigen Alb-Donau-Kreis ist die Oberdischinger Kapelle, die aber möglicherweise aus Berufsmusikern bestand[49]. Ein regelrechter Verein war dagegen der 1841 in Schelklingen von dem Uhrmacher Franz Josef Mack gebildete Musikverein[50], dem um 1843 und 1846 Vereine in Obermarchtal[51] und Munderkingen[52] folgten. Außerdem verfügten einige der älteren Bürgerwehren über Kapellen[53]. Wegen der geringen Mitgliederzahl traten die Musiker politisch weniger hervor als die Liederkränzler, dennoch dürften sie ähnliche Anschauungen gehegt haben. So waren es die Musikvereine Munderkingen und Oberdischingen, die dem linksliberalen Ehinger Präzeptor und Landtagsabgeordneten Feyl 1850 bei seiner Strafversetzung nach Ellwangen das Ehrengeleit gaben[54].

Bürgergesellschaft Blaubeuren

Die weniger musisch begabten Zeitgenossen gründeten 1841 in Blaubeuren eine Bürgergesellschaft, deren Zusammensetzung uns aus einer Liste der Gründungsmitglieder bekannt ist[55]. Vorstand der Gesellschaft und gleichzeitig das jüngste Vereinsmitglied, was für seine bemerkenswerte Ausstrahlung spricht, war der Verwaltungsaktuar Zobel, dessen revolutionäres Wirken an anderer Stelle in diesem Buch gewürdigt wird. Ansonsten setzte sich der Verein ausnahmslos aus Handwerkern zusammen. Vereinsmitglieder waren zwar auch die Blaubeurer Gastwirte, aber deren Mitgliedschaft dürfte wegen des laut Statuten ständig zu wechselnden Vereinslokals nicht ganz zweckfrei gewesen sein. Im übrigen waren sämtliche Vereinsmitglieder verheiratet, ihr Alter bewegte sich zwischen 25 und 55 Jahren. Alle besaßen Vermögen und wurden zu den staatlichen Steuern herangezogen, wobei der durchschnittliche Steuerbeitrag der Vereinsmitglieder dem städtischen Durchschnitt entsprach. Das Bemerkenswerte ist wie bei den Liederkränzen, daß wiederum eine neue Gruppe von Blaubeurern den Weg in das Vereinswesen fand. Es ist die Gruppe der Handwerker, der verheirateten, kleinbürgerlichen Familienväter, die sich der Bürgergesellschaft anschlossen. Für sie mag bereits der Name des Vereins Programm gewesen sein: Auch der einfache Handwerker wollte als Bürger nach dem Vorbild der Honoratioren angesehen werden und die bürgerlichen Rechte und Pflichten wahrnehmen. Dieser Anspruch wird illustriert durch das Vordringen der Höflichkeitsformen der Honoratioren in das Kleinbürgertum. In eben jener Zeit fangen die Blaubeurer nämlich an, sich mit »Herr« und »Frau« anzureden und sich zu siezen, die älteren »Er« und »Sie« oder »Ihr« und »Euch« verschwanden. Außerdem zeigt sich, daß die altehrwürdigen, eigenständigen Zusammenschlüsse der Handwerker in den Zünften keine Rolle mehr spielten.

Wie bereits die Blaubeurer Lesegesellschaft müssen wir auch die Bürgergesellschaft, obwohl laut Statuten »zu rein geselligen Zwecken« gegründet, zu den Vorläufern des Blaubeurer Volksvereins rechnen: Über 30 Prozent der 1848 noch in Blaubeuren lebenden Gesellschaftsmitglieder wurden Mitglied im Volksverein[56].

In Laichingen gab es ebenfalls 1845 einen Bürgerverein, von dem leider nur sehr wenig bekannt ist. Denn er engagierte sich eindeutig politisch, indem er sich gegen die lebenslängliche Mandatsdauer der Gemeinderäte aussprach und eigene Kandidaten für eine Bürgerausschußwahl aufstellte[57].

Turnvereine

Und schließlich gehört in diesen Zusammenhang die Turnerbewegung, die seit der Mitte der 1840er Jahre überall Mitglieder warb. Sie sprach die gleichen Leute wie die Sängerbewegung an, die einfacheren Bürger, die gemeinsam ihre Freizeit gestalten wollten, war aber im Gegensatz zu den Sängern eine rein städtische Erscheinung. Dies wird in der Natur der Sache gelegen haben, denn auf dem Land verspürte man nach einem Tag harter Feldarbeit wohl kaum das Bedürfnis nach Reck- und Barrenturnen. Demgemäß lassen sich Turnvereine im Gebiet des heutigen Alb-Donau-Kreises für den Vormärz nur in Blaubeuren und Ehingen feststellen. Der Blaubeurer Verein trat nach dem Turnfest in Ulm 1846 ins Leben und setzte sich wohl aus einer ähnlichen Personengruppe wie der Liederkranz zusammen, nämlich jungen, ledigen Männern. Er erreichte aber bei weitem nicht die Wirkungsmacht, die wir von anderen Turnvereinen des Vormärz und der Revolutionszeit wie etwa in Heilbronn oder Hanau kennen. Im Gegenteil, der Blaubeurer Verein war stets von der Selbstauflösung bedroht. In seinen politischen Äußerungen schloß er sich mit einer Spende für die deutsche Flotte und einer Demonstration für Hecker im Sommer 1848 an die Tendenz des Liederkranzes an[58]. Im Dezember 1848 traten die Turner offenbar geschlossen dem Volksverein bei und machten damit ihre linksliberale Ausrichtung deutlich[59]. Ganz ähnlich verhielt es sich bei der 1848 gegründeten Turngemeinde Ehingen, deren Mitglieder zumindest teilweise dem Volksverein Ehingen beitraten[60].

Nochmals sieht man, wie selbstverständlich Politik zum Vereinsleben der damaligen Zeit gehörte und mit welcher Hingabe man sich ihr widmete. Welcher Turnverein träte heute einer neugegründeten Partei bei? Rufen wir uns nochmals ins Gedächtnis, was schon bei den Lesegesellschaften gesagt wurde. Noch herrschte allgemein die Überzeugung, daß Politik dem Gemeinwohl dient, Engagement für die Politik hieß Engagement für das Gemeinwohl. Da wollte natürlich keiner zurückstehen. Im Sommer 1848 hielt eine ungeheure, ja fast schockartige Ernüchterung Einzug mit der Erkenntnis, daß Politik das Mittel und das Ergebnis widerstreitender Interessen ist. Wie tief die Enttäuschung gewesen sein muß, läßt sich an dem Ausmaß des Hasses

Eintheilung

und

Statuten

der

Lösch-, Rett- und Wachmannschaft

zu

Blaubeuren.

Gegründet im März 1848.

———

Gedruckt in der Officin von
Wilhelm Lubrecht.

Abb. 46: Die Statuten der Feuerwehr Blaubeuren

und der Resignation erkennen, das Ende 1849 und 1850 in unserem Raum herrschte. Die Vereine zogen daraus Konsequenzen. So betonte die Ehinger Turngemeinde angesichts der völlig vergifteten städtischen Atmosphäre bereits in ihren Statuten vom April 1849 ausdrücklich die unpolitische Haltung des Vereins[61].

Aus dieser Tradition ist heute der Ausschluß der Politik in unseren Vereinen eine vollkommene Selbstverständlichkeit. Wer aber um das Vereinsengagement unserer Politiker und Gemeinderäte weiß, wird auch diese Selbstverständlichkeit ihrerseits nicht vom Vorwurf des Idealismus freisprechen können.

Vielleicht war es auch die Politik, die zum raschen Erlöschen der beiden Turnvereine führte, nachdem sich beide zum Beitritt in die Volksvereine entschlossen hatten – die Ehinger dabei im Widerspruch zu ihren Vereinsstatuten. Während sich die Blaubeurer schon im Sommer 1849 auflösten, erlosch der Ehinger Verein zu Beginn der 1850er Jahre[62]. Möglicherweise deutet das Kränkeln des Blaubeurer Turnvereins auf ein anderweitiges Engagement der Mitglieder in der 1847/48 gegründeten Freiwilligen Feuerwehr oder in der Bürgerwehr. Einen Turnverein gab es 1849/50 außerdem in Langenau, der jedoch nie recht Fuß fassen konnte und schon bald wieder verschwand[63].

Freiwillige Feuerwehr Blaubeuren

In welch großem Ausmaß die Bevölkerung am Vorabend der Revolution vom Vereinswesen durchdrungen und für Vereine ansprechbar war, läßt sich sehr anschaulich an der Freiwilligen Feuerwehr Blaubeuren zeigen. Die Idee zur Gründung von freiwilligen Feuerwehrvereinen im Gegensatz zu den herkömmlichen, ungenügenden Pflichtfeuerwehren war in den 1840er Jahren aufgekommen. Von der Freiwilligkeit der Feuerwehrleute erhoffte man sich eine hohe Motivation bei der Brandbekämpfung im Einsatz für die Allgemeinheit. Für unser Thema, in dessen Rahmen nicht näher auf die Arbeit der Feuerwehr eingegangen werden kann, ist von Bedeutung, daß für derartige Einsätze zugunsten des Gemeinwohls die Blaubeurer in den 1840er Jahren nicht mehr wie im Jahre 1817 zu Königin Katharinas

Zeiten nur die Honoratioren mobilisieren konnten, sondern vielmehr die ganze breite Schicht des Kleinbürgertums zur Mitarbeit zur Verfügung stand. Auf einen Aufruf zur Gründung einer Feuerwehr meldete sich im März 1847 ein knappes Viertel der Bürgerschaft! Darunter waren auch der gesamte Liederkranz und die Turngemeinde, die sich beide zur Bedienung einer Feuerspritze bereit erklärten.

Von dieser hohen Beteiligung müssen wir ein letztes Mal auf das politische Engagement der Lesegesellschaften, Liederkränze und des Turnvereins rückschließen. Denn der Eifer, mit dem der Blaubeurer Liederkranz und der Turnverein für die wohltätigen Zwecke der Feuerwehr eintraten, kam aus derselben Quelle wie auch das Interesse an der Politik. Politik war, dies wird hier erneut deutlich, den meisten Bürgern gleichbedeutend mit Gemeinwohl und Wohltätigkeit. Als logische Folge dieses Politikverständnisses finden wir 15 Monate später im Blaubeurer Volksverein etwa drei Dutzend Feuerwehrler als Mitglied.

Königin Katharina übrigens wäre begeistert gewesen. In den Blaubeurer Vereinen des Vormärz erfüllte sich ihre Vision der bürgerlichen Gesellschaft. Denn es ist das Verdienst der Vereine, diesen Gemeinsinn hervorgerufen, gefördert und organisiert zu haben, und zwar sowohl in der normalen Vereinstätigkeit beim Singen oder Turnen als auch bei außergewöhnlichen Aktivitäten wie der Feuerwehr.

Widrige Umstände scheinen allerdings ein Aufleben der Blaubeurer Feuerwehr verhindert zu haben. Nach Streitigkeiten unter den führenden Köpfen – Rechtskonsulent Kübel, Buchhalter Reuschle und Reallehrer Speidel – kam der Feuerwehr 1847 die Gründung einer Sicherheitswache und bei einem neuen Anlauf 1848 die Bürgerwehr in die Quere. Erst als die Bürgerwehr mit der Revolution verschwunden war, fand eine Neubelebung der Freiwilligen Feuerwehr statt[64].

Frühe politische Bewegungen

Zu Beginn der Revolution von 1848 gab es im Gebiet des heutigen Alb-Donau-Kreises ein ausgeprägtes Vereinswesen, das in den beiden Oberamtsstädten Blaubeuren und Ehingen reichhaltige Formen angenommen hatte, aber auch schon auf das Land vorgedrungen war. Der Rahmen dieses Aufsatzes wäre jedoch überschritten, wollte man lediglich auf das organisierte Vereinswesen abheben. Nicht minder wichtig waren informelle Gruppierungen mit politischen Zielen. Die Historiker haben für die Bildung dieser Gruppen zwei Phasen ausgemacht, die auch für unseren Raum bestätigt werden können. Eine erste Phase setzte mit der französischen Julirevolution von 1830 ein, sie lief in der Mitte der 1830er Jahre aus. Die zweite Phase folgte in den 1840er Jahren und ging unmittelbar in die Revolution von 1848 über.

Für beide Phasen haben wir in unserem Raum im wesentlichen nur aus Blaubeuren Nachweise eines bereits bemerkenswert regen politischen Lebens. Wohl in Nachahmung der Vorbilder von Stuttgart oder Ulm bildete sich 1831 ein liberaler Wahlverein, der Versammlungen für die Landtagswahl von 1831 veranstaltete. Noch vertraute man aber nicht der Gleichheit aller Mitglieder, die an sich Prinzip eines Vereines ist, denn die Blaubeurer wollten den Ausschuß (Vorstand) des Wahlvereins noch entsprechend den Bestimmungen des Zensuswahlrechtes zusammengesetzt sehen. So finden wir in dem zwölfköpfigen Vorstand des Wahlvereins vor allem die höchstbesteuerten Blaubeurer vertreten – darunter sechs Gastwirte! Bemerkenswert ist die Beteiligung von Löwenwirt Joseph Nüßle, dem Vater des späteren Landtagsabgeordneten, der sich als Landtagskandidat zur Verfügung stellte[65].

Ebenfalls nach dem Vorbild der Liberalen in Stuttgart und Ulm engagierte man sich in dieser ersten Phase in den Sammlungen für den Freiheitskampf der Polen, wobei man nunmehr – ganz im Gegensatz zum Wohltätigkeitsverein 14 Jahre zuvor – ausdrücklich auch Frauen um Mithilfe bat. Als im Januar 1832 eine kleine Gruppe polnischer Offiziere auf der Flucht von Polen nach Frankreich durch Blaubeuren kam, gründete sich für kurze Zeit ein Polenkomitee, das sich der Unterbringung und Versorgung der Freiheitskämpfer annahm[66].

Außerdem gehören hierher auch die Petitionen zu lokalpolitischen Fragen, die der Blaubeurer Stadtrat im Jahr 1833 im Lokalblatt »Blaumann« veröffentlichte. Zwar waren Petitionen nichts Neues (es hatte sie seit Jahrhunderten gegeben). Neu war jedoch 1833, daß der Blaubeurer Stadtrat mit seinen Petitionen die gedruckte Öffentlichkeit suchte. Man wollte nicht nur die eigene Bürgerschaft in möglicher Vollständigkeit erreichen, sondern sämtliche Ortschaften im Oberamt Blaubeuren von den Bemühungen in Kenntnis setzen[67]. In der obenerwähnten zweiten Phase der politischen Bewegungen, in den 1840er Jahren, erlangten die städtischen Petitionen eine zusätzliche Qualität, denn sie beschäftigten sich nicht mehr nur mit lokalen Mißständen, sondern petitionierten in landesweiten Belangen. So waren die Inhalte der beiden städtischen Petitionen von 1843 und 1845 – die eine zur Öffentlichkeit der Strafverfahren und die andere zur Abschaffung des lebenslänglichen Gemeinderatsmandats – bis 1848 Dauerbrenner der politischen Diskussionen in ganz Deutschland und gehörten zum Kanon der liberalen Märzforderungen[68]. Sehr gut erkennen wir daran, wie das politische Denken der Blaubeurer Gemeinderäte im Vormärz von einer bloßen Kirchturmpolitik in größere Räume vorstieß, wie man die Übereinstimmung und den Kontakt mit anderen liberal gesinnten Städten und Gemeinden suchte. Vereinzelt finden wir diese Geisteshaltung auch bereits auf den Dörfern, etwa bei Schultheiß Gaus in Justingen, der zur Beratung einer Petition zur Frage der Aufnahme von Staatskrediten für den Eisenbahnbau in den Justinger »Adler« einlud[69].

Es wurde schon dargelegt, daß zu diesem Wandel unter anderem die Liederkränze mit ihren überregionalen Feiern beigetragen hatten. Jedenfalls war diese Entwicklung die unabdingbare Voraussetzung dafür, daß man im März 1848 die von außen kommenden Anregungen aufnahm und in die politische Aktion umsetzte. Sie erst macht erklärlich, daß die Revolution im fernen Paris oder die Aufrufe einiger Mannheimer Intellektueller im Februar 1848 ein derartiges Echo finden konnten. Ein weiteres Indiz für die hohe Sensibilität, mit der man im Vormärz Vorgänge außerhalb des lokalen Kreises wahrnahm, ist der Blaubeurer Markttumult vom 3. Mai 1847, den die Blaubeurer nach dem Ulmer Vorbild veranstalteten.[70]

Schließlich wandten die liberalen Führungskräfte in Blaubeuren sowohl in den 1830er als auch in den 1840er Jahren ein Instrument an, dessen Bedeutung 1848 nochmals zunehmen sollte: die Bürgerversammlung. Es ist bemerkenswert, wie großen Wert man darauf legte, sich mit derartigen Versammlungen der Meinung aller zu versichern und die eigenen Ansichten als übereinstimmend mit der Ansicht aller anderen Bürger zu präsentieren. Wie in der Blaubeurer Lesegesellschaft ist man bei der Veranstaltung der Bürgerversammlungen noch ganz davon überzeugt, daß alle bei genügender Aufklärung sich den eigenen Ansichten anschließen würden. Die Sache selbst hatte man vielleicht von den regelmäßigen Bürgerversammlungen abgeschaut, die die Obrigkeit zur Bekanntmachung von Verordnungen vor dem Rathaus abhielt. In der Leitung (und zweifelsohne auch in der Lenkung) von Versammlungen war man durch das Engagement in den Vereinen geübt. Bürgerversammlungen wurden im Blaubeurer Vormärz zur Landtagswahl von 1831, zur Bekräftigung der erwähnten Petition von 1843[71] wie auch zu den Kommunalwahlen abgehalten. Höhepunkt dieser liberalen Versammlungstaktik war der Wahlkampf August Bechers 1847 im Bezirk, bei dem man die Versammlungen über die Oberamtsstadt hinaus nach Schelklingen und auf die Dörfer ausdehnte[72]. Das Beispiel machte Schule: Im Januar 1848 hielten die Schelklinger erstmals eine eigene Bürgerversammlung zu einer Gemeinderatswahl ab[73].

In der Revolution von 1848 erlebten diese politischen Mittel – Wahlvereine, Petitionen, Bürgerversammlungen – mit der massenhaften Anwendung im Gebiet des heutigen Alb-Donau-Kreises ihren Höhepunkt. Neu kam in der Revolution noch eine weitere politische Ausdrucksform hinzu: die »Katzenmusiken«. Dabei zog eine Gruppe nachts vor das Haus einer unbeliebten Persönlichkeit und veranstaltete soviel Lärm wie möglich mit allerlei Instrumenten, um dadurch die allgemeine Mißbilligung zum Ausdruck zu bringen. An dieser gewaltfreien Demonstrationsform beteiligte sich vor allem das linksliberal eingestellte Kleinbürgertum, demgemäß waren die Adressaten der Katzenmusiken die Vertreter der Obrigkeit. Nachdem die Lokalpresse Anleitungen zur Abhaltung von Katzenmusiken veröffentlicht hatte, fanden auch im heutigen Alb-Donau-Kreis mehrere derartiger Musiken in Ehingen[74], Schelklingen[75] und Blaubeuren[76] statt. Die Versuche konservativer Kreise in Blaubeuren, für die dortigen Katzenmusiken den Liederkranz und den Turnverein verantwortlich zu machen, wirft nochmals ein bezeichnendes Licht auf die politische Haltung, die man diesen Vereinen zusprach.

Verein für die kirchliche Aufhebung
des Zölibats Ehingen

Aufgrund der Zurückhaltung der Lokalzeitung »Amts- und landwirtschaftliches Blatt« (ab Januar 1849 »Volksfreund für Oberschwaben«) sind wir für den Ehinger Raum sehr viel schlechter über politische Bewegungen informiert. So haben wir nur von einem Aufruf der Ehinger Lesegesellschaft zu einer Bürgerversammlung im Zusammenhang mit ihrer oben erwähnten Petition von 1845 und von einer Bürgerversammlung zur Ehinger Gemeinderatswahl von 1845 Kenntnis[77]. Immerhin wissen wir jedoch von einem äußerst bemerkenswerten Versuch, den im Winter 1830 vier Lehrer am Ehinger Konvikt, darunter der spätere Rottenburger Bischof Lipp, mit der Gründung eines »Vereins für die kirchliche Aufhebung des Zölibats« unternahmen. Dieser Verein, dessen Inhalte hier, soweit sie sich nicht von selbst aus dem Vereinsnamen erklären, nicht dargelegt werden können, zielte von Anfang an auf ein überregionales Publikum, für dessen Gewinnung er eine ausgedehnte Propaganda unternahm[78]. Er wäre also an und für sich im Rahmen dieses Aufsatzes von geringerem Interesse, da er in unserem Raum die breite Masse nicht ansprach, zumal er bereits ein halbes Jahr nach seiner Entstehung verboten wurde. Dennoch ist festzuhalten, daß in den 1830er Jahren zumindest Teile der Ehinger Geistlichkeit in den Traditionen der katholischen Aufklärung dachten, die das Zölibat zur Diskussion gestellt hatte. Diese innerkirchliche Aufklärungsbewegung besaß mannigfache Berührungspunkte mit dem Liberalismus. Demgegenüber setzte sich offenbar in den 1840er Jahren die ultramontane Richtung durch, die wir bereits beim Katholischen Leseverein Ehingen von 1846 kennengelernt haben. Diese aber fand ihre politische Heimat eher im Konservatismus. Leider scheinen für das Vordringen des Ultramontanismus in Ehingen und das Übergreifen auf die benachbarten Orte, etwa nach Munderkingen, Quellen zu fehlen. Denn den von den Ultramontanen ausgehenden konservativen Einfluß wird man kaum überschätzen können, wurde doch damals in Ehin-

Abb. 47: Anzeige des Frauenvereins Blaubeuren

gen und Munderkingen gegen althergebrachte liberale und aufgeklärte Strömungen der Grundstein für die bis heute bestehende politisch überwiegend konservative Haltung der beiden Städte gelegt.

Frauenverein Blaubeuren

Die Liederkränze, der Blaubeurer Bürgerverein und die Freiwillige Feuerwehr Blaubeuren haben bereits gezeigt, daß sich das Interesse an Politik längst nicht mehr auf die Honoratioren oder auf das obere Bürgertum beschränkte. Wie tief die Bevölkerung aber bereits von den bürgerlichen Gedanken und Initiativen durchdrungen war, erkennen wir an einem Blaubeurer Verein, dessen Ziel die Einbeziehung einer außerhalb des Bürgertums stehenden Schicht in die Vereinsarbeit war. Diese Schicht, der mit Abstand größten in Deutschland, der keine Bürgerrechte zustanden, waren die Frauen. Es wurde bereits erwähnt, daß schon Königin Katharina 1817 ausdrücklich die Frauen zur Mitarbeit in ihrem Wohltätigkeitsverein aufrief und ihnen damit einen kleinen Teil der Bürgerrechte zubilligte. Wenn dies noch an der Haltung der Blaubeurer Honoratioren scheiterte, so ergriffen 30 Jahre später, nachdem sich mittlerweile, wie das Blaubeurer Polenkomitee erwies, die Grundeinstellung der Männer geändert hatte, Blaubeurer Frauen selbst die

Initiative und gründeten im Spätsommer 1846 einen »Frauenverein«. Dieser Verein verfolgte ganz in der Tradition des Wohltätigkeitsvereins rein karitative Zwecke, und wie beim Wohltätigkeitsverein fanden sich in ihm nur Ehefrauen von Honoratioren ein, so die Frau Oberamtmann Osiander oder Frau Dekan Haas. Erstmals jedoch wurden Frauen selbständig in der Öffentlichkeit tätig, wie ja bereits der stolze Vereinsname besagt. Obwohl die Idee zur Gründung des Frauenvereins sicherlich dem gleichnamigen Stuttgarter Vorbild entliehen war, so ist die Übertragung in das kleine Blaubeuren dennoch überaus bemerkenswert. Der Blaubeurer Frauenverein erreichte seine größte Wirkung mit einer Lotterie zugunsten der Armen im Hungerwinter 1846/47 und läßt sich danach nicht mehr nachweisen[79].

Mit zeitlicher Verzögerung scheint sich damit bei den Frauen das Schema der Politisierung der männlichen Bevölkerung widerzuspiegeln, die ja auch ihren Anfang im Wohltätigkeitsverein nahm und dann über die Lesegesellschaften, Liederkränze und Turnvereine immer weitere Kreise erfaßte. Tatsächlich finden wir in den 1850er Jahren Frauen dann auch in einem Musikverein wie dem Blaubeurer »Musikkranz«[80]. Wenn man dieser Erklärung weiter folgen will, so wäre die 1848er-Revolution in unserem Raum in diese Entwicklung zu früh eingebrochen, die Frauen hatten noch nicht den Organisationsgrad der Männer erreicht und beteiligten sich daher kaum an der Revolution.

Die einzige öffentliche Frauenaktion in der Revolution war im heutigen Alb-Donau-Kreis der Aufruf der Blaubeurer Frauen zur Herstellung einer Fahne für die Bürgerwehr[81]. Dieser Aufruf macht jedoch den Eindruck einer durch das Drängen der männlichen Ehehälften erfolgten bloßen Kopie von großstädtischen Aufrufen. Die Unterzeichnerinnen des Aufrufs waren bezeichnenderweise die Ehefrauen der Bürgerwehroffiziere und der führenden Mitglieder im Blaubeurer Volksverein. Die tatsächliche Herstellung der Fahne gelang erst Mitte 1849 unter massivem Druck der Männer[82]. Auch die Ehinger Frauen wurden zur Herstellung einer Fahne veranlaßt. In Ermangelung einer Bürgerwehr ging diese allerdings an die Turngemeinde[83].

Politische Vereine 1848

Aus dem bisher Gesagten geht hervor, daß das Gebiet des heutigen Alb-Donau-Kreises bei Ausbruch der Revolution im März 1848 alle Voraussetzungen für eine aktive Mitarbeit erfüllte. Nicht nur brachte man eine formale Schulung in Vereinsfragen, in der Führung von Versammlungen und Diskussionen mit, nein, man hatte sich auch schon seit mindestens 18 Jahren mit Politik beschäftigt und wußte um die Fragen der Gegenwart. Man verfügte damit sowohl über die Instrumente als auch über das Wissen zur Ausübung der Kunst der Politik. Es entspricht der allgemeinen Freude an der Politik, die im vormärzlichen Vereinswesen zum Ausdruck gekommen war, daß sich bei uns auch ein politisches Vereinswesen schnell ausbreitete, als die Märzrevolution das Vereinsverbot beseitigt hatte, und es verwundert nicht, diese politischen Vereine an denselben Orten zu finden, in denen bereits das vormärzliche Vereinswesen unseres Raumes seine Schwerpunkte gehabt hatte, allen voran also in den Städten Blaubeuren, Schelklingen, Ehingen und Munderkingen sowie in der Gemeinde Laichingen. Kennzeichen der frühen politischen Vereine ist die Begeisterung, mit der man sich in allen Bevölkerungsschichten an die Politik machte, und die großen Hoffnungen, die in die Arbeit der politischen Vereine gesetzt wurden.

Zunächst knüpfte man an die Bürgerversammlungen des Vormärz an. Die liberalen Märzforderungen, die Anfang März im Raum Ulm-Blaubeuren-Ehingen bekannt wurden, führten sofort zur Einberufung von Bürgerversammlungen in Blaubeuren (8. März)[84], Ehingen (12. März)[85], Laichingen (12. März)[86], Suppingen (13. März)[87] und Munderkingen (25. März)[88], in denen die überregionalen Forderungen wortwörtlich aufgegriffen wurden. Gleichzeitig jedoch verknüpfte man diese Forderungen mit lokalen Anliegen und versuchte damit gewissermaßen eine eigene Revolution im Kleinen – in der Hoffnung, daß sich die lokalen Autoritäten als ebenso nachgiebig erweisen würden wie die Regierungen in Stuttgart oder Karlsruhe. Diese Rechnung ging an einigen Orten auf. So gelang es beispielsweise den Munderkingern, ihre verhaßten lebenslänglichen Gemeinderäte zu stürzen und Neuwahlen zum Gemeinderat zu veranlassen, ein Vorgang, der sich in mehreren unserer heutigen

Kreisgemeinden vollzog[89]. Anderswo kam man dagegen nicht gegen die Behörden an. Die Forderung der Blaubeurer Bürgerversammlung nach einer Absetzung des unbeliebten Kameralverwalters Plank konnte ebenso wenig durchgesetzt werden wie der Forderungskatalog einer Gruppe Justinger zu örtlichen Problemen[90].

Aus den Bürgerversammlungen gingen in der Folge die ersten politischen Vereine unseres Raumes hervor, die in diesem Buch, soweit sie näher bekannt sind, an anderer Stelle ausführlich vorgestellt werden, nämlich die Volks- oder Bürgervereine in Munderkingen[91], Ehingen[92], Blaubeuren[93], Laichingen[94], Bernstadt[95], Langenau[96], Hausen ob Ursprung[97] und Schelklingen[98]. In der Reichsverfassungskampagne gelang es, das politische Vereinswesen auf die Dörfer auszudehnen. Volksvereine entstanden im Frühjahr 1849 – möglicherweise von Munderkingen aus – in Kirchen, Oberdischingen und den damals zum Oberamt Ehingen gehörenden Gemeinden Oggelsbeuren und Rupertshofen[99] sowie vom Blaubeurer Volksverein ausgehend in Seißen[100], Asch[101], Sonderbuch[102], Berghülen[103] und Machtolsheim[104]. Ganz zuletzt erfolgte im Mai 1849 die Neugründung eines Volksvereins in Ehingen. Mit Ausnahme der Volksvereine von Ehingen und Blaubeuren, deren Protokollbücher erhalten sind, haben wir von diesen Vereinen nur sehr kärgliche Informationen. Der auffallendste Unterschied besteht zwischen dem Volksverein Blaubeuren und seinen genannten Satelliten sowie dem Volksverein Ehingen. Während ersterer vermutlich dank seiner äußerst aktiven Exponenten Haußmann und Süskind die überregionale Entwicklung aufmerksam mitverfolgte und in seine Tätigkeit einbezog, verausgabte sich der Ehinger Verein in örtlichen Schlammschlachten und wußte mit ausgreifenderen Gedanken wenig anzufangen. Er war gegenüber dem Ende 1848 gegründeten Ehinger Piusverein von Anfang an in der Defensive und konnte den seit der Gründung des Katholischen Lesevereins 1846 angefallenen Rückstand auf die Konservativen nie aufholen. Unter diesen Umständen fiel die Führungsrolle im Oberamt Ehingen dem Volksverein Munderkingen zu.

Auffallend ist auch das schnelle Verschwinden des Ehinger Vereins bereits zwei Monate nach seiner Gründung. Freilich verschwanden auch die übrigen Volksvereine unseres

Abb. 48: Karikatur auf das Vereinswesen aus dem »Blaumann« vom 3. Juli 1849: »Mutter: ›Ungerathenes Kind! was läufst Du den ganzen Tag in die dummen Vereine und Versammlungen, und raisonnirst und politisirst und conversirst und –‹. – Sohn: ›Ach Mutter, habe Sie nur Einsicht, das versteht Sie nicht; ich bin eben ein Kind des Zeitgeistes‹. – ›Was bist? wessen Kind? Mein Kind bist und mir mußt gehorchen, Du Talk‹.«

Raumes in der Regel noch im Sommer 1849, spätestens 1850, so daß es, als die Volksvereine 1852 durch den Staat verboten wurden, längst nichts mehr zu verbieten gab. Aber im Gegensatz zu Ehingen muß im Raum Blaubeuren doch auch ohne formale Organisation das Netz des Volksvereins weiterbestanden haben, wie die Wahlerfolge des demokratischen Landtagskandidaten Karl Nüßle zeigen[105].

Das schnelle und flächenhafte Entstehen der Volksvereine weist außerdem darauf hin, daß sich in unserem Raum im Vormärz eine politische Elite gebildet hatte. Alle Personen, die im Gebiet des heutigen Alb-Donau-Kreises 1848 an markanter Stelle tätig wurden, hatten sich bereits in der Kommunalpolitik und im Vereinswesen bewährt. Diese Elite war bei uns neu und aus den Vereinen erwachsen – im Gegensatz zu den Großstädten, in denen sie sehr viel älter war und sich während des Vormärz in den Vereinen lediglich versteckt hatte. Zu ihr zählten etwa die Blaubeurer Karl Nüßle, Kasimir Speidel und Julius Haußmann, die Schelklinger Franz Josef Mack und Georg Reichenbach, der Suppinger Pfarrer Eduard Süskind oder der Munderkinger Johann Georg Zürn. Auffallend ist daneben die starke Beteiligung der evangelischen Volksschullehrer, deren Wurzeln bis in die Gesangvereine zurückverfolgt werden kann. Sie waren besonders begeisterte Kämpfer für die Revolution, die ihnen Befreiung von der Knute der evangelischen Kirche versprach. So wurden die Volksvereine und die linksliberal-demokratische Bewegung auf der Blaubeurer Alb wesentlich von den Lehrern angestoßen. Ihre Namen sind uns aus dem Protokollbuch des Blaubeurer Volksvereins bekannt: Ehrismann in Seißen, Volz in Wippingen, Rettich in Scharenstetten, Pfründerer in Suppingen, Stegmaier in Weiler, Honold in Gerhausen, Gebhardt in Sonderbuch, Burkhardt in Bermaringen und Sautter in Bühlenhausen – eine beeindruckende Liste, die von dem Aufstand eines ganzen Berufsstandes erzählt[106]. Leider sind wir über die Haltung der katholischen Volksschullehrer sehr viel schlechter informiert. Bekannt ist lediglich der Einsatz des Munderkinger Lehrers Norbert Wolf, der Vorstand des Munderkinger Volksvereins war[107], und des Öpfinger Schullehrers Streißle, der in der Auseinandersetzung um die Reichsverfassung zum Motor konservativer Versammlungen und Petitionen wurde[108].

Schließlich wird man auch sehen müssen, daß einige Volksvereine unseres Raumes ihre Entstehung lediglich innerörtlichen Auseinandersetzungen verdankten, deren Hintergründe im einzelnen dunkel sind, so der Bürgerverein Hausen ob Urspring unter Schultheiß Vopper[109] oder der Ascher Volksverein unter Schmied Jakob Mattheis. Zwar bleibt zu vermerken, daß man im Schwung der Revolution von 1848 auch auf dem Dorf für die Lösung lokaler Probleme zu dem bürgerlichen Hilfsmittel »Verein« griff, politische Impulse jedoch waren von diesen Vereinen nicht zu erwarten.

Piusverein Ehingen und Konventikel im Raum Blaubeuren

Bei der Suche nach den Gründen für die Schwäche des Ehinger Volksvereins stoßen wir in unserem Raum auf zwei Gruppen, die der Revolution von Anfang an zurückhaltend gegenüberstanden und trotz unterschiedlicher Konfession ihr gemeinsames Merkmal in einer intensiven Religiosität hatten: die Ultramontanen und die Pietisten. An und für sich waren weder der Ultramontanismus noch der Pietismus gleichbedeutend mit Konservatismus, dennoch deckten sich beide Gruppen mit einer religiös begründeten Ablehnung der liberalen Revolution, die mit dem weiteren Fortschreiten der revolutionären Entwicklung in Deutschland ihre politische Heimat zunehmend bei den Konservativen fand. Dabei spielten vor allem die Ehinger Ultramontanen ihre im Vormärz geschmiedeten Waffen aus, indem sie Ende 1848 den Katholischen Leseverein von 1846 in einen Piusverein überführten.

Die von Mainz ausgehende Bewegung der Piusvereine vertrat ein einheitliches Programm, das auf die Durchsetzung von Anliegen der katholischen Kirche in der Politik zielte[110]. Demgemäß wollte auch der Ehinger Verein laut Statuten seine Ziele in einer charakteristischen Mischung von Religiosität, bürgerlichen Bildungsbestrebungen und Politik durch Gebet, Petitionen, Adressen, »gute Bücher« und »eifrige Theilnahme an den Landtags- oder Reichstagswahlen« erreichen[111]. Der politische Gegner der Piusvereine war dabei weniger – und das war es, was sie den Konservativen entgegentrieb – die Staatsregierung als vielmehr der Liberalismus, der ja die Verdrängung der Kirche aus ihrem öffentlich-rechtlichen Status befürwortete. So wurden auch für den Ehinger Piusverein die ortsansässigen Liberalen wie Präzeptor Feyl oder Buchdrucker Handschuh die Hauptfeinde. Ein Teil der Vereinsmitglieder vergaß sich dabei soweit, zu Intrigen und Fälschungen schmutzigster Art Zuflucht zu nehmen, die über den dem Verein nahestehenden »Volksfreund für Oberschwaben« vertrieben werden konnten. Fast müssen wir aber heute dafür dankbar sein. Die mit Hilfe eines gefälschten Drohbriefes lancierten Anschuldigungen lösten eine umfangreiche gerichtliche Untersuchung in Ehingen und Munderkingen aus, deren Ergebnisse erhalten sind und unsere wesentliche Quelle für das örtliche Geschehen der Revolutionszeit bilden[112].

Mit dem Verschwinden des Volksvereins Ehingen und dem Ende der Revolution fand der Piusverein zu einem ruhigeren Vereinsleben, das sich in der Folgezeit in der Öffentlichkeit kaum mehr bemerkbar machte. Noch in den 1850er Jahren dürfte der Verein erloschen sein.

Wie schon beim Katholischen Leseverein von 1846 fällt beim Ehinger Piusverein wiederum der Charakter des Vereins als Instrument im politischen Kampf auf. Die Ultramontanen bekämpften zwar den Liberalismus, nutzten aber für diesen Kampf eben jenes Mittel, das der Liberalismus im Vormärz entwickelt hatte, nämlich das Vereinswesen. Mit dem Zurückweichen des Liberalismus nach der Revolution von 1848 konnten die Ehinger Ultramontanen auf diese Waffe verzichten, was uns das Verschwinden des Piusvereins erklären würde.

Das Rückgrat der Piusvereine bildete mit seinem Einfluß, seiner sicheren Stellung, seiner Bildung und festgefügten hierarchischen Organisation der Klerus – ein unschätzbarer Vorteil gegenüber den bürgerlichen Vereinen. Die Rolle der Geistlichen wird überdeutlich an den künstlichen Gründungen von Piusvereinen auf unseren Dörfern, nämlich in Dietingen, Einsingen und Schwörzkirch[113], wo für ein aktives Vereinsleben keinerlei Voraussetzungen bestanden. Außerdem wirkten im Dunstkreis des Ehinger Piusvereins ultramontan eingestellte Pfarrer für die Zurückdrängung der revolutionären Ideen, so beispielsweise der Ringinger Pfarrer Schöninger, der Schmiechener Pfarrer Reihing oder der Munderkinger Pfarrer Kriegstötter[114].

Die im protestantisch geprägten Teil des heutigen Alb-Donau-Kreises beheimateten Pietisten konnten nicht mit einer derart schlagkräftigen Organisation wie die Piusvereine aufwarten, wenn sie auch mit der Ablehnung des Liberalismus gleiche Ziele vertraten. Sie verbanden sich in lokalen Konventikeln, die keine überregionale Aktivität entfalteten und der – im Gegensatz zum Piusverein – die Geistlichkeit eher fernstand. Auch wurden sie offenbar nicht aktiv im politischen Tagesgeschehen tätig. Insgesamt wissen wir zu wenig über die Konventikel, um nähere Aussagen etwa zu ihrem Verhältnis zu den Volksvereinen machen zu können. Bekannt sind allein zwei Petitionen, die pietistische Kreise im Sommer 1848 zur Unterschrift in Blaubeuren zirkulieren ließen. Darin wandte man sich energisch gegen die liberale Forderung nach einer Trennung der Volksschulen aus der Kirchenverwaltung. Außerdem ist deutlich, daß aktive Mitarbeit in den pietistischen Zirkeln und Volksvereinen sich gegenseitig ausschlossen[115]. Überhaupt nicht einschätzbar ist ferner der Einfluß der dem Pietismus zumindest nahestehenden Zirkel des Reutlinger Reisepredigers Gustav Werner, die sich in Blaubeuren, Laichingen und Langenau regelmäßig trafen[116].

Es muß, wie beim Ehinger Katholischen Leseverein, nochmals betont werden, daß die Haltung des Piusvereins Ehingen und der Pietisten nicht politischem Kalkül entsprang, sondern vielmehr Zeugnis der neuentstandenen, tiefen Religiosität des Zeitalters ist. Die beeindruckendste Erscheinung dieser neuen Frömmigkeit sind die katholischen »Missionen«, mehrtägige Beicht- und Bußpredigten mit Exerzitien, die in unserem Raum in Einsingen (19. bis 27. Oktober 1850), Ehingen (20. April bis 4. Mai 1851) und Tomerdingen (18. bis 26. Oktober 1851) stattfanden und an denen viele Tausende teilnahmen[117].

Über die erneuerte Frömmigkeit gelang den Ultramontanen in einer merkwürdigen Mischung aus alten Ordensgedanken und der Nachahmung liberaler Vorbilder auch der Appell an die Frauen. Im Januar 1850 wurde in Ehingen aus informellen Vorläufern ein Verein(!) von fünf ledigen Frauen gegründet, der sich unter geistlicher Aufsicht und mit bischöflicher Genehmigung der Krankenpflege widmete. Mit der Annahme der Regeln des 3. Ordens des Franziskus überschritt er jedoch die Grenzen des bürgerlichen Vereinswesens und wurde zur religiösen Gemeinschaft. Diese blühte schnell auf und ist heute als Franziskanerinnen-Kloster in Reute (Stadt Waldsee) beheimatet[118].

Die Auseinandersetzungen zwischen dem Liberalismus und der katholischen Kirche, die in der Revolution von 1848 erstmals ausbrachen, sollten in unserem Raum auch weiterhin eine wichtige Rolle spielen – erinnert sei nur an den Bismarckschen Kulturkampf oder an die Auseinandersetzung um die Konfessionsschule im Baden-Württemberg der 1950er Jahre.

Konstitutioneller Verein Blaubeuren und Versammlungen in Öpfingen

Neben der konservativen Gegenbewegung des Piusvereins war aber inzwischen, wie in diesem Buch an anderer Stelle dargestellt wird, die liberale Bewegung längst in zwei Blöcke zerfallen, die sich seit dem Spätsommer 1848 erbittert befehdeten: die Linksliberalen (Demokraten) und die Konstitutionell-Liberalen. Letztere bildeten in Blaubeuren einen eigenen Verein, dem vor allem die Durchführung der Landtagswahlkämpfe für die Konstitutionellen oblag, sich also in seiner Arbeit weniger an den Volksvereinen als vielmehr an den Blaubeurer Wahlvereinen von 1831 und 1847 orientierte. Der Form halber versuchten zwar die Linksliberalen wie die Konstitutionell-Liberalen im Sommer 1849 nochmals die Verständigung und die Vereinigung zu einem gemeinsamen Wahlverein, doch fehlte dafür jegliche Grundlage. Wenig später vereinigten sich die Konstitutionellen zu dem genannten eigenen Wahlverein, der nach den Landtagswahlen 1849/50 spurlos verschwand. Im Wettlauf mit dem Ausbau der linksliberal-demokratischen Volksvereine auf der Blaubeurer Alb konnten die Konstitutionellen einen wichtigen Trumpf stechen: Es gelang ihnen, sich der Mithilfe eines Teils der Schultheißen – der führenden dörflichen Autoritäten neben den Pfarrern – zu versichern[119].

Auch die Konstitutionellen im Raum Ehingen erreichten über die Schultheißen das Volk auf dem Lande, deren Mithilfe man sich bei den in Öpfingen abgehaltenen Volksversammlungen versicherte[120]. Ein konstitutioneller Verein scheint ferner in Erbach bestanden zu haben. Seine politische Ausrichtung kann aber einzig dem Umstand entnommen werden, daß der Ehinger »Volksfreund« positiv über ihn berichtete[121].

Handwerkerverein und Arbeiterbildungsverein Blaubeuren

Abschließend müssen noch drei Blaubeurer Initiativen der Revolutionszeit vorgestellt werden, die die Fragen des Blaubeurer Gewerbevereins mit charakteristischen Unterschieden aufgriffen und in die nachrevolutionäre Zeit hinüberführen. Die erste dieser Initiativen war der nach landesweitem Vorbild erfolgte Aufruf des Schullehrers August Lang vom 14. März 1848 »zur Gründung eines Vereins zum Schutz des Gewerbes«, der allerdings nicht über eine erfolgreich verlaufene Unterschriftensammlung hinausgekommen zu sein scheint. Der Verein wollte die Abschirmung des deutschen Marktes gegen die scharfe englische Konkurrenz erreichen und betonte die Notwendigkeit zur Förderung des einheimischen Gewerbes durch die Einschränkung der Gewerbefreiheit sowie, was uns überraschend modern erscheint, die Notwendigkeit zur Steigerung des Konsums[122]. In diesem Verein wurden aus der allgemein gehaltenen Interessenpolitik des Blaubeurer Gewerbevereins konkrete Forderungen, die er bei Regierung und Landtag durchsetzen wollte. Der Verein wurde damit – ein weiterer Schritt in der Politisierung der Gesellschaft – zur Lobby, die nicht mehr nur belehren und aufklären, sondern gezielt beeinflussen sollte.

In der zweiten Blaubeurer Initiative forderte im Juli 1848 ein Anonymus die Blaubeurer zur Gründung eines Handwerkervereins auf. Er wandte sich besonders energisch gegen die Gewerbefreiheit und forderte ein staatliches Eingreifen zugunsten des Handwerks. Bemerkenswerterweise ist in dem Aufruf weder von den ja noch immer existierenden Blaubeurer Zünften noch vom Blaubeurer Volksverein die Rede, vielmehr sieht der Verfasser das einzige Heil der Handwerker in einem Verein »für uns, rein aus uns«[123]. Man gestand ein, daß die althergebrachten Zünfte nicht mehr in der Lage seien, den vermeintlichen Auswüchsen der Gewerbefreiheit zu steuern noch auch nur die Interessen des Gewerbes anstelle eines Vereins zu vertreten. Wie schon bei dem Blaubeurer Bürgerverein von 1841 fällt auf, daß die Handwerker die Annäherung an die Formen und Methoden des Bürgertums suchten, die eigenen Korporationen in den Zünften wurden achtlos beiseite gelegt. Allerdings distanzierte man sich gleichzeitig von dem bürgerlichen Volksverein, der offenbar in den Augen der Handwerker nicht »für uns« da war. Über den Erfolg des Aufrufs ist leider nichts bekannt. Die starke Vertretung des Handwerks im Volksverein Blaubeuren könnte aber darauf hindeuten, daß die Blaubeurer Handwerker im Gegensatz zum Urheber des Aufrufs ihre Heimat doch im Volksverein fanden und eigene Vereinsgründungen nicht erforderlich schienen[124]. Lediglich in einer Einladung zu einer Besprechung über den »Allgemeinen deutschen Arbeiterkongreß« in Frankfurt, die ein »hiesiger Handwerker« in den »Blaumann« setzte, meldete sich nochmals das selbstbewußte Handwerkertum jenseits des Volksvereins[125].

Erst als der Blaubeurer Volksverein seinem Erlöschen nahe war, bildete sich als dritte Initiative im August 1850 unter Ulmer Einfluß ein eigener Handwerkerverein in Blaubeuren, der sich nach dem Ulmer Vorbild »Arbeiterbildungsverein« nannte. Unter den »Arbeitern« verstanden die Zeitgenossen in Blaubeuren aber weniger Fabrikarbeiter als vielmehr die untere Handwerkerschicht, die sich aus den Gesellen rekrutierte. Um so merkwürdiger erscheint, daß als Führungskräfte des Blaubeurer Arbeiterbildungsvereins neben zwei Gesellen vor allem der ehemalige Verwaltungsaktuar Zobel, an dessen Engagement in der Blaubeurer Bürgergesellschaft von 1841 nochmals erinnert werden muß, und Kronenwirt Friedrich, in dessen Haus sich das Vereinslokal befand, auftauchen – beide also keineswegs typische Vertreter des Handwerks. Fraglich ist, wieweit sich dieser Verein aus den Resten des Volksvereins rekrutierte, der ja sein Vereinlokal zuletzt ebenfalls in der Blaubeurer »Krone« hatte[126].

Ein letztes Mal wird deutlich, wie die Handwerker den bürgerlichen Idealen nacheiferten: Der Verein trug ausdrücklich die gute, bürgerliche »Bildung« in seinem Namen. Über seine Tätigkeit wissen wir immerhin, daß von Blaubeuren aus die großen Versammlungen der »Arbeiterverbrüderung« besucht wurden und der Verein eine eigene »Unterstützungskasse« für die Vereinsmitglieder besaß. Außerdem scheint er die Musik gepflegt zu haben[127]. Er wurde im Frühjahr 1852 wie alle anderen württembergischen Arbeitervereine verboten[128]. Immerhin war er der Ahnherr der langen Reihe Blaubeurer Arbeitervereine und -parteien, in denen sich der Aufruf vom Juli 1848 nach Vereinen »aus uns« verwirklichte.

Schluß: die Entdeckung der Politik

Die Geschichte der Vereine im heutigen Alb-Donau-Kreis bietet die Möglichkeit, verschiedene Stufen einer zunehmenden Politisierung aufzuzeigen. Immer weitere Kreise der Bevölkerung fingen im Vormärz an, sich für Politik zu interessieren und sich dann in einer zweiten Stufe auch in ihr zu engagieren, und zwar nicht nur für die Lokalpolitik, was schon bemerkenswert genug wäre, sondern für die nationale, gesamtdeutsche Politik. Die Vereine waren der Motor dieser Politisierung. Gleichzeitig drangen die im Vereinswesen geübten gutbürgerlichen Umgangsformen in die gesamte Bevölkerung ein. Die dort täglich praktizierte Gleichheit aller, die Öffentlichkeit von Versammlungen und Verhandlungen sowie das demokratische Abstimmungsverfahren werden zu Selbstverständlichkeiten, die nicht mehr rückgängig zu machen waren. Außerdem bildete sich in den Vereinen eine neue politische Kraft heraus, deren Einfluß kaum überschätzt werden kann: die öffentliche Meinung.

Allerdings mußte man in der Revolution von 1848 auch die Erfahrung machen, daß es nicht nur eine einzige Politik gibt, sondern mehrere, einander widerstreitende. Mit dieser schmerzhaften Erkenntnis erst vollzog sich der Prozeß der Entdeckung der Politik in unserem Raum. Wie weh diese Erkenntnis tat, erkennen wir daran, daß Politik bis heute nie wieder im Alb-Donau-Kreis die allgemeine Beteiligung und Begeisterung des Vormärz und der frühen Revolution erfahren hat.

Literatur:

Die Geschichte des Vereinswesens im Vormärz ist gut erforscht. Die weiterführende Literatur ist, soweit sie nicht schon in den Fußnoten genannt ist, zusammengestellt bei *Hans-Ulrich Wehler*, Bibliographie zur neueren deutschen Sozialgeschichte, München 1993, S. 299 f. Besonders viel verdankt die vorliegende Arbeit dem Aufsatz von *Carola Lipp*, Verein als politisches Handlungsmuster: Das Beispiel des württembergischen Vereinswesens von 1800 bis zur Revolution 1848/ 49, in: Etienne François (Hrsg.), Sociabilité et société bourgeoise en France, en Allemagne et en Suisse 1750 – 1850, Paris 1986, S. 275 ff.

1. Zu Ulm s. *Wolf-Dieter Hepach*, Ulm im Königreich Württemberg 1810 bis 1848. Wirtschaftliche, soziale und politische Aspekte (Forschungen zur Geschichte der Stadt Ulm, Bd. 16), Ulm 1979, S. 125 ff., sowie die Beiträge von *Eckhard Trox* und *Uwe Schmidt* in: Hans Eugen Specker (Hrsg.), Ulm im 19. Jahrhundert Aspekte aus dem Leben der Stadt (Forschungen zur Geschichte der Stadt Ulm, Reihe Dokumentation, Bd. 7), S. 169 ff. und 239 ff.
2. StAB, Bestand Oberamt Blaubeuren, Protokollbuch des Wohltätigkeitsvereins mit Beilagen. Zur Mitgliedschaft von Frauen: Protokoll v. 13.2.1817.
3. Vorstandsliste in: *Die Hungerjahre 1816/17 auf der Alb und an der Donau*, hrsg. von der Arbeitsgemeinschaft der Heimatmuseen im Alb-Donau-Kreis, Ulm 1985, S. 23.
4. Erstmals in *Blaumann*, Nr. 53 v. 30.12.1834, genannt, dann jeweils in den Wintermonaten des »Blaumann«; Erwähnung Bellinos als Direktor: *Blaumann*, Nr. 37 v. 13.9.1836.
5. Wiedergabe eines Briefes über einen Maskenball der Casinogesellschaft Ehingen 1828, in: *Südwest Presse Ehingen*, Nr. 40 v. 17.2.1998.
6. Vgl. dazu die Nennung einiger Ballteilnehmer: *ebd.*
7. Um 1828: StAB, Desiderienbuch der Lesegesellschaft; 1835: *Blaumann*, Nr. 45 v. 10.11.1835; 1842: StAB, Statuten der Lesegesellschaft.
8. Vor 1833 die »Museumsgesellschaft« (eine Museumsgesellschaft beschäftigte sich entgegen unserem heutigen Sprachgebrauch nicht mit einem Museum als Ausstellungsort, sondern verstand unter einem Museum – in der Regel eine örtliche Gastwirtschaft – einen Ort der Musen, an dem man sich mit schöngeistigen Dingen beschäftigte): AlwBl, Nr. 33 v. 16.8.1833; 1843: AlwBl, Nrn. 75 und 79 v. 19.9. und 3.10.1843.
9. Erste Erwähnung in *Blaumann*, Nr. 7 v. 28.1.1842.
10. Namen nach dem Desiderienbuch der Lesegesellschaft im StAB.
11. StAB, Statuten der Lesegesellschaft.
12. *Blaumann*, Nrn. 11, 15 und 17 v. 8., 22. und 29.2.1848; vgl. dazu *Lina Benz*, Eduard Süskind. Pfarrer, Volksmann, Visionär (Europäische Hochschulschriften, Reihe 3, Geschichte und ihre Hilfswissenschaften, Bd. 668), Frankfurt u. a. 1995, S. 137 f.
13. Der Schelklinger Verein, in dessen Ausschuß Reichenbach Mitglied war, tritt erstmals in *Blaumann*, Nr. 14 v. 20.2.1849, auf; zu Reichenbachs Haltung s. *Blaumann*, Nr. 44 v. 8.6.1849; vgl *Benz* (wie Anm. 12), S. 138 f. und 333.
14. AlwBl, Nr. 68 v. 23.8.1844.
15. Die letzte von mir gefundene Erwähnung war in USp, Nr. 175 v. 30.7.1846.
16. USp, Nr. 175 v. 30.7.1846.
17. Die Gesangausbildung der Lehrer wurde zusätzlich während der Berufstätigkeit in den Schullehrergesangvereinen weitergebildet und gefördert.
18. Vgl. *Liederkranz Schelklingen* (Hrsg.), Hundertjahrfeier Liederkranz Schelklingen, Ulm 1926, S. 22. Unklar bleibt, inwiefern der Liederkranz mit der im folgenden Jahr gegründeten Bürgerwehr verbunden war, wie in STAL, F 156, Bü. 61, behauptet wird; s. ferner HSTAS, E 146/2, Bü 2401.
19. Gründungen vor 1836, 1836, 1839 und 1845, führend Lehrer Lang: vgl. *Karl Hummel*, Die Entwicklung des mehrstimmigen Männergesangs in Blaubeuren, in: Blaubeurer Tagblatt, Nr. 130 v. 8.6.1925 und folgende Ausgaben; s. ferner HSTAS, E 146/2, Bü 2401.
20. Gründung um 1837/38, erstmals erwähnt in AlwBl, Nr. 22 v. 16.3.1838; s. auch AlwBl, Nrn. 2 und 5 v. 7. und 18.1.1842; noch nicht erwähnt in HSTAS, E 146/2, Bü. 2401, Bericht von 1837.
21. Gründungen 1838 und 1845, führend die Lehrer Ledergerber und Wolf, später Webermeister Zimmermann: vgl. *Hagen Falch*, Festschrift zur 150-Jahrfeier des Liederkranz Munderkingen, Dürmentingen 1988, S. 42 f. Die Leitung durch Lehrer Wolf nach AlwBl, Nr. 77 v. 26.9.1843.
22. Gründung angeblich 1836: vgl. *Karl-Heinz Mohrholz*, 1200 Jahre Obermarchtal, hrsg. von der Gemeinde Obermarchtal, Dürmentingen 1976, S. 59; in HSTAS, E 146/2, Bü 2401, nicht genannt (Bericht von 1837).
23. Gründung 1837: vgl. *Stefan Ott*, Oberdischingen. Heimatbuch einer Gemeinde an der oberen Donau, Weißenhorn 1977, S. 167.
24. Gründung 1838, führend Pfarrer Baumann: vgl. *Allmendingen. Ein Heimatbuch zur Tausendjahrfeier*, hrsg. von der Gemeinde Allmendingen, Ulm 1961, S. 144; erwähnt ferner 1839: *Blaumann*, Nr. 15 v. 9.4.1839.
25. Erwähnt 1839–1851: *Blaumann*, Nr. 15 v. 9.4.1839, Nr. 59 v. 31.7.1840, Nr. 68 (?) v. 2.9.1845 und Nr. 62 v. 8.8.1851.
26. Gründung um 1846, führend Lehrer Ehrismann: vgl. *Willi Goller*, Aus der Geschichte des Liederkranzes, in: 900 Jahre Seißen, hrsg. von W. A. Ruopp und O. Strübel, Sigmaringen 1985, S. 400 ff., hier S. 400.
27. Gründung um 1846, führend Lehrer Sivkovich: STAL, F 207, Bü 85.
28. Erwähnt 1846 – 1848: *Blaumann*, Nr. 71 v. 15.9.1846, zuletzt Nr. 4 v. 14.1.1848.
29. Erstmals erwähnt 1848: *Blaumann* Nr. 4 v. 14.1.1848.
30. *Blaumann*, Nr. 4 v. 14.1.1848.
31. In Bernstadt ist fraglich, ob tatsächlich ein Verein formell gegründet worden ist, führend war Lehrer Fischer; vgl. *750 Jahre Bernstadt*, hrsg. von der Gemeinde Bernstadt, Ulm 1991, S. 81.
32. Erwähnt 1851: *Blaumann*, Nrn. 22 und 62 v. 18.3. und 8.8.1851.
33. Für 1850 belegt in *Blaumann*, Nr. 39 v. 17.5.1850, und 1851 in *Blaumann*, Nr. 21 v. 14.3.1851.
34. Erwähnt 1851: *Blaumann*, Nr. 62 v. 8.8.1851.
35. *Blaumann*, Nr. 62 v. 8.8.1851.
36. 1851 bereits erloschen: *Blaumann*, Nr. 22 v. 18.3.1851.
37. HSTAS, E 146/2, Bü 2401, Bericht von 1837.
38. StAM, Fremdprovenienzen Nr. 8, Mitgliederverzeichnis Liederkranz 1846 – 1849, Bürgerbuch, Bd. 9; vgl. *Falch* (wie Anm. 21), S. 44.
39. StAB, Mitgliederliste Liederkranz Blaubeuren 1845, Altregistratur Az. 3240, Mitgliederlisten der Freiwilligen Feuerwehr Blaubeuren, 1847 bis 1848.
40. LKAS, Pfarrbericht Blaubeuren 1845.
41. So beispielsweise die »Ledigen Gesellschaften« Seißen und Asch: *Blaumann*, Nrn. 70 und 90 v. 16.9. und 25.11.1842. Über bis zehn seit »unvordenklichen Zeiten« in Laichingen bestehende »Ledige Gesellschaften« berichtet der dortige Schultheiß: StASig, Wü. 65/20, Bü 1944.
42. Der Schelklinger Liederkranz wurde 1841 ausdrücklich für den Vortrag auch »neuester Kompositionen«, u. a. von Nikolaus Becker (Verfasser der »Wacht am Rhein«), gelobt: *Blaumann*, Nr. 3 v. 12.1.1841; s. auch das Liederheft des Liederkranzes Munderkingen von 1845: StAM, Bü 1059 (Fotokopie).
43. *Blaumann*, Nr. 14 v. 19.2.1847 und folgende Ausgaben. Dieser Vorgang fand auch in der überregionalen Presse wegen eines anschließenden Handgemenges Beachtung: SchwKr v. 15.2.1847.
44. Für den Bau einer deutschen Flotte, für die Hinterbliebenen Robert Blums und für die Emigranten in der Schweiz: *Blaumann*, Nrn. 39 und 92 v. 19.5. und 24.11.1848 sowie Nr. 70 v. 7.9.1849.
45. *Blaumann*, Nr. 100 v. 22.12.1848.

46 *Blaumann*, Nrn. 10 und 38 v. 6.2. und 18.5.1849.
47 1848 kam es in den beiden genannten Gemeinden zu Unruhen: *HSTAS*, E 146/2, Bü 1939, Obermarchtal; vgl auch *Ott* (wie Anm. 23), S. 112 f.
48 Allgemein dazu *Dieter Düding*, Organisierter gesellschaftlicher Nationalismus in Deutschland (1808 – 1847). Bedeutung und Funktion der Turner- und Sängervereine für die deutsche Nationalbewegung (Studien zur Geschichte des 19. Jahrhunderts, Bd. 13), München 1984, S. 169 ff.
49 1843 ging diese Kapelle anscheinend in einen Musik- und Gesangverein über: *AlwBl*, Nr. 7 v. 24.1.1843; vgl. *Ott* (wie Anm. 23), S. 168.
50 *Blaumann*, Nr. 74 v. 21.9.1841.
51 Erwähnt in *VfO*, Nr. 75 v. 19.9.1843.
52 *StAM*, Bü. 1046, mit Mitgliederlisten; vgl. auch *Musikverein Stadtkapelle Munderkingen* (Hrsg.), 175 Jahre Volksmusik, o. O. 1983, S. 24. Ein Musik- und Gesangverein Munderkingen wird 1843 erwähnt: *AlwBl*, Nr. 74 v. 15.9.1843.
53 Z. B. Munderkingen; vgl .*Festschrift Musikverein Munderkingen*, S. 23.
54 *Vgl. Franz Weber*, Ehingen. Geschichte einer oberschwäbischen Donaustadt, Ulm 1955, S. 115.
55 *StAB*, Statuten und Mitgliederliste der Bürgergesellschaft 1841, Bürgerbuch 1828 mit Nachträgen, Einwohnerverzeichnis 1828 mit Nachträgen, Steuerempfangs- und -abrechnungsbuch 1841/42.
56 *STAL*, F 156, Bü 65, Protokollbuch Volksverein.
57 *Blaumann*, Nr. 51 v. 4.7.1845.
58 *Blaumann*, Nrn. 52, 68 und 71 v. 10.7., 4. und 15.9.1846; vgl. *Jubiläums-Gauturnfest in Blaubeuren*, hrsg. vom Ulmer Turngau, Ulm 1957, S. 16; für die Flotte: *Blaumann*, Nr. 39 v. 19.5.1848; für Hecker: *Blaumann*, Nr. 76 v. 29.9.1848; allgemein zu den Turnvereinen vgl. *Düding* (wie Anm. 48); *Wir feiern 140 Jahre Schwäbischer Turnerbund*, hrsg. vom Schwäbischen Turnerbund, Stuttgart 1988.
59 *STAL*, F 156, Bü. 65, Protokollbuch Volksverein Blaubeuren.
60 *STAL*, E 320, Bü. 21, Fasz. 7, Protokollbuch Volksverein Ehingen; vgl. T*SG Ehingen* (Hrsg.), Hundertfünfzig Jahre Turn- und Sportgemeinde 1848 e. V. 1848–1998, Ehingen 1998, S. 39; dagegen in *HSTAS*, E 146/2, Bü 1946, Fasz. 3, Bl. 121, die Behauptung des Vorstands der Turngemeinde, Verwaltungsaktuar Geyer, einer vollkommenen politischen Abstinenz der Turngemeinde.
61 *HSTAS*, E 146/2, Bü 1946, Fasz. 3, Bl. 121.
62 *HSTAS*, E 146/2, Bü 1946, Fasz. 4, Bl. 99 (Blaubeuren), sowie Fasz. 3, Bl. 93, und Fasz. 4, Bl. 128 (Ehingen).
63 *HSTAS*, E 146/2, Bü 1946, Fasz. 4, Bl. 103, und Fasz. 6, Bl. 27; vgl. *August Heckel*, Geschichte der Stadt Langenau, Langenau 1964, S. 263.
64 *StAB*, Altregistratur Az. 3240; vgl. auch die Berichterstattung in *Blaumann; 125 Jahre Freiwillige Feuerwehr Blaubeuren*, hrsg. von der Freiwilligen Feuerwehr Blaubeuren, Blaubeuren 1974, S. 12 f.; zur Sicherheitswache von 1847: *STAL*, F 156, Bü 63.
65 *Blaumann*, Nr. 33 v. 19.8.1831 und die folgenden Ausgaben; allgemein zum Wahlkampf 1831 und den Wahlvereinen vgl. *Hardtwig Brandt*, Parlamentarismus in Württemberg 1819–1870. Anatomie eines deutschen Landtags, Düsseldorf 1987, S. 112 ff.
66 *Blaumann*, Nrn. 5 und 8 v. 31.1. und 21.2.1832. Das Komité bestand offensichtlich nur kurze Zeit, denn den Behörden des Donaukreises blieb es unbekannt: *STAL*, E 179 2, Bü 4; zur Beteiligung der Frauen an den Polenkomitees s. *Carola Lipp*, Frauen und politische Öffentlichkeit, in: dies. (Hrsg.), Schimpfende Weiber und patriotische Jungfrauen. Frauen im Vormärz und in der Revolution 1848/49, Baden-Baden 1986, S. 283 f.
67 Petitionen der Stadt gegen die Planung zur Auflösung des Seminars Blaubeuren, für die Abschaffung der sogenannten Herrensteuer in der Stadt, zur Unterhaltslast an den Blaubrücken, Petition der Zünfte zur Gewerbepolitik und der Müller zur Überwachung der Gastwirte: *Blaumann*, Nrn. 10, 13, 14, 16 und 17 v. 8. und 26.3., 2., 16. und 23.4.1833.
68 *Blaumann*, Nr. 14 v. 14.2.1843 und Nr. 49 v. 27.6.1845.
69 *Blaumann*, Nr. 5 v. 19.1.1847.
70 *Blaumann*, Nr. 34 v. 4.5.1847.
71 Dies muß die erste Bürgerversammlung seit längerer Zeit gewesen sein, denn die Oberamtsvisitation von 1843 behauptet noch, daß öffentliche Versammlungen im Sinne der Verordnung vom 12.6.1832 niemals stattgefunden hätten: *STAL*, E 179 2, Bü 2008, Bl. 36 f.
72 Bericht des Oberamtes über diesen Wahlkampf: *HSTAS*, E 146/2, Bü 1424; vgl. auch die Berichterstattung in *Blaumann*.
73 *Blaumann*, Nr. 4 v. 14.1.1848.
74 *HSTAS*, E 146/2, Bü 1930; vgl. *Ludwig Ohngemach*, Ehingen, in: Revolution im Südwesten. Stätten der Demokratiebewegung 1848/49 in Baden-Württemberg, hrsg. von der Arbeitsgemeinschaft hauptamtlicher Archivare im Städtetag Baden-Württemberg, Karlsruhe 1997, S. 141, gegen MdL Linder.
75 *Blaumann*, Nr. 86 v. 3.11.1848, gegen den Bürgerwehrhauptmann Lutz.
76 *Blaumann*, Nr. 36 v. 3.5.1848 und folgende Ausgaben, vor dem Oberamt (unklar, ob tatsächlich stattgefunden); *Blaumann*, Nr. 46 v. 16.6.1848 und folgende Ausgaben; gegen den Reiseprediger Werner; *Blaumann*, Nr. 77 v. 3.10.1848 und folgende Ausgabe, unbekannt gegen wen.
77 *AlwBl*, Nr. 55 v. 11.7.1845.
78 Dazu ausführlich *August Hagen*, Geschichte der Diözese Rottenburg, Bd. 1, Stuttgart 1956, S. 104 ff.; *Dominik Burkhard*, 1848 als Geburtsstunde des deutschen Katholizismus? Unzeitgemäße Betrachtung zur Erforschung des »Katholischen Vereinswesens«, in: Saeculum 49 (1998), S. 61 ff.
79 *Blaumann*, Nr. 70 v. 11.9.1846: Bericht über Gründung; vgl. auch *Blaumann*, Nr. 65 v. 25.8.1846 mit der Erwähnung einer möglichen Vorgängerinstitution, nämlich einem »Verein zur Beschäftigung zu Gunsten der Hagelbeschädigten«; vgl. auch die Ulmer Berichterstattung mit einem Aufruf an die Ulmerinnen zur Nachahmung: *USp*, Nr. 249 v. 24.10.1846; allgemein zu den Frauenvereinen vgl. *Sabine Rumpel-Nienstedt*, »Thäterinnen der Liebe«. Frauen in Wohltätigkeitsvereinen, in: Carola Lipp (Hrsg.), Schimpfende Weiber und patriotische Jungfrauen. Frauen im Vormärz und in der Revolution 1848/49, Baden-Baden 1986, S. 206 ff.; dies. (wie Anm. 66), S. 270 ff.
80 *Blaumann*, Nr. 8 v. 25.1.1850.
81 *Blaumann*, Nr. 46 v. 16.6.1848.
82 *Blaumann*, Nr. 81 v. 16.10.1849: Fahnenweihe.
83 *VfO*, Nr. 66 v. 21.8.1849.
84 *Blaumann*, Nrn. 20 und 21 v. 7. 10. und 14.3.1848.
85 *Vgl. Ohngemach* (wie Anm. 74), S. 140.
86 Vgl. *Benz* (wie Anm. 12), S. 300 und 338, mit eindrucksvoller Schilderung des Ablaufs einer derartigen Versammlung.
87 *Ebd.*

88 Beilage zum *AlwBl,* Nr. 26 v. 4.4.1848. Der Bürgerversammlung war die Bildung einer Bürgerkommission – möglicherweise durch den Gemeinderat und den Bürgerausschuß – vorausgegangen.
89 *StAM,* Bd. 207/17, Protokoll des Schultheißenamts v. 12.5.1848; *AlwBl,* Nr. 25 v. 28.3.1848.
90 *StAS,* GA Justingen, Bü 43; *Blaumann,* Nr. 20 v. 14.3.1848.
91 *STAL,* E 320, Bü 21; *StAM,* Bd. 29/25, Verhandlung v. 21.5.1849, Bd. 33/10. Bereits für den April 1848 wird in Munderkingen eine »Bürgerkommission« genannt, der möglicherweise bereits eine Bürgerversammlung vorausgegangen wa:, *StAM,* Bd. 207/17, Protokoll des Stadtschultheißenamts v. 12.5.1848; *AlwBl,* Nrn. 25 und 26 v. 28.3. und 4.4.1848..
92 *AlwBl,* März – Mai 1848.
93 *Blaumann* passim; vgl. *Benz* (wie Anm. 12), S. 353 ff.
94 *StASig,* Wü. 65/20, Bü 1944; vgl. *Benz* (wie Anm. 12), S. 344.
95 *HSTAS,* E 65, Bü 224, 146/2, Bü 1959; *SchwKr* v. 26.10.1848 (freundliche Auskunft von Dr. Uwe Schmidt, Ulm).
96 HSTAS, E 146/2, Bü 1959 (freundliche Auskunft von Dr. Uwe Schmidt, Ulm).
97 *Blaumann,* Nr. 31 v. 18.4.1848.
98 *Blaumann,* Nrn. 14, 27, 32 und 33 v. 20.2., 6. und 27.4. sowie 1.5.1849. Möglicherweise wurde der Verein erst 1849 gegründet.
99 *HSTAS,* E 146/2, Bü 1930; StAL, E 320, Bü 21, Fasz. 7.
100 *Blaumann,* Nrn. 18 und 19 v. 6. und 9.3.1849.
101 *Blaumann,* Nrn. 22, 23, 24 und 27 v. 20., 23. und 27.3. sowie 6.4.1849.
102 *Blaumann,* Nr. 22 v. 20.3.1849.
103 *Blaumann,* Nr. 27 v. 6.4.1849.
104 *Blaumann,* Nr. 5 v. 8.5.1849.
105 Allgemein zu den Volksverein vgl. *Werner Boldt,* Die württembergischen Volksvereine von 1848 bis 1852 (Veröffentlichungen der Kommission für geschichtliche Landeskunde in Baden-Württemberg, Reihe B Forschungen, Bd. 59), Stuttgart 1970.
106 STAL, F 156, Bü 65; vgl. auch den Aufruf zu einer Schullehrerversammlung in *Blaumann,* Nr. 25 v. 28.3.1848; zu Gebhardt s. auch LKAS, A 26, Nr. 150, Bestand Dekanatsarchiv Blaubeuren, Nr. 57c.
107 STAL, E 320, Bü 21, Fasz. 7.
108 *VfO,* Nrn. 43, 44, 45, 46 und 48 v. 1., 5., 8., 12. und 19.6.1849.
109 Zu den Streitigkeiten in Hausen siehe die Kirchenvisitationen: *DAR,* G 1.8, Bü 88.
110 Allgemein vgl. dazu *Stefan J. Dietrich,* Christentum und Revolution. Die christlichen Kirchen in Württemberg 1848 – 1852 (Veröffentlichungen der Kommission für Zeitgeschichte, Reihe B, Bd. 71), Paderborn u. a. 1996, zu Ehingen im besonderen: S. 294, 298, 307, 312.
111 *VfO,* Nr. 6 v. 19.1.1849.
112 Untersuchungsprotokoll mit dem in diesem Zusammenhang beschlagnahmten Protokollbuch des Volksvereins Ehingen: STAL, E 32O, Bü 21, Fasz. 7. Möglicherweise handelt es sich auch bei dem Bericht über den Auszug von acht Munderkingern zum Aufstand nach Riedlingen um eine böswillige Unterstellung oder zumindest grob böswillige Übertreibung: *VfO,* Nr. 49 v. 23.6.1849.
113 Vgl. *Dietrich* (wie Anm. 110), S. 416 f.
114 Zu Ringingen und Schmiechen neben der Berichterstattung in *Blaumann* auch STAL, E 179/II, Bü 2099, Oberamtsvisitation Blaubeuren 1854, Bl. 130 ff. (zur politischen Haltung des Oberamts).
115 Siehe dazu die Pfarrberichte im *LKAS,* vor allem zu den Konventikeln in Laichingen, Langenau, Blaubeuren und Nellingen;. zu den Petitionen, *Blaumann,* Nr. 62 v. 11.8.1848; vgl. auch *Benz* (wie Anm. 12), S. 370 f.
116 Zu Werner s. Anzeigen in *Blaumann,* passim; ferner *LKAS,* Pfarrberichte von Blaubeuren, Laichingen und Langenau.
117 Vgl. *Dietrich* (wie Anm. 110), S. 418 f.; über die Mission in Einsingen: *Blaumann,* Nr. 87 v. 5.11.1850; ausführlicher Bericht über die Mission in Tomerdingen von Häusern in *Blaumann,* Nr. 84 v. 24.10.1851 und die folgenden Ausgaben. Der Munderkinger Pfarrer Kriegstötter bemühte sich vergeblich um eine Mission: *StAM,* GPr, Bd. 29/26, 12.2.1852.
118 *SchwKr,* Nrn. 9 und 150 v. 10.1. und 23.6.1850; vgl. *Franziskanerinnen-Kloster Reute/Bad Waldsee,* hrsg. vom Stadtarchiv Bad Waldsee (Veröffentlichungen des Stadtarchivs Bad Waldsee, Bd. 9), Bergatreute 1994, S. 108 f.; zu den gleichzeitigen Bemühungen um die Gründung von Häusern für Barmherzige Schwestern s. *Hermann Tüchle,* Die Barmherzigen Schwestern von Untermarchtal, Untermarchtal, 1983, S. 10 ff.
119 *Blaumann,* Nrn. 55, 62, 64 und 65 v. 17.7., 10., 17. und 21.8.1849; zur Spaltung des Blaubeurer Volksvereins s. *Benz* (wie Anm. 12), S. 359.
120 *VfO,* Nrn. 43, 44, 45, 46 und 48 v. 1., 5., 8., 12. und 19.6.1849.
121 *VfO,* Nr. 15 v. 20.2.1849.
122 *Blaumann,* Nrn. 21 und 24 v. 14. und 24.3.1848; vgl. auch *Eva Kuby,* Politische Frauenvereine und ihre Aktivitäten 1848 bis 1850, in: Carola Lipp (Hrsg.), Schimpfende Weiber und patriotische Jungfrauen. Frauen im Vormärz und in der Revolution 1848/49, Baden-Baden 1986, S. 250. Für Blaubeuren kann im Gegensatz zu den württembergischen Zentralstädten keine Beteiligung von Frauen nachgewiesen werden.
123 *Blaumann,* Nr. 55 v. 18.7.1848; dazu allgemein *Carola Lipp,* Württembergische Handwerker und Handwerkervereine im Vormärz und in der Revolution von 1848/ 49, in: Ulrich Engelhardt (Hrsg.), Handwerker in der Industrialisierung (Industrielle Welt, Bd. 37), Stuttgart 1984, S. 347 ff..
124 Vgl. die Mitgliederliste des Volksvereins Blaubeuren: *STAL,* F 156, Bü 65.
125 *Blaumann,* Nr. 72 v. 15.9.1848.
126 *Blaumann,* Nrn. 65 v. 20.8.1850, 54 v. 11.7.1851; vgl. *Benz* (wie Anm. 12), S. 365.
127 *Blaumann,* Nrn. 1, 21 und 30 v. 3.1., 14.3. und 15.4.1851.
128 Zu den Arbeiterbildungsvereinen in Württemberg ausführlich *Frolinde Balser,* Sozial-Demokratie. Die erste deutsche Arbeiterorganisation »Allgemeine deutsche Arbeiterverbrüderung« nach der Revolution, 2 Bde., Stuttgart 1962, darin zum Arbeiterbildungsverein Blau-beuren vor allem S. 432 und 434; außerdem *HSTAS,* E 146/2, Bü 1960 (freundlicher Hinweis von Dr. Uwe Schmidt, Ulm).

Herbert Hummel

Die Bauernbefreiung 1848

Die sogenannte Bauernbefreiung[1] ist ein komplexer Vorgang, der sich im 18. und 19. Jahrhundert in den europäischen Staaten vollzog und der den Übergang von der mittelalterlich-frühneuzeitlichen Agrarverfassung in moderne landwirtschaftliche Strukturen markiert.

Bis ins 19. Jahrhundert hinein waren die Herrschaftsverhältnisse des Mittelalters auf dem Lande im Grundsatz intakt geblieben, auch wenn sie sich im Laufe der Jahrhunderte vielfach komplizierten. Aus der Sicht eines Bauern sah das so aus: Er war Herrschaften unterworfen, denen er »pflichtig« war, und für die er Leistungen zu erbringen hatte (wofür der Bauer Gegenleistungen erwarten durfte). Im einzelnen waren dies:

1. Der Ortsherr (der Landesherr, oft Gerichtsherr) war derjenige, der über das ganze Gebiet verfügte. In Württemberg war es der Herzog. Ortsherr konnte auch ein Kloster oder ein Adeliger sein. Diesem Ortsherrn schuldete der Bauer Steuer (Bede) und war zu zahlreichen Arbeitsleistungen verpflichtet (Fron), die sehr unterschiedlich ausfielen: von einfachen Botengängen bis zu mehrtägigen Arbeitseinsätzen. Der Landesherr garantierte dafür die öffentliche Sicherheit, finanzierte Schulen, organisierte die Rechtssprechung etc.

2. Der Leibherr. Im allgemeinen waren viele Landwirte leibeigen, das bedeutet, sie »gehörten« einem Adeligen, einem Kloster oder einer anderen Institution. Die Folge war, daß Leibeigene in ihrer persönlichen Freiheit beschränkt waren. So benötigten sie eine Erlaubnis zum Heiraten, zum Wegzug und ähnlichen Dingen. Dafür wurde mehr symbolisch als materiell von Bedeutung jährlich eine »Leibhenne« gereicht. Starb ein Leibeigener oder eine Leibeigene, so stand dem Leibherrn das »Besthaupt« zu, das beste Stück Vieh, je nach Geschlecht der Verstorbenen Pferd oder Kuh, es wurde taxiert, und die Erben mußten zahlen. Die Gegenleistung bestand im rechtlichen Schutz. Materiell war die Leibeigenschaft eine eher geringe Last, freilich vertrug sie sich nicht mehr in Zeiten, in denen von freien Bürgern die Rede war.

3. Der Grundherr war für den Landwirt besonders wichtig, denn ihm gehörten die Wiesen und Felder, welche der Bauer umtrieb. Grundherren konnten Adelige, Klöster, aber auch sonstige Personen und Institutionen sein. Lehensherrn wurden sie auch genannt, weil sie ihre Güter entlehnten, also den Bauern zur Verfügung stellten. Die Lehensträger bezahlten dafür eine Gült genannte Abgabe. Im Mittelalter wurden verschiedene Arten an Lehen unterschieden. Für den Anfang des 19. Jahrhunderts gilt, daß alle Lehen faktisch Erblehen waren, das bedeutet, die Bauernfamilie war sicher, den Hof des Grundherrn, den sie bewirtschaftete, auf Dauer behalten zu dürfen. Für altwürttembergische Orte galt dies schon seit dem 18. Jahrhundert, für die Dörfer, die erst nach 1800 württembergisch wurden, strebte die Regierung ähnliches an und setzte dies langsam durch.

4. Der Zehntberechtigte. Grundsätzlich war von allen landwirtschaftlichen Produkten der zehnte Teil abzuführen. Ursprünglich stand der Zehnt der Kirche zu, die Gegenleistung bestand hier in der religiösen und seelsorgerischen Betreuung. Im Laufe der Zeit waren die Zehnten in alle mögliche Hände geraten. Deshalb darf nicht verwundern, daß Zehnten oft an weltliche Herren entrichtet werden mußten.

Alle diese Leistungen werden unter dem Begriff Gefälle zusammengefaßt. Welche der Herrschaftsgefälle den Bauern am meisten beschwerten, kann nur allgemein formuliert werden: Zehnt und Gült belasteten ihn am stärksten, dabei war der Zehnt vom Ausfall der Ernte abhängig und folglich leichter zu ertragen als die Gült, die in der Regel feststand und die, vor allem bei Mißernten, eine schwere Bürde sein konnte. Ein aufschlußreiches Beispiel, wie stark die Ernteerträge schwanken konnten, ist aus Laichingen dokumentiert[2]. Auch Gülten konnten sehr belasten. In Kirchbierlingen z. B. war die »Landgarb« zu entrichten, d. h. jede dritte Garbe war als Gült an das Kloster Obermarchtal zu geben[3]. Frondienste konnten lästig sein, aber man weiß genau, daß das Jagdfronen recht beliebt war, bot es doch Abwechslung und brachte manches Stück Wild in die Küche des Landmannes.

Selten jedoch vereinigten sich die Herrschaften in einer Person. Im allgemeinen war der Bauer mehreren Herren verpflichtet, das bedeutet, die Steuer wurde dem Landesherrn gezahlt. Grundherr jedoch war ein Kloster, der Kleinzehnt war dann dem örtlichen Pfarrer zu geben, und den Großzehnten beanspruchte eine geistliche Stiftung. Im kleinen Dorf Oppingen waren 1842 nicht weniger als zehn Institutionen gefällberechtigt: Kameralamt Geislingen, der Graf von Degenfeld, die Hospitale in Geislingen, Ulm und Leipheim, die Stiftsverwaltung Ulm sowie die Heiligenpflegen in Oppingen, Nellingen und Amstetten[4].

Hinzu kam, daß der Landwirt von mehreren Lehensherren Grundstücke bebauen konnte, also entsprechend Gülten an mehrere Herren abzuliefern hatte. Zwei Herren konnten auch gemeinsam eine Wiese oder einen Acker besitzen, den ein Bauer bewirtschaftete. Es gab Güter, die zehntfrei waren – alle Varianten lehnswirtschaftlicher, mittelalterlicher Verhältnisse waren kombinierbar. All dies beruhte auf uraltem Herkommen, vieles war seit langem streitig, z. T. unentwirrbar verknotet. Weitere Abgaben unterschiedlichster Art kamen hinzu: In Kirchbierlingen mußte eine »Läutgarbe« entrichtet werden, der Lehrer erhielt für seine Mesnerdienste von 27 Höfen eine Garbe im Wert von 12 Kreuzern jährich[5]. In Ammerstetten wurde ein »Schweizerbazzen« entrichtet, der Betrag war jedoch gering (zehn Gulden). Dennoch wüßte man gerne, welche Leistung sich hinter dem Begriff verbarg[6]. Ein weiteres Beispiel für eine verwickelte dörfliche Struktur liegt für Mundingen vor[7].

Weiter ist zu berücksichtigen, daß ganze Ortschaften oder einzelne Landwirte von Leistungen obiger Art befreit sein konnten. So gab es in Ringingen beispielsweise keine Leibeigenschaft.

Auf dem Weg zu einem modernen Staat war dieses »Wirrwarr« ein Hindernis. Es ist zu beobachten, daß sich die Herrscher des Problems sehr unterschiedlich annahmen. Der Widerstand der Betroffenen, der Berechtigten, aber auch der Pflichtigen war jedoch groß; man mißtraute dem Neuen und vertraute auf das »alte Recht«.

Es bedurfte der Anschübe von außen. In Württemberg erzwangen erst die Französische Revolution bzw. die Gebietsänderungen unter dem Druck Napoleons die überfälligen Reformen. Württemberg wuchs um viele Territorien, in denen andere Rechte galten als solche, die in den altwürttembergen Gebieten angewendet wurden. Sollte der neue Staat Bestand haben, so mußte als ein Element der Staatsraison gelten, die Bürger im alten wie im neuen Württemberg möglichst juristisch geichzustellen. Zudem bestand die Chance, ganz allgemein ein zeitgemäßeres Recht einzuführen.

Hinzu kam, daß der so erweiterte Staat Württemberg ein Interesse daran haben mußte, die »neuen« Untertanen gegenüber deren »alten« Herren für Württemberg zu gewinnen. Denn solange die Hohheitsrechte unverrückbar seit dem Wiener Kongreß 1814/15 beim Haus Württemberg in Stuttgart lagen, aber die Untertanen immer noch im Lehensverband mit den fürstlichen Familien des Landes (Hohenlohe und Waldburg z. B.) oder anderen Institutionen (Niederadlige, Spitale, Stiftungen etc.) standen, waren Loyalitätskonflikte vorprogrammiert und unvermeidbar. Für den Bauern, der nach wie vor Gült und Zehnt an die althergebrachten Herren entrichten mußte, war Stuttgart weit.

König Wilhelm I. hat das Verdienst, daß er seine Regierungen anwies, diese Probleme zu lösen, nicht in einem und auch nicht widerspruchsfreiem Zuge. Aber seine Regierungszeit von 1816 bis 1864 erstreckte sich über die gesamte Zeit des Ablösungsprozesses. Wir können glauben, daß die Reformen in der Landwirtschaft sein persönliches Anliegen war. »Hier engagierte er sich leidenschaftlich.«[8] Nicht umsonst bezeichnete ihn sein Biograph Karl-Johannes Grauer als »rex agricolarum«, als König der Bauern[9].

Im Herbst 1817 wurden die ersten Edikte erlassen[10], in denen die Absichten proklamiert wurden, deren Realisierung sich aber noch Jahre hinausziehen sollte. Dennoch galt fortan der Grundsatz, »daß alle Abgaben der Art, welche aus der persönlichen Leibeigenschaft herrühren, ... gegen eine gesetzlich zu regulierende Entschädigung aufgehoben, ... die Fallehengüter in freie Zinsgüter umgewandelt werden sollen, ... alle Realabgaben ... gegen eine gesetzlich zu regulierende Entschädigung ... abgelöst werden können.«

Das zweite Edikt beseitigte die persönliche Leibeigenschaft. Alle Württemberger genossen nun alle Rechte freier Bürger. Das Edikt hob alle Lasten, die aus der Leibeigenschaft rührten, gegen Entschädigung auf. Dazu wurden erste Regelungen erlassen; z. B. sollte eine Last mit dem 20fachen Betrag berechnet und abgelöst werden. Das nötige Kapital hierzu konnte in einen Kredit verwandelt werden.

Mit diesen Edikten bekam jeder Landwirt das Recht, die Lasten, die auf seiner Person beruhten, abzulösen, wenn er dies wollte und es sich finanziell leisten konnte. Freilich blieben die Lasten, die auf Grund und Boden beruhten, erhalten, aber der Bauer konnte als Eigentümer frei darüber verfügen. Das Obereigentum am Lehensgut verlor der Adel unter heftigen Protesten; er ahnte bereits, daß weitere Schritte folgen würden.

Praktisch änderte sich wenig. Die Bauern zahlten nach wie vor die Beträge an die Grundherren, denen sie pflichtig waren, aber sie wußten, selbst die Inhaber von Fallehen, daß das Land, das sie bebauten, zu ihrem Eigentum geworden war. Jedoch – die Standesherren klagten beim Deutschen Bund in Frankfurt mit der Folge, daß die Edikte nicht in Kraft treten konnten.

In der Bauernschaft selbst herrschte Mißtrauen, denn jedermann wußte, daß der Staat nicht auf seinem Beitrag zum Unterhalt verzichten wollte. Vom abgelösten Grundbesitz mußte anschließend Grundsteuer gezahlt werden – und Bauern verstehen zu rechnen. Und nicht in jedem Fall erwies sich die Ablösung als das finanziell Einträglichere.

Aber einstweilen lag die strittige Frage vor dem Bundestag in Frankfurt und die Sache nahm einen nur zögerlichen Fortgang. Der Bundesentscheid erging erst im Im Jahr 1846, allerdings ohne klare Verhältnisse zu schaffen.

Im Alb-Donau-Kreis waren die Besitzverhältnisse verhältnismäßig einfach. Der Besitz der Klöster und Reichsstädte war mit den altwürttembergischen Ländereien zusammen völlig in der Hand der Regierung. Von den Standesherren besaßen nur die Fürsten von Thurn und Taxis und die Grafen Fugger größere Teile als Lehensherren. Hinzu kam eine ganze Reihe von Niederadeligen, die über Lehensherrschaften verfügten (von Freyberg, von Speth, Schenk von Castell, von Schad etc.)[11].

In den württembergischen Kernlanden nahm die Bauernbefreiung jedoch keinen besseren Fortgang, denn die staatlich-württembergische Grundherrschaft brachte Einnahmen für den Fiskus, die außerhalb der Kontrolle durch die Kammern standen. Das Dilemma war offenkundig. Zwar wünschte die Regierung die Ablösung und hatte nichts dagegen, wenn die Ablösungen zum Nachteil der Standesherrn durchgeführt wurden, aber die Ablösung mußte sich logischerweise auch auf Kosten des Staates ereignen. Gewiß entschädigte sich der Staat durch das Erheben von Steuern, die der Zustimmung der Kammern bedurften. Die Leistungen der Lehenspflichtigen unterlagen hingegen nicht der Kontrolle der ständischen Parlamente. Wie zu allen Zeiten war der Staat an möglichst großen Einkünften interessiert. Das Projekt der Bauernbefreiung schmälerte zunächst die Staatseinkünfte, vor allem wenn es nicht gelang, die Mindereinnahmen durch Steuern zu kompensieren – auch dazu bedurfte die Regierung der Zustimmung der »Volksvertretung«.

Das Dilemma ist leicht abzuschätzen, wenn man weiß, daß der übergroße Teil der Staatseinnahmen in Württemberg aus Abgaben, Zehnten etc. der lehenspflichtigen Bauern bestand. Aus Gerechigkeitsgründen oder aus Gründen logischer Systematik ein neues Abgabensystem einführen zu wollen, ist das eine; das andere besteht darin, die Finanzlücken, die entstehen, auszugleichen. Also blieb in Württemberg zunächst alles beim Alten – zumindest zögerten die Behörden, alte, seit Jahren gewohnte Einnahmequellen – bei aller Bereitschaft zur Reform im Grundsätzlichen – aufzugeben. Entgegen kam den Behörden, wie sich die Landbevölkerung zu den anvisierten Reformen stellte. Da diese wußte, daß Prozesse grundsätzlicher Art anhängig waren, verhielt sie sich äußerst zurückhaltend.

Zwar trieb die Landesregierung die Ablösung in ihrer Grundherrschaft durchaus voran, aber erst nach 1848 kam es zum landesweiten Durchbruch, auch in den Gebieten der Standesherren.

1836 erschienen neue Gesetze. Die revolutionäre Stimmung seit der Julirevolution in Frankreich 1830 veranlaßte die Regierung zum erneuten Aufgreifen der Frage, wie die Lehensverhältnisse zügig und effizient abzulösen seien. Jahre zuvor schon war verhandelt und beraten worden – allerdings ergebnislos. Die Edikte von 1817 betrafen nur die Lasten, die auf der Person des Bauern lasteten (Leibeigenschaft) und nur ansatzweise abgelöst wurden. In den Gesetzen von 1836 wurde dies endgültig beseitigt. Hinzu kam, daß die Beden abgelöst wurden. Die gewichtigste Maßnahme betraf die Fronen, die nun in Geldwert umgerechnet und abgelöst wurden.

Für die Bauern bedeutete der Vollzug dieses Gesetzes ein Schritt zur persönlichen Freiheit, aber die finanziell am schwersten zu schulternde Aufgabe stand noch bevor – die Ablösung der Gülten und Zehnten. Beide Lasten stammten aus der mittelalterlichen Feudalgesellschaft und galten als völlig überholt.

Beide waren Reallasten, das bedeutet, daß ihre Grundlage Naturalien waren, auch wenn sie in Geld umgewandelt werden konnten. Die Gült wurde vom Hof und Ackerland geleistet und stand in ihrer Höhe fest. Verbreitet war z. B. die »Rauchhenne«, die von jedem »Rauch«, also von jedem Haushalt, erhoben wurde und zu bestimmten Terminen jährlich geliefert werden mußte. Genauso gab es Gülten von den Früchten des Ackers, die unabhängig vom Ernteertrag zu leisten waren. Die Zehnten hingegen waren vom Ausfall der Ernte abhängig. Der zehnte Teil des Ertrages war abzuliefern. Ursprünglich stand der Zehnte der Kirche zu, im Laufe der Jahrhunderte war er in Hände von Adel und anderer Berechtigter gekommen. Man unterschied zwischen dem großen Zehnt (vom Getreide), dem kleinen Zehnt (von den anderen Ackerfrüchten wie Bohnen, Erbsen und Linsen) und dem Krautzehnt (von den Gartenfrüchten). Man kannte auch einen Blutzehnt (vom Fleisch der Schlachttiere), einen Heuzehnt und noch etliche andere.

An den Kapitalbeträgen ist abzulesen[12], daß die größte Summe auf die Ablösung von Gült und Zehnt entfiel: Auf 87,5 Mio. Gulden wird die gesamte Ablösungssumme, die in Württemberg aufgebracht wurde, geschätzt; davon wurden bis 1848 19,3 Mio. Gulden abgelöst, 68,2 Mio. Gulden wurden erst nach 1848 in Anschlag gebracht.

Die Revolution von 1848 gab der Ablösung der Gülten und Zehnten den entscheidenden Anstoß. Zwar war bereits in den Edikten von 1817 die Beseitigung von diesen Lasten vorgesehen, und auch nach dem Gesetz von 1836 wurde weiter beraten und verhandelt, aber erst die Märzunruhen 1848 veranlaßten die Regierung zum Handeln. Sehr rasch lagen die Gesetze vor. Dies zeigt zum einen, wie schnell Regierung und Parlament reagieren konnten, zum anderen, wie lange schon die Probleme diskutiert waren, denn sonst hätte in der erzwungenen Eile kein tragfähiges Gesetz vorgelegt werden können.

Im heutigen Alb-Donau-Kreis blieb es ruhig, sieht man von der Zunahme der Holzfrevel und der Wilddieberei ab, wie für Börslingen belegt werden kann[13]. Der Anstoß in den Märztagen kam aus der Hohenlohe, wo es zu Gewalttaten gegenüber standesherrlichen Beamten kam. Die »Gaildorfer Erklärung« vom 12. März forderte, alle noch bestehenden Lasten entschädigungslos aufzuheben[14]. Sie fand entsprechenden Widerhall.

Das neue Gesetz datiert vom 14. April 1848; es war also binnen Monatsfrist entstanden. Es scheint, daß die radikale Drohung, die Feudallasten ohne Entschädigungen zu tilgen, vor allem die Standesherren, den Adel, zum Einlenken veranließ.

Das Gesetz, nur sieben Seiten dünn, behandelte die Lasten, die auf Grund und Boden ruhten. Maßnahmen, die Details betrafen, wurden auf später verschoben. Das Gesetz legte einen Rahmen fest, der verbindlich blieb und den Interessen der Bauern entgegenkam, so daß auf dem Land die Neigung zu revolutionären Aktivitäten spürbar nachließ. Selbst für weitergehende Reformmaßnahmen engagierten sich die Bauern ebensowenig wie sie eine nur geringe Bereitschaft zeigten, sich in den Bürgerwehren auf eigene Kosten zu organisieren. Zudem machten sich die Bauern Sorgen darüber, wie sie das Kapital für die Ablösungen, das sie zu zahlen bereit waren, aufbringen konnten.

Die Bauern nutzten nun die Chance, die Wiesen und Äcker, auf denen ihre Vorfahren sich schon z. T. jahrhundertelang abgemüht hatten, endlich in ihr Privateigentum überführen zu können.

In Art. 11 wurden die Werte für die abzulösenden Früchte festgelegt. Diese lagen deutlich unter den Durchschnittswerten der letzten Jahre und entschieden unter den Preisen im Frühjahr 1848. Am 17. April 1848 war in Blaubeuren für das Simri Kernen 1 fl 56 kr zu bezahlen, auf den Scheffel gerechnet 15 fl 28 kr. Das Gesetz setzte den abzulösenden Betrag auf 9 fl 36 kr fest. Am gleichen Tag kostete in Ulm das Simri Haber ca. 40 kr, das ergab für den Scheffel 5 fl 20 kr, abgelöst sollte er mit 2 fl 40 kr. 100 Eier wurden mit 50 kr abgelöst, der übliche Handelspreis lag weit über einem Gulden.

Abgelöst sollte das Sechzehnfache des pflichtigen Betrags. Bei den bisherigen Maßnahmen war im allgemeinen das Zwanzigfache gefordert worden. Hinzu kam, daß die Ablösungskapitalien mit nur vier Prozent zu verzinsen waren und die Tilgungsfrist auf 25 Jahre festgesetzt wurde. Die Sache war attraktiv. Die Landwirte konzentrierten sich in den folgenden Monaten darauf, wie das Gesetz in der Praxis aussehen würde. Sie hofften auch auf eine rasche Umsetzung und trugen ihren Teil dazu bei, indem sie ihre Ansprüche anmeldeten.

Für den weiteren Fortgang der bürgerlichen Rvolution von 1848 fiel die ländliche Bevölkerung so gut wie völlig aus. Die Regierung hatte ihr eine Zukunftsperspektive geschaffen, die mehr wog als das Ringen um bürgerliche und demokratische Rechte. Die demokratische Linke schien dies zu ahnen, wenn sie im Januar 1849 folgende Zeilen veröffentlichen ließ: »Wenn auch die Folgen dieses Gesetzes nicht alsbald sichtbar hervortreten, so wird es sich doch in Kurzem zeigen, daß kein anderer Stand so sehr wie der Stand der Güterbesitzer (wozu ein großer Theil unserer ärmeren Mirbürger gehört) Ursache hat, mit Dank auf die Erleichterungen, welche ihm die mit dem Jahre 1848 angebrochene Zeit hat, zurücksehen.«[15] Da Undankbarkeit der Welt Lohn ist, kam es auch hier nicht anders: Als die Revolution zu Ende kam, verweigerte ihr die Landbevölkerung die Unterstützung, denn sie hatte die Früchte des revolutionären Aufbegehrens geerntet und wollte diese durch kein weiteres Vorgehen gefährden.

Am 17. Juni 1849 wurde das versprochene Gesetz verabschiedet, das die Zehnten ablösen sollte. Gewiß stärkte dieses Gesetz das Vertrauen des Landvolkes in die Ernsthaftigkeit der Regierung außerordentlich, war doch das Ende des demokratischen Aufbruchs von 1848 abzusehen. Die Sorge, die Bauernbefreiung könnte nach dem Scheitern der Revolution rückgängig gemacht werden, erwies sich als gegenstandslos. Besondere Genugtuung könnte es den Bauern bereitet haben, daß die Adeligen weitere Privilegien laut Art. 3 verloren. Ansonsten galten im wesentlichen die Prinzipien, mit denen die Grundlasten abgegolten wurden.

Weitere Gesetze des Jahres 1849 gingen in dieselbe Richtung, vorwiegend wurden weitere Privilegien des Adels, z. B. im Jagdwesen, abgebaut. Auch hielt die Landesregierung an allen Maßnahmen zur Ablösung fest, gerade auch dann, als die Standesherrn vor allem nach 1850 auf eine Revision der Beschlüsse, zumindest aber auf einen vollen Ausgleich für ihre ehemaligen Rechte pochten.

Da die Ablösungen für die Bauern recht erfreulich waren, in keinem anderen deutschen Staat waren sie so günstig[16], verlief der gesamte Ablöseprozeß zügig: Die Urkunden waren im heutigen Alb-Donau-Kreis im wesentlichen bereits 1852 ausgestellt. Die Zahlungen sollten in einem Zeitraum von 25 Jahren erfolgen. 1873/74 waren Beden, Fronen, Gülten und Zehnten in Württemberg endgültig abgelöst. Die lehensabhängigen Bauern waren zu freien Eigentümern ihrer Grundstücke geworden.

Im Laufe der Jahre wandten die Bauern riesige Summen (fast 90 Mio. Gulden) auf, um eigentumsrechtlich in den vollen Besitz der Güter zu gelangen, die ihre Vorfahren seit Jahrhunderten bebaut hatten. Wie sauer dies den einzelnen fiel, wird unten dargestellt werden. Ein Bauernlegen wie in Norddeutschland kam in Württemberg nicht vor. Die meisten Landwirte konnten die Ablösesummen aufbringen. Es ist eher vom »Hofmetzgen« zu reden. Damit ist gemeint, daß einzelne Höfe, die aufgeben mußten, aus welchen Gründen auch immer, nicht in ihrer Gänze veräußert wurden, sondern daß Acker um Acker, Wiese um Wiese dem Höchstbietenden zugeschlagen wurden. Naturgemäß stammten die Erwerber aus derselben Ortschaft oder aus der unmittelbaren Nachbarschaft; das zeigt, daß trotz der Ablösesummen genügend Kapital vorhanden war, um eine Landwirtschaft zu arrondieren. Für den heutigen Alb-

Donau-Kreis sind aus Donaustetten entsprechende Vorgänge dokumentiert[17].

Hier sei noch kurz dargestellt, was mit dem Geld, das Staat, Adel und Korporationen einzogen, geschah.

Im allgemeinen war man auf Sicherheit bedacht und investierte die Gelder wieder in Grundstücke, vorzugsweise in Wald. Als daraufhin naturgemäß die Preise für Liegenschaften anzogen, wich man auf Hypothekendarlehen aus. Der »toten Hand«, den Korporationen und Stiftungen, war Grunderwerb untersagt, sie mußten ausleihen. Das hatte nun einen Effekt, der nicht beabsichtigt war und an den die wenigsten dachten: Geld stand in großem Umfang für allerlei Unternehmungen bereit. Der Staat münzte die Ablösungen in öffentliche Aufträge um; genannt sei vor allem der Bau der Eisenbahn, womit eine Anschubfinanzierung zur Industrialisierung des agrarischen Württemberg verbunden war. Der konservative Adel hielt sich dagegen bei direkten Investitionen in gewerbliche Anlagen deutlich zurück.

Gewiß konnten die Ablösekapitalien nur einen Teil zum allgemeinen Aufschwung in der zweiten Hälfte des 19. Jahrhunderts in Württemberg leisten, was dennoch nicht zu unterschätzen ist. Hinzu kommt, daß für die gesamte Landwirtschaft in den Jahrzehnten nach 1848/49 günstige Bedingungen vorhanden waren. Folglich investierten die Bauern in ihre Höfe, Maschinen und Tierherden. In jedem schwäbischen Dorf ist die damalige Bereitschaft, neu zu bauen, ob Stallungen, ob Wohnräume, noch heute gut zu erkennen. Landwirtschaft hatte Konjunktur und nicht allein das örtliche Gewerbe profitierte davon.

Für den Alb-Donau-Kreis ist der Ablöseprozeß für nur wenige Gemeinden genau untersucht worden, z. B. für Gögglingen[18] und Oberdischingen[19]. In diesem Band kommen detaillierte Untersuchungen für Ringingen und Grimmelfingen hinzu. Der Beitrag über Ringingen stellt die Belastung einzelner Landwirte in den Mittelpunkt, am Beispiel Grimmelfingen werden die Kosten für die Gesamtgemeinde untersucht und dargestellt. Das ist insofern sinnvoll, weil die Grimmelfinger Markung ausschließlich von Grimmelfingern Bauern bewirtschaftet wurde, während an der Ringinger Markung viele auswärtige Betreiber Anteile besaßen.

1 Für Württemberg grundlegend *Wolfgang von Hippel*, Die Bauernbefreiung im Königreich Württemberg (Forschungen zur deutschen Sozialgeschichte Bd. 1), 2 Bde., Boppard 1977.
2 Vgl. *Hans Medick*, Weben und Überleben in Laichingen 1650–1900. Lokalgeschichte als allgemeine Geschichte (Veröffentlichungen des Max-Planck-Instituts für Geschichte, Bd. 126), Göttingen 1996, S. 628 ff.
3 *1200 Jahre Reutlingendorf 790 –1990*. Zur Geschichte und mit Geschichten eines schwäbischen Dorfes zwischen Bussen und Donau, hrsg von der Gemeinde Obermarchtal, Ulm 1991.
4 Vgl. *Gerhard Häfele/Otto Fink*, Chronik der Gemeinde Oppingen, Merklingen 1983.
5 Vgl. *Anton Huber*, Kirchbierlingen und Sontheim/Weisel, Ulm 1995, S. 74.
6 Vgl. *Hans Geiselmann*, 800 Jahre Ammerstetten. Die Geschichte einer ehemaligen Partikulargemeinde, Schnürpflingen 1994, S. 155.
7 Vgl. *Rudolf Kiess*, Mundingen. Ein württembergisches Dorf im 18. Jahrhundert, Ehingen-Mundingen 1997.
8 *Paul Sauer*, Reformer auf dem Königsthron. Wilhelm I. von Württemberg, Stuttgart 1997, S. 346.
9 Vgl. *Karl-Johannes Grauer*, Wilhelm I. König von Württemberg. Ein Bild seines Lebens und seiner Zeit, Stuttgart 1960, S. 199.
10 Zit. nach *Hippel* (wie Anm. 1), Bd. 2, S. 131 und 142.
11 Vgl. hierzu *Manfred Poh*, Territorialgeschichte des Alb-Donau-Kreises und der Stadt Ulm, Ulm 1988, S. 31 f.
12 Vgl. *Hippel* (wie Anm.1), S. 521.
13 Vgl. *Paul Anhorn*, Börslingen. Geschichte der Gemeinde – ein Weg durch Flur und Zeit, Langenau 1991, S. 22.
14 Vgl. *Paul Sauer*, Gottlieb Rau und die revolutionäre Erhebung in Württemberg im September 1848, Stuttgart 1998, S. 37.
15 Eduard Süskind und August Becher, Landtagsbericht über das Zehntablösegesetz, *Blaumann*, Nr. 1 v. 2.1.1849.
16 Vgl. *Hippel* (wie Anm.1), S. 511.
17 Vgl. *Raimund Waibel*, Donaustetten. 800 Jahre Ortsgeschichte in Wort und Bild, Ulm/Gögglingen/Donaustetten 1994, S. 51 ff.
18 Vgl. *Hubert Fink*, 900 Jahre Gögglingen 1092–1992, Ulm/Gögglingen/Donaustetten 1992, S. 105 f.
19 Vgl. *Stephan Ott*, Oberdischingen. Heimatbuch einer Gemeinde an der oberen Donau, Weißenhorn 1977, S. 108 ff. Kurioserweise werden die Oberdischinger Angaben als für Rottenacker gültig übernommen; vgl. *Jakob Unsöld/Manfred Lipp*, 500 Jahre Kirche St. Wolfgang Rottenacker 1485–1985, Rottenacker 1985, S. 68.

Klaus Unseld

Die Ablösung in Ringingen

Der Kondominatsort Ringingen gehörte seit 27. Oktober 1810 zum Oberamt Blaubeuren[1] im Königreich Württemberg. Kondominatsort deshalb, weil der Grund und Boden auf der Markung verschiedenen Grundherren gehörte. Diese waren zwischen 1810 und 1848, dem eigentlichen Beginn der »Bauernbefreiung«, folgende[2]:

Das Königreich Württemberg, also der Staat, erhielt zu Beginn des 19. Jahrhunderts als Rechtsnachfolger der Universität Tübingen und der Klöster Blaubeuren, Urspring und Söflingen deren Grundbesitz. Ritterschaftliche Grundherren waren der Graf Schenk von Castell (nur mit einem zerstückelten Erblehenshof) sowie die Ulmer Patrizierfamilien von Schad und von Baldinger. Weiter besaßen Grund und Boden die Stadtpfarrei Ehingen und natürlich die katholische Pfarrstelle Ringingen selbst. Dem Hospital Blaubeuren gehörten vor allem Wälder mit den entsprechenden Weiderechten, aber auch Anteile an allen Öschen. Unbedeutend war das Eigentum der Spitalpflege Ulm sowie der Stiftungspflegen Ringingen und Altheim.

Da es in Ringingen keine Leibeigenschaft gab, veränderten auch die ersten Edikte des Königs vom Herbst 1817 nichts; etwas anderes war es dann mit den Gesetzen vom 27./29. Oktober 1836, welche die Aufhebung oder Ablösung der Beden, der Surrogatsgelder aus der Leibeigenschaft und besonders der Fronen betrafen[3].

Beden (eine Art Grundsteuer) meldeten nur zwei Pflichtige zur Ablösung an, nämlich der damalige Hirschwirt Johannes Ruoff eine »Rauchhenne«, die »auf seinem Wohnhaus lastet«, und der »Doisenbauer« Josef Romer einen Urbarzins von 4 1/4 kr und zwei »Rauchhennen«, die auf »seinem Haus und Scheuer« hafteten. Für eine Henne wurden 8 kr Geld veranschlagt, sodann der sechzehnfache Betrag berechnet. Ruoffs Nachfolger Molle konnte also seine Bedenschuld mit 1 fl 56 kr ablösen und Josef Romer mit 5 fl 24 kr. Empfangsberechtigt war das Kgl. Kameralamt in Blaubeuren.

Am 12. März 1840 beurkundete der Gemeinderat, daß es in Ringingen keine weiteren Abgaben gebe, die zu den Beden gehörten[4].

Auch die Fronen bzw. die Surrogatgelder daraus mußten nach dem obengenannten Gesetz abgelöst werden. Am 30. Januar 1837 fand die Verhandlung darüber im Ringinger Gemeinderat statt[5]. Dem Kameralamt fronpflichtig waren Josef Walter und Jacob Settele mit je 1 fl 50 kr. Beide lösten mit dem sechzehnfachen Betrag ihre Fronschuld ab.

Etwas schwieriger gestaltete sich der Fall bei Johannes Walter, der dem Spital Blaubeuren zwei Gulden jährlich schuldete. Das Oberamt Blaubeuren berichtete der Kreisregierung in Ulm am 9. Februar 1839, daß Johannes Walter ein armer Mann und zahlungsunfähig für das Kapital sei, daher wolle dieser auch nicht ablösen lassen[6]. Ob ihm die 32 Gulden erlassen wurden oder nicht, geht aus den Akten nicht hervor.

Der Pfarrstelle Ringingen fronpflichtig waren Mathias Wieland, der Widumbauer, und Jacob Denzler (Maurer), beide mit drei Handfronen. Sebastian Bucher, Anton Denzler und Xaver Huber bewirtschafteten gemeinsam einen Widumhof (heute: »Hobastüble«), den die Universität Tübingen einst der Pfarrei überlassen hatte. Diese drei schuldeten zusammen drei Fuhr- und drei Handfronen. Da diese Fronen bisher in Natura geleistet wurden – die fünf wollten dies auch weiterhin ganz im Sinne des Pfarrers tun – und nun abgelöst werden mußten, war der Gemeinderat aufgerufen, die Taxation vorzunehmen. Am 17. Februar 1839 (also zwei Jahre nach der ersten Verhandlung) setzte er die ortsüblichen Tarife fest: zwei Gulden für eine Fuhrfron und 36 Kreuzer für eine Handfron – dies entsprach dem Entgelt eines Tagelöhners. Dies ergab eine Gesamtsumme von 11 fl 24 kr bei sechzehnfachem Ablösekapital immerhin den stolzen Betrag von 182 fl und 24 kr!

Die von Baldingersche Gutsverwaltung in Ulm forderte von Josef Walter 16 Gulden Fronsurrogat. Diese Forderung war aber irregulär, da das Geld erst 1802 bei der Lehensübernahme willkürlich zu den übrigen Abgaben erhoben worden war – und wurde nicht abgelöst! Diese 16 Gulden tauchen bei der Gült-Ablösung wieder auf.

Abb. 49: Münzen der Zeit: Kreuzer

Abb. 50: Münzen der Zeit: Gulden

Am 17. April 1837 meldete Graf Schenk von Castell die abzulösenden Dienstgelder an, die aus der Leibeigenschaft herrühren sollten[7]. Er berief sich dabei auf ein Urbar aus dem Jahr 1695. Es ging dabei um den jährlich zu bezahlenden Betrag von 2 fl 24 kr, der auf einem nun zerstückelten Erblehen lastete, das unter den nebenstehenden Einwohnern von Ringingen verteilt war[8]. Es handelte sich hierbei um die Selde Pfuhler (heute Holzmann), deren Besitzer Alois Pfuhler (18 kr), Matheus Settele (18 kr), Philipp Gapp (48 kr), Conrad Scheller (48 kr) und Simon Eberle (12 kr) waren. Als diese am 12. Februar 1839 gefragt wurden, ob sie ihre Dienstgelder im sechzehnfachen Betrag ablösen wollen, weigerten sie sich mit der Begründung, sie seien arme Tagelöhner und zahlungsunfähig. Und dabei blieb es!

Leibeigenschaftstaxen und Fronlasten waren also bis 1839 abgelöst. Im Königlichen Edikt von 1817 aber hieß es: »Die Landeskultur kann in dem Grade blühen, als das Grundeigentum frei ist.«[9] Die Freisetzung der Lehen in freie Zinsgüter zu Eigen der Bauern aber stand noch bevor. Denn die Ablösung der Gülten und Gefälle, vor allem aber der Zehnten war der weitaus größere Brocken und kostete auch einen erheblichen Arbeitsaufwand, da die Besitzverhältnisse und die Gefäll-Lasten gar nicht so einfach festzustellen waren. Es bedurfte des revolutionären Schubes vom März 1848, der dann schon am 14. April 1848 ein Gesetz hervorbrachte, das die Ablösung der Gülten und Gefälle regeln sollte.

Als Beispiel soll hier das Hofgut dienen, das der Schultheiß Josef Walter (daher »Alt-Schulzes«) bewirtschaftete und dessen Eigentümer die Familie von Baldinger in Ulm war[10]. Zu diesem Hof gehörten die Gebäulichkeiten und ursprünglich 73 7/8 Morgen Äcker, 2 4/8 Morgen Wiesen und 2 7/8 Morgen Wald. Die Witwe Baldinger meldete am 1. Juli 1849 ihre Ansprüche an ihrem Gut in Ringingen an.

Demnach erhielt sie jährlich zu Martini folgende Abgaben: Veesen: 20 Simri oder 80 Vierlinge gestoßenes Ulmer Maß; Haber: 20 Simri oder 80 Vierlinge gestoßenes Ulmer Maß; Geldgefälle: 23 fl 30 kr; 1 Gans, 6 Hühner, 1 Henne und 120 Eier; dazu Weglohn von zwei Gulden, das Bestandgeld betrug 800 Gulden[11].

Die Witwe von Baldinger behauptete zudem, das Hofgut des Josef Walter als Pachtgut, nicht aber als Fallehen ausgegeben zu haben, und protestierte gegen die Anwendung des Gesetzes vom 14. April 1848 (der Adel hätte natürlich »seinen« Grundbesitz gerne behalten, was bei einem Pachthof möglich gewesen wäre).

Um diese Streitfrage zu klären, wurde am 29. Oktober 1850 auf dem Ringinger Rathaus vor dem Ablösungskommissär und Amtsnotar Adam aus Schelklingen verhandelt. Altschultheiß Walter (er hatte 1848 mit 65 Jahren sein Amt niedergelegt) gelang es zu beweisen, daß sein Hof ihm in lehensrechtlicher Eigenschaft 1802 übertragen worden war, u. a. mit der Begründung, daß er einen Teil seiner Güter seinem Sohn Martin als Heiratsgut (20 1/8 Morgen Acker, 1 1/4 Morgen Wiesen) gegeben habe (später Gasthof zur »Linde«), und niemand dagegen Einwände erhoben habe, was bei einem Pachthof nicht möglich gewesen wäre. Er beantragte deshalb die Ablösung der Gülten und Gefälle nach dem Gesetz vom April 1848. Die Erbengemeinschaft der inzwischen verstorbenen Witwe von Baldinger anerkannte das Hofgut als Fallehen und bestätigte im wesentlichen die obengenannten Ansprüche, wobei das Veesen – und Habergefälle jetzt auf 53 fl 12 kr in Geld taxiert wurde.

Am 26. April 1852 erfolgte die endgültige Ablösungsverhandlung, der eine beglaubigte Abschrift des Güterbuches V zugrunde lag[12]. Erst jetzt wollten die Erben erfahren haben, daß ihr Gut inzwischen unter Josef Walter, Johannes Stöferle (dieser hatte die Witwe des 1850 verstorbenen Martin Walter geheiratet) und Revierförster Erlenmeyer (nur 15/8 Morgen) aufgeteilt sei.

Nach dem Güterbuch, in dem der Hof eindeutig als Fallehen bezeichnet wird, waren folgende Leistungen jedes Jahr zu Martini (11. November) kostenfrei nach Ulm zu entrichten:

	fl	kr	Pf
Geldgefälle (7 fl 30 kr Steuer, 16 fl Frongeld)	23	30	
Dinkel (ca.13 1/2 Scheffel, den Scheffel zu 4 fl)	55	25	5
Haber (ca. 14 Scheffel, den Scheffel zu 2 fl 40 kr)	37	28	5
Küchengült	2	28	
	118	52	2

Die Küchengült lastete auf einem mit Platten bedeckten zweistöckigen Haus, einem zweistöckigen, strohbedeckten Stadel und einer Holzhütte. Sie setzte sich wie folgt zusammen:

	fl	kr	Pf
1 Gans zu 48 kr		48	
120 Eier à 1/2 kr	1		
1 altes Huhn zu 10 kr		10	
6 junge Hühner à 5 kr		30	
	2	28	
Die Gesamtsumme der jährlichen Abgaben betrug also	118	52	4
– 2 % Verwaltungsaufwand	2	22	4
	116	30	–
Das Sechzehnfache ergibt ein Ablösungskapital von	1864		
Dazu kommen 56 kr Besitzveränderungsgebühr		56	
Zins vom 11.11.1847 bis 18.4.1848 (158 Tage bei 4% Zinsfuß)	32	17	
3 Jahreszinsen (18.4.1848 – 18.4.1851) 3 x 74 fl 36 kr	223	48	
Summe der gesamten Ablösungsschuld	2121	1	

Diese Summe war in 22 Jahresraten erstmals am 18. April 1852, letztmals am 18. April 1873 à 146 fl 46 kr kostenfrei an das Kgl. Kameralamt in Blaubeuren zu bezahlen. Die Grundherren erhielten in einer Summe vom Kameralamt ein Ablösungskapital des 22fachen Betrages des Jahreswertes, die Pflichtigen bezahlten das Sechzehnfache, den Mehrbetrag übernahm der Staat[13].

Josef Walter, Johannes Stöferle und Revierförster Erlenmeyer mußten sich dahingehend einigen, daß sie nach der Steuerauflage die Schuld aufteilten. Nach dem Güterbuch betrug das Ablösungskapital für Walter 1486 fl 30 kr für die Güter (+ 39 fl 28 kr Küchengült), für Stöferle 617 fl 24 kr und für Erlenmeyer 17 fl 6 kr. Das entsprach einer Jahresrate von 102 fl 53 kr + 1 fl 48 kr für den Altbürgermeister, 42 fl 41 kr für den Schankwirt Stöferle und 1 fl 12 kr für den Revierförster, alles in 22 Jahren abzuzahlen an das Kameralamt in Blaubeuren.

Am 4. Dezember 1852 war die Gefäll- und Gültablösungssache von Baldinger – Walter endgültig abgeschlossen.

Vergleichbar in der Größe mit dem ritterschaftlichen Gut derer von Baldinger, dessen Eigentümer nun Josef Walter war, war der Fall-Lehenhof, den seit 12. Oktober 1802 Anton Settele, dann dessen Sohn Matthias (seit 1857 Schultheiß) bewirtschaftete («Schulzes« – heute: Leichtle). Der Hof war der Katharinenpflege, d. h. der Stadtpfarrei Ehingen, pflichtig. 1842 um 500 Gulden allodifiziert, also in ein Erblehen umgewandelt, war dieser Hof in etwa gleich belastet wie das andere Gut: 1 Henne, 8 Hühner, 120 Eier Küchengült und 4 fl Hauszins; 67 Morgen Äcker, 3 Morgen Wiesen, 3 1/2 Morgen Baumgärten und 4 1/2 Morgen Wald schuldeten 11 1/2 Scheffel Dinkel, 8 Scheffel Haber und 2 fl 3 kr Geld für eine Apfelgült. Legt man der Ablösungsanmeldung[14] dieselbe Berechnung wie beim Walterschen Hof zugrunde, ergibt sich ein Ablösungskapital von 1396 fl, was bei vier Prozent Verzinsung bei 22 Jahresraten eine jährliche Belastung von 96 fl 36 kr ergab (bei Walter 104 fl 41 kr, da die Geldgefälle höher waren).

Ein weiteres Erblehengut, bestehend aus Haus, Scheuer, 1/2 Morgen Baumgarten und 11 1/2 Morgen Äcker in allen drei Öschen (heute Oberdischingerstraße 3) »gibt bei Veränderungsfällen 1 fl Auf- und 1 fl Abfahrt; bei Schand und Gant Stadel und Hofraithe«[15] an die Stadtpfarrei Ehingen.

Das Erblehen war bereits in ein Zinsgut umgewandelt, als Johann Kneer 1846 starb. Daher entfielen Auf- und Abfahrtsgefälle, als aus der »Erbmasse« eine »Trägerei«[16] gebildet wurde, deren Vorsitzender der Hirschwirt Anton Eierstock war und der selbst acht Morgen bewirtschaftete. Hof- und Baumgarten übernahm der Küfer Philipp Gapp (1 Henne, 2 Hühner, 120 Eier Küchengült oder 1 fl und 12 kr, 2 fl 51 kr für den Baumgarten an Geld). Die anderen Trägereikonsorten waren der Seiler Josef Knittel (7/8 Morgen in den »Zipperäckern«), der Lehrer Blasius Forderer mit 1 3/8 Morgen auf »Betten« und Philipp Bosch mit 1 3/8 Morgen im »Mangenbronnen«. Für Martini 1848 liegt die genaue Rechnung vor: für Philipp Gapp 4 fl 3 kr, für die Trägerei 2 1/2 Scheffel Dinkel (9 fl 57 kr) und 2 Scheffel Haber (6 fl 33 kr), Summe: 16 fl 30 kr.

Für Gapp ergab sich ein Ablösungskapital von 73 fl 54 kr, zahlbar in 22 Jahresraten à 5 fl 6 kr. Für die Trägerei wurde ein Ablösekapital von 301 Gulden berechnet, die Anton Eierstock in 22 Jahresraten zu 20 fl 48 kr zu entrichten hatte; die restlichen Anteile mußte er bei seinen Konsorten kassieren.

Der Gemeinderat von Ringingen meldete am 18. Dezember 1849 namens der Pflichtigen die Ablösung der Gülten und Gefälle der Stiftungspflege Ringingen beim Oberamt Blaubeuren an. Dieses forderte den Stiftungsrat am 11. Januar 1850 auf, die Unterlagen, Register etc. nach Blaubeuren zu schicken. Der Stiftungsrat erklärte daraufhin, daß er sich nicht an die Ablösungskasse wenden wolle. Am 28. Oktober 1850 berichtete Schultheiß Häußler, die Ablösung zwischen der Stiftungspflege und den Pflichtigen sei in gütlichem Wege vollzogen. Dabei handelte es sich vermutlich nur um geringe Beträge, da an anderen Orten betont wurde, die Ringinger Kirchenfabrik sei mittellos[17].

Das Hospital Blaubeuren[18] besaß in Ringingen ca. 250 Morgen Äcker und 22 Morgen Wiesen, dazu vier Höfe bzw. Selden, den Gasthof zum »Hirsch« (mit Haus, Malzboden, Metzig, Brauhaus und Baumgarten) und drei Häuser in der

Weilergasse. Den größten Hof bewirtschaftete Libor Ott mit ca. 104 Morgen (»Doises«). Der Schultheiß Johann Georg Häußler hatte ca. 33 Morgen in Besitz («Merschhanses«), Johannes Walter ca. 10 Morgen (»Frankes«) und der äußere Bergbauer Zacharias Unsöld (Gemeindepfleger) 6 1/2 Morgen. Die restlichen 100 Morgen Äcker und 20 Morgen Wiesen waren unter 80 Parzellenbesitzer aufgeteilt, davon elf aus Bach, zwei aus Eggingen und jeweils einer aus Donaurieden und Erstetten.

Das gesamte Ablösungskapital betrug exakt 3454 fl 35 kr. Bei vier Prozent Zins bezog die Hospitalverwaltung 232 fl 38 kr jährlich bis 1873. Jeder einzelne Pflichtige zahlte sein Scherflein – Minimum: 6 kr, Maximum: 51 fl 17 kr (Libor Ott) – in Blaubeuren ein, worüber peinlich Buch geführt wurde.

Der Pfarrei Ringingen pflichtig war der Hof des Anton Unsöld (Haus Nr. 12, später »Galles«?), der ab 1853 den »Hirsch« innehatte. Das Seld bestand aus Wohnhaus und Scheuer sowie 19 Morgen Äcker. Darauf lastete ein Ablösekapital von 457 fl 8 kr, das im Jahr 31 fl 38 kr kostete. Insgesamt hatte die Pfarrei Ansprüche auf 2331 fl 1 kr, welche die Träger Johann Georg Widmann (52 Parzellen) und Josef Hafner (acht Parzellen) aufbringen mußten. Das gesamte Grundeigentum der Ringinger Pfarrstelle betrug ca. 180 Morgen, darunter etliche Wiesen.

Der größte Grundeigentümer in Ringingen war Hieronymus Eitel von Schad aus Ulm[19]. Ihm gehörten ca. 850 Morgen, dazu sechs Bauernstellen und 22 Seldgüter sowie sechs walzende Güter. Den wohl größten dieser Höfe bewirtschaftete der Bergbauer Anton Häußler mit ca. 100 Morgen, was einem Ablösekapital von 2778 fl 35 kr entsprach und in 22 Jahresraten von 185 fl 3 kr abbezahlt wurde, erstmals am 18. April 1852 und letztmals am 18. April 1873.

In der Größe vergleichbar war das Gut des Adlerwirts Josef Müller, das mit 87 fl 57 kr Reinertrag veranschlagt war. Felder aus drei weiteren Sölden brachten 14 fl 56 kr und Haus und Scheuer in der Plaggasse («Beckes« und Hafners »Schuhladen«) 4 fl 34 kr. Das gesamte Ablösekapital betrug 1836 fl 38 kr und war in zehn Jahresraten von 183 fl 38 kr zu begleichen.

Die weiteren Hofbesitzer waren Lukas Unsöld (nachmals die »Linde« mit ca. 40 Morgen), Josef Stöferle («Christes« mit ca. 75 Morgen), Johann Georg Denzler mit ca. 20 Morgen und Xaver Hafner («Häfeles«) mit ca. 18 Morgen. Die übrigen ca. 500 Morgen bewirtschafteten die Söldner oder Tagwerker.

Die Schadschen Besitzungen erbrachten von 88 Scheffel Dinkel, 73 1/2 Scheffel Haber 100 fl 41 kr an Geld sowie 9 fl 19 kr »Pacht« von den »Höllwiesen« einen jährlichen Reinertrag von 626 fl 31 kr. Das gesamte Ablösungskapital belief sich auf 10 840 fl 11 kr, welches das Kgl. Kameralamt teils in bar, teils in Obligationen beglich. Die Pflichtigen wiederum zahlten an das Kameralamt in 22 Jahresraten ihre Schulden bei vier Prozent Verzinsung.

Weitere ca. 800 Morgen sowie die übrigen Höfe und Selden gehörten dem Staat namens der Universität Tübingen und der säkularisierten Klöster Blaubeuren, Urspring und Söflingen (nur Grundbesitz). Diese Güter waren schon in den 1820/30er Jahren in freie Zinsgüter umgewandelt worden[20] und fielen daher nicht unter das Gült- und Gefällablösegesetz vom April 1848. Allerdings waren sie immer noch zehntpflichtig. Dieser Ablösung unterlagen alle Besitzer auf der Ringinger Markung.

Die Zehntablösungen[21]

Den Großzehnt auf der Ringinger Markung bezogen aus 1975 Morgen der Staat namens der Universität Tübingen aus allen drei Öschen: dem Mäder-Ösch mit 663 Morgen, dem Halden-Ösch mit 681 Morgen und dem Betten-Ösch mit 631 Morgen, die Pfarreien Erbach aus 94 1/2 Morgen beim Breitenlau, die Pfarrei Altheim aus 19 6/8 Morgen auf Haiden, die Pfarrei Ringingen aus 16 5/8 Morgen aus ehemaligen Wiesen und die Familie von Schad aus 18 3/8 Morgen aus allen Öschen. Der Staat namens des Klosters Blaubeuren bezog auch den Noval- oder Neubruchzehnt aus 109 Morgen. Insgesamt 2233 Morgen Äcker wurden auf der Markung von 215 Zehntpflichtigen bewirtschaftet, davon 31 aus Bach, 35 aus Pappelau, 22 aus Altheim und zwei aus Donaurieden, bleiben für Ringingen 125. Der Großzehnt war mit der Baulast der Kirche mit Turm, Altären und Beichtstühlen behaftet, jedoch nicht für die Orgel und die Glocken.

Zum Großzehnten gehörten in Ringingen alle Halmfrüchte (Dinkel, Haber, Gerste, Ehmer, Einkorn, Roggen und Weizen) sowie Wicken und Ackerbohnen. Der Linsen- und Erbsenzehnt, sonst Bestandteil des Großzehnts, war dem Pfarrer, Professor Schöninger, auf seine Dienstzeit übertragen worden und mußte extra abgerechnet werden.

Kleinzehntberechtigt war aus ca. 2300 Morgen (plus Steinenfeld) die Pfarrei Ringingen, dazu die Pfarreien Erbach und Altheim und Herr von Schad aus oben genannten Großzehntflächen. Der Kleinzehnt bestand aus den Erträgen an Rüben, Kohlraben, Kartoffeln, Hanf, Flachs, Esper und Klee.

Dazu bezog die Pfarrei noch den Kraut- und Gartenzehnt, den Obst- und Graszehnt aus den Baumwiesen, den Heuzehnt aus den Wiesen, ein Drittel des Holzwachszehnts (die anderen zwei Drittel bezog das Hospital Blaubeuren) und den Blutzehnt (Schweine, Fohlen, Kälber, Enten, Gänse, Hühner und Bienen), der eigentlich zur Ablösung unter das Gesetz von 14. April 1848 gefallen wäre, also zu den Gülten und Gefällen zu zählen wäre. Das Gesetz vom 17. Juni 1849 befaßte sich nun mit der Ablösung der Zehntrechte. Der Gemeinderat Ringingen meldete im Auftrag sämtlicher Pflichtigen alle Zehnten der Markung bereits am 12. März 1849 zur Ablösung und übernahm auch die Ausführung der Ablösung auf die Gemeinde; diese fungierte sozusagen als Träger für alle Pflichtigen (Beschluß vom 18. Oktober 1849). Zusätzlich wurde für die Zehntablösung ein Bürgerausschuß gewählt. Schultheiß Häußler wurde als Geschäftsführer und Thomas Settele als Kassier bestellt.

Obwohl die Großzehntberechtigten (Pfarreien Erbach und Altheim sowie Herr von Schad) die Baulast an der Kirche bestritten, wurde das Ablösekapital für den Zehnten freigegeben (Protokoll vom 26. Mai 1852). Am 6. April 1852 war wegen dieser Baulast schon verhandelt worden. Die Großzehntbezieher waren zur Kirchenbaulast verpflichtet, wogegen die Pfarrkinder unentgeltlich die erforderlichen Hand- und Fuhrfronen leisten mußten. Kleinere Reparaturen an der Kirche hatte bisher die Stiftungspflege (der Heilige zu Ringingen) zu bezahlen, jedoch ohne rechtliche Verbindlichkeit.

Außer dem Staat namens der Universität Tübingen, die auch 1769 beim Neubau der Kirche einen Beitrag von 500 Gulden geleistet hatte, wurden alle anderen Großzehntbezieher von der Baulast befreit, da diesen keine Verpflichtung nachzuweisen war. Gestritten wurde wegen dieser Baulasten auch schon früher! Der Staat hatte von jetzt an allein für die größeren Baukosten an Kirche und Turm aufzukommen; zudem hatte er auch für einen guten baulichen Zustand von Pfarrhaus und allen dazugehörigen Gebäuden zu sorgen und den Pfarrgarten zu unterhalten. Diese Komplexlast mußte gesondert abgelöst werden.

Auf welche Weise aber wurde der Großzehnt bisher erhoben?

An die Pfarreien Erbach und Altheim sowie den Herrn von Schad wurde bis 1848 in Natura entrichtet, ebenso wie der Kleinzehnt der Pfarrei Ringingen. Deren Großzehnt aus 16 5/8 Morgen wurde einmal von ihr selbst eingeheimst, das andere Mal den Güterbesitzern gegen Geld überlassen oder auf den Gütern verkauft.

Die Gemeinde pachtete den Großzehnt des Staates und den Novalzehnt seit 1821 jeweils auf neun Jahre, d. h. die Gemeinde zog für den Staat den Großzehnt ein und erhielt dafür ca. 250 Gulden vergütet.

Bis 1830 einschließlich wurde der Zehnt auf dem Feld erhoben, die Garben wurden zur Zehntscheuer gebracht und dort ausgedroschen. Der Staat besaß hier eine von der Universität Tübingen übernommene Zehntscheuer samt Fruchtkasten (später der »Farrenstall«) und verpachtete diese an die Gemeinde für 15 Gulden jährlich, später wurde er der Gemeinde geschenkt.

Seit 1831 wurde der Großzehnt in Geld bezahlt, und zwar nach dem Mittelpreis, der zwischen Martini (11. November) und Lichtmeß (2. Februar) auf der Schranne in Ulm ermittelt wurde. Dieser Zehntpachtschilling wurde nach dem Steuerfuß auf sämtliche Parzellen umgelegt; auswärtige Pflichtige entrichteten ihre Abgabe weiter in Natura, wozu Zehntknecht Johannes Unsöld besoldet werden mußte – darüber entbrannte ein heftiger Streit.

Am 2. September 1851 wurde die Verhandlung über die Ablösung des Großzehnts gegen den Staat geführt[22]. Der Rohertrag des Groß- und Novalzehnts wurde von einem 19jährigen Durchschnitt mit 1775 fl 47 kr ermittelt. Als Reinertrag blieben 1646 fl 11 kr. Deren sechzehnfacher Betrag ergab ein Ablösekapital von 26339 fl 7 kr. Da bereits eine Abschlagszahlung von 1360 fl 23 kr geleistet war, blieb eine Restschuld von 24978 fl 44 kr, zahlbar in 22 Jahresraten von 1728 fl 30 kr, erstmals am 1. Januar 1852, letztmals am 1. Januar 1873. Diese Summe hatte die Gemeinde an das Kameralamt in Blaubeuren zu entrichten; sie selbst legte diese wiederum auf die einzelnen Parzellen nach dem Steuerfuß um (pro Morgen ca. 50 kr).

Am 26. Mai 1852 fanden auf dem Rathaus die Ablösungsverhandlungen über den Groß-, Klein- und Blutzehnt zur Pfarrei Ringingen statt. Der Rohertrag des Klein- bzw. Brachzehnten auf ca. 2084 Morgen Äcker in allen drei Öschen wurde nach Übereinkunft auf 493 fl 15 kr festgelegt, da keine Aufzeichnungen von 1830 bis 1847 vorhanden waren. Der Blutzehnt wurde mit neun Gulden veranschlagt. Das Sechzehnfache des Brachzehnts (7892 fl) sowie das Zwölffache des Blutzehnts (108 fl) ergaben ein Ablösekapital von 8000 Gulden, dazu kamen die Zinsen ab dem 1. Januar 1850. Da Abschlagszahlungen geleistet worden waren, blieb eine abzuzahlende Schuld von 8376 fl 22 kr. Das bedeutete bei einer 23jähriger Tilgungszeit ab dem 1. Januar 1852 einen jährlichen Betrag von 563 fl 53 kr, der aus der Gemeindekasse kostenfrei an die Pfarrei abzutragen war. Die Mittel zur Verzinsung und Tilgung des Ablösungskapitals wurden durch Umlage auf den Steuerfuß der pflichtigen Güter aufgebracht (pro Morgen ca. 16 1/2 kr).

Aus 16 5/8 Morgen Äcker in verschiedenen Gewanden, die früher einmal Wiesen waren, bezog die Pfarrei den großen und kleinen Zehnten. Das Ablösungskapital hierfür belief sich auf 359 fl 13 kr, die ebenfalls von der Gemeindekasse in 23 Jahresraten zu 24 fl 13 kr abzuführen waren. Auch diese wurden auf die Grundstücke umgelegt.

Am 23. Oktober 1852 erfolgte die Ablösung des Heu- und Krautzehnten sowie von Surrogatgeldern daraus, ebenfalls zur katholischen Pfarrstelle Ringingen pflichtig.

Den Heuzehnt bezog die Pfarrei aus 15 Morgen sogenannter Brachwiesen, welche in 28 Parzellen aufgeteilt waren: Matzental (11), Briel-Wiesen (4), Mangenbronnen (5), Späte Wiese (1), Hagenwiese (2), Bettenwiesen (2), Hetzenwiese (1) und die Setzenwiesen (2). Der Reinertrag des Heuzehnts betrug 15 fl 50 1/2 kr. Bei den oberen Wiesen lagen vier Parzellen Krautländer und in den »Krautgärten« 16 Parzellen, die einen Reinertrag von 4 fl 20 kr erbrachten. Der Adlerwirt schuldete auf einen Morgen Hopfengarten 1 fl 35 kr, aus einem Garten, der z. T. als Acker genutzt wurde, kamen 24 kr und aus einem Wiesenstück, das früher einmal Acker war, 18 kr (Gesamtreinertrag: 22 fl 22 1/2 kr). Das Ablösekapital mit Zinsen ergab 386 fl 38 kr, in 23 Jahresraten von 26. fl 3 kr von der Gemeinde zu bezahlen. Auch dieses Kapital wurde durch Umlage des Ablöseschillings auf die einzelnen Grundstücke finanziert.

Für den Graszehnt aus sämtlichen Baumgärten bezog die Pfarrei unveränderliche Surrogatgelder von 2 fl 45 kr im Jahr. Das Ablösekapital von 44 Gulden war am 20. Oktober 1852, dem Tag der Verhandlung, bereits getilgt.

Der Erbsen- und Linsenzehnt mußte in Ringingen extra abgelöst werden, da er auf die Amtszeit des Pfarrers ausgegeben war. Am 18. Februar 1852 legten die Gemeindekollegien den Jahresertrag mit 140 Gulden fest. Ablösekapital + 3 Jahreszinsen und nach Abzug von Abschlagszahlungen verblieben 2193 fl 48 kr, verzinslich vom 1. Januar 1851 an. Dies ergab 23 Jahresrenten von 147 fl 40 kr, ebenfalls aus der Gemeindekasse an die Pfarrstelle zu bezahlen. Auch dieser Zehnte wurde auf die Grundstücke nach dem Steuerfuß umgelegt (pro Morgen ca. 4 kr).

Von der Ablösung des Holzzehnts oder genauer des Holzwachszehnts am 1. März 1852 waren zwar nur wenige Bauern betroffen, dafür aber die Gemeinde, das Hospital Blaubeuren und Herr von Schad. Das Kameralamt bezog zwei Drittel, die Pfarrstelle Ringingen ein Drittel dieses Zehnts. Die Gemeinde zahlte jährlich 2 fl 28 kr an die Pfarrei aus 16 Morgen Holzerzeugnis, die ursprünglich Ackerland waren und an die Staatswaldungen grenzen. Das ergibt ein Ablösekapital von 39 fl 28 kr in 22 Jahresraten zu 2 fl 43 kr.

Vom Spital Blaubeuren erhielt die Pfarrei zwölf Gulden jährlich. Der Naturalzehnt war am 11. März 1823 in ein Geldsurrogat umgewandelt worden und ergab ein Ablösungskapital von 192 Gulden, das die Spitalverwaltung auf einmal beglich.

Eitel von Schad besaß auf der Ringinger Markung 305 2/8 Morgen Wald, worauf die Pfarrei ein Holzzehntrecht hatte und das sie schon am 2. Mai 1849 nach dem Grundlastenablösungsgesetz vom 14. April 1848 zur Ablösung angemeldet hatte.

Dafür erhielt die Pfarrei 15 Morgen Wald als Ablösung, der abgeholzt und hinterher als Ackerfläche genutzt wurde. Den Holzerlös behielt sich die von Schadsche Gutsverwaltung vor. Diesen Handel bestätigte am 27. August 1852 das bischöfliche Ordinariat, und Stuttgart gab seine Genehmigung am 13. September 1852.

Wie verhielt es sich nun mit den Einnahmen der Pfarrei vor und nach 1848 ?

Einnahmen	bis 1848 Reinertrag in Geld		nach 1851 Zins und Tilgung	
	fl	kr	fl	kr
Klein- oder Brachzehnt	493	15		
Blutzehnt	9			
	502	15	563	53
Groß- und Kleinzehnt auf 16⁵⁄₈ Morgen	20	46	24	13
Heu- und Krautzehnt	22	22½	26	3
Erbsen- und Linsenzehnt	140	–	147	40
Holzzehnt (¹⁄₃ aus 16 Morgen)	2	28	2	52
	687	51½	764	41

Nicht berücksichtigt sind bei diesen Einnahmen der Graszehnt und der Holzzehnt des Spitals bzw. des Herrn von Schad, da diese auf einmal bzw. auf andere Art und Weise abgelöst wurden (der jährliche Zehnt aus den Schadschen Wäldern betrug immerhin 100 Gulden). Zudem bezog die Pfarrei auch noch Gelder von auswärtigen Pflichtigen.

Die Pfarrei Ringingen bezog also recht ansehnliche Einnahmen aus ihren Zehntrechten! Nach drei Jahren ohne feste Einkünfte – man mußte sich mit Abschlagszahlungen begnügen – stiegen die Jahresraten zwischen 1851/52 bis 1873/74 sogar noch an, doch danach versiegten sie ganz – und der Staat mußte andere Geldquellen zur Versorgung der Kirche finden.

Am 23. September 1851 ließ die Pfarrei Erbach ihre Zehntrechte auf Ringinger Markung ablösen. Sie bezog den Groß- und Kleinzehnten auf 94 3/8 Morgen Acker im Breitenlau und auf 7 3/8 Morgen zu Weiherhausen, Markung Niederhofen. Zehntpflichtig waren elf Besitzer aus Ringingen. Das

Ablösekapital von 2065 fl 35 kr, dessen Verzinsung am 1. Januar 1851 begann, beglichen die Pflichtigen in 23 Jahresraten zu 139 fl 4 kr. Dieser Betrag war von dem am 23. September 1851 verpflichteten Träger Libor Ott zu Ringingen kostenfrei an die Pfarrstelle Erbach zu entrichten. Auch diese Belastung wurde in das Güterbuch nach dem Steuerfuß eingetragen.

Die katholische Pfarrstelle Altheim folgte am 18. Oktober 1852. Sie bezog den Groß- und Kleinzehnt aus 19 6/8 Morgen Äckern auf den Haiden. Der errechnete Rohertrag von 1836 bis 1847 betrug 31 fl 40 kr jährlich, nach Aufrechnung aller Fakten verblieb ein Ablösungskapital von 493 fl 58 kr, zahlbar in 22 Jahresraten zu 34 fl 12 kr, die ebenfalls umgelegt wurden.

Etwas ungewöhnlich war die Zehntablösung gegen Eitel von Schad in Ulm, da der Zehnt eigentlich ein Privileg kirchlicher Einrichtungen (Klöster, Pfarreien) oder Stiftungen (Heiligenpflege, Universität) war (woher dieses Zehntrecht rührt, ist noch nicht geklärt). Bezugsberechtigt war Herr von Schad von einem »fixierten öschlichen Groß- und Kleinzehnt aus elf Jauchert oder jetzt 18 3/6 Morgen Äcker im Hagen, welche früher Sigmund Unsöld[23] besessen, nun aber in zehn Händen sind«.

Schultheiß Josef Walter hatte den dazugehörigen Hof (nachmals die »Linde«) schon früher für seinen Sohn Martin für 394 fl 8 kr erworben, die er in zehn Jahresraten zu 39 fl 40 kr abzuzahlen hatte. Für die Güter wurde ein Ablösekapital von 157 fl 49 kr errechnet, das abzutragen war in 23 Jahresraten von 10 fl 37 kr 2 Pf. Als Träger dieses Ablösungszehnts wurde Matthias Settele aufgestellt, der kostenfrei an den Berechtigten in Ulm bezahlen mußte. Aufgebracht wurden Zins und Tilgung durch Umlage auf die Grundstücke nach dem Steueraufschlag.

Wie hoch waren nun Gesamt- bzw. Jahresbelastung für den einzelnen Bauern, bis er als freier Mann auf freier Scholle stehen konnte? Nehmen wir als Beispiel wieder Josef Walter, Altschulzes:

		gesamt inkl. Zins		jährlich	
		fl	kr	fl	kr
1837 bezahlt	Fronablösung:		22		
ab 1852	Gült und Gefälle an von Baldinger[24]	2303	2	104	41
	an das Spital Blaubeuren für 4 2/8 Morgen im Breitenlau[25]	127	36	5	48
	an die Pfarrei Ringingen für 1 Morgen obere Wiese[26]	29	–	1	19
ab 1853	Zehntablösung[27] Großzehnt an den Staat[28]	1035	50	47	5
	Klein- und Blutzehnt	347	15	15	32
	Heuzehnt	46		2	
	Erbsen- und Linsenzehnt	86	39	3	46
	Holzzehnt	30	26	1	23
	an Pfarrei Erbach	380	39	16	33
	an Pfarrei Altheim	107	26	4	53
	Gesamt	4515	53	203	–

Bei 17 ha Eigenbesitz war die Jahresbelastung von 203 Gulden recht spürbar. Der durchschnittliche Hektarertrag zwischen 1831 und 1849 lag bei 15 dz beim Dinkel und etwa 10 dz beim Haber. Allerdings war der zur Ablösung zugrundegelegte Preis für Dinkel (ca. 2 fl 20 kr/dz) und für Haber (ca. 1 fl 33 kr/dz) der niedrigste in den obengenannten 19 Jahren. Da die Gült zum letzten Mal Martini 1847 und der Zehnt Martini 1848 entrichtet worden war, hatten die Bauern gerade in den Krisenjahren keine Abgaben zu bezahlen. Zwar wurde dieser Ausfall danach bei vier Prozent Zins zum Kapital geschlagen, doch das Sechzehnfache auf 22 bis 23 Jahre prolongiert. Die Belastung stieg trotzdem an – wegen der Zinsen, die in 23 Jahren bezahlt werden mußten! Doch wuchsen die Erträge in den folgenden Jahren bis zu 100 Prozent, weil mit Hilfe des (Kunst-)Düngers der jeweilige Brachösch angebaut werden konnte; zudem löste der ertragreichere Weizen allmählich den Dinkel ab. Die Preise zogen infolge der erhöhten Nachfrage aus den Städten (Beginn der Industrialisierung) an und stagnierten erst wieder kurz vor der Jahrhundertwende, als schnelle Segelschiffe, die Weizen-Klipper, billigeres Getreide aus Australien und Amerika nach Europa brachten.

Walter hatte also ca. 200 Gulden pro Jahr Ablöse zu bezahlen. Welchen Gegenwert hätte er dafür erhalten können? Welche Belastung bedeutete diese Summe für den Hof?

Ein Knecht verdiente um 1850 bei freier Kost und Unterkunft zwischen 80 und 120 Gulden im Jahr. Legt man diesen »Nebenkosten« den gleichen Betrag zugrunde, so kostete ein Knecht den Bauern eben jene 200 Gulden im Jahr! Ein Handlanger bekam zwischen 36 (winters) und 40 kr (sommers) pro Tag, im Jahr etwa 195 Gulden, womit wir wieder bei den Kosten für einen Knecht wären.

Ein zweipfündiges Weißbrot[29] (reines Kernbrot) kostete sechs Kreuzer; dafür bekam man auch ein dreipfündiges Roggenbrot. Zehn Doppelzentner Kerner wurden etwa aus einem Hektar Dinkel geerntet, was einem Ertrag von ca. 65 Gulden entspricht (Dinkel hat etwa ein Drittel Abfall an Spreul, kann aber nur als Dinkel gelagert werden, da die Kerner – das Korn – binnen vier Wochen gemahlen werden müssen, weil diese sonst sauer werden). Drei Hektarerträge aus Dinkel also mußte unser Bauer Walter an Abgabegeldern begleichen – geschenkt wurde den Bauern nichts, auch wenn sie vorher noch etwas mehr an Gült- und Zehntabgaben zu leisten hatten. Daß die »Bauernbefreiung« auch in Ringingen zu etwas mehr Wohlstand führte, zeigt vor allem die rege Bautätigkeit, die nun einsetzte: Die Wohnhäuser wurden modernisiert, vor allem aber wurden neue Ställe gebaut, was einen zahlenmäßig höheren Viehbestand ermöglichte und damit auch Mast- und Milchwirtschaft. Ab 1867 gab es sogar eine Käserei in Ringingen.

1 *STAL*, F 156, Bü 1.
2 *STAL*, F 156, Bü 17.
3 *STAL*, F 156, Bü 6.
4 *STAL*, F 156, Bü 6.
5 *STAL*, F 156, Bü 6.
6 *STAL*, F 156, Bü 4, S 3.
7 *STAL*, F 156, Bü 6.
8 *STAL*, F 156, Bü 6.
9 *Wolfgang von Hippel*, Die Bauernbefreiung im Königreich Württemberg (Forschungen zur deutschen Sozialgeschichte, Bd. 1), Bd. 2, Boppard 1977, S. 132.
10 *STAL*, F 156, Bü 17.
11 Bestandgeld bedeutet, daß jeder Lehensmann diesen Betrag bei der Überlassung eines Fallehens entrichten mußte. Bei einem Erblehen war »nur Auf- bzw. Abfahrt« zu bezahlen.
12 *STAL*, E 203/I, Bü 1565.
13 Vgl. *Ernst Müller*, Kleine Geschichte Württembergs, Stuttgart 1963, S. 187.
14 *STAL*, F 41, Bü 124.
15 *STAL*, F 156, Bü 17.
16 »Trägerei«: der Grundherr wollte nur einen Ansprechpartner bzw. Verantwortlichen, wenn Grundbesitz aufgeteilt worden war, daher wurde eine Art GmbH gegründet.
17 *STAL*, F 156, Bü 26.
18 *StAB*, Nr. 438.
19 *STAL*, F 41, Bü 124.
20 *STAL*, F 41, Bü 151.
21 *STAL*, F 156, Bü 26.
22 *STAL*, F 41, Bü 108.
23 Wohl eher Simon Unsöld.
24 *STAL*, F 156, Bü 17.
25 *StAB*, Nr. 438.
26 *STAL*, F 41, Bü 124.
27 *STAL*, F 156, Bü 26.
28 *STAL*, F 41, Bü 108.
29 *Ulb*, Nr. 3 v. 9.1.1849.

Eberhard Kopfmann

Die Ablösung des Zehnten auf der Markung Grimmelfingen

Am Samstag, den 8. Juli 1848, veröffentlichte das Kgl. Oberamt Ulm eine »Verfügung des Ministeriums des Inneren, betreffend den dießjährigen Zehntbezug«[1]. Die Grimmelfinger Bauern erfuhren durch diese Zeitungsbeilage, daß auch in Grimmelfingen die Ablösung des Zehnten geplant und in Vorbereitung war. Dieser Schritt war seit langem erwartet, denn bereits 1817 war er angekündigt und 1836 waren die Beden und Fronen abgelöst worden. Am 14. April 1848 wurde unter dem Eindruck der revolutionären Ereignisse sehr rasch das Gesetz »betreffend die Beseitigung der auf dem Grund und Boden ruhenden Lasten« verabschiedet[2]. Diese Lasten wurden allgemein als Gülten bezeichnet.

Ein Jahr später erschien dann das Gesetz, das die Zehnten ablösen sollte[3]. Dieses Gesetz bildete den Schlußpunkt einer Entwicklung, während der die Bauern aus leibeigenen Lehensträgern zu freien Bürgern und Eigentümern ihrer Höfe wurden. Das Gesetz bestand im wesentlichen aus folgenden Punkten:

1. Von den Zehntabgaben, die meist Naturalabgaben – die Grimmelfinger lieferten Roggen, Gerste, Dinkel und Haber – waren, wurde der Mittelwert der Abgaben von 1830 bis 1847 gebildet.
2. Nach festgesetzten Ablösepreisen wurde alles in Geld umgerechnet. Die Ablöse betrug pro Scheffel Getreide: Roggen: 6 fl 24 kr; Gerste: 5 fl 36 kr; Dinkel: 4 fl; Haber: 2 fl 40 kr. Diese Umrechnung und weitere Teile des Gesetzes begünstigten in mehrfacher Weise die Bauern gegenüber den Zehntberechtigten, wie weiter unten dargelegt wird.
3. Der Bauer bezahlte davon das Sechzehnfache an den Zehntherrn. Für Grimmelfingen war das die Kirchenstiftung Ulm. Die Zehntherren bekamen das Achtzehnfache, der Staat zahlte die Differenz.
4. Für die Ablöse gab es nach dem Gesetz drei Möglichkeiten:

a. Der Zehntpflichtige löste direkt beim Grundherren ab. Nur wohlhabende Bauern waren dazu imstande. In Grimmelfingen war nur ein Bauer dazu in der Lage: Landwirt Rabus löste seine landwirtschaftlichen Flächen ein für allemal ab. Er bezahlte an die Pfarrei 247 Gulden[4]. Daraus kann errechnet werden, daß die Gesamtablöse seiner Grundstücke auf Grimmelfinger Markung etwas über 1000 Gulden betrug.
b. Die Gemeinde übernahm die Ablöse im Namen des Pflichtigen. Für Grimmelfingen kam das bei der Armut der Gemeinde nicht in Frage.
c. Der Staat bot mit seinem Ablösekapital Kredit an. Man durfte bei vier Prozent Zins in 25 Jahren tilgen.

Als Stichtag war der 1. Januar 1849 gewählt worden. Es dauerte also bis 1874, bis die Ablösungszahlungen zum Abschluß gekommen waren. Einerseits mußten die Bedenken der Grundeigentümer ausgeräumt und überwunden werden, andererseits war, wie das Beispiel Grimmelfingen zeigt, Aufklärung nötig, um die Bauern »zu ihrem Glück« zu überreden. So wurde z. B. in Grimmelfingen, das diesbezüglich, wie aus der Abrechnung ersichtlich, zu den letzten gehörte[5], das Verfahren offiziell erst 1851 eingeleitet und am 26. September 1851 zum Abschluß gebracht. Die Grimmelfinger waren demnach 23 Jahre mit der »Ablöse« beschäftigt.

Über die Bedeutung und Folgen der Ablösung für eine kleine Gemeinde wie Grimmelfingen soll im folgenden berichtet werden.

Am 17. Juni 1849 erschien das Gesetz zur Zehntablösung[6]. Schon am 27. Juni forderte das Ulmer Oberamt die Ortsvorsteher auf, bis zum 9. Juli »das Erforderliche einzuleiten ... und zu berichten«[7]. Aus Grimmelfingen liegt die entsprechende Meldung jedoch erst vom 2. September 1849 vor. Das Gemeinschaftliche Unteramt – Pfarrer Dieterich[8] und Schultheiß Frey – schrieb an das Kgl. Oberamt u. a., »daß bis jetzt keine für hiesigen Stiftung oder Pfarrei zugehörigen Gefälle oder Zehnten zur Ablösung angemeldet wurden«[9]. Schultheiß Frey erklärte am 22. November 1849 die Gründe: »inbetreff deß Zehntablösung, nach aufforderung deß Donau-Anzeiger Nro. 90[10] der auf Markung Grimmelfin-

Abb. 51: Getreidemaße um 1850.

1 Ecklein = 0,7 Liter   1 Achtel = 2,8 Liter   1 Simri = 22,2 Liter

gen zu entrichtete Zehnte, wurde von 6 Mitglieder von Grimmelfingen an die Kirchenstiftungspflege Ulm Jährlich abgerechnet. keine weitere Zehntberechtigte sind nicht aufzufieren außer der Kirchenstiftungspflege Ulm. befor erklährten sich sämtliche Zehntpflichtigen nicht Ablößen zu wollen, weil ihnen schon bedeutende Zahlungen durch die Gültablößung zu bestreiten haben. sollte es zur Ablößung erforderlich sein oder werden, so bittet man einer gnädigest Amtlichen Mittwürkung.«[11]

Die Behörde hakte nach, denn der Brief kam umgehend zurück mit der Anmerkung: »Dieser Brief ist unvollständig. Es muß umgehend noch angegeben werden: 1. die Art des Zehnten, ob Groß- oder Klein Zehent. 2. zu wieviel Morgen es umfaßt und wieviel hierin Äcker, Wiesen seien.«[12]

Am 30. November 1849 berichtete daraufhin der Schultheiß an das Kgl. Oberamt: »Die Markung Grimmelfingen ist Zehntbar im Großzehnten mit 589 3/8 Morgen daran die Kirchenpflege Ulm, die Pfarrey Grimmelfingen 1/4. Kurzer Zehnten Kirchenpflege Ulm allein mit 73 5/8 Morgen. Krautzehnten ebenso mit 59 Morgen.«

Fast ein Jahr geschah dann offenbar wenig. Schließlich wurde das Oberamtsgericht bemüht, dem der Grimmelfinger Gemeinderat am 15. August 1850 schrieb, »daß die Markung Grimmelfingen zehntbar ist mit groß u. klein Zehnten, zu der Kirchenstiftungspflege Ulm. wobei aber die Kirchenstiftungspflege die Baulasten zu tragen hat, von Kirchen, Pfarrhauß Stadel u. Zehntstadel, rechte Dritter sind keine zu bemerken. weiter ist bericht worden, daß die

Gemeinde ihren Zehnten würklich zur Ablößung nicht anmeldete.«[13]

Damit erfuhr die Behörde endlich vom Umfang der abzulösenden Güter. Die Ablösung selbst wünschte man im Dorfe nicht, auch 1850 noch nicht. Das Kgl. Oberamt ordnete am 12. September 1849 dem Schultheißenamt an, »dafür zu sorgen, daß der Gemeinde= und Stiftungs Etat p. 1849/50 unverweilt hieher vorgelegt werde«[14].

Die Gemeinde kam also mit dem Schuldentilgungsplan der Jahre 1847/48 und 1848/49 nicht zurecht und bat die Kreisregierung um »Dispension«. Diese wurde daraufhin am 9. Oktober 1849 teilweise vollzogen. Es ist zu vermuten, daß die Bürger zunächst ihren Etat in Ordnung bringen wollten, bevor sie sich an den »dicken Brocken« der Zehntablösung wagten. Andererseits hatten die Nachbargemeinden Ermingen und Eggingen, sie gehörten damals zum Oberamt Blaubeuren, schon 1849 die Ablöse beantragt. Sie konnten bereits 1850 Gewinne machen, wie ein Vergleich der Ablöse mit den durchschnittlichen Marktpreisen zeigt[15]:
1850:

	Ablöse pro Sch	mittl. Marktpr. pro Sch	Gewinn	
Roggen	6 fl 24 kr	6 fl 56 kr	32 kr	= 8%
Gerste	5 fl 36 kr	6 fl 9 kr	33 kr	= 9,8%
Veesen = Dinkel	4 fl	4 fl 29 kr	29 kr	= 12%
Haber	2 fl 40 kr	3 fl 47 kr	1 fl 7 kr	= 41%

Im Jahr 1851 zeichnete sich ein noch höherer Gewinn ab: Roggen 40 Prozent, Gerste 63 Prozent, Veesen 56 Prozent und Haber 66 Prozent. Die Erfahrungen der Nachbargemeinden blieben den Grimmelfingern sicher nicht verborgen und scheinen sie überzeugt zu haben. Am 28. Juli 1851 schrieb der Grimmelfinger Gemeinderat an das Oberamt, man sei nun zur Ablösung bereit.

Zunächst gab es noch eine kleine Schwierigkeit: Nach Meinung des Oberamtes berichtete der Grimmelfinger Gemeinderat nicht bürokratisch korrekt genug, denn das Schreiben vom 28. Juli 1851 wurde mit der Aufforderung zurückgesandt, auf »formatmäßigem Papier« zu schreiben und den Bericht in Bälde wieder einzusenden. So geschah es dann:

»Grimmelfingen, den 8. Aug. 1851

Die unterzeichnete zehntpflichtigen Bürger von Grimmelfingen erklären ihren Wunsch, den an die Kirchenstiftung in Ulm und der hiesigen Pfarrei schuldigen Zehnden ablößen zu dürfen, und wollen die Ablößung hiemit bey dem Königlichen Oberamt angemeldet haben. Zugleich bitten sie um möglichst baldige Entscheidung, ob der Zehnten pro 1851 nicht auch schon in Geld als Abschlagzahlung entrichtet werden dürfe.«[16]

26 Grimmelfinger Bürger unterschrieben. Damit war das gesetzlich vorgegebene Quorum erreicht. Alle Grundbesitzer mußten nun ablösen. Die Behörde hatte es mit den Grimmelfingern eilig, denn schon am 16. August 1851 folgte das Dekret[17]:

»Oberamt Ulm
Gemeinde Grimmelfingen
Darstellung
der nach dem Gesetz vom 17. Juni 1849 abzulösenden Zehntrechte der Kirchenstiftung Ulm auf hiesiger Markung mit 1. Beilagen

§ 1
Auf der Markung hatte die Kirchen Stiftung lt. anliegender Zehndbeschreibung bis dato folgenden Zehnten zu beziehen:

I. den großen Zehnten
a) den s. g. Dorfzehnten zu 9/10tel, das übrige 1/10tel gehört an die Pfarrey. Diesen Zehnten hat die Kirchen Stftung durch den Antrag v. 2 Mai 1827. von dem Staat Württemberg überwiesen bekommen. Nach dem Beschrieb vom Jahr 1847 umfaßt das zehntbare Feld 586 5/8 Morgen.
b) vom s. g. kurzen Zehnten, welcher 73 4/8 Morgen umfaßt, ganz allein.
c) vom s. g. Greut[Kraut] Zehnten, welcher 58 2/8 Morgen umfaßt, ebenfalls allein.
II. den kleinen Zehnten
vom Dorfzehnten zu 8/10tel. von den anderen zway allein, von allen Sorten mit Ausnahme des Klee, welcher in der Brache frey ist[18].

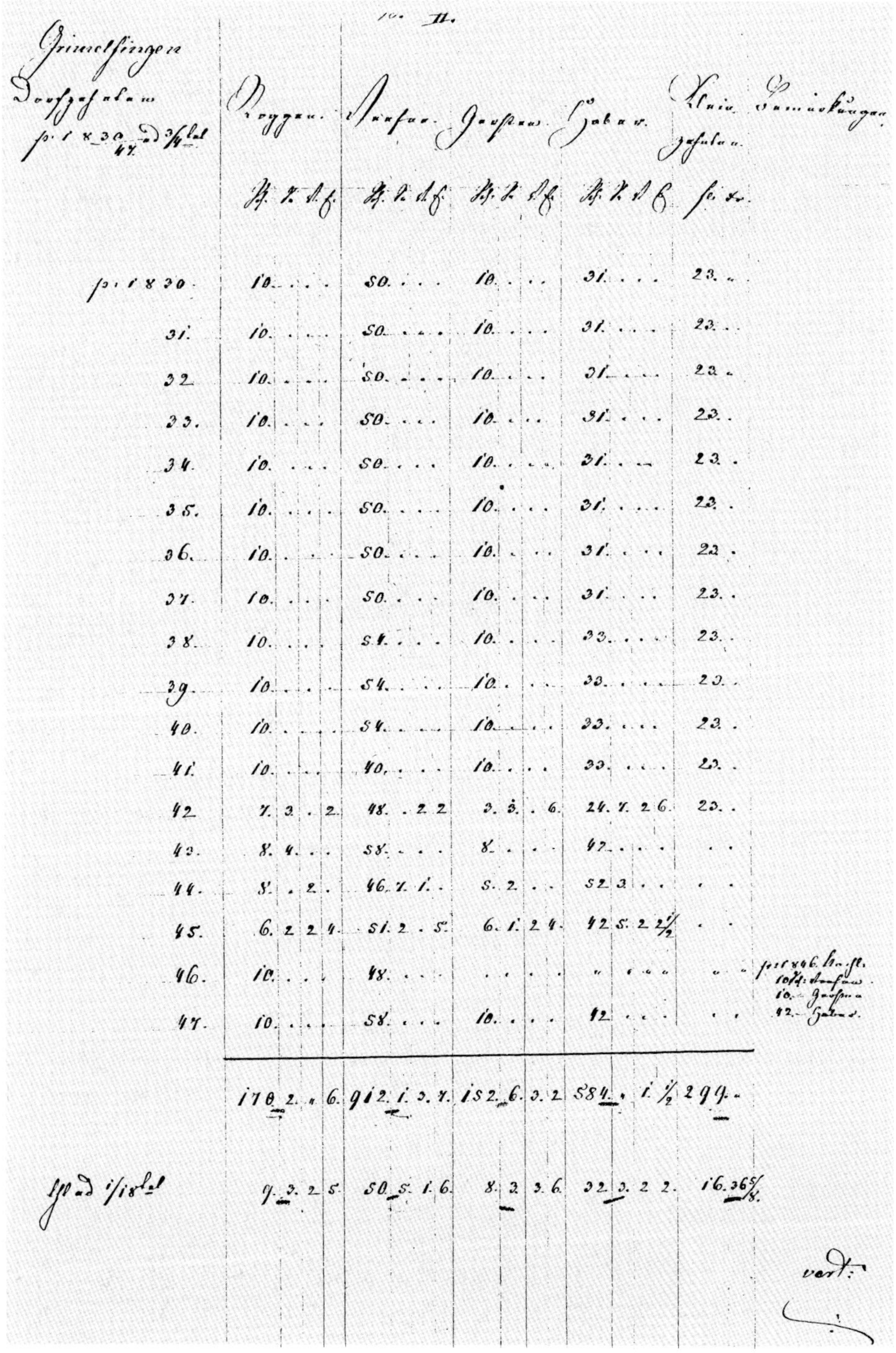

Grimmelfingen Dorfzehnten pro 1830 ad 1847	Roggen	Vesen	Gersten	Haber	Kleine Zehnten
pro 1830.	10.	50.	10.	31.	23.
31.	10.	50.	10.	31.	23.
32.	10.	50.	10.	31.	23.
33.	10.	50.	10.	31.	23.
34.	10.	50.	10.	31.	23.
35.	10.	50.	10.	31.	23.
36.	10.	50.	10.	31.	23.
37.	10.	50.	10.	31.	23.
38.	10.	54.	10.	33.	23.
39.	10.	54.	10.	33.	23.
40.	10.	54.	10.	33.	23.
41.	10.	40.	10.	33.	23.
42	7. 3. . 2.	48. . 2. 2	3. 3. . 6.	24. 7. 2. 6.	23.
43.	8. 4.	58.	8.	47.	
44.	8. . 2.	46. 7. 1.	5. 2.	52. 3.	
45.	6. 2. 2. 4.	51. 2. . 5.	6. 1. 2. 4.	42. 5. 2. 2½	
46.	10.	48.			
47.	10.	58.	10.	42.	
	170. 2. . 6.	912. 1. 3. 7.	152. 6. 3. 2	584. . 1. ½	299.
[illegible] 1/18tel	9. 3. 2. 5.	50. 5. 1. 6.	8. 3. 3. 6.	32. 3. 2. 2.	16. 36 5/8.

pro 1846 [illegible] 10 1/4 Vesen 10 Gersten 42 Haber

vert:

Abb. 52: Abrechnung des Dorfzehnten in Grimmelfingen

§ 2

zum großen Zehnten gehören Waizen, Roggen, Winter- und Sommergerste, Dinkel, Einkorn, Haber.
zum kleinen Zehnten Erbis, Linsen, Wikken, Rüben, Flachs mit Ausnahme des Klee, welcher in der Brache zehntfrey ist.

§ 3

Der Zehnten vom Dorfzehnten besteht von 526 Morgen in dem 10-ten und von 60 5/8 Morgen im 20-ten Theil des Roh Ertrags bey dem kurzen und Krautzehnten aber durchaus in dem 10-ten Theil des Rohertrags[19].

§ 4

[befaßt sich mit dem Pachtvertrag von 1846, der durch das Gesetz hinfällig wurde. Am Schluß wird vermerkt, daß die abzulösenden Zehntleistungen kostenfrei nach Ulm geliefert werden müssen].

§ 5

Die Kirchen Stiftung besitzt im Ort Grimmelfingen einen Zehnt Stadel, welcher den Pächtern gegen die Unterhaltungskosten ohne Pachtzins überlassen wurde[20].
Vorstehende Darstellung beurkundet
Ulm den 17 Aug 1851 Kirchenstiftungsverwaltung.
Dieterich«[21].

Im weiteren folgen Tabellen für den Dorfzehnten einschließlich des Klein- und Krautzehnts, in denen die relevanten Zehntabgaben der Jahre 1830 bis 1847 aufgelistet sind. Anschließend berechnet Pfarrer Dieterich in einer »Darstellung« (Abb. 53 und 54) die Ablöse. Als Beispiel dient uns der Dorf- und Kleinzehnt (Abb. 52). In der untersten Zeile sind die Leistungen von Grimmelfingen über 18 Jahre addiert. Davon wird der 18. Teil genommen und als Jahresablöse festgelegt. In der »Darstellung« werden die Werte »in Geld« umgerechnet und gemacht:

19 Sch 3 Si 2 V 5 E Roggen (à 6 fl 24 kr)	60 fl 31 kr 4 H
50 Sch 6 Si 1 V 6 E Veesen (à 4 fl)	202 fl 43 kr 3 H
8 Sch 3 Si 3 V 6 E Gerste (à 5 fl 36 kr)	47 fl 33 kr 7 H
32 Sch 3 Si 2 V 2 E Haber (à 2 fl 40 kr)	86 fl 31 kr 4 H
Gesamtsumme für den Dorfzehnt	397 fl 20 kr 2 H

Dieses Verfahren wurde auf alle Zehnten angewandt.

Alle Zehnten zusammen ergaben einen jährlichen Wert von 528 fl 24 kr 2 H. Die zwei Heller wurden den Bauern »großzügig« erlassen! Dafür berechnete die Kirchenbehörde weitere 8 fl jährlich. Die Bauern waren verpflichtet, die Frucht »auf den Kasten« zu liefern. Für die Instandhaltung des Zehntstadels mußten die Grimmelfinger jährlich 36 fl 49 kr aufbringen. Dieser Betrag entfiel in Zukunft. Der jährliche Geldwert der Zehntabgaben betrug damit 499 fl 35 kr.

Von diesem Wert mußten die Bauern das Sechzehnfache bezahlen, nämlich 7993 fl 20 kr. Diese Rechnung wurde von der Kirchenstiftungsverwaltung am 26. September 1851 erstellt[22].

Dieser Vertrag wurde auf den 1. Januar 1851 rückwirkend mit den Bürgern abgeschlossen. Er wurde von den Bürgern unterschrieben und vom Kgl. Oberamt am 24. November 1851 bestätigt. In diesem Vertrag wurde ferner festgelegt, daß diese Ablöse in 23 jährlichen Raten von 583 fl 1 kr getilgt werden soll; die erste am 1. Januar 1852, die letzte am 1. Januar 1874.

In dieser Rechnung war, wie schon erwähnt, die Ablöse für die Pfarrei nicht enthalten. Die Ablösung des Zehnten, der der Pfarrei zustand, wurde extra vorgenommen[23]. Der Zehnte bestand im wesentlichen aus dem vierten Teil des Dorfzehnten und betrug im Jahresdurchschnitt 156 fl 32 1/8 kr. Das Sechzehnfache davon waren 2504 fl 35 kr, zu tilgen in 23 Jahresraten zu je 168 fl 34 kr. Die Gesamtablöse belief sich also auf 10 497 fl 55 kr. Die jährliche Tilgungsrate betrug 751 fl 35 kr. Die zehntpflichtige Ackerfläche umfaßte 586,625 Morgen; pro Morgen mußte also eine Ablöse von 17 fl 54 kr bezahlt werden.

Was bedeuteten diese Summen für die zur Leistung Pflichtigen? Zunächst soll dies allgemein an Diagrammen verdeutlicht werden, in denen die Preise, die zur Ablöse zugrunde gelegt wurden, den mittleren Marktpreisen in den Jahren von 1830 bis 1870 gegenübergestellt werden (diese Aufstellung galt für ganz Württemberg). Als Ablöse wurde der Durchschnittszehnt der Jahre 1830 bis 1847 gewählt. Die Diagramme zeigen nun für die Hauptfrüchte, daß der unterste Preis festgelegt wurde[24]. Die Marktpreise lagen zum Teil beträchtlich darüber.

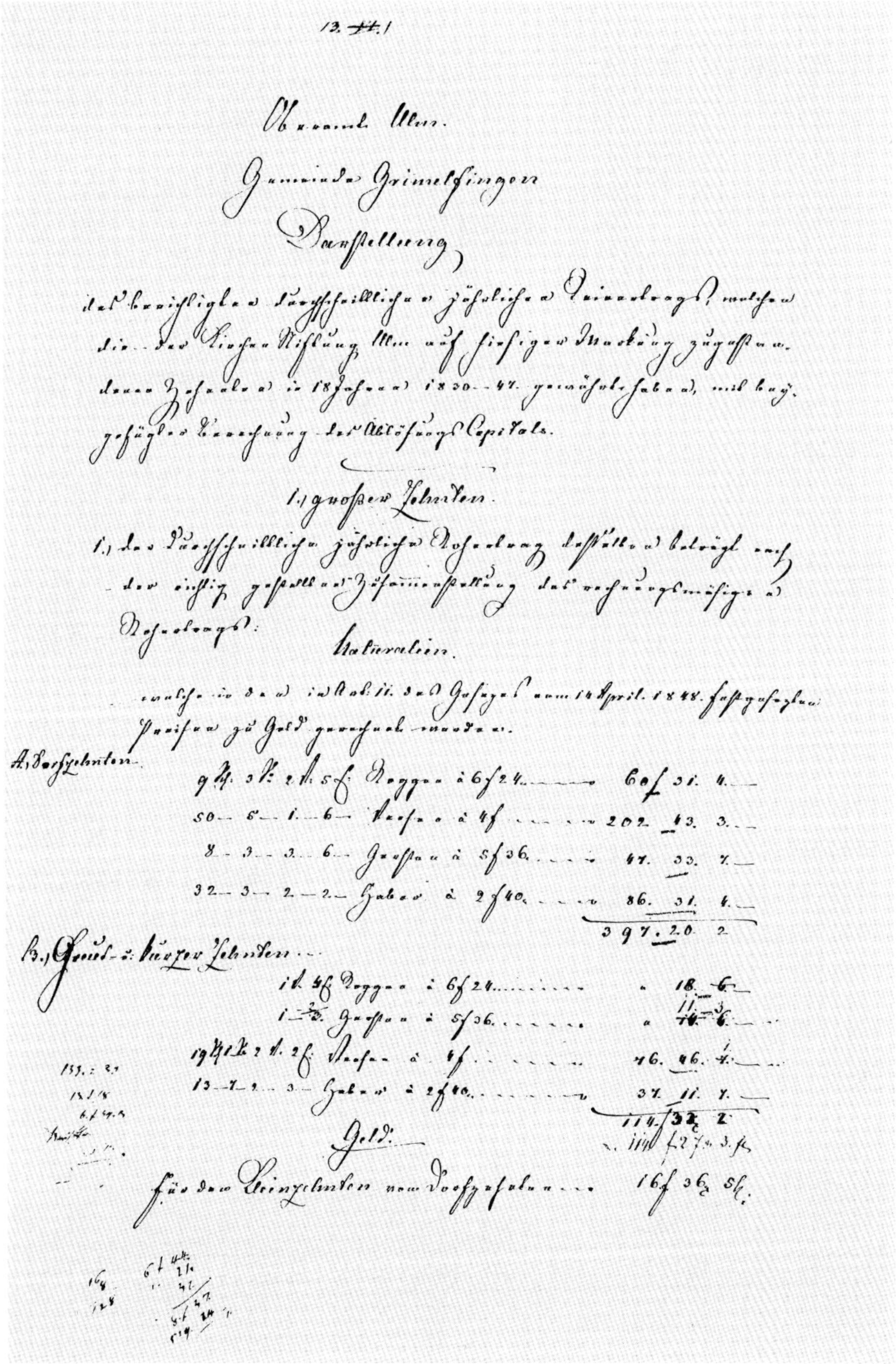

Abb. 53 und 54: Darstellung des Dorfzehnten in Grimmelfingen

Summe des durchschnittlichen jährlichen Lohn-ertrags in Geld
vom Dorfzehnten . . . . 397 f 20 x
hiezu Kleinzehnten 16. 36. 5
                                        ———————
                                        413. 56. 4
dannen
Aufwand auf den Zahlstadel . . . . . . 36. 19. —
                                        ———————
                            Rest . . . 377. 7. 4

ist mit 16 zu Capital . . . . 6034 f 6. —

hiezu bezifferte Posten . . . .

Summe von Creuz- u. kurzen Zehnten . . . . . 114 f 52 x
                           Abzug . . . . . .
ist mit 16 zu Capital . . . . 1839 f 4 x
                                              1831.   20 x
hiezu bezifferte Posten . . . .

Laupheim Ulm den 17 August 1851.

                    Kirchen Pflegschafts Verwaltung
                            Dietrich

479 f 35
500 — 16. — 8000 f
ab 16. 20 — 81. 20
      6. 20
                f 4 x
        7993   4 x

            Rech 26 x
            474 f 40
             60 f 55
              6. 3
                12
                1
            538 f 11

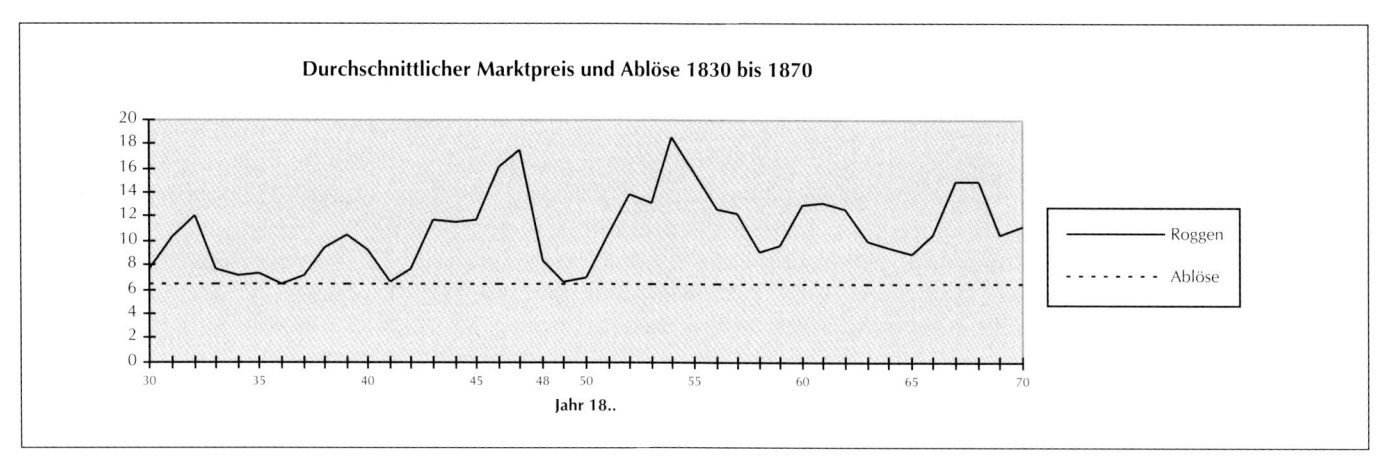

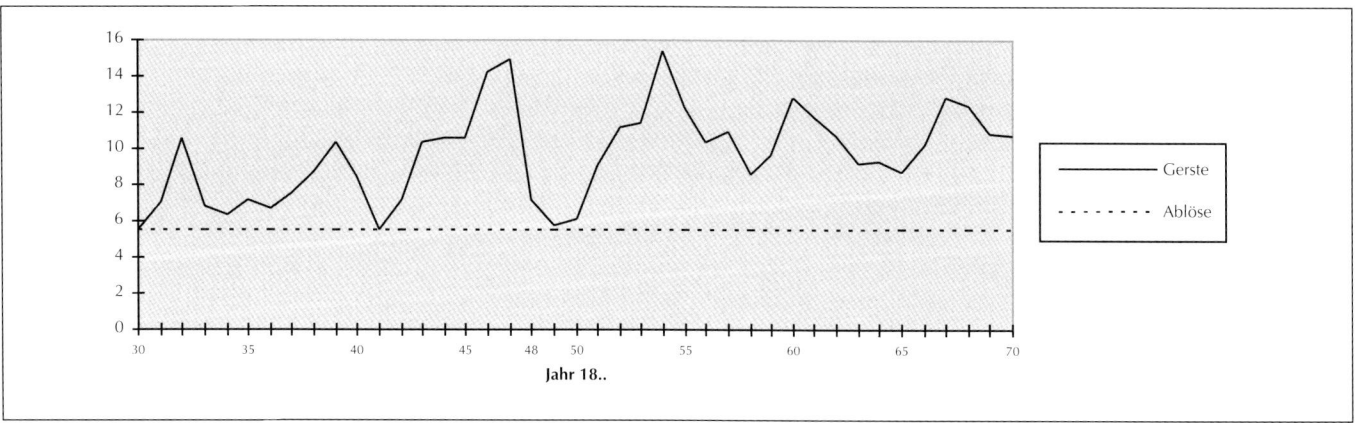

Durchschnittlicher Marktpreis und Ablöse 1830 bis 1870

[Diagramm: Roggen und Ablöse, Jahr 18.., 30 bis 70]

[Diagramm: Gerste und Ablöse, Jahr 18.., 30 bis 70]

Ähnliches gilt für die Jahre nach 1850, in denen die Bauern in Geld ablösen mußten. Auch hier zeigen die Diagramme, daß die festgelegten Summen weit unter den real am Markt erzielten Preise lagen. Deutlich wird, wie die Gesetzgebung die Bauern begünstigte. Nimmt man nun den durchschnittlichen Getreidepreis über 20 Jahre[25], so kann man den wirklichen Geldwert für die im Gesetz festgelegten Naturalabgaben bestimmen. Zu den schon oben aufgeführten Werten müssen die Abgaben für die Pfarrei addiert werden, es ergibt sich dann (auf vier Dezimalen gerundet):

	Ablöse in Sch	durchschnitt. Preis in fl	Geldwert in fl
Roggen	12,6563	12,2233	54,7018
Gerste	11,3568	10,9575	124,4421
Veesen	86,7682	6,8675	595,8806
Haber	57,2057	6,098	348,8575
			1223,8820
			= 1223 fl 53 kr

Wir erinnern uns, daß die jährliche Tilgungsrate 751 fl 35 kr betrug. Der jährliche Gewinn war also 472 fl 18 kr (62,8 Prozent). Die Grimmelfinger ließen sich also beträchtliche Gewinne entgehen. Außerdem hatten sie im Gegensatz zu denjenigen, die sofort abgelöst hatten, für die Tilgung der Schuld zwei Jahre weniger Zeit.

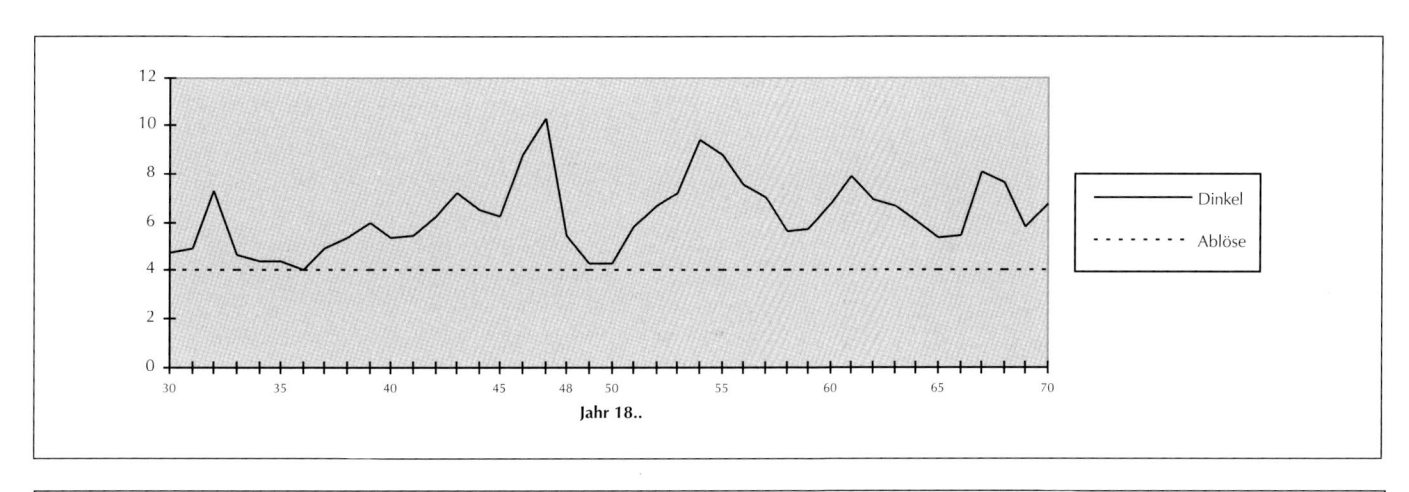

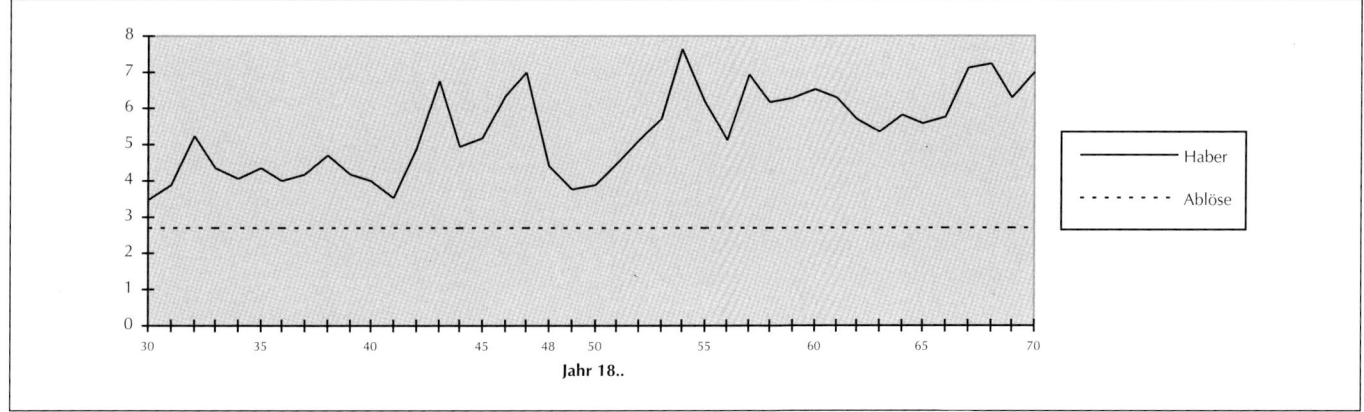

Für die Kirchenstiftung Ulm war die Ablösung ein herber Verlust. Zur Erinnerung wird darauf hingewiesen, daß die Zehntabgaben von 1830 bis 1847 zur Festlegung der Ablöse herangezogen wurden. Dabei wurden die niedrigen Abgaben der schlechten Jahre berücksichtigt, nicht aber die damit verbundenen höheren Preise. Dies ging auf Kosten der Lehensherren. Der Staat legte also in Grimmelfingen ca. 1000 Gulden dazu, so daß die Kirchenstiftung etwa 8990 Gulden erhielt. Wären bei der Festlegung der Ablöse nicht nur die durchschnittlichen Jahreszehnten von 1830 bis 1847, sondern auch die jeweiligen Jahresdurchschnittspreise berücksichtigt worden, dann hätte die Stiftung ca. 14 060 Gulden erhalten. Der Verlust betrug somit ungefähr 5070 Gulden.

Der ehemalige Ulmer Bürgermeister Wolbach[26] stellte diese Problematik in einer Eingabe an die Regierung im Dezember 1848 dar. Er sah richtig vorher, daß diese Verluste durch die zu erwartenden Preissteigerungen erhöht würden. Dazu paßt eine Eingabe des Stadtrats und des Bürgerausschusses der Stadt Blaubeuren, die sich gegen die ihrer Ansicht zu niedrigen Ablösepreise wandte. Die Verantwortlichen sahen daher die Leistungsfähigkeit des Spitals in Gefahr[27].

In der Beschreibung des Oberamts Ulm von 1897 heißt es ebenso lapidar wie korrekt: »Der Monat April (1848) hatte die Ablösung des Zehnten gebracht, was die Ulmer Verwaltungen wie die alten Geschlechter die Hälfte ihrer Jahreseinkünfte kostete.«[28]

Für die Bauern ist noch zu beachten, daß sie neben dem Zehnten auch die Gült abzulösen hatten. Diese Ablösung der privaten Gült wurde ebenfalls vom Staat bei einem Zins von vier Prozent vorfinanziert. Der Zehnt war von Jahr zu Jahr verschieden, da er vom Ertrag abhing, und für alle Grimmelfinger gleich belastend. Im Unterschied dazu war die Gült fest vereinbart und von Hof zu Hof verschieden.

Man kann für die Verteilung der Belastungen einen Durchschnitt angeben. Die Grimmelfinger bezahlten jährlich auf den 30. April für das ganze Dorf 485 fl 25 kr[27]. Für die Zehntablösung war die Tilgungsrate 751 fl 35 kr. Die Ablöse des Zehnten machte somit 61 Prozent und die der Gült 39 Prozent aus.

Wie stark belastete der Ablöseprozeß eine einzelne bäuerliche Familie?

Hierzu dient uns als Beispiel die Gültablösung des Wagnermeisters Jakob Strobel. Strobel betrieb, wie fast alle Dorfhandwerker damals, eine kleine Landwirtschaft und besaß ein Fallehen aus der Hand des Generalmajor von Gaisberg, der über seine Ehefrau, einer Geborenen von Schad, der Lehensherr des Strobel war. Im Ablösevertrag vom 15. Mai 1849 wurde genau aufgezählt, worin dieses Fallehen bestand: aus einem Haus, einer Stallung, Scheune und Wagnerwerkstatt sowie aus Gärten, Äckern und Wiesen. Jährlich zu liefern waren u. a. 100 Eier zu 50 kr, 2 Hennen zu 10 kr, 4 Hühner zu 20 kr und Obst für 2 fl. Insgesamt hatten die jährlichen Abgaben einen Geldwert von 35 fl 14 kr. Das Sechzehnfache davon sind 563 fl 44 k;. dazu kamen für 12 Jahre jährlich 12 fl 14 kr, insgesamt also 146 fl 48 kr. Außerdem mußte er für Schulden Zinsen in Höhe von 28 fl 26 kr bezahlen. Die Gesamtablöse betrug somit 738 fl 58 kr, zu tilgen in 24 Jahren bei vier Prozent. Die jährliche Rate betrug somit 48 fl 28 kr, davon für die Ablösung der Gült 46 fl 36 kr, für die Schuld 1 fl 52 kr. Dazu kam eine Landwirtschaft von ca. 14 Morgen, für die er den Zehnten ablösen mußte. Diese Ablöse dafür betrug etwa 250 Gulden, die er zusätzlich in 23 Jahren mit jährlich 16 fl 50 kr tilgen mußte. Zusammen bezahlte er also jährlich über 65 Gulden – eine bedeutende Summe, die dem Verdienst eines Gesellen in knapp fünf Monaten entsprach[30].

Vergleichen wir die Ablöse dieser Gült mit der eines Bauern. Strobel mußte für die Ablöse der Gült dagegen nur 72 Prozent und für die Ablöse des Zehnten 38 Prozent aufbringen. Zu vermuten ist, daß diese Ungleichheit politisch gewollt war:
1. Handwerker wurden stärker belastet als Bauern.
2. Große Äcker brachten bei der Ablösung des Zehnten mehr als bei der der Gült. Die Kirchenstiftung war damit den privaten Grundeigentümern gegenüber bevorzugt.

1 *AA* v. 8. 7. 1848.
2 Vgl. *Wolfgang von Hippel*, Die Bauernbefreiung im Königreich Württemberg (Forschungen zur deutschen Sozialgeschichte, Bd. 1), Bd. 2, Boppard 1977, S. 516 ff.
3 Vgl. *ebd.*, S. 524 ff.
4 *LKAS*, A 23/1606.
5 Alle Gemeinden des Oberamts Ulm außer Grimmelfingen, Söflingen, Luizhausen und Reutti meldeten bis zum 15. August 1849 die Zehntablösung an: *AA* v. 15.8.1848. Auf die vermutlichen Gründe, weshalb die Grimmelfinger mit der Ablösung zögerten, wird später eingegangen.
6 *Reg.-Bl.*, Nr. 181 v. 19.6.1849.
7 *AA* v. 30.6.1849.
8 Pfarrer Dieterich war der Beauftragte der Kirchenstiftung Ulm, also der Vertreter des Zehntherren.
9 *STAL*, F 207/I, Bü 53 Grimmelfingen. Zu diesem Zeitpunkt hatten die meisten Gemeinden das Verfahren schon eingeleitet.
10 *AA*, Nr. 90, 1849.
11 *STAL*, F 207/I, Bü 53.
12 *STAL*, F 207/I, Bü 53.
13 *STAL*, F 207/I, Bü 53.
14 *StAU*, B 911/21, Nr.1.
15 Es wurden die mittleren Preise von Ulm verwendet.
16 *STAL*, F 207/I, Bü 53.
17 *STAL*, F 207/I, Bü 53.
18 Der Anbau der Brache wurde von den Bauern vernachlässigt. Schon 1847 beklagte sich ein Landwirtschaftsexperte über diesen Umstand.
19 Es wurden verschiedene Zehnten berechnet. Beim sogenannten Novalzehnten handelte es sich um Äcker, die von den Bauern im Laufe der Zeiten urbar gemacht wurden. Die »Zehnte« dafür war geringer. Diese sämtlichen Zehnten wurden alle Jahre durch einen Pachtvertrag festgestellt. 1846 wurde ein solcher auf sechs Jahre abgeschlossen.
20 Der kleine Zehnte wurde bis 1842 mit 23 Gulden bewertet, dann aber beim Großzehnt eingerechnet. Siehe nachfolgende Tabelle. Dieser Pachtvertrag selbst war zwei Jahre später nur noch Makulatur.
21 Pfarrer Elias Dieterich war der damalige Grimmelfinger Pfarrer. Zusammen mit dem Grimmelfinger Schultheiß bildete er das Unteramt, dem die Abwicklung der Zehntablösung oblag.
22 *STAL*, F207/I, Bü 53, Grimmelfingen, S. 25.
23 *STAL*, F1/90, Bü 166. Der Staat übernahm die Pfarreien, deshalb mußte die Ablöse an das Kameralamt bezahlt werden.
24 Nach Hippel wurden für die Ablöse die Preise des Gesetzes von 1836 genommen.
25 Württembergische Jahrbücher für Statistik.
26 C. L. Wolbach in *Ulb*, v. 12.1.1849.
27 Vgl. *Hippel* (wie Anm. 2), S. 511 ff.
28 Beschreibung des Oberamts Ulm, Stuttgart 1897, S. 188.
29 *STAL.*, F 101a, Bü 160.

Uwe Schmidt

Nach der Revolution

Im Sommer 1849 ging der Traum von Demokratie und Republik, von Freiheit, Gerechtigkeit und Einheit Deutschlands zu Ende. Preußische Truppen und Reichsarmee besiegten innerhalb weniger Wochen das badische Volksheer und besetzten ganz Baden. Die letzten Einheiten der Revolutionsarmee zogen am 11. Juli in die Schweiz ab, und die Festung Rastatt, das letzte Bollwerk der badischen Republik, kapitulierte am 23. Juli 1849. Standgerichte wurden eingesetzt, die mehr als 50 Todesurteile verhängten. Fast 1000 Revolutionäre wurden in den folgenden Monaten angeklagt, Tausende zogen das Exil einem Leben in Unfreiheit und Unterdrückung vor und wanderten aus, meist in die Vereinigten Staaten von Nordamerika. Bis zum 1. September 1852 stand Baden unter preußischem Kriegsrecht. In Württemberg blieben die erhofften revolutionären Erhebungen aus. Die Aufstandsversuche in Heilbronn, im Schwarzwald und in Riedlingen im Juni 1849 waren rasch niedergeschlagen. Nur die Freischar Adolph Majers überschritt Anfang Juli 1849 die badisch-württembergische Grenze bei Donaueschingen und stieß bis Rottweil vor, ehe auch sie die Vergeblichkeit ihres Unternehmens erkennen mußte.

Viele Revolutionäre flohen in die Schweiz, unter ihnen Julius Haußmann, August Becher und Georg Bernhard Schifterling. Die meisten politischen Flüchtlinge kehrten bis 1850 nach Württemberg zurück, andere, wie Schifterling, wanderten in die Vereinigten Staaten aus. Mancher Soldat der Revolutionsarmee, der aus unserer Region stammte, wurde in Rastatt gefangengenommen und im Herbst 1849 nach Württemberg ausgeliefert, wo er meist wegen Hochverrats polizeilich belangt wurde.

Eine Welle der politischen Verfolgung setzte ein. Vor allem demokratische Journalisten sahen sich Untersuchungs- und Gerichtsverfahren ausgesetzt – sah man in ihnen doch eine potentielle Gefahr für die staatliche Ordnung und hoffte, sie durch politische Prozesse mundtot zu machen und ihre bürgerliche Existenz zu vernichten. In Ulm gingen die staatlichen Behörden massiv gegen die Redakteure der liberalen und demokratischen Zeitungen – Friedrich Albrecht, Karl Beyschlag und Ludwig Seeger – vor; gegen letzteren wurden im Sommer und Herbst 1849 gleich zwei Verfahren und ein drittes im Januar 1850 eingeleitet.

Bereits am 18. Juni 1849 bat das Landgericht Illertissen das Oberamtsgericht in Ulm um die Vernehmung Ludwig Seegers, des Redakteurs der gemäßigt demokratischen »Ulmer Schnellpost«, und des Grimmelfinger Schulmeisters Johannes Schäfer, der vor allem auf Volksversammlungen als Redner auftrat. Den beiden Demokraten wurden Hochverrat und Majestätsbeleidigung vorgeworfen, die sie auf der vom lokalen Märzverein einberufenen Volksversammlung in Illertissen am 22. Mai 1849 begangen haben sollen[1]. Auf der Versammlung, auf der eine Petition an die Ständekammer und bayerische Regierung zum Zwecke der Einführung der Reichsverfassung und Grundrechte beraten und beschlossen wurde, nahmen überwiegend Bauern aus der Umgebung Illertissens teil. Den Verhörprotokollen zufolge fand Schäfer recht deftige Worte über den preußischen König. Dieser sei ein Ölgötze und Kartätschenkönig, dessen Preußen- und Königsschädel der deutschen Reichskrone angepaßt und zurechtgehobelt werden müsse. Ludwig Seeger sprach sich nicht offen für eine Republik aus. Er sei eigentlich für eine monarchische Verfassung geneigt, wenn die Fürsten auch etwas für das Wohl ihrer Untertanen unternähmen. Dies sei aber nicht der Fall, wie das Beispiel des Kaisers von Österreich zeige, der zuerst bekannt habe, daß ihm die Wünsche des Volkes am Herzen lägen, dann aber die Russen zu Hilfe gerufen und seine Untertanen fortan Hunde genannt habe. Seeger rief nicht zum bewaffneten Aufstand auf, nannte es aber eine Pflicht des Volkes, sich mit Sensen, Gabeln und Äxten bewaffnet zu verteidigen. Er forderte die Bauern auf, ihre Söhne nicht mehr zum Militärdienst zu schicken und auch keine Steuern mehr zu zahlen, denn wenn die Fürsten kein Geld und keine Soldaten mehr hätten, so könnten sie auch keine Kriege mehr führen[2].

Das Oberamtsgericht Ulm kam dem Wunsch des Landgerichts Illertissen nach, nachdem sich der bayerische Regierungspräsident von Schwaben und Neuburg sich bei König Wilhelm I. beschwert hatte, daß die »württembergischen

Behörden den diesseitigen, in allen auf Einschreitungen gegen politische Wühlereien politischer Flüchtlinge, Aufrechterhaltung der gesetzlichen Ruhe und Ordnung Bezug habenden Maßregeln nicht mit jener Bereitwilligkeit entgegenkommen, welche bei dem gleichmäßigen Interesse der beiderseitigen Regierungen wohl vorauszusetzen wäre.«[3] Am 17. Oktober 1849 wurde Ludwig Seeger zum Verhör vorgeladen. Drei Tage später rechtfertigte Seeger während des Verhörs seine Rede auf der Volksversammlung und sein Eintreten für die Reichsverfassung und die Grundrechte, die seiner Ansicht nach die geeignetsten Mittel gewesen seien, sich der Feudallasten und sonstiger mittelalterlicher Reste zu entledigen. So entschieden er sein Engagement für Reichsverfassung und Grundrechte als legitimes Handeln verteidigte, so entschieden wies er jeden Vorwurf der Majestätsbeleidigung und des Hochverrats als Lüge und Denunziation zurück[4].

Das Oberamtsgericht Ulm führte offensichtlich keine weiteren Untersuchungen gegen Ludwig Seeger in diesem Verfahren durch. Auch das Landgericht Illertissen stellte vermutlich das Verfahren ein. Vielleicht mag dazu beigetragen haben, daß Seeger am 26. September 1849 wegen Beleidigung der württembergischen Staatsregierung zu sechs Wochen Festungsarrest verurteilt worden war.

Das letztgenannte Verfahren wurde bereits am 4. Juli 1849 vom Staatsanwalt des Kriminalsenats des Kgl. Gerichtshofs für den Donaukreis, Graf von Leutrum, mit besonderer Ermächtigung des Justizministers eingeleitet[5]. Das erste Verhör Seegers erfolgte am 16. Juli 1849[6]. Dem Redakteur der »Ulmer Schnellpost« wurde ein Schreiben des Zentralmärzvereins in Frankfurt vorgeworfen, das Seeger in der Nummer 147 vom 28. Juni 1849 veröffentlicht hatte. In ihm verteidigte der Zentralmärzverein die Reichsverfassung als ein über alle Parteien hinweg von der Nation geschaffenes Werk und rechtfertigte die revolutionären Aufstände in Baden und in der Pfalz, denn die Gewalt des Volkes gegen die Gewalt herrschsüchtiger Fürsten entgegenzusetzen, wäre geschehen »zum Zwecke des Sturzes des volksfeindlichen Systems der preußischen Regierung und der freudigen Wiedervereinigung aller deutschen Stämme unter den Segnungen der Freiheit.« Weiter hieß es in dem Artikel, daß auch die gewaltsame Sprengung der am 31. Mai nach Stuttgart verlegten Nationalversammlung am 18. Juni 1849 durch das Militär nichts an ihrer Legitimation als Vertretung des deutschen Volkes geändert habe. Nur die Reichsregentschaft habe Anspruch auf die deutsche Reichsgewalt, vor dem jeder Fürst zurücktreten müsse. Der Artikel endete mit den folgenden Worten: »So tue denn jeder in seinem Kreise, was er dazu vermag, daß unsere Feinde nimmermehr zum ruhigen Genusse der schändlichsten Unterdrückung gelangen.« Vor allem in den Passagen »Wenn auch die Stadt Stuttgart sich nicht in Waffen für die Nationalversammlung erhob, so wird doch diese Freveltat die Reife der Vergeltungssaat im Lande der Schwaben beschleunigen« und »Möge das deutsche Volk, nachdem es von seinen Fürsten, sie [die Nationalversammlung] im Herzen tragen und seine Hoffnungen auf eine bessere Zukunft mit deren Bestande erwerben und verknüpfen« sah das Gericht den Tatbestand der Beleidigung der Staatsregierung gegeben.

Seeger bat um einen Aufschub von acht Tagen, um sich über den Inhalt des fraglichen Artikels schriftlich zu äußern. Auch wünschte er zu erfahren, aus welchem Grund das inkriminierte Schreiben des Zentralmärzvereins zum Gegenstand einer gerichtlichen Untersuchung wurde. Seiner Bitte um Aufschub wurde entsprochen, nicht jedoch sein Anliegen, sich schriftlich zu verteidigen. So wurde das Verhör am 28. Juli 1849 fortgesetzt.

Ludwig Seeger verteidigte sich mit spitzfindiger Argumentation. In der ersten beanstandeten Passage sah er keinen Aufruf zur Waffengewalt, sondern er dachte eher an eine friedliche Demonstration der Bürgerwehr oder Bürgerschaft für die Nationalversammlung, was in einer »moralischen Weltordnung« möglich sein müsse. Auch könne er keine Beleidigung der Staatsregierung erkennen, da diese nirgendwo erwähnt werde, daher stellte er jedwede Schmähung der Staatsregierung auf das Bestimmteste in Abrede. Bezüglich der zweiten Passage äußerte sich Seeger dahingehend, daß sich ihre Aussage auf jene Fürsten bezog, die die Reichsverfassung nicht anerkannt hätten, und somit keine Beleidigung des württembergischen Königs vorläge, da dieser immer sein königliches Wort gehalten habe.

Die Anklageschrift gegen Ludwig Seeger wurde am 31. Juli 1849 ausgefertigt. Wegen Beleidigung der Majestät des

Königs und Schmähung der Staatsregierung beantragte der Staatsanwalt eine Festungsstrafe von neun Monaten sowie eine Geldstrafe von 90 Gulden[7]. Dem Strafantrag folgte der Kriminalsenat jedoch nicht, verurteilte aber Ludwig Seeger am 4. Oktober 1849 wegen Schmähung der Staatsregierung zu sechs Wochen Festungsstrafe und zu einer Geldbuße von 50 Gulden und sprach ihn vom Vorwurf der Majestätsbeleidigung frei[8].

Nach der Urteilsverkündung bemühte sich Seeger um einen baldigen Haftantritt, zu dem er sich zu jeder Stunde bereit erklärte, damit er sein am 1. August 1849 errungenes Mandat als Abgeordneter für Ulm in der Zweiten Kammer antreten könne. Doch die Antwort auf sein Schreiben vom 19. Oktober, in dem er den sofortigen Vollzug seiner Haftstrafe wünschte, ließ über einen Monat auf sich warten, ohne daß ihm eine Begründung für die Verspätung eröffnet wurde. Am 25. November, einen Tag vor Beginn seiner Haft, wandte er sich über die »Schnellpost« an seine Wähler: »Statt der Landtagsbriefe, die ich Ihnen zu schreiben vor Monaten hoffte, erhalten Sie nun von mir Briefe vom Asperg; statt zum ›Berg‹ [Anspielung auf die ›montagne‹ der französischen Nationalversammlung während der Revolution = Jakobiner] in die demokratische Kammer nach Stuttgart, begebe ich mich in ein Kämmerchen auf dem ›Demokratenberg‹. Ich war ja seit Monaten in dem glücklichen Falle – mochten die Würfel so oder so fallen – einer der beiden Berge blieb mir immer gewiß.«[9]

Ludwig Seeger trat seine Haftstrafe am 26. November 1849 an[10]. Bereits drei Tage später reichte er einen Rekurs auf Wiederaufnahme seines Verfahrens ein und bat nochmals um seine vorzeitige Entlassung bis zu einer endgültigen Entscheidung, damit er an den am 1. Dezember beginnenden Sitzungen der 1. verfassungrevidierenden Versammlung teilnehmen könne[11]. Das Festungskommando Hohenasperg lehnte Seegers Bitte mit dem Vermerk ab, »den Vollzug der gegen Seeger rechtskräftig erkannten Festungsarreststrafe aber unter keinen Umständen ohne Weisung des Justizministeriums zu unterbrechen.«[12] Am 7. Januar 1850 wurde Ludwig Seeger aus der Haft entlassen[13].

Schon drei Tage nach seiner Entlassung wurde der unbequeme Journalist einem erneuten Verhör unterzogen. Wiederum wurde Seeger, der den staatlichen Behörden offensichtlich als besonders gefährlich und politisch unzuverlässig erschien, ein Artikel in der »Ulmer Schnellpost«, der einen Tag vor seinem Haftantritt erschienen war, zum Vorwurf gemacht, und wiederum lautete die Anklage auf Schmähung der Staatsregierung. Es handelte sich dabei um einen in Ulm verfaßten anonymen Aufruf an die Versammlung der 34 Abgeordneten der Volkspartei in Stuttgart am 19. November 1849, an der auch Seeger teilgenommen hatte. Er sei hier zitiert, ist er doch über die harsche Kritik am Ministerium Römer hinaus auch ein Dokument ungebrochener Zuversicht auf eine demokratische Entwicklung im Württemberg der ersten nachrevolutionären Monate[14]:

»Männer des Volks! Mitbürger! Es kann keine Frage sein, wofür Ihr Euch in Folge der willkürlichen, völlig ungesetzlichen Abänderung des Ständeeids entscheidet. Das Ministerium hat Euch mit einem Fußtritt von dem Hause, wo Euch durch das Volk der Kreis des Wirkens geöffnet war, weggestoßen, noch ehe Ihr die Schwelle desselben überschritten. Der Fußtritt galt zunächst Euch, aber das Volk fühlte sich von demselben getroffen. Es ist nicht die erste Verhöhnung und Mißhandlung, die das Volk erfahren mußte. Haben doch Männer, in denen es einst die mutigsten und redlichsten Kämpfer für die Volksrechte verehrte, in unseliger Verblendung sich von ihm abgewendet, weiß doch der Mann [Friedrich Römer], den es einst als gefeiertsten Volksfreund mit dem Ehrenkranz schmückte, den es im März 1848 mit dem unbegrenztesten Vertrauen an die Spitze der Regierung stellte, heute kein größeres Verdienst sich anzueignen, als ›daß ihm die Gunst des Volkes gleichgültig sei‹. Stehet fest Männer des Volks! Je maßloser die Willkürherrschaft, desto besonnener Eure Haltung! Auf Euch blickt das viel verkannte und verachtete Volk als auf seine Retter im heißen Drang der Not. Ihr werdet das Gewicht Eures Berufes nicht verkennen, damit Ihr Euch den Ernst wahret, dessen Ihr im heiligen Kampfe für Freiheit und Recht bedürfet ... Ihr werdet nicht wegwerfen das Vertrauen zur guten Sache, die endlich doch den Sieg erringt ... Wohl mag noch mancher Kämpfer, die edelsten vor allen, als Märtyrer in dem Kampfe für die höchsten Güter fallen; aber vergeßet nicht, daß die Geschichte Euch in die Tafeln einzeichnen wird, bevor die Besten unseres Geschlechts, mit dem unverwelklichen

227

Kranz des Nachruhms geschmückt, in den Herzen des Volks fortleben, während sie die Verblendeten der Vergeßenheit übergibt und die Schlechten zum warnenden Beispiel neben Ephialtes und Segestes hinstellt.«

Den strafverfolgenden Behörden ging es nicht nur darum, Ludwig Seeger gerichtlich zu belangen, sondern auch in Erfahrung zu bringen, wer der oder die Verfasser des Aufrufs waren und welche der Abgeordneten seine Veröffentlichung befürwortet hatten. Seeger nannte keine Namen; zum einen kannte er sie nicht, zum anderen konnte er sich nicht mehr daran erinnern, welcher seiner Abgeordnetenkollegen für eine Veröffentlichung eintrat. Seeger suchte sein Heil darin, daß er lediglich die Pflicht gehabt habe, ein Schriftstück, das die Stimmung des Volkes wiedergab, zu veröffentlichen. Auch Römer müsse seiner Ansicht nach bestraft werden, wenn er, wie geschehen, an ihn gerichtete, anonyme Schreiben gefährlichen Inhalts veröffentliche[15].

Am 5. April 1850 beantragte der Staatsanwalt beim Kriminalsenat des Kgl. Gerichtshofs für den Donaukreis in Ulm, Graf von Leutrum, »gegen den Redakteur der Ulmer »Schnellpost«, Dr. Ludwig Seeger, wegen Beleidigung der Staatsregierung [zu] erkennen und demzufolge denselben zur Aburteilung vor den Schwurgerichtshof dahier [zu] verweisen.«[16] Der Kriminalsenat verurteilte Seeger am 17. Mai 1850 wegen eines Rückfalls in gleichem Vergehen – Beleidigung der Ehre der Staatsregierung – wiederum zu sechs Wochen Festungsarrest und 50 Gulden Geldbuße[17]. Vom 5. Juli bis 16. August 1850 saß Ludwig Seeger seine zweite Haftstrafe auf dem Hohenasperg ab[18].

Dem Redakteur der radikaldemokratischen »Ulmer Donau-Zeitung« Karl Beyschlag wurden gleich drei Artikel zum Vorwurf gemacht. Zwei Berichte setzten sich kritisch mit der militärischen Zerschlagung der Heilbronner Demokratiebewegung Anfang Juni 1849 auseinander, der dritte stammte aus (Schwäbisch) Gmünd und trug den Titel »Im Namen mehrerer Turner von Schwaben«[19]. Das Verfahren gegen Beyschlag wurde am 27. Juli 1849 eingeleitet[20], das Verhör folgte am 6. September 1849. Beyschlag lehnte jede Verantwortung für den Inhalt des Artikels aus der Nummer 135 ab, da es sich um einen Korrespondenzartikel gehandelt habe, den er nicht verfaßt, sondern lediglich abgedruckt habe. Auch der Schreiber des Artikels, der Redakteur des Stuttgarter »Tagblatts« Paul Gauger, wies jede Verantwortung mit der Begründung ab, daß Änderungen vorgenommen worden seien, was im übrigen das gute Recht einer jeden Redaktion sei. Auf diesen Einwand hin betonte Beyschlag, sich an keine Änderungen erinnern zu können, auch die ihn belastende Titulierung Römers mit »Staatsrömer« stamme nicht von ihm[21].

Es half nichts. Karl Beyschlag wurde im Herbst 1849 »wegen durch Druckschriften begangener fortgesetzter Aufforderung zum Aufruhr« zu sechs Monaten Festungshaft sowie zur Ausweisung aus Württemberg auf fünf Jahre verurteilt[22]. Nachdem dem aus Nördlingen stammenden Journalisten auch im Königreich Bayern die Aufenthaltsberechtigung entzogen worden war, entschloß sich Karl Beyschlag 1851, in die Vereinigten Staaten auszuwandern. Dort fand er bei verschiedenen Zeitungen in Indianapolis Beschäftigung. Während des amerikanischen Bürgerkrieges(1861–1865) diente er als Feldgeistlicher im 28. Ohio-Regiment. Später gab er den »Mississippi Schulboten« in St. Louis heraus. Das Todesjahr des 1816 geborenen Karl Beyschlags ist nicht bekannt[23].

Auf die Anzeige des Gymnasiallehrers Christian Friedrich Eberhard Burger leitete das Oberamtsgericht Ulm Ende Juni 1850 eine Untersuchung gegen den deutschkatholischen Prediger und Redakteur der »Ulmer Schnellpost« Friedrich Albrecht ein. Albrecht wurde zum Vorwurf gemacht, am 16. und 17. Juni 1849 zum gewaltsamen Aufruhr aufgerufen zu haben[24]. Als am 16. Juni 1849 das in Ulm stationierte 3. Infanterieregiment nach Riedlingen ausrücken sollte, um dort Unruhen niederzuschlagen, entzündete sich der Protest der Ulmer Demokraten, denen es darum ging, ob württembergische Truppen zur Aufstandsbekämpfung eingesetzt werden dürften, und die eine nichtwürttembergische Festungsbesatzung als Ersatz für die württembergischen Truppen entschieden ablehnten. Weder eine Volksversammlung noch eine beim Gögglinger Tor errichtete Barrikade, die aus einem herbeigeholten Heuwagen bestand, konnten das Militär am Abmarsch hindern[25]. Am folgenden Tag spitzte sich die Situation zu. Eine große Menschenmenge, einem Bericht zufolge vornehmlich Eisenbahnarbeiter, protestierte vor dem Rathaus. Infanterie und

Kavallerie rückten an und sprengten die Versammlung. Schüsse fielen, ein Toter blieb auf der Straße liegen und 23 Personen wurden verhaftet[26].

Friedrich Albrecht sollte zum Hauptverantwortlichen dieser Vorfälle gemacht werden. Die Untersuchungen zogen sich bis in das Frühjahr 1851 hin. Schließlich wurde das Verfahren am 25. Juni 1852 eingestellt[27].

August Becher und Julius Haußmann kehrten im Sommer 1850 aus dem Exil in der Schweiz in die Heimat zurück. Ein Jahr lang blieben sie von der Strafverfolgung verschont, ehe beide im größten Prozeß der württembergischen Rechtsgeschichte mit 147 Angeklagten und 510 geladenen Zeugen[28] vor den Kriminalsenat des Kgl. Gerichtshofs für den Nekkarkreis in Ludwigsburg gestellt wurden. Beide Demokraten wurden in dem im September 1851 eröffneten Prozeß »gegen den vormaligen Rechtskonsulenten August Becher von Ravensburg und Genossen wegen Hochverrats« angeklagt. Konkret wurden ihnen ihre Rolle im Landesausschuß und im Wehrausschuß während der Reutlinger Volksversammlung an Pfingsten 1849 zum Vorwurf gemacht[29]. Am 3. Februar 1852 wurde das Urteil gesprochen. Während Becher überraschenderweise freigesprochen wurde, wurde sein Freund aus Schul- und Studienjahren Haußmann zu 30 Monaten Festungshaft wegen des Verbrechens des Hochverrats vorbereitender Handlungen, der Aufforderung zum Aufruhr und der Aufforderung zur Teilnahme an dem Hochverrat in Baden und in der Rheinpfalz verurteilt; auf den schwerwiegendsten Vorwurf einer hochverräterischen Verschwörung lautete der Wahrspruch auf »Nicht schuldig«. Haußmann erhielt damit die höchste Strafe des Prozesses – nur die noch flüchtigen Demokraten wurden durchweg zu höheren Festungsstrafen verurteilt[30].

Die staatlichen Behörden belegten die in Ulm erscheinenden Zeitungen in den 1850er Jahren mit Zensur und Beschlagnahmungen, aber auch andere Druckschriften, deren Inhalt als politisch gefährlich eingeschätzt wurde, waren von den Zensurmaßnahmen betroffen[31]. Verschiedene Ausgaben der »Ulmer Schnellpost«, deren Druckfahnen vor dem Verkauf den Behörden vorgelegt werden mußten, wurden aus dem Verkehr gezogen. Die Begründungen für die Beschlagnahmungen werfen ein bezeichnendes Licht auf die politischen Verhältnisse während der Reaktionszeit in den 1850er Jahren, wie die folgenden Beispiele zeigen. Ein Artikel schien nach Ansicht des Oberamts Ulm geeignet, »die Staatsregierung durch Erzählung unwahrer Tatsachen zu verleumden, Unzufriedenheit zu verbreiten und aufzureizen«[32]. Ein anderer Artikel stellte gar einen »Schlag gegen das Leben und die Freiheit der Gemeinden und des Volkes«[33] dar, und schließlich gelangte das Oberamt Ulm während des Landtagswahlkampfes 1855 zu der Überzeugung, daß die »Schnellpost« durch die fortgesetzte Verunglimpfung des Kandidaten der Konservativen, des Ulmer-Stadtschultheißen Julius Schuster, die Pressefreiheit mißbrauche[34].

Auch die »Ulmer Zeitung« und die von Friedrich Albrecht herausgegebene »Fackel« litten unter dem wachsamen Auge des Oberamtes. So wies die Regierung für den Donaukreises am 27. Januar 1852 das Oberamt Ulm an, die »Fackel« aufmerksam zu beobachten und zu beschlagnahmen, wenn sie Angriffe auf die Kirche enthalte. Dieses Dekret erfolgte auf Beschwerde der bayerischen Regierung von Schwaben und Neuburg, da »die Tendenz dieses Blattes dahin [gehe], den Katholizismus und den Protestantismus zu untergraben, dagegen dem Rationalismus, insbesondere dem Deutschkatholizismus Eingang zu verschaffen«[35].

Der Status Ulms als Bundesfestung und Garnisonstadt schränkte die freie Pressetätigkeit erheblich ein. Im April 1859 dekretierte das Innenministerium dem Oberamt mit dem ausdrücklichen Hinweis auf die strikte Geheimhaltung dieser Anweisung, daß Zeitungen »sich der Veröffentlichung von militärischen Maßnahmen, welche innerhalb des deutschen Bundesgebiets, insbesondere hinsichtlich der Bundesfestungen, gänzlich enthalten sollten.«[36] Noch zur Mitte der 1860er Jahre beschwerte sich das Festungsgouvernement über entsprechende Berichte der »Ulmer Schnellpost« und wies darauf hin, daß nicht wenige Leitartikel eigentlich verboten gehörten, da »sie die Harmonie und den guten Geist der – dreien Bundesstaaten angehörigen – Besatzungskontingente gefährden«[37].

Nach dem Scheitern der Revolution suchten die Liberalen und Demokraten den eingeschlagenen Weg der Staatsreformen fortzusetzen und konzentrierten ihre Aktivitäten auf die Landespolitik. Ein Gesetz vom 1. Juli 1849 schrieb vor, daß alle Grundfragen der Landesverfassung durch eine verfassungrevidierende Versammlung behandelt werden sollten. Von den 64, in unmittelbarer, geheimer und gleicher Wahl am 1. August 1849 bestimmten Abgeordneten – je Oberamt einen – stellte die »Demokratische Volkspartei« über 40, die gemäßigte »Konstitutionelle Volkspartei« kaum 20 Mandatsträger[38]. In den Oberämtern Ulm, Ehingen und Blaubeuren setzten sich die demokratischen Kandidaten durch: der Ulmer Redakteur Ludwig Seeger, der Vorsitzende des Ehinger Volksvereins Georg Anton Feyl und für Blaubeuren August Becher, der allerdings wegen seiner Flucht in die Schweiz die Wahl nicht annahm (an seine Stelle trat der konstitutionell-liberale Philipp Frank). Bei den Wahlen zur 2. verfassungrevidierenden Versammlung am 19. Februar 1850 verteidigten Seeger und Feyl ihre Mandate; in Blaubeuren gewann der überzeugte Demokrat Karl Nüßle die Wahl. Während bei den Wahlen zur 3. verfassungrevidierenden Versammlung am 20. September 1850 Nüßle einen zweiten Erfolg für sich verbuchen konnte, gewannen im Oberamt Ehingen der konservative Rechtskonsulent Franz Eduard Scheffold und im Oberamt Ulm der Oberjustizrat am Kreisgericht in Ulm, August Walther, die Wahlen[39].

Trotz der Erfolge bei den Wahlen zu den drei verfassungrevidierenden Versammlungen zerfiel das politische Vereinswesen. Die Vereine, dem Druck der Restauration folgend, traten kaum noch in der Öffentlichkeit auf und verloren zunehmend an politischer Bedeutung. Letztmals traten die Volksvereine im Herbst 1849 verstärkt hervor, als sie Gedenkfeiern für das am 9. November 1848 in Wien hingerichteten Mitglieds der Nationalversammlung, Robert Blum, veranstalteten sowie für das allgemeine Wahlrecht und die Unterstützung der politischen Flüchtlinge in der Schweiz agitierten[40]. Das Verbot der Volksvereine am 1. Februar 1852 betraf dann nur noch zehn Vereine in ganz Württemberg[41].

Bis zu ihrem Verbot behinderten die Behörden fortgesetzt die Tätigkeit der politischen Vereine. So geriet der Blaubeurer Arbeiterbildungsverein, erst 1850 gegründet und Mitglied der »Allgemeinen Deutschen Arbeiterverbrüderung«, im Sommer 1851 in Konflikt mit dem Oberamt, als dieses die Herausgabe der Statuten forderte und die Ausstellung von Reiselegitimationen für wandernde Gesellen verbot. Besonders schwerwiegend war für das Oberamt die Tatsache, daß der Arbeiterbildungsverein mit der Zentrale der »Arbeiterverbrüderung« in Leipzig in Verbindung stand[42].

Von den Aktivitäten der Demokraten berichten die Quellen der Archive wenig. Bemerkenswert ist aber der Bericht des Oberamts Blaubeuren von Anfang November 1849, dem zufolge der Blaubeurer Verwaltungsaktuar Zobel, der in Karlsruhe am 5. Juni 1849 gefangengenommen und aus dem Gefängnis ausgebrochen war, in der Gegend von Blaubeuren für eine Revolution im kommenden Frühjahr agitiert habe und geflüchtet sein soll, nachdem man ihm auf die Spur gekommen war[43].

Scheinbar unpolitische Vereine wie Gesang-, Turn- oder Bürgervereine übernahmen in den 1850er Jahren eine gewisse Ersatzfunktion, in denen sich Liberale und Demokraten sammelten. Erst gegen Ende des Reaktionsjahrzehnts suchten sie neue Möglichkeiten politischer Tätigkeit. Als Beispiel für die Fortdauer liberaler und demokratischer Gedanken mag uns Langenau dienen.

Bei der Stadtschultheißenwahl 1855 errangen die Langenauer Liberalen einen beachtlichen Erfolg. Die Regierung für den Donaukreis berichtete dem Ministerium des Inneren, daß diese Wahl »die Gemüter in Bewegung gesetzt [hat], und es ist der dortigen demokratischen Partei, die sich nur auf 24 Leute beschränkt, gelungen, ihrem Kandidaten die Majorität der Stimmen zu verschaffen.« Der demokratische Kandidat, der Oberamtsaktuariatsverweser Klein, erhielt fast zwei Drittel der Stimmen (bei zwei Dritteln wäre er ohne die sonst notwendige Zustimmung der Kreisregierung gewählt gewesen), dennoch bestimmte die Kreisregierung den jungen Johann Friedrich Haug, der die wenigsten Stimmen erhalten hatte, aber ihrer Ansicht nach die »besten Fähigkeiten« besaß, zum neuen Stadtschultheißen[44]. Haug sollte 45 Jahre bis zu seinem Tod im Jahr 1900 Schultheiß von Langenau sein.

Die liberalen Bürger Langenaus fanden sich im »Liederkranz« zusammen, der ersten geselligen Vereinigung Langenaus, die 1858 gegründet wurde. Im Gründungsjahr gehörten dem »Liederkranz« 36 Männer an; sein erster Vorsitzender war der Lehrer G. Honold[45]. Die württembergischen Liberalen nutzten den 100. Geburtstag Friedrich Schillers, der nicht nur als ein großer Dichter gefeiert wurde, sondern auch als ein Symbol der nationalen Einheit galt. Auch in Langenau fand eine Schillerfeier statt, bei der der »Liederkranz« erstmals öffentlich in Erscheinung trat[46].

Liberal gesinnte Langenauer gründeten im November 1859 die deutschkatholische Gemeinde »Eintracht«, die durchaus in Opposition zu den bestehenden politischen Verhältnissen stand und die auch von Liberalen, Demokraten und Personen evangelischen Glaubensbekenntnisses als Organisationsmöglichkeit genutzt wurde. Am 9. November 1859, dem 11. Todestag Robert Blums, versammelten sich wenigstens zehn Langenauer und wählten Johann Jakob Glogger zum Vorsitzenden, Johann Jäger zum Kassier und Johann Georg Aschoff zum Sekretär[47]. Trotz der geringen Mitgliederzahl besaß die deutschkatholische Gemeinde keinen geringen Einfluß im politischen Leben der Stadt, denn drei ihrer Mitglieder saßen im Gemeinderat und sieben im Bürgerausschuß[48]. Stadtschultheiß Haug scheint versucht zu haben, die deutschkatholische Gemeinde verbieten zu lassen, wie sich aus einem Schreiben der Regierung für den Donaukreis schließen läßt, die aber keine Möglichkeit sah, die Vereinigung zu verbieten, da die Statuten des Vereins weder der Bundes- und Landesgesetzgebung widersprächen noch der Verein die öffentliche Sicherheit gefährde[49].

1 *STAL*, E 319, Bü 68, Schreiben des Landgerichts Illertissen an das Oberamtsgericht Ulm v. 18.6.1849.
2 *STAL*, E 319, Bü 68, Auszug aus dem Verhörprotokoll v. 22.5.1849.
3 *HSTAS*, E 9, Bü 117, Schreiben v. 13.10.1849.
4 *STAL*, E 319, Bü 68, Vorladung v. 17.10.1849 und Verhörprotokoll v. 20.10.1849.
5 *STAL*, E 350, Bü 24, Anklageakt v. 31.7.1849.
6 *STAL*, E 350, Bü 24, Verhörprotokoll v. 16.7.1849.
7 *STAL*, E 350, Bü 24, Anklageschrift v. 31.7.1849.
8 *STAL*, E 350, Bü 24, Verhandlungsprotokoll v. 26.9.1849.
9 *USp*, Nr. 276 v. 25.11.1849.
10 *STAL*, E 356c, Bd. 1.
11 *STAL*, E 350, Bü 24, Bitte Seegers an den Kriminalsenat des Kgl. Gerichtshofes für den Donaukreis v. 29.11.1849.
12 *HSTAS*, E 301, Bü 245/2, Schreiben des Festungskommandos v. 18.12.1849.
13 *STAL*, E 356c, Bd. 1.
14 *USp*, Nr. 276 v. 25.11.1849.
15 *STAL*, E 351, Bü 3, Verhörprotokoll v. 10.1.1850.
16 *STAL*, E 351, Bü 3, Schreiben v. 5.4.1850.
17 *STAL*, E 351, Bü 3, Protokoll über die öffentliche Schwurgerichtssitzung am 17.5.1850.
18 *STAL*, E 356c, Bd. 1.
19 *UDz*, Nrn. 133, 135 und 144 v. 12., 14. und 26.6.1849.
20 *STAL*, E 350, Bü 23, Schreiben des Kriminalsenats des Kgl. Gerichtshofs für den Donaukreis v. 27.7.1849.
21 *STAL*, E 350, Bü 23, Verhörprotokoll v. 6.9.1849.
22 *STAL*, E 350, Bü 23, Schreiben v. 23.11.1849.
23 *Anzeiger für die politische Polizei Deutschlands. Ein Handbuch für jeden deutschen Polizeibeamten*, Dresden 1855, S. 232; vgl. *Eitel Wolf Dobert, Deutsche Demokraten in Amerika. Die Achtundvierziger und ihre Schriften*, Göttingen 1958, S. 33 f.
24 *STAL*, E 350, Bü 22, Schreiben v. 25.6.1850.
25 *USp*, Nr. 133 v. 19.6.1849; vgl. *Eckhard Trox*, Bürger in Ulm: Vereine, Parteien, Geselligkeit, in: Hans Eugen Specker (Hrsg.), Ulm im 19. Jahrhundert. Aspekte aus dem Leben der Stadt (Forschungen zur Geschichte der Stadt Ulm, Reihe Dokumentation, Bd. 7), Ulm 1990, S. 213.
26 *HSTAS*, E 9, Bü 108, Bericht des Kriegsministers an König v. 18.6.1849, E 301, Bü 245/2, Bericht der Regierung des Donaukreises an Justizministerium v. 19.6.1849.
27 *HSTAS*, E 9, Bü 108, Schreiben der Regierung des Donaukreises v. 25.6.1852.
28 Vgl. *Hans Maier*, Die Hochverratsprozesse gegen Gottlieb Rau und August Becher nach der Revolution von 1848 in Württemberg, Pfaffenweiler 1992, S. 223.
29 *Anklageakt gegen den vormaligen Rechtskonsulenten August Becher von Ravensburg und Genossen wegen Hochverrats*, o. O. [1851], S. 178 und 181.
30 Vgl. *Maier* (wie Anm. 28), S. 262 f.
31 *STAL*, E 179/2, Bü 286 und 287, F 207/1, Bü 87.
32 *STAL*, E 179/2, Bü 286, Bericht des Oberamts Ulm v. 30.11.1853; *USp*, Nr. 281 v. 1.12.1853.
33 *STAL*, E 179/2, Bü 287, Bericht des Oberamts Ulm v. 15.11.1853; *USp*, Nr. 270 v. 16.1.1854.
34 *STAL*, E 179/2, Bü 286, Bericht des Oberamts Ulm v. 9.12.1855.

35 *STAL*, F 207/1, Bü 87, Schreiben der Regierung für den Donaukreis v. 27.1.1852; dort auch Belege für Beschlagnahmungen der »Ulmer Zeitung« und der »Kirchenfackel«.
36 *STAL*, F 207/1, Bü 87, Schreiben des Innenministeriums v. 6. und 12.4.1859.
37 *STAL*, F 207/1, Bü 87, Schreiben des Festungsgouvernements v. 13.9.1863, 6.12.1864 und 13.7.1865.
38 Vgl. *Günter Cordes*, Württembergischer Landtag, in: Von der Ständeversammlung zum demokratischen Parlament. Die Geschichte der Volksvertretungen in Baden-Württemberg, hrsg. von der Landeszentrale für politische Bildung, Stuttgart1982, S. 138.
39 *Blaumann*, Nr. 62 v. 10.8.1849; vgl *[Karl Viktor] von Riecke*, Verfassung und Landstände, in: Württ. Jbb. 1879, H. 1,S. 53, 55 und 68.
40 *HSTAS*, E 146/2, Bü 1952, Bericht v. 25.4.1850.
41 Vgl. *Werner Boldt*, Die württembergischen Volksvereine von 1848 bis 1852 (Veröffentlichungen der Kommission für geschichtliche Landeskunde, Reihe B Forschungen, Bd. 59), Stuttgart 1979, S. 74.
42 *HSTAS*, E 146/2, Bü 1960, Bericht des Oberamts Blaubeuren v. 24.7.1851, Bericht der Regierung für den Donaukreis an Justizministerium v. 15.8.1851.
43 *HSTAS*, E 146/2, Bü 1930, Bericht des Oberamts Blaubeuren v. 3.11.1849.
44 *HSTAS*, E 146/2, Bü 1956, Berichte der Donaukreisregierung an das Ministerium des Inneren v. 3.6. und 3.7.1855.
45 *LA*, Nr. 8 v. 18.1.1908.
46 *LA*, Nr. 34 v. 29.4.1905.
47 *STAL*, E 207/I, Bü 85, Aktenvermerk o. D.
48 *STAL*, E 207/I, Bü 85, Bericht des Stadtschultheißenamtes an das Oberamt Ulm v. 1.12.1859.
49 *STAL*, E 207/I, Bü 85, Schreiben der Donaukreisregierung v. 20.12.1859.

Jörg Martin

»Die Volkssouverainität ist allein maßgebend«
Das Verhör des Blaubeurer Reallehrers Kasimir Speidel

Reallehrer Kasimir Speidel (1813 – 1898) gehört zu den herausragenden Persönlichkeiten des Blaubeurer Vormärz und der Revolutionszeit. 1840 als erster Reallehrer an die neuerrichtete Blaubeurer Realschule gekommen und Schwager des Löwenwirts Karl Nüßle, beteiligte sich Speidel in den 1840er Jahren bei nahezu jedem Verein oder Initiative. So war er Mitglied im Liederkranz, im Kirchengesangverein, Vorstand in der Lesegesellschaft und Mitglied des Gründungsausschusses der Freiwilligen Feuerwehr. Er war der Motor zur Gründung eines Gewerbevereins, nachdem er schon seit 1842 Jugendlichen ehrenamtlich Gewerbeschulunterricht erteilt hatte[1]. Außerdem war er der örtliche Vertreter des Württembergischen Volksschriftenvereins, der sich die Verbreitung billiger, aber qualitätvoller Literatur unter den einfacheren Bürgerschichten zum Ziel setzte[2]. 1848 beteiligte er sich an führender Stelle im Blaubeurer Volksverein und war Offizier in der Bürgerwehr. Für das Lokalblatt »Der Blaumann« schrieb er in der Revolutionszeit zahlreiche Artikel, die die Blaubeurer über die politischen Vorgänge in Deutschland aufklärten.

Bei so viel Engagement konnte es nicht ausbleiben, daß Speidel bei dem einen oder anderen aneckte. So nutzte ein Blaubeurer Speidels unklares Verhalten während des Gottesdienstes zur Feier des Geburtstages von König Wilhelm I. im Oktober 1849 zu einem polemischen Artikel in der ultrarechten »Ulmer Kronik«, der die vorgesetzte Studienratbehörde veranlaßte, Speidel durch das Blaubeurer Oberamt verhören zu lassen. Das über das Verhör gefertigte Protokoll hat sich in Speidels Personalakte erhalten[3]. Es gibt einen guten Einblick in die Verhältnisse im Blaubeuren der Revolutionszeit und soll daher hier wiedergegeben werden:

Haben Sie an dem Geburtsfeste Seiner Majestät des Königs die Kirche besucht ?

Ich war in der Woche, in welcher das königliche Geburts-

Abb. 55: Kasimir Speidel (1813 – 1898)

fest gefeiert wurde, vom Montag an an Fieber krank. Der Dirigent des Kirchengesangs, Schulmeister Lang, hat mich gleichwohl aufgefordert, an dem Chorgesang in der Kirche theilzunehmen. Ich gieng dann auch wirklich in die Kirche, konnte aber den Chorgesang nicht bis zum Ende mitmachen, weil ich mich wegen Unwohlseyns entfernen mußte.

In welcher Kleidung haben Sie die Kirche besucht?

In einem braunen Überrock mit der Hauptmannskappe, in der Kleidung, in welcher ich die Kirche gewöhnlich besuche.

Es ist dem Königlichen Studienrath zur Kenntniß gekommen, daß Sie am lezten Geburtsfest Seiner Majestät des Königs in einem Ihrer Berufsstellung unangemessenen Anzug bei dem Kirchengesang sich eingefunden, vor der Predigt aber mit politischen Partheigenossen sich aus der Kirche in auffallender Weise entfernt haben.

Ich habe mich nicht mit Partheigenossen, sondern allein aus der Kirche entfernt, und zwar aus dem bereits angegebenen Grunde.

Sie werden aber zugeben, daß Sie die Wahrheit Ihrer Angaben vorausgesetzt besser daran gethan hätten, entweder gar nicht in die Kirche zu gehen oder aber von Anfang an bis zu Ende des Gottesdienstes in der Kirche zu verbleiben, da Ihr Weggehen aus der Kirche als eine Demonstration gegen das monarchische Prinzip angesehen werden konnte, wodurch Sie sowohl bei dem grösseren Publikum als insbesondere auch bei Ihren Schülern Anstoß erregen mußten.

Wenn ich gewußt hätte, daß man mir eine Demonstration gegen das monarchische Prinzip anschuldigen würde, wenn ich vor der Predigt mich entferne, so wäre ich allerdings lieber ganz aus der Kirche weggeblieben. Ich versichere, daß ich, indem ich mich während des Chorgesangs entfernte, eine Demonstration nicht beabsichtigte. Ich assistirte bei dem Chorgesang blos auf ausdrükliches Verlangen des Schulmeister Lang und weil meine Stimme bei dem 8stimmigen Gesang absolut nöthig war.

Sie mußten um so mehr Rüksicht darauf nehmen, durch Ihr Benehmen keinen Anstoß zu geben, als bekanntlich bei dem vorjährigen Geburtsfest Seiner Majestät des Königs der Kirchengesangverein sogar alle und jede Theilnahme an der kirchlichen Feier verweigerte.

Ich wiederhole, daß ich durchaus keine Demonstration beabsichtigte, sondern blos aus Übelbefinden die Kirche verließ. Ich hätte aber so gut auch während der Predigt mich entfernen müßen, wofür ich aber nicht hätte einstehen können.

Auffallend ist aber immerhin, daß auch Ihre Partheigenossen vor dem Beginn der Predigt die Kirche verlassen haben, da nicht anzunehmen ist, daß auch diese wegen Krankheit sich haben entfernen müssen.

Darüber kann ich nichts sagen, ich weiß überhaupt nicht, wer fort ist.

Ihrer vorgesezten höheren Dienstbehörde ist ferner zur Kenntniß gekommen, daß Sie sich an die Spitze einer extremen politischen Parthei gestellt und daß Sie sich an verschiedenen auffallenden Schritten derselben stark betheiliget haben.

Da müßte ich mir zuvor von dem Königlichen Studienrath eine nähere Bezeichnung erbitten, was darunter verstanden wird. Ich bin weder ein Absolutist noch ein rother Republikaner. Zu einer Republik gehören Republikaner und leztere haben wir nicht.

Sie sind bekanntlich Mitglied des hiesigen Volksvereins, waren zum öfteren Ausschußmitglied und Vorsitzender desselben und es ist Ihnen wohl bekannt, daß dieser Verein zu wiederholten Malen eine der Regierung feindselige Stellung angenommen hat.

Ich bin allerdings Mitglied des Volksvereins, war im Ausschuß und Vorsitzender desselben lezteres aber nur in 2 Verhandlungen glaube aber nicht, daß ich mich hierin verfehlt habe. Der Vorstand hat, wie mir bekannt ist, im allgemeinen keine der Regierung feindselige Haltung eingenommen. Nur einmal kam es vor, daß der Volksverein gegen eine Erklärung des Staatsraths Römer über die Tendenz der Volksvereine im allgemeinen Protest einlegte, was man da und dort als ein Mißtrauensvotum angesehen hat.

Es ist aber doch ziemlich notorisch; daß der hiesige Volksverein Tendenzen verfolgte und namentlich über die Orga-

ne der Regierung in einer Weise sich ausgesprochen hat, die die Behauptung, daß der Volksverein eine der Regierung gegenüber feindselige Stellung eingenommen, wohl rechtfertigen.

Es mag dies wohl seyn, aber es ist ja anderwärts auch nicht anders gewesen. Der Geist der Revolution vom Jahr 1848 hat solche Tendenzen hervorgerufen. Warum ist es jezt anders? Es kann aber auch wieder anders und noch viel ärger werden, wenn ein Anstoß dazu kommt.
[am Rande nachgetragen:] Ich will damit nicht sagen, als ob ich wünsche, daß es wieder anders komme.

Sie gelten überhaupt als einer der Verfechter und Vertheidiger des demokratischen Prinzips in der hiesigen Gemeinde und dem Vernehmen nach mit vielseitigem Erfolg. Wie können Sie dies in Ihrer Stellung als Angestellter der Regierung rechtfertigen?

Da habe ich, indem man dies höheren Orts anerkennt, eine Ehre erlangt und kann darauf nur so viel sagen, daß ich dem Ausspruche des Heinrich von Gagern stets beipflichtete, daß die Volkssouverainität allein maßgebend sey.

Haben Sie vielleicht selbst etwas anzugeben?

Ich glaube, daß die Veranlaßung der heutigen Untersuchung ein oder mehrere Artikel der Ulmer Kronik sind, die von dem vormaligen Buchhalter der hiesigen Zielerkasse, Reuschle, herrühren. Vielleicht hat dieser Reuschle mich auch noch speciell bei dem Königlichen Studienrath in einer Eingabe denuncirt, ich vermuthe es, aber gewiß weiß ich es nicht. Mit diesem Reuschle kam ich schon im Jahr 1847 bei Bildung einer Stadtgarde insofern in Collision, als ich mich nicht entschließen konnte, wie von mehreren Seiten gewünscht wurde, in diese Stadtgarde einzutreten, was die Folge hatte, daß auch andere achtbare Bürger wegblieben. Ich war der Ansicht, daß diese Stadtgarde zu nichts als zu unnöthigen Geldaufwand führe. Nun kam das Jahr 1848 und mit ihm das Bürgerwehrgesetz, in Folge dessen Reuschle und ich durch den Stadtrath in die Organisationscommission berufen wurden. In solcher protestirte ich dagegen, daß man in die 1te Comp. (frühere Stadtgarde) noch mehr Leute aus der Bürgerwehr aufnehme, was namentlich bei Reuschle mißfiel, der bei der Stadtgarde eine Offiziersstelle bekleidete. Meinen Widerspruch verfolgte ich bis zum Ministerium des Innern, wo ich dann auch Recht behielt. Bald darauf kam es auf hiesigem Rathhause zur Wahl eines Befehlshabers, bei welcher Reuschle und ich als Offiziere der Bürgerwehr actives Wahlrecht hatten. Reuschle kam damals im Rathhaussaal mit der auffallenden Äußerung auf mich zu: »Man wird Ihnen schon noch die Flügel beschneiden.« Ich gab der Sache keine weitere Folge. Reuschle war dazumal noch Mitglied des Stadtraths. Wenige Wochen nach diesem Vorfall wurden die Fälschungen und Unterschlagungen entdekt, welche sich Reuschle als Buchhalter der Zielerkasse zuschulden kommen ließ. Reuschle wurde, wie mir bekannt ist, aus seinem Dienstverhältnis entfernt und er mußte unterschreiben, daß er auch auf die Stadtrathsstelle alsbald resignire, widrigenfalls man seine Verbrechen dem Oberamtsgericht zur Bestrafung anzeigen würde. Reuschle that jedoch hiezu keinen Schritt und ich, weil ich glaubte, daß Reuschle zur ferneren Bekleidung einer Stadtrathsstelle nicht mehr würdig sey, entschloß mich, eine schriftliche Aufforderung zu entwerfen zur alsbaldigen Niederlegung seines Gemeindeamts, welche ich circuliren ließ und von etwa 50 Bürgern unterzeichnet wurden. Dieses Circular schickte ich dem Reuschle, worauf er dann auch resignirte.
Hierauf muß ich die Schritte, welche Reuschle bei dem Königlichen Studienrath und in öffentlichen Blättern gegen mich that, lediglich als Producte seiner unauslöschlichen Rache gegen mich ansehen, wie er dann auch gegen andere im allgemeinen sich dahin ausgesprochen hat »Die Rache sey süße.«

In seiner Stellungnahme zu diesem Verhör führte Oberamtmann Osiander aus, daß »soviel Arroganz und Selbstüberschätzung wohl selten bei einem Lehrer zu finden seyn dürfte«. In der Tat beeindruckt das Selbstbewußtsein Speidels, mit dem er die Fragen beantwortete. Er durfte sich aber auch durch eine Ehrenerklärung des Blaubeurer Stadtrates bestärkt fühlen, die dieser für ihn nach Erscheinen der verleumderischen Artikel im Lokalblatt »Blaumann« abgab[4].

Der Studienrat als Speidels vorgesetzte Behörde ließ es daraufhin mit einer Verwarnung bewenden. In der Folgezeit zog sich Speidel aus der Politik zurück und trat auch im

Blaubeurer Vereinswesen kaum mehr hervor. Dennoch mußte sich Speidel klarmachen, daß seine Karriere als Lehrer trotz mehrfacher Auszeichnungen und Belobigungen mit dem Sieg der Reaktion 1849 zu Ende war. Ein Antrag Speidels auf Versetzung an eine besser besoldete Stelle wurde abgelehnt. Umgekehrt wurde aber auch ein Antrag des Studienrats auf eine Strafversetzung Speidels, in der überraschend modern argumentiert wurde, daß Speidel durch eine »Entfernung aus seinem gesellschaftlichen und verwandtschaftlichen Verbindungen Gelegenheit zur Einlenkung in ein ruhigeres und gewissenhafteres Benehmen« gegeben würde, durch das Kultusministerium als Willkürakt abgelehnt[5].

Speidel blieb demnach bis zu seinem Lebensende in Blaubeuren. Erst 30 Jahre später, kurz vor seiner Pensionierung glaubten die vorgesetzten Behörden »den Verweis über Politica ... übergehen zu dürfen« und dem nach wie vor hervorragenden Lehrer den Titel eines »Oberreallehrers« verleihen zu können[6].

1 Vgl. *Lina Benz*: Eduard Süskind: Pfarrer, Volksmann, Visionär (Europäische Hochschulschriften, Reihe 3, Geschichte und ihre Hilfswissenschaften, Bd.668), Frankfurt/Main u. a. 1995, S. 137 ff.;- zur Gewerbeschule erstmals *Blaumann*, Nr. 54 v 22.7.1842.
2 Dazu ausführlich *Benz* (wie Anm. 1), S. 127 ff.
3 *STAL*, E 203 I, Bü 1565.
4 *Blaumann*, Nr. 81 v. 16.10.1849.
5 *STAL*, E 203 I, Bü 1565.
6 *STAL*, E 203 I, Bü 1565.

Herbert Hummel

Was blieb?
Spuren der 1848er Revolution im Ulmer Raum

Der Makel des Scheiterns haftet den Männern von 1848/49 an, die versuchten, die Staatsordnung in Deutschland auf nationale und demokratische Grundlagen zu stellen[1]. Das nationale Ziel wurde 1871 erreicht, den Siegern des Krieges gegen Frankreich wird ausgiebig gedacht: In Ulm führen die Straßen eines ganzen Stadtteils die Namen der preußischen Generale und der Schlachten des Krieges. Es gibt in Blaubeuren einen Bismarckfelsen, einen Bismarckstein auf dem Hochberg und eine Bismarckstraße in Langenau. Kaiser- und Königsbäume zieren Dörfer und Landschaften, so eine Kaiserlinde in Neenstetten, drei Friedenslinden zum Gedenken an die Reichsgründung in Ersingen und in Asselfingen gleich fünf Kriegs- und Friedenslinden. Krieger- und Veteranenvereine pflegten in nahezu jedem Dorf die Tradition des Krieges, der zur deutschen Einheit 1871 führte.

Die demokratischen Revolutionäre, die sich genauso ein einiges, aber demokratisches Deutschland wünschten, sind vergessen, ihnen wird nicht gedacht. Das ist im ganzen Land so. Keine Staße, kein Platz erinnert in Stuttgart an Tafel, Fetzer oder Hölder, wenigstens benannte die Stadt zwei Straßen nach Schott und Schoder. In Tübingen fehlt Fallati, in Freiburg Gfrörer, in Heidenheim Binder – man kann beliebig fortfahren. In Ulm wird nur an Haßler gedacht, wohl eher seiner Verdienste um den Münsterausbau wegen als seines politischen Engagements in der Frankfurter Paulskirche.

Auf dem Lande, in den Kleinstädten ist dies nicht anders: Becher, Süskind, Haußmann – ihre Namen werden vergeblich gesucht; dafür finden sich allerhand läppische Straßennamen: Blütenweg, Kiefernweg, Tulpenstraße etc.

Nur ganz wenige sichtbaren Spuren haben sich erhalten. In der Blaubeurer Klosterstraße steht ein stattliches Gebäude, das nach der Revolution der Gastwirt und Landtagsabgeordnete für das Oberamt Blaubeuren Karl Nüßle sich erbauen ließ, das Hotel nannte er demonstrativ »Zur Schweiz«.

Damals wußte jeder, wie die Personen einzuschätzen waren, die in diesem Lokal verkehrten. In Allmendingen existiert bis heute eine Wirtschaft, die sich »Schweiz« nennt; auch sie war Treffpunkt demokratisch gesinnter Kreise.

Weiter fällt auf, daß in den vielen Dorfchroniken und Heimatbüchern (nicht nur des Alb-Donau-Kreises!) die Ereignisse der 48-Revolution nur ausnahmsweise, und wenn, dann recht oberflächlich behandelt werden. Mittelalterliche Vorgänge und Verhältnisse finden ungleich mehr Beachtung als zum Beispiel die Ablösung der landwirtschaftlichen Lasten, welche die Bauern erst zu ihrem rechtmäßigem Eigentum verhalf – ein Prozeß, der in engen Zusammenhang mit den Märzereignissen von 1848 steht.

Kaiserreich und Drittes Reich haben das demokratische Erbe fast völlig erstickt. Die Weimarer Zeit blieb nur Intermezzo, es gelang nicht, den Glauben an die Demokratie in der Bevölkerung dauerhaft zu verankern. Der Staat von Weimar knüpfte wenigstens an die Revolution von 1848/49 an, indem er die Farben Schwarz-Rot-Gold zur Nationalflagge erklärte. Auch die Bundesrepublik von 1949 stellte sich in diese Tradition; das Grundgesetz lehnt sich bewußt in einigen Passagen an die Verfassung von 1849 an.

Ganz erloschen ist die Erinnerung an die revolutionären Ereignisse freilich nicht. So gestaltete das Evangelisch-Theologische Seminar in Blaubeuren am 2. Februar 1863 eine Feier für Ludwig Uhland, der im Herbst 1862 verstorben war. Dazu wurde die Blaubeurer Bevölkerung eingeladen – der Saal war in den Farben Schwarz- Rot- Gold drapiert. Wer dies veranlaßte, ist unbekannt. Wahrscheinlich organisierten die Seminaristen diese Feier. Es nahm niemand Anstoß, offenbar wurde die Dekoration als Ehrung für den Dichter Ludwig Uhland verstanden; immerhin konnten so die demokratischen Farben wieder gezeigt werden.

»Die Gegenseite war besiegt, aber nicht vernichtet, desillusioniert, aber nicht ohne Zukunftshoffnung. Der prinzipielle Optimismus der nationalen, liberalen und demokratischen Bewegungen war und blieb 1849/50 ungebrochen. Ihre Erinnerungen an 1848/49 waren positiv.«[2] So urteilt ein Historiker der Gegenwart. Seinem Urteil muß man nicht folgen, vor allem wenn bedenkt, wie anfällig gerade in Württemberg die Kerngebiete der demokratischen Wählerschaft für die nationalsozialistische Bewegung im 20. Jahrhundert waren. Der linksliberale Friedrich Rödinger (1800–1868), Burschenschaftler und demokratischer Umtriebe wegen im Vormärz eingesperrt, gewann bei der Wahl zur Paulskirche sowohl den Kreis Nagold als auch den Kreis Öhringen-Künzelsau. Beide Oberämter waren in den folgenden Jahrzehnten stets Kraftzentren der Volkspartei. Beide Regionen entwickelten sich in den Wahlen 1930 bis 1933 zu Hochburgen des Nationalsozialismus!

Auf diese Tatsache muß hingewiesen werden, wenn heutzutage demokratische Traditionen aufgespürt werden sollen. Im Ernst muß gefragt werden, ob nicht die neuerliche Begeisterung für die demokratischen bürgerlichen Aktivitäten der Jahre 1848/49 nicht – neben der berechtigten historischen Reminiszenz – für Versäumnisse jüngeren Datums mißbraucht wird. Buchtitel wie »Südwestdeutschland. Die Wiege der deutschen Demokratie« suggerieren, es hätte von 1848 bis heute eine kontinuierlich wachsende, eigenständige deutsche Entwicklung zur parlamentarischen Demokratie gegeben.

Freilich hat Bernhard Mann recht, wenn er darauf hinweist, daß die liberale demokratische Bewegung zunächst nicht aufgab. Gerade in unserem Raum ist dies deutlich sichtbar, denn die liberale Tradition im Alb-Donau-Kreis kann an die Revolution von 1848/49 personell anknüpfen. Die demokratischen Akteure resignierten keineswegs. Immer wieder kandidierten sie für den württembergischen Landtag und immer wieder wurden sie gewählt. In Münsingen wurde Eduard Süskind in alle drei Landesversammlungen gewählt, sogar 1851, als nach dem alten Wahrecht von 1819, das die »Volksmänner« benachteiligte, gewählt wurde.

Im Oberamt Blaubeuren mußten mehrmals Minister als Kandidaten auftreten, um zu verhindern, daß »Volksmänner« gewählt wurden. Der »Volksmann« schlechthin im Oberamt Blaubeuren war Karl Nüßle, kein politisches Schwergewicht, aber doch vom Vertrauen der Bevölkerung getragen. Die Taktik der Regierung ging dennoch auf, schließlich glaubten die Wähler, daß ein Innenminister Heinrich von Sick (1822–1881) oder ein Ferdinand Steinbeis (1807–1893) sich als Blaubeurer Abgeordnete mehr für Interessen des Oberamtes einsetzen konnten, als dies Karl Nüßle, der zudem in Opposition zur Regierung stand, möglich war. Verständlich ist die Wahlentscheidung für die Stuttgarter Herren schon. Aber als dann die Herren glaubten, das Oberamt sei in sicheren regierungstreuen Händen, und ein nur zweitrangiger Kandidat aufgestellt wurde, wählte das Oberamt erneut den »Volksmann«.

Aber darüber darf nicht übersehen werden, daß die demokratisch-liberale Tradition hier wie im Lande kräftige Niederlagen erfahren mußte. Anderseits ist zu begrüßen, daß nach positiven Anknüpfungspunkten gesucht wird, aber ganz deutlich muß gesagt werden, in der Hitler-Diktatur wurden die Verbindungen zur liberal-demokratischen Vergangenheit derart abgeschnitten, daß von einer wie auch immer gearteten Kontinuität nur ansatzweise gesprochen werden kann (dies gilt im engeren Sinne nur für den politischen Liberalismus, die Liberalität in der Wirtschaft konnte sich seit 1848/49 ungestört entfalten).

Gewiß, es ehrt die FDP des Landes, daß sie sich offiziell FDP/DVP nennt und so die Tradition einer demokratischen Volkspartei weiterführen will. Auch wird niemand bestreiten wollen, daß Theodor Heuß – württembergischer Liberaler und Mitbegründer der FDP – für die Bundesrepublik Deutschland entscheidende Maßstäbe politischer demokratischer Kultur nicht nur anmahnte, sondern auch lebte. Aber der Stachel, der Zweifel bleibt, angesichts des Versagens der Demokraten gegenüber der Anmaßung eines Hitlers, der binnen weniger Jahre Deutschland in die Katastrophe führte.

Die FDP/DVP kann auf einen besonderen Fall personeller Kontinuität verweisen: auf drei Generationen aus der Familie Haußmann[3]. Julius Haußmann (1816–1889) war politisch zuerst in Blaubeuren aktiv. Nach seiner Haftentlassung und nach dem Tode König Wilhelms I. organisierte er ab 1864 maßgeblich die Demokratische Volkspartei in Württemberg. Seine Söhne, die Zwillinge Friedrich (1857–1907) und Conrad Haußmann (1857–1922) vertraten beide die DVP im Berliner Reichstag, beide waren auch Landtagsabgeordnete. Zu ihnen gesellte sich der ehemalige Blaubeurer

Abb. 56: Ehemalige Gastwirtschaft »Zur Schweiz« in Blaubeuren

Seminarist Friedrich von Payer (1847–1931). Ihn und Conrad Haußmann nennt Theodor Heuss, der erste Bundespräsident, »Führer der schwäbischen Demokratie«. Conrad Haußmann war entschieden am Zusammenschluß der liberalen Kräfte nach dem ersten Weltkrieg beteiligt, die Liberalen im Lande nannten sich fortan Deutsche Demokratische Partei (DDP). Conrads Sohn Wolfgang Haußmann (1903 bis 1992) war bereits in der Endphase der Weimarer Republik für die Liberalen politisch aktiv. Nach 1945 gehörte er zu der Generation, welche die Demokratie in Württemberg aufzubauen suchte. Zusammen mit Reinhold Maier gründete er erneut die DVP, die sich seit 1952 FDP/DVP nannte, und war mehrfach Landtagsabgeordneter und Justizminister des Landes sowie in wechselnden Positionen in den Vorständen seiner Partei auf Bundes- und Landesebene.

Das jährliche Drei-Königs-Treffen der FDP in Stuttgart, ein Medienereignis, mit dem das politische Jahr in Deutschland eröffnet wird, steht ebenfalls in der Tradition von 1848/49. Die politische Volksvereine waren zwar 1851 verboten worden, aber die Ideen blieben. Seit 1860 wagten die »Volksmänner«, sich wieder politisch zu organisieren[4]. 1864 war König Wilhelm I. gestorben, sein Nachfolger König Karl erließ eine Amnestie für die aus politischen Gründen Bestraften. Die Liberalen und Demokraten hatten sich zwar unter dem Namen »Fortschrittspartei« 1859 zusammengefunden, aber bereits 1864 gründete sich die DVP neu. Die Amnestie wirkte, und die alten Verteter der demokratischen Partei (Carl Mayer, Julius Haußmann) traten wieder auf den Plan. Am Dreikönigstag 1866 fand die erste Vertreterversammlung der neuen Partei statt. Dort begann die Tradition, an der die FDP/DVP des Landes bis heute festhält. Die übriggebliebenen Mitglieder der einstigen Fortschrittspartei (die konserativen Liberalen) gründeten 1866 die »Deutsche Partei«. Beide liberal-demokratischen Parteien unterschieden sich in der Innenpolitik nur ganz unwesentlich (im Wahlrecht) – die deutsche Frage war das Thema, das unterschied: Die DVP war entschieden gegen Bismarck und eine preußische Vormacht in Deutschland eingestellt und strebte ein Deutschland mit Einschluß Österreichs (großdeutsche Lösung) an, das stark föderalistisch gegliedert sein sollte. Die Deutsche Partei forderte ein Deutschland unter preußischer Führung (kleindeutsche Lösung), hoffte aber auf liberale Reformen in Preußen[5]. Keine der Vorstellungen beider Parteien wurde erfüllt. Für die DVP bedeutete bereits die österreichische Niederlage gegen Preußen 1866 das Ende ihrer föderativen Hoffnungen. Mit der Reichsgründung 1871 wurden die so erbittert befehdeten Preußen zur umjubelten Vormacht des neuen Deutschen Reiches. Die Deutsche Partei hoffte vergebens auf eine Liberalisierung Preußens. Trotz aller Spaltung arbeiteten beide Flügel der liberal-demokratischen Bewegung vor allem auf innenpolitischem Gebiet zusammen, so oft dies möglich war, aber es blieb bei der ständigen Belastung, daß sich die beiden Flügel des deutschen Liberalismus in zwei Parteien organisierten.

Die deutsche Einheit von 1871 brachte einen völligen Stimmungsumschwung in Württemberg. Bis dahin hatten die Demokraten – also die Volkspartei – stets einen Vorsprung vor den Liberalen – der Deutschen Partei, jetzt verkehrte sich bei der Landtagswahl im Dezember 1870 das Verhältnis ins Gegenteil. Die demokratische Volkspartei sank von 40 auf 17 Mandate, die liberale Deutsche Partei verdoppelte sich von 14 auf 30 Abgeordnete. In der Folgezeit wandelte sich die Deutsche Partei zur Regierungspartei, die Volkspartei unter den Brüdern Haußmann stellte die Opposition. Unter ihrer Führung erstarkte die Volkspartei langsam wieder und wurde gegen Ende des Kaiserreiches zur dominierenden politischen Größe in Württemberg.

In der Weimarer Republik blieb es bei den zwei liberalen und demokratischen Parteien im Lande, es bedurfte erst das offenkundige Versagen aller parlamentarisch-demokratischen Kräfte gegenüber dem Nationalsozialismus, daß nach 1945 beide Strömungen des liberalen Prinzips sich in der FDP/DVP einigen konnten.

Deutliche Spuren der Tatsache, daß entschiedene Demokraten vor allem in den alten Oberämtern Münsingen und Blaubeuren gekämpft hatten, lassen sich an den Wahlergebnissen bis zum heutigen Tag ablesen. Ein interessantes Phänomen ist dabei zu beobachten: Die Wähler von heute wissen im allgemeinen recht wenig von geschichtlichen Vorgängen des vergangenen Jahrhunderts. An den Wahlergebnissen läßt sich gut zeigen, daß in der Dorfgemeinschaft ein einmal gefaßter Entscheid, für die demokratische Sache einzutreten, sich jahrzehntelang halten kann, sich gewissermaßen vererbt hat, auch wenn den heute Wählenden kaum klar sein dürfte, daß, wenn er die Volkspartei ankreuzt, er eine politische Entscheidung eines seiner Ahnen, dessen vollen Namen er womöglich nicht einmal kennt, wiederholt. Die FDP weiß, weshalb sie in Baden-Württemberg, den Namen »Demokratische Volkspartei« beibehalten hat.

Noch zur Bundestagswahl 1983 titelte die Ulmer Südwest Presse: »Die rauhe Luft der Laichinger Alb tat den Freien Demokraten gut.«[6] Sie meinte damit, daß dort die Ergebnisse für die FDP besonders günstig waren: Heroldstatt 14,6%, Laichingen 13,5%. In den Wahlen zuvor war dies sogar noch deutlicher: Bei der Bundestagswahl 1969 beispielsweise entschieden sich in Asch 15,1%, in Bühlenhausen 10,1%, in Machtolsheim 11,0%, in Merklingen 11,0%, in Oppingen 14,7%, in Suppingen 13,5% der Wählerinnen und Wähler für die FDP – und das bei einem Ergebnis für die FDP auf Bundesebene von gerade 5,9%!

Zum Vergleich seien die Ergebnisse für die DVP bei der Reichstagswahl von 1912 in den genannten Orten aufgeführt: Asch 61,5 %, Bühlenhausen 15,5 %, Machtolsheim 42,2 %, Merklingen 39,4 %, Suppingen 95,6 %, Laichingen 50,6 %, Feldstetten 86,5 %. Bei der Landtagswahl 1906 erreichte die DVP in Laichingen 75,3 % und Feldstetten 77,2 %.

Die erwähnten Orte gehören zu den Bezirken, in denen einst Süskind und Becher, Nüßle und Haußmann aktiv waren. Sie schufen ein Vertrauenspotential, von dem die liberale Partei über Jahrzehnte zehren konnte. In den Anfangsjahren der Bundesrepublik konnte die FDP hier überdurchschnittliche Erfolge erzielen.

Zunächst war es in den Weimarer Jahren ähnlich: Bei der Wahl zur Nationalversammlung am 24. Januar 1919 erhielten die Demokraten und Liberalen in der Stadt Blaubeuren zusammengezählt fast 25 Prozent[7]. Bei dem Gemeinderatswahlen im Mai desselben Jahres stellte die DDP sieben von 16 Gemeinderäten. Aber danach kam es zu einer neuen Konstellation, die sich für die demokratische Partei vor allem in den ländlichen Oberämtern ungemein negativ auswirken sollte. Die Bauern begannen sich in einer eigenen Partei zu organisieren, dem »Württembergischen Bauernbund« (seit 1924 »Württembergischer Bauern- und Weingärtnerbund«). Landesweit erreichte die Bauernpartei bei der Landtagswahl 1928 ca. zwölf Prozent aller Stimmen. Im ländlich geprägten Oberamt Blaubeuren erzielte sie mit 4319 Stimmen 40 Prozent – die DDP wurde nur noch von 424 Personen gewählt, die DVP erhielt 271 Stimmen. Für beide liberal-demokratische Parteien zusammen ca. 6,5 Prozent!

Ein weitere Spur demokratischer Tradition läßt sich von der Revolution 1848/49 auch in unserem Raum ableiten, nicht so ausgeprägt wie in anderen Landesteilen: das Aufkommen sozialistischer und sozialdemokratischer Potentiale[8]. Als die demokratische Bewegung ihrem Ende entgegenging, die bürgerlichen und beamteten Mitglieder den Blaubeurer Volksverein verließen, ist im Protokollbuch des Volksvereins[9] eine außergewöhnliche Eintrittswelle nachzuweisen. Am 19. März und am 2. April 1849 strömten Bürger in den Verein, die ohne jeden Zweifel der kleinbürgerlichen Schicht der Bevölkerung angehörten. Diese Handwerker glaubten, sich nun engagieren zu müssen, weil offenbar die bürgerlichen Kräfte, auf die man sich bislang verlassen hatte, die demokratische Sache aufzugeben bereit waren.

Erfolg hatte dieser späte Einsatz nicht mehr. Die Namen der neuen Mitglieder wurden im Protokollbuch vermerkt, das ist alles. Am 11. Januar 1850 löste sich der Blaubeurer Volksverein auf und ein Bürgerverein wurde gegründet, in dem die Honoratioren wieder dominierten; die zuletzt in den Volksverein Eingetretenen fehlten gänzlich. Möglicherweise waren die mit dieser Entwicklung unzufriedenen Kräfte dieselben, die im August 1849 zur Gründung eines Arbeiterbildungsvereins aufriefen (Wilhelm Zobel, der aus der Festung Rastatt floh, war provisorischer Vorstand). Über die Aktivität des Vereines wissen wir so gut wie nichts, fürs Jahr 1864 ist Karl Nüßle als Vorstand benannt[10]. Als sicher darf gelten, daß diese Gründung ein erstes Anzeichen von Arbeiterbewußtsein in Blaubeuren war.

Gewiß, die Sozialdemokratie tat sich sehr schwer, im Lande und in der Region Fuß zu fassen. In Württemberg erzielte sie 1876 nur 1,3 Prozent, aber ein zähes Zuwachsen ist augenscheinlich, vor allem in evangelischen Orten industrialisierten Zuschnitts, so in Blaubeuren, Gerhausen und Laichingen. Ohne Zweifel steht die SPD in der Tradition von 1848/49, jedoch ist ein personeller Zusammenhang hier über das Obengenannte hinaus nicht nachzuweisen.

Wahlergebnisse lassen jedoch Rückschlüsse auf Wählerbewegungen zu. In Feldstetten beispielsweise, ein agrarisch bestimmtes Dorf, blieb die Volkspartei zwischen 1906 und 1912 unangefochten; in Laichingen jedoch stimmten bei der Landtagswahl im Jahre 1906 nur neun Wähler für die Sozialdemokratie, bei der Reichstagswahl 1912 gewann die SPD 243 Personen und schloß zur Volkspartei auf, die mit 288 Stimmen zwar stärker blieb, aber beträchtliche Stimmenverluste gegenüber 1906 (405 Stimmen) hinnehmen mußte. Die Gewinne der SPD stammten vermutlich aus der Wählerschaft der Volkspartei. Gerhausen war im Kaiserreich mehrheitlich für die Volkspartei, in der Weimarer Zeit schwenkte die Wählerschaft Gerhausens zur Sozialdemokratie um.

Im demokratischen Aufbruch von 1848/49 gründete sich eine christlich-katholische politische Strömung, die nicht erst nach 1892 – in diesem Jahr wurde in Württemberg das »Zentrum« gegründet – Erfolge in den katholisch geprägten Gebieten erzielte. Es verwundert nicht, wenn in Frankenhofen, Niederhofen, Altsteußlingen u. a. 1912 einheitlich der Kandidat des Zentrums gewählt wurde. Umgekehrt wurde im evangelischen Mundingen einstimmig der Kandidat der DVP gewählt. Es erstaunt geradezu, wenn in Ingstetten die Sozialdemokratie gerade eine Stimme erhielt, denn in vielen katholischen Gemeinden gewann sie keine einzige Stimme.

Das Zentrum war in der Folgezeit die beherrschende Partei in den katholischen Landesteilen. Die Volkspartei, die einst im katholischen oberschwäbischen Wahlkreis Isny einen evangelischen Pfarrer radikaldemokratischen Zuschnitts (Wilhelm Zimmermann) durchsetzen konnte, besaß nach dem Auftreten des Zentrums nur noch geringe Chancen. Der Bauern- und Weingärtnerbund der Weimarer Jahre trat in den oberschwäbischen Wahlkreisen gleich gar nicht überall an, denn er rekrutierte seine Wählerschaft überwiegend in den evangelischen ländlichen Gebieten.

Bereits in den Jahren 1848 und folgende läßt sich eine Sammlung katholischer Kräfte beobachten. Der Schwerpunkt lag in Oberschwaben, aber sie strahlte in die mehrheitlich katholisch besiedelten Teile der Oberämter Blaubeuren, Münsingen, Laupheim und Ehingen aus. Katholische Lesevereine waren z. B. in Ehingen der Gründung der »Piusvereine« vorausgegangen, die seit 1848 überall in Deutschland gegründet wurden. Friedrich Gfrörer, Joseph Huck, vor allem aber Andreas Alois Wiest aus Ulm waren die treibenden Kräfte[11].

Von heute aus betrachtet muß die konfessionelle und soziale Trennung der demokratischen Bewegung als verhängnisvoll gesehen werden. Zwar arbeiteten Zentrum, Bauernpartei und die beiden liberalen Parteien im Grunde gut zusammen, aber es blieben Eifersüchteleien, Reibungen und personelle Querelen unvermeidlich. Bis 1932 war – so befindet dies ein Kenner – das politische System in Württemberg stabil[12]. Möglicherweise erklärt sich aus der parteipolitischen Trennung die Tatsache, daß die demokratischen Kräfte sich trotz vorgeblicher Stabilität ziemlich widerstandslos der nationalsozialistischen Diktatur ergaben.

Ganz ergebnislos blieben die Ereignisse 1848/49 nicht. Zwar wurden manche Märzerrungenschaften zurückgenommen, so wurde die Todesstrafe und die körperliche Züchtigung wieder eingeführt; andererseits blieb die Ablösung der Zehnten und Gülten erhalten, auch wenn der württembergische Adel in den Jahren nach dem Scheitern der Revolution versuchte, die Gesetze zu seinen Gunsten zu ändern.

Auch kleine Schritte verraten, daß eine demokratische Teilhabe, die im Zuge der Zeit lag, wohl verstanden wurde. So wurde durch königliche Verordnung vom 25. Januar 1851 die Einführung von Pfarrgemeinderäten angeordnet und damit eine Liberalisierung der innerkirchlichen Strukturen auf Kosten der alten Autoritäten durchgeführt. Amtskirche und Pfarrerschaft sahen dies nicht gern, auch die Gemeinden hatten Vorbehalte, wie das Beispiel Nellingen zeigt[13]. Zwar wählte die Gemeinde sechs Kirchenälteste, die die Wahl aber nicht annahmen. Die Gewählten gaben an, daß sie sich »nicht dem Spott öffentlicher Blätter, z. B. des »Eulenspiegels«, die alles Ehrwürdige und Heilige in den Kot ziehen, aussetzen mögen«. 1854, als eine erneute Wahl stattfinden sollte, die sogar gut vorbereitet wurde, stimmte niemand in Nellingen ab. Offenbar wehrten sich die Bauern auf die ihnen eigene Art gegen das durchsichtige pseudodemokratische Vorhaben der Regierung. Erst 1872 kam es in Nellingen zu einem ordentlich gewählten Kirchengemeinderat! Immerhin ist an solchen Maßnahmen gut abzulesen, wie die Regierung sehr wohl erkannte, freilich wider Willen, daß demokratische Ansätze als legitim zu bewerten sind.

Beim Lesen der Akten gewinnt man den Eindruck, daß sich im Verhältnis zwischen Obrigkeit und Untertan nach den Märzereignissen ein Wandel vollzog. Der strikte Befehlston milderte sich, bei unangenehmen Vorhaben wurde eher an die Einsicht der Betroffenen appelliert. Ein tendenziell partnerschaftliches Verhältnis zwischen Staat und Bürger – bei aller Präponderanz des Staates – schien sich anzubahnen. ier im Südwesten, besonders in Württemberg, ist eine evolutionäre Entwicklung zu einer parlamentarischen Demokratie gut vorstellbar gewesen. Die Mehrheit der Bevölkerung war mit seinem Monarchen hoch zufrieden, (selbst die Sozialdemokratie bedauerte den Rücktritt König Wilhelms II. im Jahre 1918). Dennoch – Württemberg wurde in die deutschen Katastrophen des 20. Jahrhunderts nicht passiv hineingezogen, sondern nahm teilweise kräftig daran teil, aber die treibenden Kräfte kamen nicht aus dem Lande.

Vielleicht hatte es daher der deutsche Südwesten nach 1945 leichter, an die demokratischen Traditionen anzuknüpfen. Dies gilt insbesondere für die katholischen Gebiete, in denen es den Nationalsozialisten nicht gelungen war, in die religiös-konservativen Strukturen einzudringen[14].

1 Vgl. *Hans Fenske*, Der liberale Südwesten. Freiheitliche und demokratische Traditionen in Baden und Württemberg 1790–1933 (Schriften zur politischen Landeskunde Baden-Württembergs, Bd. 5), Stuttgart 1981.
2 *Bernhard Mann*, Württemberg 1800–1866, in: Handbuch der Baden-Württembergischen Geschichte, Bd. 3: Vom Ende des Alten Reiches bis zum Ende der Monarchien, hrsg. von Hansmartin Schwarzmaier u. a, Stuttgart 1992, S. 316.
3 Vgl. *Friedrich Henning*, Die Haußmanns. Die Rolle einer schwäbischen Familie in der deutschen Politik des 19. und 20. Jahrhunderts, Gerlingen 1988.
4 Vgl. *Gerlinde Runge,* Die Volkspartei in Württemberg von 1864–1871. Die Erben der 48er Revolution im Kampf gegen die preußisch-kleindeutsche Lösung der nationalen Frage (Veröffentlichungen der Kommission für geschichtliche Landeskunde in Baden-Württemberg, Reihe B Forschungen, Bd. 62), Stuttgart 1970.
5 Vgl. *Fenske* (wie Anm. 1), S. 118 ff.
6 *Südwest Presse* v. 7.3.1983.
7 *Blaumann,* Nr. 6 v. 13.1.1919.
8 Für die Stadt Ulm s. *Uwe Schmidt*, Arbeiterbewegung in Ulm, in: Hans Eugen Specker (Hrsg.), Ulm im 19. Jahrhundert. Aspekte aus dem Leben der Stadt (Forschungen zur Geschichte der Stadt Ulm, Reihe Dokumentation, Bd. 7), Ulm 1990, S. 239 ff.
9 *STAL,* F 156, Bü 65.
10 *Blaumann,* Nr. 94 v. 25.11.1864.
11 Vgl. *Werner Heinz*, Andreas Wiest, ein oberschwäbischer Anwalt, Publizist und Politiker im Vormärz, in: Oberland 7 (1966), S. 11 ff. und 47 ff.
12 Vgl. *Thomas Schnabel*, Württemberg zwischen Weimar und Bonn 1927–1945/46 (Schriften zur politischen Landeskunde Baden-Württembergs, Bd. 13), Stuttgart 1986.
13 Vgl. *Heinz Koppenhöfer*, Suche nach verwehten Spuren. 500 Jahre Andreas-Kirche in Nellingen/Alb, Sinzheim 1991, S. 188 f.
14 *Schnabel* (wie Anm. 12), S. 645.

Nachwort von Landrat Dr. Wolfgang Schürle

»Wir leben aus Erbe und Tradition, wir haben nicht alles selber gemacht. ... Ohne die Stimmen der Vergangenheit werden wir keine menschliche Zukunft haben. Wir brauchen Vergangenheit und den Sinn für Vergangenheit.« Thomas Nipperdey, ein bekannter deutscher Historiker hat diese Zeilen geschrieben. Er hat recht. Wir haben unsere Geschichte nicht selber gemacht. Unser Grundgesetz beispielsweise, unsere demokratische Verfassung, ist zwar eine Schöpfung der Nachkriegszeit. Aber die Wurzeln reichen zurück bis zur Paulskirchenverfassung von 1849.

Die zahllosen Wegbereiter und Wegbeschreiter der Revolution von 1848 sind die Pioniere unserer offenen, demokratischen Gesellschaft von heute. Sie stehen jedoch eher im Schatten unseres historischen Bewußtseins – ein Schatten, den vor allem die Erinnerung an das kriegerische Entstehen des deutschen Nationalstaates im Jahr 1871 wirft: Bismarcksteine, Sedanstraßen, Kaiserlinden und Kriegerdenkmäler zeugen heute noch davon. Damit sind wir aber noch nicht beim Erbe und der Tradition auf dem Weg zum demokratischen Staat.

150 Jahre nach der Revolution von 1848 bietet uns dieses Buch die Möglichkeit, auf geschichtliche Spurensuche in unserem Raum zu gehen und nach demokratischen Wurzeln zu fragen. Wir stoßen auf eine stattliche Zahl von Persönlichkeiten, die zu den »1848ern« gehörten. Auf radikal-liberaler Seite waren dies Julius Haußmann, Eduard Süskind und August Becher. Die konservativ-liberale Tendenz vertrat Konrad Dieterich Haßler. Als Vorkämpfer für die katholisch-demokratische politische Sammlung standen Friedrich Gförer und Joseph Huck. Überrascht stellen wir fest, daß im Oberamt Blaubeuren die Vormärz-Politiker der demokratischen Richtung dort nicht nur ihre familiäre Heimat hatten, sondern auch einen politischen Rückhalt in der Bevölkerung fanden.

Das Autoren-Team um Herbert Hummel hat mit diesem Buch Personen und Ereignisse unseres Raumes ans Tageslicht geholt, die leider in Vergessenheit geraten sind – zum Nachteil demokratischer Tradition.

Ich freue mich, daß im Jubiläumsjahr der Revolution von 1848 und im Jubiläumsjahr unseres Alb-Donau-Kreises – er ist 25 Jahre jung – ein solches Werk vorliegt. Ich bin sicher, es wird beide Jubiläen überdauern.

Alb-Donau-Kreis
Dr. Wolfgang Schürle
Landrat

Anhang

Eberhard Kopfmann

Maße, Gewichte und Münzen

1. Maße in Württemberg um 1850:[1]

1. Längen:
1 Rute = 286,4903 cm
1 Rute = 10 Fuß
1 Fuß = 10 Zoll = 28,649 m
1 Zoll = 10 Linien = 2,8649 cm

2. Flächen:
von Längenmaßen abgeleitet, z. B. Quadratrute = 8,208 m^2 usw.

1 Morgen = 384 Quadratruten = 3151,745 m^2
1 Jauchert = 1 Morgen;
1 ha = 3,173 Morgen

3. Hohlmaße:

Fruchtmaße:
1 Simri (Si) = 22,153 l
1 Scheffel (Sch) = 8 Si = 177,224 l
1 Vierling (V) = 1 Imi = 8 Ecklein = 5,538 l
1 Ecklein (E) = 4 Viertelein = 0,692 l
1 Klafter = 4 x 6 x 6 Fuß = 3,386 m^3 (Brennholz)

Flüssigkeiten:
1 Maß = 1,670 l (Schenkeich)
1 Eimer = 160 Maß = 640 Schoppen
1 Schoppen = 0,402 l

4. Gewichte:

1 Pfund (Landgewicht) = 467,728 g (bis 1859)
1 (Zoll-) Centner (Ctr.) = 50 kg; 1 Pfund (Pfd.) = 500 g (ab 1860)

5. Geld:

Die Währung in Württemberg war bis 1874 der Gulden = 1 fl (Florin)
1 fl = 60 Kreuzer (kr)
1 kr = 4 Pfennig alt (Pf alt) = 8 Heller (H)
1 Batzen = 4 kr

1875 wurde auf Mark umgestellt:
1 fl = 1 M 71 Pf (Pfennig neu)
1 kr = etwa 3 Pf (1 M = etwa 35 kr)

Um sich eine Vorstellung von dem »Wert« eines Guldens zu machen; einige Jahresverdienste; Pfarrer: durchschnittlich 1000 fl; Lehrer: 200 fl bis 300 fl; Geselle: 160 fl d.h. pro Tag etwa 26 kr. Für einen Blaubeurer Seminaristen rechnete man pro Tag mit 17 kr fürs Essen allein. Man kann daraus ersehen, daß die Kost der einfachen Leute recht bescheiden war.

Weitere Preise von 1851:

5 Eier	4 kr
1 Pfd. Butter	14–16 kr
1 Maaß Milch	4–5 kr
1 Maaß Lagerbier	8 kr
1 Maaß Weißbier	6 kr
1 Gans	24–48 kr
1 Henne	18–24 kr
1 Pfd. Ochsenfleisch	9 kr
1 Pfd. Schweinefl.	9 kr
1 Pfd. Kalbfleisch[2]	6 kr
1 Pfd. Schmalz	6 –18 kr
1 Viertel Brotmehl	10 –13 kr
5 Pfd. Weißbrot	14 –16 kr
5 Pfd. Roggenbrot	11–13 kr
1 Pfd. Salz	3 kr
1 Centner Heu	42,5 kr
1 Klafter Buche	14 fl

Getreide[3]:

1. Umrechnung von Scheffel in kg:

	Mittelwert	Minimum	Maximum
Roggen:	123 kg/Sch	117 kg/Sch	127 kg/Sch
Gerste:	116 kg/Sch	112 kg/Sch	122 kg/Sch
Haber:	83 kg/Sch	78 kg/Sch	86 kg/Sch
Kernen:	128 kg/Sch	121 kg/Sch	133 kg/Sch
Dinkel:	75 kg/Sch	67 kg/Sch	78 kg/Sch

Der Anbau von Dinkel lieferte das, neben dem Roggen wichtige, Brotgetreide Kernen[4]. Bei den wöchentlichen Marktpreisen im »Allgemeinen Anzeiger für den Donau-Kreis« sind deshalb nur Kernenpreise pro Simri aufgeführt. Um die württembergischen Durchschnittspreise mit denen von Ulm vergleichen zu können, ist es also wichtig, eine Beziehung zwischen Dinkel und Kernen zu finden.

Auszug aus dem Jahrbuch 1871:
Betrachtet werden die Jahre 1861-1870

	Kernen Si pro Sch Dinkel	Gewicht Pfd. pro Si	kg Kernen pro Sch Dinkel
Durchschnitt	3,13	32,00	50
Minimum	2,71	30,25	41
Maximum	3,36	33,35	56

Nach Auskunft der Landwirtschaftlichen Hochschule Hohenheim rechnet man heute mit einer Ausbeute von ca. 55 kg bis 59 kg Kernen pro Scheffel Dinkel. Der Faktor Dinkel: Kernen beträgt 3,13:8 = 0,4. Derselbe Faktor ergibt sich beim Vergleich der Marktpreise. Auch der Quotient der Ablösepreise ist (4 fl):(9 fl 36 kr) = 0,4. Dieser Faktor kann deshalb als gute Näherung zur Berechnung der Dinkelpreise benutzt werden.

Erträge in dz pro ha.

	Dinkel	Roggen	Gerste	Haber	Weizen[5]
1871:	15	12	15	12	13
heute[6]:	45	65	60	70	90

1 Vgl. *Harald Withthöft;* Die Vereinheitlichung von Maß und Gewicht in Baden und Württemberg, in: Baden und Württemberg im Zeitalter Napoleons, hrsg. vom Württembergischen Landesmuseum Stuttgart, Bd. 2, Stuttgart 1987, S. 233 ff..
2 *AA* v. 10.4. 1847. Das Kgl. Oberamt geht gegen Metzger vor, die bei Kälbern und Schafen Luft zwischen Haut und Muskeln blasen, um Fett vorzutäuschen.
3 *Württ Jbb.* 1862–1871.
4 Dinkel=Veesen besitzt einen Spelz. Dieser muß in der Mühle entfernt (gegerbt) werden. Auf den Spelz entfällt etwa ein Drittel des Gewichts. In den Tabellen für die großen Fruchtmärkte sind sowohl der Dinkel- als auch der Kernenpreis angegeben. Für die Ulmer Schranne ist nur der Kernenpreis notiert.
5 Wurde in Grimmelfingen damals nicht angebaut; setzte sich aber zunehmend durch; vgl. mit Kernen.
6 Nach Auskunft des *Bauernverbandes Ulm;* bei mittleren bis guten Erträgen.

Abkürzungsverzeichnis

AA	= Allgemeiner Anzeiger für den Donaukreis
ADB	= Allgemeine Deutsche Biographie
AlwBl	= Amts–und landwirthschaftliches Blatt für den Oberamtsbezirk Ehingen
AZ	= Augsburger Allgemeine Zeitung
BA	= Bundesarchiv
bad.	= badisch
bayer.	= bayerisch
BlSAV	= Blätter des Schwäbischen Albvereins
DAR	= Diözesanarchiv Rottenburg
DB	= Donau-Bote
ev.	= evangelisch
fl	= Gulden
frz.	= französisch
GA	= Gemeindearchiv
GLAK	= Generallandesarchiv Karlsruhe
GPr	= Gemeinderatsprotokoll
hess.	= hessisch
HSTAS	= Hauptstaatsarchiv Stuttgart
ital.	= italienisch
kath.	= katholisch
Kg.	= König
kgl.	= königlich
kr	= Kreuzer
LA	= Langenauer Anzeiger
LKAS	= Landeskirchliches Archiv Stuttgart
OK	= Oberschwäbischer Kurier
poln.	= polnisch
preuß.	= preußisch
Reg.-Bl.	= Regierungs-Blatt für das Königreich Württemberg
rev.	= revolutionär
Rp	= Ratsprotokoll
schwed.	= schwedisch
schweiz.	= schweizerisch
SchwKr	= Schwäbische Kronik
SchwM	= Schwäbischer Merkur
STAL	= Staatsarchiv Ludwigsburg
STASig	= Staatsarchiv Sigmaringen
StAB	= Stadtarchiv Blaubeuren
StAE	= Stadtarchiv Ehingen
StAL	= Stadtarchiv Langenau
StAM	= Stadtarchiv Munderkingen
StAS	= Stadtarchiv Schelklingen
StAU	= Stadtarchiv Ulm
UDz	= Ulmer Donauzeitung
UIb	= Ulmisches Intelligenzblatt
UKr	= Ulmer Kronik
ULb	= Ulmer Landbote
USp	= Ulmer Schnellpost
VfO	= Volksfreund für Oberschwaben
württ.	= württembergisch
Württ. Jbb.	= Württembergische Jahrbücher
WVjh.	= Württembergische Vierteljahreshefte für Landesgeschichte
ZWLG	= Zeitschrift für Württembergische Landesgeschichte

Ortsregister

Allmendingen 181
Altburg 90
Altenstadt 92
Altheim/Alb 43, 48
Altheim ob Allmendingen 203, 207 f., 211
Altheim/Weihung 114
Altsteußlingen 242
Amerika 212
Ammerstetten 198
Amstetten 198
Anhausen 84
Arbon 69
Arnegg 129, 150
Asch 75, 77, 88, 110, 181, 189, 240 f.
Asselfingen 237
Auingen 83, 85 f.
Australien 212

Bach 207
Bad Boll 11
Baden 9, 31 f., 37 f., 54, 64, 70, 82 –84, 87, 105, 137, 152, 155, 157, 160, 225 f., 229
Baden-Baden 64
Baden-Württemberg 191, 240
Balingen 35
Ballendorf 158
Basel 12, 32, 151, 160
Bayerisch-Schwaben 44, 49
Bayern 9, 12, 32, 37, 44, 49, 155, 182, 228
Beimerstetten 129
Berg 136
Berghülen 77, 88, 150, 189
Berlin 21, 148, 230
Bermaringen 82, 89, 129, 145, 150, 190
Bern 53, 157, 160
Bernloch 77
Bernstadt 181, 189
Biberach 65, 110, 157
Blaubeuren 13, 17 f., 20, 25, 27, 31, 38, 44, 48 f., 53, 59–61, 63–65, 67 f., 73, 76–82, 84, 87–89, 91–96, 101, 103 f., 107, 110, 113, 116, 119, 123–125, 127–129, 144 f., 150–152, 163, 175, 178–183, 185 f., 188 f., 191 f., 201, 203, 206–210, 230, 233, 236–238, 241
Blaustein 157
Böhmen 21
Böhringen 84
Börslingen 200
Böttingen 76, 83
Bonn 163
Boxberg 105
Brackenheim 102
Bruchsal 103, 105
Buchau 57
Buchen 105
Bühlenhausen 190, 240 f.

Calw 53, 59, 90, 174
Cannstatt 12, 35, 161
Chicago 103
Creglingen 32

Dächingen 140
Dänemark 34, 79, 147
Darmstadt 175
Degenfeld 43
Dellmensingen 152
Deutschland 21–23, 29–31, 34, 39, 57, 65, 78, 80, 84, 95, 103, 129 f., 144, 167, 186, 191, 225, 239 f., 242
Dietenheim 143, 145, 181
Dietershausen 57
Dietingen 191
Donaueschingen 39, 225
Donaurieden 140, 207
Donaustetten 202
Dossenbach 26, 54, 103, 159
Durlach 155, 157, 160 f., 174

Echterdingen 164
Effringen 158
Eggingen 116, 150, 215
Ehingen 17 f., 25–27, 60 f., 75 f., 98 f., 116 f., 124, 127, 129, 131 f., 135–140, 143 f, 158, 178–181, 183, 185–190, 203, 206
Ehningen 174
Ehrenstein 113, 157
Einsingen 113, 191
Ellwangen 57, 84, 136, 182
Emmishofen 28
England 79
Engstingen 144
Ennabeuren 86
Erbach 116 f., 181, 192, 207, 210 f.
Erbstetten 84
Erfurt 84
Ermingen 150, 215
Ersingen 237
Erstetten 199, 207
Esslingen 30, 47, 58, 68–70, 73, 79 f., 101, 158
Europa 38, 73, 129, 212
Eybach 92

Feldstetten 79, 85–87, 89, 138, 241
Frankenhofen 242
Frankfurt 12, 30 f., 34 f., 37, 44 f., 48, 57 f., 60 f., 80–82, 101, 107, 115 f., 124, 131 f., 139, 147, 163, 193, 199, 226
Frankreich 22, 79, 95, 130, 144, 169
Freiburg 12, 60, 64, 69, 161
Freudenstadt 26, 39
Friedrichshafen 65, 157, 159
Fulda 57

Gaildorf 53
Geifertshofen 53
Geislingen 174, 182, 198
Genf 158

Gerhausen 80, 87, 89, 113, 150, 174, 181, 190, 241
Germersheim 37
Gernsbach 38, 155, 158, 173
Glatz 47
Gögglingen 202
Göppingen 12, 26, 28, 31, 34, 64, 68, 74, 79, 82
Göttingen 20
Gomadingen 77, 86
Granheim 117
Graubünden 105
Griesingen 132, 136
Grimmelfingen 53, 113, 202, 213–215, 217 f., 221
Grundsheim 140
Günzburg 30, 44, 48 f.,110

Haigerloch 144
Hanau 38, 148, 152, 183
Hannover 37
Hausen ob Urspring 116, 189
Hayingen 74 f., 82, 84, 86, 117
Hedelfingen 28
Heidelberg 26, 57, 63, 67, 155, 160
Heilbronn 30, 34, 39, 101, 183, 225, 228
Heroldstatt 240
Herrenalb 173
Herrenberg 173
Herrlingen 150
Hessen-Darmstadt 9
Hirsau 174
Hohenasperg 32, 54 f., 65, 70, 81, 93 f., 99, 103, 105, 157, 159, 227 f.
Hohenheim 84
Hohenstadt 92

Illertissen 55, 225 f.
Indelhausen 84
Indianapolis 219
Ingstetten 242
Isny 242
Italien 21

Jerusalem 62
Jungingen 113
Justingen 74, 181, 186

Kaiserslautern 32, 64, 69, 155
Kandern 26
Karlsbad 11, 13
Karlsruhe 22, 37, 54, 105, 155, 157, 163 f., 169, 188, 230
Kehl 12
Kirchberg 110
Kirchbierlingen 117, 140, 198
Kirchen 136, 181
Klosterreichenbach 102
Kohlstetten 77, 86
Konstanz 26, 157
Krautheim 105
Krumbach 49
Künzelsau 65, 238

251

La Chaux-de-Fonds 15
Laichingen 74–77, 80, 85, 87, 89, 181, 183, 188 f., 191, 240 f.
Langenargen 159
Langenau 18, 20 f., 25, 27, 31, 56, 105, 107, 113 f., 117, 119, 158 f., 181, 184, 189, 191, 230 f., 237
Laupheim 44, 48, 57, 77, 107, 110, 114 f., 119, 127, 139
Lehr 113
Leipheim 198
Leipzig 43, 230
Leonberg 157
Leutkirch 57
Lichtental 172
Liebenzell 173
Lörrach 34, 157 f.
Loffenau 173
Lonsee 113, 118
Lorch 43
Ludwigsburg 25, 65, 67, 70, 77, 138, 159, 229
Luzern 160

Machtolsheim 77, 150, 189, 240 f.
Mähren 12
Mähringen 113
Magdeburg 70
Magolsheim 76, 86
Mainz 82, 182
Malmö 34, 79–81, 124, 147
Mannheim 22, 32, 38, 73, 105, 148
Marburg 57
Markbronn 65, 144
Markdorf 159
Marktlustenau 92
Maulbronn 44
Medzibor 47
Merklingen 107, 114, 119, 129, 150, 181, 240 f.
Moosbronn 174
München 13, 28
Münsingen 27, 79 f., 85, 87, 116–118, 128, 238
Munderkingen 97–99, 116 f., 137, 139, 143, 151 f., 159, 181 f., 187–190
Mundingen 198, 242

Nagold 101, 238
Nasgenstadt 135 f.
Neenstetten 237
Nellingen 82, 89, 150, 198, 242
Nerenstetten 118
Neuenbürg 173
Neuhausen/Filder 67
Neu-Ulm 145
New York 106
Niagara Falls 32
Niederhofen 102, 203, 242
Nördlingen 31, 228
Norditalien 118
Nürnberg 45
Nürtingen 93, 95

Oberdischingen 127, 136, 138, 181 f., 202
Oberkirchberg 107, 114 f., 119, 181
Obermarchtal 140, 143, 181 f.
Oberndorf 69
Oberstetten 83
Öhringen 238
Öpfingen 130, 137 f., 140, 192
Österreich 21, 37, 45, 57, 84, 129, 138, 155, 240
Offenburg 37, 138, 148, 163
Oggelsbeuren 136, 189
Oos 157
Oppingen 198, 240

Pähl 92
Pappelau 207
Paris 15, 21, 26, 43, 54, 73, 131, 144
Pest 105
Pfalz 32, 37 f., 64, 80–82, 84, 137, 155, 160, 226
Pforzheim 12, 38, 157 f.
Plochingen 65
Polen 17, 21, 61
Posen 155
Preußen 21, 29 f., 34, 37, 54, 61, 80, 83, 118, 129 f., 147, 155, 240

Rapperswil 65
Rastatt 37–39, 54, 57, 102, 152, 155, 158–161, 164, 167, 169, 173 f., 225, 241
Ravensburg 63, 68, 75, 157
Regensburg 14
Reute 191
Reutlingen 20, 38, 55, 60, 64 f., 69, 81, 87, 91, 98 f., 101, 113, 131 f., 138, 152, 158, 182
Rheinbayern 64, 81
Rheinland 82
Rheinpfalz 31, 70, 81, 229
Riedlingen 34, 49, 57, 99, 137, 139, 144, 152, 225, 228
Ringingen 15, 129, 150, 198, 202–210, 212
Rißtissen 140
Rösslsberg 92
Rom 14, 62, 180
Rottenacker 140
Rottenburg 127, 138
Rottweil 12, 30, 34, 136, 225
Rupertshofen 189
Russland 21, 79

Sachsen 31, 37, 82
Säckingen 103
St. Louis 219
St. Gallen 32, 99
Saulgau 57, 139
Scharenstetten 190
Schelklingen 18, 61, 76, 83, 94, 110, 116 f., 127–129, 151, 180 f., 186, 189, 205
Schleswig-Holstein 21, 34, 80, 107, 129, 147
Schmiechen 181, 183
Schöntal 53
Schorndorf 59

Schwäbisch Gmünd   228
Schwäbisch Hall   30, 101
Schweiz   15, 32, 37, 39, 54, 64 f., 69, 83, 94, 96, 99, 103, 105 f., 126, 155, 157–160, 169, 225, 229
Schwörzkirch   191
Sechtenhausen   131
Seißen   75, 77, 87 f., 92, 181, 189 f.
Sigmaringen   35
Söflingen   113, 203, 207
Sonderbuch   75, 129, 147, 189 f.
Sontheim   83, 85 f., 181
Staufen   34
Steinbach   105
Stockach   159
Straßburg   175
Stuttgart   11–13, 17, 20, 23, 26–31, 34, 37, 44, 53–56, 60 f., 63–65, 67–70, 73, 76–80, 82–85, 89, 91, 95, 98, 101, 105, 131 f., 137, 139, 144, 150, 152, 174, 185, 188, 198, 210, 226 f., 237, 239
Südwestdeutschland   9
Suppingen   60, 74 f., 77, 83, 87 f., 90–92, 110, 113, 116, 145, 150, 181, 188, 190, 240 f.

Tauberbischofsheim   105
Temmenhausen   150
Tettnang   63, 159
Thurgau   28
Tigerfeld   76, 83
Tomerdingen   15, 129, 191
Trier   69
Trossingen   103
Tübingen   12, 20, 22, 28, 30, 32, 43, 53 f., 57, 59–61, 63, 67, 75, 101 f., 136, 203, 207 f., 237
Tuttlingen   69, 161

Überlingen   69
Ulm   9, 11–17, 19–35, 37–39, 43–50, 53–58, 64, 76, 79 f., 83, 96, 98, 101, 107– 111, 113–119, 123, 127–129, 131, 133, 139 f., 144 f., 155–161, 173 f., 177, 182 f., 185, 198, 201, 203, 205, 207 f., 213 f., 225–229, 237, 242, 249
– Böfingen   113, 159
– Obertalfingen   113
– Örlingen   113
– Ruhetal   113
Ungarn   21, 105
Unterkirchberg   114
Untermarchtal   97
Urach   73, 75, 79, 87
Ursprung   18, 73, 144, 179, 203, 207

Venedig   118
Vereinigte Staaten von Amerika   20, 32, 103, 106, 160, 225, 228

Waadt   158, 160
Wabern   53
Waghäusel   155, 160, 163
Waldsee   57
Weidenstetten   107, 113, 115, 119
Weil der Stadt   136

Weiler   113, 190
Weißenhorn   30, 49
Wertheim   105
Wiblingen   181
Wien   9, 12, 21, 30, 35, 105, 230
Wiesbaden   50
Wiesekingen   69
Wildbad   53, 70
Wildberg   53
Wippingen   77, 190
Württemberg   9, 12, 15, 17 f., 22, 28, 31 f., 34 f., 37–39, 58, 60, 64, 67, 69 f., 73, 76, 79, 82, 95 f., 98 f., 101, 103, 107, 110, 114 f., 127, 130, 137, 139, 157–161, 171, 173, 179, 181 f., 198–203, 217, 225, 227 f., 230, 239–243, 248

Zandersdorf   92
Ziegelbach   117
Zürich   60, 69, 105, 160 f.
Zwiefalten   74, 76 f., 84, 116 f., 144

Personenregister

Abele, Jakob, Wagnergeselle 157
Aberle, Professor 116
Adam
– Amtsnotar in Schelklingen 205
– Philipp Ludwig, Verleger 17, 27–30, 44, 55, 110–114, 118 f., 124, 127
Albrecht
– Friedrich, Militärmusikmeister 47
– Friedrich, deutschkath. Prediger 26 f., 30, 47–50, 55, 76, 110–120, 225, 228 f.
– Klara 47
Arnold, Josef, Büchsenmacher in Ehingen 137
Aschoff, Johann Georg 231
Auch, Friedrich, Stadtschultheiß in Blaubeuren 95
Autenrieth
– Posthalter 77
– Albert, Student 15

Bacmeister, Adolf, Gymnasiallehrer 102 f.
Baldinger, Patrizierfamilie in Ulm 203, 205 f.
Bantlin, Georg Friedrich, Rotgerbergeselle 15
Bauer
– Apotheker in Münsingen 85
– Ludwig Amandus, Dichter und Historiker 59
Baumann, Jakob, Metzgergeselle 157
Bausch, Lehrer in Blaubeuren 78, 80
Becher
– Adolph, Buchhändler 39, 69
– August, Rechtskonsulent 38 f., 63–65, 67–69, 75–78, 80, 82 f., 89, 93, 110, 113–119, 124 f., 127, 152, 182, 186, 225, 229 f., 241
– Gottlieb Benjamin, Medizinalrat 63
Bechler, Christoph, Seifensieder in Ehingen 31
Becker, August 53
Beckert, bad. Oberst 163
Bellino, Gerichtsnotar in Blaubeuren 77, 178
Benz, Lina 117
Béranger, Jean Pierre de, frz. Dichter 53, 56
Betz, Amtsnotar in Ehingen 116
Beyschlag, Karl, Redakteur 31, 39, 225, 228
Binder, Gustav, Professor 38, 55, 101, 237
Bismarck, Otto v., Reichskanzler 129
Blind, Karl, Sozialist 56
Blöst, Amtsnotar in Oberkirchberg 114
Blum, Robert, Politiker 30, 35, 61, 182, 230 f.
Bockshammer, Ludwig Ernst Karl, Dekan in Blaubeuren 178
Bohnenberger, Wilhelm Gottlieb, Professor 77, 80, 103
Boulanger, Karl, Zimmergeselle 157
Bosch, Philipp, Bauer in Ringingen 206
Boscher, Anton, Oberamtsrichter in Laupheim 127 f., 139
Boser, Blasius, Professor 116
Brändle, Clemens 83
Brandenstein, v., Oberst 157
Braunger
– Kaufmann in Munderkingen 98
– Kronenwirt in Munderkingen 93
Brecht, Amtsnotar in Ehingen 116

Breitling, Wilhelm, württ. Ministerpräsident 104
Bucher, Sebastian, Bauer in Ringingen 203
Büchner, Georg, Dichter 15
Buck, Michel, Oberamtsarzt in Ehingen 145
Bundt, Franz Xaver, Buchbinder 15
Burger
– Wagner in Munderkingen 98
– Christian Friedrich Eberhard, Gymnasiallehrer in Ulm 228
Burkhardt, Lehrer in Bermaringen 190
Burza, Kaufmann in Blaubeuren 77
Buß, Franz Joseph 60
Buzorini, Ludwig, Oberamtsarzt in Ehingen 137 f.

Christoph, württ. Herzog 101
Cronmüller, Oberjustizrat in Ulm 38, 144 f.

Dafeldecker, Wilhelm, Schreinermeister in Ulm 20
Denk, Pfarrer in Feldstetten 89
Denzler, Bauern in Ringingen
– Anton 203
– Jacob 203
– Johann Georg 207
Dienst, bad. Leutnant 166
Dieterich
– Pfarrer in Grimmelfingen 213, 217
– Konrad, Pfarrer in Böttingen 76 f., 83 f., 118
– M., Pfarrer in Langenau 21
Dietrich, Karl, Handelsmann in Ulm 158
Dingelstedt, Franz v., Dichter 56
Doll, Konditor in Munderkingen 98
Duvernoy, Gustav, württ. Minister 73, 83 f., 127, 135

Eberle, Simon, Bauer in Ringingen 204
Ehrismann, Lehrer in Seißen 190
Eierstock, Anton, Wirt in Ringingen 206
Elsenhans
– Ernst, rev. Publizist 39, 102, 156
– Michael, Pfarrer 102
Elsner, Chrysostomus Heinrich, Schriftsteller und Journalist 28, 102, 111, 117
Elwert, Dekan in Münsingen 87
Enderle 83
Engels, Friedrich, Sozialist 23
Ephialtes 228
Erhardt, Gustav, Professor in Ehingen 116, 131
Erlenmeyer, Revierförster in Ringingen 205
Espenmüller, Lehrer in Blaubeuren 77

Fallati, Johannes, Professor 27, 75, 77, 80 f., 81, 116 f., 124, 237
Faul, Karl, Schuster 39, 158
Feger, Thomas, Buchhändler in Ehingen 135, 138
Fetzer, Karl August, Anwalt 237
Feyl, Georg Anton, Präzeptor in Ehingen 98, 127 f.,137–140, 182, 190, 230
Fickler, Joseph, Publizist 38, 105
Fischer
– Schneidermeister in Tettnang 159
– Christian, Schuhmachergeselle 158

254

– Friedrich, Student   15
Fischer-Graffenried   53
Forderer, Blasius, Lehrer in Ringingen   206
Franckh, Friedrich Gottlob, Buchhändler   12
Frank, Philipp, Pfarrer in Schelklingen   83 f., 94, 127–129, 230
Freiligrath, Ferdinand, Dichter   143, 146
Friedrich I., württ. Kg.   9 f.
Friedrich Wilhelm IV., preuß. Kg.   37, 45, 61, 82, 118
Friedrich, Kronenwirt in Blaubeuren   193
Frey, Schultheiß in Grimmelfingen   213
Freyberg, v., Adelsfamilie   199
Friz, Regierungsrat in Ulm   111, 114
Fröhlich, Marie   20
Fronkmann, hess. Freischärler   175
Fugger, Adelsfamilie   199

Gagern, Heinrich v., Präsident der Nationalversammlung   225
Gaisberg, v., Festungskommandeur in Ulm   26, 222
Gansaug, Festungskommandant in Rastatt   171
Gapp, Philipp, Küfer in Ringingen   204, 206
Gauger, Paul, Redakteur   219
Gaus, Schultheiß in Justingen   186
Gebhardt, Lehrer in Sonderbuch   190
Georgii, Pfarrer in Stuttgart   86
Gfrörer, Friedrich August, Kirchenhistoriker   27, 59–62, 76, 98, 101, 116–120, 131, 237, 242
Glöckler, Vikar in Asch   88
Glogger, Johann Jakob   231
Görgilo, Polizeiamtsassessor in Karlsruhe   164
Göriz, Carl Ferdinand, Justizprokurator   113, 118
Goppelt, Adolf, württ. Minister   135
Grauer, Karl-Johannes, Historiker   198
Gregor VII., Papst   62
Guizot, François, frz. Politiker   21
Gustav Adolf, schwed. Kg.   62

Haag, Friedrich, Bäckergeselle in Ulm   33 f.
Haas, Gottlieb Benjamin Friedrich, Dekan in Blaubeuren   77, 81, 86–91
Häußler
 – Anton, Bauer in Ringingen   207
 – Johann Georg, Schultheiß in Ringingen   206–208
Hafner, Bauern in Ringingen
 – Josef   207
 – Xaver   207
Haller, Johannes   62
Handschuh, Wilhelm, Schriftsetzer in Ehingen   133, 136, 190
Harscher, Bernhard, Freischärler   158
Haßler
 – Johann Konrad, Diakon   43
 – Konrad Dieterich, Gymnasialprofessor in Ulm   15, 17, 26–29, 43–46, 48, 54, 76, 110–120, 124, 237, 235
 – Margaretha Katharina   43
Hauber, Albert   81
Hauff, Wilhelm, Dichter   59
Haug
 – Oberamtmann in Münsingen   86
 – Johann Friedrich, Stadtschultheiß in Langenau   230 f.

Hauser, Johann Georg, Gemeindepfleger in Langenau   27, 113 f., 118, 124
Haußmann
 – Caroline   67
 – Conrad, württ. Politiker   70, 104, 238–240
 – Friedrich, Hofapotheker und Fabrikant   67, 70
 – Friedrich, württ. Politiker   70, 104, 238, 240
 – Josephine   70
 –– Julius, Fabrikant und Politiker   18, 30, 38 f., 55, 63 f., 67–70, 73, 77, 79–81, 104, 152, 157, 189 f., 225, 229, 238, 240 f.
 – Wolfgang, württ. Politiker   229, 239
Hecker, Friedrich, Rechtsanwalt und Revolutionär   26 f., 34, 54, 157, 182
Heerbrandt, Gustav Ferdinand, Buchhändler in Ulm   13–15
Heid, Bierwirt in Calw   174
Heine, Heinrich, Dichter   13 f.
Heintzeler, Andreas, Pfarrer in Seißen   77
Hengler, Pfarrer in Tigerfeld   83
Herdegen, württ. Finanzminister   83
Herwegh, Georg, Dichter   15, 26, 53, 103, 143, 156 f., 159
Hesse, Hermann, Schriftsteller   59
Heuß, Theodor, Politiker   238 f.
Heunisch, rev. bad. Finanzminister   106
Hiller, Christian, Soldat   158
Hitler, Adolf, Reichskanzler   238
Hobacher   161
Hölder   237
Hölderlin, Friedrich, Dichter   59
Hoffmann
 – Christoph, Lehrer in Ludwigsburg   101
 – Heinrich, bad. Revolutionär   38
 – Martin, Schlossergeselle   15
Hofmann, Schulmeister in Ehingen   136
Hofstetter, Apotheker in Blaubeuren   81
Hohbach, Gustav, Oberjustizassessor in Ulm   13, 15
Hohenlohe, Adelsfamilie   198
Hohloch, Johannes, Buchdrucker in Münsingen   85
Honold
 – Lehrer in Gerhausen   190
 – G., Lehrer in Langenau   231
Hopf, Franz, Publizist   104
Hornstein, Freiherr August v.   76, 113 f., 118 f.
Hoyer, Stadtschreiber in Blaubeuren   170
Huber, Xaver, Bauer in Ringingen   203
Huck, Johann Joseph, Oberjustizrat   57 f., 242
Hugo, Victor, frz. Schriftsteller   56

Idler, Oberamtmann in Münsingen   86
Itzstein, Adam v., Advokat   22

Jäger, Johann   231
Johann, Erzherzog v. Österreich   45, 61, 79 f., 132

Kaim, Lehrer in Schelklingen   181
Kapff
 – Franz Gottlieb   78
 – Sixtus Carl, Dekan in Münsingen   87
Karl, württ. Kg.   240

Katharina, württ.Königin   19, 177, 184 f., 187
Kautzer, Georg, Pfarrer   57
Keim, Karl, Blechlergeselle   39, 158
Kiderlen, Georg, Kaufmann in Ulm   23
Kinkel, Gottfried, Professor und Revolutionär   163
Klaiber, Buchhalter in Ulm   111
Klein, Oberamtsakturiatsverweser   230
Klett, Adolf Friedrich, Oberjustizprokurator   114, 117, 119
Kneer
– Oberamtspfleger in Blaubeuren   114
– Johannes, Bauer in Ringingen   206
Knittel, Josef, Seiler in Ringingen   206
Knupfer, Franz, Schultheiß in Markbronn   65, 94, 124
Kolb, Gottlob, Posthalter in Nerenstetten   118
Koseritz, Ernst Ludwig, württ. Offizier   12
Krauß, Johann Georg, Stadtschultheiß in Blaubeuren   178
Kriegstötter, Pfarrer in Munderkingen   191
Kübel, Rechtskonsulent in Blaubeuren   185
Kurz, Bertha   92

Lamparter, Oberamtsrichter   132
Landerer
– Christian August, Dekan   113, 118
– Heinrich   79
Lang, August, Lehrer in Blaubeuren   77, 192, 224
Langguth, Jakob, Handelsmann in Wertheim   105
Lederer, Wilhelm, Stadtschultheiß in Blaubeuren   63, 68, 119
Leopold, bad. Großherzog   22, 37, 148, 155
Leutrum, Graf v., Staatsanwalt   226, 228
Linden, Joseph, Freiherr v., württ. Minister   85
Lindenmayer, Oberamtmann in Laupheim   114
Linder, Felix, Postverwalter in Ehingen   27, 116, 124, 131–133, 135, 140
Lindner, Jakob Josef, Bäcker   159
Lipp, Bischof v. Rottenburg   187
Lippe, Graf zur, Festungsgouverneur in Ulm   33
Löffler, Kreuzwirt   81 f.
Lohbauer, Rudolf, Redakteur   12
Loose, Heinrich, deutschkath. Prediger   38, 47
Lotterer, Caspar, württ. Freischärler   174
Louis-Philippe, frz. König   21 f., 144
Lubrecht, Wilhelm, Redakteur   95
Ludwig I., bayer. Kg.   13–15, 21
Luz, Amtsschreiber in Blaubeuren   178

Mack
– Franz Josef, Uhrmacher in Schelklingen   182, 190
– Martin Joseph, Pfarrer in Schelklingen   117 f., 120
Magirus, Konrad Dietrich, Fabrikant in Ulm   17
Maier
– Johannes   87
– Reinhold, Anwalt und württ. Ministerpräsident   239
Majer
– Adolph, Apotheker   216
– Gotthart, Flaschner in Ehingen   137
Mann, Bernhard, Historiker   238
Märklin, Christian   101
Marx, Karl, Philosoph   23
Mathy, Karl, bad. Staatsrat   80

Mattheis, Jakob in Asch   190
Mauch, Eduard, Zeichenlehrer in Ulm   17
Maurer, Stationskommandant in Munderkingen   99
Maximilian II., bayer. Kg.   21, 44, 48
Mayer
– Hirschwirt   77
– Carl, württ. Politiker   38, 64 f., 68–70, 78–80, 240
Melber, Silberarbeiter in Munderkingen   98
Menzel, Wolfgang, Literat   85, 128
Metternich, Clemens Wenzeslaus Fürst v.   21
Meyer
– Pfarrer in Berghülen   88 f.
– Thomas   85 f.,
Mieroslawski, Ludwik, poln. Revolutionär   155, 163
Miller, Thadä Eduard, Kaufmann in Riedlingen   139
Minckwitz, v., Oberleutnant   34
Mohn, Müller in Munderkingen   98
Moore, Thomas, engl. Lyriker   53
Mörike, Eduard, Dichter   59
Molitor, Medizinalrat in Karlsruhe   164
Moser, Johannes, Diakon in Ulm   13
Müller
– Caroline   106
– Johann Bartholomäus, Münsterprediger   43
– Josef, Adlerwirt in Ringingen   207, 209
– Karoline Friederike   43
– Margaretha Katharina   43
– Nikolaus   105 f.
Muschgay, Revierförster in Zwiefalten   116–118

Nägele, Ferdinand, Schlosser in Murrhardt   116, 118
Napoleon I., frz. Kaiser   10, 22, 144, 198
Nathan, Kaufmann in Laupheim   77
Niethammer, Rechtskonsulent in Ehingen   116, 131
Normann–Ehrenfels, Freiherr Carl, Landwirt   76, 80
Notter, Friedrich, Schriftsteller   84
Nübling, Ernst   50, 110
Nüssle, Gottfried, Schneidergeselle   159
Nüßle
– Stiftungsrat   91
– Joseph, Wirt in Blaubeuren   185
– Karl, Wirt in Blaubeuren   38, 73, 83 f., 93–96, 127–129, 152, 171, 179, 189 f., 230, 233, 237 f., 241

Öffinger   89
Oehler, Anton, Kirchenrat   76, 83, 98, 116–118, 120, 127 f., 131, 139
Oesterlen, August, Oberjustizassessor   83, 89, 127
Olga, württ. Königin   151
Osiander, Oberamtmann in Blaubeuren   74 f., 88 f., 94, 113, 138, 235
Ott
– Johann Georg, Schultheiß in Beimerstetten   123
– Libor, Bauer in Ringingen   207, 211

Pastor, Ludwig v.   62
Paulus, Gebrüder   78
Payer, Friedrich, Rechtsanwalt   104, 239
Pfänder, Schulmeister   88–91

Pfau, Ludwig, Dichter 55, 64, 69 f.
Pfetsch, Johannes, Schultheiß in Seißen 96
Pfizer
– Gustav 30, 79, 101
– Paul, Jurist 11, 48
Pfründerer, Lehrer in Suppingen 190
Pfuhler, Alois, Bauer in Ringingen 204
Plank, Kameralverwalter in Blaubeuren 189
Platz, Christian Friedrich, Redakteur 106

Rabus, Bauer in Grimmelfingen 213
Rachel, Schmied in Karlsruhe 164
Rapp, Wilhelm, Redakteur 103
Rau, Gottlieb, Fabrikant 30, 34 f., 73, 78, 157
Reichardt, Carl, Apotheker in Ulm 46
Reichenbach, Georg, Fabrikant 73, 180, 190
Reihing, Pfarrer in Schmiechen 191
Renz, Karl, Gymnasialprofessor in Ulm 111, 118
Rettich, Lehrer in Scharenstetten 190
Reuschle, Buchhalter in Blaubeuren 185, 235
Rödinger, Friedrich, Anwalt 238
Römer
– Friedrich, Anwalt und württ. Minister 11, 15, 22, 38, 55, 73, 82, 110, 135, 137, 140, 228
– Robert, Anwalt und Professor 30, 79
Röser, Jakob, Schuhmacher in Langenau 158
Romer, Josef, Bauer in Ringingen 203
Ronge, Johannes, deutschkath. Prediger 47
Rotteck, Karl v., Historiker 23
Rousseau, Jean Jacques, frz. Philosoph 78 f.
Ruff, Verwaltungsaktuar 113, 118
Ruoff, Johannes, Bauer in Ringingen 203
Rümelin, Gustav 61

Sattler, Oberjustizassessor 15
Sautter, Lehrer in Bühlenhausen 190
Schad, Patrizierfamilie in Ulm 199, 203, 207 f., 210, 222
Schäfer, Johannes, Lehrer in Grimmelfingen 55, 225
Schäl, Demokrat 27
Schefold
– Rentmeister in Erbach 116
– Eduard Franz, Rechtskonsulent 128, 140, 230
Scheitenberger, Philipp, Stadtschultheiß in Schelklingen 94, 129
Scheller, Conrad, Bauer in Ringingen 204
Schenk v. Castell, Graf 182, 199, 203 f.
Scherr, Johannes 80
Schertlen, Johannes, Schustergeselle 12, 15
Schifterling, Georg Bernhard, Redakteur 27, 30–34, 38, 53, 70, 79, 110, 156, 158, 225
Schiller, Friedrich, Dichter 9, 103, 143, 231
Schlayer, Johannes, württ. Innenminister 44, 81 f., 84
Schmid
– Bürgermeister in Laichingen 74
– Glasermeister in Blaubeuren 77, 81
– Pfarrer in Laichingen 89
– Schultheiß 85
– Daniel, Schneidergeselle 159
– Gustav Heinrich, Pfarrer in Seißen 87

Schmidt
– Dionis 159
– Ludwig, Handwerksgeselle 159
Schmoller, Pfarrverweser in Gerhausen 87
Schnauffer, Carl, Kellner in Calw 174
Schnitzer, Carl Friedrich, Gymnasiallehrer 38
Schoder, Adolph, Jurist 237
Schöninger, Pfarrer in Ringingen 191, 207
Schoffer, Kameralverwalter in Ehingen 116
Scholl
– Oberamtmann in Münsingen 117
– Gottlob Heinrich, Diakon 15
Schott, Albert, Obertribunalprokurator 11, 237
Schott von Schottenstein, Carl, Regierungsrat 49, 139
Schultes, David, Handelsmann in Ulm 11
Schurz, Carl, Revolutionär 157
Schuster
– Julius, Stadtschultheiß in Ulm 22 f., 25–30, 33, 44, 47, 49, 55, 110–115, 118 f., 229
– Karoline 65
Schwab, Gustav, Dichter 105
Schwarz, Christian Wilhelm, Gymnasialprofessor in Ulm 11
Schwarzenberg, Fürst 45
Schwenk, Daniel 81
Schwenkedel 80
Seeger
– Friedrich, Oberjustizprokurator 65, 83, 126
– Ludwig, Redakteur 29 f., 39, 49, 53–57, 89, 127–129, 225–228, 230
Segestes 228
Sellin
– Jenny v. 47
– Wilhelm v., Major 47
Settele, Bauern in Ringingen
– Anton 206
– Jacob 203
– Matheus 204, 206, 211
– Thomas 207
Shakespeare, William, engl. Dramatiker 56
Sick
– Silberarbeiter in Stuttgart 116, 118
– Heinrich v., württ. Innenminister 96, 238
Simon, Ludwig, Rechtsanwalt 69
Slovenzic, Luigi, ital. Freischärler 171 f.
Speidel, Kasimir, Reallehrer in Blaubeuren 73, 77–81, 88 f., 179 f., 185, 190, 233, 235 f.
Speth, Adelsfamilie 199
Sprießler, Bierbrauer in Ehingen 132
Staudenmeyer, Louis, Freischärler aus Ulm 159
Stecher, Wärter 156
Steffelin, v., Oberjustizprokurator 113 f., 118 f.
Stegmaier, Lehrer in Weiler 190
Steinbeis, Ferdinand, Präsident der Zentralstelle für Gewerbe und Handel in Stuttgart 94, 238
Stirm, Konsistorialrat 86, 88 f.
Stöferle, Bauern in Ringingen
– Johannes 205 f.
– Josef 207
Stoffel, Josephine 69 f.

Stoll, Freischärler aus Ulm   173
Strahl, Hilarius, Schreiner   160
Straub, Johannes, Schuhmacher   160
Strauß, David Friedrich, Theologe   59–61, 92, 101 f.
Streißle, Lehrer in Öpfingen   138, 190
Strobel
– Jakob, Wagner in Grimmelfingen   222
– Lehrer   81–83, 85
Struve, Gustav, Advokat und Revolutionär   22, 34, 157
Süskind
– Eduard, Pfarrer   27, 60, 73–92, 101, 110, 113 f., 116–119, 127–129, 145, 150, 189 f., 238, 241
– Friedrich Gottlieb, Prälat   92

Tafel, Gottlob   237
Thurn und Taxis, Adelsfamilie   182, 199
Traub, württ. Freischärler   173

Uhland, Ludwig, Dichter   11, 22, 45, 53, 71, 89, 104 f., 237
Unsöld, Bauern in Ringingen
– Anton   207
– Johannes   209
– Lukas   207
– Sigmund   211
– Zacharias, Gemeindepfleger in Ringingen   207

Vischer, Friedrich Theodor, Ästhetiker   59–61, 92, 101, 146
Vogel
– schweiz. Freischärler   171
– Ottmar, Handwerksgeselle   15
Vogt, Johannes   160
Volz, Lehrer   182
Vopper, Schultheiß in Hausen ob Ursprung   190

Wächter, Karl Theodor, Geistlicher   87 f.
Wächter-Spittler, Karl Eberhard Freiherr v., württ. Kultusminister   86, 90
Waiblinger, Wilhelm   59
Waldburg
– Adelsfamilie   198
– -Zeil, Fürst Konstantin Maximilian   57 f.
Walser, Xaver, Schultheiß in Dellmensingen   126
Walter, Bauern in Ringingen
– Johannes   203, 207
– Josef, Schultheiß   203, 205 f., 211
– Martin   205, 211
Walther, August, Oberjustizrat in Ulm   128 f., 230
Walz, Gustav   84, 128
Weber
– Oberamtmann in Ehingen   116
– Friedrich, Messerschmied   160
Weckherlin, Georg Rudolf, württ. Finanzminister   17
Weig, Unteroffizier   164
Weil, Daniel, Fabrikant   18
Weiß, Karl, Schuster   160
Weißenstein, v., Oberst   34
Weisser, Adolf, Redakteur   64, 69 f.
Werner
– Gustav, Reiseprediger   113, 118, 120, 191

– Johann, Schneider   160
– Johannes, Finanzkammerdirektor   118
Wich, Marx Ludwig, Soldat   70, 157, 161
Widmann
– Johann Georg, Bauer in Ringingen   207
– Karl August Friedrich, Professor in Blaubeuren   77, 79, 103
Wieland
– Johann Georg, Kunstmüller in Ulm   20
– Mathias, Bauer in Ringingen   203
– Philipp Jakob, Fabrikant in Ulm   32
Wiest
– Alois, Justizrat   129, 140
– Andreas Alois, Oberjustizprokurator   17, 57, 60, 110 f., 113–115, 118 f., 124, 126, 140, 242
Wilhelm I., württ. Kg.   9 f., 15, 22 f., 27 f., 37, 49, 55, 73 f., 80–82, 85 f., 90, 101, 107, 110, 124, 129, 140, 161, 198, 225, 233, 238, 240
Wilhelm II., württ. Kg.   243
Wilhelm, Franz, Pfarrverweser in Tigerfeld   76, 86, 117
Willauer, Müller in Munderkingen   181
Willich, August v., Revolutionär   148, 155
Willzinski, poln. Freischärler   169–171, 173 f.
Windischgrätz, Alfred Fürst zu   30, 35, 45, 174
Wizigerreuter, Gottfried, Stadtschultheiß in Ehingen   131 f., 137–139
Wocher, Maximilian Joseph, Rektor in Ehingen   135, 140
Wolbach
– Christoph Leonhard, Stadtschultheiß in Ulm   221
– Gustav, Rechtsanwalt   56
Wolf, Norbert, Schullehrer in Munderkingen   98 f., 190
Wolff, Regierungssekretär   113
Wrangel, Friedrich Heinrich Ernst, preuß. General   79
Wurm, Christian Friedrich, Professor   61, 101

Zeller, Pauline   53
Zenneck, Pfarrer in Bermaringen   89
Zimmermann, Wilhelm, Theologe   58, 61, 101, 242
Zobel,
– Karl August, Revierförster in Seißen   175
– Wilhelm, Verwaltungsaktuar   81, 152, 163, 183, 193, 230, 241
Zürn, Johann Georg, Kronenwirt in Munderkingen   97–99, 137, 140, 190

Sachregister

Bürgerwehren   23, 25, 38, 75, 132, 152, 200
- Arnegg   150
- Berghülen   150
- Blaubeuren   94, 145–148, 150, 152, 184 f., 188
- Dietenheim   143
- Ehingen   132, 143, 188
- Gerhausen   150
- Heilbronn   152
- Machtolsheim   150
- Merklingen   150
- Munderingen   143, 151
- Nellingen   150
- Obermarchtal   143
- Schelklingen   143, 151
- Sonderbuch   147
- Suppingen   150
- Tuttlingen   152
- Ulm   23–25

Demagogenverfolgung   13
Demokratenkongreß Frankfurt   30 f.
Deutscher Bund   9, 26, 107, 110 f., 199
Deutscher Bundestag   12
Deutscher Zollverein   65
Deutschkatholizismus   47 f., 129, 229, 231

Feuerwehren
- Feuer-Rettungs-Compagnie Ulm   17
- Freiwillige Feuerwehr Blaubeuren 184 f., 187, 233

Franzosenlärm/Franzosensamstag   25 f., 74 f., 97, 103, 131, 143–145
Frauen   13, 110, 123, 163, 166, 169, 178, 185, 188, 191
Freicorps Riedlingen   34
Freischärler   64, 69, 102 f., 156, 159, 173
Freischaren   38, 103, 155 f., 158, 160, 163

Grundrechte   10 f.
- amerikanische 1776   10
- deutsche 1848   30, 35 f., 55, 60, 78, 81 f., 133, 182
- französische 1789   10

Hambacher Fest   12 f.
Hungerkrisen   18–20
Hungertumulte   20, 23

Katzenmusiken   44, 111, 131, 186

Landesausschuß der Volksvereine   30, 38, 49, 54 f., 64, 80 f., 139, 229
Landesversammlungen, verfassungrevidierende   54 f., 58, 64, 82, 84–87, 92, 94, 101, 125, 128 f., 139 f., 227, 230, 238
Landesverteidigungsausschuß   55
Landtag, württ.   11, 15, 18, 26, 43, 55, 58, 65, 68, 74, 81, 84, 86, 91, 94 f., 101, 123–126, 131 f., 238

Märzministerium   44 f., 73, 80, 82, 132, 137, 139

Nationalversammlung   25 f., 29–31, 34–37, 44, 46, 48, 50, 54 f., 57 f., 60–62, 68, 77–80, 82, 98, 101, 104, 107, 110 f., 115–118, 124, 131 f., 137, 152, 163, 230, 237 f.

Oberämter
- Besigheim   65
- Biberach   57, 65, 124
- Blaubeuren   27, 64, 88, 94–96, 107, 110, 116, 123–125, 128 f., 144, 147, 178, 186, 203, 206, 215, 230, 233, 240–242
- Ehingen   27, 98 f., 110, 116 f., 123 f., 128, 131 f., 137, 144, 189, 230, 242
- Ellwangen   58, 136
- Geislingen   80
- Heidenheim   101
- Laupheim   65, 107, 123 f., 126, 242
- Ludwigsburg   101
- Münsingen   27, 74–77, 81, 83 f., 86, 89, 110, 116 f., 123, 128 f., 240, 242
- Neckarsulm   131
- Öhringen   131
- Schwäbisch Hall   58
- Ulm   27, 55, 65, 107, 113, 123 f., 128 f., 157, 213–216, 221, 229 f.
- Waldsee   55, 58

Prozesse
- Albrecht, Friedrich   228 f.
- Beyschlag, Karl   39, 228
- Brotkrawall Ulm   20
- Heerbrandt, Gustav Ferdinand   14 f.
- Hochverratsprozeß 1868   12
- Hochverratsprozeß 1851/52   32, 39, 65, 70, 93, 229
- Müller, Nikolaus   106 f.
- Seeger, Ludwig   39, 54, 225–228
- Wich, Marx Ludwig   161

Reichsregierung   34
Reichsverfassungskampagne   37, 54, 81, 189
Republik, badische   22, 103, 157, 225
Revolutionen
- Februarrevolution 1848   21, 44, 107, 131, 144
- Französische 1789   9, 28, 198
- Julirevolution 1830   11, 13, 16, 199
Revolutionsarmee, badische   37 f., 155
Rumpfparlament   37, 54, 82, 115, 126, 137, 150, 152

Schiffskrawall   25, 32 f., 79
Schwäbische Legion   32, 38, 155–158, 160

Ultramontanismus   57, 61, 180 f., 187, 190 f.
Unruhen   21 f., 34, 39, 186, 228

Vereine und Vereinigungen

Gesellige Vereine und Vereinigungen
Albverein Blaubeuren   96
Bürgergesellschaft
- Blaubeuren   182 f., 193
- Ulm   17

Casino-Gesellschaft
- Blaubeuren   178 f.
- Ehingen   178
Freimaurerloge Ulm   15, 46
Gesangvereine   16 f., 230
Lesegesellschaften und -vereine   16 f., 178 f., 183, 185, 188
- Blaubeuren   73, 179 f., 183, 185 f., 233
- Ehingen   179 f., 187
- Ulm   15
Liederkränze   181–183, 185, 187 f.
- Allmendingen   181
- Asch   181
- Bernstadt   181
- Blaubeuren   181–183, 185–187, 233
- Dietenheim   181
- Ehingen   181
- Erbach   181
- Gerhausen   181
- Justingen   181
- Laichingen   74, 181 f.
- Langenau   181, 230 f.
- Merklingen   181
- Munderkingen   181
- Oberdischingen   181
- Oberkirchberg   181
- Obermarchtal   181
- Schelklingen   181 f.
- Schmiechen   181
- Seißen   181
- Sontheim   181
- Stuttgart   181
- Suppingen   181
- Ulm   13, 16, 43, 46
- Wiblingen   181
Mittwochsgesellschaft Ulm   15
Museumsgesellschaft Ulm   54
Musikvereine
- Munderkingen   182
- Musikkranz Blaubeuren   188
- Oberdischingen   182
- Obermarchtal   182
- Schelklingen   182
Turnvereine   16 f., 183 f., 188, 230
- Blaubeuren   183–185
- Turngemeinde Ehingen   136, 183 f., 188
- Langenau   184
- Ulm   17
- Turngemeinde Ulm   30
Verschönerungsverein Blaubeuren   96

Politische Vereine, Vereinigungen und Parteien
Bewegungspartei   11
Bürgerkommission Munderkingen   97 f.
Bürgervereine   110, 230
- Blaubeuren   77, 81, 187, 192, 241
- Ehingen   131, 135
- Laichingen   183
- Ulm   35

Bürgerwehrverein Ulm   30
Bund der Geächteten   15
Demokratische Volkspartei   55 f., 65, 70, 86 f., 93–95, 104, 126–129, 227, 230, 238, 240, 242
Demokratischer Kreisverein Stuttgart   29 f., 32, 34, 68
Demokratischer Vereine
- Ehingen   135
- Ulm   30, 32
Demokratischer Volksverein Ulm   50
Deutsche Demokratische Partei (DDP)   239, 241
Deutsche Partei   50, 240
Dienstagsgesellschaft Ulm   30
Freie Demokratische Partei (FDP/DVP)   238–240
Fortschrittspartei, s. Württembergische Fortschrittspartei
Hauptverein Stuttgart   30, 69, 77, 79
Junges Deutschland   15
Konservative Partei   29
Konstitutioneller Verein Blaubeuren   192
Märzvereine   55
- Günzburg   49
- Illertissen   225
Nationalverein   65
Nationalverfassungsverein Ulm   29, 44, 110 f.
Polen-Komitees
- Blaubeuren   13, 185, 187
- Ulm   12 f., 15
Politische Vereine   30
- Laichingen   77
- Ulm   29 f., 35, 49
Sozialdemokratische Partei Deutschlands (SPD)   241–243
Vaterländische Vereine   28, 64, 68 f., 75, 116, 125
- Blaubeuren   94
- Wertheim   105
Volkspartei, s. Demokratische Volkspartei
Volksvereine   29 f., 37 f., 49, 63 f., 68, 81, 94, 98, 125, 128, 189–192, 230, 240
- Asch   189 f.
- Berghülen   189
- Bernstadt   189
- Blaubeuren   79–81, 103, 125 f., 179 f., 183–185, 188–190, 192 f., 234, 241
- Ehingen   135–139, 183 f., 189–191, 230
- Esslingen   30
- Hausen ob Urspring   189 f.
- Heilbronn   30
- Kirchen   136, 189
- Laichingen   81, 189
- Langenau   189
- Machtolsheim   189
- Munderkingen   98 f., 136, 189 f.
- Oberdischingen   136, 189
- Oggelsbeuren   136, 189
- Rottweil   30
- Rupertshofen   189
- Schelklingen   180, 189
- Schwäbisch Hall   30
- Seißen   189
- Sonderbuch   189

- Tübingen 30
- Ulm 30, 35
- Weißenhorn 49

Wahlvereine Blaubeuren 185
Württembergische Fortschrittspartei 55, 65, 70, 240
Württembergischer Bauernbund 241 f.
Zentralmärzverein 31, 54, 80, 226
Zentrum 129

Kirchliche Vereinigungen
Katholischer Leseverein Ehingen 135, 180, 189–191, 242
Piusverein Ehingen 135, 180, 189–191, 242
Verein für die kirchliche Aufhebung des Zölibats Ehingen 187

Soziale und wirtschaftliche Vereine und Vereinigungen
Allgemeine Deutsche Arbeiterverbrüderung 31 f., 193, 230
Arbeiterbildungsvereine
- Blaubeuren 31, 192 f., 230
- Stuttgart 56
- Ulm 30, 50

Arbeitervereine 31 f., 50, 193
- Göppingen 31
- Langenau 31
- Stuttgart 31
- Ulm 30–32, 35

Frauenverein Blaubeuren 187 f.
Gewerbevereine 73
- Blaubeuren 77, 81, 94, 180, 192, 233
- Schelklingen 180

Handwerkerverein Blaubeuren 192 f.
Landwirtschaftlicher Verein 81, 84
Schustergesellenverein Stuttgart 12
Wohltätigkeitsvereine 13, 19, 177, 187
- Blaubeuren 178, 185
- Langenau 178
- Ulm 19

Verfassungen
- Reichsverfassung 1849 30 f., 35–38, 49, 55, 69, 80, 82, 84, 137, 157, 159 f., 163, 182, 190, 226, 237
- Württemberg 1819 9, 74, 84 f., 123, 137, 143, 179, 230

Volks– und Bürgerversammlungen 29, 37, 57, 110, 186, 188–190, 225
- Asch 75, 110
- Biberach 57, 110, 116
- Blaubeuren 188 f.
- Buchau 57
- Bussen 57
- Ehingen 131, 188
- Gerhausen 80
- Göppingen 28, 64, 68
- Günzburg 30, 44, 48, 110
- Hayingen 76
- Illertissen 55, 225 f.
- Kaiserslautern 32
- Kirchberg 110
- Laichingen 74, 188
- Laupheim 110
- Magolsheim 76
- Mannheim 73
- Maulbronn 44
- Munderkingen 97, 188
- Oberschwaben 57
- Öpfingen 135, 137 f., 192
- Offenburg 106, 155, 163
- Reutlingen 38, 64, 69, 81, 87, 93 f., 98 f., 103, 137 f., 152, 158, 229
- Schelklingen 76, 116, 186
- Suppingen 188
- Ulm 22 f., 33, 35, 37, 48, 55, 110
- Weißenhorn 30, 49

Vorparlament 26, 44, 107

Wahlen
- Bundestag 240
- Landtag 27, 43, 65, 68, 74 f., 81–86, 95, 123–129, 135, 139 f., 186, 192, 229 f., 240
- Nationalversammlung 1848 27, 45, 48 f., 60, 68, 75 f., 107–120, 131, 135
- Nationalversammlung 1919 241
- Reichstag 65, 241

Wehrmannschaft Göppingen 34

Zeitungen/Zeitschriften
- Allgemeiner Anzeiger für den Donaukreis 249
- Amts– und landwirthschaftliches Blatt für den Oberamtsbezirk Ehingen 133, 187
- Augsburger Allgemeine Zeitung 179
- Der Beobachter 12, 70, 82, 84, 86, 88, 90 f., 104, 128
- Der Blaumann 78, 80, 82, 93, 95 f., 127, 143, 146 f., 152, 185, 193, 233, 235
- Der Erzähler an der Donau 27, 30–32, 110
- Der Hochwächter 12
- Der Volksfreund für Oberschwaben 127, 133, 135, 138 f., 187, 190
- Die Fackel 49, 229
- Donaubote 110
- Dorfzeitung 179
- Eulenspiegel 69, 88, 242
- Evangelisches Kirchenblatt 91
- Gradaus 104
- Hesperus 179
- Kreisbote 124
- Kunstblatt 179
- Laterne 84
- Literaturzeitung 179
- Main– und Tauberbote 105
- Mississippi Schulbote 228
- Morgenblatt 53, 105, 179
- Münsinger Intelligenzblatt 76 f., 82–85
- Musenalmanach 105
- Neckarzeitung 179
- Oberschwäbischer Kurier 133–135, 138
- Rastatter Festungsbote 102
- Schwäbische Kronik 117, 127
- Schwäbischer Merkur 179
- Süddeutsche Warte 88
- Süddeutscher Schulbote 88
- Tagblatt (Stuttgart) 228
- Ulmer Donau-Zeitung 29, 31, 54, 228

- Ulmer Kronik   28, 33, 44, 55, 76 f., 86, 102, 111, 117, 233, 235
- Ulmer Schnellpost   19–22, 24 f., 29 f., 44, 48–50, 54, 110, 180, 225–229
- Ulmisches Intelligenzblatt   13
- Württembergische Zeitung   82
- Zeitinteressen   29

Zensur   12 f., 15, 39, 43, 110, 229

Bildnachweis

Wolfgang Adler   Abb. 42 und 43
Herbert Hummel   Abb. 10 bis 13
Eberhard Kopfmann   Abb. 41, 51
Ulrich Seemüller   Abb. 19 bis 37
Manfred Poh   Abb. 17
Staatsarchiv Ludwigsburg   Abb. 52 bis 54
Stadtarchiv Blaubeuren   Abb. 44, 46 bis 48, 55 und 56
Stadtarchiv Ehingen   Abb. 38, 49 und 50
Stadtarchiv Munderkingen   Abb. 14
Stadtarchiv Schelklingen   Abb. 40
Stadtarchiv Ulm   Abb. 1 bis 7, 9, 18, 45
Württ. Landesbibliothek Stuttgart   Abb. 8, 15 und 16
Zeitungsarchiv Aachen   Abb. 39

Alb und Donau
Kunst und Kultur

1 Rudolf Dentler, **Schmuck des Königs,** (vergriffen) 1990

2 Adolf Schwertschlag, **Malerei und Graphik,** (vergriffen) 1991

3 Frederick William Ayer, **Die Augenfälligkeit des Unsichtbaren,** (vergriffen) 1992

4 Albert Kley, **Bilder und Zeichnungen,** (vergriffen) 1992

5 Joachim Hahn, **Eiszeitschmuck auf der Schwäbischen Alb,** 1992

6 Gudrun Kneer-Zeller, **Malerei,** 1994

7 Paul Kleinschmidt, **Die Ulmer Zeit. 1927 – 1936,** 1994

8 Sebastian Sailer, **Das Jubilierende Marchtall,** 1771 (Neudruck in Zusammenarbeit mit der Deutschen Schillergesellschaft) 1995

9 Helmut Berninger, **Malerei aus vier Jahrzehnten,** 1995

10 Hans Gassebner, **Werkverzeichnis, Zeichnungen und Druckgraphik** mit einer Briefdokumentation, 1995

11 Horst Thürheimer, **Alles auf Papier. 1986 – 1996,** 1996

12 Albert Unseld, **Der Maler Albert Unseld. 1879 – 1964,** 1997

13 Sebastian Sailer, **Karfreitagsoratorien.** Geistliche Schaubühne des Leidens Jesu Christi, in gesungenen Oratorien aufgeführt, Augsburg 1774. Neudruck 1997

14 Susanne Clarke und Sigrid Haas-Campen, **Führer zu archäologischen Denkmälern in Deutschland.** Ulm und der Alb-Donau-Kreis, 1997

15 Helmuth Albrecht u. a., **Wirtschaftsgeschichte im Raum Ulm.** Entwicklungslinien im Alb-Donau-Kreis seit 1945, 1998

16 Wilhelm Geyer. **1900 – 1968. Die letzten Jahre.** Pastelle und Aquarelle, 1998

17 Herbert Hummel, **Geist und Kirche. Blaubeurer Klosterschüler und Seminaristen,** 1998

18 Herbert Hummel u. a., **Die Revolution 1848/49.** Wurzeln der Demokratie im Raum Ulm, 1998